한국사

30

조선 중기의 정치와 경제

국사편찬위원회

자문위원

최 영 희

편찬위원

이 병 휴　이 장 희　이 태 진　정 만 조

집필(조선 중기의 정치와 경제)

구 덕 회　권 인 혁　반 윤 홍　송 찬 섭
염 정 섭　오　 성　오 수 창　유 승 주
윤 용 출　이 겸 주　이 수 건　이 영 춘
이 태 진　정 만 조　차 문 섭　최 이 돈
한 명 기　한 영 국　홍 순 민

기획 · 편집

최 근 영　변 승 웅　이 근 택　고 혜 령
고 성 훈　고 숙 화　윤 병 희

복간 간행 : 김 용 곤 · 장 득 진

한국사 간행취지

우리 겨레가 앞으로 어떻게 살아갈 것인가 하는 문제는 우리들은 물론 우리와 더불어 살아가는 세계인들의 관심사일 것이다. 이에 대한 해답은 과거에 어떻게 살아왔는가 하는 우리 역사에 대한 인식을 통해 찾을 수 있을 것이라고 생각된다.

본 위원회에서는 이미 1970년대에 『한국사』 25권을 간행하여 해방 이후 한국사의 연구성과를 집대성함으로써 한국사에 대한 인식을 새롭게 한 바 있다. 그 이후 한국사회는 놀라운 성장과 발전을 이루었고 역사학계도 상당한 연구성과를 축적하였다. 이러한 변화에 발맞추어 한국사학계는 새로운 『한국사』 편찬의 필요를 느끼게 되었다.

이에 본 위원회는 일차적으로 한국사 연구지원비를 마련하여 역사학계로 하여금 1980년대 중반까지 연구성과가 미진하다고 생각되는 분야를 연구할 수 있도록 하였다. 이어서 1989년부터 1990년까지의 준비를 거쳐 1991년에는 '신편 한국사 편찬위원회'를 따로 구성하고 총 60권에 달하는 새로운 『한국사』를 편찬하기로 하였다. 그리고 다음과 같은 『한국사』 편찬의 목표를 세웠다.

① 한국의 역사와 문화에 대한 객관적 인식의 토대를 제공할 수 있는 한국사를 편찬한다.

② 민족의 창조적 문화활동과 민족사의 내재적 발전을 드러내는 한국사를 편찬한다.

③ 최근까지의 연구성과를 체계화하고 새로운 영역을 개척함으로써 한국사 연구의 지평을 넓힌다.

④ 한국사 연구와 관련하여 고고학·인류학·사회학·경제학 등 인접학문의 연구성과를 수용하여 한국사 인식의 폭을 넓히는 데 기여한다.

새로운 『한국사』를 펴내면서 우리 모두가 바라는 바는, 민족의 통일에 대비해야 하고 급격히 변화하는 시대상황 속에서, 한국사 연구자의 깊이 있는 연구를 도와주고 독자들의 역사인식을 드높일 수 있는 길잡이 구실을 할 수 있었으면 하는 것이다.

국사편찬위원회 위원장

목 차

Ⅲ. 붕당정치하의 정치구조의 변동

Ⅳ. 자연재해 · 전란의 피해와 농업의 복구

개　　요

I

조선왕조 500년간에 대해 지금까지 학계는 일반적으로 임진왜란을 기준으로 전기와 후기로 구분해왔다. 그러나 이번 新編《한국사》에서는 초기·중기·후기로 나누는 새로운 시기 구분을 도입했다. 중기 설정이 새로운 점이다. 이 구분에서 중기는 대체로 15세기 말엽에서 17세기 말엽까지 곧 성종 후반에서 숙종 전반기에 이르는 약 2세기의 기간이 이에 해당한다.

종래의 전기·후기의 양분법은 다음과 같은 문제점이 있었다. 첫째, 임진왜란이란 外侵을 구분점으로 삼는 것은 역사를 내재적으로보다는 타율적으로 인식하게 할 위험성이 높으며, 둘째로 그간의 여러 部面의 연구들은 임진왜란 직전과 직후 사이에는 단절보다는 연속성이 더 많다는 점을 밝혔다. 이런 문제점은 양분법을 더 이상 취할 수 없게 하는 것이다. 조선시대사 인식에서 임진왜란을 중요시하는 사고는 아마도 일제 식민주의사관의 창출 과정에서 조장된 것이리라고 짐작되지만, 돌이켜 보면 이에 대한 충분한 증거나 뒷받침의 노력도 별로 없었던 것 같다. 그런데도 오랫동안 이를 답습하기만 해온 점도 반성하지 않을 수 없다.

II

정치적으로 16~17세기는 사림세력의 성장과 그들에 의한 붕당정치(또는 사림정치)가 펼쳐진 시대이다. 15세기의 정치가 양반관료제로 출발했다면, 16

~17세기의 붕당정치는 양반관료제 위에 정파정치로서 붕당정치를 실현시킨 것으로 전자와 명확히 구분된다. 그리고 그것은 18세기의 탕평정치, 19세기의 세도정치 등과도 명확히 구분된다는 점에서 한 시대의 정치형태로 규정해도 좋다. 경제적으로도 이 시기에는 15세기에 확립된 수취제도와 부역제도가 질적 변화를 일으키고, 농업 발달을 토대로 상업·수공업이 발달하는 변화가 일어났다. 사상적으로는, 성리학과 예학이 크게 발달하는 시대적 특징을 보였다. 임진왜란이 이런 시대적 흐름을 중절시키지 않았다는 것이 그간의 연구들의 한결같은 보고이다. 그간의 학계의 연구성과에 의하면, 16~17세기의 역사상은 18세기에 군주들이 사림의 붕당정치의 폐단을 해소하기 위해 탕평정책을 취하여 스스로 정국을 주도하는 체제를 만들면서 비로소 달라지기 시작하였다.

15세기 말엽 이후 사림세력의 형성과 득세과정은 결코 순탄하지 않았다. 주지하듯이 사림은 기성 훈구세력과 연산군으로부터 네댓 차례의 사화의 탄압을 받았다. 사화의 빈발은 파쟁성의 발로가 아니라 체제 변동을 지향한 것에 대해 치른 대가였다. 재야 유생들이 주축이 된 사림세력은 훈구대신들을 중심으로 한 기성의 중앙관료들이 사회적·경제적 욕구를 충족시키기 위해 관권을 남용하는 현상이 곧 국기를 흔드는 결과를 가져오는 것으로 판단하여 이에 대한 치열한 비판활동을 전개하였으며, 사화는 곧 이에 대한 훈구세력의 보복행위로 일어났던 것이다. 한두 차례의 탄압으로 비판과 저항이 꺾이지 않은 것은 지방사회에서 정치적·사회적 비중을 높여간 중소지주층의 공통된 여망이었기 때문이었다. 이 시기의 중소지주층은 수적 확대뿐만 아니라 성리학을 통한 지식인화의 과정을 거침으로써 정치적·사회적 입지를 더 확고하게 다져갔다. 성종대의 유향소 복립운동, 중종대의 향약보급운동, 그 이후의 서원건립운동 등 일련의 사회질서 재편운동이 한결같이 학문적 근거를 지향한 것은 지식인 집단으로서의 사림세력의 새로운 특성을 보여주는 것이었다.

사림세력은 정치의 현장에서 붕당을 인정하는 새로운 정치적 특성을 보이기도 하였다. 이전까지는 漢唐 유학의 영향 아래 신하들 사이의 붕당이 인정되지 않았다. 이에 반해, 16세기에 사림세력이 형성되면서 그들은 붕당의 존재를 인정하는 宋代의 歐陽修와 朱熹의 붕당론에 큰 관심을 보이고 이를 적극적으로 수용하였다. 스스로 정치세력을 인정해야 할 필요성이 컸기 때문이었다. 그리하여 정치에서 붕당은 부정될 것이 아니라, 공도의 실현을 추구하는 붕당은 오히려 推奬되어야 삼대의 이상정치가 실현될 수 있다는 주장이 정론으로 자리 잡아갔다.

사림세력의 새로운 붕당관은 반대세력으로부터 심한 반발을 사기도 했다. 그러나 사림세력이 정치의 주도권을 잡으면서 점진적으로 정치체제에 이를 구현시켜 갔다. 신진기예의 사림들이 중앙 주요관서의 낭관직에서 자천제의 실현을 통해 대신세력의 영향으로부터 벗어나면서 상호 결속을 강화해 대신중심의 일방적 정사처리에 제동을 걸거나, 언관직에서 合啓의 집단적 활동을 통해 왕을 간쟁하고 훈척세력의 비리를 비판 또는 탄핵하는 것이 제도로 정착되었다. 언관들은 낭관들이 각 부서에서 당상관과 대립할 때 그들을 지원하여 주었고, 전조낭관이 삼사 관원의 인사를 주도하는 관계를 유지하면서 더욱 밀접한 관계를 이루었다.

사림세력은 명종대까지는 척신세력과의 투쟁을 계속하다가 선조대에 비로소 정국을 주도하는 위치에 설 수 있었다. 선조 정국에서도 아직 척신정치의 잔재가 많이 남아 있었으나 사림계의 진출이 이전에 비해 현저하게 이루어졌다. 이 전환적 상황에서 사림의 붕당관에도 혼선이 야기되었다. 즉 지금까지의 훈척세력과의 투쟁에서는 상대를 소인의 무리(僞朋)로, 스스로를 군자의 당(眞朋)으로 규정하였지만, 같은 사림계가 거의 주도권을 쥔 정국을 어떻게 인식해야 할 것인지가 새로운 문제로 제기되었다. 한쪽에서는 그것을 一朋의 상태로 규정하여 단합을 촉구하였지만, 다른 한쪽에서는 척신정치의 잔재를 철저히 청산하는 것만이 앞날이 보장될 수 있다는 내부 비판론을 제기했다. 집권세력이 된 사림계는 이 쟁론 끝에 동인·서인으로 분당하는 사태를 맞았다. 이 자체 분열현상은 선조 일대에 학연을 중심으로 격렬하게 전개되어 남인·서인·대북·소북 등 많은 붕당의 출현을 가져왔다. 조선왕조 500년간에 최대의 외침인 임진왜란도 사림세력의 이러한 분열 속에서 맞았다. 붕당분열로 인한 정국의 혼미는 인조반정(1623)으로 서인과 남인 양대 붕당이 공존하는 체제가 확립되면서 비로소 안정을 찾을 수 있었다.

인조대 이후의 붕당정치는 상대세력과의 공존을 토대로 한 공론정치의 실현을 중요한 명분으로 삼았다. 이 시기의 정국에는 반정공신을 비롯한 비붕당적 요소도 큰 비중을 차지했으며, 무엇보다도 인조를 비롯한 국왕들은 붕당에 대해 부정적이었기 때문에 사림의 붕당정치 지향은 순탄하지만은 않았다. 그러나 서인계가 집권세력으로 朱子 붕당론의 입장을 고수하였고, 남인과 일반관료들도 대체로 붕당의 존재를 인정하면서 폐단 시정에 관심을 표했기 때문에 정국은 원칙적으로 붕당정치의 형태로 이끌어졌다.

17세기 붕당정치는 비변사 중심의 공존체제와 삼사언론의 활성화, 천거제의 시행 등으로 이루어졌다. 붕당정치기의 정사는 비변사를 중심으로 이루어졌다. 인조~현종 연간에 비변사의 당상 이상의 관직은 서인이 다수를 차지하고, 남인이 소수로 참여하는 형태로 이끌어지다가 숙종 즉위초에 남인이 대거 진출하여 반수를 차지하는 변화를 일으켰다. 비변사의 公事는 대개 유사당상 이상의 합의를 거쳐 왕에게 「備邊司啓」로 입계되었다. 이 과정에서 주요 관직에 대한 擬薦權, 붕당간의 이해조정 등이 이루어졌다. 중요 관직에 대한 비변사의 擬望은 왕에게 75% 정도 받아들여진 것으로 확인된다. 17세기에 대신의 국정 주도가 두드러지지만, 그 권력의 기초는 어디까지나 비변사에 있었고 비변사의 집단적 힘을 통해 권력의 정당성이 확보되었던 것이다.

삼사의 언론은 대간 개인보다는 부서별, 또는 合啓의 형태로 입계되는 것이 관례화 되었다. 언론이 힘을 얻기 위해서는 공론의 표방과 전체 구성원들의 의견 통일이 필요하였으며, 대간이 합계하면, 홍문관도 「常規의 道」로 이에 동조하는 것이 관례였다. 붕당정치기에 삼사는 공론정치를 표방하고 상호비판과 견제를 통해 권력이 특정 개인이나 집단에 의해 집중적으로 행사되는 것을 막을 수 있었다. 그러나 숙종대 환국시대에 접어들면 집단간의 정치적 대립이 격화되면서 삼사는 그 선봉에 서서 대립을 더욱 조장하기도 했으며, 개인의 이익을 추구하는 경향도 나타났다.

각지에 산재한 서원은 붕당정치의 중요한 기반이었다. 붕당이 학파적 성격을 강하게 띠는 한, 서원이 각 정파의 公論 생산지가 되는 것은 자연스런 현상이었다. 사림의 공론을 존중하는 붕당정치는 서원에 남아있는 명망있는 선비들을 중앙정계에 불러들이는 천거제를 발달시키기도 하였다. 중종대의

遺逸천거, 學生천거, 賢良科 등을 잇는 제도로서 선조때 6품직에 천거제가 활발하게 시행되는 분위기가 형성되어 명망있는 산림에게 대간직을 주기도 하였다. 그러다가 마침내 인조대에 고정적인 산림직으로 성균관 司業(종4품)·祭酒(정3품 당상관), 世子侍講院 贊善(정3품 당상관)·翊善(종5품)·諮議(종7품) 등을 설치하였다. 공론정치의 활성화란 측면에서 이 시대에 朝報가 발달한 것도 우연이 아니었다. 조보는 언론기관이 활성화된 성종대부터 발행된 것으로 보이며, 중종대에는 조정에서 결정된 일을 승정원에서 주관하여 의정부나 대간 등 정부기관에 알리는 공식적인 기능을 수행하는 것으로 발전하였다. 그리고 선조대에는 지방거주 사림도 조보를 구해 볼 정도가 되고, 선조 12년(1579)에는 조보를 활자로 인쇄한 사실도 확인이 된다. 재야사림들의 지방의 공론을 수렴하는 형식으로 通文도 발달하였다.

사림의 붕당정치는 17세기 후반에 접어들면서 주도 붕당의 교체현상으로 換局이 빈발하는 새로운 양상을 보였다. 숙종 즉위년(1674)에서 영조 4년(1728)사이 50년간 아홉 차례의 환국(갑인환국·경신환국·기사환국·갑술환국·경인환국·병신환국·신임환국·을사환국·정미환국)이 거듭한 것은 다른 시기의 정치집단의 교체에 비해 짧은 시기에 집중적으로 발생했다는 점 하나로서도 충분히 주목할 만하다. 그리고 이후로는 국왕의 탕평책 추구로 더 이상 발생하지 않았다는 점에서도 시대성이 더욱 부각된다. 환국은 복수의 붕당이 대립하며 공존하는 붕당정치적 상황에서 국왕이 붕당 사이의 균형을 깨고 주도 붕당과 견제 붕당을 바꾸는 형태로 발생하였다. 환국의 핵심은 붕당전체의 교체라기보다 붕당 내부에서 실질적으로 영향력을 행사하는 소수 권력집단의 교체이기는 했지만, 국왕의 의지가 그 변동의 핵을 차지한다는 점에서 이전에 보지 못하던 새로운 현상이었다. 숙종대는 실제로 국왕이 붕당정치의 폐해를 지적하면서 국왕이 명실상부하게 주도하는 '탕평'의 정국을 지향하였다. 그러나 오랜 기간의 붕당정치 속에서 국왕은 독자적인 권력행사의 기반을 확보하지 못한 상태였기 때문에 주도 붕당이나 권력집단의 교체를 통해 왕권의 입지를 넓혀가고자 했던 것이다. 그러므로 환국은 단순히 붕당정치의 말폐라기보다는 18세기 탕평정치기에 발현된 여러 변화의 시발로 보아야한다는 견해는 설득력이 있다.

Ⅲ

조선 중기는 자연환경 조건이 대단히 나쁜 시기였다. 《조선왕조실록》의 천문 이상현상 및 자연재해에 관한 기록들을 분석한 최근의 연구성과가 보고하고 있는 점이다. 서구학계는 17세기에 전지구적으로 기온이 강하한 사실 —소빙기(little ice age) 현상—이 있었다는 보고를 여러 방면으로부터 받았다. 서구 역사학계는 1970년대 후반부터 이를 수용하여 이른바 17세기 위기론을 제시했다. 장기적인 기온강하로 농산물이 감소하여 기근과 전염병을 유발한 것이 전쟁·폭동·혁명 등의 동요의 원인이 되었다는 학설이다. 《조선왕조실록》의 자료를 분석한 연구는 장기적인 대자연재난의 원인과 규모를 다음과 같이 밝혔다. 즉 1480년대에서 1760년대까지 운석형 유성이 지속적으로 지구에 낙하한 것이 기온강하를 가져오고 이로 인한 기상학적 이변으로 한발과 홍수가 교차하여 빈발하는 대재해가 일어났다는 것이다. 특히 1550년대에서 1670년대까지의 기간이 그 중심부를 이루었던 것으로 밝혀졌다. 운석형 유성들이 대기권에 돌입하면서 일으키는 물리적 현상은 가공스런 것이었다. 먼저 유성 폭발 때 발생하는 굉음, 빛, 분쇄된 물질이 하늘에 퍼지면서 발생한 여러 형태의 雲氣(赤氣·黑氣·白氣·火氣)현상 등은 보는 사람들로 하여금 공포심을 떨칠 수 없게 했다. 그리고 유성 폭발시 발생한 잔해의 먼지(cosmic debris)는 장기적으로 대기권에 쌓임으로써 태양의 빛과 열을 차단하는 결과를 가져와 기온강하의 근본원인이 되었다. 폭발시에 발생한 대풍과 우박 등도 기온강하의 한 부분을 차지했다.

종래 16세기의 사회경제는 15세기의 농업경제 발달을 배경으로 상업이 발달하고 부역제도에도 변동을 가져온 것으로 보는, 발전론적인 해석이 강하였다. 16세기 전반기까지는 이러한 관점의 해석이 타당하다. 그러나 16세기 중반 이후 갈수록 심해지는 자연재해가 사회경제적 기반을 크게 침식하기 시작하였으므로 이를 일방적으로 적용할 수는 없다. 생산력과 인구의 측면에서 큰 손상이 생기기 시작했던 것이다. 소빙기현상은 전 지구적인 것이었다. 한

반도에서 겪는 타격과 피해는 동아시아 권역의 중국, 일본도 예외가 아니었다. 16세기 후반 동아시아 국제교역도 물자(상품) 고갈의 상태에 점차 돌입하는 양상을 보여 농산물을 포함한 물자 쟁탈전이 국지적으로 발생하던 끝에 임진왜란의 대전란이 발생하는 순서를 밟았다. 여진족의 남하에 따른 중국과 한반도에서의 대전란도 그 연속적 현상이라 보아 큰 잘못이 없다. 요컨대 왜란·호란 등은 16-17세기 소빙기 대재난의 한 중간 결과로서 발생한 것으로, 전란이 준 피해로서만 이 시대의 사회적 동요를 설명하던 종래의 설명 방식은 재고될 필요가 있다.

16세기 이래의 소빙기 대자연재해는 중종 6년(1511)에 설치된 진휼청이 장기적으로 존속한 사실이 대변해준다. 진휼청은 중앙과 지방의 관시들이 보유하고 있는 관곡을 구휼곡으로 어떻게 활용하는가를 주로 담당하였다. 그리고 기민이 많이 발생했을 때는 죽 끓여 먹이는 일도 담당하였다. 그치지 않는 재해는 명종대에 들어와 관곡이 이미 바닥이 나는 상황을 가져왔다. 그리하여 '勸分'의 형식으로 私穀을 동원하는 방식도 비중을 높여갔다. 사곡 제공의 대가로 고안된 납속공명첩의 발행은 소빙기현상의 종식 때까지 계속되었다. 17세기에 접어들면서 비변사하에 설치된 진휼청은 호조, 선혜청, 상평청 등과 긴밀한 협조 아래 조금이라도 흉년을 면한 지역의 곡식을 기근 발생지역에로 이동시키고 이를 상환하는 방법을 조정하는 것이 주된 임무였다. 모든 관곡은 비상시의 임대곡으로서 환곡으로 활용하는 것이 관례화되었다.

공납제도에서의 대동법의 발상은 방납의 폐단을 저지하기 위한 데서 출발하였다. 그러나 17세기의 시행과정에서 그 필요성은 安民益國의 차원에서 강조되었다. 즉 모든 농민들이 장기적인 자연재해에 시달리고 있는 형편에서 그들을 안정시키기 위해서는 부역제도의 개선이 절대적으로 필요하다는 차원에서 제도적 시행이 강조되었다. 나라의 부강은 그 다음에 기해야 한다는 주장이었다. 대동법의 성립은 요역의 물납세화, 전결세화 과정을 전국적 차원에서 추인하고 법제화하는 것이었다. 모든 공물의 전세화는 중간 작폐로서 방납의 폐단을 막아주는 것만으로도 백성들에게는 도움이 되는 것이었다. 나아가 각종 요역의 부담도 이에 포함시킨 것은 새로운 차원의 기민 구제의 수단을 내장하는 것이었다. 직접적인 노동력 제공을 요하는 각종 요역을 雇

立制로 전환할 수 있는 기반이 이에서 확보되었던 것이다.

대동법의 시행이 논의되고 시험되던 단계에서도 중앙정부는 가능한 한 궁궐 공사, 축성 공사 등의 각종 토목공사를 일으켜 기민들이 먹을 것을 얻는 기회를 만들어 주었다. 과거 직접 노동으로 요구되던 각종 부역도 대가를 치루어 주는 형태로 전환시켰다. 이런 추세 아래 재상, 왕자, 공주 등의 분묘 조성을 위한 禮葬造墓軍의 役도 대동법 실시로 給價募立의 모립제로 바뀌었다. 국왕의 능을 조성하기 위해 8~9천 명 정도를 동원하는 산릉역은 직접 노동력을 요구하는 요역의 대표적인 예로서, 17세기 중엽에 이것까지 모립제로 바뀌는 것으로 요역 노동 징발은 거의 사라졌다. 장기 재해로 16세기 후반부터 둔화된 인구성장은 전란까지 겹쳐 17세기 초엽 이후로는 급격히 감소하는 추세를 보여 농업생산에서부터 노동력 절약의 문제가 대두하였다. 이런 상황에서 부역노동에서도 노동력 절약의 문제를 심각하게 고려하지 않을 수 없었던 것도 물납세 전환의 한 계기가 되었다. 단기간의 요역 징발도 糧料를 施賞하는 명목을 빌렸다. 17세기에 전란이 끝난 뒤, 서울에는 각지 농촌에서 유리된 기민들이 모여들었기 때문에 고립제의 정착은 불가피 한 것이었다.

장기적인 자연재해와 그 속에서 일어난 여러 차례의 전란(왜란·호란)은 농경지의 대규모적인 황폐화를 가져왔다. 16세기에 양안이나 호적의 작성이 제대로 이루어지지 못한 것은 지배층의 부패에도 중요한 이유가 있지만, 계속되는 재해가 이를 시행할 기회를 주지 않은 점도 없지 않았다. 임진왜란 후의 농경지의 황폐는 극심하여 광해군 3년(1611)의 경지 조사결과는 54만 2천여 결로 이전의 170만 8천여 결에 비하면 극감한 상태였다. 인조대의 양전에서도 총 농지는 985,002결로 늘었으나, 진전이 443,139결(45%)에 달하는 실정이었다. 거듭하는 자연재해가 복구를 쉽게 허용하지 않았던 것이다. 농경지는 숙종 46년(1720)의 경자양전에서 비로소 139만 5,333결로 정상적인 궤도에 올랐다.

이 시기 각급 관장들은 진전의 개간을 권장하는 것을 중요한 임무로 삼아야 했다. 종자·농기구·농우를 제공하여 개간지의 실적을 올리는 것은 곧 지방관의 중요 임무였으며, 개간을 권장하기 위해서는 3년 면세의 조건이 주어지기도 하였다. 진전 개간은 권세가와 지방 토호들이 주류를 이루었지만, 일반농민들의 참여도 적지 않았다. 궁방과 권세가는 절수·입안제도의 혜택을 누렸다. 개간을 희망하는 사람이 스스로 조사하여 이를 관에 신고하면, 관에서는 이 토지를 떼어 주어 그 소유로 하고(折受) 이를 법적으로 보장하는 입안도 작성해 주었다. 이런 좋은 조건이 주어진 것은 개간 자체가 그리 쉽지 않은 환경이었다는 것을 의미한다. 양전사업은 대동법 시행의 기초로서 시급했지만, 진전개간의 실적도 쉽게 상승하지 않고 양전사업 그 자체도 격심한 자연재해로 뒤로 밀리기 일쑤였던 것이다.

그러나 농업경제에서도 새로운 요소들이 자라고 있었다. 격심한 자연재해를 극복하기 위해 농업기술상의 여러 대책이 강구되었다. 소빙기 기후조건으로 기온이 전반적으로 강하된 상태에서 옷감으로 목면의 수요가 높아진 데 따라 목화재배와 목면생산의 비중이 높아졌다. 그리고 인구감소로 노동력이 부족한 가운데 농사에서도 노동력 절감형이 선호된 가운데 이앙법이 널리 보급되어 간 것도 큰 변화였다. 자연조건이 어려운 가운데서 이렇게 이루어진 극복의 성과는 자연재해의 빈도가 낮아지는 틈에는 소폭의 활력으로 작용할 수 있는 것이었다. 자유로운 진전의 개간은 서민지주의 성장을 가능하게 하는 계기를 제공하기도 하였다. 토지는 자유매매가 허용되어 토지의 상품화가 활발하게 진행된 것도 새로운 시대를 여는 요소로 작용하였다. 빈농들은 토지 상품화의 피해자로 남았지만, 관료지주가 줄어들고 서민지주가 성장하면서 개간이 더 늘어날 수 있었다. 그리하여 병작제가 확산된 가운데 새로운 농업경영형태로 도지제가 등장하여 토지를 둘러싼 경제외적 강제도 크게 해체시켰다.

金堉을 비롯한 대동법 시행론자들은 백성의 부담을 던다는 安民論의 목적 외에 상공업 장려를 통한 생업의 창출 효과란 목적도 기하고 있었다. 이것은 실제로 貢人 및 공인자본을 낳고, 상업의 활성화와 수공업의 발전을 가져왔다. 대동법 시행론자들은 부수 효과로서 상업·수공업의 발전을 기대하면서, 이를 촉진하는 방도로 금속화폐제도의 시행을 동시에 주장하였다. 이런 주장이 반대론에 밀려 시행시기가 늦추어지기는 했지만, 대동법 시행의 효과가 발휘되면서 동전의 주조도 저절로 후속되었다. 전란이 계속되는 상황은 군수산업을 게을리 할 수 없게 했다. 국초 이래의 병농일치제는 임진왜란 전후 무렵 이미 병농분리제로 대치되었다. 때늦은 방향 전환이지만 이로써 훈련도감의 전업적 군사 양성이 가능해 졌고, 인조반정 이후의 중앙 군영 설립도 이 논거 위에 이루어졌다. 붕당세력의 입지와도 깊은 관련을 가진 중앙 군영들은 각자의 군비확충을 위해 총기·탄약의 확보가 과제였으며, 이는 군수산업의 중요한 명맥선이 되었다. 군수산업은 군영제도의 발달과 궤를 같이 하고 필요한 병기류의 조달은 대동법하의 貢契를 통해 이루어졌다.

16세기 중반 이후 심각한 상태에 빠져든 사회경제는 17세기 말엽, 18세기 초엽에 이르러 회복의 활력을 되찾기 시작했다. 비상대책으로 시행된 대동법·고립제·환곡운용·화폐제도 도입 등이 새로운 경제의 틀을 구성하여 자연재해의 빈도가 점차 감소하는 가운데 그 효력을 제대로 발휘하기 시작하였던 것이다. 자연재해의 발생 간격이 넓어지면서 농업경제의 회복력도 높아져 18세기에 들어와서는 빠른 변화를 보였던 것이다. 그간 명·청 교체의 국제질서의 대변동 가운데서 외교적으로 많은 수난과 어려움을 겪으면서 비단과 그 原絲 등의 중국상품을 일본에 중개하는 국제교역상의 이점도 이 시기의 상공업 발달에 한 몫을 하였다.

소빙기 자연재해는 조선 중기 역사발전에 부정적으로만 작용한 것은 결코 아니었다. 그 대재난을 극복하려는 의지가 새로운 체제의 기틀을 만들었던 것이다. 사회경제적으로 새로운 요소가 효력을 발휘한 것은 대체로 18세기 초엽부터였지만, 새로운 틀 위에 새로운 운영론이 제기된 것은 소빙기현상이 종식하는 시기인 18세기 중엽 이후였다.

〈李泰鎭〉

Ⅰ. 사림의 득세와 붕당의 출현

1. 사림의 득세
2. 붕당의 출현
3. 붕당의 성격

Ⅰ. 사림의 득세와 붕당의 출현

1. 사림의 득세

1) 명종대의 징세

明宗代의 정국은 이른바 士禍期에서 붕당정치기로 넘어가는 과도기로, 초기의 乙巳士禍를 계기로 확립되는 戚臣 지배체제를 시작으로 해서, 말기에는 향촌에서 착실하게 재지적 기반을 다져온 사림세력이 점차 정계의 주도권을 장악해 가는 시기였다.

己卯士禍 후 중앙 정계에서 크게 실세한 사림파는 중종말 金安老의 실각 후 그 일부가 재등용되기 시작하였으며 인종 즉위 후에는 좀더 나은 정치적 상황을 맞이하게 되었다. 중앙 정부의 구성에 있어 사림파의 비중이 좀더 커진 것이 그러한 변화 중의 하나였다. 이 시기에 오면 의정부·육조에 李彦迪·權橃을 비롯해서 申光漢·柳仁淑·尹漑 등이 진출해 있었고, 대간에서도 閔齊仁·李瀣·宋麟壽·具壽聃 등이 대사헌·대사간으로 재직하였고, 신진세력인 郭珣·朴光佑 등이 그 밑을 받치면서 공론을 주장하고 있었다. 이러한 사림계 인물의 진출에는 己卯人 일부도 포함되어 재등용 되고 있었는데, 이는 이후 趙光祖를 비롯한 사림파의 복권을 본격적으로 논의하게 만든 배경으로 작용하였다. 이러한 호전된 분위기 속에서 사림계의 대간 박광우·곽순 등에 의한 조광조의 복직 상소가 있었다. 그러나 이 문제는 인종이 "가볍게 의논할 수 없는 重難한 것"이라 하여 단안을 내리지 못하다가 죽음이 임박한 시기에 大赦 과정에서 급변하게 되었는데 그 결과 조광조 등 기묘인의 복직과 현량과의 복과 및 급제자의 등용이 성취되었다. 이는 이 시기 사림파의 성장

과 무관하지 않다.[1]

그러나 명종이 어린 나이에 즉위하면서 상황은 급변하여 외척의 영향력이 크게 강화되기 시작하였다. 이 시기 대표적인 외척은 章敬王后 소생의 인종을 지지했던 尹任을 중심한 大尹과 文定王后 소생의 慶原大君을 지지하는 尹元老·尹元衡 형제를 중심한 小尹이었다. 이 양자간의 갈등은 金安老 집권기부터 있어 왔으며 중종 말기에는 經筵석상에서 논의될 정도로 표면화되었다. 이에 중종은 대윤에 비중을 두면서 양 세력을 조정하려 하였지만 성과를 보기도 전에 사망하였고 이후 이러한 대립은 인종의 즉위로 대윤이 정치적 우세를 견지하였다. 그러나 문정왕후의 지원을 받은 소윤세력 또한 만만치 않아 대윤·소윤의 정치적 대립은 계속되었다. 이 대립은 인종이 일찍 병사하고 12세의 어린 명종이 즉위하면서 격화되었다.

명종 즉위초는 인종대와 마찬가지로 대윤이 약간의 정치적 우세를 지니면서 소윤을 견제했던 시기였다. 또한 기묘사화 이후 침체에서 벗어나 중종 말기부터 정계에 재등장하여 명종초에는 상당한 기반을 확보하고 있었던 士林派도 명분과 정통을 강조하면서 심정적으로 대윤을 지지하며 소윤의 활동을 견제하려 하였다. 이는 즉위 직후의 院相에 대윤계 및 사림계 인물이 임명되고 있는 것에서도 알 수 있으며, 또한 윤원로 탄핵에서도 그러한 분위기가 잘 나타난다.[2]

여기에 대해 소윤은 문정왕후를 등에 업고 훈구대신과 결탁하여 반격을 개시하는데 처음에는 양사를 통해 이들을 탄핵하는 합법적인 방법으로 시도되었다. 그러나 양사에 포진해 있던 執義 宋希奎, 司諫 朴光佑 등을 비롯한 사림파 계열의 완강한 반대로 여의치 못하자 문정왕후의 밀지를 통한 비정상적인 방법이 동원되었다. 이에 다음날 兵判 李芑, 知中樞府事 鄭順朋, 工判

1) 중종 후반기의 정국에 대해서는 다음의 논문이 있다.
金宇基, 〈朝鮮 中宗後半期의 戚臣과 政局動向〉(《大丘史學》 40, 1990).
李秉烋, 〈中宗·明宗代 權臣·戚臣政治의 推移와 晦齋의 對應〉(《대동문화연구총서》 11, 성균관대 출판부, 1992).

2) 명종 연간의 정국동향에 관한 구체적인 검토로는 다음의 글들이 있다.
金宇基, 〈朝鮮 明宗代의 政治勢力과 政局動向〉(《朝鮮史研究》 2, 1993).
李宰熙, 〈朝鮮 明宗代 '戚臣政治'의 전개와 그 성격〉(《韓國史論》 29, 서울大, 1993).

許磁, 戶判 林百齡 등이 직접 윤임·유관·유인숙 등 3인의 처벌을 주청하고, 중신들이 忠順堂에 모여 그들의 치죄를 논의하였다.[3] 그에 따른 논의 결과 윤임은 遠方竄逐, 유관은 파직, 유인숙은 遞差되는 것으로 각각 형량이 결정되었다. 그러나 이 문제는 죄목의 모호함과 內旨를 승정원에 보내지 않은 절차상의 하자로 사림들의 강력한 반대를 야기시켰다. 양사에서도 집의 송희규, 사간 박광우 등이 중심이 되어 이 점을 논박하였다. 특히 헌납 白仁傑은 강경한 언론을 구사하며 그 부당성을 통박하였다. 이는 척신세력을 자극하여 명종 즉위년(1545) 8월 28일 정순붕이 "宗社를 傾覆하려 했다"는 구체적인 죄명을 언급한 상소를 올림으로써 이들에 대한 처벌이 가중되었다.[4] 이 여파는 이들과 관련된 사림과 인사로까지 확산되었다.[5] 이러한 분위기 속에서 權橃은 유관·유인숙의 억울함을 극력 주장하는 상소를 올렸고, 정순붕은 이에 맞서 권벌을 護逆으로 몰면서 더 엄한 처벌을 요구하였다. 이에 중신들이 다시 의논하게 되고 그 결과 결국 윤임 등 3인은 강경론자들의 주장에 따라 賜死로 결정되었다.

을사사화로 피화된 사림파계열의 인물을 일별하면 다음과 같다.

賜死 : 柳灌(斬), 柳仁淑(斬), 羅湜, 李震

杖死 : 李煇(斬), 郭珣, 成遇, 朴光佑, 鄭希登

流配 : 羅叔, 鄭源, 李若海, 沈苓, 鄭惟沈, 鄭滋, 成子澤, 金石諸, 李首慶, 成世昌, 韓淑, 韓樹, 金振宗, 李文楗

削奪官爵 : 權橃, 林亨秀, 盧守愼, 丁熿, 李天啓, 權勿, 李湛, 愼居寬

罷職 : 柳希春, 宋希奎, 白仁傑, 閔起文, 宋麟壽, 李震, 柳貞, 李爓, 安誃, 柳貞

사화 주동세력인 소윤세력과 훈구 대신은 자기의 행동을 합리화하기 위하여 공신 책봉에 나섰다. 이에 이기·윤원형 등은 성종대 佐理功臣의 예에 따라 공신책록을 서둘러 이기·정순붕 등 처음 윤임 등의 일을 직접적으로 제기

3) 《明宗實錄》 권 1, 명종 즉위년 8월 임자.
4) 《明宗實錄》 권 1, 명종 즉위년 8월 무오.
5) 을사사화의 전개과정에 대해서는 다음의 논문이 참고된다.
禹仁秀, 〈朝鮮 明宗朝 衛社功臣의 性分과 動向〉(《大丘史學》 33, 1987).
申解淳, 〈官僚間의 對立〉(《한국사》 12, 국사편찬위원회, 1977).

한 자들을 衛社功臣 1등에, 그리고 충순당에 참여한 중신들은 거의 모두 2·3등 공신에 책록하였다. 이러한 공신책록은 얼마간의 개편을 거쳐 9월 15일 총 28명으로 확정되었다. 이렇게 확정된 공신들에게는 토지·노비 등이 차등있게 지급되었고 또한 加資되는 혜택도 주어졌다. 이러한 공신책록이 진행되는 것과 병행하여 사화의 피해자는 늘어났다. 더구나 9월 1일 경기감사 金明胤이 桂林君 瑠·鳳城君 岏을 역모로 고변한 사건에[6] 사림파가 관련됨으로써 피해의 범위는 더욱 확대되었다.

그러나 위사공신은 책록 초기부터 그 구성의 다양성으로 공고성이 약하였고 또한 1등인 임백령·정순붕 등 주도 공신의 일부가 초기에 사망하면서 강력한 세력화를 이루지 못하고 있었다. 특히 閔齊仁·李彦迪·申光漢·宋麒壽 등 사림계 인사가 단순히 충순당의 의논에 참여하였다는 것으로 공신에 임명됨으로써 공신 주도의 정국운영을 더욱 어렵게 하고 있었다. 한편으로는 을사사화 그 자체가 정통성이 결여된 명분이 없는 사건이어서 공신의 비정당성이 지적되고, 또한 原從功臣 책록에는 양사의 강력한 반대에 부딪치는 등 비판적 여론도 비등하였다.

이러한 상황 속에서 공신세력들은 정국을 계속 주도하기 위해 다양한 움직임을 보이는데, 먼저 《武定寶鑑》을 편찬하여 을사사화와 공신책록의 정당성을 재천명하기도 하고 몇몇 공신을 추록하여 보강하기도 하였지만 기본적으로는 반대세력을 철저하게 탄압하는 강경책으로 나아갔다. 이에 따라 사림파의 피해는 점차 확대되어 갔다. 이러한 과정 속에서 일어난 것이 良才驛壁書事件(丁未士禍)이다. 이 사건은 명종 2년(1554) 9월 부제학 鄭彦慤이 양재역의 벽에 쓰여 있던 "女主가 위에서 정권을 잡고 간신 이기 등이 아래에서 농간하고 있으니 나라가 장차 망할 것을 서서 기다릴 수 있게 되었다"라는 구절이 있다고 조정에 알리자 공신들이 이를 구실로 을사사화때 잔존한 사림에게 가죄한 사건이었다.[7] 이때 송인수·이언적·유희춘·노수신 등이 피화되었다.

이후에도 명종 3년 2월에는 을사사화의 정당성을 홍보하기 위하여 《續武

6) 《明宗實錄》 권 2, 명종 즉위년 9월 신유.
7) 《明宗實錄》 권 6, 명종 2년 9월 병인·정묘·기사.

定寶鑑》 편찬을 준비하는 과정에서 당시 史官 安名世 등이 이기 등의 죄악상을 사실 그대로 기록해 놓은 것이 발견되자 안명세·趙璞·孫弘積 등 사림파에게 위해를 가하였다.[8] 명종 4년 4월에는 李若氷의 아들 洪南이 양재역 벽서사건에 연루되어 寧越에 귀양가 있던 중, 윤임의 사위인 아우 洪胤이 주상을 연산군에 비유하여 비방하고 충주 거주인을 규합하여 역모를 꾀했다고 고변함으로써 옥사가 이루어져 충주 일대가 텅 비었다는 표현이 나올 정도로 많은 피해가 있었다.[9] 이처럼 집권세력은 정국운영에 반대하는 세력을 철저하게 제거하면서 정국의 주도권을 장악하였다.

명종 초기의 정치세력은 문정왕후를 정점으로 小尹 戚臣系·훈구계·사림계 등 매우 다양하였지만, 사림계쪽은 사화가 연쇄적으로 확대되어 가는 가운데 그 중심 세력뿐만 아니라 주변에까지 화가 파급되는 타격을 입게 되어 정국운영의 핵심에서 제외되고 있었다. 다만 소윤 척신계와 훈구계가 주도한 초기 정국에서 일부의 온건한 사림계 인물들이 소극적으로 참여하면서 그 과정에서 사건의 공명정대한 처리, 피화인의 축소 등을 주장하면서 公論을 부지하려고 노력하였다. 집권세력의 이러한 온건한 사림계 인물에 대한 포섭은 정국을 완전히 장악하지 못한 훈척세력이 자기들 중심의 정국운영에 있어서의 한계성을 극복하고 집권의 명분을 보완하기 위한 정치적 고려에서 나온 것으로 보인다.

그러나 기본적인 현실인식 태도가 훈척세력과는 차이를 보이고 있었던 사림계는 비록 사화 초기에 그 일부가 소극적으로 構禍에 참여하고 그 결과 어쩔 수 없이 공신에 녹훈되기도 하였지만, 이후의 정국운영에서는 그들과 거리를 두면서 나름대로 공론을 부지하려고 하였다. 따라서 훈척세력은 자기들의 정국운영과 관련하여 사림계가 제기능을 다하지 못하고 오히려 異說을 제기하는 등 방해가 되자, 그들을 공격하여 定配 또는 賜死시키고 削勳하였던 것이다. 허자·민제인·이언적 등은 공신책록 후 곧바로 여러 사건에 연루되어 삭훈되었던 것이다.

소윤 척신계는 대부분 왕실 및 문정왕후와 혈연관계에 있거나 그들의 정

---

8) 《明宗實錄》 권 7, 명종 3년 2월 기미·경신·신유·을축.
9) 《明宗實錄》 권 9, 명종 4년 4월 정사 및 5월 경인.

치적 입장에 동조하는 인물로 구성되었는데, 이들은 훈구계와 결탁하여 사화를 주도하면서 정국을 장악하고 있었다. 윤원형·원로형제, 尹仁鏡·尹漑·韓景祿·尹敦仁 등이 중심인물이다. 이기·임백령으로 대표되는 훈구계는 중종말부터 나타난 사림파의 성장에서 오는 실세를 대·소윤의 대립을 이용하여 사화를 실질적으로 주도하면서 만회하려 하였다.[10] 특히 이기는 당시의 공론이 자신에게 불리한 것을 알고 사림계 인물의 제거에 주력하였다.

이러한 훈척계 공신세력은 몇 차례에 걸쳐 공신을 추록하는 등 자파세력의 안정화를 꾀하였으나, 한편으로는 훈척세력 중에서도 자기 도태가 이루어졌다. 먼저 명종 원년(1546)에 병조좌랑 尹春年의 탄핵으로 윤원로가 자원부처의 형식으로 안치되었다.[11] 윤원로가 소윤계의 핵심이자 문정왕후·윤원형의 동기이고 탄핵을 제의한 윤춘년이 再從弟임을 고려한다면 이는 소윤 척신계 내부의 갈등의 표출이었다. 윤원로 이외에도 陳復昌·李無彊·韓智源 등에 대한 탄핵도 계속되었다. 특히 이들 자파세력을 도태시킬 때 사림파의 공론을 고려하고 있었는데 이는 이 시기 훈척세력이 정국의 주도권을 장악하고 있었다고 하더라도 사림파의 영향력이 어느 정도 잔존해 있었다는 것을 의미하는 것이다. 이것이 이 시기 정치적 대세에 영향을 줄 정도의 것은 아니었다 하더라도 이후의 사림파의 재성장에 중요한 발판이 되었던 것이다.

이러한 자기 분열과 자기 도태의 과정을 거치면서 집권세력은 윤원형을 중심한 소윤 척신계와 이기로 대표되는 훈구계열의 두 세력을 중심으로 개편되었으며, 이들 두 세력은 상보적인 관계에 있었다. 그러나 훈척세력이 어느 정도 주도권을 확보하면서부터 두 세력은 분열상을 보였다. 그 분열은 정국의 주도권 장악에서 비롯되었다. 당시 정국은 이기와 윤원형이 함께 주도하고 있었지만 윤원형이 상대적으로 젊은 40대의 나이이고 또 외척이라는 어려움이 있었던 것에 반해, 당시 훈구계는 일찍부터 정계에 등장하여 축적된 경험이 있었고 또한 사화를 실질적으로 주도하였다는 것이 현실적인 힘으로 작용하고 있었다. 특히 이기는 위사1등공신에 책봉됨을 계기로 좌의정에 봉림되면서 실질적으로 의정부를 주도하였다. 그는 淸原尉 韓景祿을 통하

10) 이하 서술은 金宇基, 앞의 글(1993) 참조.
11) 《明宗實錄》 권 3, 명종 원년 3월 계유.

여 궁중과 일정한 연결을 가지면서 "조정의 관작은 대개 그의 門에서 多出하였다"라고 할 정도로 위세를 떨치고 있었다.[12]

그러나 이러한 이기의 권한 강화는 기본적으로 한계가 있었다. 즉 사화시 이기의 고변은 문정왕후의 밀지를 받고 따른 것이었기 때문에 명종 초기 정국의 주도권은 위사공신 집단보다는 문정왕후와 동모제인 윤원형에 집중될 수밖에 없었다. 이에 윤원형을 중심한 소윤 척신계는 이러한 이기의 권한 강화에 불만을 가지면서 그의 견제에 나섰다. 당시 소윤 척신계는 이기의 권한 강화를 견제하기 위해 그가 "功을 믿고 驕恣하며 탐독을 행하고 또한 권력을 專擅한다"는 이유를 들어 탄핵하고 좌의정에서 체직시켰다.[13] 그러나 당시는 척신계가 완전히 정국의 주도권을 장악하지 못했기 때문에 그를 완전히 제거하지는 못하고 단지 타격을 주는 정도로만 그쳤다. 이후 소윤 척신계는 서서히 훈구세력을 약화시키면서 정국을 주도하게 되었다.

이기는 체직 후에도 소윤 척신의 필요성에 의하여 豊城府院君으로 政事에 계속 참여하였으며 이듬해 이홍윤의 옥사사건을 계기로 영의정에 복직되었다. 그러나 복직된 지 얼마 후에 중풍으로 쓰러져 명종 7년 4월에 병으로 사망하게 되자 위사공신집단은 결정적으로 쇠퇴하게 되었고, 이후 홍언필·임백령·정순붕 등 훈구대신들의 잇단 병사로 훈구세력은 구심점을 상실하게 되었다. 이후의 정국은 윤원형을 중심한 소윤 척신계 지배체제로 넘어가게 되었다. 윤원형은 銓曹인 이조·병조의 판서, 의정부와 중추부의 직임을 주로 역임하면서 당시 정국에서 중요 사안 결정에 절대적인 영향력을 행사하고 있었다. 특히 이들 세력의 적극적인 후원자요 배후자인 문정왕후는 명종 20년 사망하기까지 절대적인 위치에 있으면서 이 시기 정치에 가장 중요한 변수가 되었다.

한편 이러한 척신 지배체제는 沈連源·沈通源 등 또 다른 외척세력이 가세함으로써 그 체제는 더욱 굳어졌으며 장기화의 틀을 마련하였다. 명종비의 조부인 심연원은 명종 3년부터 13년 병사할 때까지 3정승을 두루 역임하면서 윤원형의 정국운영에 참여하고 있었다.

---

12) 《明宗實錄》 권 10, 명종 5년 7월 병오.
13) 《明宗實錄》 권 7, 명종 3년 4월 갑자·정묘.

이 시기 윤원형을 중심한 소윤세력은 혈연관계의 인물도 있었지만 대부분은 윤원형이 정국을 주도하는 과정에서 정치적 입장을 같이 하면서 자발적으로 접근하였던 자들이었다. 특히 윤원형에 있어서 궁중에서의 후원자가 문정왕후라고 하면, 그의 장기간에 걸친 권력 행사에 관료로서 가장 큰 밑받침이 된 것은 尹春年이었다. 그는 윤원형과 재종 사이로 명종초에 윤원로를 탄핵하면서 두각을 나타냈으며 이후 윤원형 독주 체제 구축에 크게 이바지하였다. 한편 당시 윤원형은 자파세력의 저변 확대 및 지지기반 강화를 위해 신진세력도 포섭하려고 하고 있었다. 이들 신진세력 중에는 金弘度·金虯 등과 같은 사림파적 성향을 지니고 있는 인물도 일부 포함되고 있었다. 이는 선조대 동서분당을 야기한 金孝元이 젊었을 적에 윤원형의 집에 출입했다는 사실에서도 나타난다.[14] 이것은 이들이 척신지배하에서 공론을 부식하기 위한 활동을 할 수는 없었다 하더라도 이후의 사림파 진출의 중요한 배경이 되었던 것이다. 척신계의 입장에서도 시대적 대세였던 사림파의 성장이라는 측면을 무시할 수 없었기 때문에 일부나마 포섭하여 정국의 주도권을 유지하려고 했던 것이다. 이같은 상황 속에서 소윤세력은 언관을 이용하여 반대세력을 제거함과 동시에 의정부와 육조를 바탕으로 정국을 계속 주도하였다.

따라서 이 시기에는 크게 정치적으로 쟁점이 되는 문제는 없었다. 다만 문정왕후가 정권이 어느 정도 안정 상태에 이르렀다는 판단아래 명종 5년(1550) 禪敎兩宗과 禪科를 복설한 것, 內需司 내시에게 堂上印을 만들어 준 것이 문제가 될 뿐이었다. 이 두 문제는 명종대를 통틀어 가장 집요한 공격의 대상이 되었으나 결국 문정왕후가 죽은 후에야 혁파 내지 폐지되었다.

이와 같이 윤원형을 중심으로 하는 소윤 척신 지배체제가 어느 정도 확립되어 가는 명종 8년 7월에 명종의 나이가 20세가 됨에 따라 문정왕후의 수렴청정이 끝나고 명종의 親政이 시작되었다.[15] 이 조치는 기본적으로 왕이 이미 20세의 성인이 되어 수렴청정의 명분이 없어졌다는 이유 때문이었지만 한편으로는 8년간의 수렴청정을 통해 반대세력을 어느 정도 제거하여 지배체제가 안정되었고, 또한 국왕도 자기의 영향력하에 둘 수 있다는 판단이 섰

14) 《黨議通略》 宣祖.
15) 《明宗實錄》 권 15, 명종 8년 7월 병진.

기 때문일 것이다. 따라서 이후의 정국도 왕이 직접 정치에 임했지만 실제로는 문정왕후-윤원형 체제가 계속되었다.16)

한편 모후의 聽政에서 벗어나 친정에 나선 명종은 차츰 독자적인 정국 운영을 모색하였다. 따라서 명종의 입장에서는 왕권을 능가할 정도의 권력을 가진 척신의 존재가 부담스러웠고 이에 나름대로의 대응책을 강구해야 했다. 그것은 왕권 강화를 위한 노력과 간접적인 방법이긴 하나 대응세력으로서의 자파세력 양성이라는 두 가지 측면으로 나타났다.17)

명종 10년을 전후한 시기에 오면 명종의 독자적인 권한 행사의 의도와 맞물려 윤원형의 위치에도 약간의 변화의 조짐이 보이고 있다. 명종 10년 사헌부에서 윤원형과 가까운 인물인 韓智源을 단핵한 것이나, 12년에 신진사류 김규·김홍도·金繼輝 등이 윤원형이 천권하여 일으킨 폐단을 논핵하려다 중지한 일은 그 한 예이다. 그러나 이 문제는 이들이 윤원형의 사주에 의한 金汝孚·李銘 등의 논핵을 받고 定配됨으로써 일단락 되었다.

한편 이와 함께 명종은 윤원형세력을 견제할 수 있는 독자적 세력을 확보함으로써 이를 통해 정치세력간의 균형을 꾀하고 그 과정에서 왕권을 강화하려 하였다. 그 결과 중전의 외숙인 李樑이 적임자로 주목되었다. 당시 이량이 윤원형의 대응세력으로 등장할 수 있었던 것은 명종비인 仁順王后의 친정인 沈氏 집안의 도움이 컸다. 심씨 집안은 중종 37년(1542)에 沈鋼의 딸을 경원대군에게 출가시킴으로써 왕실과 연결되었으며 이후 인순왕후의 조부인 沈連源이 衛社功臣 3등에 추록되는 등 크게 번성하였지만, 한편으로는 윤원형으로부터 견제를 받고 있었다. 이러한 형편의 심씨 집안이, 명종이 소윤세력에 대응할 세력을 찾고 있을 때 자기들의 이익을 대변할 수 있는 인물로 그들의 인척이 되는 이량을 추천하였다. 중전의 친족 가운데는 심연원 외에도 沈逢源·沈通源 등이 있었으나 공론을 인정받지 못하는 형편이었다. 따라서 명종은 아직 현달하지 않았고 또한 독자적인 세력이 없는 이량을 택하였던 것이다.

이와 같이 이량은 沈家 세력과 국왕의 비호를 받으면서 급성장하여 입사한지 몇 년만에 政卿의 지위에 오를 정도로 정치적 영향력을 강화하여 갔으

16) 金宇基, 앞의 글(1993), 19~22쪽 참조.
17) 金宇基, 위의 글(1993), 25~35쪽 및 李宰熙, 앞의 글, 74~92쪽 참조.

며, 이를 바탕으로 지지세력을 규합해 나갔다. 명종의 이량 발탁은 처음에는 각관의 선임자들의 반대로 그 뜻을 이루지 못했지만 이후에도 명종은 그의 진출에 특별한 배려를 하였다. 한편으로 명종은 이량과 연결될 수 있는 세력의 진출에도 적극적으로 도왔다. 이러한 명종의 뜻을 헤아려 이량세력의 급성장에 도움을 준 인물은 심통원이었다. 그는 이조판서가 된 후 이량계 인물을 대량 三司에 포진시켜 세력 확장을 도왔다.

이량을 중심으로 하는 정치세력은 혈연적 요소가 상당한 비중을 차지하고 있었는데 이는 이 세력의 단결을 강화할 수 있었던 중요한 요인으로 작용하였다. 한편으로 이 세력 중에는 소윤세력 중 이탈한 인물이 보이는 등 각자의 현실 대응의식에 따라 형성된 점도 없지 않았다.

이렇게 구성된 이량세력은 자파의 세력 확대를 위해 먼저 인사권의 장악에 나섰다. 이량의 정치적 성장이 본격적으로 이루어지는 명종 14년(1559)부터 몰락한 명종 18년까지 人事 銓衡의 책임을 맡고 있는 吏·兵曹 판서직에 있었던 인물을 보면 이량세력으로 분류될 수 있는 인물이 절대 다수를 차지하고 있다. 이량 자신도 명종 18년 이조판서에 취임하여 銓注權을 행사하였다. 한편 이량세력은 인사 행정의 실무자인 銓郎職에도 자파세력을 진출시켜 보다 완전한 인사권의 장악을 시도하였다. 이는 이량 자신이 전랑이 되려고 한 것,[18] 자기 아들인 李廷賓을 전랑으로 임명하려 한 것, 아들의 체직시 아들 친구인 柳永吉 등을 후임으로 하려고 한 것[19]에서도 확인된다. 이량세력의 이러한 노력은 공론을 내세우는 朴素立·尹斗壽 등 사림계 전랑의 반대로[20] 성과를 거두지는 못하였지만 그들의 인사권 장악을 위한 노력의 일단은 엿볼 수 있다.

이와 같은 인사권의 장악을 토대로 이량세력은 자파세력을 言官職에 진출시켰다. "이 때 이량의 권세가 날로 치성하여 侍從·臺諫이 모두 그의 문하에서 나왔다"[21]라는 표현은 그런 현상을 잘 나타내 주고 있다. 이 시기 대표

---

18) 《明宗實錄》 권 29, 명종 18년 7월 무자.
19) 《明宗實錄》 권 29, 명종 18년 8월 을축.
20) 《明宗實錄》 권 29, 명종 18년 7월 무자.
21) 《明宗實錄》 권 27, 명종 16년 윤5월 정유.

적인 이량세력은 심통원을 비롯하여 金明胤·鄭士龍·元繼儉 및 언관으로 李彦忠·李重慶·尹百源·高孟英 등을 들 수 있다. 이와 같이 이량세력은 전랑과 언관 체제의 확보를 통한 정국 운영을 구사하였다. 이는 소윤세력이 政曹 중심의 지배체제를 유지하려 한 것과는 상반되며, 오히려 전랑과 언관을 이용하여 재상권을 견제하면서 권력 구조의 균형을 꾀하려한 사림파의 정국 운영 방식과 유사하다.[22)]

그러나 이러한 이량세력이 추진한 정국운영 방식은 반대세력인 소윤세력이 정조를 장악하고 있고 또한 사림계의 반대로 전랑직을 완전히 장악하지 못하는 상황에서 불안전한 형태로 유지될 수밖에 없었다.

어떻든 이러한 정국운영 방식이 이 시기에 나타난 것은 전 시기보다는 한 단계 진전된 정치운영으로서 의미를 지닌다고 보여지며 또한 여기에는 이 시기 사림파의 성장이라는 역사적 추세가 반영되어 있는 것이다.

이러한 이량세력의 급속한 세력 강화에 대해 윤원형측의 반발도 만만치 않았다. 이량세력의 성장으로 상대적으로 힘이 약화된 소윤세력은 세력 만회를 위한 노력으로 왕실과 혼인을 시도하였다. 윤원형과 인척관계에 있는 黃大任의 딸을 병이 있는 것을 숨기면서까지 세자빈으로 삼아 후일을 기약하고자 했던 것이다. 이는 문정왕후의 절대적 영향력하에 유지되었던 소윤세력의 권력기반의 취약성을 나타내 주는 것이다. 이러한 노력과 아울러 소윤세력은 이량세력에 대한 공격에 나섰다.

윤원형과 이량, 양세력간의 갈등은 명종 16년에 집중적으로 표출되었다. 특히 이 문제는 소윤세력과 이해관계가 걸린 문정왕후가 개입함으로써 명종도 일시적으로 물러서지 않을 수 없었다. 따라서 명종은 어쩔 수 없이 이량을 평안도 관찰사로 出外시켜 그 세력을 보존하도록 하였다. 윤원형은 이 때를 반격의 기회로 삼아 이량세력을 공격하였으나 이량은 곧 바로 京職에 복직하는 등 그다지 큰 성과를 거두지 못했다. 여기에는 이량세력을 통해 소윤세력을 견제케 함으로써 정치세력간의 균형을 통한 왕권의 강화와 안정을 꾀하려는 명종의 의도가 크게 작용하였다.

---

22) 金宇基, 앞의 글(1993).

그러나 시간이 지남에 따라 윤원형일파에 대한 대응세력으로서의 위치를 넘어선 이량의 세력 강화는, 양자의 균형에서 왕권 강화를 노리던 명종의 입장에서는 큰 부담이 되었다. 그리하여 명종은 정국의 균형적인 안정을 위해 이량을 제거할 계획을 갖고 있던 중, 이량이 그들의 정국운영에 걸림돌이었던 신진사류의 영수인 朴素立·尹斗壽 등을 제거하고 사림의 중진인 姜士尙·朴應南 등을 지방으로 좌천시켜 확고한 위치를 잡으려는 계획을 갖자 이를 구실로 沈義謙의 협조로 홍문관을 이용하여 이량을 탄핵 실각시켰다.

2) 척신세력의 약화

윤원형은 李樑을 제거한 뒤 자신의 딸을 德興君의 아들과 혼인시켜 명종 사후 자신의 지위를 보전하려 하였으나 명종의 반대로 실현하지 못했으며, 또한 당시 이조판서였던 權轍을 자신 편으로 끌어 들이려 했으나 실패하고 말았다. 윤원형은 결국 자신의 권력의 배경이 되었던 문정왕후의 죽음과 함께 몰락할 수밖에 없었다.

명종 20년(1565) 4월의 문정왕후의 죽음은 훈구세력이 역사 무대에서 점차 사라지고 사림세력이 새로운 정치세력으로 등장하는 16세기 역사의 한 전환점이 되었다. 이러한 정치세력의 획기적인 교체를 가능케 하였던 것은 기본적으로는 이 시기의 시대적 대세였던 사림세력의 성장의 결과였지만, 직접적인 계기는 문정왕후의 죽음이었다. 그녀는 명종의 즉위와 함께 수렴청정을 시작하였고 국왕의 친정이후에도 소윤세력의 보호막 역할을 하면서 계속 영향력을 행사하여 정국을 주도해 간 실질적인 실력자였다. 윤원형이 문정왕후가 60세를 바라보는 나이가 되자 사후의 정국을 걱정할 정도로 그녀의 정치적 영향력은 절대적이었던 것이다.

그러나 이러한 소윤세력의 몰락의 조짐은 이미 문정왕후의 사망 이전부터 나타나고 있었다. 소윤세력은 사림계의 공론에 입각한 정치를 묵살하고 政曹大臣 중심의 지배체제를 바탕으로 언관을 이용한 반대세력의 탄핵과 같은 강압적 방법으로 정국을 운영하면서 주도권을 장악하였으나 그 과정에서 나타난 비공론성은 전랑직을 중심으로 하는 신진세력의 비판 대상이 되었다.

소윤세력은 신진세력의 비판을 강압적인 방법으로 일시적으로 견제할 수는 있었으나 점차 확대되고 있는 사림파의 영향력을 계속적으로 막을 수 없었으며, 오히려 공론에 입각한 그들의 공격으로 점차 세력이 약화되어 갔다. 한편으로 대응세력으로 나타난 이량세력이 왕권을 배경으로 세력을 확대하면서 소윤세력은 점차 약화되고 있었던 것이다.

당시 훈척세력은 관권을 이용한 사적인 이익 추구와 인사권의 전횡으로 민생의 파탄과 관료 사회의 기강 문란을 야기시키고 있었다. 특히 이 시기 훈구파에 의한 사치 생활을 위한 축재 행위는 백성들의 생활에 큰 피해를 가져왔다. 이에 따라 백성들은 국가의 수취체제에서 벗어나기 위해 권세가에 흡수 또는 유망하는 것이 일반적이었다. 유망민 중에는 일부는 도적이 되기도 했고 한편으로는 상업이나 수공업에 종사하기도 하였다. 이러한 분위기 속에서 명종 연간에는 많은 민란이 일어났는데 그 중에서 가장 규모가 컸고 오래 지속된 난은 1559년에서 1562년에 걸쳐 지속된 임꺽정의 난이었다. 이 난은 황해도를 중심으로 경기·평안·강원도에 걸쳐 광범위하게 전개되었다.

이 난의 원인은 황해도 일대의 지역민이 공동으로 이용하였던 갈대밭을 권세가들이 개간을 구실로 소유권을 장악함으로써 야기되었다. 이 난은 진압되기는 했지만 바로 훈구정권의 몰락과 사림정권의 등장으로 연결되었다. 당시 이러한 사회경제적 모순은 농촌사회에 기반을 둔 사림세력이 등장할 수 있었던 하나의 배경이 되었다. 사림세력은 이러한 국가 권력을 이용한 사적인 이익을 추구하는 권신들의 전횡을 비판하면서 성장하여 갔던 것이다.

문정왕후 사후 이러한 훈척세력의 몰락을 가속화시킨 것은 사림계 言官과 지방의 유생들이었다. 이들 사림세력들은 문정왕후가 사망하자 곧 바로 척신세력의 상징이었던 普雨와 윤원형에 대한 탄핵을 시도하였다. 보우에 대한 탄핵은 유생의 空館사태까지 불러온 이후 결국 6월에 제주 유배로 결말이 나고, 곧이어 8월에는 대사헌 李鐸, 대사간 朴淳을 중심으로 한 양사에서 영의정 윤원형을 탄핵하였다.[23] 이는 윤원형이 宗社에 功이 있고 문정왕후의 동기라는 이유로 윤허받지 못하다가 결국 削奪官職 放歸田里로 처리되었

23) 《明宗實錄》 권 31, 명종 20년 8월 정묘.

다.[24] 윤원형 치죄 이후 소윤세력이었던 尹春年·黃大任 등이 정계에서 축출되면서 소윤세력은 정계에서 사라졌고 따라서 정상적인 사림정치의 토대가 마련되었다.

문정왕후를 정점으로 척신세력에 의해 운영되던 정국은 문정왕후의 사망과 윤원형의 축출 이후 사림계가 중심이 되는 새로운 상황을 맞이하게 되었다. 그러나 이후의 척신세력의 잔재 청산은 사적으로 연결된 국왕과 권신과의 특별한 관계로 인해 단번에 이 모든 것을 해소할 수는 없었다. 권신과 밀착되었던 대부분의 관료들은 여전히 관료사회 내에 일정한 위치를 차지하고 있었으며, 궁실과도 관련된 권신들의 물적 기반은 윤원형이 축출된 이후에도 쉽게 제거되지 못하였다. 실제로 당시 윤원형과 연결되어 거론된 인물은 윤춘년 등 소수에 지나지 않았는데 이는 윤원형의 집권이 절대적 권위를 가지고 장기간 지속되면서 직접·간접으로 관계가 없는 인물이 거의 없었기 때문이었다.

특히 명종 또한 어린 나이에 왕위에 올라 母后의 영향력하에 있었다고는 하나 척신정치의 형성과 전개에 책임이 전혀 없다고는 할 수 없었고, 따라서 척신정치의 청산 작업에 적극적으로 나설 수 없는 한계가 있었다.

한편 사림계는 윤원형 제거 이후 계속해서 20여 년간 지속되었던 척신정치의 잔재를 청산하려는 움직임을 표면화하였다. 이를 위해 일부이긴 하지만 을사피화인에 대한 신원이 제기되었다. 그 결과 盧守愼·柳希春·白仁傑·李元祿 등 을사피화인에 대한 減刑·放還·職牒還給이 이루어졌다. 이러한 을사인의 신원은 과거 정치의 청산이라는 면과 함께 사림이라는 새로운 세력이 정계에 본격적으로 등장할 수 있는 발판을 만들었다는 점에서 더욱 중요한 의의를 갖는다. 이와 함께 關西지방 船運의 금지, 內需司 印信의 제거, 禪敎 兩宗의 혁파, 海澤 折受의 금지[25] 등으로 권신들이 사적인 이익을 추구하는 수단들도 혁파하였다.

---

24) 《明宗實錄》 권 31, 명종 20년 8월 신묘.

25) 《明宗實錄》 권 31, 명종 20년 12월 계미.
《明宗實錄》 권 32, 명종 21년 4월 신미·경진·신사.
《明宗實錄》 권 33, 명종 21년 6월 정묘.

그러나 이로서 훈척세력이 완전히 몰락한 것은 아니었다. 이들은 윤원형 사후에도 왕권과 결부되어 다시 조정에 복귀할 기회를 엿보고 있었다. 당시 명종은 문정왕후 사후 급격히 약화되어 가는 왕권을 강화할 목적으로 이들을 다시 등용하고자 하는 의도를 가지고 있었다. 문정왕후 사후 尹百源·李樑을 近道로 移配하라는 傳旨를 내리는 것은 이러한 상황을 반영하는 것이다. 이러한 가운데 한편으로는 이량의 무리가 심통원의 도움을 받아 放還을 꾀하고 또한 이들이 다시 敍用될 것이라는 소문이 파다해지면서 사림계를 불안케 하고 있었다.

소윤세력의 몰락 이후 정국은 국왕 중심으로 운영되는 가운데, 정계는 크게 沈通源으로 대표되는 沈家勢力과 사림파의 양세세로 개편되었다. 심가세력은 윤원형·이량으로 대표되는 척신세력이 제거된 상황에서 그 공백을 메워 나갔다. 이들은 앞의 두 세력의 몰락을 정치적 교훈으로 삼아 윤원형이나 이량처럼 擅權하지 않았으며 오히려 전보다 강해진 왕권의 견제하에 조심성을 띠었다.

한편 심가세력 중에서 명종과 연결되어 이량을 제거하는 데 가장 큰 역할을 한 沈鋼·沈義謙 父子는 이후 영향력이 더욱 확대되었다. 물론 이들 부자는 당시 사류들과 밀접한 관계를 맺는 등 이전의 척신들과는 다른 면모를 보인 것은 사실이다. 심강의 父로 영의정을 역임한 沈連源은 金安國의 문인으로 친사림적인 인물이었으며, 심강도 명종 16년(1561) 임백령의 시호문제로 朴淳과 朴謹元이 위험에 처했을 때 그를 보호한 바 있었다. 심씨 외척은 윤원형·이량 등과 비교하여 그 권세가 약화되어 조심하는 면이 있었다고 하나, 그 세력이 커지는 것과 함께 사림세력의 그들에 대한 논핵은 그만큼 어려워졌다. 특히 仁順王后 심씨와 심의겸은 명종 후의 儲副를 정하는 문제에 있어서 절대적 영향력을 행사함으로써 이후 그들의 영향력은 선조 연간 사림정치 시대까지 이어졌다.

3) 사림의 득세

명종 연간은 전체적으로 보면 사림파의 실세기였으나 다른 한편으로는 명종말 선조초의 사림정치 시대의 막을 여는 시기이기도 하다.

기묘사화 이후 사림은 크게 실세하여 상당 기간동안 위축되었다가 이후 중종말부터 정계에 재등장하였지만 명종초의 거듭된 사화로 또 다시 상당한 피해를 입었다. 그러나 이러한 가운데서도 사림은 중앙 정계에서 정책결정 과정에서는 별다른 영향력을 가질 수 없었지만 일정하게 명맥은 유지하고 있었다. 그것이 집권세력의 집권의 정당성 확보라는 필요에 의한 것이라는 한계는 있었지만 사림파의 정치적 역할이 잔존할 수 있었던 배경이 되었다. 실제로 이 시기 훈척세력이 자파세력의 일부를 도태시키는 과정에서 사림의 공론을 일정하게 의식하고 있었던 것도 역시 이러한 분위기에서 나온 조처였다.

이후 소윤정권이 어느 정도 안정되어 가는 시점에도 일부 새로운 사림파가 계속해서 등용되고 있었는데 이것은 사림파가 척신집권하에서도 계속 정치세력으로 기능할 수 있음을 보여주는 것이다. 특히 명종 친정 이후 소윤세력과 이량세력간의 갈등이 표면화되는 시기에 오면 사림파의 존재가 중요한 관심사로 대두될 만큼 크게 성장하였다. 예컨대 이 시기 사림세력은 이량이 그의 아들인 李廷賓을 전랑으로 천망하려 하자 이를 적극 반대할 정도로 정치적으로 성장하고 있었던 것이다.

이러한 사림파의 정치적 성장과 더불어 이 시기에 오면 조광조에 대한 인식도 전시대에 비해 다소 양보적으로 바뀌고 있었고[26)]《小學》과 《近思錄》 등 사림파가 중시했던 책들이 다시 강조될 정도로 사림파에 대한 인식의 변화가 있었다. 물론 조광조를 비롯한 기묘사림이나 을사피화인에 대한 본격적인 사면이 이루어진 것은 아니나, 재변·왕실의 경사 등으로 을사피화인에 대한 疏放이나 죄의 경감이 조금씩 나타났다는 것도 이 시기 사림파의 정치적 성장과 무관하지 않다. 이러한 분위기의 연장선상에서 비록 吏曹에 의해 제동이 걸리기는 했지만 成守琛·曺植 등 遺逸之士를 除職하도록 종용하게 되었으며, 許曄·尹根壽 등은 국왕의 「爲學」과 「獎學」을 논변하면서 조광조의 무죄를 과감히 변론할 수 있게 되었던 것이다.

한편으로 당시 사림은 중앙정계에서 뿐만 아니라 향촌사회에 있어서도 착

---

26) 李秉烋, 〈朝鮮前期 支配勢力의 葛藤과 士林政治의 成立〉(《民族文化論叢》 11, 嶺南大, 1990).

실한 재지적 기반을 다져 나가면서 학문적 역량을 축적해 나갔다. 실제로 이 시기 훈구파의 계속되는 탄압 속에서도 그들의 公道論의 정당성은 그대로 살아 이것이 학문적인 면으로 승화되어 괄목할 만한 성과를 올렸다. 李滉의 학문이 바로 이 시기에 이루어진 것이다.[27] 뿐만 아니라 이러한 학문적 발전에 따라 사림의 수적 확대도 동시에 이루어지고 있었는데 이 시기에 이르러 성리학파의 학연이 기하급수적으로 늘어난 것이 바로 그것을 말해 준다. 이러한 분위기가 명종 20년(1565) 소윤 척신세력의 몰락 이후 사림이 정국의 주도권을 장악하게 되는 단서가 되는 것이다.

이 시기 재지 사림파의 성장을 상징적으로 보여주는 것은 서원의 건립 활동을 들 수 있다. 서원은 선초의 유향소 설치, 성종대의 유향소 복립운동, 중종조의 향약 보급운동 등 사림의 향촌 기반 확보를 위한 노력의 연장선상에 있었던 사림의 기구였다. 이러한 서원이 훈척 집권하인 명종대에 속속 건립될 수 있었던 것은 서원 자체가 교육기관이라는 점도 있었지만 이 시기 사림의 성장과 무관하지 않다. 중종 38년(1543) 풍기군수 周世鵬이 白雲洞書院을 세운 것을 효시로 사림파의 서원 건립 활동은 활발한 진전을 보여 명종대 20여 년간의 척신정치 아래서도 18개 곳이나 세워지는 성과를 올렸다. 이러한 서원의 건립은 향촌사회에 재지사림의 성장을 촉진시켰으며 이는 나아가 이 시기 사림의 학파의 성립으로까지 발전하는 계기가 되었다.

이렇게 볼 때 척신정치가 지속되었던 명종 20년까지도 사림파는 그 맥이 완전히 끊긴 것이 아니었으며 다음 시대를 준비하는 자기 노력은 계속되었던 것이다. 이 시기에는 이미 거의 전국적으로 유생들이 광범위하게 형성되어 있었던 것이다. 명종대 대표적인 사림파의 인물로는 영남의 李滉과 曺植 및 호남의 泰仁에 李恒, 長城에 金麟厚, 羅州의 奇大升, 海南의 柳希春 등이 있었고, 또한 조광조의 문인인 成守琛·白仁傑 등, 서경덕 문인인 朴淳·許曄 등이 중앙정계에서 활발히 활동하고 있었다. 그 외에도 명종대에 활약했던 사림파의 중요 인물로는 朴謹元·尹斗壽·朴素立·尹仁涵·金弘度·金虬·金繼輝·朴啓賢·李希顔·成悌元·趙昱 등을 들 수 있다. 이중 후일 퇴계학

27) 李泰鎭, 〈士林과 書院〉(《한국사》 12, 국사편찬위원회, 1977).

파와 남명학파로 발전해 나가는 이황과 조식은 사림의 뿌리로 인식될 정도로 사림파 내에서의 위치가 절대적이었다.[28] 이들은 선대 이래의 확고한 사회 경제적 기반과 선배학자들의 학문적 업적을 배경으로 향촌에서 師友門人관계를 형성하여 강력한 세력으로 존재하고 있었다. 특히 이황은 최초의 서원인 백운동서원을 사액받는 등 서원 창설과 보급운동에도 적극적이었다. 이 시기 사림의 성장과 확대는 영남을 비롯하여 충청·전라·경기 등 전지역으로 확산되고 있었다.

명종 연간 정국에 대한 당시 사림계쪽의 입장은 기본적으로 척족정치는 용인할 수 없다는 반척신적 입장을 견지하고 있었지만 그 내용면에 있어서는 상당히 달랐다. 척족정치에 과격하게 반대하다가 귀향가거나 죽음에 이르는 경우가 있는가 하면, 온건 타협적인 노선을 견지하는 경우도 있었다. 한편 당시 사림중에는 무오·기묘·을사사화를 거치고 또한 척족정치가 장기화되자 과거를 통해 관인이 된다는 생각을 단념하는 자가 나오게 되는가 하면 아예 산림처사로서 일생을 보낸 자들도 많았다. 당시의 정국에 대한 사림파의 현실 대응 의식을 엿볼 수 있는 대표적인 예로는 이황이 명종의 잦은 징소에도 불구하고 중앙정계로의 진출을 기피했던 점이나, 조식이 문정왕후와 소윤 집권에 비판적인 상소를 올렸다는 것은 그 대표적인 예이다.[29]

이 시기 재지 사림세력의 성장을 단적으로 보여주는 것은 명종 20년(1565)의 「請斬普雨疏」이다.[30] 앞에서도 언급했다시피 사림세력은 명종조 훈척 정권하에서도 꾸준한 성장을 계속하고 있었다. 실제로 이들이 주장하는 공론정치가 당시 정국에 반영되고 있지는 않았지만 특히 각 지방의 유생들의 성장은 괄목할 만한 것이었다. 이 시기에 오면 그 이전에는 없던 이른바 退溪學派·南冥學派와 같은 학파가 형성되고 각 읍마다 향교·서원 및 동성촌의 문중이 형성되는 등 사림의 기반이 점차 확대되어 갔다. 이러한 분위기 속에서 도처에 사림들이 형성되기 시작하였으며, 이 儒疏는 이러한 배경에서 나올 수 있었던 것이다.

---

28) 李樹健, 〈南冥과 南冥學派〉(《民族文化論叢》 2·3, 嶺南大, 1982).
29) 《明宗實錄》 권 19, 명종 10년 11월 경술.
30) 李樹健, 〈正祖朝의 嶺南萬人疏〉(《嶠南史學》 창간호, 1985), 309~311쪽.

명종 20년 4월초에 문정왕후가 죽자 곧 언론 三司가 문정왕후와 밀착해 있던 보우의 처벌을 주청한 데 이어 관학생들의 「請斬普雨疏」가 전후 30차례나 상정되었고 끝내는 空館(捲堂)에 들어갔다.[31] 이때 관학에서 유생을 동원하여 집단 상소를 올리게 하고 공관까지 감행케 한 데에는 8도 중 생진수가 가장 많았던 경상도 출신 유생이 중심이 되었다. 그 다음 달에는 楊州 儒生인 生員 李思淵 등 50여 명과 開城府 유생인 생원 吳彦仁 등 40명, 忠義衛 尹義孫 등 322명의 집단 상소가 있게 되어 보우는 끝내 제주에 유배되었다. 동년 7월에 안동 유생인 생원 權審行 등 200여 명과 南原 유생인 생원 吳夢良 등 200명의 상소가 있고 난 후 8월에 경상도 列邑 유생을 대표한 進士 金宇宏 등 300여 명이 올린 제1차 유소가 있었다.

명종 20년 4월에서 8월까지는 각 도·각 읍별로 보우의 처단과 윤원형을 탄핵하는 유소가 서로 경쟁이나 하듯이 올라왔다. 김우굉 등의 2차 유소는 8월 5일부터 25일까지 20차에 걸쳐 도내의 列邑 유생들이 入京할 때마다 해당 고을 유생들과 합류하여 상소하였는데, 20차에 湖西·館學生들과 함께 상소를 하여 명종의 비답을 받았다.

안동의 權審行 등과 상주의 김우굉 등의 영남유소는 중앙의 三司疏와 館學疏에 다소 뒤졌지만 문정왕후 사후 척신정치를 몰아내는 데 크게 작용하였다. 특히 당시 조정의 언론기관과 館學에는 화담·퇴계·남명 등의 문하를 출입한 인사들이 포진하고 있어 그들의 주동하에 그러한 疏章이 계속 상정되었고 동시에 諸道에 移文하여 유생들을 종용했던 것이다. 한편 이러한 유소는 당시 사림 주도하에 관학생과 지방 유생 및 재경 관인과 지방 유림과의 긴밀한 협조체제하에서 가능하였다.

이와 같이 공론을 바탕으로 한 반척신적 태도로 나름대로의 위상을 확보한 사림파의 정치적 영향력은 척신의 몰락 이후 을사피화인에 대한 신원이 이루어지면서 더욱 강화되었다. 당시의 사림파는 명종 중기이래 정계에 진출하면서 활동해 온 부류와 을사사화때 피화되었다가 신원된 부류 등으로 구분할 수 있다.

신원된 을사인 대부분은 年老하여 뚜렷한 활동을 할 수는 없었으나 반척

31) 《明宗實錄》 권 31, 명종 20년 4월 신묘.

신의 입장을 견지하다 피화되었다는 점에서 사림파로서의 정당성을 갖는 반면, 명종 중기 이후 진출한 사림파는 비록 그들 나름대로 공론에 입각한 활동을 했다고 하더라도 척신지배하에서의 소극적인 행동으로 순수성은 을사피화인에 비하여 약한 형편이었다.

그러나 당시 沈家세력이 외척으로서 활동에 한계가 있었고 윤원형과 이량의 몰락이후 근신하고 있었기에 과거 정치의 청산이라는 면에서는 공론을 견지하면서 반척신의 태도를 지녔던 사림파의 입장이 더욱 정당성을 지닐 수밖에 없었다. 따라서 사림파는 척신세력의 몰락 이후 그들 집권시의 폐단을 지적하고 이의 시정을 촉구하면서 維新정치에 대한 기대감을 갖고 있었다. 이를 위해 사림파는 언관을 통한 對王 공세에 나섰다. 언관을 중심으로 과거의 척신정치를 청산하고 새 정치질서를 수립해야 한다는 상소가 자주 나타난 것이 그 예가 된다.

이러한 사림파의 입장에 대해 명종은 새 정치질서의 수립이라는 측면에서는 공감하고 있었으나 방법론적 문제에 있어서 확고한 입장을 가지지 못함으로서 확실한 입장을 표명하지 않고 있었다. 나아가 명종은 사림파의 성장에 대한 대응책으로 이량세력을 다시 등용하려는 움직임까지 보이고 있었다. 이러한 불안한 형세에서 사림세력은 사림학자들을 기용하여 사림세력을 확장함으로써 권신들의 재진입을 차단하고자 하였다. 명종 21년(1566) 6월에는 李恒·成運·韓脩·南彦經·林薰·金範 등의 遺逸에게 6품직을 제수하여 명망있는 사림학자들을 조정에 배치하려 하였다.[32] 또한 문정왕후 사후 당시 신진사류들의 종장인 이황에게 계속 召命을 내려, 이황이 명종이 승하하기 직전 상경하는 것도 이황의 重望으로 명종의 마음이 동요되지 않게 하고 사림세력을 결집시키려는 것이었다.

이후 명종이 죽고 德興君의 제3자인 鈞(宣祖)이 왕으로 즉위하면서 사림세력은 마침내 정국의 주도권을 잡게 되었다. 이후 을사사화인에 대한 본격적인 사면 등 척신정치에 대한 청산이 가속화되었다.

〈李樹健〉

---

32) 《明宗實錄》 권 33, 명종 21년 6월 경진·7월 무신.

2. 붕당의 출현

오랜 기간에 걸친 훈척세력과의 정치적 투쟁을 통하여 성장하여 온 사림세력은 선조 초반에 이르러 마침내 정국을 주도할 수 있는 위치에까지 이르게 된다. 그리하여 趙光祖 등의 己卯士類에 의해 주창된 이래 그들이 추구해 마지 않던 사림정치를 비로소 현실의 정치현장에 구체적으로 적용하게 된다. 붕당의 출현도 바로 이러한 과정에서 나타난 현상의 하나였다.

붕당의 출현과 관련해서는 그 배경으로 여러 가지 說이 말해지지만 현재까지의 연구수준에서 볼 때, 바로 이러한 사림정치의 구현방식과 그에 의한 정국운영을 놓고 사림사이의 의견차이와 이해관계의 대립에 따른 정치적 갈등의 결과인 사림내부의 분열이라고 하는 설명이 가장 타당한 듯하다. 그리고 붕당이 처음 나타난 이 선조 연간은 그것의 초창기여서 정국운영이 미숙하였던 탓으로 붕당간 대립의 열도가 심하고 또 분열의 양상도 지리멸렬하였다고 한다. 이러한 현상은 후일 인조 연간에 들어가 비로소 일정한 정치형태를 갖춘 붕당정치로 발전해 간다고 하지만, 여기서는 선조 연간 붕당의 출현에만 국한시키기로 한다.[1)]

---

1) 붕당의 출현과 관련해서는 이른바 '당쟁'의 발생이란 측면에서 일찍부터 관심이 두어져왔고 따라서 이에 관해 언급한 연구가 적지 않다. 여기서는 최근에 연구된 아래의 성과를 주로 참고하였다.

이태진, 《朝鮮後期의 政治와 軍營制 변천》(한국연구원, 1985).

구덕회, 〈선조대 후반(1594~1608) 政治體制의 재편과 政局의 동향〉(《韓國史論》 20, 서울大, 1989).

정만조, 〈16세기 士林系 官僚의 朋黨論〉(《韓國學論叢》 12, 國民大, 1989).

김항수, 〈선조 초년의 新舊 갈등과 政局動向〉(《國史館論叢》 34, 國史編纂委員會, 1992).

그런데 붕당출현에 관한 이해에서 특히 유의해야 할 것은 史料상의 문제다. 임진왜란으로 선조 전반기의 公私文籍이 소실되어 버림으로써 《宣祖實錄》의 零星한 기록에서 보듯이 사실의 파악조차 쉽지 않은데다가, 이를 보완해주는 후대의 기록들이 대부분 黨色에 따른 편파성을 강하게 지니고 있어서, 사건의 진상과 사실의 진면목을 전해준다고 보기 어렵기 때문이다. 붕당 출현을 포함한 선조 전반기의 정치사 설명에는 기본적으로 이러한 사료상의 한계가 있음을 감안해야 할 것이다.

1) 선조초의 정계구성과 구체제의 청산

흔히 선조의 즉위로 사림이 집권했다고 말해지지만, 사림으로 통칭되는 선조초의 집권세력 내부에는 애초부터 벼슬한 시기에 따른 권신체제와의 관련 문제나 학문적 성향의 차이로 인해 정치적 입장과 노선을 달리하는 여러 부류가 있었다. 그것은 크게 보아 중종 연간에 등과하여 이후 계속 벼슬하여 선조초의 시점에서는 고위직을 차지했으나 이미 구세대가 되어버린 부류와, 명종 이후 정계로 진출하였기에 앞의 부류에 비해 상대적으로 신진이라 할 세력으로 구분할 수 있다.

전자를 대표하는 인물로는 李浚慶·洪暹·權轍·金鎧·洪曇·李鐸 등이 손꼽힌다.[2] 이들은 왕실과의 연결이 없고, 또 권신에 밀착하지도 않았다는 면에서 권신이나 그 추종세력과 일단 구별된다. 뿐만 아니라 비록 일부이기는 해도 金安國·宋麟壽 등 士林系 學統線上에 있는 인물의 문인도 있고,[3] 또 이준경에서 보듯이 권신체제하에서 지조를 굽히지 않고 사류를 옹호함으로써 사림의 신망을 받는 경우도 있어, 넓은 의미로 본다면 그들도 사림에

2) 이들의 구체적인 면모는 다음과 같으며 선조초에 대부분 舊臣系 官僚로 구분된다.

이 름	生卒年度	문과급제연도	선조초의 관직
李浚慶	1499~1572	1531	영의정
洪 暹	1504~1585	1531	좌찬성
權 轍	1503~1578	1534	우의정
李 蓂	1496~1572	1528	좌의정
閔 箕	1504~1568	1539	이조참판
金 鎧	1504~1569	1540	형조판서
元 混	1505~1588	1525	병조판서
宋 純	1493~1582	1519	한성좌윤
朴忠元	1507~1581	1531	예조판서
李 鐸	1509~1576	1535	대사헌
鄭大年	1507~1578	1532	병조참판
洪 曇	1509~1576	1539	호조판서
鄭惟吉	1515~1588	1538	지중추부사
鄭宗榮	1513~1589	1543	형조참판
宋麒壽	1507~1581	1534	공조판서
朴永俊	1510~ ?	1540	이조판서

3) 金安國 門人으로서 鄭順朋·李樑을 탄핵했던 閔箕와, 宋麟壽 門人이며 尹元衡을 비판한 鄭宗榮을 예로 들 수 있다.

포함될 수 있는 존재였다. 그렇지만 그들은 의리보다는 名利를 좇아 浮沈取容했다는 후대의 비난이 말하듯이, 권신체제를 묵인하면서 그 속에서 벼슬해 왔고 그래서 선조초에는 대부분 당상관으로서 주요관직의 우두머리와 대신직을 차지할 수 있었다. 그러나 바로 이런 이유 때문에 그들은 정계의 지각 변동을 가져올 권신체제의 청산 문제에 한두 명의 예외를 제외하고는 소극적일 수밖에 없었다. 선조초의 집권세력 안에서 因循姑息的이라고 비판받던 舊臣의 존재는 바로 이들을 가리킨다.

한편 후자는 명종 이후에 과거에 급제해 벼슬한 후진적 존재였다. 이들 중에는 徐敬德·李滉·曺植 등 당대 성리학의 종장들과 일정한 학문적 관계를 맺고 있는 인물들이 적지 않았다. 그래서 구신들과는 달리 성리학에 대한 이해가 상당하였고 따라서 이에 토대한 사림정치의 구현을 열망하였다. 바로 이런 면에서 그들은 조광조이래 사림의 정통적 계승자로 자처했으며, 뒤에 보듯이 선조초 이후 권신체제의 청산과 혁신정치의 실행을 주장하게 되는 것이다. 권신세력에 비해 흔히 신진사류로 불리던 이들 내에도 출신시기에 따라 두 갈래 계통으로 나눌 수 있다.

하나는 명종 전반기에 벼슬길에 나왔으나 권신체제를 비판해 쫓겨났다가 후반기에 다시 기용된 朴淳·許曄·奇大升·金繼輝[4]와 같은 인물들이었다. 이들은 복직된 후 주로 언관직에 있으면서 명종비 沈氏의 아우이던 沈義謙과

---

4) 여기에는 다음과 같은 인물들이 있다(신진사류 중 선배).

이 름	生卒年度	문과급제연도	선조초의 관직
朴 淳	1523~1589	1553	대사헌
李後白	1520~1578	1555	병조참의
許 曄	1517~1580	1546	승 지
金繼輝	1526~1582	1549	대사간
奇大升	1527~1572	1558	전 한
李陽元	1526~1592	1555	도승지
具鳳齡	1526~1586	1556	이조좌랑
尹斗壽	1533~1601	1558	우승지
尹根壽	1537~1616	1558	집 의
具思孟	1531~1604	1558	이조정랑
吳 健	1521~1574	1558	정 언
沈義謙	1535~1587	1561	승 지

연결되어 명종 말년의 李樑·尹元衡 등 권신의 축출에 앞장섰다. 그래서 선조초에는 대개 堂上官의 관직을 가지고 신진사류를 영도하는 위치에 서 있었다.

다른 하나는 명종 후반기에 등과하여 선조초에 막 郎僚職에 진출하였던 李珥·鄭澈·李山海·柳成龍[5] 등 당시로서는 가장 신진기예한 관료들이었다. 그들은 권신이 제거된 이후 벼슬길에 나와서 권신체제와는 일단 무관하였기에 그것의 청산에 누구보다도 적극적일 수 있었다. 그리고 그들은 조광조를 앞세우며 이황·조식 등을 정신적 지주로 받들고 朱子성리학에 대한 탐구와 현실에서의 실천적 적용으로서 사림정치의 구현을 신념으로 표방함으로써 사류의 본령에 충실하였다. 따라서 선조초의 시점에서 구체제의 청산과 혁신정치의 실현을 열망한 신진사류란 바로 이들을 지칭한 것이었다. 그런데 선조초에는 위의 舊臣과 新進사류 이외에 乙巳復官人이라 할 수 있는 존재가 있었다. 명종초의 을사사화에 연루되어 20여 년의 귀양살이 끝에 정계로 복귀한 白仁傑·盧守愼·柳希春[6] 등이 그들이다. 사화로 직접 피해를

5) 이들의 구체적인 면모는 다음과 같다(신진사류 중 후배).

이 름	生卒年度	문과급제연도	선조초의 관직
李 珥	1536~1584	1564	이조좌랑
鄭 澈	1536~1593	1561	부 교 리
金孝元	1532~1590	1565	병조좌랑
金宇顒	1540~1603	1567	正 字
李山海	1538~1609	1561	이조정랑
柳成龍	1542~1607	1566	수 찬
李海壽	1536~1598	1563	부 수 찬
洪聖民	1536~1594	1564	수 찬
鄭惟一	1533~1576	1558	이조정랑
權德輿	1518~1591	1562	사 간
金命元	1534~1602	1561	부 수 찬

6) 을사복관인의 면모는 다음과 같다.

이 름	生卒年度	문과급제연도	선조초의 관직
白仁傑	1497~1579	1537	대 사 간
盧守愼	1515~1590	1543	부 제 학
柳希春	1513~1577	1538	응 교
金鸞祥	1507~1570	1537	직 제 학
閔起文	1511~1574	1539	典 翰
李元祿	1514~1574	1541	判 校

입은 당사자였다는 면에서 그들은 사류로서의 지위를 보장받았고, 조정 상하의 두터운 신임을 얻을 수 있어서 복관되자마자 不次擢用의 특전으로 당상관에 올랐다. 그러나 그 숫자가 얼마되지 않는 데다가 개인적 성향의 차이 등으로 인하여 정치적 결속력이 부족하였기 때문에 하나의 정치세력으로서의 독자적 영향력은 거의 없다시피 하였다.

이상과 같이 선조초의 집권세력 내부에는 정치적 입장과 노선을 달리하는 여러 갈래의 정치세력이 존재하였다. 그리고 舊臣系가 대체로 대신급과 6조의 장·차관직을 차지하고, 신진사류와 을사복관인이 兩司와 홍문관에 다수 포진했던 이 시기의 관직참여 분포상으로 볼 때 구신계는 정국운영권을, 그리고 신진사류들은 언론권을 장악함으로써 《擇里志》에서 사림정치구조의 기본형태라고 한, 大官과 小官이 서로 維持하고 上職과 下職이 서로 견제한다는 형국을 취하고 있었다.

선조 즉위 직후 그들 사이에는 권신계의 잔존세력을 일소할 때까지 별다른 이견이 드러나지 않았다. 즉 이량·윤원형이 축출된 이후 명종비의 작은 할아버지이며 좌의정을 역임하고 물러나 藥房提調로 있던 沈通源이 권신계의 잔존세력을 규합하면서, 귀양가서 있던 이량·尹百源 등의 복귀를 획책하고, 명종의 후계자 선정에까지 영향력을 행사하려 함으로써 당시의 집권세력에 큰 위협이 되고 있었는데, 이들은 서로 힘을 합쳐 명종의 발인도 하기 전인 선조 즉위년(1567) 9월에 심통원을 위시한 沈銓·鄭鑽·鄭惕·李元祐·金明胤·尹仁恕·李洪胤 등 권신의 子姪輩들을 탄핵, 정계에서 완전히 추방하였던 것이다. 뿐만 아니라 앞선 시기의 사화에서 피해를 입었던 인물에 대한 伸寃도 함께 추진하였다. 여기서 조광조·權橃·李彦迪에게 議政의 벼슬이 추증되고 위에서 말한 백인걸·노수신 등의 복관이 이루어질 수 있었다.

그러나 國喪의 절차가 마무리되어 정치적 과도기가 끝나고 새 임금인 선조에 의한 정치가 본격화하여 국정운영의 방향과 방법을 둘러싸고 논란이 벌어지면서, 그 동안 잠재되어 있던 여러 정치세력사이의 상이한 정치적 입장과 노선이 표면화되기 시작한다. 특히 이 때는 조광조 이래의 사림세력에 의해 추구되었던 이른바 사림정치가 다시 표방되는 추세에 있었고, 그것의 특징중의 하나가 중요한 정치사안에 관해서는 三司를 중심으로 집권세력 대

다수가 참여한 공공연한 토론과 공개적인 검증과정을 거쳐 결론을 도출하는 公論정치에 있었으므로,[7] 논란과 토론의 열기가 그만큼 높았을 것이었다. 그러는 과정에서 각 정치세력의 성향이 보다 분명해지며, 예컨대 그 출신으로 보아서는 구신계라고 할 李鐸이 신진사류의 옹호자로 나서는 데서 보듯이, 정치세력 상호간의 異見者들의 이탈과 취합에 따른 재편성이 수반되면서 후일의 東人·西人 朋黨 성립의 배경이 조성되는 것이다.

선조초에 조신간에 논란을 일으키고 신·구세력의 존재와 갈등을 드러나게 한 처음의 사안은 郞薦制 문제였다.[8] 낭천제란 試才를 통하지 않고 이조전랑의 천거를 통해 재주와 행실이 좋은 사류를 관직에 등용하려는 제도로 선조 원년(1568) 吏曹正郞 具鳳齡과 佐郞 鄭澈에 의해 제기되었다.[9] 신진사류에 속하는 그들이 이를 제기한 데에는 윤원형 등 권신집권 이래의 큰 폐단이었던 구신들의 청탁에 의한 인사를[10] 배제함으로써 관료사회의 새로운 기풍을 조성함과 동시에 名節을 앞세워 혐의를 꺼리는 사림계 인물의 정계 진출로를 열어준다는 의도가 잠재되어 있었다.

이 낭천제는 구신계인 朴永俊의 뒤를 이어 이조판서가 된 李鐸이 정철의 요구를 수용함으로써 시행을 보게 된다. 그러나 이에 대해서는 구신계의 반발이 바로 뒤따랐다. 구신계로서는 그들의 기득권이 상실됨으로써 자신들의 세력기반을 약화시킬 낭천제를 그대로 앉아서 수용할 수는 없었던 것이다. 그들은 祖宗의 옛제도(舊規)를 함부로 바꾸는 것은 바람직하지 않다는 주장을 펴면서 낭천제를 주도하는 구봉령·정철 등을 일을 꾸미기 좋아하는 무리(喜事者)로 몰아 배척하였고[11] 구신계 인물을 이조판서로 밀어 이를 통해

---

7) 김 돈, 《16세기 전반 정치권력의 변동과 유생층의 공론형성》(서울大 博士學位論文, 1993).

8) 김항수, 〈宣祖初年의 新舊갈등과 政局動向〉(《國史館論叢》 34, 國史編纂委員會, 1992). 이하의 서술에서는 주로 이 논문을 참고하였다.

9) 《宣祖修正實錄》 권 2, 선조 원년 3월.

10) 國初부터 有蔭子弟로 과거에 급제하지 못한 자의 등용을 위해 四書 一經을 講試하여 初職을 주었는데 윤원형이 집권한 이후는 試講의 내용이 부실해져 집안 소식을 묻는 것으로 대신할 지경이 되므로 배움에 뜻을 둔 自好之流는 여기에 응하지 않게 되어 벼슬길이 더욱 혼탁해졌다고 한다(《宣祖修正實錄》 권 9, 선조 8년 9월).

11) 《經筵日記》 선조 2년 6월.

낭천제를 무효화하고자 하였다.

우의정 洪暹의 사촌아우로 구신계의 핵심적 위치에 서 있던 洪曇이 이탁 대신 이조판서가 된 것은 이런 배경에서였다. 홍담은 당장 낭천제를 부정하고 인사권을 판서가 다시 행사하려 하였다. 이에 대해 좌랑 정철이 낭천제를 고집하자 두 사람 사이가 매우 악화되었으며 이는 곧 구신과 신진사류의 불화로 확대되었다. 세력기반의 확보를 위한 구신과 신진사류의 상반된 이해관계가 낭천제 문제로 표출되어 충돌하게 된 것이다. 이후 낭천제는 구신계인 朴忠元을 거쳐 신진사류의 영수격인 朴淳이 판서가 됨에 다시 부활되고 그 뒤로도 몇 차례의 폐지와 설치를 반복하지만 점차 신진사류의 영향력이 확대되는 가운데 정착을 보게 된다.[12] 하지만 이 낭천제 시행문제에서 분명히 서로간의 정치적 존재를 확인하게 되는 구신과 신진사류 사이의 대립은 바로 얼마 후에 구신계 대신들이 신진사류를 공격하는 요인이 되고 끝내 老黨과 少黨이란 朋黨명목으로까지 나가게 된다.

신·구세력간의 갈등은 선조 2년 文昭殿 논의에서 재발하였다. 문소전이란 世宗이 漢의 原廟制를 모방해 太祖와 今上의 四代祖의 신주를 모시는 祠堂을 말한다. 명종의 상을 마치고 그 신주를 문소전에 모시게 됨에 사류들은 명종초 권신들에 의해 해를 넘기지 못한 임금(未踰年之君)이므로 정통의 계승자가 될 수 없다고 하여 延恩殿에 두어졌던 仁宗의 신주도, 이번 기회에 문소전으로 옮겨 권신체제하에서 잘못되었던 명분을 바로 잡아야 한다는 논의를 내었다.[13] 이에 대해서는 영의정 이준경 등 대신들도 찬성하였다.

그런데 신주를 놓을 자리가 협착하여 문제가 발생하였다. 구신계가 문소전 건물의 증축안을 내는 데 대해, 이때 모처럼 조정에 나왔던 李滉은 문소전의 신주설치 방향을 바꾸게 되면 남북보다는 동서가 더 넓은 문소전의 건물구조 때문에 장소협착 문제가 해결되며 古制의 원칙도 회복할 수 있다고

12) 이 낭천제는 16세기 이조전랑의 권한이 강화되는 추세에서 만들어진 제도였다. 사림들은 自薦制를 바탕으로 이조전랑의 권한을 확대하여 權臣과 大臣들의 인사전횡을 견제해왔다(崔異敦, 〈16세기 郎官權의 성장과 朋黨政治〉, 《奎章閣》 12. 1989). 이와같이 전랑권이 강화되는 추세에서 신진사류들은 전랑이 실질적인 인사권을 행사함으로써 대신들의 인사청탁을 막으려 했던 것이다.

13) 《宣祖修正實錄》 권 3, 선조 2년 정월.

하였다. 특히 古制 회복과 관련하여 不遷之主는 서쪽에서 동향하고 昭穆을 남북으로 배열하는 것이 원칙이므로 이번 기회에 그 동안 고제에서 어긋나게 북에서 남향하고 있던 태조의 신주와 동서로 된 소목의 위치를 바꾸자는 것이었다.[14] 이황의 이런 주장은 신진사류들의 절대적 지지를 받았으나 대신들을 위시한 구신세력은 세종이래 140여 년을 지켜 온 祖宗의 舊制를 바꿀 수 없다고 반대하였다. 여기서 이황은 물론 그를, 士林의 宗匠으로 받들던 신진사류들은 대신들의 변통하지 않으려는 수구적 자세를 비판하고 나왔다. 더구나 이런 논의 과정에서 李浚慶이 인종을 한해를 넘기지 못한 임금이므로 그대로 연은전에 두자는 주장을 펴 사류들의 의론을 백지화하려는 태도를 보이자 奇大升·辛應時 등은 이준경을 윤원형·李芑 등의 '乙巳權奸'에까지 비유하며 심하게 배척,[15] 구신들의 분노를 불러왔다.

이러한 논쟁은 결국 이준경이 자신의 과실을 인정하고 인종의 신주를 명종과 함께 문소전에 모시게 됨으로써 일단락 되었다.[16] 그러나 문소전 논의를 통해 사류와 구신들은 구체제의 개혁에 관한 서로의 입장을 분명히 하면서 정국운영에 관한 두 세력의 방안이 근본적으로 상이함을 인식하게 되고 끝내는 정치적 충돌로 나아가게 된다.

낭관권과 문소전 논의를 거치면서 증폭된 두 세력간의 갈등은 마침내 선조 2년(1569) 5월 구신계인 김개·홍담 등에 의한 신진사류 제거 움직임으로 나타난다. 평소 유학자를 질시하고 특히 낭천제 문제로 신진사류계의 정철과 대립하였던 이조판서 홍담은 사촌형인 우의정 홍섬 및 그와 사이가 가까웠던 宋純·김개 등과 함께 신진사류를 몰아낼 생각을 하고 김개로 대사헌을 삼았다. 이에 김개는 경연에 입시한 자리에서 己卯의 禍는 浮薄之徒로 말미암은 것인 만큼 이를 거울삼아 오늘의 과격한 年少輩를 억제하고, 그들의 경망된 언동을 미연에 방지해야 한다며 임금을 충동하고, 南袞을 삭탈관작한 것은 잘못이라고까지 하였다.[17] 古制의 회복과 권신체제의 청산을 위해 혁신

14) 《宣祖實錄》 권 3, 선조 2년 2월 기묘.
15) 《論思錄》 下, 선조 2년 5월 21일.
16) 《宣祖修正實錄》 권 3, 선조 2년 3월.
17) 《宣祖實錄》 권 3, 선조 2년 4월 임진 및 6월 신사·임오.
《宣祖修正實錄》 권 3, 선조 2년 6월.

을 주장하던 신진사류를 少己卯로 지목하여 위험시하던 구신계의 시각을 그대로 드러낸 것이다.

김개의 이런 발언에 대해 신진사류 계열의 지평 정철·좌승지 기대승·우승지 심의겸 등은 즉각 반발을 보였다. 그들은 김개를 기묘사화에 빗대어 사류를 일망타진하려는 소인배라고 질타하면서 李鐸·朴淳·기대승·尹斗壽·尹根壽·정철·李後白 등 사림계 인사를 제거하려는 홍담 등 구신계 인사의 음모가 배후에 도사리고 있다고 역공하였다.[18] 이어 사류가 장악한 三司에서 김개를 탄핵, 관직에서 추방하자 불안을 느낀 홍담이 이조판서 자리에서 스스로 물러나고 우의정 홍섬도 사직을 청함으로써 분란은 표면적으로 가라앉았다.[19] 구신계의 구심점인 이준경의 적극적인 동조를 받지 못한 데서 보듯이 김개·홍담의 신진사류 축출 움직임은 구신계 전체의 결집된 의지는 아니었던 것으로 보인다. 하기야 舊臣을 구성하는 인물들의 출신기반과 정치성향이 다양하여 중종대 이래 함께 벼슬해 왔다는 것 이외는 공통된 요소가 없어 정치세력으로서의 결속력이 약하기 때문에, 이해관계가 얽히는 이 문제에 구신계 전체가 동일한 보조와 움직임을 취할 수는 없었을 것이다. 그래서 사안의 중대성에 비해 그 파장이 길지 않고 바로 수습되지 않았을까 생각한다.

그렇다고 하여 이 사건이 갖는 의미가 그리 작은 것은 아니었다. 《宣祖修正實錄》에는 이 사건을 계기로 구신과 신진사류를 각기 가리키는 老黨·少黨이라는 붕당 명목이 생겨났다고 기록하였다.[20] 구신들의 정치적 결속력이 약하기 때문에 노당이라 불리워졌다고 해서 그것을 곧 하나의 정치세력화한 붕당으로 볼 수는 없다. 아마도 '老黨'이란 명칭은, 그 동안 구신들과 대립해오던 일단의 신진사류를 마치 중종때의 조광조 등 연소사류에 비슷한 존재로 간주하여 少己卯라고 부르면서 위험시하고 연소배로 몰아 낮춰보려는 데서 생겨난 少黨이란 명목에 대비시켜 당시 사람들이 부른 데에 불과하였을 것이다.

문제는 사류로 구성되었다는 소당이다. 그들은 구신과의 대립을 거치면서

18) 《論思錄》 下, 선조 2년 6월.
19) 《宣祖實錄》 권 3, 선조 2년 6월 신사.
《宣祖修正實錄》 권 3, 선조 2년 6월.
20) 《宣祖修正實錄》 권 3, 선조 2년 6월.

개혁을 지향하는 비슷한 정치적 입장을 취했으며, 완전히 일치하지는 않지만 서로 통할 수 있는 정치이념과 이론을 갖고 있음을 확인할 수 있었다. 여기서 그들간에는, 기묘사류의 결속력과 일체감에까지는 이르지 못한다고 하더라도, 일종의 동류의식과 같은 연대감이 형성되었고, 이러한 정치적 존재와 움직임이 구신들이나 제 3자에게는 하나의 정치집단으로 비쳤을 것이다. 소당이란 명목은 그래서 나왔을 것이며, 2~3년 후 영의정 이준경이 죽음에 임하여 올린 遺箚에서 조정에 붕당의 조짐이 있다고 하였던 것도 바로 이들을 지목했던 것이고, 또 그러기에 이들은 이준경이 자신들을 붕당으로 몰아 일망타진하려하는 小人이라고 배척해마지 않았던 것이다.[21] 후일 동인·서인의 分黨시기에 선조 이후 진출한 사류로부터 前輩내지 先輩로 불리워지며 沈義謙黨 내지 서인에 속하였던 인물들은, 예외가 적지 않게 찾아지기는 하지만, 상당수가 이들 소당에서 나왔다. 그런 면에서 이 시기의 소당이란 명목의 출현은 후일의 동·서분당의 선구로서 큰 의미를 갖는다.

낭천권의 확보와 문소전 논의를 거치면서 정치적으로 浮上하게 된 신진사류는 이제 舊臣에 당당히 맞설 정도의 유력한 정치세력으로 성장하였던 것이다.

을사사화 피해자의 伸寃과 사화를 일으켜 공신에 책봉된 자에 대한 削勳 논의가 본격적으로 제기될 수 있었던 것은 이러한 배경 위에서였다. 그런데 이 신원과 삭훈의 문제, 그 중에서도 삭훈 주장은 을사사화 자체를 무효화하는 의미를 지니므로 거기서부터 비롯된 권신체제하에서 벼슬한 구신들의 처지나 명분이 무너짐은 말할 것도 없고, 사화를 逆獄으로 인정하고 공신 칭호를 내려준 명종의 처분을 부정함으로써, 명종의 후계자였던 선조의 명분까지 난처함에 빠뜨릴 것이었다. 그러므로 乙巳伸寃과 삭훈문제에 관한 한 사류들

---

21) 이준경은 遺箚의 第 4條 破朋黨之私에서 당시에 행실이나 학문을 닦지 않고 高談大言이나 일삼는 무리들이 朋黨을 결성, 스스로를 높은 척하며 의견이 다른 사람을 배척하여 용납하지 않는 虛僞의 풍조가 있음을 지적하였다. 물론 이것은 이준경 나름으로는 혁신을 추구하던 일부 사류의 정치행동을 경거망동으로 보아 우려를 표명한 것이겠지만, 이를 붕당으로 지목한 것이 문제였다. 이때만 해도 조정의 붕당인식은 政亂國亡을 초래하는 요인으로 간주되었고 따라서 朋黨행위를 하는 자는 처벌의 대상이 되었다.
정만조, 앞의 글, 104~106쪽 참조.

도 선뜻 의견을 내기는 어려웠고, 뿐 아니라 사류 내의 의견마저 한결같지 않았다. 예컨대 이이·정철·이해수 등의 권신체제가 무너진 뒤 관직에 나왔던 비교적 연소한 사류들은 사화자체를 역모사건이 아니라 윤원형·이기 등의 권신이 공을 탐해 날조한 誣獄으로 보아 완전한 신원과 삭출론을 폈으나, 신진사류의 종장이라고 할 이황이나 선배격에 해당하는 허엽은 이른바 을사원흉이라는 尹任과 桂林君 瑠는 신원되기 어렵고, 따라서 삭훈은 쉽지 않을 것이라는 인식을 가졌으며, 신진사류의 의론을 선도하던 기대승도 삭훈에는 소극적이었다.

이와 같은 이견이 있고 또 난관과 반대론이 예상되지 않은 것은 아니지만 사류로 보아서 을사사화의 신원과 삭훈문제는 반드시 해결해야 하였다. 그것은 비단 사림적 명분을 바로 잡는 일일뿐 아니라, 신진사류 자신의 정치활동의 정당성을 확보하고 안전을 보장받는다는 현실적인 면에서도 필요하였다. 이에 선조 3년(1570) 4월 백인걸의 신원상소를 효시로 하여 삼사의 상소가 뒤따랐고 이이가 홍문관 교리가 된 5월 이후 삭훈 논의가 본격화하였다. 그 결과 대다수의 피화인은 신원되었으나 柳灌·柳仁淑 및 윤임과 계림군 류의 복관, 그리고 삭훈문제는 끝내 성취하지 못했다.[22]

을사 삭훈 논의를 거치면서 권신체제와 연결되었던 구신계의 정치적 입장은 약화되었다. 그 결과 선조 4년 무렵부터 구신계의 정계로부터의 퇴조가 현저해지고, 따라서 정국의 주도권은 점차 사류의 수중으로 넘어오게 된다.

우선 선조 3년말부터 계속 사직소를 올리던 이준경이 4년 5월 영의정에서 물러났다. 우의정과 우찬성이 되었던 吳謙과 朴忠元 역시 삼사의 탄핵으로 곧 면직되고 그 대신 구신계와 동년배이면서도 신진사류편에 서서 그들을 옹호하던 李鐸이 우의정에 올랐다.

거기에다 이준경이 선조 5년 7월에 죽었다. 죽음에 임해 올렸던 破朋黨의 遺箚가 조정에 큰 파문을 일으킨 것은 위에서 잠시 언급하였지만 어찌하였던 구신계로서는 큰 타격을 받은 셈이다. 뒤이어 우의정에 올랐던 鄭大年이 언관의 논박으로 체직되어 향리로 돌아가고 형조판서 元混, 예조판서 朴永俊,

22) 이것은 후일 선조 10년 인종비 仁聖王后가 위독할 때 大妃의 至願을 풀어준다는 차원에서 선조의 결단으로 비로소 실현된다.

형조판서 박충원, 이조판서 金貴榮·姜士尙 등도 탄핵을 받거나 혹은 스스로 파직하였다. 이와 달리 박순·노수신 등 사림계 인사가 차례로 대신이 되면서 마침내 선조 6년(1573) 9월 영의정에 이탁, 좌의정 박순, 우의정 노수신으로 된 의정부를 구성하게 된다. 지금까지 청요직에 머물던 사류로서는 자기 계열의 인물들로 대신의 자리를 채우게 됨으로써 비로소 국정을 전담할 수 있게 되었다. 바야흐로 사림의 정치시대가 도래한 것이다.

그리하여 사류들은 우선 그때까지의 정치적 경험으로 보아 사림정치의 구현을 위해서는 무엇보다도 먼저 임금인 선조의 마음을 돌려 사림적 정치관에 동조하도록 하는 것이 필요하다고 판단하였다. 경연을 통해 이른바 군주의 회천을 위해서 이이·김우옹·유성룡 등 당대 일류의 학자가 정성을 다하고, 미출신자의 입대제도를 마련하여 성혼·정인홍 등 산림학자를 사헌부의 지평·장령에 임명케 하며 나아가 그들을 경연에 참여시키기 위하여 미출신자의 경연직 겸대까지 요청하였다.

그런 한편으로는 숙폐의 제거를 위한 혁신도 추진하였다. 교화보다 양민이 시급하다고 하여 향약을 일시 중지시키는 한편 각사의 공판을 혁파하는 가공제를 실시, 방납의 폐를 줄이고 새로운 군적을 반포하여 피역자를 색출함으로써 군역의 폐단을 시정하려 하였다. 그러나 사류의 이러한 노력들은 별다른 성과를 거두지도 못했고 또 계속적으로 추진될 수도 없었다. 그 이유는 대개 다음과 같다. 우선 그렇게 노력하였음에도 불구하고 君心의 回天은 쉽지 않았다. 道學에 기초한 君子的 기준에서 고도의 도덕적 자기 수양과 욕망의 억제를 요구하는 사림의 고답적 왕도정치론은 흔히 군주의 자의적 언동과 충돌을 일으키게 마련이었다. 治世를 이루겠다는 의욕을 가졌던 선조의 경우도 그 한계를 벗어나지 못하기는 마찬가지였다. 사류에게 정치를 맡긴지 몇 달도 되지 않아 黃蠟을 대궐로 들이라는 內旨에 언관들이 佛事를 하려는 것이라고 비판을 하자, 크게 노하여 언관들을 질책한 뒤부터 사류를 멀리하기 시작해 박순·이이·이탁 등을 물러나게 하고 다시 구신을 등용해 사류를 실망시켰던 것이다.

다음으로 비록 퇴조하였다고는 하나 구신계가 여전히 사류의 발목을 잡고 있었다. 그것은 선조 8년 명종비 仁順王后의 卒哭후 服制를, 五禮儀에 규정된 바를 수정하여 古禮에 맞도록 흰색으로 바꾸자는 사림들의 주장에 대해 舊臣系가 祖宗의 옛 제도를 함부로 고칠 수 없다고 반대한 데서 그 예를 찾을 수 있다.[23] 정치적 입지가 약화된 처지에서 그들은 사류의 주장에 의구심을 갖고 개혁에 소극적인 국왕에 의지하여 수구적 자세를 고수하였던 것이다. 그러나 보다 본질적인 문제는 이 시기에 이르러 사류사이에 개혁의 방법이나 정국운영의 방향을 놓고 의견차이가 심화된 데 있었다. 바로 사류의 분열로 인한 동인·서인 붕당의 출현인 것이다.

2) 사림의 분열과 붕당의 출현

구신계가 퇴조하고 사림계가 三司의 언론권은 물론, 의정부의 대신직을 차지함으로써 사림에 의한 정국 주도가 가능해진 시점에 이르러 이제 사림계 자체 내부의 분열이 발생하게 된다. 이때 정계에 포진한 사류는 크게 두 부류로 구분해 볼 수 있다.

그 중 첫째 부류는 앞서 선조초의 구성에서 제시한 바 있는 명종 연간에 정계로 진출했던 존재들이다. 즉 명종 전반기에 벼슬에 나왔던 朴淳·許曄·金繼輝·具鳳齡·洪聖民·辛應時·尹斗壽·尹根壽·沈義謙 등(이들은 선조초에는 선배격이었다)과, 후반기에 등장한 鄭澈·李山海·李珥·柳成龍·金孝元·李海壽 등(당시는 후배사류로 불림)이 여기에 속하는 대표적인 인물들이다. 이들은 명종말 선조초에는 선후배 사류로 구분되었으나 선조 이후 벼슬해 오는 과정에서 관직상의 상하 차이가 거의 없어져서 선조 8년경에는 같은 당상관으로서 三司의 장관직이나 승정원의 승지, 6조의 참의, 참판직에 함께 벼슬하였다.[24] 따라서 이들은 선조 이후 진출하는 사류에 대해서는 선배적인 위치에 있었다.

한편 두 번째 부류는 선조 이후 관계로 나온 사류들이었다. 당연한 일이

---

23) 김항수, 앞의 글, 121~124쪽.

24) 예컨대 선조 7년경의 승정원 구성을 보면 도승지 許曄, 좌승지 朴好元, 우승지 李山海, 좌부승지 安自裕, 우부승지 李珥, 동부승지 權德輿이며 사간원 대사간을 李後白·李珥·洪天民·李山海가 돌아가며 담당하고 있다.

지만 선조 이후에도 과거는 계속 설행되고 다수의 급제자를 배출하였다. 《文科榜目》에 의해 선조 8년(1575)까지만 찾아본다 하더라도 모두 11회 설행에 급제자 수는 229명에 이른다.25) 물론 이들이 모두 관직을 받았거나 중앙정계에서 활동하였던 것은 아니다. 庚午(선조 3년) 式年榜의 장원급제자인 金大鳴은 평생의 관직이 고작 군수에 그쳤으며 심지어 甲戌(선조 7년) 別試榜의 鄭詳은 장원급제를 하고서도 일생 관직을 갖지 못할 정도였다.26) 그런가 하면 그 중에는 벼슬을 받아 중앙정계에서 활동하고 후일 名士가 되어 達官하는 인물도 또한 적지 않았다. 尹晛·金宇顒·趙憲·金應南·禹性傳·李山甫·金誠一·李元翼·洪進·李誠中·李敬中·沈忠謙·許篈·趙瑗·柳永慶·沈喜壽·洪迪·尹承勳·李潑·金睟·李景嵘 등이 그들이다.27)

동·서분당때 각기 전위세력으로 크게 활동했고 후일 대신급에까지 오르기도 하였던 이들은 선조 8년경의 시점에서는 앞서 말한 명종 연간 진출한 사류와 구분되어 후배사류라 불리웠다. 이들에게서 퇴계나 남명계열의 학통적 요소를 다수 찾을 수 있는 외에 별다른 공통점은 보이지 않는다. 그러나 관직에 처음 나온 新進氣銳한 존재였음으로써 사류의 이상인 사림정치의 실

25) 선조 즉위년의 식년시 33명, 원년의 증광시 33명, 2년의 알성시 7명·별시 16명, 3년의 식년시 34명, 5년의 춘당대시 15명·별시 16명·별시 19명, 6년의 식년시 34명·알성시 7명, 7년의 별시 15명 등 총 11회 229명.

26) 《文科榜目》 선조 甲戌 別試榜 甲科一人 鄭詳의 항목에 벼슬란이 공란으로 되어 있다.

27) 이들의 生卒年度와 문과급제연도는 다음과 같다.

이 름	生卒年度	문과급제연도	이 름	生卒年度	문과급제연도
尹 晛	1536~1598	1567	金宇顒	1540~1603	1567
趙 憲	1544~1592	1567	金應南	1546~1598	1568
禹性傳	1542~1593	1569	李山甫	1539~1594	1568
金誠一	1538~1593	1568	李元翼	1547~1634	1569
洪 進	1541~1616	1670	李誠中	1539~1593	1570
李敬中	1543~1585	1570	沈忠謙	1545~1594	1572
許 篈	1551~1588	1572	趙 瑗	1544~1595	1572
柳永慶	1550~1608	1572	沈喜壽	1548~1622	1572
洪 迪	1549~1593	1572	尹承勳	1549~1611	1573
李 潑	1544~1589	1573	金 睟	1547~1615	1573
李景嵘	1537~ ?	1573			

현에 기대가 컸을 것이고 그런 만큼 지지부진하기 만한 정치현실을 비판하면서, 이미 기성 관료화해버린 선배사류에 대한 불만과 불신을 키우고 있었을 것이다.

사류 내부의 분열은 먼저 선배사류내에서 외척인 심의겸의 정치관여 문제를 어떻게 처리할 것인가 하는 데서 발단하였다. 명종비 심씨의 동생으로서 비교적 이른 시기인 명종 16년(1561) 문과에 급제해 벼슬길에 들어선 심의겸은 평소 사류와 원만한 관계를 유지하였고, 특히 명종 18년 당시의 權臣이던 李樑이 자기를 배척하는 사류를 제거하고자 또 한 차례의 사화를 획책할 때, 누이를 통해 명종을 움직여 이량을 귀양보냄으로써 사류를 위기에서 구하는 공을 세웠나. 뿐 아니라 그는 이후에도 척신으로서의 영향력을 발휘하여 사류를 보호하고 그들의 정치적 성장에 적지 않은 도움을 주었다. 이런 까닭으로 선배사류는 대개 심의겸을 비록 출신이 척신이기는 하나 사림의 동조자로 받아들이고 그 정치적 활동을 용인하였으며, 乙巳削勳 문제와 같은 정치적 난제의 해결에 그의 힘을 빌리려고까지 한 적도 있었다.[28]

그러나 선배사류가 모두 심의겸의 인품이나 그 정치적 영향력의 행사를 긍정했던 것만은 아니었다. 명종 21년 윤 10월 그가 우부승지에 임명되었을 때의 史評에서 사류를 보호한 그의 공은 인정하면서도 "벼슬한지 5년만에 당상에 뛰어 오르되 이를 혐의롭게 여기지 않고 賓客을 널리 끌어들여 門庭이 마치 저자거리 같으므로(廣延賓客 門庭如市) 識者가 이를 근심했다"[29]고 한 데서 이미 명종 말년부터 우려하는 일부의 시각이 있었음을 알 수 있다. 뿐 아니라 선조 이후에도 계속되는 그의 높은 정치적 비중이, 선조의 大統계승에 결정적 역할을 하고 이제는 大妃로서 막후에서 영향력을 행사하던 명종비 심씨와 형제관계였다는 데 토대하고 있었음으로써, 선조 이후 그의 척신적 입장에 대한 비판의 목소리가 높아지고 있었다. 이미 선조 원년 당시 사류의 원로였던 白仁傑이 "심의겸은 외척이면서 어찌 정치에 관여하는가, 오늘날의 사류는 거의 의겸의 門客일 뿐이니 외척의 권력을 너무 성하게 해서

28) 《經筵日記》 선조 3년 10월.
29) 《明宗實錄》 권 33, 명종 21년 윤10월 을미 및 권 34, 명종 22년 정월 신묘에 심의겸이 이조참의에 임명된 데 대한 史評에도 비슷한 견해가 피력되고 있다

는 안된다"[30]고 하여 외척으로서 심의겸의 정치관여를 비난한 바 있으며, 후일 동인·서인 分朋의 결정적 계기가 된 것으로 말해지는 심의겸·김효원 사이의 불화를 가져 온 직접적 요인도 김효원에 의한 심의겸의 외척적 존재의 배척에 있었다. 뒤에 다시 언급되겠지만 선배사류 중에 박순과 더불어 명망이 있던 허엽 역시 외척으로서의 심의겸을 논척하고 그를 지지하는 세력을 외척문객으로 매도하였다.

선배사류내에서는 비록 소수였기는 하지만 김효원과 허엽의, 심의겸과 그를 용납하는 분위기에 대한 이러한 비판적 견해는 설사 그것이 《經筵日記》의 기술대로 사실에 어긋나는 謬見이었다고 하더라도 사림정치의 실현을 위해서는 구체제의 잔재인 척신적 요소의 척결이 앞으로 불가피한 과제가 될 것임을 예고하는 것이었다. 그러므로 그 동안의 정국운영을 통해 확실하게 임금의 지지를 받아내지도 못하면서 구체제의 혁신에 한계를 보이는 선배사류에 불만을 쌓아가던 후배사류들은 쉽사리 그들의 견해를 수용할 수 있었다.

선조 8년(1575) 이조정랑으로 있던 김효원이 그 후임자로서 심의겸의 동생 沈忠謙이 물망에 오르자 이조의 벼슬이 외척 집안의 물건이 아니라 하여 이를 저지함으로부터 본격화되었다는 沈·金의 是非가, 그들을 각기 지지하는 선배와 후배사류의 분열로 확대되고, 선배사류 중에서도 연배가 가장 높은 축이던 허엽이 도리어 후배사류의 영수가 되어 그 여론을 주도하였던 저간의 사정은 이런 배경 위에서 이해되어야 할 것이다.

선·후배간의 불화가 정치적으로 처음 표면화되어 끝내 동인·서인의 붕당 명목의 성립(乙亥黨論)으로까지 나가게 된 계기는 선조 8년의 載寧지방 殺主奴에 대한 獄事의 처리문제에서였다.[31] 먼저 허엽과 김효원이 대사간·사간으로 있던 사간원에서 옥사의 처리가 잘못되었다고 하여 옥사를 담당했던 영의정 박순을 논핵하자, 정철·신응시·김계휘 및 윤두수·윤근수 등이 중심이 된 선배들은 이를 박순을 공격해 물러나게 함으로써 심의겸의 세력을 고립시키려는 의도로 의심하여 대대적인 반격을 가하였다. 그 결과 허엽·김효원과 이경중·허봉 및 언관직에 있던 다수의 후배사류가 벼슬에서 물러났

30) 《經筵日記》 선조 원년 秋.
31) 《宣祖修正實錄》 권 9, 선조 8년 7월.

으며, 선배들의 이런 처사에 대한 사림의 여론이 악화되었다.

이에 사류 간의 내분을 근심하고 특히 후배사류의 과격성을 우려하던 부제학 李珥가 좌의정 노수신을 움직여 조정분란의 책임소재로 심의겸·김효원을 지목, 임금의 명으로 두 사람을 지방관으로 내보내게 함으로써(外補論) 분쟁을 진정시키고자 하였다. 그리하여 심의겸은 개성유수, 김효원은 慶興府使가 되어 조정을 떠났다. 하지만 조정의 분란은 수그러들지 않았다. 후배사류는 김효원의 임지가 변방이라 하여 불평하였고, 이번의 인사조처를 통해 과격성을 지닌 연소사류의 淸論을 싫어하여 이를 억제하려 하는 왕의 의도를 간파한 선배사류는 이 기회에 후배사류의 핵심인물을 조정에서 몰아내어 그 기세를 꺾고자 하였기 때문이었다.[32]

이때의 정세는 임금의 지지를 받은 선배측에 유리하였다. 그 동안 후배사류의 淸要職 진출과 언론권 장악의 보루이던 吏曹銓郎의 자리가 선배사류의 수중으로 넘어온 것이다. 허봉·이경중이 물러난 자리는 윤두수의 조카인 尹晛이 차지하였고 그에 의해 趙瑗·李純仁·李山甫 등 선조 이후에 진출한 후배이면서도 선배의 편에 섰던 인물들이 차례로 이조전랑이 되어[33] 후배사류의 언론을 억제하면서 한편으로 벼슬에 처음 나온 新進을 그들 쪽으로 끌어갔다. 뿐만 아니라 李後白이 이조판서가 됨으로써 일반관료의 인사권까지 좌우하게 되었다. 그간 외척 심의겸과의 관련 때문에 수세적 입장에 놓일 수밖에 없었던 그들로서는 심의겸이 외직으로 나가 그 부담을 덜게 되자 인사권·언론권을 배경으로, 몇 명의 선배사류에 불과하였다는 약세에서 벗어나 어느 정도 형세를 만회할 수 있게 되었다.[34] 여기에 이르러 지금까지 그저 선·후배간의 불화와 대립이라거나 沈邊·金黨 또는 外戚·少年之黨으로 불리던 사림의 분열 양상은 마침내 동인·서인이란 명목을 갖게 된다.[35] 붕당

---

32) 《宣祖修正實錄》 권 9, 선조 8년 9월.
33) 《經筵日記》 선조 9년 2월.
34) 《宣祖修正實錄》 권 10, 순조 9년 2월.
35) 이때 東人·西人에 속한다고 알려진 인물들은 대개 다음과 같다.
東人 : 許曄(대사간), 禹性傳(正言), 李敬中(이조좌랑), 李誠中(수찬), 李潑(이조정랑), 洪進(교리), 洪迪(응교), 洪渾(대사간), 金誠一(수찬), 許篈(이조좌랑), 鄭熙績(지평), 尹承勳(정언), 宋應泂(정언), 金孝元(삼척부사), 李拭(대사헌), 朴大立(형조판서), 朴謹元(이조참의), 柳㙉(예조판서).

으로서의 모양을 갖추게 된 것이다. 그러나 이때의 동인·서인이 사림정치에서 말해지는 성리학적 公黨으로서의 붕당에까지 나간 것은 아니었다.

이 시기의 붕당에는 두 가지 형태가 있었다. 하나는 어느 시기이고 나올 수 있는 것으로 개인적 차원의 갈등과 상호 배척에 그 친척이나 친구가 각기 편을 들어 무리를 이루어 대립하는 형태이다. 《大明律》의 奸黨條에 본인은 목을 베며 처자식은 종을 삼고 재산은 몰수한다는 죄목으로 규정된 조정 관리의 붕당이 바로 여기에 해당한다. 선조초 李文馨과 洪仁慶의 불화에 그 友人들이 편을 들어 붕당의 조짐을 보였다는 것은 이런 형태의 한 예라고 할 것이다.36)

다른 하나는 歐陽修가 개념화하고 朱熹에 의해 성리학적 정치이론으로 확립을 보게 된 君子와 小人 집단으로서의 붕당이다. 소인의 붕당은 私利를 도모하기 때문에 利가 갈라지면 깨어지게 마련이므로 진정한 의미의 붕당은 군자에게만 있으며, 따라서 이런 붕당은 至治의 실현을 위해서는 불가피한 정치형태이고 君主까지도 여기에 들게 해야 한다(引君爲黨)는 것이다. 일종의 긍정적 정치기능을 가진 公黨이라 할 것이다. 이 시기의 사류들은 중종 때의 조광조 일파에서 그 대표적인 예를 찾았으며, 앞서 말한 선조 2(1569)·3년경의 舊臣 중심의 老黨에 대한 그들 위주의 少黨도, 그들만의 일반적인 견해이기는 하나, 마찬가지인 군자의 당으로 간주하였다.

사림정치의 구현을 위한 구체제의 혁신과정에서 외척으로서의 심의겸의 정치적 존재를 허용하느냐 또는 부정하느냐는 견해차이에서 비롯된 선·후배간의 갈등과 대립은, 비록 심의겸·김효원을 각기 지지하고 상호 배척하는

西人：朴淳(영의정), 金繼輝(대사헌), 尹斗壽(대사헌), 尹根壽(부사), 鄭澈(직제학), 李海壽(대사간), 具鳳齡(대사간), 李後白(이조판서), 辛應時(예조참의), 尹晛(이조정랑), 趙瑗(이조좌랑), 李山甫(이조정랑), 沈義謙(개성유수), 洪聖民(부제학).

이때는 東人·西人에 직접 속하지는 않으면서 李珥를 따라 兩者의 대립을 해소시키려고 노력하는 일종의 調劑세력이 있었다. 즉 李珥(부제학), 盧守愼(좌의정), 柳成龍(헌납), 金宇顒(교리), 李山海(우승지), 成渾(집의), 鄭仁弘(《經筵日記》, 선조 14년 4월) 등이 그들이다. 이 중에서 이이와 성혼은 서인쪽에 가까웠고, 유성룡·김우옹·이산해·노수신은 동인쪽으로 기울고 있었으며, 정인홍은 처음 이이와 가까웠던 것으로 말해진다(《經筵日記》, 선조 14년 4월).

36) 《經筵日記》 선조 원년 5월.

단계를 지나 동인·서인의 명목을 갖는 데까지에 이르렀다 하더라도, 그러나 어느 당을 眞朋으로 보고 僞朋으로 볼 것인가에 대한 객관적 판단이나 王의 단안이 없었기 때문에, 그리고 아직까지는 뚜렷한 정치이념이나 학파적 색채를 분명히 드러내지 못하고 있어서 진정한 의미의 성리학적 公黨으로서의 붕당에까지는 이르지 못하고 있었던 것이다. 그것은 선조 16년 李珥가 서인으로 自定하여 동서인간에 학파적 성격과 정국운영의 방안에서 독자성이 확보되고 거기에 따라 기존의 붕당과는 다른 제 3의 붕당형태가 개념화될 때까지 기다려야 하였다.

심의겸과 김효원의 外補에서 비롯된 서인의 우세는 그러나 그리 오래가지는 못하였나. 선조 11년 경연에 입시하였던 동인 金誠一에 의해 서인의 중진인 尹斗壽·尹根壽·尹晛이 지방관으로부터 뇌물을 받은 혐의가 있다는 사실이 거론되면서[37] 서인의 정치적 입장이 크게 약화되었기 때문이다.

척신정치하에서 자행되었음직한 수뢰사건에 서인계 인물이 관련된 혐의가 주어진다는 사실은, 그 자체만으로서도 서인계의 정치적 위상을 훼손시켰을 뿐 아니라, 지금까지 심의겸을 용납하는 선배세력을 외척당으로 몰아 붙이면서 구체제의 잔재 청산에 미온적이라고 공격하던 후배 내지 동인사류의 주장을 합리화해 주었다. 여기서 동인은 자기파내의 언관들을 동원해 三尹을 탄핵함은 물론 三尹이 속한 서인의 대표인 심의겸을 소인으로, 그 주론자인 정철·김계휘를 私黨으로 몰면서, 나아가 이를 통해 동인이 바르고 서인이 사당이라는 東正西邪論을 제창, 이를 國是로 인정받고자 하였다.[38] 동인의 이러한 움직임은 주자성리학이 갖는 군자소인변 위주의 붕당론에 의거하여 동인을 군자당 서인을 소인당으로 공인 받아서 進君子·退小人의 원칙에 따라 서인의 정계 재진출의 길을 막고 정치현장에서 일소하려는 의도를 가진 것이었다.

이러한 동인의 공세에 맞서 서인은 진상조사가 필요하다는 방어 논리를

37) 이를 보통 三尹事 또는 李銖의 獄이라 부르며 三尹은 바로 파직된다.
《宣祖修正實錄》 권 12, 선조 11년 10월.
《經筵日記》 선조 11년 9월.

38) 《宣祖修正實錄》 권 13, 선조 12년 2월.

폈으나 한번 명분논쟁에서 밀린 형세를 만회하기는 역부족이었다. 東正西邪論이 한창이던 선조 12(1579)~13년의 기간에 서인의 대표적 인물이던 심의겸·김계휘·정철이 각기 함경·전라·강원도의 관찰사, 윤두수·윤근수 형제가 연안부사·개성유수로 외직에 나가 있었던 사실은 당시 서인측이 처한 곤경이 어느 정도였는가를 잘 말해주고 있다.

서인측의 위기는 이이의 중재 노력에 의해 일단 넘길 수 있었다. 처음 심의겸·김효원의 外補論을 편 이후 그 동안 동인·서인 내에서 여론을 주도하는 위치에 있던 李潑과 鄭澈 사이의 화해를 주선하는 등 개인 사이의 갈등 해소에 힘써 오던 율곡은 이때 와서 "동인·서인의 명목을 깨뜨려 분열 이전과 같은 하나의 사류로 재결속하는 것(打破東西 保合士類)"을 목표로 하는 調劑說[39]을 표방하면서 이를 위한 구체적인 방법으로 兩是兩非와 辨別淑慝을 주장, 서인에 대한 동인의 공세를 흐리게 하거나 둔화시켰다.

양시양비란 동인·서인 양측에 모두 시와 비가 함께 있다는 뜻이다. 즉 심의겸은 외척이면서도 앞서 명종때 사류를 보호한 공이 있고, 김효원은 명류를 끌어와 조정을 깨끗하고 맑게 한 공이 있어 양쪽 다 옳다(兩是)는 것이며, 그러나 심의겸은 외척으로서의 행동을 조심하지 못하고 정치에 관여하는 잘못을 저질렀고, 김효원은 유생의 몸으로서 비록 친구의 처가이기는 하나 權奸의 집에 출입하였던 허물이 있으므로 두 사람 모두에 잘못이 있다(兩非)는 것이다. 따라서 동인이 옳고 서인이 그르다(東是西非)는 주장은 동인측의 일방적 견해에 불과할 뿐 공론이 아니며 공변된 입장에서 말한다면 양시양비일 뿐이라고 하였다. 물론 이 양시양비론이 동인·서인 분쟁의 근본적인 해소책이 되리라고는 율곡 자신도 생각지는 않았다. 그러나 거기에는 그 시비분쟁 자체가 현안의 민생문제와 직접 관계되는 것도 아니고, 국정의 수행에도 그리 중요한 비중을 차지하지 않으며, 오히려 시비를 애써 가리려는 것이 분쟁만 격화시킬 뿐이니 만큼 그저 양시양비의 선에서 그만 마무리되어야 할 것이란 뜻이 강하게 담겨져 있었다.[40] 이를테면 이 양시양비는 율곡의

---

39) 《宣祖修正實錄》 권 13, 선조 12년 5월.
《栗谷全書》 권 7, 疏箚 5, 辭大司諫兼陳洗滌東西疏.

40) 이이는 사림이 우세해진 당시에 있어서 가장 시급한 문제는 훈척정치 아래에서

입장에서 볼 때 소모적인 논쟁에 불과한 東是西非論에 대항하는 의미를 지녔으며 또 그 주장을 희석시키는 구실을 하였다.

한편 동인·서인 모두에 사류로서는 자질이 부족한 사람이나 심지어는 간사한 자들까지 섞여 있어 사류 재결속을 위한 조제책의 시행에는 반드시 이들을 먼저 구별해 내어 제거해야 한다는 주장이 辨別淑慝(때로는 濁流를 치고 淸波를 일으키게 한다는 즉 악을 징벌하고 선을 드러내게 한다는 뜻의 激濁揚淸이라고도 씀)이었다. 율곡은 서인 안에 심의겸이나 三尹과 같은 열등하거나 흠 있는 인물이 있는 것은 사실이나, 동인 속에도 앞서 老黨에 속하였던 流俗의 무리가 뒤늦게 가담하였기에 동인 역시 사류의 순수성을 잃고 淸濁과 善惡이 뒤섞여 있기는 미친가지라고 하였다. 그러므로 군자소인론까지 거론하며 三尹事를 들어 東正西邪를 국시로까지 삼으려는 동인의 주장은 그만큼 설득력이 없다는 것으로 동인의 공세를 둔화시키는 역할을 하였다.

율곡의 이러한 양시양비와 변별숙특론은 동시서비와 나아가 동정서사론까지 내세우는 동인 주장을 약화시키는 것이었다. 그러므로 동인은 율곡이 "서인을 부추기고 동인은 억제하려 한다(扶西抑東)"고 까지 의심하면서 그에 대한 불만을 증폭시키며 비난의 수위를 높이게 된다. 정언 宋應泂과 집의 許篈·洪渾 등이 白仁傑 상소의 破朋黨 부분을 이이가 代述한 일로써 탄핵하고 나와 한동안 조정이 시끄러웠던 사건이 이를 말해주고 있다.[41]

그러나 율곡의 조제보합론은 박순·노수신 등 대신과 그 당시에 명사로서

파생된 많은 사회적 모순과 병폐를 개혁하여 민생의 고통을 해결하는 일이라고 판단한 듯 하다. 그러므로 〈東湖問答〉이나 〈萬言封事〉 등에서 폐정개혁을 위한 경장론을 주장하였다. 그러나 이것의 실현은 용이하지 않았다. 임금의 적극적인 지지도 필요하였거니와 정치를 담당할 사류의 힘과 재주를 함께 모을 필요도 절실하였다. 하지만 당시와 같이 사림이 분열되어 동·서인이 부질없는 시비논쟁에 매달려있는 상황에서 그것의 실현은 바랄 수 없었다. 그가 三尹事를 계기로 한 동인의 심의겸과 서인공격에 대해, 그것이 국가의 治亂이나 민생대책과 무슨 상관이 있기에 그리도 심한가 반문하고, 설사 동인이 군자의 이름을 얻고 서인이 소인으로 낙인찍힌다하여 그것이 피폐한 민생에 무슨 도움이 되느냐고 비난한 것은(《栗谷全書》 권 7, 疏箚 5, 辭大司諫兼陳洗滌東西疏) 바로 이와 같이 민생문제를 최우선의 해결과제로 보는 그의 시국관의 일면을 잘 보여주고 있다. 동·서인의 갈등에 대해 동서명목을 깨뜨려 사림의 결속을 목표로 하는 그의 주장은 기본적으로 이러한 시국관의 소산이기도 하였다.

41) 《宣祖修正實錄》 권 13, 선조 12년 7월.

이름이 높던 김우옹·유성룡·이발·성혼·정인홍 등의 지지를 받았다. 특히 김우옹·이발·유성룡 등 동인의 여론 형성에 큰 영향을 미치는 인사가 동인내 浮薄者의 과격한 주장을 억제하고 그들의 공격으로부터 율곡을 옹호한 것은, 그가 추진하는 동인·서인의 타협에 의한 정국 안정에 적지 않게 기여하였다.[42] 그리하여 비록 열세의 상태에서나마 서인도 三尹事로 인한 곤경에서 벗어나 정치세력으로서의 일정한 명맥을 유지할 수 있었고, 율곡 역시 이러한 정국 안정을 바탕으로 貢法의 개정, 군적의 개편, 지방 군현의 합병, 監司久任論 등 경장론을 펴면서 현실에서의 적용에 주력할 수 있었다.[43]

동인세력의 압도적 우세하에 이이의 조정 노력에 의해 서인이 겨우 명맥을 유지하면서 소강 상태를 보이던 정국은, 선조 16년(1583)에 들어와 이이가 동인으로부터 직접 공격을 받게 되면서 큰 소용돌이에 휩쓸리게 되고, 이런 과정에서 이이의 西人自定과 그 지지세력 및 문인들의 참여로 서인이 외척당의 혐의에서 벗어나 政派로서의 존재를 확립하게 되어 비로소 朋黨政治라는 하나의 정치형태를 실현할 수 있는 기반을 마련하게 된다.

이이가 공격대상이 된 것은 앞서 밝힌 대로 양시양비와 변별숙특론이 扶西抑東하는 기만적 논리라고 동인으로부터 의심 받아왔던 데 기인하지만, 그 직접적인 계기는 선조 15년 그가 이조판서로 발탁되었을 때 이를 사양하면서 올린 상소[44]의 내용 중에, 이조전랑의 淸選權 행사가 갖는 문제점을 지적한 데 있었다. 본래 이조판서의 자리는 國政과 世道를 自任하는 인물이 임명되어 인사권을 쥐고서 한때의 맑은 논의(淸論, 곧 輿論)를 주재하게 마련이었는데, 오늘날에는 그 중요한 言官의 선발권(館閣淸選)을 이조전랑에게 한가지로 맡겨 버리고, 판서는 그저 보잘 것 없는 말단 관리를 선발하는 권한만 행사하게 되었으므로 본말이 전도되어 기강이 서지 않는다고 한 것이 그 요지였다. 자신이 분명히 밝히지는 않았지만 그 의도가 전랑이 행사하는 언관의 선발권을 판서에게로 넘겨 전랑의 권한을 약화시키고, 판서로 하여금 명실상

---

42) 예컨대 白仁傑疏의 代述事로 정언 宋應泂이 李珥를 탄핵했을 때 교리 金宇顒이 "宋應泂必是小人也 欲乘此機會 陷害君子也 當劾遞"라 하여 구원한 것을 들 수 있다(《經筵日記》 선조 12년 7월).

43) 《栗谷全書》 권 7, 疏箚, 陳時弊疏(壬午).

44) 《栗谷全書》 권 8, 啓議, 辭吏曹判書 三啓(壬午).

부한 인사권 장악은 물론, 그에 토대한 여론 주재권까지 갖게 한다는 데 있음은 명백하였다. 다른 사류들과 마찬가지로 그 스스로도 낭천권의 확보를 통한 낭관권의 강화에 힘써오던 이이가, 이때 와서 거꾸로 낭관권 자체를 문제삼으며 모든 권한을 판서에게 귀속시켜야 한다는 뜻으로 이해되는 주장을 편 이유는 어디에 있을까. 그것은 아마도 그의 입장에서 볼 때 민생문제의 해소나 국난의 타개와는 하등 관계없이, 그저 상대당을 배척하기에 급급해 인신공격이나 일삼는 일부 동인들의 무분별한 언론행위에 적절한 통제가 필요하다고 판단한 데 있을 것이다.

사실 이 시기에 이르게 되면 이이 역시 집요하게 東正西邪를 고집하는 동인 언관들을 怪激을 일삼는 浮薄之徒로 몰아 붙이면서, 이들의 발호를 적절히 통제하지 못하는 유성룡·이발·김우옹 같은 동인계 名士에 대한 실망과 불만을 감추지 않았다. 이제 그로서는 폐정개혁을 추진하기 위해 사류의 힘을 결집시키는 保合士類의 방법으로서, 이때까지 취해오던 동인사류와의 연결을 통한 조제방식을 그대로 계속할 것이냐, 아니면 다른 대책을 모색할 것이냐 하는 기로에 서게 되었다. 이를테면 이조전랑의 淸選權행사에 대한 율곡의 문제 제기는 이런 여러 가지 배경 위에서 나오게 된 일종의 여론 탐색용 시도였던 셈이다.

예상대로 동인이 주도하던 조정의 반응은 부정적이었다. 그들은 전랑이 갖던 청선권의 판서에의 귀속 주장을, 이이가 권력을 쥐고 마음대로 휘두르고자하는 의도에서 나온 것으로 보고 배척해마지 않았으며, 이로 인하여 그의 경장론까지도 일을 꾸미기 좋아하는 자의 國家典禮를 훼손하는 무모한 계획으로 비판하였다.[45] 여기에는 유성룡·이발·김우옹 같은 그 동안 그를 지원해 오던 동인계 명사들까지 가담하였다. 결국 이이는 이조판서의 자리에서 물러나고 말았지만 이제는 정치적 입장의 차이를 분명히 드러내게된 兩者의 불신이 깊어지는 속에 정국은 새로운 방향으로 전개되어 나갔다.

선조 16년의 이이에 대한 동인의 공격은 마침 여진의 추장인 尼蕩介의 침입을 받아 병조판서로서 이를 수습하는 과정에서 빚어진 몇 가지 실수가 문

---

45) 《宣祖修正實錄》 권 16, 선조 15년 정월.

제되면서였다. 몇 가지 실수란 戰場으로 보낼 말을 확보하기 위해 射手에게 말을 바치면 출정을 면제해 주기로 하고, 미처 임금의 재가를 받기 전에 이를 시행하였고, 또 임금의 부름을 받고 대궐로 들어가던 중 현기증으로 內兵曹에 누웠다가 그대로 나온 일을 말한다.46) 이에 持平 李景嵘을 위시한 대사헌 李墍·집의 洪汝諄·대사간 宋應漑·헌납 柳永慶·부제학 權德輿·전한 許篈·洪進·洪迪 등 동인으로 구성된 三司가 들고 일어나, 임금의 허락이 내리기 전에 시행한 것은 권력을 오로지 하며 함부로 휘두른(專擅權柄) 죄요, 부르는데도 병을 핑계하고 오지 않은 것은 교만하며 임금을 가볍게 보는(驕蹇慢君) 죄라고 하며, 심지어는 誤國小人으로까지 몰아 심히 공격하였다.47) 실상 위에 열거한 한두 가지 실수를 專擅慢君의 죄목으로까지 몰아가는 데에는 동인 내에서도 異論이 없지 않았다. 대사성으로 있던 김우옹이, 이이가 뜻은 크지만 재주가 성글고 포용력이 적기 때문에 사류의 공격을 받게 되었음을 말하면서도, 그를 공격한 삼사에 대해 뜬소문을 만들어 일을 꾸미기 좋아하는 무리라고 단정한 것이 이를 말해준다.48) 그러나 동인 내에서 이런 자세를 가진 인사는 거의 없었다. 선조 15년(1582)의 전랑 淸選權 문제로 소원해지기는 했으나, 평소 동인·서인의 조제보합론에 뜻을 같이해 동인의 과격한 언론을 制抑해 오던 유성룡·이발 등이 이이에 대한 탄핵이 나오기 직전, 종실이던 慶安令 瑤에 의해 동인의 괴수라고 지목, 비난받음으로써 이들이 避嫌하여 조정을 떠났기 때문이었다.

그렇다고 하여 이이가 일방적으로 당하기만 했던 것은 아니다. 영의정 박순을 위시한 서인계 관료들과 성혼 등 사림의 衆望을 받던 인물들의 변호 및 정철이 배후에서 지휘했다고 말해지기는 하지만 성균생원 柳拱辰 등 462인의 이이 지지 상소를 위시한, 전라도·황해도 유생들의 상소가 답지하였다.49)

무엇보다도 이이에게 힘이 된 것은 동인의 일방적인 독주에 견제의 필요

---

46) 이에 대해서는 이이가 死去한 뒤 그 門人 李貴가 亡師를 변호하기 위해 올렸던 상소에 자세하다(《宣祖修正實錄》 권 21, 선조 20년 3월, 成均進士趙光玹李貴等疏).
47) 《宣祖修正實錄》 권 17, 선조 16년 6월, 兩司의 啓 및 대사간 宋應漑 辭職啓.
48) 《宣祖修正實錄》 권 17, 선조 16년 6월, 대사성 金宇顒 上疏.
49) 이하의 서술은 《宣祖修正實錄》 권 17, 선조 16년 6월 이후 12월까지의 기록에 의거했다.

성을 느낀 임금의 비호 및 동인계 삼사 인물에 대한 탄압이었다. 임금은 다시 이이를 이조판서에 임명하여 두터운 신임을 나타내는 한편, 三司의 이이를 향한 근거 없는 공격이 이조전랑이 浮薄한 무리를 끌어들여 뒤에서 조종한 때문이라고 하여, 청의가 대부분 전랑에서 나온다(淸議多出於詮郞)던가 權奸을 막는 구실을 한다는 명분을 앞세운 동인의 반대를 물리치고 이조전랑의 薦望法(自薦權)을 혁파하였으며, 이이 공격에 앞장섰다하여 부제학 권덕여를 성주목사, 응교 홍적을 장연현감, 대사간 송응개를 장흥부사, 전한 허봉을 창원부사, 홍여순은 창평현령, 洪進을 용담현령, 金瞻을 지례현감, 김응남은 제주목사로 내몰고, 나아가 송응개·박근원·허봉을 조정을 어지럽히는 怪激분자라 해서 귀양보내고 말았나. 그리고 정철을 예조판서, 홍성민을 부제학, 이해수를 대사간, 윤근수를 대사성, 성혼을 이조참의, 白惟咸·鄭昌衍을 이조전랑으로 삼는 등 서인을 대거 등용하였다. 박순이 영의정에 있고 이이가 이조판서로 임명되었던 것까지 합하면, 이제 서인이 인사권은 물론 언론권까지 장악해 사실상 정국을 주도할 수 있는 위치에 서게 된 셈이다.

서인의 우세는 곧 정파로서의 확립과 연결된다. 동인들로부터 탄핵을 받고 서인이 이것을 변호하는 과정에서 이이는 본의이던 아니던 간에 서인의 名目을 갖게 되었다. 그것은 아마도 그 스스로 원했다고 보는 것이 옳을 것이다. 앞서도 밝혔듯이 선조 15년경부터 그는 東人이 流俗의 참여로 사류로서의 순수성을 적지 않게 잃어가고 있으며, 따라서 그들의 공세는 사류가 갖는 淸議로서의 의미보다는 상대 세력의 억제와 축출을 통해 自黨의 권력 독점을 도모하려는 偏論的 성격을 지닌 것으로 보고 있었다. 더구나 유성룡·이발·김우옹 같은 명사가 동인 내에 있으면서도 이런 편론적 행위를 制抑하지 못하는 데 크게 실망하고 있었다. 그러므로 이런 상황에서 그가 추구하는 사림정치하의 경장책 추진에 필요한 사림의 힘을 모으기 위해, 동인·서인으로 분열된 사류를 다시 하나로 재결속시키려는 조제보합의 실현은 바랄 수 없다고 생가했을 것이다. 그는 그때까지 주장해 오던 자신의 조제보합론을 다시 재검토하였으며 그 결과 사류의 재결속이 무망하다면, 차선책이기는 하나 사류 분열을 기정 사실로 인정한 위에서 동인에 맞설 수 있도록 사류의 당으로서 서인의 세력을 강화시켜 양자가 상호 비판하고 견제함으로써 사림정치를 운영해 나갈 수 있으리라는 결론을 내린 듯하다. 그가 서인으로 自定한 것과 다시 이조판서가 되었을 때 서인만 專用한다는 비난을 무릅쓰면서까지 서인계 인물들을 정계 要路에 포진시키고, 서인계 신진인 백유함을 이조전랑으로 삼아 신진사류를 다수 끌어들여 사류당으로서의 서인의 면모를 일신하려 한 것은 이런 면으로 설명될 수 있지 않을까 한다.

李珥의 서인 자정과 그 지지세력 및 문인들의 가담, 그리고 정치적 우세를 배경으로 한 신진사류의 흡수 등은 붕당으로서의 서인의 존재를 확립케 하였다. 정계 요직을 서인이 다수 점거한 것은 말할 것도 없거니와, 退溪·南冥을 앞세우는 동인에 비해 아직 학통상으로는 열세였는지 모르나 현실적인 학문 수준에서는 이이·성혼의 참여로 그들에 결코 뒤떨어지지 않았으며, 이이·성혼의 학연을 따라 경기·황해·충청 및 전라도 지역의 일부에까지 확산된 서인계 사림의 분포는, 영남지역을 주축으로 타 지역이 부분적으로 참여한 동인계 세력에 逼近할 정도였다. 前日의 심의겸을 중심으로 한 선배사류 數三人에 불과하다고 말해지던 때의 서인과는 비교할 수 없을 정도의 세력 신장이었다. 이제 조정에는 참여인원이나 정치세력, 그리고 학통 및 학문적 수준에서도 서로 상대되는 두 개의 붕당이, 사림정치라는 공동의 목표구현을 위해 공론을 앞세워 서로 비판하고 견제하는 정치형세를 이루게 되었다. 그것은 앞에서 말한 두 가지 형태의 붕당 개념, 즉 개인간의 갈등과 대립에 그 친척·친구가 각기 편들어 대립하는 私黨 및 歐陽修·朱子에 의해 확립된 君子朋·小人黨의 형태와도 다른, 第三의 개념에 의한 公黨 형태였다.

사류가 분열하여 각기 하나씩의 붕당을 형성한 것이 가장 큰 특징이었다. 그러므로 그것을 奸黨의 결성으로 보아 《大明律》 奸黨條의 죄목을 적용할 수는 없고, 더욱이 군자당 소인당의 변별론을 적용하는 것도 불합리하였다. 사류가 모두 군자인 것만은 아니며 그 속에는 열등한 자도, 심지어는 外君子內小人과 같은 존재도 끼어 들 수 있기 때문이다.[50] 각 당은 이제 자체 내부

50) 일찍이 朱子가 송나라의 朋黨을 논하면서 "단지 상대편이 군자가 아니라는 사실만 알았지 자기 당 사람이 반드시 소인이 아니라고 할 수는 없다는 사실을 몰랐다"라고 하여 사류속에 小人이 잠재해 있을 수 있음을 말한바 있지만(《朱文公文集》 권 28, 與留丞相書 7월 10일), 서인을 사류당으로 확립하려 노력하던 이이 역시 "오늘날 서인편이라고 해서 반드시 君子라고만 할 수 없으며 東人측

에서의 정화과정을 거쳐 公黨으로서의 면모를 갖추고자 노력해야 했으며, 상대당을 타도의 대상이 아닌, 사림정치의 실현을 위해 같이 노력하는 경쟁 상대인 공당으로 인정하며, 공론을 앞세워 당당한 정치명분으로서 사림정치의 실현을 위해 정권장악을 다투는 정치형태 곧 붕당정치를 지향하게 되었다. 일반적으로 말해지는 선조 8년(1575)의 乙亥黨論 이후의 동서붕당에서가 아니라, 선조 16년의 동서붕당의 확립에서 붕당이 비로소 출현했다고 보는 所以는 여기에 있다. 중국의 붕당이나, 조선전기의 붕당과도 다른 조선중기 정치상의 큰 특징을 보이는 붕당은 기본적으로 이러한 제 3의 붕당, 즉 사류의 붕당이었던 것이다.

이렇게 해서 성립한 붕당에 도대한 붕당정치는 초창기여서 그런지 선조말까지는 그 운영에 있어서 파행을 면치 못하고 있었다. 대체로 동인이 우세한 가운데 선조 22년의 鄭汝立獄으로 잠시 서인이 정권을 장악해 동인을 대대적으로 숙청하여서 마침내 다수의 동인 名士가 역옥관련 혐의를 받고 죽임을 당하는 불상사를 겪었다. 그러나 그 후유증으로 서인은 선조말까지 거의 실세한 상태에서 겨우 정계의 일각을 차지하는 데에 머물렀으며, 남인·북인으로 갈라선 뒤 임진왜란 때의 척화 주장으로 집권 명분을 갖게된 북인이 정국을 주도하면서 大北·小北으로, 다시 대북이 骨北·肉北 등으로 권력 향배에 따라 재분열하는 양상을 보였다. 그리고 그 틈을 타 왕실과의 戚分을 앞세운 柳永慶이 정권을 좌우하게 됨으로서 사림정치에서 가장 경계하는 척신정치가 재현되는 현상마저 나타났다.

이와 같은 사림정치에 역행하는 척신정권이 나타났다는 것은 선조 즉위초의 구체제 청산이 혁신적이지 못해 그 잔재가 남아있었던 사실과, 특히 정여립의 옥으로 인한 붕당간의 대립 열도가 지나치게 높아 붕당정치 본래의 조제론에 의한 상호비판과 견제 구도가 제대로 적용될 수 없었던 데 이유가 있었다.

붕당 간 조제의 실패를 틈탄 척신정치의 대두는 필연적으로 왕위계승을 둘러싼 조신간의 갈등을 격화시켰다. 그리하여 선조 말년의 정치상황은 그

이라 해서 반드시 小人이라고만 할 수 없다"고 한 것(《宣祖修正實錄》 권 17, 선조 16년 9월, 이조판서 이이의 상소)은 이런 사정에서 나왔던 것이다.

동안 구축 해놓은 조제중심의 붕당정치가 크게 동요되는 가운데 장차 광해군 치하의 一黨專制 추세에서 벌어질 정치판의 비극을 胚胎해가고 있었다.

〈鄭萬祚〉

3. 붕당의 성격

붕당은 조선 선조대에 처음 나타난 정치 현상만은 아니었다. 그것이 처했던 역사적 조건의 차이에 따라 내용이나 성격은 조금씩 달랐을지는 모르나 붕당의 명목은 중국에도 있었고, 선조 이전의 실록기사에서도 붕당의 용어를 찾을 수 있다. 뿐만 아니라 그러한 붕당들에 대한 당 시대 사람들의 인식이나 평가 등, 그것의 성격을 이해하는 데 도움이 되는 언급도 적지 않게 모을 수 있다.

따라서 선조 6년(1573)～7년경 외척의 정치관여 문제와 관련된 沈義謙·金孝元 사이의 是非에서 비롯되어 마침내 士林의 分岐에 따른 東人·西人 명목의 출현, 그리고 李珥에 대한 탄핵문제를 둘러싸고 벌어진 동인 言官과의 일대 논쟁 끝에 이이의 서인 自定으로 政派로서 성립을 보게 된 동인·서인의 붕당이 갖는 성격을 이해하기 위해서는 먼저 그 이전시기의 붕당에 관한 인식, 즉 朋黨論을 먼저 살피는 것이 순서이겠다.

朋黨이란 본래 친근한 벗을 뜻하는 同類·同志의 뜻인 朋과, 利害 때문에 모인 小人의 집단을 뜻하는 黨이란 상반된 뜻을 지닌 두 글자의 合成語인데 이미 《戰國策》이나 《史記》에서부터 "밝은 임금은 붕당의 문호를 막는다(明主塞朋黨之門)"든가 "붕당을 막아 백성을 독려한다(禁朋黨 以勵百姓)"[1]는 데서 보듯이 부정적인 의미로 사용되었다. 더욱이 後漢末 환관들에 의해 李膺·陳蕃 등의 善類를 제거하는 黨錮의 禍가 일어나면서 붕당이란 용어는 정치상에서 경계의 대상이 되었다.

뿐만 아니라 붕당 명목을 지닌 정치집단으로서 역사상에 처음 모습을 드

1) 《戰國策》 趙策 및 《史記》 蔡澤傳.

러낸 唐代 牛僧孺·李德裕 사이의 牛李黨爭이 황제인 文宗으로 하여금 "河北의 도둑을 쳐서 없애기는 쉬우나 조정의 붕당은 없애기 어렵구나"라는 탄식을 토하게 할 만큼 정치상의 폐단을 야기하였고, 뒤이은 宋代의 新·舊法黨 사이의 장기간에 걸친 대립과 내분이 결과적으로 이민족인 金의 침입을 유발, 北宋의 멸망까지 초래케 함으로써 붕당은 이제 군주권을 침해하고 조정을 어지럽히며 국력을 약화시키는 데 그치지 않는 亡國의 요인으로까지 인식되기에 이른다. 明의 법전인 《大明律》 奸黨條에 "조정에 있는 관원으로서 붕당을 交結하여 조정의 정치를 문란하게 하는 자는 모두 목 베이며 妻子는 종으로 삼고 재산은 관에 몰수한다"고 하여 붕당 결성을 죄목으로 규정해 놓은 이유는 여기에 있다.

그러나 중국의 붕당 인식이 부정적인 시각 일색은 아니었다. 중국 역사상 붕당이 장기간에 걸쳐 가장 활발하였던 시기라고 말해지는 宋代에는 붕당에 대한 긍정적인 시각에서 그 존재를 합리화하거나 붕당활동을 정당화하는 붕당론을 펴는 견해도 적지 않았다. 북송의 歐陽脩와 남송의 朱熹가 그 대표적 인물이다. 구양수는 그의 유명한 '朋黨論'에서 利를 좇는 小人은 일시적인 私黨(僞朋)을 이룰 뿐이지만 君子만이 진정한 朋黨(眞朋)을 이루므로 붕당을 위험시할 필요도 없고 오히려 임금은 이 군자의 붕당을 벼슬로 끌어와야 한다고 하였다. 군자·소인의 변별기준이 다분히 주관적이기 때문에 어떤 정치집단을 眞朋으로 삼고 僞朋이라 할 것이냐가 문제되겠지만, 그러나 이때까지 부정적으로 인식되던 붕당은 군자의 집단으로 간주되어 비로소 하나의 정치세력으로서의 적극적인 의미를 지니게 되었으며, 상대방으로부터 붕당의 죄목으로 공격을 받는 데 대해 자신들을 방어할 수 있는 논리를 마련하게 되었다.

같은 붕당긍정론을 폈으나 朱子의 논리는 조금 달랐다. 그는 우선 붕당의 폐단을 인정하고 윗자리에 있는 사람이라면 누구나 붕당을 싫어하게 마련이라는 일반론에 동의하였다. 그러나 "붕당은 조정 신하 사이의 서로 다툼에 그칠 뿐이지만 그것을 미워해 없애고자 한다면 나라마저 망하게 되는 일이 종종 있다"[2]고 하며, 북송의 哲宗연간에 舊法黨(元祐黨)을 붕당의 죄목으로

2) 《朱文公文集》 卷 28, 與留丞相書(4월 24일).

몰아 일시에 축출했다가 蔡京 등 소인의 전횡을 허용, 결국 靖康의 변을 만나 나라가 망한 역사적 경험을 예로써 들었다. 일반적으로 말해지는 붕당망국론을 거부하고 있는 것이다. 그로써 본다면 진정한 의미의 붕당 즉 군자당인 구법당을 제거한 것이 도리어 亡國을 초래했다는 것이다. 그에 있어서 붕당은 바람직한 현상은 아니었지만, 그러나 군자를 정치로 불러들이기 위해서는 반드시 필요한 정치형태였다. 이러한 붕당긍정적 시각 위에서 朱子는 君子小人에 대한 철저한 변별과 변별한 뒤의 철저한 進君子·退小人의 이행을 내용으로 하는 붕당론을 전개하였다.[3)]

군자소인변은 주자 이전에도 제기되었던 논리이지만 주로 붕당이 군자의 집단임을 강조하려는 데 초점이 주어졌던 데 비해 그의 그것은 붕당내의 구성 인원을 대상으로 하였다는 데 본질적인 차이점이 있다. 그는 신법당이 소인이고 구법당이 군자라는 견해에서 한 걸음 더 나아가 구법당의 사람들이 "단지 異己者(신법당을 말함)가 군자가 아니라는 점만 알았을 뿐, 同己者(구법당임)가 반드시 소인이 아니라고 만은 할 수 없다(즉 자기 당 안에도 소인이 있을 수 있다)는 사실을 몰랐다"[4)]라 말한 데서 보듯이 같은 붕당 내에도 군자소인의 분별은 엄정해야 한다고 주장하였다. 그가 같은 붕당내의 인물에 대해 善人과 惡人을 살펴 구별해 내려는 辨別淑慝이나 濁流를 쳐서 淸波를 일으키게 한다는 뜻의 激濁揚淸을 강조했던 것은 이런 이유 때문이었다. 이런 면에서 그의 붕당관은 붕당=군자집단으로 보는 구양수의 그것에서 한걸음 더 나아가 붕당=군자·소인 병존이라는 특성을 함께 지니고 있음을 발견할 수 있다.

그런데 宋代에는 구양수·주희의 붕당론 이외에도 調停論이라는 논리가 있었다. 그것은 신법당과 대립해 오던 구법당이 다시 洛黨(程頤)·蜀黨(蘇軾)·朔黨(呂公著·劉摯)으로 나누어져 상호갈등이 심화되자 이를 우려한 范純仁·呂大防 등이 三黨의 조화와 절충을 꾀하면서 나아가 신법당의 일부인물까지 收用하며 붕당간의 대립을 완화시키려 한 데서 나왔다. 각 붕당의 인재를 함께 벼슬에 불러들인다 하여 並用論 또는 俱收並蓄論이라고도 말해지는 이

3) 諸橋轍次, 〈朋黨の成因と儒學目的の分化〉(《諸橋轍次 著作集》 第1卷).
4) 《朱文公文集》 권 28, 與留丞相書(7월 10일).

조정론자의 붕당관은 그것을 죄악시하는 부정적인 시각은 아니었으나 같은 구법당계이던 구양수의 군자붕당설과도 거리가 있었다. 예컨대 范純仁은 진붕·위붕에 대한 변별의 어려움을 지적하면서 붕당이, 자기 당 사람을 옳다 하고 다른 당 사람을 무조건 배척하는(黨同伐異) 폐단의 위험성을 갖고 있다고 하여 긍정적으로만 보지 않았다. 그러므로 당론이 심하지 않은 자를 불러들여 궁극적으로 無黨의 상태를 구현한다는 것이었다. 黨禍를 경계하여 붕당 사이의 대립의 열도를 완화시키려는 극히 현실적인 방안을 제시한 논리라 하겠으나, 이들의 후배로서 黨人 내의 辨別淑慝을 앞세우던 朱子에 의해 그것은 화란을 부르고 일을 망치는 것으로 배격되었다.[5]

이상의 붕당론으로 볼 때 중국에서의 붕당은 논리상 크게 세 가지 형태가 있는 것으로 볼 수 있다. ① 사사로운 이해 관계를 쫓아 결성된 私黨이고, ② 道를 같이하고 그 실천에 힘쓴다는 군자의 眞朋이며, ③ 善類와 不善類, 심지어는 군자와 소인으로 대비되는 존재까지 병존해 있는 붕당이었다. 현실적인 면에서 하나의 정치집단 내지 정치세력에 대해 어떤 붕당 형태를 적용하여 성격 규정할 것인가 하는 문제는 예컨대 임금의 처지에서는 아무래도 붕당 私黨的 견해를, 집권당의 측면에서는 君子眞朋論을 적용하려는 식으로 어떤 객관적인 기준을 설정하기는 어려울 것이었다.

조선에서의 붕당인식도 초기에는 개인적 차원의 갈등과 상호배척에 그 친척이나 친구가 각기 편을 들어 무리를 이루어 대립하는 ①의 사당론적인 부정적인 범주에 머물렀다. 성종 9년(1478) 도승지 任士洪이 朴孝元·表沿沫 등 몇 명의 언관들과 결탁하여 정적인 玄錫圭의 제거를 획책하다가 거꾸로 붕당으로 지목되어 탄핵을 받았던 일[6]이나 연산군 때의 두 차례에 걸친 사화에서 피화인의 죄목으로 《대명률》의 交結朋黨이 적용되었던 사실이 이를 말해준다.

붕당에 대한 인식이 달라지고 이해가 깊어지기는 중종대 趙光祖 등 사림세력이 정계로 진출하면서부터 였다. 그들의 논리는 구양수와 주자가 주장한

5) 정만조, 〈朝鮮時代 朋黨論의 展開와 그 性格〉(《朝鮮後期 黨爭의 綜合的 檢討》, 韓國精神文化硏究院, 1992), 89~95쪽.

6) 《成宗實錄》 권 91, 성종 9년 4월 경신.

군자소인변 중심의 붕당론에 토대하였다. 그들은 스스로를 ②의 군자당으로 설정하고 사우관계에 의한 자체결속을 바탕으로 古道의 실천에 힘쓰는 한편 公道의 회복에 주력함으로써 군자당의 위상에 맞도록 자체정비를 하면서, 정치상의 도학을 실천하려는 정치집단으로서의 그들 존재를 합리화하였다. 따라서 붕당의 결성은 至治를 실현하는 데 반드시 필요한 군자의 進用을 위해 불가피한 정치현상이며, 그러므로 그런 붕당은 임금까지 들게 해야한다(引君爲黨)고 할 정도의 公黨的 존재로 설명되었다. 여기서 조광조 등이 수립한 정치집단으로서의 붕당은, 종래의 단순한 친소관계나 이해득실에 따라 취합한 私黨的인 데에서 벗어나 어느 정도 공당적 성격을 갖게 되었다 하겠으나, 곧 그들과 대립하던 공신계에 의해 도리어 조정을 어지럽히는 사당으로 몰려 죄를 입음으로써, 군주제하에서 신료간의 집단형성(政派)을 정당화하려는 시도는 일단 다음 세대로 넘겨지지 않을 수 없었다.[7]

동인·서인의 붕당이 출현한 선조대에서 붕당에 관한 논의가 처음으로 크게 일어나기는 선조 5년(1572) 영의정을 지낸 李浚慶이 죽음에 임해 올린 遺箚에서, 당시의 조정에서 행실과 학문을 닦지 않고 高談大言이나 일삼는 풍조가 있어 장차 붕당의 조짐이 보인다고 지적한 데서부터였다. 고담대언을 일삼는 무리가 舊臣과 대립관계에 있던 연소한 관료(즉 士類)를 지목하였음은 누구나 짐작할 수 있는 일이었으며, 따라서 이준경의 의도는 사류를 사당적 의미를 지닌 붕당으로 몰아가는 것으로 받아들여졌다. 그러므로 사류가 이준경을 격렬히 비판하고 나온 것은 당연하였다. 그러면서 그들을 붕당으로 모는 주장에 대응하여 그들의 정치적 존재와 활동을 변호하고 정당화할 필요성이 있었다. 그들을 대표하는 李珥에 의해 정립된, 구양수와 주희의 붕당론에 토대한 군자붕소인당 중심의 붕당긍정론－군자당이라는 단서를 달고 있기는 하지만 이이는 심지어 붕당이 성할수록 임금은 더욱 聖君이 되고 나라는 더욱 편안하게 될(黨益盛 而君益聖 國益安) 것이라 하여 붕당이 갖는 정치적 기능에 대한 적극적인 평가까지 시도하였다－은 이런 배경 아래에서 나왔던 것이다.[8]

---

7) 정만조, 앞의 글, 99～105쪽.
8) 정만조, 위의 글, 105～112쪽.

그러나 이와 같이 적극적인 붕당긍정론까지 피력한 이이에게 조차도 모든 붕당이 다 정당화 될 수는 없었다. 관료나 사류사이의 사적인 친소관계에 따른 붕당은 비록 소인들이 결성한 사당과는 다르다 하더라도 바람직하지 않고 타파되어야 할 것이었다. 선조 8년 이른바 乙亥黨論이라하여 심의겸과 김효원 사이에 갈등이 표면화되고 그들을 각기 지지하는 士類 內 선후배사이의 분열로 붕당을 형성하는 조짐이 나타나자 심의겸·김효원 두사람의 外補를 통해 그것의 해소를 적극 추진한 것이 이를 말해준다. 물론 심의겸·김효원 두 사람과 그들을 각기 지지하던 선후배들은 상대편을 소인으로 몰았다. 그러기에 심의겸·김효원 시비가 나온 지 2~3년도 안되어 동인·서인이라는 朋黨名目이 형성되었고 결국 16년 징파오시의 붕당이 성립하였던 것이다.

이와 같이 동인·서인의 정치집단이 형성되는 과정에서 전개된 붕당론은, 그들 모두 朱子 성리학의 기반에 있었던 만큼 당연히 宋代 구양수·주희의 그것을 중심으로 하였다. 그러나 그러한 가운데에서 중국에는 현저하게 드러나지 않았던 새로운 붕당론이 나왔다. 이른바 調劑論이 그것이다. 조제론은 사림의 분열이 가져올 정치적 위기와 개혁을 추진할 사류의 역량 결집에 불리하다는 판단에서 제기되었다. 처음에는 兩是兩非로서 붕당명목을 타파하고 동인·서인을 함께 벼슬에 불러들이는 방식이었으나 사류 분열에 따른 정치적 위기에 대한 우려가 크게 줄어든 뒤에 가서는, 동인·서인이 각기 사류의 붕당으로서 존속하면서 辨別淑慝과 激濁揚淸에 의해 자체 내부의 深化를 추진해 公黨으로서의 면모를 갖추면서, 사림정치의 실현을 위해 같이 노력하는 경쟁적 상대인 공당으로서 인정한 위에, 집권당에 의해 상대 당 인재를 選別收用하는 방식이었다. 이런 조제론에서 보이는 붕당의 개념은 구법당이 洛黨·蜀黨·朔黨으로 分岐한 데 대한 朱子의 붕당인식, 즉 同己者가 반드시 군자인 것만은 아니며 異己者라하여 반드시 小人만은 아니라는, 善·不善, 君子小人이 하나의 붕당에 병존할 수 있다는 데서 논리적 근거를 구하고는 있지만, 실은 사류의 분열에 직면하여 ①의 사당적 개념이나 ②의 군자소인의 붕당론을 적용하기에 곤란해진 상황에서 나오게 된 제 3의 붕당론이었다고 할 것이다.

그러면 이 시기 동서인의 붕당으로서의 성격은 어떻게 말할 수 있을까?

이 때는 아직 分朋의 초창기였기 때문에 이후의 붕당에서 보이는 세습성은 아직 나타나지 않고 조선 붕당의 특징이라는 학연성도, 동인에 退溪·南冥의 문인들이 다수 포함되어 있고, 서인에 李珥·成渾과 학문적 교류가 있는 인물이 가담해 있는 점이 보이지 않는 것은 아니지만, 그런 성향 역시 그리 강하게 드러나지는 않은 것 같다.

초기의 동인·서인의 붕당에서 비교적 확실하게 찾을 수 있는 것은 출신기반과 관련된 지역성의 요소이다. 대체로 동인의 주축은 영남과 호남 등 지방 출신자이거나 그곳과 연고가 있는 인물로 되어 있으며(박순·구봉령 등의 예외가 있기도 하다), 서인은 특히 서울과 경기도 일원에 기반을 두고 대대로 벼슬하여 온 世族집안 출신들이 많았다. 그러기에 외척인 심의겸과 가까울 수 있었으며 초기에 외척당으로 지목되었던 것이다. 서인으로 지목되기 전 선배사류로 있으면서 그들이, 출신기반이 같으면서도 權臣政權과의 연결문제로 舊臣세력과 대립하고 배척했던 이유도 이러한 데서 구해볼 수 있지 않을까 한다.

分黨 초기의 동인·서인이 갖는 붕당으로서의 성격은 이러한 약간의 차이점이 있었음에도 불구하고, 기본적으로 주자성리학적 이념의 현실정치에서의 적용을 희구하며 이를 위해 노력하는 士族 내지 士林의 이념을 가진 정파였다는 데 있다고 하겠다.

〈鄭萬祚〉

Ⅱ. 붕당정치의 전개와 운영구조

1. 붕당정치의 성립
2. 붕당정치의 전개
3. 붕당정치의 운영형태
4. 붕당정치의 동요와 환국의 빈발

Ⅱ. 붕당정치의 전개와 운영구조

1. 붕당정치의 성립

1) 대북정권의 몰락

광해군대(1608~1623)의 정치가 당면한 가장 큰 과제는 임진왜란의 피해를 복구하는 것이었다. 사림파들이 이른 시기부터 추진해온 大同法을 경기도를 대상으로 시행하기 시작하였고, 토지와 호적의 조사를 수행하여 산업과 국방의 기반을 강화하였다. 또 궁궐의 재건 등 일련의 사업을 통해 국왕으로 대표되는 사회체제를 강화하였고, 《東國輿地勝覽》·《經國大典》·《高麗史》·《三綱行實》 등 여러 서적을 복간하고 지방의 史庫를 정리하여 문화의 정리와 보급에도 큰 성과를 올렸다. 《東醫寶鑑》 등 의서의 편찬과 보급은 전란 이후의 심한 질병으로부터 民의 고통을 덜기 위한 노력이었다.

당시 정치를 주도한 北人은 특색있는 정책을 추진하기도 하였다. 국가 재정을 늘리고 민생을 구하기 위해 銀鑛을 개발하는 데 많은 노력을 기울였고, 동전 주조, 시장 개설, 대외무역 등 상업을 진흥하려는 정책을 추진하였다. 後金의 성장으로 인해 급변하고 있던 동아시아 국제 정세 속에서는 전체적으로 華夷論의 시각을 유지하면서도 구체적인 방어력의 증강에 주력하였다. 火器都監을 세워 새로운 火砲를 개발하고, 각국에 대한 정탐 활동을 활발히 한 것 등이 그 내용이다. 그러나 이러한 정책은 북인의 독점적인 정국 주도와 그로 인한 仁祖反正으로 인해 뒷 시기로 순조롭게 이어지는 데 큰 장애를 겪게 되었다.

광해군대는 북인, 그 중에서 大北 정파가 우위를 차지한 상태에서 출발하였다. 선조 말년에는 전반적으로 북인이 우세를 점하고 있는 가운데, 柳永慶 등이 선조의 후원을 받으며 그의 적자인 永昌大君을 지원하고 있었던 데 반하여 鄭仁弘 중심의 대북이 세자인 광해군을 지원하고 있었다.[1] 그런 중에 선조가 갑자기 죽자 유영경 일파의 방해를 뚫고 세자인 광해군이 즉위하였던 것이다. 하지만 대북 중심의 북인이 단순히 광해군을 지원했다는 것만으로 득세할 수 있었던 것은 아니다. 경상우도 지역을 중심으로 한 향촌 기반, 임진왜란 중 의병장으로 쌓아 놓은 공로와 主戰論者로서의 명분, 그리고 曺植의 학문을 이어받은 강한 學緣 등이 그들 세력의 기반이 되고 있었다.

대북세력은 정인홍과 李爾瞻을 주축으로 鄭昌衍·趙挺·李慶全 등 선조대 이래의 중진들과 鄭造·尹訒·韓纘男·朴鼎吉·李偉卿·閔夢龍·朴楗·李挺元·尹孝先·朴梓·任袞·白大珩·孫倜·李惺·趙挺立·許筠·申景禧·姜翼文·吳汝橃·柳潚 등 주로 삼사나 이조를 중심으로 활약하던 소장 인물들로 구성되어 있었다. 하지만 광해군 초반의 인사 정책은 대북 일변도만은 아니어서, 국왕과 연결된 柳希奮·朴彛敍 등을 중심으로 한 小北 세력은 물론 李恒福·李廷龜·申欽 등의 서인이나, 李元翼으로 대표되는 남인도 어느 정도 흡수하는 선에서 이루어졌다. 북인은 삼사나 銓曹를 중심으로, 이원익·이항복 등의 대신들을 내세운 남인과 서인의 중진들은 비변사를 중심으로 세력을 이루고 있었는데, 특히 광해군대 초기 한때는 소북이 대북보다 우세한 상황에 있기도 하였다.

이렇게 시작된 광해군대의 정국에서 이항복·이정구·黃愼 등의 서인들이 임진왜란의 피해에 대한 복구사업과 保民策의 차원에서 號牌法이나 宣惠之法 등의 사회경제적 정책들을 추진하였다. 이것은 북인들이 정국을 주도하고 있는 상황에서 서인들의 정치적 입지를 마련한다는 정치적 목적을 지니고 있었던 것으로 보이는데, 여러 계층이나 정파간의 이해가 엇갈려 서인들의 주도대로 시행될 수가 없었다. 거기에 비해 대북의 영수인 정인홍은 광해군 3년(1611)에 이른바 '晦退辨斥'을 감행하여 대북세력의 정치적 입지를 강화하려고 노력하였다. 그것은 조선 성리학의 道統으로 인정되어 그 전해에 문묘

1) 이하 광해군대 정국에 대해서는 대개 韓明基, 〈光海君代의 大北勢力과 政局의 動向〉(《韓國史論》 20, 서울大, 1988) 참조.
李綺南, 〈光海朝 政治勢力의 構造와 變動〉(《北岳史論》 2, 1990)은 광해군대 정국의 전개를 위 논문과 대개 동일하게 설명하되 국왕의 왕권 확립 시도를 좀더 강조하였다.

에 종사된 五賢, 즉 金宏弼·鄭汝昌·趙光祖·李彦迪·李滉 중에서 남인 학통의 기반인 이언적과 이황을 배척하는 것이었다. 특히 대북의 중심 학통인 조식을 이단에 가까운 인물로 지적했던 이황의 주장을 반박하여 그를 격하하고 조식을 높이려 하였으며, 그 뒤에도 조식을 배향하는 서원을 건립하고 그를 문묘에 종사하려는 운동을 일으켰다. 그러나 이러한 시도는 남인뿐 아니라 서인들의 격렬한 반발을 불러일으켜, 정인홍은 유생으로서의 자격을 부정당하는 처벌인 靑衿錄에서의 삭제를 당하고 경상좌도와 우도의 사림이 회복이 불가능할 정도로 분열되는 등 뜻한 바를 이룰 수가 없었다.

이후 대북은 더욱 강력하게 인사권을 장악하고 중앙 정국을 주도하려 하였다. 그리하여 金直哉가 黃赫 등과 함께 順和君의 양자인 晋陵君 泰景을 왕으로 추대하려 한 것을 다스렸다는 광해군 4년의 金直哉의 獄事를 통해, 외척 유희분을 중심으로 삼사에 진출하여 조정의 논의를 이끌던 소북에 대해서까지 공세를 강화하였다. 또 朴應犀 등 名家의 서얼들이 銀商을 살해한 사건이 심문과정에서 그들이 宣祖妃 仁穆大妃의 아버지인 金悌男을 영입하고 永昌大君을 왕으로 추대하려 했다는 것으로 비화하였고, 거기에 이정구·金尙容·鄭賜湖·徐渻·韓浚謙·朴東亮 등의 서인 인물들이 연관되었다는 진술이 나오자 討逆의 논리로써 서인들을 공박하였다.

이 사건은 다시 영창대군을 제거하여야 한다는 주장으로 연결되고 그 논의 과정에서 정파간의 대립은 더욱 격화되었다. 특히 이 때는 郭再祐 등 북인 내부에서도 영창대군을 두호하는 주장이 나오고 정인홍도 거기에 찬동하였지만 이이첨이 이끄는 대북의 논의는 방향을 바꿀 수가 없었다. 그러한 대북의 주장은 결국 국왕이 인목대비와 같은 궁에 있을 수 없으므로 대비를 폐하여야 한다는 廢母論으로 발전하였다. 그리하여 영창대군은 庶人으로 강등되어 강화도에 유폐되었다가 살해되고, 인목대비는 광해군 5년 11월경부터 감금상태에 놓이게 되었다. 이 때 대북은 討逆과 忠逆의 논리를 내세워 반대 의견을 억누름으로써, 남인과 서인을 중앙 정국에서 거의 축출하였고 지방 사류들이 공론을 표방하여 중앙 정국에 간여하는 것도 철저히 배격하였다. 그러나 소북은 朴承宗 등이 유희분과의 연결을 통해서 세력을 유지하면서 비변사를 중심으로 서인들을 옹호하는 등 소극적인 반대 입장을 포기하지 않고 있었고, 정인홍의 문인인 북인 鄭蘊이 '廢母殺弟'를 정면에서 비판하는 상소를 올림으로써 지방에서도 경상우도 지역의 정인홍 문인들이 중앙의 대북세력으로부터 이탈하여 中北으로 자처하고 있었다. 이러한 상황 속에서 이이첨은 이른바 掌樂署의 모임을 통해 박승종·유희분과의 마지막 타협을 시도하였으나 효과를 거두지 못하였고, 광해군 10년(1618)에는 우의정 韓孝純이 백관을 이끌고 공식적으로 대비를 축출할 것을 요청한 이른바 '廢母廷請'이 이어졌다. 그러한 폐모론은 결말을 보지 못하였으나, 광해군 말년까지 정파간의 세력관계를 볼 때 정국은 "서인이 이를 갈고 남인이 원망을 품으며 소북이 비웃는 형세"로 지속되어 갔다.

결국 광해군과 대북정권은 서인들이 중심이 되어 일으킨 인조반정에 의해 축출되었다. 반정은 광해군 12년부터 계획되어 3년 후인 15년 3월 12일을 기한 거사에 성공하여, 선조의 손자인 綾陽君 倧이 국왕으로 즉위하였다. 李曙·申景禛 등 인조의 인척들이 먼저 계획을 세워 具宏·具仁垕 등을 끌어들이고 다시 金瑬·李貴·崔鳴吉 등의 문신과 연결됨으로써 이루어졌다. 여기에 국왕으로 추대된 능양군도 적극적으로 참여하였다. 반정에 참여한 인물들은 1등에 10명, 2등에 15명, 3등에 28명 등 모두 53명이 靖社功臣으로 책봉되었다.

반정세력은 궁중에서 장악한 玉璽를 西宮에 유폐되어 있던 인목대비에게 바치고 그 권위를 빌어 광해군과 동궁을 폐출하였으며 능양군이 즉위하였다. 반정의 가장 큰 명분은 광해조에 同氣를 살해하고 母后의 폐출을 시도하여 패륜을 행하였으며, 명에 대한 은혜를 잊고 오랑캐와 통함으로써 예의와 삼강을 쓸어버렸다는 것이었다. 그러나 광해군대 대북정권의 기반을 약화시킨 더욱 중요한 요인은 그들의 정책이 지니는 悖倫性보다도, 그러한 정책들을 수행하는 과정에서 서인·남인 등 다른 붕당의 존재와 반대 의견을 무시하고 각 붕당간의 세력 조정에 실패했기 때문이다.

대북의 그러한 성격은 그들의 붕당론에도 잘 나타난다. 선조대에 성립한 조선의 각 붕당은 광해군대에는 이미 상당한 정체감과 기반을 갖춘 실체로서 존재하고 있었으며, 그것들을 통하여 결집되는 이른바 公論은 정치를 움직이는 중요한 요소가 되어 있었다. 그 점은 대북이 독단적인 정책을 추진하면서도 공론이나 여론을 민감하게 의식하였고 적극적으로 그것을 창출하려는 노력을 기울일 수밖에 없었던 점에도 잘 나타난다. 그러나 대북은 곽재우나 정인홍의 주장에 나타나듯이 다른 붕당의 존재를 매우 부정적으로만 보고 있었다. 특히 정인홍은 국왕에게 君子黨에 대한 변별을 강조하였는데, 거기에는 북인, 그 중에서도 대북만이 수용해야 할 군자당이라는 믿음이 깔려 있었던 것으로 판단된다.2) 그러한 바탕에서 북인 일변도의 인사가 행하여졌고, 정인홍의 제자인 정온마저도 스승에게 편지를 보내어 당색을 떠난 고른 등용을 촉구하고 있었지만 이이첨이 일선에서 지휘하는 대북은 탄력있는 정책을 펴지 못하였던 것이다.

그리하여 대북성권은 광해군파의 굳은 제휴를 비탕으로 중앙 정계에서의 강력한 주도권을 쥐고 있었음에도 불구하고 일반 사림세력의 지지를 얻지 못하였으며 당시의 각 붕당과 공존상태를 이루지도 못하였다. 게다가 그런 약점을 보충하기 위하여 행했던 무리한 정책이 다시 정권의 고립과 상승작용을 일으킴으로써 결과적으로 반정의 구실만 주는 셈이 되었다.

인조의 즉위 후에는 반정의 중심 인물들이었던 서인 공신들이 큰 권한을 행사하였다. 사림의 대표자인 金長生도 국왕인 인조에게 정책의 방향을 제시하기에 앞서 이귀·김류·최명길·장유 등 반정의 주역들에게 먼저 편지를 보내어 질서를 바로잡고 나라를 일으킨 공로를 치하하고 정국을 이끌어갈 방향을 말하는 상황이었으며, 국왕도 공신들에게 공개적으로 파격적인 대우를 베풀고 있었다. 그들은 또한 거사할 때 동원한 강력한 군사력을 한동안 유지하고 있었으며, 정치권의 재편에 가장 중요한 권한인 인사권을 銓曹의 장관을 제치고 행사하였다.

정치질서의 재편은 광해군대 정치인의 숙청으로부터 시작되었다. 廢母廷請을 앞장서 추진하는 등 앞 시기 정치를 전횡한 대북의 중심 인물들에 대해서는 그 처벌에 이론이 있을 수 없어서 책임이 확실하고 원성을 높이 샀던 인물들은 거사 당일부터 처형하였다. 이이첨 부자, 정인홍 등 수십 명의 관

---

2) 韓明基, 앞의 글, 288~300쪽.
禹賢玖, 〈來庵 鄭仁弘과 光海朝 政局主導勢力〉(《嶠南史學》 4, 嶺南大, 1989), 29~34쪽.

인이 여기에 해당하였다. 유희분·박승종 등 고위 관직에 있으면서 소북의 영수로 이이첨 등과 대립했던 인물들은 인목대비와 士類를 보호했다는 김류·이귀 등의 두둔이 있었지만 인조의 뜻에 따라 역시 처형되었다. 그밖에 원래 대북에 속하였지만 이이첨 일파의 정책에 가담하지 않아 당시 처벌을 면한 전영의정 奇自獻이나, 반정 당시 좌의정으로 삭직에 그쳤던 朴弘耉도 그 후 역모에 연루되어 죽임을 당하고 말았다. 요컨대 북인으로서 광해조 말기까지 정권에 깊이 참여한 인물들은 대북 소북을 막론하고 대개 처형당하였다.

좀더 구체적으로 보면, 광해군 재위 16년간 삼사와 이조의 종6품 이상의 관직(監察 제외)에 오른 인물은 《光海君日記》의 인사 기록에 따라 정리하면 모두 321명이 되는데, 이 중 40%에 달하는 수가 처벌받았으며, 그것을 피한 인물들도 대개 정계에서 축출되거나 주변 관서로 밀려났다. 특히 다른 붕당의 반대 의견을 용납하지 않던 대북의 전횡이 가장 크게 작용하였던 광해군 5년(1613)부터 10년까지의 기간에 삼사와 이조에 있음으로써 폐모론 등에 책임이 있는 인물들은 거의 완전히 도태되었다.

2) 인조반정 이후의 공존체제

반정 후에는 숙청 작업과 더불어 공신 중심 인물들에 의해 새로운 정권에 참여시킬 인물들의 선별 작업이 행하여졌다.[3] 거사 직후에 尹昉·李元翼·李廷龜·申欽·鄭曄·吳允謙·鄭經世·李睟光·徐渻·朴東善 등 대북의 전횡에 반대하다 축출당했거나 자진해 퇴거하였던 인사들이 대거 불려들어와 당상관직을 제수받았다. 이러한 기준은 하위 관직에도 적용되어 여러 차례에 걸쳐 60여 명에 대하여 6품직 서용이 이루어졌다. 최명길은 이들을 '직언하는 선비'와 '과거에 뜻을 두지 않고 민간에서 독서하는 자'라고 표현하였다. 또한 당시 사림의 대표자라 할 수 있는 산림에 대한 적극적인 포섭 정책이 추진되어, 반정 후에 김장생·張顯光·朴知誠 등을 바로 조정에 불러들였으며 인조 원년(1623) 5월에는 그들을 위하여 성균관에 정원 3인인 종4품의 司業

3) 이하 인조대 정국의 전체적인 추이에 대해서는 吳洙彰, 〈仁祖代 政治勢力의 動向〉(《韓國史論》 13, 서울大, 1985) 참조.

을 새로 설치하였다.4)

그러나 당색에 대해 아무런 논란없이 등용이 이루어진 것은 아니었다. 가장 주류를 이룬 논의는 정엽이 경연에서 말한 바와 같이, 광해조의 폐모론에 불참했다는 점을 들어 서인의 우선권을 내세운 후, 남인이나 소북이라도 쓸 만한 인재가 있으면 수용하되 대북만은 조정에서 물리쳐야 한다는 것이었다. 공신 이귀와 같은 경우 골자는 정엽의 입장과 같으나, 폐모정청에 참여한 것과 같은 하자도 본심에서가 아니었다면 용서하여야 하며 나아가 폐모론에 대한 자취를 없애 인심을 안정시켜야 한다는, 한층 관대한 주장을 폈다. 거기에 비해 김장생과 김상헌 등은 폐모정청 참여 등 잘못이 있는 자들에 대한 배격을 좀더 상소하면서, 은혜만을 베풂이 폐단에 흐른다고 당시 인사정책을 비판하였다.

이들에 비해 이원익으로 대표되는 남인은 인물 등용을 당색과 연결시키지 말아야 한다는 주장을 하였는데, 반정 직후 한창 숙청과 등용이 행하여질 때의 이 주장은 우세한 입장의 서인을 의식하고 군주의 권위를 빌어 남인의 정치적 입장을 확보하려는 노력이었다. 국왕 인조는 인물을 광범위하게 등용하는 데 가장 적극적이어서 누구도 주장하지 못한 대북계열의 등용까지도 고려하고 있음을 나타냈다.

반정으로 인한 인물의 선별과 등용 작업은 반정 후 2년 반이 지난 인조 3년 가을까지는 일단락되었다. 반정 직후부터 인조 3년 8월까지 2년 6개월간의 인사기록을 《仁祖實錄》을 통해 분석하면 다음과 같다. 중앙의 6품 이상 관직과, 부윤 및 관찰사로 등용된 인물들은 모두 164명에 이른다. 가장 큰 권한을 행사한 이들은 물론 반정공신들이었지만, 형식상으로 당시의 인사 관행을 완전히 뛰어넘은 것은 아니었다. 큰 공헌을 하여 1등공신이 된 최명길을 예로 들더라도 반정 후 처음 임명된 관직은 종6품 吏曹佐郎이었다.

164명 중 129명에 대해 당색을 확인 또는 추정할 수 있는데 그 중 서인은 82명으로 64%의 비율을 보였다. 남인은 35명, 북인은 12명으로서 각각 27%와 9%의 비율을 보였다. 특히 남인 35명의 숫자는 서인에 대해서 43%에 이른

4) 禹仁秀, 《17世紀 山林의 勢力 基盤과 政治的 機能》(慶北大 博士學位論文, 1992), 57~67쪽.

다. 이것은 일차적으로 서인의 우선권을 주장하면서 남인에게도 차별을 두지 말아야 한다는 당시의 일반적인 인물 등용 논의와 일치하는 것이라고 생각한다. 전체적으로 서인이 주도권을 장악한 가운데 그들의 정국주도에 파탄이 오지 않을 정도의 남인이 등용되었고 북인은 그 세력이 도태된 상황에서 소수의 인물들만이 붕당이라는 테두리를 떠나 개인의 경력이나 능력을 바탕으로 쓰여진 것이다.

선조 연간에 성립되어 다양한 분기와 대립을 보이던 붕당간의 정치질서는 이와 같이 인조대에 들어와 일단 서인과 남인이 공존하는 체제로 안정되었다. 그리고 그러한 정치질서는 어느 정도 논리적 기반을 갖추고 있었다. 우선 복수 붕당의 존재는 대립과 갈등을 빚어내게 마련이었으므로, 거기에 대한 당시인들의 견해를 알아볼 필요가 있다. 인조 15년(1637)에 사간원에서 올린 啓에서는 '是非之心'은 누구나 지니고 있으므로 "의견이 다른 것을 억지로 같게 할 수는 없다고 하고, 논의할 때 크게 다른 점이 있으면 극언으로 힘껏 싸워 자기의 의견을 펼쳐야 한다"고 주장하였다. 이러한 내용은 신하들 사이의 대립을 합리화하는 논리였다. 鄭經世와 李廷龜는 국왕 앞에서도 그런 의견을 적극적으로 개진하였다. 그들은 신하들간의 대립을 추궁하는 인조에게, "시비를 가리는 것은 君子의 일이며 각자 소견을 가지고 싸운다면 비록 不協함이 있더라도 무슨 害가 되겠느냐"고 하여 조정에서의 건전한 대립을 옹호하였다.

歐陽脩나 朱熹의 주장에 대표적으로 나타나는 新儒學의 붕당론은, "君子는 같은 道로써 眞朋을 이루고 소인은 같은 利로써 僞朋을 이루므로 君主가 군자의 진붕을 등용할 때 천하가 다스려진다"는 것이었다. 또 "賢忠한 자들이라면 그 당이 작음을 걱정하되 奸邪한 자들이라면 철저히 몰아내고 국왕을 군자의 당에 끌어넣어야 한다"고 하였다. 이러한 붕당관은 조선 건국 당시에 그 이념적 기반을 마련한 鄭道傳이 이미 개진한 바 있거니와,[5] 사림파의 정계 장악에 따라 16세기에 이미 일반화되었고 특히 "朋黨을 미워하여 없애려 하면 종종 나라가 망하는 데에 이른다"는 구절은 계속 되풀이되었다.[6]

---

5) 韓永愚,《鄭道傳思想의 硏究》改正版 (서울大 출판부, 1983), 142~143쪽.

6) 사림파의 신유학적 붕당론 도입에 대해서는 李泰鎭,《朝鮮後期의 政治와 軍營制變遷》(韓國硏究院, 1985), 39~45쪽 참조.

그러나 17세기의 붕당 인식이 위와 같은 내용에 그칠 수는 없었다. 실제 정치에서 군자당과 소인당이 확연히 구분되는 상황을 상정하기 어려울 뿐만 아니라, 당시의 붕당은 학통과 가문에 따라 전승되는 것이었기 때문이다. 즉 구양수나 주희의 붕당론을 그대로 적용한다면 자신의 당이 君子黨임을 주장하는 한 그것과 대립되는 黨은 소인당이 될 수밖에 없으므로 상대방의 당을 인정할 수 없게 된다. 그러한 상태에서 주희의 말대로 "소인들의 무리를 모조리 몰아내어 자기들이 人才를 쓰는 데 해가 없도록 하려 한다"면 상대당에 대한 심한 탄압이 가해져 복수 붕당에 의한 정치는 파탄에 달할 것이다.

그리하여 당시 정치인들은 조선 붕당의 실제 상황을 이해하고 거기에 맞는 정치를 운영하려 하였다. 趙翼과 같은 경우 "지금의 黨이란 한쪽이 모두 군자이고 다른 한쪽이 모두 소인인 것이 아니며 각각에 善人과 不善人이 있습니다. 만일 한쪽만을 쓰고 다른 한쪽을 모두 버린다면 크게 옳지 않습니다"[7]라고 지적하였다. 이러한 견해는 다른 사람들에게서도 두루 나타난다. 兪伯曾은 당시 붕당에 대해 조익과 같은 인식 위에서 붕당들 사이의 調和와 保合의 필요성을 인정하면서도, 그보다는 是非의 분별과 公論을 강조하고 당론을 배격하는 인조에게 공론에 입각한 반대당 공격을 공공연하게 합리화하였다.

> 殿下께서는 (臣下들의) 자기와 다른 자에 대한 배격을 미워할 줄만 아시고 나라를 위하여 원망을 사는 것이 가상한 것임을 모르십니다. 오늘날 조정에서 자기와 다른 자를 끝내 배격하지 못하게 한다면, 꼭 서인이 서인을 탄핵하고 남인이 남인을 탄핵하며 소북이 소북을 탄핵한 다음에야 公論이라고 할 수 있다는 말입니까(《仁祖實錄》 권 53, 인조 8년 3월 병오).

이와 같은 붕당간의 상호 비판에 대한 합의는 많은 사람들의 발언을 통해 공통적으로 확인할 수 있다. 다만 국왕 인조는 붕당의 존재를 적극적으로 비판하면서 서인의 정국 주도를 견제하였고, 당시 정국을 주도하던 김류·최명길 등 일부 반정공신들이 그러한 입장에 가세하였다. 그러나 그러한 논리는

---

7) 《仁祖實錄》 권 20, 인조 7년 윤4월 갑자.

그들이 지니고 있었던 큰 권한에도 불구하고 일반 士類들에게 설득력을 가지지 못하였고 당사자들이 정치권에서 사라짐과 함께 영향력을 잃었다.

한편 붕당 혹은 상대당의 존재를 인정하는 정치인들 역시 붕당의 폐해에 대해서도 원론적으로 광범위한 동의를 이루고 있었지만, 붕당을 타파하려는 인위적인 노력에 대해서는 적극적으로 반대함으로써 기존 붕당의 존재를 정치운영의 한 실체로서 확실히 인정하였다. 이러한 논리가, 정치 권력을 서인이 장악하였으나 남인도 함께 공존하는 체제와 짝을 이루고 있었다.[8] 그들은 서로의 권력을 확대하기 위해 대립과 갈등을 빚었지만 더욱 근본적인 이념의 문제에 대해서는 다음과 같이 입장과 행동을 함께 하고 있었다.

1623년에서 1649년까지의 인조대에 가장 많은 논란을 일으킨 정치적 쟁점은 元宗을 追崇하는 문제와 후금·청에 대한 외교 관계였다. 원종 추숭이란 인조의 아버지이자 선조의 五男으로 인조 즉위 전에 죽은 定遠君을 왕으로 追尊한 일로서, 인조가 즉위한 후 정원대원군에게 올려야 할 親屬의 칭호와 인조 4년(1626) 인조의 어머니인 啓運宮의 喪에 인조가 입어야 할 服의 문제, 인조 10년에 정원대원군을 원종으로 추숭하고 3년 후에 宗廟에 들이는 문제들은 모두 13년에 걸친 논란을 불러 일으켰다. 인조의 기본적인 의도는 아버지인 정원대원군을 왕으로 높임으로써 선조로부터 원종을 거쳐 자신에게 이어지는 왕통을 확립하여 정통성을 높이려는 것이었다. 여기에 가장 적극적인 학자가 朴知誠였고 이귀·최명길·許穡 등이 추숭에 찬성하였다. 반면에 서인 산림 김장생과 남인 산림 張顯光을 비롯하여 대부분의 官人과 학자들이 정원군을 종통으로부터 배제하려 하였다. 서인과 남인은 그들 사이의 정치적 대립에 앞서 禮의 문제에 대한 합의를 바탕으로 인조의 왕통 강화에 함께 반대하였다.[9]

정묘호란과 병자호란에서의 척화론 및 그 이후의 反淸論도 같은 의미를

8) 이 시기를 포함하는 조선시대의 붕당론에 대해서는 그것을 調停論, 君子小人·是非明辨論, 調劑論으로 나누어 정밀하게 설명한 연구가 있다(鄭萬祚, 〈朝鮮時代 朋黨論의 展開와 그 性格〉, 《朝鮮後期 黨爭의 綜合的 檢討》, 韓國精神文化硏究院, 1992).

9) 元宗 追崇의 과정과 정치적 배경 등에 대해서는 李迎春, 《朝鮮後期 王位繼承의 正統性論爭 硏究》(韓國精神文化硏究院 博士學位論文, 1994), 124~153쪽 참조.

지닌다. 척화론은 성리학적 명분론이 가장 극명하게 드러난 것으로서, 정치적 성격은 공신세력의 국정 주도에 대한 非功臣士類의 반발이라는 것이었을 뿐 척화라는 大義名分 앞에 당색에 따른 입장의 차이는 찾아볼 수 없다. 예를 들어 병자호란 당시의 척화론은 북인출신이며 이 시기에 남인과 정치적 입장을 함께 한 鄭蘊이 서인 金尙憲과 더불어 중심 인물이었던 것이다.

반면에 당시 관인들 대부분이 당색에서 벗어날 수 없었던 만큼 붕당간의 대립도 다양한 모습으로 전개되었다. 자기 당의 정치적 세력을 확장하기 위한 가장 기초적이고 확실한 정책은 같은 당색의 인물을 등용하는 것으로서, 인조 연간에도 그러한 노력은 서인·남인간에 꾸준히 계속되었다. 그러나 그것은 대립의 전면에 드러나지 않고 있었다. 뚜렷이 드러난 붕당간의 첫번째 쟁점은 선조의 아들로서 평소 신망이 있어 인조의 정통성에 위협이 되고 있었으며 인조 즉위후의 여러 역모에서 왕으로 추대되었다는 仁城君 珙에 대한 처우문제였다. 그가 폐모정청에 참여했다는 이유로 이귀가 인조 초년에 처벌을 주장한 이후 서인들의 공격이 점점 심해져 인성군은 몇 차례의 유배를 거쳐 인조 5년에 사사되었다.

그러나 남인들은 정경세·李埈과 북인출신의 정온을 중심으로, 숙부를 비호할 수밖에 없던 인조와 함께 처음부터 인성군 처벌에 반대하여 서인들과 열띤 공방전을 벌였다. 반대의 논리는 왕자를 보호하여야 한다는 것이었지만, 때로는 문제를 확대하여 인성군 처벌을 광해조의 사건들에 비유하거나 광해군대의 잘못을 바로잡았다는 인조반정의 명분을 뿌리째 흔드는 등 서인 정권의 명분에 대한 도전도 서슴지 않았다. 하지만 이 문제로 인한 대립에서 반대당에 대한 전면적인 부정은 나타나지 않았다. 예를 들어 인조 4년 서인으로 구성된 사간원에서는 인성군의 무죄를 강력히 주장한 남인 睦性善을 인조가 諫官으로 등용한 데 대해 항의하면서도, 목성선이 名士여서 당시 淸顯의 인물들보다 처지지 않으며 그의 주장도 임금의 求言에 따른 것이므로 영영 버려야 할 사람이 아니라고 인정하고 있었다.[10]

서인과 남인은 붕당의 기반이 되고 있던 학통을 강화하려는 노력을 경쟁

---

10) 《仁祖實錄》 권 14, 인조 4년 8월 을축.

적으로 기울였다. 먼저 서인들은 집권하자마자 선조대에 죄를 입은 자기 당 인사들에 대한 伸寃運動을 일으켰다. 그리하여 成渾을 복관시키고 李海壽·鄭澈 등의 관작을 환수받았다. 여기에 대해 인조는 시간을 끌거나 동인쪽 인물들에 대한 처벌을 함께 취소하는 처분을 내렸는데, 그것은 鄭汝立의 옥사를 둘러싼 치열한 논쟁의 재연과 서인의 세력 강화를 저지하려는 목적에서였을 것이다. 남인들도 鄭逑의 시호와 추증을 요청하고, 柳成龍의 시호를 내려 받았다. 그러나 서인들이 이이와 성혼의 文廟 從祀를 요청하여, 그들 학통의 권위를 이황을 먼저 문묘에 들인 남인들 수준으로 강화하려 하자 적지 않은 갈등이 야기되었다.

그 주장은 인조 초년에도 제기되었으나 국왕의 반대로 가라앉았다가, 인조 13년(1635)에 본격적인 논쟁을 불러 일으켰다. 5월에 성균관 유생 270여 명에 의한 종사 요구의 상소와 57명에 의한 반대 상소가 같은 날 올라온 것을 시작으로 상소가 계속됨에 따라 분란이 확대되어 갔다. 남인들은 주로 이이가 佛門에 들어갔었다는 것과 성혼이 임진왜란 때 선조를 호종하지 않았다는 사실을 들어 종사에 반대하였는데, 이에 대해 영의정 尹昉, 좌의정 金尙容 등 몇몇 서인 관인들이 종사를 주장하면서 반대자들을 비난하고 나섰다. 그리고 영남을 제외한 전국 각처에서도 이이와 성혼을 종사하자는 상소가 빗발쳤다.

그러나 중앙 관인들 사이에서는 큰 논쟁이 없었고 종사는 여전히 이루어지지 않았다. 그 이유는 서인들이 권력을 장악했을지언정 문묘 종사와 같이 막중한 일을 남인들의 반대에 맞서 실행할 수 있을 만큼 학문적 기반이 강화되지는 못하였으며, 서인 전체의 의견을 수렴하는 과정이 없었기 때문이었다고 추론할 수 있다. 인조 또한 이이·성혼의 도덕이 높지 못하고 비방이 있었다는 과격한 답을 내리는 등 서인을 견제하는 입장을 취하였다.

이와 같이 인조 연간의 서인과 남인은 그들의 공통 기반에 충실하였으며 대립은 그러한 동의하에서 제한적으로 이루어졌다. 인조대 서인과 남인의 공존관계는 병란을 극복하고 나라를 유지시킬 수 있었던 기반으로 인식되었다.

3) 공신계와 비공신계의 갈등

인조대는 반정공신들이 지대한 권한을 가지고 정치를 주도하였다. 그러나 같은 공신이라 하더라도 정치적 입장을 모두 함께 할 수는 없었다. 특히 김류와 이귀는 반정을 성공시키는 데 가장 큰 역할을 담당하였으나 곧 서로 대립하게 되었다. 그들은 본디 서로 인맥을 달리하여 따로 반정을 계획하였으며, 관직이나 연령 등 개인적인 조건도 쉽게 상하관계를 이룰 수가 없었던 것이다. 또한 최명길·장유·신경진·이서 등도 정치적 사안에 따라서 모두 입장을 달리하고 있었다. 그러나 전체적으로 보아 공신들은 반정에서의 공적을 구실로 권력을 잡았고 특권을 누리고 있었다는 점에서 반정에 직접 참여하지 않은 士類들과 정치 권력을 둘러싼 대립관계에 놓이게 되었다.

공신과 일반 사류들 사이의 대립은 재위중의 군주를 폐출하고 새 임금을 세운 反正 자체에 단서가 이미 마련되어 있었다. 거사한 것을 장유가 스스로 부끄러워했다던가 趙涑이 반정에 참여하고도 끝내 공신이 되기를 거부했다는 사실에 나타나듯이 반정의 당사자들도 약점을 느끼고 있었다. 당시 사류들이 공신을 보는 비판적 입장은 "金元亮은 유생으로서 靖社功臣에 녹훈되었으니 어찌된 것인가"라는 金時讓의 말과, 정경세가 김원량을 두둔하는 입장에서 그가 반정에 가담하지 않았다고 변명한 데에 잘 나타난다. 이러한 분위기는 쉽게 가라앉지 않아서 인조 2년 朴弘耈의 옥사 후에는 새삼스레 국왕의 曉諭文을 내려 광해군의 죄악을 열거하고 반정과 인조의 정통성을 누누이 강조하여야 하는 형편이었다.

공신들과 일반 사류 사이의 대립은 반정 직후 공신의 관직 획득과 인물 등용을 둘러싸고 시작되었다. 일반 사류들은 공신들에게는 상을 주면 될 뿐 관작을 내리는 것은 옳지 않다고 주장하였고, 거사에 참여한 사람들을 위해 과거를 시행하려는 계획도 그들에게 특권을 줄 수 없다는 반대에 밀려 취소되었다. 그러나 이귀 등은 강력하게 공신 우대를 주장함으로써 그들 사이의 알력은 심각한 지경에 이르렀다.

인조는 붕당을 강력히 배격하면서 남인은 물론 문제가 있는 북인까지 등용하여 서인의 독주를 견제하고자 하였다. 여기에 대해 공신 제일의 권력가 김류가 인물 등용을 당색에 따라 안배함으로써 특정 붕당의 독주를 막는다는 논리로, 일반 서인들과 남인들의 심각한 반대 속에서도 인조의 정책을 적극적으로 뒷받침하였다. 반정의 원훈으로서 확보한 기반 위에서 북인까지 포섭할 여유를 가질 수 있었고 그것은 다시 인조와의 연계를 강화하고 비공신사류의 도전에 대하여 자기 세력을 증식하는 길이었을 것이다. 여기에 대해 김상헌의 주장으로 대표되는 인조 초년의 淸論이 적극적으로 반대하고 나섰다. 김류가 주도하는 대로 북인과 일부 庭請者들까지 등용한다면 그들 비공신사류들에게 실질적 타격이 올 뿐 아니라, 대북정권에 대항했다는 명분 기반마저도 퇴색하고 말 형편이었던 것이다. 여기에 공신인 이귀와 兪伯曾·朴炡의 태도가 변수로 작용하였다. 이귀는 처음에 정청참여자까지 수용하자는 주장을 폈었지만 인사권을 김류에게 제압당하고 그와의 불화가 깊어짐에 따라 인사문제에 관한 공신의 포용적인 입장을 포기하였다. 그리고 유백증·박정은 공신이면서도 3등에 불과하여 그 특권을 크게 누리지 못하였으며 공신 중에 몇 안되는 문과출신의 小壯官人으로서 김류의 인사정책에 불만을 품을 여지가 많아, 앞장서서 그것을 비판하게 되었던 것이다.

그리하여 김류가 인사를 주도하는 중에 인조 3년(1625)에는 소북의 지도자였던 金藎國·南以恭, 인조 7년에는 유희분의 조카사위인 金世濂과 李景稷·남이공의 등용문제를 둘러싸고 큰 논란이 빚어졌다. 이귀·김상헌은 물론 박정·유백증·羅萬甲·金堉을 필두로 한 관인들 대부분이 인조와 김상헌의 정책에 전면적으로 반발하였던 것이다. 서인과 남인의 관인들 사이에도 입장의 차이가 없었다. 그러한 대립은 표면상으로는 세력의 안배를 내세워 붕당의 해를 없애겠다는 입장과 거기에 반대하는 입장의 충돌이었으며, 대립 당사자들이 공신과 일반 사류로 확연히 구분되는 것이 아니었음에도 불구하고 본질적으로는 당시 공신세력과 비공신사류의 세력 다툼의 일면이었다.[11]

---

11) 이러한 대립은 그 성격에 커다란 오해의 가능성을 안고 있다. 인조는 붕당을 없애겠다는 점을 내세웠기 때문에 그와 김류가 추진하는 인사정책에 반대하는 자들을 또 하나의 붕당으로 지목하였다. 그리하여 거기에 맞서는 자들은 주희의 붕당론 등을 원용하여 자신들을 변호할 수밖에 없었는데 그것은 당시 서인·남인에 대한 논리가 아니라 자신들을 보호하기 위한 것이었다. 그러나 이 때의

공신세력의 私的 군사력에도 비공신사류들의 비판이 빗발쳤다. 주요 공신들은 반정이 성공한 후로도 각자의 軍官을 중심으로 군사력을 유지하고 있었다. 여기에 대해 인조 2년 정경세가 공신 및 유력자의 군관을 없애자고 주장하면서부터 勳臣軍官에 대한 비난이 커졌다. 무사들을 통한 사사로운 경제적 이익의 도모도 비판의 대상이었으며, 더 나아가 공신 군사력을 정묘호란의 패전에 대한 책임과 연결시켜 "임금의 명령을 범하고 위엄을 빼앗았다"고 극렬하게 공신들을 공격하였다. 그러나 이런 대립은 공신들이 장악한 군사력이 공식적인 체계내로 정리되면서 인조 5년 이후에는 해소되어 갔다.[12)]

공신들은 그 세력을 이용하여 많은 경제적 이권을 장악하였으므로 거기에 대한 비판이 宮家의 특권에 대한 것과 더불어 빈번히 행하여졌다. 인조 2년 李潤雨가 공신들이 田土와 백성을 불법적으로 침탈하고 있음을 밝히고 시정을 요구한 이래 같은 내용의 비판이 계속되었으며, 인조 7년에는 공신들이 籍沒을 빙자하여 남의 전택을 빼앗는 것을 금지하자고 최명길이 앞서 주장할 정도였으나 이 경우에도 다른 공신들의 반대로 아무런 대책이 세워지지 않았다. 병자호란이 일어나는 인조 14년에 대사간 尹煌을 중심으로 사간원에서 올린 계에서는 궁가와 훈신들이 賜牌·免稅·折受·立案의 방법으로 민전과 백성을 침탈하여 蘆田·漁箭·鹽盆·海澤의 이익을 독점한다고 공격하였다.

공신세력과 비공신사류의 알력과 대립은 인조대 主和論과 斥和論의 대립으로 연결되었다. 그 뒤로 오랜 기간에 걸쳐 조선의 정치와 사상에 지대한 영향을 끼친 척화론은 무엇보다도 먼저 성리학적 명분론에서 온 것이었지만, 정묘호란에서 병자호란까지의 주화론·척화론이나 그 이후의 반청론이 당시

붕당은 서인이나 남인과 같은 범주로 오해하기 쉬우며 실제로도 인조 초년의 대립에 淸西 대 義西(功西), 인조 7년의 대립에 老西 대 少西라는 이름을 붙인 논의가 있었다. 그리하여 이들의 대립을 서인·남인의 대립과 같은 범주에 놓고 단지 그 대립이 심하지 않았다는 정도의 단서를 붙여 '黨爭'의 전개 과정을 계보화하는 데 포함시키는 인식이 있었다. 그러나 그 대립은 서인만의 문제로 한정되는 것이 아니었던 동시에 서인 전체가 갈라졌던 것도 아니다. 또한 붕당으로 지목되었던 것이 매우 일시적이었으며 지목받은 인물이 대단히 적었다는 점에서, 정권이 재편되는 과정에 정치 참여자들이 서로 자기 기반의 확보를 위하여 벌였던 평범한 대립이었다고 할 수 있다.

12) 李泰鎭, 앞의 책, 85~90쪽.

정치의 중요한 쟁점이었던 만큼 그 정치적 의미를 소홀히 할 수 없다.

인조 5년(1627)의 정묘호란에서는 이귀의 가장 적극적인 和議論과 거기에 동조하는 최명길·장유에 대항하여 윤황·李榮·유백증 등이 척화론을 내세움으로써 마찰을 빚었다. 이 때 윤황은 후금의 사신을 들이지 말자는 주장을 하면서 이귀·최명길의 화의론을 공격하여 나라를 그르친 것이 훈신에게서 많이 나왔다고 하였다. 이에 대해 이귀도 당시 자신의 주화적 입장에 대한 비난을 비공신사류들이 공신세력에 가한 일련의 비난과 같은 맥락에서 파악하고 있었다. 그러나 정묘호란 당시의 논란은 후금과의 강화가 형제관계를 맺는 데 그쳤고 明과의 기존 관계가 인정되었기 때문에 일단 가라앉았다.

그 뒤 조정의 분위기는 명분상으로 당당한 絶和論者들이 장악하고 있었으나 인조 14년에 전쟁의 위험이 높아짐에 따라 주화론과 척화론의 본격적인 대립이 시작되었다. 당시의 국정은 김류가 영의정, 좌의정이 빈 상태에서 홍서봉이 원임 좌의정, 최명길이 이조판서로서 공신세력이 주도하고 있었다. 이밖에 호조판서 김신국은 김류에 의해서 등용된 인물이었고, 우의정 李弘胄, 원임 대신 尹昉, 병조판서 李聖求 등이 모두 김류와 무리없는 관계를 유지하고 있었다. 군사적인 면에서는 이러한 경향이 한결 심하여 김류 부자, 金自點·金時讓 등 김류 일파가 군권을 장악하고 있었다. 이런 가운데 김상헌과 함께 가장 격렬한 척화론자인 鄭蘊은 청의 침략 직전에 올린 상소에서 絶和를 주장하면서 공신들을 싸잡아 그들로 인하여 나라가 망할 것이라고 극언하였다.

이에 대해 개전 전에는 최명길을 제외하고는 절화론에 적극적인 반대자가 없었으나 적병 침입 8일 만에 김류·홍서봉·장유 등이 主和의 입장을 분명히 하게 되었다. 당시의 척화란, "논의가 당당하기는 추상과 같지만 국세를 헤아리지 않은 것이어서 處士의 한번 큰 소리에 지나지 않는다"는 평이 말해주듯 현실적일 수 없었기 때문이다. 이렇게 되자 주화론과 척화론의 대립은 반정 후 계속되던 공신세력과 비공신사류의 대립이라는 성격이 분명해졌고, 이념이나 정책만으로 인한 대립 이상으로 격렬하게 전개되었다. 병자호란에서는 결국 김류·홍서봉·최명길·장유·김신국·이성구 등의 화의론이 인조의 동의를 얻어 김상헌·정온·윤황 부자·趙絅 및 다수 소장 관인들의 반대를 누르고 청과 군신관계의 수립을 주요 내용으로 하는 화약을 맺고 말

왔지만, 그 대립은 전쟁이 끝난 이후로도 계속되었다.

청군이 물러간 후 김류 등은 척화론자들에게 선제 공격을 가하여 나라를 그르쳤다는 죄목으로 윤황 등 7인을 처벌하였다. 유백증은 전쟁 중에 파직되었고 김상헌·정온은 지방에 물러가 있었으므로 여기서 제외되었다. 하지만 방어에 실패한 군사책임자들도, 김류의 아들인 金慶徵과 장유의 동생인 張紳이 죽임을 당했고 김류와 김자점을 비롯하여 沈器遠, 신경진의 동생인 申景瑗·李敏求·李聖求 등이 처벌받았다. 한편 남한산성에서 나와 바로 지방으로 내려간 김상헌도 임금을 저버리고 나라를 등졌다는 이유로 인조 16년말에는 파직을 거쳐 삭탈관작되었다.

이렇게 공방전이 계속되었던 것은 나라의 체모와 명분이 송두리째 뒤집혔던 충격이 너무 컸기 때문이기도 하지만, 정치적으로 공신세력 대 비공신사류의 대립이 지속적인 것이기 때문이었다. 특히 최명길이 가장 격렬한 주화론자이면서도 난이 끝난 후 적어도 얼마 동안은 척화론자들의 공격을 피할 수 있었다는 사실은, 당시의 대립이 단순한 명분론을 넘어 정치적인 요소를 강하게 지니고 있었으며 그 정치적 요소란 공신으로서의 기반을 크게 향유하던 김류계열에 대한 비공신사류의 도전이었음을 보여주는 것이다.

위와 같은 공신세력과 비공신사류의 대립은 전란 후 공신 중에서 최고 권력자가 바뀌어 가는 상황에서 인조대 후반에도 계속되었다. 병자호란 후 5~6년간의 국정은 최명길이 주도하였다. 김류 중심의 정치세력과 김상헌 등을 대표로 하는 반청론자들은 계속되는 공방전으로 그 중심 인물들이 모두 조정에서 축출되었다. 특히 척화론자들의 주장을 따라 반청정책을 폈다가 속수무책으로 항복할 수밖에 없었던 인조는 전쟁 후 철저히 그들을 배제하였다. 그것에 비해 최명길은 척화론자들처럼 난을 불러들였다는 비난을 들을 이유가 없었고 兵權과 무관하였기 때문에 패전에 대한 직접적인 책임이 없었다.

최명길은 종전 후 약 2개월만에 우의정이 되고 좌의정을 거쳐 다음해 9월에는 영의정으로 승진하면서 명실상부하게 권력을 행사하였다. 인조 초년부터 김류와 대립한 그는, 정승에 張維와 申景禛·沈器遠을 추천하고 이귀의 아들인 李時白과 굳은 연계를 맺고 있었다. 최명길은 공신들 중에서 입장이 통하는 인물들을 중심으로 세력을 규합하려 한 것이다. 일단의 공신들과 힘을 모은 최명길은 金藎國·金時讓·沈悅·南以恭 등 才局이라는 점에서 정평을 얻고 있던 인물들을 끌어들였다. 이들은 김류에 의해서도 등용되었던 인물들로서, 최명길은 개인적으로 김류와 대립하고 있었으나 공신으로서의 정책은 김류와 상통하고 있었음을 알 수 있다. 그 중 남이공은 인조 16년(1638) 3월에 이조판서가 되어 자신들의 기준에 따른 인사 정책을 펴 나갔다.[13)]

이리하여 자기 세력에 어느 정도 여유를 가지게 된 최명길은 연소 척화신들에 대한 용서를 주장하고 김상헌을 두둔하기도 하였다. 나아가 대청관계를 무난하게 이끌어가면서도 병력을 동원하여 명을 치라는 요구만은 따를 수 없다는 입장이었고, 인조 16년 이후로는 僧 獨步를 통하여 명과의 비밀 외교를 지속시켰다. 이러한 노력은 이시백이 담당하고 있었던 남한산성 재건작업과 더불어 최명길 등이 反淸 사류들과 제휴하는 것을 부분적으로나마 가능하게 했을 것이다. 李明漢·姜碩期와 같은 쟁쟁한 사림들이 최명길 지휘의 대명관계에 동참하고 있었던 것이다. 그러나 효종대에 작성된《仁祖實錄》의 사평들이 최명길의 그러한 정책들에 대해 매우 부정적인 데서 알 수 있듯이 공신 최명길과 일반 사류들 사이의 전반적인 대립관계가 해소된 것은 아니었다.

이러한 상황에서 최명길은 정치 안정과 민심 수습을 위한 개혁을 시도하였다.[14)] 그 중 정치 운영에 대한 개혁 방침으로는 吏曹郎官의 특권을 박탈하고 삼사의 논의 방식을 변경하려 한 것이 가장 특징적이었다. 당시 이조의 낭관은 상대적으로 낮은 품계에도 불구하고 弘文館을 비롯한 三司의 당하관에 대한 인사권의 상당한 부분과 후임자에 대한 自薦權을 행사하고 있었다.[15)] 그것은 소수 권세가의 전횡을 방지하는 효과적인 장치로서 훈척들과의 대항관계 속에서 발전해 온 사림정치의 성격을 단적으로 보여주는 것이었다. 그러나 이조낭관은 각 정치세력의 이해가 가장 첨예하게 부딪히는 곳이 될 수밖에 없었고, 따라서 일체의 붕당적 정치 질서를 배격하는 인조와 정치의 능률을 높이

---

13) 이 시기 정치인들의 입장과 사상에 대해서는 고영진 외, 〈17세기 전반 조선사상계의 동향과 그 성격〉(《역사와현실》 8, 한국역사연구회, 1992) 참조.

14) 개혁을 추진한 최명길의 입장에 대해서는 李在喆, 〈遲川 崔鳴吉의 經世觀과 官制變通論〉(《朝鮮史硏究》 1, 伏賢朝鮮史硏究會, 1992) 참조.

15) 吏曹와 三司의 운영구조와 정치적 역학관계에 대해서는 宋贊植, 〈朝鮮朝 士林政治의 權力構造〉(《經濟史學》 2, 經濟史學會, 1978) 참조.

려는 최명길에 의해 지극히 부정적으로 인식되었고 이미 그 전에도 이조낭관권의 폐지가 시도된 적이 있었다. 그리하여 인조 15년에 최명길은 연소 관인들 사이의 분란과 당론을 일으킨다는 이유로 이조낭관의 堂下薦望權 및 자천권을 혁파할 것을 비변사를 통하여 다시 요청하여 인조의 허락을 받았다.

그러나 당시 남이공·남이웅으로 이어지는 이조판서들이 인사권을 제대로 행사하지 못하는 상황을 호소하고 그에 대한 대책이 논의되던 상황을 보면 이조낭관의 권한은 혁파 후 적어도 1년 내에 다시 복구되어 그대로 시행되고 있었음을 확인할 수 있다. 이조낭관의 권한에 대해 개혁을 주장하거나 불만을 토로한 김류·최명길·남이공·남이웅 등은 공신이라는 기반 위에서 자기 세력을 증식하려 했거나 그 공신을 대신하여 인사권을 행사하던 인물들이었다. 반면에 그들을 제외한 많은 인물들이 이조낭관권의 합리성을 내세우거나 대신들도 그 혁파를 잘못이었다고 생각했다는 지적을 볼 때, 이조낭관의 자천권과 당하천망권에 대해 일반적으로 동의가 이루어져 있었음을 짐작할 수 있다. 인조·김류·최명길 등의 혁파 노력은 실효를 거둘 수가 없었던 것이다.

최명길은 정치적 논의의 최일선에 있던 삼사의 避嫌制에 대해 개혁을 주장하였다. 당시 삼사, 그 중에서도 사헌부와 사간원에서는 어떤 일을 논할 때 모두의 의견을 일치시키는 것을 원칙으로 하였는데 논의에 찬동하지 못하는 사람은 피혐이라 하여 사직소의 형태로 자기 의견을 적극적으로 개진하였다. 그러면 處置라 하여 삼사의 제삼자들이 그 인물이 논의에 계속 참여할 정당성이 있는가를 평가하고 거기에 따라 임금이 出仕 혹은 遞職하라는 명령을 내리는 것이 관행이었다. 이것은 논의가 번다하고 분란을 확대시키는 경우가 많았지만, 소수 의견을 보장함으로써 특정한 정치 집단의 독주를 막는 기능을 행사하고 있었다. 여기에 대해 최명길은 의견을 억지로 일치시키려 하고 피혐이 어지러이 발생하는 것을 문제로 여겨, 다수 의견에 따라 관서의 입장을 정할 것이며 출사의 처치를 받은 후에 거듭 피혐하는 것을 금지하는 것을 주요 내용으로 하는 규정을 국왕의 허락을 받아 시행하였다. 그러나 이것 역시, 다른 의견이 있다면 소수의 의견일지라도 할 말을 다하여 적극적으로 시비를 가려야 한다는 반대론 속에서 무위로 돌아가고 말아, 피혐과 처치가 전과 같은 양상으로 계속되었다.

이와 같이 최명길의 개혁 노력이 실패했던 것은 이조낭관권과 피혐제가 당시 붕당이 정치를 운영하는 핵심적인 장치로서 일반 관인들의 광범위한 동의를 얻고 있었기 때문이다. 이조낭관권은 公論·黨論에 둘러싸여 있을 수밖에 없는 소장관인으로 하여금 삼사 관원에 대한 인사권의 많은 부분을 행사하게 한다는 점에서, 피혐제는 우세한 다수 관인에 대해 소수 의견이라도 적극적으로 시비를 가릴 수 있고 그것이 수반하는 처치제에 의해 삼사 소장 관인들의 의견이 큰 힘을 지닌다는 의미를 지니고 있었던 것이다. 큰 흐름으로 볼 때 최명길의 시도는 공신중심 정치세력이 자신들의 세력 유지에 알맞는 방향으로 정치 질서를 개편하고자 했던 것으로, 그 개혁의 방향보다는 오히려 그것을 실패로 돌아가게 하였던 다수 일반 관인들의 성향과 공론을 반영하는 정치 질서에 대한 굳은 동의에 더 큰 의미가 있는 것이다.

정국을 주도하던 최명길 등은 인조 18년(1640)초에 최명길·신경진·심열이 전후하여 대신직에서 물러나고 3월에는 부원군으로 남아 있던 최명길이 파직당하고 이시백·남이공 등이 유배당함으로써 권력을 잃었다. 이 처벌의 이유는 대신으로서 청에 보내는 質子를 가짜로 하였기 때문이었으나, 더 복잡한 세력관계의 변동이 있었다. 당시 인조는 淸論을 내세우는 일반 사류들을 신임하지 않고 소장층의 등용도 마다하였으므로 자연 김류·김자점 등의 정계복귀가 쉽게 이루어져 각기 扈衛大將과 判尹·御營大將의 자리를 회복하고 있었던 것이다. 최명길의 후임 영의정에도 김류계열인 洪瑞鳳이 임명되었다.

그리하여 그 이후로 대신직에 오르는 인물들을 볼 때 대체로 최명길·신경진·심기원·심열에서 강석기로 이어지는 계열과, 홍서봉·이성구·김자점으로 이어지는 계열이 대립하고 있었던 것으로 보인다. 한때 영의정에 다시 올랐던 최명길이 명과의 밀통문제로 청으로 끌려가고 신경진·강석기가 세상을 떠난 상황에서 심기원이 역모 혐의로 죽음으로써 권력은 다시 김류계열의 김자점에게 넘어가게 되었다. 그는 심기원을 제거하는 데 큰 역할을 한 것을 계기로 확고한 권력을 장악하고 인조 24년 3월 이후 영의정으로서 3년 후 인조가 사망할 때까지 관인 최고의 권력을 누렸다.

그러나 김자점의 세력 기반은 매우 허약하였다. 반정으로 1등공신에 녹훈되었지만 文科출신이 못되었기 때문인지 정치의 일선에 나서지 못하고 김류의 세력권 밑에서 주변 관서를 전전한 끝에 군사 지휘관으로서 세력을 키웠지만 그나마 병자호란의 패전에 대한 책임을 면할 수가 없었다. 그런 상황에서 그가 취한 정책은 궁중에 유착하여 왕의 개인적인 총애를 받고 親淸政策을 펴서 현상을 유지하는 것이었다. 김자점의 파행적인 정치 운영은 인조 23년 昭顯世子의 죽음과 이듬해 소현세자빈 姜嬪의 옥사에서 잘 드러난다.

두 사건은 세자에 대한 인조의 의구심에 後宮 趙氏의 참언이 크게 작용하여 빚어진 것으로써, 김자점이 元孫을 폐하는 데 적극 찬성하였고 일반 사림은 물론 김류·최명길까지 반대하는 데 맞서 홀로 강빈을 공격하고 그 사사에 찬성한 것 등 당시의 정황으로 보아 그가 淑媛 조씨와 결탁하여 세자를 해치는 데 모의했음에 틀림이 없을 듯하다.[16] 김자점은 또 소현세자의 아들들과 강빈의 형제들을 제거하도록 하였다. 강빈의 父이며 원손의 外祖인 姜碩期가 일반 사류들 사이에 명망이 높았으며 최명길·심기원과도 연계를 맺었던 만큼 그의 인척은 어느모로 보나 김자점에게 불리하였기 때문이다.

그리하여 당시 김자점이 처한 상황은, 사림들의 강력한 강빈 보호를 인조가 서인의 당론이라고 비판하자 김자점이 소북·남인도 많이 가담했다고 말하는 대화에서 잘 드러난다. 사실 강빈을 두호하는 것은 당색과 관련된 문제가 아니었으며, 그것은 김자점 세력의 완전한 고립을 뜻하는 것이었다. 그런 가운데 김자점은 손자 世龍을 후궁 조씨 소생인 孝明翁主와 결혼시킴으로써 궁중과의 유착관계를 더욱 깊이 하였다.

본래 병자호란 이후 김류 등은 그 친청적 태도로 인해 줄곧 공격을 받았던 만큼 김류와 부침을 함께 한 김자점 역시 거기서 벗어날 수 없었다. 어차피 反淸 士類들 사이에 기반이 없는 상태에서 청의 지지마저 잃는다면 몰락을 피할 수 없을 것이었으므로, 김자점은 조선출신의 청 통역으로서 조선과 청의 관계에 지대한 영향력을 행사하던 鄭命壽와 유착하는 방식 등으로 친청 정책을 확고히 하였다. 그것이 다시 비공신사류들과의 대립관계를 격화시켰음은 물론이다.

인조의 서거는 김자점에게 결정적인 타격을 가하였다. 뒤를 이은 효종은

16) 소현세자의 죽음과 강빈 옥사의 과정에 대해서는 金龍德, 〈昭顯世子硏究〉(《朝鮮後期思想史硏究》, 乙酉文化社, 1964) 참조.

즉위 후 朝野의 분위기에 따라 즉시로 金集·宋時烈·權諰·李惟泰 등의 산림과 김상헌 등을 조정에 불러들였고 이들은 힘을 모아 김자점을 공격하였다. 그리하여 효종 원년(1650) 봄 洪川에 유배당한 김자점은 청과 적극 밀통하여 세력 만회를 꾀하였으나 李景奭·李時白·元斗杓의 활약으로 그의 기도는 실패하고 다시 光陽으로 遠竄되었으며, 효종 2년말에 孝明翁主의 저주사건이 문제되고 아들 釴의 역모 사건이 일어남으로써 그의 세력은 완전히 제거되고 말았다.

김자점의 몰락은 반정공신 정치세력의 종언을 뜻한다. 김자점과 맞서온 또 다른 공신 원두표는 김자점 등을 공격하여 세력 유지를 꾀하였음에도 당시 반청 사류들의 공격을 받아 일단 처벌받았으며 이후 복귀했지만 공신으로서의 위세를 더 이상 누리지 못하였다. 그 밖의 공신세력으로 이시백 형제와 李厚源·具仁垕 등이 있었으나 그들은 더 이른 시기부터 자기 중심의 세력 규합을 마다하고 일반 사류들과 무리없는 관계를 유지하고 있었다.

4) 붕당정치의 의의

권력을 독점하던 대북과 그들을 제대로 제어하지 못한 광해군이 인조반정으로 축출된 이후의 정치는, 서인과 남인이 사림으로서의 공통의 기반을 바탕으로 공존하면서 때로는 합의하고 때로는 대립하는 붕당정치의 질서를 실제 정치에서 구현하였다.[17] 동시에 다른 한편에서는 공신세력과 비공신사류

---

17) 붕당정치의 용어에 대해, 조선 후기의 붕당간의 다툼을 정치형태·정치체제에 중점을 두고 볼 때는 붕당정치라는 개념을, 과정·결과를 통칭할 때는 당쟁이란 개념을 쓸 수 있을 것이라 하여 '당쟁'을 더 포괄적인 용어로 제시한 주장이 있다(李成茂, 〈朝鮮後期 黨爭硏究의 方向〉, 《朝鮮後期 黨爭의 綜合的 檢討》, 韓國精神文化硏究院, 1992, 305쪽).
또한 16세기 후반에서 17세기말까지의 정치에는 '사림정치'라는 용어가 알맞을 것이라는 견해도 있다. 즉 그 시기 정치의 주도세력은 사림이라 불리는 집단이었고, 정치목표를 성리학적 정치이념의 구현에 두면서 이를 위하여 公論을 앞세운 言官權의 宰相權 비판과 견제, 그리고 붕당 상호간의 義理·名分 논쟁을 통한 상호비판과 견제를 정치운영 방식으로 하였다는 것이다. '붕당정치'는 그 중 정치운영 방식을 가리키는 용어로 한정하였다(鄭萬祚, 〈朝鮮時代의 士林政治〉, 《韓國史上의 政治形態》, 一潮閣, 1993, 224쪽).

의 대립이 정치의 큰 축을 형성하여, 외형적으로는 그러한 양상이 붕당정치의 면모를 능가할 정도였다.[18] 하지만 한 시기 정치의 모든 면모를 설명할 수 있는 개념을 설정하는 것은 불가능하며 그 점은 붕당정치의 개념에서도 마찬가지이다. 붕당이 정치의 중요한 변수로 계속되는 중에도 상황에 따라 그 밖의 다른 요인에 의해서도 정치세력이 나누어지게 마련이며 때로는 그것에 의한 대립이 당색 이상으로 정국의 전개에 중요한 변수가 될 수 있음은 이미 지적된 바 있다.[19]

공신 대 비공신사류의 대립이 인조대 정치 권력을 둘러싼 중앙 정계에서의 대립을 미시적으로 보여준다. 그에 비해 붕당이 정치세력의 기본적인 범수가 되고 정치 운영의 가장 지속적인 요소로 작용했던 16세기 후반에서 18세기, 그리고 거기에 밀접히 연결된 19세기 철종대에 이르기까지 앞뒤 시기와의 연결 속에서 17세기 전반 인조대의 정치를 설명한다면, 서인과 남인간의 붕당정치가 좀더 원숙한 모습으로 운영되었다는 점에 역사적 의미를 둘 수 있을 것이다.[20]

---

18) 인조대의 정국이 공신과 비공신사류의 상호비판과 견제로 진행되고 있다는 사실이 붕당정치론의 논리적 근거를 위태롭게 한다는 견해가 있다. 당시 정치가 서인 내에서 공신 대 사류의 비판·대립 구도 속에 진행되었으므로 서인·남인간의 붕당체제와는 다른 것이었다고 지적하고 인조대는 '사림정치'의 운용이 시도되던 단계인 적용기로 설정할 수 있으리라는 것이다(鄭萬祚, 위의 글, 231쪽). 또 인조대 초년에 남인계 인사들이 상당수 등용되었다는 점을 인정하면서도, 그것은 "공존의 원리에 입각한 등용이라기보다는 취약한 기반의 확보를 위한 수단의 하나로 취해진 것이었다"고 하여 붕당정치의 요소로 인정하지 않는 평가도 있다(禹仁秀, 앞의 책, 65쪽). 그러나 인성군 처벌을 둘러싼 대립이나 병자호란 시기 趙絅의 활동으로 대표되는 바와 같이 남인은 인조 초년 뿐 아니라 그 뒤로도 중앙정치에 참여하여 서인 일반과 함께 공신들과 대립하였으므로, 인조대 남인의 정치참여를 무시하거나 인조 초년의 것으로 한정시켜 서인 내부에서 정치운영이 이루어졌다고 할 수는 없다. 또 반대당을 등용하여야만 권력의 정당성이 확보되는 상황이었다면 그것이 바로 붕당 사이에 공존의 원리가 작용하고 있었음을 보여주는 것이다.

19) 吳洙彰, 앞의 글, 50~51쪽.

20) 다만 그러한 질서가 당시 정치운영을 온전히 통제하지 못하고 다른 요소와 병존하고 있었다는 사실은 그 시기 붕당정치의 의미에 제한을 가한다. 또한 '붕당정치'가 고대부터 현대에 이르는 정치를 일관적으로 설명하는 기준에 따른 것이 못되고, 조선시기 내에서도 '군주체제'와 같은 큰 틀의 하위에서 한정적인 의미를 가지는 개념임은 물론이다. 그리하여 시대구분과 같은 거시적인 조망을

붕당정치는 멀리는 고려말·조선초의 사회변화, 가까이는 사림파의 성장이 이루어낸 정치참여층의 확대라는 측면에서 설명할 수 있다. 그것은 단적으로 과거제의 운영에서 나타난다. 李瀷이 붕당의 분기와 대립에 대한 원인으로 선조대 이후로 과거 합격자가 많아졌다는 점을 지적한 설명은 현상적으로 타당하다고 생각한다.[21] 그러나 과거합격자의 증가는 그로 인한 부분적인 혼란에도 불구하고 결국 정치에 참여할 수 있는 사회 구성원의 확대를 의미하는 것이었다. 그리하여 정치참여자들 사이의 관직을 향한 경쟁이 심화됨에 따라 집단적인 활동을 하게 되었다. 그 시기에 삼사를 비롯한 정치적 관서에서 관원이 개인 자격으로 활동하지 못하고 집단적 의사를 반영하도록 되어 있었던 사실은 바로 그 점을 나타낸다.[22] 붕당적 입장을 내세우지 않는 인물들이 없었던 것은 아니겠으나 17세기 전반에는 "붕당이 생긴 이후 사대부로서 그것으로부터 벗어나 있는 자가 없다"는 지적이 속출할 정도로 士族들은 대개 어느 한 붕당 안에 속하게 되었다.

붕당의 활동은 정치 권력의 장악을 기도한다는 방향을 향하고 있었다. 그것은 당시대인들에 의해 명확히 지적되기도 하였다. 예를 들어 인조반정 직후 鄭昌衍은 동인이 남인·북인, 그리고 소북·중북·대북으로 나누어진 것을 집권기간이 길었기 때문이며 서인은 집권기간이 짧아서 분열되지 않고 유지할 수 있었는데, 서인이 국정을 담당하니 앞날이 짐작된다고 하였다. 붕당이 서로 경쟁하고 대립하는 가장 일반적인 방법은 人事를 통하여 가까운 관계에 있는 인물들을 끌어주고 탄핵을 통해 반대파를 공격하는 것이었다. 그러나 그 과정에서 가능한 많은 사람들의 의견이 모아져야 한다는 '공론'이 강조되었고, 위에서 설명한 바와 같은 여러 가지 내용의 정치 질서에 따라 경

하기 위해서는 붕당정치의 구체적인 면모보다는 군주체제와 같은 더 근본적이고 큰 틀을 설명하는 것이 필요하다. 그럼에도 불구하고 붕당정치가 16세기 이후로 사림파가 수립해 낸 정치의 특징을 가장 잘 나타내며, 그 후 탕평정치, 세도정치와 연결시켜 조선 후기 정치의 변화를 설명하는 데 유용한 개념임은 틀림이 없을 듯하다.

21) 韓㳓劤, 〈星湖 李瀷 硏究－그의 史論과 朋黨論－〉(《社會科學》 1, 韓國社會科學硏究會, 1957 ; 《星湖李瀷硏究》, 서울大 出版部, 1980, 103~113쪽).

22) 洪順敏, 〈肅宗初期의 政治構造와 '換局'〉(《韓國史論》 15, 서울大, 1986), 142~167쪽 참조.

쟁과 대립이 조절되었다.[23] 인조대의 서인과 남인이 元宗 추숭이나 주화론·척화론 등 당시 정치의 가장 뜨거운 쟁점에서 입장을 함께 하고, 강력한 권세가들인 집권공신들의 힘과 논리에 무릎꿇거나 포섭당하지 않았던 까닭이 거기에 있다.[24]

넓은 시각에서 볼 때 붕당간의 대립은 본질적으로 신하들 사이의 문제였으며, 국왕을 정점으로 하는 당시의 전체적인 정치체제와 별다른 모순 관계를 맺고 있지 않았다. 원래 동인·서인의 분기, 그 뒤의 남인·북인의 분기는 일차적으로 사림·관인들 사이의 문제로 인해 그들 상호간에 이루어졌으며 국왕이 개입할 소지가 크지 않았다. 서로 국왕을 자기편으로 끌어들이려는 노력이 치열하게 기울여졌음은 물론이지만, 그것이 국왕의 위치나 그것으로 대표되는 당시의 정치체제에 근본적인 변화를 초래할 수 있는 것은 아니었다고 생각한다. 당시 붕당을 운영하던 사람들이 생각하기에 붕당들 사이의 핵심적인 문제는 시비를 가리는 것이었으며, 동시에 그 시비는 무엇보다도 신하들 사이의 자체적인 논의를 통해 가려져야 하는 것이었다.[25] 이 시기에 일반적으로 붕당에 대한 국왕의 개입을 거부하고 인위적인 붕당 타파 정책을 맹렬히 반대했던 것도 그러한 맥락에서 이해할 수 있다. 붕당은 간접적으로 국왕의 권위를 약화시키고, 인조 초년과 같이 정치세력의 대대적인 재편

---

23) '朋黨政治' 또는 '黨爭'의 의미와 문제점에 대한 여러 입장은 李成茂·鄭萬祚 外, 《朝鮮後期 黨爭의 綜合的 檢討》(韓國精神文化硏究院, 1992)의 〈綜合討論〉 참조. 단 이것은 토론 속기록이므로 논리적인 기반을 갖추지 않고 입장만 개진한 경우도 있다.

24) 당시 정치인들의 구체적인 붕당론이 위와 같이 설명한 정치질서와 그대로 맞아 들어가지 않았음을 들어 붕당정치론을 비판하는 경우가 있다. 예를 들어 鄭萬祚, 앞의 글(1992), 149쪽. 그러나 정치를 운영하는 사람들의 논리와 실제 정치 상황 사이에는 괴리가 있을 수 있다고 생각한다.

25) 더 나아가, 붕당정치란 與·野의 역할분담을 통하여 상호비판과 견제, 갈등과 타협을 조화시켜 현대의 양당정치체제와 유사한 이상적 정치형태를 추구한 것으로 보아도 무방할 것이라고 하면서, 사림이 죽음도 불사하고 그들의 이상과 정치이념을 실현하려 한 禮訟과 세 번의 換局의 시기를 붕당정치의 전개기로 보아야 할 것이라는 견해가 있다(鄭玉子, 〈17세기 思想界의 再編과 禮論〉, 《한국문화》 10, 서울大 韓國文化硏究所, 1989, 233~236쪽 ; 池斗煥, 〈朝鮮後期 禮訟硏究〉, 《釜大史學》 11, 釜山大, 1987 ; 吳恒寧, 〈朝鮮 孝宗代 政局의 變動과 그 性格〉, 《泰東古典硏究》 9, 泰東古典硏究所, 1993)도 같은 입장에 서 있다. 정치운영 방식에 초점을 맞추어 붕당정치를 설명하는 견해이다.

기에는 최고 집권자들과의 관계가 복잡하게 얽히기도 하였지만, 그것들은 부차적인 측면일 뿐이었다고 생각된다. 이것은 붕당정치가 그 자체의 논리와 질서를 갖춘 정치운영 형태인 동시에 '조선시기 군주체제'와 같은 더 큰 개념의 내부에서 이해되어야 하는 것임을 뜻한다.

〈吳洙彰〉

2. 붕당정치의 전개

1) 효종~현종대의 정치상황

효종대(1649~1659)는 병자호란으로 야기되었던 대내외적 위기와 혼란이 점차 수습되어 가고 새로운 활로를 다각적으로 모색하고자 했던 시기였는데, 이러한 안정 기조는 중국 대륙의 상황과 밀접한 관련이 있었다. 효종 원년(1650) 12월에 청에서는 고압적인 攝政王(九王, Dargon)이 죽고 順治帝의 친정이 시작되면서 청의 중국 지배가 그 기반을 굳혀 가고 있었다. 즉 남부지방의 復明 운동이 1655년에 거의 진압되고 명 최후의 황족이었던 桂王(연호 永曆)은 1662년 버마로 쫓겨나 죽었다. 순치제는 一條鞭法(1653)·編審戶口法(1654) 등을 시행함으로써 중국의 향촌사회 저변까지 통제력을 확대시킬 수 있었다. 이러한 청의 국내 사정은 조선에 대해 강압적인 태도를 변화시키고 歲幣의 감면을 가능케 하였다.

효종은 즉위와 함께 山林學者들을 등용하여 의욕적인 정치를 시행하고자 하였으나 金自點 등 일부 훈척 세력의 반발로 한때 대청관계에 위기를 맞기도 하였다. 그러나 청 섭정왕의 사망과 김자점 일파의 숙청이 단행된 효종 2년부터는 비교적 청의 간섭없이 내정에 충실할 수 있었다. 효종대의 대동법 확대 실시와 군비 증강은 이 시기의 자활 노력을 보여주는 것이다. 丁丑盟約(1637)에서 금지되었던 군비확장은 여러모로 어려운 것이었으나, 효종 3년부터는 꾸준한 군액 증가, 성곽 보수, 무기 정비, 훈련 강화가 이루어지고 있었다. 이것은 당시의 재정형편으로는 벅찬 일이었으나 효종의 집념에 의해 추진된 것이었다.[1] 이러한 군비증강은 이른바 북벌을 감행하기에는 태부족한 것이었으나 효종 5년과 9년에 있었던 두 차례의 羅禪征伐에서 실력을 과시하는 계기도 되었고 왕권의 강화에도 유효한 것이었다.[2] 따라서 효종대는 여러 가지 어려운 여건에도 불구하고 청의 내부적 안정에 편승하여 국력회복의 노력을 기울이고 있었다.

효종대의 국내 정치 상황에서 주목되는 것은 집권 서인 내부의 작은 분열과 일부 남인 세력의 등장이었다. 서인은 인조대부터 공신계열과 비공신사림계열 사이에 여러 가지로 알력이 있었다. 인조 말년에는 또 元斗杓(原平府院君) 일가를 중심으로 하는 原黨과 金自點(上洛府院君) 일가를 중심으로 하는 洛黨의 대립이 있기도 하였고, 尹昉의 자제들을 중심으로 하는 尹西와 申欽의 자제들을 중심으로 한 申西 사이에서 갈등이 있기도 하였다. 그러나 가장 심각했던 것은 金集을 중심으로 했던 山黨과 金堉 등을 중심으로 한 漢黨의 대립이었다. 김육은 효종 즉위년 우의정에 올라 인척이었던 申冕 등과 함께 한당을 형성하고 있었다. 이 때 김집·宋時烈·宋浚吉·李惟泰 등의 湖西 산림세력은 효종의 예우를 받으며 조정에 들어와 산당이라는 일군의 세력을 형성하여 한당과 대립하게 되었다.[3] 효종 원년 김육은 대동법을 충청도에 확대 시행코자 하였으나 김집 등이 반대하여 실패하고, 서로 사직하는 등의 갈등을 빚었다. 이듬해 김자점의 옥사가 일어나자 그 전부터 산당의 탄핵을 받던 신면이 여기에 연루되어 죽음을 당했다.[4] 효종 9년 김육이 죽자 그의 아들인 金佐明·金佑明 형제가 묘에 隧道를 써서 장례를 치렀는데, 송시열 일파에서는 이를 僭禮라고 탄핵하여 이장을 요구하였다.[5] 이 사건은 효종의 만류로 중지되었으나, 이 때부터 산당에 대한 청풍 김씨 외척의 원한이 깊어지게 되었다.

김우명은 현종의 國舅였고, 김좌명은 뛰어난 자질로 촉망을 받아 정승에

1) 車文燮, 〈朝鮮朝 孝宗의 軍備 擴充(下)〉(《檀國大論文集》 2, 1968).
2) 李迎春, 〈尤菴 宋時烈의 尊周思想〉(《淸溪史學》 2, 韓國精神文化硏究院, 1985).
3) 李建昌, 《黨議通略》 仁祖朝, 18~19쪽.
4) 《孝宗實錄》 권 7, 효종 2년 12월 신유.
5) 《孝宗實錄》 권 21, 효종 10년 4월 무술.

오를 것으로 기대되었으나 송시열 일파의 외척 배제 방침에 의해 좌절되었고, 그의 아들 金錫胄는 대·소과에 모두 장원급제하고 문명을 날렸으나 역시 산당의 견제로 10여 년간 청요직에 등용되지 못하였다. 현종 원년(1660)의 제1차 예송에서 김좌명·김우명 형제는 許穆의 설에 동조하여 삼년설을 주장함으로써 송시열 일파를 자극하였다.[6] 이렇게 청풍 김씨 일가는 화려한 가문과 왕실의 배경 및 자신들의 재능에도 불구하고 줄곧 송시열 일파에게 눌려 좌절을 겪었다.

현종 14년 9월 효종의 寧陵에 表石을 세우는 일과 閔愼의 代服事件으로 김우명이 송시열를 심하게 배척하였다.[7] 이에 송시열은 국구가 정사에 간여한다고 비판 공격함으로써 조정이 매우 시끄러워지게 되었다.[8] 민신의 대복은 송시열 등이 교시한 것이었으므로 이에 대한 공격은 그의 학문적 권위에 도전한 것이나 마찬가지였다. 이렇게 하여 양측의 감정은 극도로 악화되어 갔다. 같은 서인이면서도 외척이라 하여 송시열 일파의 사림세력으로부터 소외되고 견제되어 온 청풍 김씨 일가는 역시 서인으로부터 억압받아 온 남인과 가까워지게 되었다. 이것이 훗날 제2차 예송을 좌우하는 계기가 되기도 하였다.

남인들은 인조반정 이후 소수파로 정권에 참여하였지만 항상 주변적인 위치에 머물렀고, 서인정권이 강화되어 가면서 점차 소외되기 시작하였다. 인조 후반 이조판서로 있던 趙絅이 한때 남인의 세력을 만회하려고 노력을 하기도 하였으나 무위에 그쳤다. 그러나 효종대에 들어오면서 소수의 남인들이 요직에 등용되기 시작하였다. 특히 許積은 송시열과 함께 효종의 특별한 예우와 신임을 받았고, 대인관계가 원만하여 서인들과 비교적 잘 지냈기 때문에, 현종 5년에 우의정, 현종 9년에 좌의정, 현종 12년에 영의정이 되어 남인 중에서는 유일하게 재상직에 참여하고 있었다. 그는 현종 12년부터 우의정에 임명된 송시열과 한때 동료로 재직하기도 하였으나, 김우명·김석주 등 청풍 김씨 일가와도 친하게 지냈다.

---

6) 《顯宗實錄》 권 4, 현종 2년 5월 기사.
7) 《顯宗實錄》 권 21, 현종 14년 9월 을해.
8) 《顯宗實錄》 권 21, 현종 14년 9월 계미.

또 麟平大君의 처족이었던 同福 吳氏 一門도 효종대에 중용되었다. 吳挺一·吳挺垣·吳挺緯·吳挺昌 등의 형제는 인평대군의 장인이었던 吳端의 아들로서 왕실의 인척이었던 까닭에 남인이었음에도 불구하고 모두 청요직에 참여할 수 있었다. 오정일은 효종 10년(1659) 경기관찰사, 현종 원년 도승지, 현종 4년 형조판서·한성판윤·호조판서 등을 지냈고, 오정원도 호조판서를 역임하였다. 오정위는 현종 5년 예조참의에 오르고 충청·경기관찰사 등을 거쳐 현종 13년 호조·형조판서 등에 임용되었다. 오정창은 현종 13년부터 사헌부 지평 등에 임명되어 언로에 참여하고 있었다. 이들 형제들은 인평대군의 아들로서 당시 현종의 총애를 받으며 세력을 떨치던 三福(福昌君 楨, 福善君 柟, 福平君 梗)의 외숙으로서 남인이라기보다는 오히려 왕실의 외척으로서 권력에 참여하고 있었다. 또 오정원의 長子인 吳始壽는 현종 7년 문과 중시에 장원, 문명을 떨치고 현종 13년부터 이조참의·평안도 관찰사·강화유수를 거쳐, 현종 15년 도승지를 지내고 후에 우의정에 올랐다.

이 밖에 효종·현종대에 벼슬을 유지하고 있던 남인으로는 판서 權愭의 손자들이었던 權大運·權大載 종형제를 들 수 있다. 이들은 선조의 부마였던 吉城尉 權大任의 종형제들이며, 역시 선조의 부마였던 東昌尉 權大恒의 재종형제들로서 역시 왕실의 먼 인척이라고 할 수 있다. 권대운은 여러 청요직을 거쳐 현종 11년 호조판서에 이어 형조판서를 역임하고 있었고, 권대재는 효종 9년 문과 중시를 거쳐, 병조좌랑·전라도사·동래부사·대구판관 등을 지내고 있었다.

또 明宦家 출신이었던 睦來善은 허목의 문인으로서, 효종 원년 문과 급제 후 삼사의 요직을 거쳐 현종 13년 공조참의, 현종 15년 3월 형조참의에 임명되었다. 또 그의 조카 睦昌明은 현종 11년 문과에 급제하여 현종 13년부터 사관 및 언관으로 요직에 진출하고 있었다. 남인 명문출신이었던 閔熙·閔點·閔黯 3형제의 등용도 역시 주목된다. 이들은 이조참판을 역임했던 閔應協의 아들로서 모두 문과에 급제하고 현종대에는 청요직으로 진출하고 있었다. 민희는 현종 2년 경상도관찰사, 현종 13년 승지, 현종 8년 형조참판, 현종 9년 한성판윤을 거쳐 현종 12년 강화유수로 나갔고, 민점은 현종 7년 경상도관찰사, 현종 8년부터 현종 11년까지 여러 차례 승지를 역입하였고, 현종 13

년에는 평안병사에 임용되기도 하였다. 민암은 현종 9년(1668) 문과 급제 후 사관과 언관을 역임하고 현종 15년 2월에는 사헌부 지평에 임명되었다. 그는 숙종대 기사환국 이후 우의정에 올랐다.

이 밖에 현종대에 요직에 등용되었던 남인들로는 李元禎·李夏鎭·南天漢 등 몇 사람을 들 수 있다. 이원정은 현종 7년 충청감사, 현종 8년 광주유수, 현종 14년 한성부윤·도승지 등을 역임하고 현종 15년 3월에는 예조참판에 임명되어 남인으로서는 드물게 현달해 있었다. 이하진은 현종 13년 弘文錄에 뽑힌 후 사헌부 장령·시강원 필선·홍문관 수찬·사간원 헌납 등의 청요직을 전전하고 있었다.

남인으로서 한때 병권을 잡았던 柳赫然도 효종이 북벌계획 중 李浣과 함께 발탁한 인물로서 효종 4년(1653) 이후 황해병사·수군통제사·포도대장·훈련대장 등의 군사령관을 역임하였고, 현종 3년 병조참판, 현종 5년 한성판윤, 효종 6년 다시 병조참판·어영대장을 거쳐 현종 10년 훈련대장에 재임용되어 허적과 함께 訓鍊別隊(禁衛營의 전신)를 창설하는 등 현종대 내내 이완과 함께 병권을 분장하고 있었다. 그는 또 인평대군의 아들이었던 三福 형제와 인척관계를 맺어 왕실과도 통하고 있었다.[9]

이와 같이 남인들은 효종대부터 정권의 핵심으로 진출하기 시작하였으나, 효종 10년~현종 원년 제1차 예송에서 패한 후 크게 실세하였다. 남인의 중추였던 조경·허목·윤선도·권시 등의 명사가 축출되었고, 신인들의 진출도 견제를 받았다. 그러나 예송에 참여하지 않았던 일부의 남인들은 그런대로 관직을 유지할 수 있었다. 이 때문에 서인들이 전권을 행사하던 현종대에도 허적·유혁연 및 오정일·오정위·오정원 등 동복 오씨와 인평대군 일가를 축으로 하여 남인세력이 형성되어 있었고, 이들을 중심으로 조금씩 通淸과 仕宦이 이루어지고 있었다. 그 결과 현종 10년 이후부터는 남인의 진출이 현저하게 이루어지게 되었다. 특히 현종 말기에는 왕이 송시열 일파의 서인 주류에 대해 심한 혐오감을 갖게 되었고, 또 그들의 당세를 견제하기 위해 의도적으로 남인출신들을 중용하게 된 것으로 보인다.

---

9) 《肅宗實錄》 권 3, 숙종 5년 정월 기미.

그러나 현종 15년 당시에도 역시 중앙 권력을 구성하는 핵심 요직의 임용에는 아직도 서인들이 절대적 우세를 점령하고 있었다. 이는 그들이 한번도 人事薦望權을 놓친 적이 없기도 한 때문이었지만, 약 반세기에 걸친 장기집권으로 그들의 문벌 기반이 워낙 강하게 다져져 있었기 때문이기도 하였다. 그러나 서인의 집권이 장기화되면서 그들 내부의 알력과 반목으로 여러 형태의 분화 작용들이 나타나게 되었는데, 그 대표적인 것이 산당과 한당의 대립에서 기원한 청풍 김씨 외척과 송시열 일파 사림간의 알력이었다. 현종 14년 김우명과 송시열의 분쟁을 계기로 김석주 등 청풍 김씨 일가는 허적·삼복 및 동복 오씨 일가의 남인들과 밀착하여 송시열 일파의 거세를 꾀하고 있었던 것으로 보인다. 바로 이러한 무렵에 일어난 제2차 예송은 남인들이 주도적 역할을 하지 않았음에도 불구하고, 서인 자신들의 당착으로 패배를 자초함으로써 인조반정 이후 초유의 정권교체를 가져오게 되었다.10)

2) 제1차 예송

현종대에 두 차례에 걸쳐 진행되었던 치열한 예송은 慈懿大妃가 효종과 효종비의 상에 입을 복제를 두고 일어났던 분쟁이지만, 문제의 핵심은 차자로서 왕위를 계승한 효종의 특수한 종법적 위상에 있었다. 남인의 삼년설과 서인의 기년설은 종통론적으로 효종을 인조의 장자와 차자로 각기 다르게 보는 인식에서 비롯된 것이었다. 여기에는 당시에 발달했던 조선 예학의 두 경향으로 말미암은 학문적 시각 차이가 작용하고 있었다. 효종을 장자로 보는 쪽은 帝王家禮의 특수성을 강조하였다. 왕실에서는 형제의 차서보다 왕위의 계승자에게 적통을 주어야 한다는 이론이었다. 반면 효종을 차자로 보는 쪽은 예의 보편적 원리를 강조하여 왕실과 사서인의 예가 기본적으로 다르지 않다고 주장하였다. 따라서 효종은 왕위의 계승에도 불구하고 차자의 신분에 변동이 없다는 것이었다. 이러한 양쪽의 주장에는 《의례》의 복잡한 주소들이 전거로 제시되었으나, 그 전거들도 양면성을 가지고 있었기 때문에

10) 李迎春, 〈服制禮訟과 政局變動 -第二次 禮訟을 中心으로-〉(《國史館論叢》 22, 國史編纂委員會, 1991), 229~236쪽.

분명한 단안이 나올 수가 없었다. 이 때문에 논쟁은 끝없이 지속되었다.11)

예송은 처음 학문적 논쟁으로 진행되었으나, 여기에 내포된 하나의 금기사항 곧 효종의 정통성 시비가 촉발되면서 위험한 정치적 분쟁으로 발전하게 되었다. 윤선도에 의해 효종의 정통성을 부정하는 것으로 공격을 받은 서인들은 정치적으로 커다란 위협을 느끼게 되었다. 이 때문에 그들을 비롯하여 남인들에 대한 대대적인 숙청을 단행하게 되었다. 이렇게 하여 조정은 각기 군자-소인으로 분별하려고 하는 각박한 흑백논리가 팽배하게 되어 서로 견제 비판하며 공존을 인정하던 풍토는 사라지고, 결국 제2차 예송 이후 수차례의 환국을 거쳐 일당전제의 추세로 나아가게 되었다. 따라서 예송은 조선후기의 정치 환경을 변화시킨 커다란 계기가 되었다고 할 수 있다. 그러나 예송을 두고 전개된 이러한 정치의 형태는 문치주의를 이념적 바탕으로 했던 조선시대 사대부 정치의 전형을 보여주는 것이라고도 할 수 있다.12)

(1) 제1차 예송의 배경

삼년설과 기년설로 대립하였던 己亥禮訟은 그 직접적 계기가 국왕의 大喪에 母后의 服을 규정치 않은 《國朝五禮儀》의 미비점 때문이었다. 논쟁은 주로 《의례》 喪服篇 斬衰章의 해석을 둘러싸고 일어났지만, 여기에는 단순히 자구 해석 이상의 근원적인 인식 차이가 내재해 있었다. 그것은 禮의 적용에 있어서 제왕가의 특수성을 인정할 것인가 아닌가의 문제로 집약되는 것인데, 이는 신분문제에 대해 禮制가 가진 양면성, 즉 그 분별성과 보편성에 대한 이해 태도에 관련된 것이었다. 예의 분별성을 강조하는 입장에서 보면 제왕가는 사서인과 달라 왕위 계승자에게 종통을 주게 되므로 효종이 장자의 지위에 있고 그에 대한 모후의 복을 재최 삼년으로 단정하게 된다. 그러나 예

---

11) 禮訟 관계의 주요 연구 논문으로는 다음과 같은 것을 들 수 있다.
黃元九, 〈己亥服制論案始末〉(《延世論叢》, 社會科學篇 2, 1963).
池斗煥, 〈朝鮮後期 禮訟硏究〉(《釜大史學》 11, 1987).
李迎春, 〈第一次禮訟과 尹善道의 禮論〉(《淸溪史學》 6, 1989).
——, 위의 글(1991).
李成茂, 〈17世紀의 禮論과 黨爭〉(《朝鮮後期 黨爭의 綜合的 檢討》, 韓國精神文化硏究院, 1992).

12) 李成茂, 위의 글, 11쪽.

의 보편성을 강조하는 입장에서는 효종이 왕위에 올랐더라도 천생의 차례인 차자 지위에는 변함이 없으며 그에 대한 상복도 朞年에 지나지 않는다고 보게 되는 것이다. 전자의 입장은 다분히 고전적·보수적 성향의 예학 전통을 반영한 것이며, 후자는 《가례》의 보편화에 따른 새로운 예학 경향을 대변한 것이라고 할 수 있다. 그러나 양자는 예송에 참여한 학자들의 개별적 동향을 대략 분류한 것이며, 이들이 확고한 전통을 가진 학파를 형성했거나 일관성 있는 이념으로 결집된 집합체를 뜻하는 것은 아니다. 대체로 허목·尹鑴 등의 남인학자들이 분별주의적 경향을, 송시열·송준길 등의 서인학자들이 보편주의적 경향을 보이고 있었다.13)

정치적인 측면에서 보면 예송이 일어나기 전인 효종 10년(1659) 이전에 남인과 서인간에 특별한 갈등이나 분쟁은 보이지 않는다. 효종대에는 오히려 서인 내부의 갈등이 정치적 긴장을 조성하고 있었다고 하겠다. 효종의 산림우대 정책으로 정계에 진출한 김집 등의 산당은 김육을 중심으로 한 한당과 적지 않은 갈등을 빚고 있었다. 또 효종 2년에는 미묘한 대청관계 속에서 반정공신 김자점 일파가 산당의 공격을 받고 숙청되기도 하였다. 반면 남인들의 정계 진출은 미미하였다. 당시 남인의 영수라고 할 수 있었던 趙絅은 효종 초기부터 淸의 기피 인물로 지목되어 정계에서 은퇴하여 향리에 있었다. 효종대에 북벌 준비와 관련하여 허적·柳赫然 등의 극소수 남인들이 중용되고 동복 오씨 일가 등 몇몇 仕宦家 출신의 인사들이 조정에 있었으나 그 세력은 크지 않았다. 그리고 후일 남인에 합류한 尹鑴와 權諰 등은 이 때까지는 송시열 등의 서인들과 교유하고 있었기 때문에 남인으로 분류되지도 않았고14) 조정에 나오지도 않았다. 허목은 오랫동안 재야에 있다가 효종 10년에 65세의 나이로 겨우 사헌부 장령에 임명되어 입조해 있었다. 따라서 이

13) 이러한 예학의 두 경향을 王者禮不同士庶派와 天下同禮派로 지칭하기도 한다(池斗煥, 앞의 글).

14) 尹鑴의 아버지 尹孝全은 광해군 초기에는 小北의 柳希奮과 친하였고 후에는 大北의 李爾瞻과 친하였으므로 윤휴는 보통 북인출신으로 알려지고 있다. 그러나 윤휴 자신은 경기도에서 생장하여 청년시절에는 주로 기호지방의 西人들과 교유하였다. 權諰는 李珥와 成渾을 사숙하였던 朴知誠의 제자였고, 송시열과 친구이며 사돈간이었으므로 서인이라고 할 수 있으나, 예송 이후 남인들과 정치적 입장을 같이 하였다.

무렵 남인들이 압도적인 다수로 조정의 요직을 차지하고 있던 서인들과 정쟁을 벌일 만한 처지가 아니었다. 따라서 제1차 예송은 정쟁적 차원에서 발단된 사건이라고 보기는 어렵다.

(2) 예송의 발단

효종 10년(1659) 5월 효종의 初喪에 계모후였던 자의대비가 입을 복제논쟁은 성복일 직전에 송시열과 윤휴 사이에 시작되었다. 국상의 복제는《국조오례의》흉례편 복제조에 규정되어 있으나 공교롭게도 여기에는 모후가 사왕을 위해 입는 복제가 명시되어 있지 않았다. 이 때문에 예관들 사이에 논의가 일어나자 당시 궁중에서 喪事를 지휘하고 있던 송시열은 궐 밖에서 대기하고 있던 李㮋·張善冲·尹鑴·朴世采 등에게 사람을 보내 의견을 물었다. 이에 윤휴가 장자를 위해서는 상·하 구분없이 삼년복을 입으며, 임금을 위해서는 內·外宗(동성·이성의 여자 친척)이 다 斬衰를 입는다는[15] 설을 제시하였고 다른 사람들도 이의가 없었다. 그러나 송시열은《의례》疏說에 承重했으나 삼년복을 입지 못하는 네 가지 예외규정(四種說)[16]을 들어 기년을 주장하였다. 이에 윤휴는 다시 제왕가에서는 종통을 중시하는 까닭으로 사종설의 채택이 불가함을 지적하였다. 그러나 이 논변은 시한이 촉박하여 중지되었다.[17] 한편 李時白을 통해 윤휴의 삼년설을 들은 영의정 鄭太和는 이 문제를 송시열과 의논했으나 사종설에 결부된 종통문제의 심각성을 예감하고《의례》에 근거한 삼년·기년설을 다 버리고《대명률》과《경국대전》에 장자·중자 구분없이 모두 기년을 입게 한 규정, 이른바 국제기년복을 건의하여 시행토록 하였다.[18]

조대비의 복제가 내포한 종통문제란 바로 적손을 제쳐두고 차자로서 왕위

15)《禮記》권 21, 雜記 下, "外宗爲君夫人 猶內宗也 (註)內宗五屬之女也".

16) 비록 承重했더라도 삼년복을 입지 못하는 4가지 경우가 있다. 첫째는 正體不得傳重으로 嫡子가 廢疾로 제사를 주관하지 못하는 경우이며, 둘째는 傳重非正體로서 庶孫이 後嗣가 되었을 때이며, 셋째는 體而不正으로서 庶子를 후사로 세웠을 경우이며, 넷째는 正而不體로서 嫡孫을 후사로 세웠을 경우이다(《儀禮注疏》권 11, 喪服 斬衰).

17) 尹　鑴,《白湖全書》권 26, 雜著 書宋貳相小說後(慶北大本 中卷, 1974, 1,051~1,057쪽).

18)《顯宗實錄》권 1, 현종 즉위년 5월 을축.

를 계승한 효종의 종법상 위상의 해석문제였다. 윤휴의 삼년설은 제왕 종통의 특수성을 강조한 것으로, 장유의 차서보다 계서 승통이 중시되어 즉위 군림한 효종에게 宗統과 嫡統이 돌아갔으므로 그를 장자로 간주하여 삼년복을 입어야 할 뿐 아니라 《周禮》의 '爲天王斬說'에 의거 참최를 입어야 한다는 것이었다.[19] 이에 대해 송시열은 장유의 차례는 변동시킬 수 없으며, 또 《의례주소》 사종설의 하나인 "아들이기는 하지만 正이 아닌 경우, 즉 庶子를 後嗣로 정했을 때이다(體而不正 立庶子爲後是也)"[20]라는 전거를 들어 삼년복이 불가함을 말하였다.[21] '體而不正'에 해당하는 서자를 衆子로 해석하였기 때문이다. 윤휴는 《의례》의 이 규정이 사대부나 왕실의 지파들을 위한 규정으로 제왕가에 적용될 수 없다고 보았으나[22] 송시열과 송준길은 이것을 상하통용의 일반 원칙으로 보았다.[23] 이러한 주장들은 각기 그들의 예학에서 신분차별주의적 경향과 보편주의적 경향을 보여주는 것이다. 그러나 조정에서 기년복을 확정하자 윤휴는 더 이상 논란하지 않아 일반의 관심에서 멀어지게 되었다.

이상의 복제 논의 과정을 보면 이것이 학문적 견해 차이에서 비롯된 우발적 사건이었음을 알 수 있다. 이것은 교유 관계에 있었던 송시열과 윤휴 사이에서 일어난 논쟁이었고 서인과 남인의 정쟁 차원에서 시작된 분쟁은 아니었다. 따라서 복제 예송의 근본 원인은 이 시대 예학의 상이한 입장 차이에 있었고, 붕당의 정치적 대립에 있었던 것은 아니라 하겠다.[24]

(3) 예송의 전개

그런데 이러한 논란이 본격적인 예송으로 발전하게 된 것은 이듬 해인 현종 원년(1660) 3월 효종의 練祭(小祥)를 두달 앞두고 허목이 복제의 개정을

---

19) 尹 鑴, 《白湖全書》 권 26, 書宋貳相小說後(慶北大本 中卷, 1974, 1,051쪽).
20) 《儀禮注疏》 권 11, 17쪽(《文淵閣四庫全書》, 102~366쪽).
21) 《顯宗改修實錄》 권 1, 현종 즉위년 5월 을축.
22) 尹 鑴, 《白湖全書》 권 26, 答許正論服制疏書 別紙(慶北大本 中卷, 1974, 1,057쪽).
23) 《宋子大全》 권 26, 7~8쪽, 練服變改及許穆圖說辨破議.
《顯宗實錄》 권 2, 현종 원년 4월 병술.
24) 李迎春, 앞의 글(1989), 155쪽.

상소하면서부터 였다. 여기서 그는《의례》斬衰章 '父爲長子' 조항의 賈公彦 疏說인 "第一子가 죽으면 적처 소생의 第二長子를 후사로 세우고 또한 장자라고 부른다"[25]라는 구절을 근거로 하여 효종을 인조의 장자로 단정하고, 재최 삼년장의 '母爲長子'條에 의해 대비의 복을 재최 삼년으로 보았던 것이다. 그는 四種說 중 '體而不正'의 庶子를 妾子로 간주하여 효종은 이에 해당되지 않는다고 주장하였다.[26] 여기서 허목이 강조한 것은 효종이 宗廟를 주제한 正體였다는 것이다. 효종은 적처 소생의 제2장자였지만 제1자가 죽은 후에 정식 후사로 세워져 장자로 부르는 위치에 있었다는 것이다. 한편 후사로 정하기는 하였으나 아버지가 참최를 입지 않는《의례》疏說의 네 가지 예외규정의 하나인 체이부정 즉 서자가 承重한 경우에 대하여 송시열 등은 이 때의 서자를 적장자 이외의 여러 아들 곧 衆子로 해석하였으나 허목은 이를 글자 그대로 첩자로 해석하였다.

사실 예송 논쟁에서 가장 치열하게 대립하였던 것 중의 하나가 바로 이 서자의 해석문제였다. 서자란 용어는 원래 중자와 첩자 두 가지의 개념을 아울러 가진 것으로서, 바로 예송의 전거가 되었던《儀禮注疏》상복편 안에서도 어느 경우에는 중자로 또 어느 경우에는 첩자로 정의되어 있다.[27] 허목은 體而不正條의 서자를 첩자로 단정하였으나 그에 따른 설명은 붙이지 않았다. 그로서는 지극히 당연하게 생각하였기 때문이다. 이 때문에 효종은 인조가 참최를 입을 관계에 있었으며 따라서 조대비는 齊衰 삼년복에 해당한다는 것이었다.[28] 천자나 제후는 기년 이하의 복을 입을 관계에 있는 방친의 상에 대해서는 이를 생략하고 실제로 복을 입지 않지만 정통의 친속(직계 존비속)이나 그 부인들에 대해서는 강복할 수 없기 때문에 삼년복을 기년으로 강복할 수도 없다는 논리였다. 이러한 허목의 논리에서 본다면 효종은 이론의 여지가 없는 정통의 장자라고 할 수 있고, 이 때문에 조대비의 복을 기년으로

25)《儀禮注疏》권 11, 15쪽(《文淵閣四庫全書》, 102~365쪽), "第一子死 則取嫡妻所生第二長子 立之 亦名長子".

26) 許 穆,《眉叟記言》권 64, 追正喪服失禮疏.

27)《儀禮注疏》권 11, 15·16쪽, 喪服, "庶子者 爲父後子之弟也 言庶者 遠別之也", "庶子 妾子之號 適妻所生 第二子是衆子".

28)《儀禮注疏》권 11, 喪服篇, 齊衰三年章.

정한 것은 잘못이라는 것이었다. 이러한 허목의 예론은 학술적인 측면에서는 후에 이익이나 丁若鏞 같은 일부 남인 학자들에 의해서도 다소의 문제점이 있는 것으로 비판을 받기도 하였지만,[29] 정치적인 의미에서는 그의 논지가 효종의 정통성을 강조한 것이었기 때문에 강점을 가지고 있었다. 허목의 예설은 윤휴의 참최설에 비해서는 다소 온건한 측면이 있었지만, 효종의 종통을 명백히 하고 그 정통성을 확고히 하려는 입장에서는 일치하는 것이다. 허목은 사실 이 복제소를 올리기 전에 윤휴를 찾아가 의논한 적이 있는 것으로 보아 그의 영향을 받았던 것으로 생각된다.[30]

허목의 疏가 제기되자 조정은 크게 동요하였다. 예조에서는 이 문제를 대신과 儒臣들에게 收議하도록 건의하였다. 이에 기년설 주창자의 한 사람이었던 송준길이 먼저 상소하여 변명하였다. 송준길은 서자를 적장자 이외의 여러 아들 곧 중자로 파악하였는데, 서자를 중자로 볼 경우 앞의 "제2장자도 또한 장자라고 부른다(第二長子 亦名長子)"와 모순이 되므로, 그는 前說의 '第一子死'를 미성년에 죽은 아들로 보았다. 이 경우에는 제이장자를 후사로 세우고 장자라고 부를 수 있으나, 제일자가 성년이 된 후에 죽어 부모가 그를 위해 삼년복을 입었으면, 그 후에 제이장자를 후사로 세워도 장자로 부를 수 없고 삼년복을 입을 수도 없다는 것인데, 이는 참최를 두 번 입을 수 없기 때문이라는 것이었다. 이것은 비단 송준길 뿐만 아니라 송시열을 중심으로 한 서인 예론의 일반적인 견해였다.[31] 송준길은 또 왕에게 면담을 청하여 직접 기년설의 타당성을 설명하기도 하였다.[32]

송준길의 반론을 본 허목은 다시 상소하여 기년설을 비판하고 복제에 관계된 《儀禮》·《禮記》 등의 경전적 전거를 정리하여 〈喪服圖〉라는 도표를 작성하여 첨부하였다. 이 두번째의 상소에서 허목은 이른바 서자의 개념에 대

---

29) 李 瀷, 《星湖僿說》 권 11, 人事門 己亥禮訟.
　　───, 《星湖全書》 권 46, 眉叟禮論.
　　丁若鏞, 《與猶堂全書》 제 3집(권 19), 正體傳重辨.
　　李迎春, 〈實學者들의 禮學思想 －星湖와 茶山을 중심으로－〉(《白山 朴成壽教授華甲紀念論叢》, 1991).

30) 尹 鑴, 《白湖全書》 附錄 권 5, 年譜(慶北大本 下卷, 1974, 2,139쪽).

31) 《宋子大全》 권 26, 大王大妃服制議.

32) 《顯宗實錄》 권 2, 현종 원년 4월 병술.

한 근거를 제시하고 그것을 첩자로 보는 이유를 설명하였다. 그는 이것이 중자의 뜻으로 사용되는 것은 특별히 적장자와 구별할 필요가 있을 경우 등 극히 제한적인 경우일 뿐이며 보통의 경우는 첩자의 뜻으로 쓰인다는 것이다. 또 적서의 구별은 엄격한 것인데 적자를 함부로 서자라고 병칭할 수는 없다는 것이다. 문제의 핵심은 제일자인가 아닌가에 있지 않고 조부의 대통을 잇는 정체인가 아닌가 하는 점인데, 효종은 인조의 적자(정체)로서 종묘를 받들어 계승하여 일국의 임금이 되었으므로 장자의 복을 입지 않을 수 없다는 것이다. 허목은 첨부한 〈상복도〉에서 복제에 관한 모든 경전 근거들을 상세히 열거하고 보충 설명을 붙였다.[33)]

이 논쟁 도중에 예조에서 대신들의 헌의를 수합하여 보고하였는데, 그것에 의하면 영돈녕부사 李景奭, 영의정 鄭太和, 영중추부사 沈之源 등은 이전의 國制에 의한 기년설을 고수하였으나, 판중추부사 元斗杓만이 당초 그 자신도 찬동했던 국제기년설의 잘못을 인정하고 허목의 설에 찬성하여 삼년복으로 개정할 것을 주장하였다.

이 때 낙향해 있던 송시열도 함께 헌의하였는데, 그 요점을 정리해 보면, 자신들의 기년설이 현행법인 《대명률》과 《경국대전》의 복제규정을 따랐다는 것을 분명히 하였다. 이는 古禮(《의례》)의 복제가 명확하지 않아 단정하기 어려운 점이 있기 때문이라는 것이었다. 그러나 그는 기년복이 《대명률》의 규정일 뿐만 아니라 고례에 의하더라도 타당한 것임을 누누이 강조하였다. 그도 송준길과 마찬가지로 제일자가 성년에 죽어 아버지가 한 번 참최를 입은 경우에는 차장자를 후사로 세웠더라도 또 다시 참최를 입을 수 없다는 것이었다. 이것은 "참최는 두번 입지 않는다(不二斬)"는 원리에 비추어 보아도 합당하다는 것이다. 아버지가 차장자를 위해 참최를 입는 경우는 제일자가 미성년에 죽어 아버지가 복을 입지 않았을 경우인데, 이렇게 설명하지 않으면 四種說의 체이부정 즉 서자 승중의 규정과 모순되기 때문이라 하였다. 그는 이 경우의 서자를 중자로 해석하고 있었기 때문이었다. 송시열은 참최를 거듭 입지 않는 것이 《의례》의 합리적 해석일 뿐만 아니라 인정으로 보

33) 李成茂, 앞의 글, 41~43쪽 참조.

아도 아버지가 자식의 상에 매번 참최를 입을 수는 없다고 보았고 그 예로 세종의 경우를 들었다.

이러한 송시열의 예설은 허목의 예설에 비해 치밀하고 용어의 개념에 대한 이해도 비교적 고례의 원의에 가까왔던 것으로 할 수 있으나, 이것을 제왕가에 적용하기에는 부적절한 것으로 비판을 받았다.[34] 《의례》의 이 조목은 원래 대부들을 위해 규정된 예이며 왕실의 예가 아니었으므로, 이것으로써 조대비의 복제를 논의하는 것은 무리라는 것이다. 송시열을 비롯한 서인들은 대체로 종통과 복제를 별개의 문제로 생각하고 있었다. 제왕가에서는 장자를 버리고 서자(중자)로서 대통을 계승시키더라도 형제의 서열은 신중히 한다던가, 또 즉위한 이를 정통으로 삼더라도 모두 삼년복을 입는 것은 아니라는 등의 주장이 이를 말하는 것이다. 제왕례의 특수성에 대한 주의 소홀이나 복제와 종통을 별개의 것으로 보는 인식이 바로 남인들의 집중적인 비판을 받는 구실이 되었다. 송시열·송준길 등의 예설은 논리적이고 치밀하기는 하였지만, 그것이 왕실의 종통문제에 약점을 제기할 수 있다는 정치적 성격 때문에 같은 서인 내부에서도 이의가 제기되었고, 남인들로부터는 격심한 비판을 받아 결국 정치적으로 실패하는 요인이 되었다.[35]

이밖에도 송시열은 윤휴의 지론이었던 '天王皆斬說'을 비판하여 대비가 효종에 대해 내·외종의 친척들이 신하의 처지에서 입는 참최를 입을 수 없음을 지적하기도 하였다. 결론적으로 그는 고례에는 명백하지 못한 점이 있으므로 현행의 《대명률》과 《경국대전》에 의거하여 기년제를 행할 것을 강조하였다. 그들의 기년설은 고례인 《의례》에 의하더라도 틀리지 않지만 현행 법전에 의하면 더욱 명백하다는 것이었다.[36]

이 때 영의정 정태화가 德宗의 상과 順懷世子의 상에서 행한 전례를 실록에서 찾아 참고할 것을 청하자, 왕은 실록을 考出한 후에 다시 수의토록 명하였다. 왕은 또 허목이 올린 〈상복도〉를 베껴 여러 대신들과 송시열에게 보

---

34) 丁若鏞, 《與猶堂全書》 제 1집(권 12), 己亥邦禮辨 및 《與猶堂全書》 제 3집(권 19), 正體傳重辨.
35) 李成茂, 앞의 글.
36) 《宋子大全》 권 26, 大王大妃服制議.

내어 옳고 그름을 구하였다. 대신들의 의견은 전과 다름이 없었고, 송시열은 특히 왕실의 예와 사가의 예가 근본 정신에 있어서 다를 바 없다는 점을 강조하였다. 《의례》의 '通上下'라는 표현은 장자의 칭호를 천자국의 太子, 제후국의 世子 및 대부가의 嫡子에 통용해 쓰기 위해 사용한 것이었으나, 송시열은 이를 확대 해석하여 천자·제후가 대통을 계승하여 군림하는 것이나 사대부가 가계를 계승하여 제사를 주관하는 일이 본질적으로 같다고 본 것이다. 이는 바로 성리학적인 보편주의의 발상이며 신분 초월 관념을 보여주는 것이다. 송시열은 《의례》 疏說의 第一子와 庶子의 개념 정의 및 해설에 주력하여 허목의 妾子說을 타파하고자 하였다. 그에 의하면 서자는 중자를 뜻하는 것으로 결코 천한 칭호가 아니며, 효종을 서자라고 하여 해로울 것이 없다고 강변하였다. 그러나 경전 근거야 어떻든 효종을 체이부정의 서자라고 규정하고 그렇게 지칭하였다는 것은 후일 그의 죄목이 되었다.

허목의 복제 예론은 이후 모든 남인 예설의 기초가 된 것으로서 그 영향이 매우 컸다. 그의 예론은 제1차 예송 당시에는 받아들여지지 못하였지만, 그가 직접 참여하지 못했던 제2차 예송에서 왕실에 의해 채택됨으로써 그의 학문적 권위가 인정을 받게 되었고 국가의 원로로 존중을 받았다. 이는 그의 예설 자체가 가진 학문적 논리나 문제의 핵심을 정확히 지적한 장점 때문이기도 하였지만 무엇보다도 그의 논리가 효종의 종통을 수호하고 왕실의 특수성과 고유성을 강조함으로써 그 권위를 높이는 데 기여하였기 때문이다. 반면에 왕실의 예를 사대부가와 같은 차원에서 논의하고, 비록 복제와 종통을 연계시키지 않았다고는 하지만 효종에 대해 중자 혹은 서자의 복을 주장함으로써 그 정통성에 의혹의 여지를 남긴 송시열의 예설은 왕실에서 받아들일 수 없는 것이었다. 송시열도 물론 효종의 정통성에 이의를 가진 것은 아니었지만, 왕실 전례가 가진 정치적 의미를 고려한다면 그러한 혐의를 쓰고 궁지에 몰리게 될 것은 피할 수 없는 일이었다.

(4) 예론의 정치분쟁화

허목의 상소로 야기된 예송은 송시열·송준길의 반박으로 치열하게 대립하였다. 조정에서는 대신들의 의견를 받는 한편 사관을 赤裳山 史庫에 보내 실록에서 전례를 찾아오게 하였다. 정태화를 비롯한 대부분의 대신들은 국제를 근거로 기년을 고집했으나, 우의정 원두표는 당초의 견해를 바꾸어 허목의 삼년설을 지지하였다.[37] 이 무렵 조야의 분위기는 상당히 삼년설에 기울어진 것 같았고[38] 현종도 내심 기년설에 회의를 품기 시작했던 것으로 보인다.[39]

그런데 이 때 윤선도의 상소가 들어감으로써 예송의 진행에 일대 파란을 일으키게 되었다. 윤선도의 복제소는 허목의 두번째 상소와 실록 고출로 제2차 수의가 진행중이던 현종 원년(1660) 4월 18일 승정원에 제출되었다. 그러나 내용을 미리 검토한 도승지 金壽恒 등은 그것을 곧바로 왕에게 올리지 않고 요지를 보고한 후 그것이 예론을 가탁한 음흉한 중상모략이라고 아뢰어 왕이 친람하시 않고 반려케 하였다.[40] 다음날부터 윤선도에 대한 삼사의 탄핵이 시작되어, 24일 權諰의 구원 상소에도 불구하고 25일 疏章을 불태우고 30일 삼수로 정배하게 되었다. 서인들은 이 때 그를 극형에 처하기 위해 논박을 계속했으나, 그가 오랫동안 효종의 師傅를 지냈던 인연때문에 겨우 극변유배에 그치게 된 것이다.

그의 상소는 대체로 허목의 재최 삼년설을 지지한 것으로서 그 근거와 논리를 보충하기 위해 五服制의 정치적 의의를 강조하고, 새로이 효종 적장자설을 내세웠다. 또 그는 이른바 嫡統宗統說을 제기하여 송시열·송준길의 기년설을 맹렬히 비판하였다. 즉 그는 송시열 등의 중자설이 효종의 적장자 지위를 부정함으로써 그 정통성을 위태롭게 하고 종통과 적통을 분리시키려 한 것이라고 비난하였다. 그는 또 여기에 덧붙여 송시열의 정치적 실책과 개인적 과오에 대한 심한 인신공격을 가하였다.[41]

윤선도의 〈服制疏〉는 제1차 예송의 전개에 커다란 계기가 되었고 그가 제기했던 종통·적통설은 왕실 전례 논쟁을 정치문제화하여 정국을 변동시키는 하나의 계기가 되었다. 이것은 또한 이 시대의 전형적인 정쟁의 한 양상

---

37) 《顯宗實錄》 권 2, 현종 원년 4월 정유.
38) 尹 鑴, 《白湖全書》 권 26, 書宋貳相小說後(慶北大本 中卷, 1,053쪽).
39) 현종은 같은 복제 개정 문제로 3차례나 대신·유신들에게 수의케 하였는데, 이는 삼년설에 상당히 동요된 증거라 하겠다.
40) 《顯宗實錄》 권 2, 현종 원년 4월 임인.
41) 尹善道, 《孤山遺稿》 권 3, 論禮疏.

을 보여주는 것이며 동시에 인조반정 이후 당시까지 견제와 비판의 원리에 의해 비교적 안정적으로 운영되어 오던 서인 주도와 남인 참여의 정치틀을 파괴하는 원인이 되었다. 윤선도의 상소로 조정은 충격과 공포에 쌓이게 되었고, 결국 그가 서인들의 공격을 받아 삼수에 유배되고 난 직후에 우의정 원두표의 헌의가 뒤늦게 들어왔다.

원두표는 서인이었음에도 불구하고 허목의 삼년설을 변호하였다. 그의 논리는 대부분 허목의 것을 답습한 것이었지만, 윤휴와 윤선도 등의 예설에도 약간의 영향을 받은 것으로 보이는데, 그것을 요약해 보면 첫째, 장자를 위한 삼년복은 繼體와 承重을 위한 것으로 장차 계승할 자에게도 삼년복을 입으니 하물며 이미 계승한 자에게는 말할 것도 없으며, 둘째 제왕가에서는 실제로 대를 이은 계통만을 중히 여기며, 셋째 종통과 적통은 나눌 수 없으며 종통이 있는 곳에 적통이 있다는 논리였다. 이와 같이 대신들 중에서 중대한 이의가 제기되었으므로, 왕은 또 다시 수의하게 하였다. 이번에는 원두표의 건의에 따라 李惟泰·尹鑴·沈光洙·許厚·尹宣擧 등 유현으로 알려진 재야학자들도 헌의에 참여하게 하였다. 이에 이유태는 기년설을, 심광수는 삼년설을 간단하게 진술하였고, 허후와 윤휴는 명백한 의견을 표시하지 않았으며, 윤선거는 헌의에 참여하지 않았다. 윤휴·심광수·허후 등은 모두 삼년설을 주장하던 인물들이었으나 그들은 당시의 흉흉한 분위기에 위압되어 제대로 의사를 개진하지 못하였다.[42]

원두표의 건의로 이루어졌던 유신들의 헌의가 미진하였으므로, 예조의 건의에 따라 왕은 최종적으로 대신들의 수의를 받도록 하였다. 이에 대신들이 모두 고례는 불문하고 당초 헌의한 국제에 따라 기년복으로 확정할 것을 청하였고, 실록을 상고한 결과도 일찍이 삼년복을 행한 적이 없었으므로 왕은 다수 의견에 따라 시행할 것을 명하여 마침내 기년제로 귀결되었다.

이렇게 하여 현종 원년(1660) 3월 허목이 제기하여 일대 파란을 일으켰던 삼년설은 결국 채택되지 못하였으나, 송시열 등이 주장했던 고례에 의한 기년설도 문제가 있었기 때문에 역시 조정에서는 인정하지 않았고, 정태화 등

42) 《顯宗實錄》 권 2, 현종 원년 5월 정미.

이 고수한 國制(《經國大典》)에 의한 기년설이 국가의 공식적인 결정으로 채택되었다. 이는 효종의 장자·차자 지위를 구별하지 않아도 좋은 일종의 편이주의적이며 절충론적인 성격을 띠게 되었다. 이것은 목전의 문제를 무마하기에는 적당한 처사였으나 문제의 불씨는 계속 남아 있게 되었다. 더구나 서인들은 국제이든 무엇이든 기년설이 채택됨으로써 그들의 예론이 승리한 것으로 믿게 되었다. 그러나 송시열 일파의 기년설은 고례에 근거한 것으로서 효종을 중자로 간주하는 것이었으므로, 장자와 중자를 구분하지 않는 국제 기년설과는 본질적으로 달랐다. 서인들의 승리에 대한 이러한 착각 때문에 그들은 제2차 예송에서 패배를 자초하게 되었다.

제1차 예송에서 최대의 파란을 일으킨 윤선도의 〈복세소〉는 남인들의 집단적 의사 표시라고 보기는 어렵다. 그러나 그의 상소가 일으킨 물의는 곧 당론이라는 집단적 형태로 표출되기 시작하였다. 이 소로 인해 미증유의 정치적 위협을 느낀 서인들은 이론의 여지를 없애기 위해 윤선도를 중형에 처하고자 하였다. 이 처사를 부당하게 생각한 남인들, 즉 권시·조경·趙壽益·洪宇遠 등이 여러 해에 걸쳐 지속적으로 그를 변호·구원하고 기년설의 오류를 논변하다가 처벌되었다. 이 문제는 또한 조관들 사이에서 뿐만 아니라 성균관 및 지방 유생들에게까지 격론을 유발시켜 전국적인 소동을 일으키기도 하였다. 즉 현종 2년 성균관 학생들의 집단상소,[43] 현종 7년의 영남 유생 柳世哲 등 1,400여 명의 연명 상소[44] 및 이에 대한 관학 유생과 호서·호남 유생들의 반박 상소 등이 그것이었다.[45] 이들에 대한 서인정권의 처분은 단호하여, 삼년설을 옹호하거나 윤선도·조경 등을 두둔하는 관원들과 유생들은 가차없이 조정에서 추방하여 폐고시키거나 정거 처분하여 출사의 기회를 박탈하였다. 이 때문에 허목·윤휴·윤선도·조경·홍우원·조수익·趙壽基·洪汝河·吳挺昌 등의 명망있는 남인들과 권시·金壽弘 등 삼년설에 동조한 서인 일부가 현종대 15년간 폐고되어 벼슬에 나오지 못하였다. 이로 말미암아 남인들의 타격은 컸으나 그들이 권력의 중심에서 완전히 제거된 것은 아니었

43)《顯宗實錄》 권 4, 현종 2년 5월 병진.
44)《顯宗實錄》 권 12, 현종 7년 3월 계묘.
45)《顯宗實錄》 권 12, 현종 7년 3월 을사·4월 기사 및 5월 병신.

다. 許積과 柳赫然 등 예송에 가담하지 않았던 남인 일파는 여전히 요직에 남아 있었다. 그러나 전체적으로 보면 역시 이들은 미미한 세력에 지나지 않았고 人事薦望權을 포함한 대부분의 권력은 서인들에게 집중되어 있었다.

이상의 전개과정을 통해 나타나는 제1차 예송의 성격을 정리해 보면, 이 예송은 당초 남인들에 의해 의도적으로 도발된 것이 아니라 근본적으로 효종의 비정상적 왕위계승이 안고 있었던 종통문제의 필연적인 발로였다고 할 수 있다. 예송은 북인출신으로서 남인보다 서인과 친했던 윤휴에 의해 문제화되었지만, 실상 인조와 효종간의 종통문제는 반드시 제기될 수밖에 없었던 것이기도 하였다. 또 이 복제예송은 17세기에 이르러 급속하게 발달한 조선 예학의 서로 다른 두 경향의 학문적 견해 차이에서 야기된 것으로 볼 수 있다. 즉 당시까지 강하게 남아 있었던 王朝禮 중심의 분별주의적 예학과, 16세기 이후 크게 유행하게 된 《가례》 중심의 보편주의적 예학의 왕실종통에 대한 인식차이가 문제를 일으킨 주 요인이었다고 할 수 있다. 예송은 당초 경전 해석을 중심으로 한 학문적 논쟁으로 전개되었으나, 윤선도의 상소에 의해 종통문제를 건드리게 됨으로써 미묘한 정치적 금기를 촉발하여 극단적인 당파대결로 치닫게 되었다. 특히 그의 송시열·송준길에 대한 인신공격도 양파의 감정을 크게 자극하는 계기가 되었다. 이 때문에 당파간의 불신이 깊어지게 되었고 일부 남인들에 대한 폐고 조치는 그들의 원한을 증대시키고 붕당적 결속을 가져오게 하였다. 정태화가 주도했던 당시의 조정은 양측의 장자·중자설을 모두 버리고 《經國大典》과 《大明律》을 근거로 한 이른바 국제기년복을 채택하였는데, 이는 효종의 장자·중자 지위를 구분하지 않은 점에서 편리하고도 절충적인 조치였다. 그러나 이 때 장자·중자의 위상을 명백히 밝혀 놓지 못했던 것이 바로 제2차 예송을 일으키는 직접적 원인이 되었다. 또한 조정에서 채택한 국제기년복은 송시열 등이 주장한 고례기년복과 같은 기년복이었으므로 제1차 예송은 서인측의 승리로 간주되었는데, 이것이 제2차 예송에서 서인들이 자가당착에 빠져 패배하게 된 요인이 되었다. 따라서 제1차 예송은 문제의 불씨를 그대로 남겨 둠으로써 또 한 차례의 예송을 예비하고 있었다 하겠다.

3) 제2차 예송과 남인정권의 등장

제2차 예송은 효종비 仁宣王后의 상에 조대비가 입을 상복을 두고 일어난 사건으로서 그 논쟁의 구조나 원리는 제1차 예송과 같은 것이었으나, 그것은 전자에서와 같이 본격적인 서인 대 남인의 쟁송으로 전개된 것은 아니었다. 제2차 예송은 영남 유생 都愼徵이 문제를 제기한 것이었지만, 제1차 예송의 주역들인 남인들(허목·윤휴·윤선도·권시 등)은 여기에 참여하지 않았다.

제2차 예송은 현종 15년(1674) 2월 喪服을 처음 정할 때 같은 서인들 사이에서 약간의 논쟁이 있었으나,[46] 주된 논쟁은 그 해 7월 13일부터 15일까지 3일간 왕과 賓廳의 신하들(서인) 사이에서 있었고,[47] 3일 만에 왕은 독단으로 복제를 개정하고 빈청의 대표였던 영의정 金壽興과 禮官들을 처벌함으로써 사건을 마무리지었다.[48] 이 복제논쟁은 결국 현종과 서인 조신들간의 논쟁이었다. 이 때 왕의 측근에서 복제의 결정에 큰 영향력을 행사한 인물은 왕비의 종형제였던 金錫胄였다. 김석주는 외척 청풍 김씨 일가의 대표적 인물로서 현종말~숙종초의 정국 운영을 좌우하고 있었는데, 제2차 예송은 당시에 이미 김석주의 송시열 일파 제거 공작으로 이해되고 있었다.[49] 이를 위해 그는 허적·오정위·오정창 등의 남인들과 손을 잡았다.[50] 이리하여 국제 기년복으로 인해 자가당착에 빠져 있었던 송시열 일파의 서인 주류가 몰락하고, 청풍 김씨와 남인의 연립정권이 대두하게 되었다. 이는 인조반정 이후 50여 년에 걸쳐 다져졌던 서인정권의 지각을 붕괴시키고 정국의 구도를 재편한 초유의 정변이었다.

---

46) 당초 서인이었던 예조판서 趙珩, 참판 金益炅, 참의 洪柱國 등은 喪服節目에 대비의 복을 齊衰朞年으로 정하여 왕의 재가를 받았으나, 서인 朴世堂이 문제를 제기하여 朞年을 大功으로 고쳐 付標하였다(《顯宗改修實錄》 권 27, 현종 15년 2월 임술).

47) 《顯宗實錄》 권 22, 현종 15년 7월 을해~정축.

48) 《顯宗實錄》 권 22, 현종 15년 7월 무인.

49) 《肅宗實錄》 권 15, 숙종 10년 9월 계미.

50) 위와 같음.

(1) 제2차 예송의 배경

제2차 예송은 예학적 논쟁으로서의 의의보다 그 정치적 의미가 더 중요한 사건이었다. 제2차 예송의 배경에는 왕과 서인세력, 청풍 김씨 일족과 송시열 일파의 갈등, 허적과 송시열의 대립, 남인과 청풍 김씨 외척의 밀착 등 여러 정치집단 사이의 갈등과 이합집산이 일어나고 있었다. 이러한 배경의 이해는 甲寅禮訟의 정치적 성격을 파악하는 데 하나의 관건이 될 것이다. 제2차 예송은 외형상 현종과 賓廳의 儀禮諸臣들 사이의 논쟁으로 진행되었고, 왕의 독단에 의해 기년복으로 확정되었다. 왕의 뒤에는 김우명·김석주 등의 청풍 김씨 외척과 福昌君 楨 등의 종실 측근들이 지원하고 있었고, 빈청의 제신들은 대부분 송시열의 문인이었거나 그 추종자들이었다. 청풍 김씨 일가는 기해예송 때부터 허목·윤휴 등의 설을 좇아 '효종적장자설'을 고수하고 있었고 의례에 참여한 신하들은 송시열·송준길의 중자설을 지지하고 있었다. 宮中세력과 府中세력으로 대별할 수 있는 이들 두 집단의 논쟁은 예학적 견해의 대립이었다기보다, 오래 전부터 갈등관계에 있었고 이 무렵에 표면화된 정치투쟁의 일종이었다고 할 수 있다.

현종은 만년에 이르러 송시열 일파의 집권 서인들에게 여러 가지 일로 불만을 가지게 되었다. 왕은 이 무렵 건강이 악화되어 정사에 의욕을 잃고 있었는데, 그들은 고도의 도덕성을 요구하는 왕도정치의 실현을 주장하고 있었다. 그들은 또 조정의 공론을 쥐고 왕권을 견제함으로써, 이른바 '主弱臣强說'이 중국에까지 유포되고 있었다.[51] 차츰 현종의 송시열·송준길에 대한 존경과 예우도 시들하게 되었다. 송시열은 현종 10년(1669) 3월 대신 李景奭을 비방하는 상소를 올려 조야의 신망을 잃었고,[52] 현종 14년에는 寧陵表石件과 閔愼代服件으로 국구 김우명과 심하게 싸워 물의를 일으켰다.[53] 특히 그 해 10월 寧陵 遷葬後 그가 올린 상소에는 왕이 심한 말로 힐책하기도 하였다.[54]

---

51) 《顯宗實錄》 권 21, 현종 14년 10월 임진.
李肯翊, 《燃藜室記述》 권 34, 肅宗朝故事本末 吳始壽賜死.

52) 李肯翊, 《燃藜室記述》 권 31, 顯宗朝故事本末 溫行時李景奭箚忤宋時烈.

53) 《顯宗實錄》 권 21, 현종 14년 9월 을해.

54) 《顯宗實錄》 권 21, 현종 14년 9월 무신.

왕과 송시열 사이의 이러한 상호불신은 점차 두 사람의 사이를 멀어지게 하였다. 현종은 말년에 이르러 서인들의 전횡을 혐오하게 되었고, 특히 당파적 의논을 심하게 배척하였다. 대체로 1672년 이후부터 서인정권에 대한 현종의 불신과 불만은 표면화되었고, 이에 따라 남인의 등용이 조금씩 이루어지고 있었다. 여기에 현종 14년 영릉의 遷葬과 表石 논쟁 및 민신의 대복사건으로 송시열과 국구 김우명 사이에 심한 갈등이 일어나면서 정국변화의 조짐들이 나타나게 되었다. 바로 이러한 무렵에 일어난 제2차 예송은 남인들이 별로 개입하지 않았음에도 불구하고, 서인 자신들의 당착으로 패배를 자초함으로써 인조반정 이후 초유의 정권교체를 가져오게 되었던 것이다.

(2) 제2차 예송의 발단과 전개

현종 15년의 제2차 예송에서 논의의 핵심은 仁宣王后가 조대비의 장자부에 해당하는가, 중자부에 해당하는가를 판가름하는 문제였다. 제1차 예송에서는 《경국대전》에 장자와 중자에 대한 복이 구별없이 기년으로 규정되어 있었으므로 굳이 효종의 지위를 판별하지 않아도 넘어갈 수 있었다. 그런데 자부복에 대해서는 고례인 《儀禮》에는 長子婦 大功, 衆子婦 小功으로 분별되어 있었고,[55] 《경국대전》에는 각기 기년과 대공으로 나뉘어 있었다.[56] 고례에서뿐만 아니라 국제에서도 장자부와 중자부의 복이 다르게 규정되어 있었기 때문에 이제 효종의 장자·중자 지위를 판별하는 일은 불가피하게 되었다. 이 문제에 대해 송시열계가 중심이 된 조신들은 효종을 중자의 지위로 볼 수밖에 없었고, 현종이나 청풍 김씨 등 왕실측에서는 장자의 지위를 주장하게 된 것이다. 다만 이 논쟁에는 남인들이 거의 참여하지 않았다. 허목·윤휴·홍우원·오정창 등은 폐고되어 있었고, 윤선도·권시·조경 등은 이미 작고한 뒤였다. 또 영의정 허적은 서인의 탄핵을 받아 가족을 데리고 충주에 낙향해 있었다.

현종 15년 2월 24일 인선왕후가 홍서하자 예조에서 성복절목을 마련하면서 조대비의 복제를 재최 기년으로 정하여 왕의 재가를 받았다. 이 때 예조

---

55) 《儀禮注疏》 권 11, 喪服篇 大功·小功.

56) 《經國大典》 권 3, 禮典 五服.

판서는 趙珩, 참판은 金益炅, 참의는 洪柱國으로 모두 서인이었고, 특히 김익경은 金萬基의 숙부이며 송시열의 제자였는데도 그들은 당초에 기년복으로 결정하였다. 그러자 곧 같은 서인이었던 朴世堂이 이의를 제기하였다. 그의 주장은 효종의 상에 조대비가 이미 중자를 위한 기년복을 입었으므로, 효종비에 대해서는 중자부복에 해당하는 대공복을 입어야 한다는 것이었다.[57] 물의가 일어나자 예조에서는 사유를 왕에게 아뢰거나 대신들에게 품의하지 않고 곧장 절목 중의 기년을 대공으로 고쳐 왕에게 보고하였다. 그것은 사소한 실수로 인정되어 예관들은 잠시 법사에 넘겨졌다가 직위해제의 가벼운 징계를 받고 풀려났다. 그후 조정에서는 별다른 말이 없었다. 따라서 이 사건은 곧 잊혀지게 되었다.

그런데 5개월 후인 7월 6일에 이르러 비로소 대구 유생 도신징이 상소하여 대왕대비 복제의 과오를 지적하였다. 그 내용을 정리해 보면, 첫째 효종상의 복제에서는 대비가 《경국대전》에 의해 장자를 위한 기년복을 입었는데, 지금의 대공복은 어디에 근거한 것인가 하는 점, 둘째 《의례》의 장자부 대공복은 의심스러운 것으로서 이미 唐 太宗 때 魏徵의 건의에 따라 기년으로 고쳤고, 이것은 이미 만세의 정론이 되었는데 구태여 三代의 고례를 따를 필요가 있겠는가 하는 점, 셋째 만약 국제의 대공복을 써서 인선왕후를 중자부로 대우한다면 왕은 대왕대비의 衆庶孫이 될 것이니 뒷날 대왕대비가 죽었을 때 왕은 嫡長孫의 承重者로 자처할 수 없게 될 것이다라는 것이었다. 대통을 이어 종사의 주인이 되고서도 적장자가 되지 못하는 이치가 있겠는가 하는 논리였다. 요컨대 그는 기해년의 기년복이 국제의 장자를 위한 복이라고 우겼다. 따라서 지금의 대공복은 중자부복이므로 전후의 복제가 모순된다는 것이었다. 인선왕후가 중자부에 해당할 경우 현종이 인조의 중서손에 해당할 것이라는 지적은 매우 예리한 것이었다.

현종은 이 疏를 본 후 승정원에 내리지 않고 몇 일간 수중에 쥐고 있었다. 이 기간에 왕은 여러 번 이 소를 읽어보고 문제점에 대해 깊이 생각했던 것으로 보인다. 그래서 7월 13일 경연석상에서 영의정 김수홍과 예조판서 조형

57) 《顯宗改修實錄》 권 27, 현종 15년 2월 임술.

에게 이 문제를 하문했을 때 왕은 이미 심중에 그 개정을 작정하고 있었다. 왕은 먼저 당초에 기년으로 정한 복제를 대공으로 고친 이유, 기해년에는 국제에 의해 기년으로 정하였는데 지금의 대공 역시 국제에 의한 것인지를 물었다. 이에 김수홍 등은 기해년의 효종상에 기년복을 입었으므로 이제 대공으로 고쳤으며, 기해년에는 국제와 고례를 참작하여 겸용하였다고 변명하였다. 왕은 또 장자부에 대한 복이 고례와 국제에 각기 어떻게 규정되었는지, 지금의 대공이 어떻게 국제와 다르게 되었는지 질문하였다. 김수홍과 호조판서 閔維重은 고례(《의례》)의 장자부복은 대공이며 국제의 장자부복은 기년으로 써, 기해년에 고례와 국제를 병용하였기 때문에 지금 대공으로 고쳤다고 설명하였다. 즉 그때 고례의 중사복을 입었기 때문에 지금 강복하였다는 것이다. 그러나 고례에 의하면 중자부복은 소공이었기 때문에 이러한 주장도 사리에 맞지 않는 것이었다. 이에 왕은 신하들에게 기해년에 과연 차장자에 대한 복을 쓴 것인지 물었다. 이 때 승지 김석주가 "그것은 송시열이 수의에서 효종이 인조의 서자가 되어 해로울 것이 없다고 하여 허목이 상소를 하게 된 것"이라고 지적하였다.[58] 이에 자극된 왕은 그날 중으로 六卿·三司·大臣·原任大臣·參贊·判尹·禮曹堂上 등을 소집하여 복제를 재심하라고 지시하였다.

그러나 빈청에 모인 의례제신들은 서인 일색이었고, 특히 김수홍·김수항·김만기·민유중 등 송시열의 직계제자들이 대부분이었으므로 그들의 지론인 중서자설을 쉽게 포기할 수 없었다. 이리하여 3일간에 걸쳐 네 번씩 啓聞과 下敎를 반복하며 왕과 제신들은 격렬한 논쟁을 계속하였다.[59] 왕은 김수홍 등을 불러 타이르기도 하고 질책하기도 하면서 복제를 번복시키도록 종용하였으나,[60] 그들은 듣지 않고 대공설을 고수하였고, 마침내는 송시열의 '體而不正'설을 인용하기까지 하였다. 이에 격분한 왕은 회의를 중지시키고 독단으로 복제를 개정하였다. 당일로 예관들을 하옥시키고 영의정 김수홍을 '남의 의논에 빌붙은' 죄로 춘천에 정배하였다.[61] 이렇게 되자 온 조정의 서인

58) 위와 같음.
59) 《顯宗實錄》 권 22, 현종 15년 7월 을해~정축.
60) 《顯宗實錄》 권 22, 현종 15년 7월 병자.
61) 《顯宗實錄》 권 22, 현종 15년 7월 무인.

들이 일어나 변명하고 신구하였으나 왕은 그들마저 차례차례 처벌함으로써 일대 파란이 일어나게 되었다.

그러나 현종은 이 사건을 계기로 전면적인 서인의 축출이나 급격한 정국 변화를 시도하고 있었던 것 같지는 않다. 시간이 지나 사태가 안정되면 그는 김수홍 등을 다시 서용하여 사태를 진정시킬 것을 암시하고 있었다.[62] 그러나 현종은 복제개정 후 한달이 지난 8월 18일 갑자기 훙서하였다.

(3) 제2차 예송 후의 정국 변동

일반적으로 1674년의 제2차 예송 귀결은 곧 서인정권의 몰락으로 간주되고 있으며 남·서인 정권교체는 바로 남인들의 예송 승리 결과라고 인식되고 있다. 당시의 정권교체는 물론 예송이 직접적 계기가 되었지만, 이것만이 유일한 원인은 아니었다. 갓 즉위한 숙종은 일찍부터 송시열 일파에 적개심을 가지고 있었던 터에 청풍 김씨 외척들에 의해 좌우되고 있었다. 그는 정치경륜이 전무한 외에도 독선적인 성품 때문에 정국을 좌우하는 주요 고위직의 인사를 즉흥적이고 과감하게 처리하였다.

숙종이 즉위한 후에도 서인·남인의 정권교체는 매우 완만하고 복잡하게 진행되었다. 7월의 복제 개정 후 12월까지 약 반년간은 여전히 서인들이 정권을 장악하고 있었는데, 김수홍을 비롯한 몇 사람의 서인들이 처벌을 받기는 하였으나 그들은 여전히 의정부·6조·삼사 등의 요직에 절대 다수를 점령하고 있었고, 특히 동서반의 모든 인사권을 장악하고 있었다. 다만 승정원과 양사에 남인들이 다수 배치되어 있어 그들의 발언권이 강화될 여지를 안고 있었다. 남인들은 현종의 인산을 마친 12월 18일부터 본격적인 송시열 탄핵에 나서기 시작하였는데, 이는 곧 12월 인사 때부터 압도적인 남인 우세로 나타나게 되었다. 숙종 원년(1675) 정월 2일 허목이 이조참판이 되어 인사권을 쥐게 되면서[63] 대대적인 정권 교체 작업이 일어나게 되었다. 허목은 예송의 귀결 이후 일약 국가의 원로로 받들어져 권위를 누리고 있었고, 그 역시

---

62) 《顯宗改修實錄》 권 28, 숙종 15년 8월 계사.

63) 이 때 판서 洪處亮과 참의 李翊相은 西人이었지만 모두 사표를 제출하고 정무를 회피하고 있었다(《肅宗實錄》 권 2, 숙종 원년 정월 신유).

숙종과 마찬가지로 관례를 무시하고 독단적인 인사를 과감하게 추진할 수 있었다. 이리하여 남인들과 청풍 김씨 일가는 그해 3월까지 이조·병조·삼사·승정원 등 대부분의 주요 관직을 장악하여 문무관의 인사권은 물론 통청권·언론권·병권 등의 주요 권한들을 장악하게 되었다. 이러한 정국의 변동에는 김우명·김석주 등 외척을 중심으로한 서인 비주류의 송시열 일파 축출공작이 크게 작용하고 있었고, 이들은 남인들과 일종의 연합전선을 형성하고 있었다. 그러나 송시열 일파의 서인 주류가 축출되자 외척세력과 남인들은 곧 경쟁상태에 들어가게 되었다.

(4) 제2차 예송의 성격

제2차 예송의 대부분은 왕과 빈청의 의례제신들 사이에서 진행되었고, 지난날 남인·서인의 예송의 대가들은 전혀 여기에 참여하지 않았다. 의례제신들은 모두가 서인으로서 대체로 송시열·송준길의 추종자들이었지만, 대부분의 남인들은 이 논쟁에 참여하지 않았다. 문제를 제기했던 도신징은 남인과 가까운 대구의 유생이었고 그의 논리도 종래 남인들의 지론에 근거한 것이었지만, 그가 남인세력을 대표하거나 대변한 것은 아니었다. 따라서 제2차 예송을 순전히 서인과 남인간의 당쟁적 전례논쟁으로 보았던 종래의 인식은 재고해야 할 필요가 있다. 그리고 제2차 예송 이후 남인들의 득세는 서인들이 몰락한 데 따른 반사이득이었을 뿐, 그들 자신이 쟁취하여 얻은 것이라고는 할 수 없다. 반대로 제2차 예송의 향배에 결정적인 역할을 한 사람은 김석주로 보이는데, 그는 실상 당시 왕의 측근에서 경전적 전거를 해석해 올리는 등 현종에게 이론적 바탕을 제공했을 뿐만 아니라 왕비와 환관, 종실 왕족들을 통해 영향력을 행사하기도 하였다.

현종말~숙종초의 정치상황에서 중요하게 생각되는 것은 현종과 청풍 김씨 외척으로 대표되는 궁중(왕실)세력과 송시열 일파가 중심이 되었던 府中(신료)세력 사이에 있었던 오랜 갈등의 결과로 생각된다. 송시열 일파는 그동안 왕권을 극도로 위축시켰고, 그들의 이상정치론과 현실적인 견제 때문에 외척은 오랫동안 불만을 품고 있었다. 이러한 상황에서 종통에 흠이 되는 것으로 간주될 수 있는 서인들의 '孝宗衆庶子說'은 왕실의 분노를 사게 되었다.

이러한 배경이나 실제의 논쟁 전개 양상에서 제2차 예송은 전통적인 궁중과 부중의 갈등 양상의 하나로 파악될 수 있을 것이다.

제2차 예송의 판결은 곧바로 서인의 정치적 패배와 남인의 득세를 가져온 것은 아니었다. 서인 남인간의 정권교체는 숙종 즉위년(1674) 7월 서인들이 예송에서 패퇴한 직후가 아니라 6개월 후인 숙종 원년 정월부터로 보아야 할 것이다. 현종은 김수홍 등을 처벌하기는 하였지만 기타 의례제신들은 크게 나무라지 않았고 이후 한달간 대폭적인 정국변환의 기색을 보이지도 않았다. 서인들은 숙종 즉위초의 5개월간에도 역시 조정에서 압도적인 다수를 차지하고 있었고, 문무관의 인사권을 포함한 주요 권한들을 양보하지 않고 있었다. 남인들이 인사권을 차지한 것은 바로 숙종 원년 정월부터였다. 이 때의 대대적인 정국변동에는 숙종의 즉위와 그의 개성이 큰 작용을 한 점도 간과해서는 아니될 것이다.

〈李迎春〉

3. 붕당정치의 운영형태

1) 붕당정치의 전개와 붕당론

붕당은 중국 고전에서부터 쓰이던 용어로서, 同門·同師의 벗을 칭하는 '朋'과 이해관계를 둘러싸고 모인 집단을 의미하는 '黨'의 합성어이다. 초기에는 벗들의 모임 또는 조직이란 일반적인 개념이었으나, 후에는 당의 개념이 강화되어 동지가 결합하여 당외의 사람을 배척하는 단체로 개념화되면서 배타적이고 투쟁적인 의미가 널리 관용화되었다.[1] 그러나 송대에 이르러 范仲淹·歐陽修·朱熹 등에서와 같이 긍정적인 주장도 제기되었다.[2]

---

1) 崔完基, 〈18세기 붕당의 정치적 역학관계〉(《정신문화연구》 1986 여름호, 韓國精神文化研究院), 83쪽.

2) 송대의 붕당론에 대해서는 鄭萬祚, 〈朝鮮時代 朋黨論의 展開와 그 性格〉(《朝鮮後期 黨爭의 綜合的 檢討》, 韓國精神文化研究院, 1992) 및 李泰鎭, 〈中央五軍營制의 成立過程〉(《韓國軍制史 近世朝鮮後期編》, 陸軍本部, 1977) 참조.

범중엄은 "군자·소인이 일찍이 당을 이루지 않은 적이 없다"고 붕당 존재의 불가피성을 제시하였고, 구양수는 이것을 발전시켜 朋黨論을 제시했다. 구양수는 소인의 당인 '僞朋'과 군자의 당인 '眞朋'을 구분하고, 진붕을 써야 천하가 다스려진다는 붕당론을 주장했다. 주희는 "붕당의 해는 縉紳에 그칠 뿐이지만 전에 붕당을 미워하여 그것을 없애려 했던 사람들은 종종 나라를 망하게 하였다"고 하여 붕당망국론을 부정하였다. 이어서 붕당 내에 군자와 소인이 함께 존재한다는 인식에서 이를 보다 철저히 변별하여 군자를 등용하고 소인을 배척해야 한다고 강조하였다. 더 나아가 군자가 스스로 붕당을 이루고 임금을 끌어들여 그 당에 속하게 해야 한다는 引君爲黨說을 주장하였다.

붕당정치의 개념은 "복수 붕당의 공존(朋黨共存)을 특색으로 하며, 학파에 근거를 두고 형성된 각 붕당 사이의 公論에 입각한 상호 비판과 견제를 원리로 하는 정치운영 형태"라고 정의할 수 있다. 따라서 그 시기는 선조 8년(1575)경 붕당이 성립된 이후부터 일당전제화가 시작되는 숙종 6년의 庚申換局에 이르기까지 약 100여 년간이 될 것이다.

조선에서의 붕당론은 정치운영의 변화나 권력 집단의 성격에 따라서 다르게 나타난다. 시기별로는 16세기 사림의 정계 진출 이전과 그 이후, 붕당의 성립기, 붕당정치의 전개기, 환국정치기, 탕평정치기의 붕당론이 달랐다. 또한 왕의 입장과 신료들의 입장, 각 붕당의 처지에 따라 서로 다른 붕당론을 보여준다. 그러나 전체적으로는 붕당에 대한 부정적 시각을 가지고 그 존재 자체를 부정하는 입장과 붕당에 대한 긍정적 시각에서 붕당의 존재를 인정하기는 하지만 그 폐단의 시정을 주장하는 입장으로 크게 나누어 볼 수 있다.

(1) 붕당 성립기의 붕당론

조선 초기에는 붕당을 私黨으로 간주하여, 조정 문란의 요인이며 존재해서는 안되는 것으로 죄악시하였다. 그러나 중종대 趙光祖를 비롯한 사림세력이 중앙 정계에 적극 진출하면서 붕당을 긍정적으로 평가하는 인식이 나타나기 시작했고, 선조의 즉위와 함께 사림세력이 정국을 주도하게 되자 구양수와 주희의 붕당론을 수용하면서 붕당에 대한 이해가 심화되었다. 선조 5년 영의

정 李浚慶의 遺疏에서 붕당의 조짐이 지적되면서, 붕당을 긍정적으로 평가하는 李珥의 붕당론이 제기되었으며, 선조 8년(1575) 붕당 형성 이후에는 정치집단의 입장에 따라 다양한 붕당론이 제기되었다.[3)]

선조 8년 사림이 동인과 서인으로 나뉘자, 현실적으로 붕당의 존재를 부정할 수 없게 되었다. 동인은 수적인 우세를 바탕으로 정국을 주도하면서 "동인이 옳고 서인이 그르다"고 인식하여, 소인당인 서인을 조정에서 완전히 축출하고자 하였다. 이런 상황에서의 붕당론은 자신을 군자당으로, 상대 세력을 소인당으로 규정하는 주희의 붕당론과 같은 것이었다. 이에 반해 분쟁 해소를 위한 새로운 붕당론도 제시되었다.

이이는 동인과 서인이 기본적으로 같은 사류에서 갈라진 정치집단이라는 인식에서 調劑保合論을 주장하였다.[4)] 즉 동인·서인의 명목을 없애고 사류를 보합하기 위해, 양쪽에 다 是와 非가 있으므로(兩是兩非論) 당색에 관계없이 인재를 등용하여 궁극적으로 '一朋'의 상태를 이뤄야 한다고 주장했다. 한편 동인인 金宇顒은 기본적으로 이이의 조제론을 인정하면서도, 군자와 소인의 조제는 불가능하며 公私와 是非를 분명히 밝힌 후에야 조제가 가능하다고 주장하였다.[5)]

선조 16년 이이가 서인을 지지하면서 서인이 붕당으로서의 면모를 갖추게 되자 동인·서인이 공존하게 되었다. 현실적으로 더 이상 붕당의 존재를 인정하지 않을 수 없는 상황이었지만, 각자의 정치적 입장의 차이에 따라 다양한 붕당론이 제기되었다.[6)]

서인은 鄭汝立 옥사에 따른 명분의 열세를 극복하지 못하고 일본과의 전쟁 이후 재지적 기반도 약화되어 있었으므로, 엄정한 是非·正邪의 분별보다는 異論의 존재를 인정하면서 다른 붕당과의 공존체제를 유지하려 하였다.

---

3) 붕당 성립 이전의 붕당론에 대해서는 鄭萬祚, 위의 글 참조.
4) 李 珥, 《栗谷全書》 권 7, 疏箚 5, 辭大司諫兼陳洗滌東西疏.
《宣祖修正實錄》 권 13, 선조 12년 4월.
5) 《宣祖修正實錄》 권 13, 선조 12년 6월.
金宇顒, 《東岡集》 권 7, 玉堂論朋黨箚 기묘 6월.
6) 선조대 후반의 정국과 붕당론에 대해서는 具德會, 〈宣祖代 후반(1594~1608) 政治體制의 재편과 政局의 動向〉(《韓國史論》 20, 서울大, 1988)에 주로 의거하여 서술하였다.

서인에 대해 비교적 관대한 입장을 견지했던 남인의 경우에도 金誠一·柳成龍·李德馨 등에서 보여지듯이, 기본적으로 다른 붕당의 존재에 긍정적이었고, 붕당간의 시비·정사의 분별을 엄히 하기보다는 朝廷의 진정을 위한 '同寅協恭'을 강조하였다.

반면에 북인은 전쟁 기간의 의병 활동과 주전론의 견지를 통해 확보한 명분상의 우월성과 재지적 기반을 바탕으로 서인과 남인에 대해 강경한 태도를 취했다. 이들은 미봉적인 조정의 진정보다는 엄정한 시비·정사의 분별을 강조하여, 상대 붕당의 존재를 인정하지 않으려 했다. 광해군대에 나타난 大北 일당전제화의 추구는 이들의 붕당에 대한 인식에 기인한다고 볼 수 있을 것이다.[7)]

(2) 붕당정치의 전개와 붕당론

인조반정 이후 정치세력은 왕을 비롯한 특정 개인이나 정치 집단에 권력이 집중되어 정국이 운영되는 것을 반대하고, 상대 세력과의 공존을 토대로 하면서 공론정치를 추구하였다. 숙종初까지의 정국은 반정을 주도한 서인과 남인·소북계의 일부가 공존하는 형세였다. 서인이 다수 세력으로 정국의 주도권을 장악하고, 남인과 소북 일부가 이에 포섭된 형국으로 붕당적 입장이 중심이 되어 정치운영이 이루어지고 있었다. 그러나 인조대 공신세력의 존재, 산림의 정계 진출, 왕실 외척의 존재, 남인의 성장 등에 따른 정치집단의 변화도 정치운영에 중요한 변수로 기능하였다. 따라서 붕당적 입장이 일차적이기는 했지만 비붕당적 요소의 영향도 무시할 수 없었다.[8)]

이 시기의 붕당론은 각 붕당과 정치적 성향에 따라 다양하게 나타난다.[9)] 기본적으로 정치적 입장과 붕당의 성격을 어떻게 규정하는가에 따라 붕당의

---

7) 광해군대의 정치 운영과 붕당론에 대해서는 韓明基, 〈光海君代의 大北勢力과 政局의 동향〉(《韓國史論》 20, 서울大, 1988) 참조.

8) 이 시기의 정국에 대해서는 최근의 다음 논문들이 참고된다.
吳洙彰, 〈仁祖代 政治勢力의 動向〉(《朝鮮時代 政治史의 再照明》, 汎潮社, 1985).
吳恒寧, 〈朝鮮 孝宗代 政局의 變動과 그 性格〉(《泰東古典硏究》 9, 1993).
禹仁秀, 〈朝鮮 顯宗代 政局의 動向과 山林의 役割〉(《朝鮮史硏究》 1, 1992).

9) 鄭萬祚는 이 시기의 붕당론을 調停論·君子小人論·調劑論으로 구분하여 정리하였다(앞의 글, 1992).

존재를 부정하거나 인정하기도 하고, 또 이에 따른 정치운영 방식도 다르게 나타나고 있었다.

인조를 비롯한 국왕들은 신하들의 붕당 결성 자체를 부정하고 그 타파를 주장했다. 인조는 정인군자는 반드시 당을 짓지 않는다는 입장에서 주자의 引君爲黨說을 비판하고,[10] "붕당의 폐해가 홍수나 가뭄보다 심하다"[11]고 하였으며, 삼사의 언론 활동에 대해서도 당론으로 몰아 비판하는 일이 많았다.[12] 효종은 대간이 대신을 논핵하지 않는 것이 黨論 때문이라 하거나,[13] 대간이 色目의 분별에 따라 제수된다고 비판하여 붕당에 대해 극히 부정적인 입장을 보였으며,[14] 현종도 언로가 붕당의 언로가 되었다고 붕당의 폐해를 지적하였다.[15] 군주들이 붕당의 존재 자체를 인정하지 않으려 했던 것은 정권이 신하들에게 돌아가는 것을 반대하고, 왕 중심으로 정국을 주도하고자 하는 의도에서 나온 것이다. 서인계 반정공신이나 척신세력들도 국왕의 입장에 동조하여 기본적으로 붕당에 대해 부정적인 견해를 가지고 있었다.

국왕이나 일부 공신세력과는 달리, 산림이나 일반 관료들은 일반적으로 붕당의 존재를 인정하면서 그 폐단을 어떻게 시정할 것인가에 관심을 갖고 있었다. 宋時烈을 중심으로 하는 서인 산림계 인물들은 자신을 군자당으로, 상대집단을 소인당으로 규정하고, 주자의 군자소인론을 토대로 시비의 분별과 '進君子 退小人'을 강조하여 자파 중심의 정국 운영을 꾀하였다. 반면에 일반 관료들이나 남인은 한 붕당 안에 군자도 있고 소인도 있다고 보고, 당색에 구애받지 않는 인재의 등용을 주장하여 상대 세력과의 공존을 통한 정국운영을 주장하였다.

송시열은 효종초 金自點 일파를 배척하면서 서로 갈등과 대립을 보이는 두 정치집단간의 공존 자체를 거부하는 경향을 보여주었고, 이이와 成渾의

10) 《仁祖實錄》 권 20, 인조 7년 5월 경인.
11) 《仁祖實錄》 권 37, 인조 16년 11월 기사.
12) 《仁祖實錄》 권 9, 인조 3년 5월 갑인 ; 권 14, 인조 4년 8월 계해·갑자 ; 권 37, 인조 16년 7월 계해.
13) 《孝宗實錄》 권 5, 효종 원년 윤11월 무자.
14) 《孝宗實錄》 권 18, 효종 8년 8월 계미.
15) 《顯宗實錄》 권 9, 현종 6년 정월 갑인.

문묘종사를 반대하던 남인을 소인당으로 규정하여 시비를 엄정히 밝힐 것과 군자・소인의 변별을 강조하였다. 이러한 논리는 공신계에 대한 산림세력의 비판과 공격을 정당화하고, 남인을 소인으로 단정하여 배척하는 서인 산림계의 주장을 뒷받침하는 정치이론으로서 뒷날 노론세력의 정치 활동에 이론적 근거가 되었다.[16)]

인조초 서인에 눌려 정국의 주도권을 행사하지 못하던 남인은 "用人에 彼此를 묻지 말고 능력에 따라 賢才를 등용하면 붕당의 폐단이 수습될 것"이라고 하였다.[17)] 이것은 기본적으로 붕당의 존재를 인정한 위에서 당색에 구애되지 않는 인재의 등용을 통한 조정의 진정을 꾀한 것으로서, 이후 남인 사이에서 일반적으로 받아들여진 붕당론이었다.

일반 관료들은 복수의 붕당이 존재하는 현실을 인정하여 붕당의 폐단을 시정할 수 있는 방안을 제시하였다. 이들은 구양수와 주자의 붕당설 자체는 인정하면서도, 우리 나라의 붕당에는 각 붕당마다 淸濁・優劣이 섞여 있으므로 군자소인론의 일률적인 적용은 옳지 않다고 보았다. 그러므로 붕당 단위의 용인을 반대하여, 당색을 가리지 않고 오직 재능있는 사람을 등용하면(惟才是用) 점진적으로 붕당의 폐단이 시정될 것이고 궁극적으로는 붕당이 소멸될 것이라고 주장하였다.

인조 3년(1625) 이조참의 李明漢은 "어진 사람을 등용하고 不肖한 사람을 물리치면 붕당은 저절로 소멸될 것"이라 하였고,[18)] 인조 7년 대사간 趙翼도 "지금의 당이란 한쪽이 모두 군자이고 다른 한쪽이 모두 소인인 것은 아니며 각각 善人도 있고 불만을 가진 사람도 있으므로 어느 한쪽만을 쓰고 한쪽을 모두 버리는 것은 옳지 않다"고 하여 능력에 따른 인재 등용을 주장하였다.[19)] 효종 4년(1653) 李敬輿도 "만약 임금이 賢邪를 가려 수용한다면 청탁이 스스로 나누어질 것"이라 하였다.[20)]

---

16) 송시열의 붕당론에 대해서는 鄭萬祚, 앞의 글, 132~137쪽 참조.
17) 《仁祖實錄》 권 9, 인조 3년 5월 갑자, 執義李埈・掌令姜大進・金榮祖等啓.
18) 《仁祖實錄》 권 10, 인조 3년 10월 을사.
19) 趙 翼, 《浦渚集》 권 9, 論兵曹判書李貴箚批未安箚, 인조 7년, 기사(《韓國文集叢刊》 85책, 165~166쪽).
20) 《孝宗實錄》 권 11, 효종 4년 7월 을축, 領中樞府使李敬輿上箚.

이들의 주장은 인조~현종대 대다수 관료의 지지를 받아 당시 조정의 붕당론을 대표하였으며, 따라서 이 기간에 서인 정권이 남인 및 일부 소북계 인물까지 조정에 등용하여 완전하지는 않으나마 붕당간의 공존체제를 유지할 수 있게 해준 논리였다.[21] 아울러 이러한 붕당론에 입각하여 17세기에는 서인과 남인이 공존하면서 붕당 사이의 정치적 역학관계가 안정적으로 전개되었으며, 이에 소수 붕당의 존재도 허용되고 그들에 의한 공개적인 비판과 견제가 가능하여 정책의 수립과 결정 과정에 조화가 보여지는 정치운영도 가능하게 되었다.[22]

요컨대 17세기 인조~현종 연간의 정치집단은 서인・남인의 붕당이 존재하는 현실을 인정한 위에서 각자의 정치적 입지를 확보・강화하기 위해, 구양수・주자의 붕당론이나 이이의 붕당론을 수용하고 이를 당시의 현실에 맞게 재조정하여, 상대 세력과의 공존 위에서 정국의 안정을 이루려는 논리적 근거로 삼았던 것이다. 그러나 숙종 이후의 잦은 換局과 노론・소론간의 대립 과정에서는 일당 전제적인 경향을 뒷받침하는 붕당론이 성행하였고, 근본적으로 붕당의 존재를 부정하는 皇極蕩平說이 제기되어 영・정조대 탕평책의 실시로 이어졌다.[23]

2) 비변사 중심의 공존체제

왕정체제에서 정책에 대한 최종 결정권과 인사권은 형식상 왕이 행사하였지만, 실질적인 책임은 백관을 대표하는 대신에게 위임되었다. 그러나 16세기 이래의 사회 경제적인 발전과 새로운 정치세력의 성장은 전문 관료의 필요성을 증대시켰고, 소수의 대신에 의한 국정 주도마저 어렵게 하였다. 특히 일본・청과의 전쟁과 그 후의 복잡한 대외관계 속에서 다수의 의견을 종합하여 최선의 정책을 마련해야 할 필요성이 커졌다. 또한 정치적 성격이 다른 복수의 붕당이 존재하는 현실에서 정국 주도 집단은 자신들의 정책에 대해

21) 鄭萬祚, 앞의 글, 141쪽.
22) 崔完基, 앞의 글, 86쪽.
23) 숙종 이후의 붕당론과 탕평론에 대해서는 鄭萬祚, 앞의 글, 141~146쪽 참조.

상대세력으로부터 그 정당성을 인정받기 위해 공론정치를 표방하게 되고, 이를 위해 여러 의견을 수렴할 수 있는 제도적인 장치의 필요성이 증대되었다. 일본과의 전쟁 기간에 기구의 확대와 기능의 강화를 가져온 備邊司가 이러한 기능을 담당했다.

비변사는 대신을 비롯한 문무 고위 관료들이 합좌회의를 통해 정책을 심의하였는데, 대신 중의 선임자가 회의를 주도하였고 유사당상이 실무를 맡았다. 비변사에서 심의된 사항은「備邊司啓」나 차대 자리에서 왕에게 보고되었고, 왕의 재가를 받으면 이것은 곧 명령으로 인식되었다.[24] 따라서 17세기 이후 비변사는 최고 정무기구로 인식되었고, 붕당정치의 운영과 밀접한 관련을 가지게 되었다.

비변사 구성원의 붕당별 구성은 붕당정치기 비변사의 정치적 기능을 보여준다. 인조 이후 숙종 5년(1679)까지 《備邊司謄錄》의 매월초 座目에 나와 있는 비변사 都提調와 당상 역임자는 176명이다. 이들의 붕당별 구성은 서인 111명(63.07%), 남인 46명(26.14%), 소북 15명(8.52%), 미상 4명(2.27%)[25]으로 서인이 남인과 소북에 비해 압도적 우위를 차지하고 있었다. 이 중 소북 인사들은 인조반정 이후 독자적인 정치 집단으로 존재하지 못하고 서인이나 남인에 흡수되었음을 고려하면, 서인이 남인 일부를 포용하면서 정국을 주도했다고 할 수 있다. 이를 좀더 세분하여 각 왕 즉위초의 비변사당상 이상 역임자의 붕당별 구성을 〈표 1〉로 정리하였다.

〈표 1〉 각 왕 즉위초 비변사당상 이상 역임자의 붕당별 구성

시기	인조 2년 2~6월	효종 원년(12개월)	현종 원년(12개월)	숙종 원년(13개월)
서인	20명(80%)	20명(83.3%)	17명(80.9%)	12명(46.2%)
남인	2명(8%)	3명(12.5%)	3명(14.3%)	13명(50.0%)
소북	3명(12%)	1명(4.2%)	1명(4.8%)	1명(3.8%)
계	25명(100%)	24명(100.0%)	21명(100.0%)	26명(100.0%)

24) 《孝宗實錄》 권 5, 효종 원년 12월 병인, 領議政李敬輿・右議政李時白啓.
25) 당색의 구분은 편의상 《名世譜》, 《南譜》, 《北譜》를 참조했다.

인조초의 상황은 반정을 주도한 서인이 중심이 되어 일부 남인과 소북계 인사들을 포용하여 정국을 주도한 사실을 보여준다. 소북계가 남인에 비해 많은 것은 이들이 광해군 정권에 부분적으로 참여하여 관직이 높아졌고 실무 경력을 쌓을 수 있었던 데 비해, 남인은 광해군대의 정국에서 배제되었을 뿐 아니라 반정 후에도 아직 고위 관직에 오른 사람들이 적었기 때문이다. 현종대까지도 이러한 서인의 비변사 장악은 유지되고 있었지만 소북계가 거의 없어지고 남인이 약간 증가한 정도의 변화가 있었다. 그러나 숙종 원년(1675)에는 남인이 부쩍 늘어나 반수를 차지하고 있는데, 현종말 남인의 정국 주도가 숙종초로 이어졌음을 반영한 것이다.

전체적으로 보아 현종대까지는 서인이 비변사를 주도하였고, 남인은 소수가 비변사에 참여하다가 숙종 즉위초에 이르러 대거 비변사에 진출하여 반수를 차지하고 있으며, 소북은 인조대를 지나면서 간신히 명맥을 유지하고 있음을 알 수 있다. 특히 숙종 즉위후 5년까지 비변사에 처음 들어간 사람은 총 30명인데, 이 중 7명만이 서인이고 나머지 23명이 남인으로 분류되어 숙종초 남인의 정국 주도를 보여준다.

비변사에서의 논의가 衆意의 수렴을 표방하면서도 도제조인 대신과 유사당상에 의해 주도되었고 다수의 당상들은 거의 발언권을 행사하지 못했음을 감안하면, 비변사 당상 이상 역임자들의 붕당별 구성비는 정국 주도 집단이 비변사를 통해 집단의 이익을 보장받고 상대 세력을 포용하면서 정책의 정당성을 확보하고자 했던 사실을 반영하는 것이다. 정국 주도 집단은 비변사의 운영을 장악하고, 정치적 비중은 높으나 자파세력에 위협이 되지 않을 인물이나 실무 능력이 탁월한 사람을 비변사로 끌어들여 중의의 수렴을 표방함과 동시에 정국의 주도권을 장악했던 것이다.

일반적으로 비변사 公事의 처리는 유사당상이 의정에게 품결하여 起草한 후 모든 제조에게 通議하여 논의가 일치된 후에 入啓하였다.[26] 대신이 유고중이어서 오랫동안 開座할 수 없으면 비변사당상끼리 개좌하고, 回啓할 일이 있으면 유사당상이 대신의 집에 가서 의논하여 초안을 작성해 왕에게 아뢰

26) 《備邊司謄錄》 2책, 광해군 10년 4월 6일.

었다.27) 만약 呈告 중인 당상이 있으면 대신이 낭청을 보내어 의견을 들은 후 처리하였다.28) 논의 결과는 비변사 전체의 집단적 견해임을 내세워 대신이나 유사당상에 의해 備邊司啓로 왕에게 보고되었고,29) 경연석상이나 인견할때 다시 논의되기도 했다. 비변사에서의 안건 처리 과정은 회의때 비변사 당상이 안건을 제기하면 대신이 참작하여 결정하고 왕에게 보고하여 확정짓는 절차를 밟았다.30)

비변사의 주요 관직 議薦權은 붕당정치기 인사 행정의 한 형태를 보여준다. 인사 행정의 실무는 주지하듯이 이조와 병조에서 담당하고, 최종 인사권은 왕이 행사하였다. 그러나 비변사의 정치적 비중이 높아지면서 주요 관직에 대한 의천권을 비변사에서 행사하였고, 이를 통해 붕당간의 이해 관계가 조정되고 정국 주도 집단의 안정적인 재생산이 가능하게 되었다. 일단 비변사에 의천의 명령이 내려지면, 모든 당상들이 3명의 적임자를 추천하고 이것을 대신이 마감하여 3망을 갖추어 의망하였다.31) 숙종 5년까지 《備邊司謄錄》에 실려 있는 의천 기록을 분석하여 대체적인 추이를 살펴보기로 한다.

광해군대에는 의천 대상 관직이나 의천된 사람의 수가 많았고, 비변사에서 薦望할 때에도 3망을 갖추지 않고 7~10명씩 천망하고 있었다. 이미 알려진 대로 광해군 9·10년(1617·8)경에는 왕권이 상대적으로 강했고, 정국을 주도하는 대신도 뚜렷하지 않았으므로 비변사의 의천에도 왕의 영향력이 강하게 반영되고 있었다. 비변사에서 3망을 갖추지 않고 여러 명을 올린 것은 대신 부재를 이유로 '優數書啓'하라는 전교32)에 따라 당상이 추천한 사람 모두를 의망한 것으로, 인사에서 왕의 선택 폭이 넓었음을 보여준다. 복수 붕당의 공존이라는 붕당정치의 원리가 아직 확립되지 않은 상황에서 나타나는 현상이었다.

다음 〈표 2〉는 인조 이후의 의천 기록을 정리한 것이다.

---

27) 《備邊司謄錄》 5책, 인조 16년 2월 28일.
28) 李廷龜, 《月沙集》 권 31, 兼兵曹判書三度加給由後辭職兼陳時弊箚.
29) 《備邊司謄錄》 5책, 인조 16년 2월 28일.
30) 洪宇遠, 《南坡集》 권 8, 辨閔宗道疏斥疏.
31) 《備邊司謄錄》 1책, 광해군 9년 2월 3일.
32) 위와 같음.

〈표 2〉 인조~숙종 5년간 비변사의 의천 상황

감 사	평안감사(24), 함경감사(22)
유수·부윤	강화유수(18), 광주부윤(26), 의주부윤(15)
부 사	수원부사(23), 동래부사(14)
병·수 사	평안병사(20), 북병사(20), 통제사(20)
군 문 대 장	훈련대장(1), 총융사(13), 어영대장(12), 수어사(9)
군 지 휘 관	함경북방어사(1), 경기우방어사(1), 하삼도관찰사(1), 충청관찰사종사관(1), 경기관찰사종사관(1), 평북조방장(1), 총독군문(1), 겸삼도통어사(2), 도원수(1)
기 타	留將(1), 將令可合人(1), 不次擢用人(2), 堂下州郡可合人(1), 御使可合人(1)

* ( ) 안의 숫자는 의천된 횟수.

대체로 인조 이후에는 지방관에 대한 비변사의 의천이 광해군대에 비해 많이 제한되고 있었다. 다만 새로운 군영이 설치되고, 군영대장의 정치적 비중이 높아지면서 이들을 비변사에서 의천하고 있었다. 의천 대상 관직은 광해군대에 비해 줄어들었지만, 실제로는 인사 행정에 대한 비변사의 영향력이 강하게 작용했다. 비변사에서는 인사권을 행사하는 이조·병조판서를 천망하여 이들을 통해 영향력을 행사했고, 호조판서[33]와 군영대장들을 의천함으로써 권력의 물리적 기반을 다질 수 있었다.

비변사에서는 직접 의천하지는 않더라도 그 후보자를 선정하였고,[34] 이조에 적임자를 천거하거나 이조에서 비변사와 상의하여 의망하기도 했다. 이때 이조에서는 비변사의 의견을 적극 수용하였고, 만약 적임자가 아니어서 문제가 되더라도 비변사에 그 처리를 의뢰하였으며,[35] 대간도 비변사의 의천에 대한 비판에 제약을 받았다.[36]

인조 이후에는 비변사에서 직접 의천하던 관직은 줄어들었지만 핵심적인 관직의 의천을 장악하여 권력 기반을 강화하였고, 비교적 덜 중요한 관직의 인사권은 이조와 병조로 환원하여 인사 행정의 정합성을 높이려 하였음을

33) 《備邊司謄錄》 9책, 인조 23년 10월 15일, 吏曹啓.
34) 《備邊司謄錄》 30책, 현종 12년 10월 7일.
35) 《備邊司謄錄》 14책, 효종 원년 4월 12일, 吏曹啓.
36) 《備邊司謄錄》 7책, 인조 20년 6월 4일, 憲府啓.

알 수 있다. 앞에서 분석한 비변사당상 이상의 붕당별 구성과 관련하여 보면, 의천권의 행사를 통해 서인이 정국의 주도권을 행사했음을 알 수 있다.

의천의 실제를 보면 인조대에는 文武將帥可合人·不次擢用人·州郡可合人 등의 일시적인 의천을 제외한 통상적인 의천 기록은 38회가 있었고, 이 중 落點이 표시된 것은 29회이다. 낙점의 내용을 보면 首望 낙점이 22회(75%), 亞望 낙점이 7회(24%)를 차지하고 있었다. 비변사의 천망이 별다른 이의 없이 왕에 의해 그대로 받아들여졌음을 보여주는 것이다.

효종 7년(1656)까지는 의망 내용만 기록되고, 8년 이후부터 제당상의 추천 내용이 기록되어 있다. 효종 7년까지 통상적인 의천 기록은 42회(加望 4회)이며, 이 중 낙점이 표시되지 않은 것이 5회이다. 37회의 낙점 내용을 보면 수망 낙점이 28회(75%), 아망 낙점이 6회(16%), 말망 낙점이 3회(8%)이며, 가망의 경우 수망 낙점이 2회(50%)이고 원망의 수망 낙점이 1회(25%), 원망의 아망 낙점이 1회(25%)이다. 효종 7년까지도 비변사의 의천이 거의 그대로 받아들여지고 있었던 것이다.

효종 8년 이후 숙종 5년(1679)까지에는 152회의 의천 기록이 있다. 이 중 제당상의 추천 내용이 밝혀지지 않은 것이 30회인데, 단망이 4회(어영대장 3·훈련대장 1), 2망이 2회, 3망이 24회이며, 낙점자는 2망과 3망 26회 중 수망 낙점이 20회(76%)를 차지한다. 이들은 북병사(1), 동래부사(2), 수원부사(1), 의주부윤(1), 광주부윤(2), 훈련대장(1), 어영대장(7), 총융사(10), 수어사(5) 등으로 군영대장이 주류를 이룬다. 이것은 군영의 정치적 기능이 커진 상황에서 그 대장의 인사에 대신의 영향력이 컸음을 보여준다.

비변사당상의 추천 내용을 기록한 것은 총 132회이며, 의천에 참여한 당상은 총 940명, 추천된 사람은 모두 2,367명이다. 평균 의천 참여 당상은 7.1명(930/132), 매회 의천된 사람의 평균은 17.9명(2367/132), 당상 1인의 평균 의천자는 2.5명(2367/940)이다. 이 132회 중 제당상이 추천하지 않은 사람을 의망한 것은 29회(5%)를 차지한다. 의망 내용을 보면 수망으로 올린 경우가 12회, 아망에 10회, 말망에 13회를 의망하고 있다. 한번에 2명이 낀 경우는 4회이며, 3망 모두를 대신이 독자적으로 의망한 경우도 1회 있고, 나머지는 1명씩을 의망하고 있다. 이 중 낙점을 받은 사람은 수망으로 올라간 사람 중 8회

(27%)이며, 전체 132회에 대비해 볼 때에는 6%를 차지한다.

대신이 제당상의 추천을 토대로 의망한 것은 113회이다. 이 중에는 제당상의 추천을 전적으로 수용하여 추천된 숫자의 다과에 따라 望의 고하를 결정한 경우도 있고, 이것을 부분적으로 받아들여 망의 순서를 정한 경우도 있으며, 추천된 숫자의 다과를 거의 무시한 경우도 있다. 이 113회의 의천은 망의 고하를 결정하는 데 어느 정도 대신의 영향력이 작용하기는 했지만, 대신이 제당상의 의견을 토대로 하여 의망한 것으로서 대신의 권한이 비변사에 근거하였음을 보여주는 것이다.

이상의 비변사 의천 결과를 종합해 볼 때 대신들이 제당상의 추천을 받아 이를 마감하여 의망하는데, 이 때 대신의 독자적인 의견을 강하게 반영하기보다는 당상들의 의견을 대부분 수용하여 의망하고 있었음을 알 수 있다. 17세기에 대신의 국정 주도가 두드러지게 나타나고 있었지만,[37] 그 권력의 기초는 어디까지나 비변사에 두어지고 있었고, 비변사의 집단적인 힘을 통해 권력의 정당성을 확보할 수 있었다고 보여진다.

명종대 尹元衡에 의한 권력의 전횡과 광해군대 대북 집단의 독점적인 정국 주도를 경험한 17세기 중엽에는 왕을 포함한 특정 개인이나 집단에 권력이 독점되는 것을 적극 견제하려 하였다. 그 결과 정치 권력은 개인이 아닌 집단의 차원에서, 다른 정치 집단과의 일정한 합의를 통해 행사되었다. 고위 관료들이 다수 결집하여 합의제를 표방한 비변사는 바로 이러한 측면에서 붕당정치기의 존재 의미를 갖고 있었다.

3) 삼사 언론의 활성화

붕당정치에서 붕당간의 상호 비판과 견제는 삼사 언론의 활성화에 기인한다. 삼사는 왕에 대한 간쟁과 고문, 백관의 규찰을 통해 공정한 정치의 실현을 꾀했고, 17세기에 이르러서는 붕당간의 세력 균형을 가능하게 했다.

어떤 사안에 대한 논의의 제기는 일반 관료들에게도 개방된 것이지만, 삼사 중에서도 특히 대간이 먼저 거론하는 것이 일반적이었다. 대간 중에서는

---

37) 鄭弘俊, 《17세기 조선의 정치 권력구조와 대신》(高麗大 博士學位論文, 1994).

특별한 제한없이 누구나 발론이 가능했다. 그러나 대간 개인의 獨啓 보다는 개별 부서별로, 또는 양사 합계나 삼사 합계의 형태로 入啓되었다. 왕권의 약화를 만회하려는 국왕이나 비변사를 통한 정국 주도를 꾀하던 大臣들의 삼사에 대한 견제 속에서 언론이 힘을 얻기 위해서는 공론의 표방과 전체 구성원들의 의견 통일이 필요했고, 여기에서 대간 개인의 독계는 부정되고 있었다.

그러므로 비록 급한 일이 있더라도 반드시 동료들과 상의하여 처리하는 것이 규례였으며,[38] 양사 합계를 약속하고 어느 일방이 먼저 독자적으로 입계하는 것도 부정되고 있었다.[39] 다만 대간들이 아직 相會禮를 행하지 않았거나, 동료들이 피혐중일 때에는 독계가 인정되었다.[40] 대간이 합계하면 홍문관에서도 '相規之道'에 따라 이에 동조해야 했다.[41] 대간의 합계에 대한 停啓 역시 의견의 일치를 필요로 했고,[42] 양사 합계가 아니더라도 같은 내용에 대해 정계할 때에는 양사의 논의를 거쳐야 했다.[43]

대간은 논계할 일이 있으면 동료들에게 簡通하여 논의가 일치된 후에 城上所에서 장관의 집에 가서 초안을 작성하였다.[44] 단, 장관 부재시에는 장관의 출사를 기다리지 않고도 논계할 수 있었다.[45] 일단 동료들에게 간통하면 반드시 의견의 일치를 추구했으며, 의견이 일치되지 않으면 감히 먼저 아뢸 수 없었고, 榻前에서 아뢸 일이나 이미 아뢴 일에 대해서도 물러난 후 다시 동료들에게 간통하는 것이 상례였다.[46] 홍문관은 대간과 달리 차자를 올릴 때에 다수 의견에 따르고, 이견이 있는 자는 논의에 불참하거나 별도로 차자를 올렸으며,[47] 또는 병을 칭하고 나아가지 않았다.[48]

---

38) 《孝宗實錄》 권 9, 효종 3년 9월 정해, 諫院啓.
39) 《仁祖實錄》 권 19, 인조 6년 10월 경술, 大司諫鄭百昌等啓.
40) 《孝宗實錄》 권 9, 효종 3년 9월 병술.
41) 《仁祖實錄》 권 31, 인조 13년 정월 임술, 正言宋夢錫引避.
42) 《仁祖實錄》 권 30, 인조 12년 윤 8월 병오.
43) 《仁祖實錄》 권 47, 인조 24년 10월 기축.
44) 《孝宗實錄》 권 8, 효종 3년 11월 을유, 大司憲洪茂績引避.
45) 《孝宗實錄》 권 17, 효종 7년 9월 경술.
46) 《孝宗實錄》 권 8, 효종 3년 정월 정축, 正言徐必遠引避・獻納丁彦璧引避 ; 권 21, 효종 10년 4월 기해, 獻納閔維重引避.
47) 《仁祖實錄》 권 34, 인조 15년 5월 임오, 右相崔鳴吉上箚.
48) 《仁祖實錄》 권 26, 인조 10년 2월 무자, 憲府啓.

삼사 논계의 비중이 높아짐에 따라 그 의견의 공정성이 더욱 요구되었고 사적인 이해 관계의 개입이 부정되었다. 그러므로 조그마한 혐의가 있더라도 이를 피하려는 避嫌이 관례가 되었다. 피혐에 대해 잘잘못을 가려 왕에게 出仕나 遞差를 요청하는 것이 處置이다.

삼사 피혐의 처치는 "是非 好惡에 일체의 사적인 것을 끊고 일시의 공론을 따르기 위해" 삼사에 맡기는 것이 관례였다.[49] 따라서 그 처치는 일차적으로 사헌부나 사간원의 같은 동료들에 의해 이뤄진다. 그러나 동료들 중에 처치할 사람이 없으면 다른 관서에서 했으며, 대간 내에서 처치가 이뤄지지 못하면 최종적으로 홍문관에서 처치하였다. 삼사의 처치 과정에서도 의견의 일치를 추구하였고, 일치되지 않으면 다시 피혐하였다. 다만 대간이 사적인 일로 피혐하면 간통을 기다리지 않고 처치하였다.[50]

삼사의 처치에 대해서는 그 공정성이 인정되어 서로 따랐으며, 왕이라도 이를 번복하기 어려웠다.[51] 그 처치 기준은 시비를 따라야 하는 것이 일반적이었다.[52] 예외적으로 다수의 의견에 따라야 한다는 주장도 있었고,[53] 왕이 처치의 기준을 제시하기도 하였다.[54] 대간의 피혐을 삼사의 처치에 맡긴 것은 삼사 언론의 공정성을 확보하고, 公論政治를 표방하는 것이었다.

이러한 삼사의 논의구조는 공론을 표방한 상호 비판과 견제를 가능하게 하였다. 아울러 특정 개인이나 집단에 권력이 집중되거나, 이들의 독점적인 정국 주도를 어렵게 하여 붕당간의 공존과 세력 균형을 가능하게 했던 것이다. 구체적으로 붕당정치기 정국의 변동에 따른 삼사의 언론활동에 대해 살펴보기로 하자.

인조대에는 반정공신의 권력이 커져서 공신이 아니면 대신이라도 제대로 힘을 발휘하지 못했다. 아울러 왕권도 많은 제한을 받았고, 상대적으로 국왕은 척신들을 끌어들이려고 노력하기도 했다. 이러한 상황에서 삼사는 붕당적

---

49) 《仁祖實錄》 권 11, 인조 4년 2월 신사, 政院啓.
50) 《仁祖實錄》 권 40, 인조 18년 4월 병자, 掌令洪茂積引避.
51) 《仁祖實錄》 권 12, 인조 4년 2월 신사. 이 외에도 이러한 사례들은 무수히 있다.
52) 《孝宗實錄》 권 10, 효종 4년 3월 갑오 ; 권 11, 효종 4년 9월 신해.
53) 《孝宗實錄》 권 8, 효종 3년 6월 병인, 大司憲洪茂績引避.
54) 《顯宗實錄》 권 16, 현종 10년 2월 기축.

인 입장을 견지하면서 국왕을 비롯한 대신, 훈·척신의 불법과 비리 등을 비판하고 공론에 따른 유교 정치의 실현을 주장했다.

왕에 대한 삼사의 언론은 기본적으로 왕의 잘못을 바로 잡고, 올바른 결정을 하도록 돕는 입장에서 행해졌다.[55] 인조가 同壻인 鄭百昌을 대사헌으로 임명하려는 데 대한 삼사의 반대 논리는 "인척에게 높은 벼슬을 주는 혐의를 막고 임금을 허물이 없는 곳으로 인도하려는 것에 불과하다"는 것이었다.[56] 삼사에서 내수사·궁방 등의 비리와 內獄에서의 죄수 처리, 왕자·공주·부마 등의 비리와 탈법 등에 대해 비판한 것이나, 인조의 친부모 추숭전례에 대한 논의에서 왕의 私를 배격하려 했던 것도 같은 맥락에서 나온 것이다.

대신에 대한 대간의 논핵은 그 체면이 존중되어야 한다는 입장에서 일정한 제약이 따랐지만, 개인적인 비리나 정책의 잘못에 대해서는 일반 관료들과 다름이 없었다. "삼공 육경도 대간의 비평을 들으면 감히 변명하지 못한다"는 지적이나,[57] "연소배들이 대신이 있는 줄을 모른다"[58]는 인조의 말처럼 대간의 대신 논핵이 활발했다. 대간들도 "재상이 옳다 하면 간관은 옳지 않다고 하는 것이 직무일 뿐이므로, 대신들의 의논을 기다릴 필요가 없다"[59] 하여 대간의 독자적인 논계를 정당화하고 있었다.

훈신들에 대한 삼사의 논의는 당시 정국을 주도하면서 남인이나 일반 사족의 행태에 부정적이었던 李貴에게 거의 집중되고 있다. "이귀가 사직을 보호한 공로는 크지만 공으로 죄를 덮을 수는 없다"[60]는 입장에서 반정공신으로서의 공로는 인정하되, 그의 정치 행태에 대해서는 비판하고 있었다. 그러나 훈신이나 重臣들에 대한 논핵이 그리 쉽지는 않았다. 대간 스스로 이귀의 잘못을 논핵하면서 훈신을 논한 데 대해 대죄하기도 했고,[61] 호조판서 李溟을 논핵하자는 간통에 대해 "중신이므로 간통으로 처치 곤란하니 장관 출사

55) 《仁祖實錄》 권 10, 인조 3년 10월 계사, 檢閱睦性善·副正字柳碩等上疏.
56) 《仁祖實錄》 권 16, 인조 5년 5월 을유.
57) 《仁祖實錄》 권 5, 인조 2년 3월 계유.
58) 《仁祖實錄》 권 16, 인조 5년 6월 갑인.
59) 《仁祖實錄》 권 26, 인조 10년 2월 경진, 持平趙贇引避.
60) 《仁祖實錄》 권 4, 인조 2년 2월 경자, 玉堂上箚.
61) 《仁祖實錄》 권 4, 인조 2년 2월 경자.

후에 처리하자"[62]는 입장을 견지하여 훈신이나 중신에 대한 논핵에 일반관료들과 차별을 두고 있었다.

이러한 삼사의 논핵에 대해서 인조는 대간들의 자율적인 논계를 제약하기 위해 옛날처럼 대신이나 先生·長者에게 의논하여 논계할 것을 요구하였지만,[63] 대신들조차도 "대간이 반드시 대신의 논의를 奉行한다면 뒷날의 폐단이 있을 것"[64]이라는 이유로 대간의 언론을 제약하는 데 반대하였다. 이것은 공론정치를 추구하는 대간 언론의 자율성이 보장되고 있음을 보여주는 것이다.

한편, 반정공신들이 대신의 자리에까지 오른 인조대 후반에는 일부 대간들이 대신의 私的인 이익을 옹호해 주는 역할을 하기도 했다. 인조 18년(1640) 6월 洪瑞鳳은 사헌부의 禁吏가 자신의 婢를 잡아들이자 장령 金埛을 통해 청탁한 것이나,[65] 인조 21년 4월 좌상 沈器遠은 자기의 婢夫가 사헌부에 적발되어 형조에 넘겨지자 지평 任翰伯에게 편지를 보내 전말을 파악하려 하고 형조에 압력을 넣어 석방시킨[66] 사례들은 당시 일부 대간들이 특정인의 사적인 이익을 옹호해주고 있었음을 보여주는 것이다.

효종대에 이르러서는 반정공신들의 사망과 宋時烈·宋浚吉 등 산림의 정계 진출로 권력 집단의 부분적인 변화가 나타났다.[67] 효종은 왕통의 하자를 극복하기 위해 왕권강화를 꾀하면서 북벌론을 추진하는 한편, 삼사 언론에 대해서도 黨論으로 간주하여 부정적인 입장을 보여주는 경우가 많았다. 삼사의 처치를 부정하여 자신이 黜陟을 결정하고, 이조의 삼사 인사에 대해서도 부정적인 반응을 보이면서 特除를 자주 고집하기도 했다. 또한 이에 대한 대간의 반대를 엄하게 처리하고자 했으며, 대간의 근무 태도에 대해서도 많이 비난하고 있다. 전체적으로 효종초에는 삼사 언론이 왕권에 의해 많이 제약되고 있었다. 대신에 대해서도 "대신에게 허물이 있으면 반드시 양사가 함께

62) 《仁祖實錄》 권 45, 인조 22년 9월 갑진.
63) 《仁祖實錄》 권 16, 인조 5년 6월 갑인; 권 32, 인조 14년 3월 을축; 권 36, 인조 16년 2월 임인.
64) 《仁祖實錄》 권 5, 인조 2년 3월 기미.
65) 《仁祖實錄》 권 40, 인조 18년 6월 신해.
66) 《仁祖實錄》 권 44, 인조 21년 4월 을유, 執義金益熙引避.
67) 효종대의 정국에 대해서는 吳恒寧, 앞의 글 참조.

모인 후에 論啓할 수 있다"[68]고 하여 대간의 논계를 제한하고자 하였다.

효종 말년에 이르러서는 대간들이 초기의 위축된 분위기에서 어느 정도 벗어나 왕실이나 대신들에 대한 논핵이 다시 활발해진다. "헌부의 관원들이 應旨에 가탁하여 攻斥하기를 너무 심하게 하니 묘당이 빈 것처럼 보인다"[69]는 효종 6년(1655) 영의정 金堉의 말은 대간들의 대신에 대한 논핵이 활발했음을 보여주는 것이다. 또한 당시 대신들이 대간의 논핵에 위축되어 뜻을 펴지 못한다는 효종의 비판도 대간의 언론이 다시 활발해졌음을 보여준다.[70] 한편 "근래 대간들의 풍채가 크게 무너져 여러 궁가의 일은 능히 말하면서 사대부들의 일은 전혀 말하지 않는다"[71]는 효종의 말은 시사하는 바가 크다. 이것은 효종의 정치적 의도가 좌절된 상태에서 신하들의 왕에 대한 견제를 비판한 것이며, 아울러 대간을 통해 대신들을 견제하고자 하는 의도를 표현한 것으로 볼 수 있다.

현종초에도 아직 서인이 정국을 주도하는 상황이었다.[72] 그러므로 대신에 대한 대간 언론도 많지 않았고, 오히려 대신으로부터 대간이 말을 않는다고 비판받는 일이 종종 있었다.[73] 또한 대간의 避辭가 대신을 침모했다고 체차되는 일도 많았다.[74] 비록 동료들에 의해 부정되기는 했지만 "대신은 감히 논할 수 없다"[75]는 대간의 인식이 나타나기도 했고, 대간이 대신을 논핵하면서 이 사실을 대신에게 미리 알리는 일조차 있었다.[76]

현종 후반에는 남인들의 중앙 정계 진출이 활발해지면서 대신에 오르는 사람도 나오게 되자, 대간과 대신의 갈등도 커졌다. 남인 許積이 영의정으로서 정국을 주도하자 서인 대간들의 허적에 대한 비판이 많이 나오게 되었다.[77]

---

68) 《孝宗實錄》 권 6, 효종 2년 5월 무자.
69) 《孝宗實錄》 권 15, 효종 6년 7월 임인.
70) 《孝宗實錄》 권 21, 효종 10년 3월 신미.
71) 《孝宗實錄》 권 21, 효종 10년 3월 계축.
72) 현종대의 정국에 대해서는 禹仁秀, 앞의 글 참조.
73) 《顯宗實錄》 권4, 현종 2년 4월 경진.
74) 《顯宗實錄》 권 5, 현종 3년 5월 정축, 掌令李東明引避.
75) 《顯宗實錄》 권 5, 현종 3년 7월 병술, 司諫鄭繼胄引避.
76) 《顯宗實錄》 권 12, 현종 7년 7월 무신, 獻納金徵等啓.
77) 《顯宗實錄》 권 19, 현종 12년 6월 무술, 正言尹堦上疏 ; 권 20, 현종 12년 12월 임오, 獻納尹敬敎上疏.

현종은 대간의 허적에 대한 논핵을 막으려 하였으며,[78] 아울러 대간들이 오랫동안 주장해도 들어주지 않던 일도 대신이 요청하면 받아들이기까지 하였다.[79] 즉 현종 말년에는 그 동안 서인의 기세에 염증을 느끼던 왕의 지지를 토대로 남인이 서서히 정국의 주도권을 잡아가면서 아직 다수를 차지하고 있던 서인 대간들이 이에 반발하는 형국이었다.[80]

숙종초에는 2차 예송 이후 득세한 남인들이 정국을 장악해가면서 서인들을 밀어내려 했고, 뒤이어 남인 내부에서 주도권 다툼이 나타났다. 따라서 이 시기의 대간들은 붕당적 성격이 더욱 강했으며, 자파의 이익을 확보하는데 주력하였다. 남인 대간들은 숙종 즉위 직후 宋時烈을 비롯한 서인 핵심들을 논핵하는 데 힘썼고, 삼사 안에 남아 있던 서인 세력들과 갈등을 빚고 있었다. 서인이 밀려난 이후에는 남인 내부의 淸南·濁南의 갈등과 분기가 나타나서 대간은 그 선봉에서 활동하였다. 삼사의 언론이 정국 주도 집단의 교체를 가능하게 했으며, 이후의 잦은 환국에 이용되었다.

17세기에는 붕당의 정치적 비중이 높아짐에 따라 삼사의 언론도 붕당의 이해 관계에서 벗어나기 어려웠다. 정국의 주도권을 잡은 권력 집단은 자기 붕당의 이익을 확보하고 상대 세력을 견제하기 위해서 삼사 언론을 활용하였다. 반면 정국 주도권을 잡지 못한 집단은 삼사 언론을 통하여 주도 집단의 정책상 잘못이나 개인적 비리를 논핵하고, 이를 통해 자신의 세력 기반을 확보하려 하였다. 당시 삼사 언론의 이러한 성격에 대해 효종 9년(1658) 4월 헌납 金壽興은 대간의 논핵에 대해 개인적인 감정이나 친분 관계, 인척 관계에서 비롯되었다고 보는 주변의 비방 때문에 대간들이 소신껏 일을 할 수 없을 정도라고 하였다.[81] 이것은 당시 대간의 논핵이 붕당적 입장에서 비롯되었음을 반증하는 것이다.

아울러 삼사의 언론은 "公議를 가탁하여 異己者를 배척하는"[82] 수단으로

---

78) 《顯宗實錄》 권 20, 현종 13년 6월 무인.
79) 《顯宗實錄》 권 20, 현종 13년 10월 병오, 大司諫李翊相啓.
80) 禹仁秀는 앞의 글에서 현종대 후반의 정국을 宋時烈系와 非宋時烈系 사이의 갈등 관계로 설명하기도 한다.
81) 《孝宗實錄》 권 20, 효종 9년 4월 갑오, 獻納金壽興上疏.
82) 《仁祖實錄》 권 9, 인조 3년 5월 갑인.

이용되거나, "근래 대각의 신하들이 매번 당론으로 서로 이기려 한다"[83]고 하였듯이 붕당의 입장을 옹호하기도 했다. 논의 과정에서도 서로 색목을 나누려 했고,[84] 대간의 임명도 "한갓 색목만을 분별하여 제수한다"[85]고 하여 대간들이 전부 붕당에 따라 임명된다고 하였다. 결국 "언로가 붕당의 언로화 되었다"[86]는 상황까지 초래하였던 것이다. 당시의 삼사 특히 대간의 언론이 붕당의 이익을 반영하였고, 더 나아가 대간의 임명이 붕당의 이해관계에 따라 이루어지기도 했음을 알 수 있다.

한편 삼사의 언론은 사족의 공론을 대변하는 것으로 표방되고 있지만 실제로는 고위 권력자의 지휘를 받거나,[87] 그들의 사적 이익을 보호해 주기도 하였다.[88] 대신과 대간의 결탁은 용납되지 않았지만, 현실적으로 대간이 대신의 사적 이익을 옹호하는 일이 자주 있었던 것이다. 또한 자기의 개인적인 이익을 관철하려는 경우도 적지 않았다. 인조 15년(1637) 12월 金弘郁이 정언일 때 대간의 탄핵을 받고 체차되었다가 부수찬이 되자 자신을 탄핵했던 사람을 처치하여 논란이 된 일이나,[89] 효종이 "근래 연소한 무리들이 일단 헌부에 들어가면 耳目을 맡았음을 잊고 먼저 복수할 것만을 생각한다"[90]고 질책한 것 등은 일부 대간들이 공무보다는 사적인 이익의 관철을 위해 노력했음을 보여준다.

붕당정치기에 삼사는 공론정치를 표방하고 상호 비판과 견제를 통해 권력이 특정 개인이나 집단에 의해 집중적으로 행사되는 것을 막을 수 있었다. 아울러 삼사 언론은 붕당간의 공존체제를 유지할 수 있게 했고, 자파 세력의 확대와 상대 세력의 견제를 가능하게 하여 정국 주도 집단의 변동을 가져오기도 했다. 그러나 집단간의 정치적 대립이 격화되면서 삼사는 그 선봉에 서서 대

83) 《孝宗實錄》 권 18, 효종 8년 5월 정미.
84) 《仁祖實錄》 권 37, 인조 16년 7월 계해.
85) 《孝宗實錄》 권 19, 효종 8년 8월 계미.
86) 《顯宗實錄》 권 9, 현종 6년 정월 갑인.
87) 趙緯韓, 《玄谷集》 권 11, 爲仁城君所斥引避啓.
88) 《仁祖實錄》 권 33, 인조 14년 10월 병술; 권 40, 인조 18년 6월 신해; 권 44, 인조 21년 4월 을유, 執義金益熙引避.
89) 《仁祖實錄》 권 35, 인조 15년 12월 갑인.
90) 《孝宗實錄》 권 18, 효종 8년 4월 경인.

립을 더욱 조장하기도 했으며, 개인의 이익을 추구하는 경향도 나타났다.

4) 서원의 정치적 기능

붕당정치기 중앙 정계에서 공론 정치가 이뤄지는 機制가 삼사의 언론 활동이라면, 지방 사림의 여론을 수렴하여 중앙 정계에 반영하는 각 붕당의 하부구조로서 기능했던 것은 서원이었다. 서원은 원래 중국에서 시작되어 先賢奉祀와 교육을 담당하던 기구였다. 우리 나라의 서원은 주지하듯이 중종대 周世鵬이 安珦을 봉사하기 위해 세운 白雲洞書院이 그 효시이다. 초창기의 서원은 일차적으로 사림의 講學所라는 기능이 강조되었지만, 선조 8년(1575) 이후 붕당정치가 전개되면서 정치적 의미가 강해졌다.

선조대에 세워진 서원은 52개소이고 당대에 賜額된 것도 21개소이다. 사액 서원에 봉사된 사람은 사화기의 인물들을 비롯해 李滉·李珥·曺植 등이 망라되었다. 도덕과 학문이 높은 사람을 봉사한다는 원칙이 그대로 지켜져서 대개가 유학이나 성리학의 발전에 크게 기여한 인물이 택해지고 있었다. 특히 사화기의 인물이 다수 대상이 된 것은 그들의 강한 출자의식을 보여주는 것이다.[91] 이 시기의 서원은 사림계가 획득한 정치적 지위와 집권세력으로서의 명분을 합리화·정당화할 수 있었지만, 이것은 오직 사림 전체의 정치명분을 뒷받침해 주는 데 그치고 있었다.[92]

광해군대의 서원 건립은 선조대의 형세가 유지되었지만, 정치적 역할이 더욱 강화되었다. 집권세력이던 북인은 그 학연상의 취약점을 만회하기 위하여 조식의 문묘종사운동을 추진하였는데, 북인계 서원이 그 儒疏 작성의 거점이 되었다. 鄭仁弘은「晦·退卞斥」후 진주 德川書院의 유생조직을 활용하여 100여 명의 유생으로 하여금 조식의 문묘종사를 요구하는 연소를 올리게 했다. 덕천서원《院生錄》에 따르면 광해군 원년의 경우 진주·함양·합천 등 진주권에 거주하는 조식문도가 주축을 이루며, 특히 정인홍과 사우관계에 있

91) 이하 서원의 건립 추이에 대해서는 李泰鎭, 〈士林과 書院〉(《한국사》 12, 국사편찬위원회, 1977;《朝鮮儒教社會史論》, 지식산업사, 1989에 재수록)을 참조.

92) 鄭萬祚, 〈조선조 서원의 정치·사회적 역할—사림 활동의 전개와 관련하여—〉(《한국사학》 10, 韓國精神文化硏究院, 1989).

던 인물들이 핵심적인 역할을 수행했다.[93]

또 북인세력 확장의 전초기지로서 조식을 배향하는 서원의 건립과 사액이 적극 추진되었다. 덕천서원과 三嘉의 龍巖書院·김해의 新山書院에 사액을 내리게 하고, 白雲書院과 강진의 南冥書院 건립을 추진하였다.[94] 더 나아가 북인정권은 이황 문인의 본거지이며 남인이 압도적 우위를 지키던 경상도의 안동·예안 지역에 거점을 확보하기 위해 서원을 활용하기도 했다.[95] 서원은 점차 학연상의 정통성 부여와 자파세력의 확장에 이용되는 정치적 역할을 서서히 강화해 나가고 있었다.

인조반정 이후 붕당정치의 전개는 서원의 발전에도 반영되었다. 서원의 건립 추이를 보면 인조대에 30개소, 효종대에 27개소가 건립되어 전 시기의 추세를 잇고 있다. 서원의 疊設에 대한 폐단의 지적과 그 금지 대책이 주장되기 시작하는 것은 인조 말년 경상도 지역에 국한되었으며,[96] 서원제도 문란의 가장 직접적인 원인 중의 하나인 정치적 대립의식의 발동도 효종 말년 무렵에 이르러 비로소 그 뚜렷한 예가 찾아진다. 鄭介淸을 봉사하는 무안의 紫山書院의 훼철과 복설은 서인·남인간의 대립의식이 가장 날카롭게 작용한 예의 하나였다.[97] 이 서원은 광해군 8년(1616)에 설립되었는데, 인조 8년(1630) 서인의 훼철 주장이 있었지만 관철되지 못했고 효종 8년(1657)에 처음 훼철되었다. 그 사이에는 인조 8년 이 지역에 서인계인 金權의 松林書院을 신설하여 견제의 입장을 취하는 정도였다.[98]

현종대에 서인·남인 사이의 대립이 가열되기 시작하면서 서원의 수적 증가 추세가 뚜렷해진다. 현종대에 신설된 서원은 43개소로서 그 증가율은 이제까지의 배에 이르렀다. 서원의 질적 저하도 뚜렷하였으니 후대에도 끝내 사액을 받지 못한 서원이 21개소로서 전체의 반에 가까워 전대에 비해 현저

93) 李樹煥, 〈書院의 政治·社會的 考察〉(《嶠南史學》 1, 1985), 26~27쪽.

94) 광해군대 북인의 학통 강화 노력은 韓明基, 〈光海君代의 大北勢力과 政局의 動向〉(《韓國史論》 20, 서울大, 1988) 참조.

95) 정만조, 앞의 글(1989), 102쪽.

96) 《仁祖實錄》 권 45, 인조 22년 8월 기미, 慶尙監使林潭啓.

97) 金東洙, 〈16~17世紀 湖南士林의 存在形態에 대한 一考-특히 鄭介淸의 門人集團과 紫山書院의 置廢事件을 중심으로 하여-〉(《歷史學硏究》 7, 1977).

98) 李泰鎭, 앞의 글(1977), 197쪽.

하게 늘어났다. 또한 현종대에는 봉사 인물의 追配가 훨씬 많아졌고, 봉사 자격에도 의심이 가는 인물들이 적지 않게 나타난다. 이러한 새로운 징후의 발생은 여러 이유가 있겠지만 이 시기에 가열되기 시작한 서인·남인간의 세력 경쟁이 주된 원인의 하나였다.99)

현종대 서인·남인세력간 정쟁은 숙종대로 이어져 더욱 심화되었다. 숙종 6년(1680) 이후에는 붕당간의 공존이라는 붕당정치의 기본원리가 부정된 채, 특정 붕당이 정권을 독점하고 상대세력의 존재를 인정하지 않으려는 換局政治가 나타났다.100) 집권세력은 집권의 명분 합리화와 자파 정론에 대한 공감대의 확산을 위하여 일반 사림의 광범한 지지를 필요로 하였다. 이에 자파 인물을 봉사하는 서원을 경쟁적으로 건립하고, 기존의 서원을 포섭하기 위한 물질적·행정적 지원을 아끼지 않았다.

숙종대에 설립된 서원은 140여 개에 달하는데, 그 중 사액을 받은 것은 겨우 40여 개에 불과했다. 봉사 대상 인물도 학문인이라 보기 어려운 인물, 儒化를 남긴 수령, 行誼있는 士子까지 선정되는 실정이었다. 정상적으로 봉사 인물이 모셔진 서원에 문중 인물을 새로 추배시키는 경우도 많았다. 이러한 인물들은 대개가 자격이 되지 않는 경우로서, 곧 서원의 기능을 봉사 일변도로 치우치게 하여 마침내는 서원과 祠宇를 혼동하여 동일시하는 결과를 낳기까지 하였다. 숙종 초반에서 말년까지의 정치변동에 따른 사액의 추이를 보면 남인 집권 시기에는 남인계 인물에, 서인 집권시에는 서인계 인물 제향처의 서원에만 사액이 이루어지고 있었다. 각 정파가 자파계 서원에만 지원을 보내고 있음을 짐작할 수 있다.

환국이 반복되는 상황에서 사림의 공론은 사실상 노론·소론·남인 삼당을 지지하는 향촌사림의 당론적 성격을 띠게 되었다. 이후 서원은 겉으로는 사림 공론의 수렴처를 표방하면서도 실제로는 私黨 정론의 소굴, 곧 당론의 淵藪라는 한계를 벗어나지 못했다. 이와 동시에 서원은 정쟁의 와중에서 화를 당한 黨人에 대한 신원과 이를 통한 특정 정파의 정치적 도덕성을 합리화해주는 도구로 점차 변모하게 되었다. 특히 노·소 분기후 尼山書院의 치폐와 宋時烈

99) 위와 같음.

100) 洪順敏, 〈肅宗初期의 政治構造와 '換局'〉(《韓國史論》 15, 서울大, 1986).

의 道峯書院 竝享·配享문제는 이러한 성격을 보여주는 단적인 예이다.[101]

붕당정치기의 서원은 중앙 정계와 지방 사림간의 연결 통로였다. 특히 조선의 붕당이 학파적 성격을 강하게 띠면서 이러한 경향은 심화되었다. 각 붕당은 집권의 명분을 확보하기 위해 자파 정론의 정당성에 대한 일반 사림의 광범한 지지를 얻어야 했다. 戚臣의 전권 행사나 대북 일당전제의 폐해를 경험한 인조 이후의 정치세력은 특정 집단이나 개인에의 권력 독점을 인정하지 않으려 했고, 사족층에 제한적이기는 하지만 言路가 개방되어 있던 상황에서 일반 사림의 지지는 필수적이었다. 따라서 지방 사림의 거점으로서 지방의 여론이 결집되던 서원과의 연계를 중시하게 되었다. 한편 지방 사림들은 일본·청과의 전쟁 이후 자신들을 중심으로 한 향촌질서의 재건을 위해 서원에의 결속을 강화하고 중앙 고위 관료의 지지를 필요로 하였다. 이런 상황에서 중앙 정계와 지방 사림은 서원을 통해 서로 연결될 수 있었다.

효종대 이후 거의 전국적 유림이 동원되다시피 한 서인계의 이이·성혼 문묘종사 요구와 그에 대한 남인 사림의 반대 상소는 개인적인 것도 있지만 수십 명 또는 수백 명의 연명 상소였다.[102] 이러한 연명 상소의 논의나 작성은 서원을 중심으로 이루어졌을 것이다. 즉 서원은 지방 사림의 여론을 수렴하여 중앙 정계에 반영하는 창구의 구실을 하였던 것이다. 현종대 예송 과정에서 나타난 영남 유생 柳世哲 등의 상소는 그 구체적인 예이다. 일차예송시 서인의 주장이 관철되자, 안동 중심의 영남 유림세력은 의례에 대한 상세한 辨正과 고증 작업을 진행하고, 그 결론을 상호 검토한 후 열읍에 통문을 돌려 의견을 수렴·조정하여, 드디어 현종 7년(1666) 유세철을 疏首로 한 영남 유생 천여 명의 聯疏를 올렸다. 이 과정에서 의견의 발의·수렴과 통문에 의한 도내의 여론의 결집은 서원조직을 통하여 이루어졌다.[103] 이외에도 구체적인 분석은 못했지만 이 시기에 활발했던 지방 사림들의 연명 상소들은 여론의 취합 과정을 거쳤을 것이고, 그 조직은 서원이었을 가능성이 높다.

붕당정치기의 서원은 지역·당색의 차이와 정국 주도 집단의 변화에 따라

101) 李樹煥, 앞의 글(1985), 33~34쪽.
102) 金相五, 〈黨爭史의 立場에서 본 李珥의 文廟從祀問題〉(《全北史學》 4, 1980).
103) 정만조, 앞의 글(1989), 111쪽 참조.

성격을 달리 한다. 붕당이 강한 학연성을 바탕으로 하기 때문에 경상좌도와 우도, 기호지방의 서원은 각각 남인·북인·서인의 宗師的 인물을 봉사하는 곳이 많았다. 또한 중앙 정부에서의 주도 붕당의 변화에 따라 서원의 경제적 기반을 보장받고 향촌사회에서의 영향력을 유지하고자 하는 지방 사림과 자파 세력의 확장을 꾀하는 중앙 정치집단의 관계에서 서원의 운영 방식도 다르게 나타난다.[104)]

경주의 玉山書院과 안동 陶山書院은 남인의 학문적 연원으로 인식되는 李彦迪과 李滉을 봉사하는 서원으로서 남인세력의 재지적 기반이었다. 옥산서원 《尋院錄》에 따르면 서원 방문 인사의 거주지는 대체로 경주·안동·상주권 전지역에 집중적으로 나타나며, 특히 안동권 인사는 인조반정 이후 약 50% 이상을 차지한다. 반면 진주권을 중심으로 하는 북인계열 인사의 방문은 전혀 나타나지 않는다. 서울출신 인사의 방문은 인조반정 이후 급격히 감소한다(9.4%) 이들 서원이 영남 남인의 재지적 기반으로 기능했음을 보여주는 것이다. 한편 숙종 20년(1694) 갑술환국 이후에도 서울출신 인사의 방문이 어느 정도 이뤄지고 있었다. 이것은 이 지역 서원이 許穆·蔡濟恭 등 기호남인의 정치적 명분을 제공해주는 역할을 수행했기 때문이다.[105)]

영남 남인계 서원의 운영 체제는 院長·有司체제, 또는 上·下有司체제로 정비되었다.[106)] 상유사는 다른 서원의 원장과 동일한 의미에서 쓰여진 것이므로 기본적으로 원장·유사체제라고 할 수 있다. 원장은 인맥·학맥관계로 道內 人士가 임명되기도 했지만, 대부분 鄕中 人士였다. 紹修書院의 경우 약 180년간(1542~1718)에 181명 중 90명(52%)이 생원·진사·문과합격자·하급관료이고 나머지는 幼學이었다. 玉山·陶山·屛山書院도 동일한 경향을 보여주는데, 이것은 인조반정 이후 영남 남인이 중앙정계에서 점차 배제되면서 재야세력으로 밀리고 있는 정치상황과 관련이 있는 것이다.

경상우도 지역은 북인의 재지적 기반이 강한 곳이었고, 藍溪書院·德川書

---

104) 이하의 서술은 李樹煥, 앞의 글(1985)과 〈朝鮮時代 書院의 內部組織-院任, 院生을 중심으로-〉(《嶠南史學》 2, 1986)를 주로 참조하였다.
105) 李樹煥, 위의 글(1985), 3~7쪽.
106) 이하 서원의 운영체제에 대해서는 李樹煥, 앞의 글(1986)에 의거하여 서술했다.

院 등 이 지역의 서원은 북인 정치 활동의 거점으로 기능하였다. 남계서원에의 재정적 지원 내용을 기록한 《裒寶錄》에 따르면 인조반정 이전에는 경상감사와 함안군수가 당색을 불문하고 부임시 서원 소용의 현물을 제공하였고, 진주권·상주권·전라도 지역의 지방관도 보인다. 감사·함양군수를 제외하고는 대부분의 지방관이 경상우도 및 曺植과 직접·간접으로 관계되는 인물이며 남인계열 인사는 전혀 보이지 않는다. 인조반정 이후에는 지방관의 경우 함양군수를 제외하면 서원 인근의 몇 지역만 나타나는데, 이것은 반정 이후 북인의 몰락을 보여주는 것이다.[107] 덕천서원도 남계서원과 비슷한 경향을 보여주는데, 다만 인조반정 이후 친남인계의 성향을 띠는 인물들이 서원을 수도하여 향촌사회에서 독사적인 위치를 유지하고 있었다.

북인계 서원은 원장·유사체제로 운영되었으나, 중앙의 정치 변동에 따라 원장의 성격이 변화하였다. 인조반정 이전에는 원장이 재지세력을 대표하는 一鄕士夫로 임명되고 현직 관료는 제외되었다. 인조반정 이후에는 독립적이고 독자적인 지역 사림들의 자치기구로서의 역할 범위가 축소되어 덕천서원의 경우 정인홍과 무관하거나 그 이탈세력이 원장을 역임하였다. 숙종·영조 연간에는 노론 전제하에서 관권과 긴밀한 관계를 유지하기 위해 남계서원의 경우 함양군수나 노론의 대표적 인물이 원장을 역임했다. 향촌사회에서의 실세를 만회하고 지위 향상을 꾀하려 했던 서원 측의 입장과, 남인의 입장을 견지하려는 영남의 사족을 견제하고 여당세력을 부식하기 위해 북인계열을 포섭하려고 했던 집권 노론의 입장이 결부되면서 나타난 현상이었다. 반면에 덕천서원에는 친남인계열의 중앙관료들이 원장으로 나타나는데, 이러한 차이는 실세 상태의 북인계에서 나타나는 하나의 특징이었다.

서인계 서원은 인조반정 이후 자파세력이 계속 집권세력으로 유지되었으므로 중앙 또는 지방 권력과 긴밀한 유대관계를 모색하면서 향촌 사회문제를 해결하려는 입장에 있었다. 이러한 입장의 차이가 서원의 운영 체계나 인적 구성원에 일정하게 반영되었다. 서원의 운영은 인조반정 이후 院長·掌議·有司체제로 확립되었다. 장의·유사·色掌은 원생 중에서 선출하고 임기는 2년

107) 李樹煥, 앞의 글(1985), 23~24쪽.

이었으며, 장의가 논의를 주관하고 경제적인 문제는 유사가 담당했다. 특히 京掌議·京有司 등 京齋任 제도를 채택하고 있었다.

원장은 石室書院에서 "공경 대부로서 賢德이 있고, 사림의 신망을 얻은 자로 한다"[108]고 규정되었듯이 중앙정계의 핵심 관료들이 차지하였다. 임기는 종신이었고, 노론계의 중앙 고위 관료들은 다수의 자파 서원 원장직을 겸임하는 것이 상례였다. 당시 집권 노론은 서원을 통하여 향촌사회에서의 영향력 확대를 꾀했고, 서원은 노론 대신을 원장으로 추대하여 서원의 제문제를 해결하려 했음을 보여준다. 장의는 서원 소재 또는 인근 지역의 지방관이 많았다. 경재임은 자파 현직 관료들로 임명되었고, 중앙 및 지방관과의 긴밀한 관계를 모색하기 위한 수단이었다. 이것은 전라도 노론계 서원에서도 보편적인 현상이었다.[109]

인조반정 이후 서인은 자기들의 집권적 명분과 도학적 정통론의 확립을 위해 조광조·이이·성혼·김장생 등의 서원을 계속적으로 설립하고 사액을 받았다. 서원 설립에는 서인계 중앙 관료들이 적극적으로 개입하였다. 이것은 이황 이후 영남 남인계 서원이 향촌사회에서 기반을 잡고 있었고, 서원제도 운영방식이나 실질적으로 움직이는 사림의 수도 서인계 서원이 밀리는 형편이었기 때문이다. 즉 서원을 통해 자파 사림의 기반을 확대하고, 남인계와 대등한 학문적 연원을 확립하기 위해서였다.

17세기 붕당정치가 전개되는 시기의 서원은 각 붕당의 재지적 지지 기반이었고, 지방의 여론을 수렴하여 중앙 정계에 반영하는 창구의 구실을 수행하고 있었다. 따라서 중앙 정계의 주도 집단이 변화함에 따라 향촌사회에서의 서원의 위상도 바뀌게 되었다. 이에 따라 지방 사림들은 서원의 자치적인 운영을 강화하거나 중앙 정계와의 연결을 시도하여 향촌사회에서의 지배권을 유지하려 하였다.

〈具德會〉

108) 金元行, 《渼湖集》 권 14, 雜著 石室書院學規.
109) 鄭汝立 사건을 계기로 향촌사회에서 하나의 정치세력으로 결집되지 못했던 대부분의 전라도 사림은 중앙권력과의 연결을 모색하였고, 집권 노론세력은 자파 세력 확보를 위해 이 지역 서원 원장직에 취임했다.

4. 붕당정치의 동요와 환국의 빈발

1) 환국의 개념과 범주 및 연구 시각

(1) 환국의 개념

인조 연간에서 현종 연간까지의 정치사는 붕당정치가 가장 안정된 모습을 갖춘 형세라고 할 수 있다. 붕당정치란 중앙 정계에서 활동하는 정치집단이 붕당 형태를 띠고, 그러한 붕당이 복수로 존재하면서 상대방을 함께 국정을 논의할 상대로 인정하면서도 정치적 견해를 달리 하여 서로 대립하고 견제하는 정치운영 형태를 말한다.[1] 인조반정 이후 서인과 남인이라는 두 붕당이 중앙 정치무대에 공존하면서 대체로 서인이 정국을 주도하고 남인이 이에 대해 견제하고 비판하는 형세였다. 서인과 남인은 서로 대립하면서도 상대방을 정국 운영에 함께 참여할 상대로 인정하여 균형을 유시하였나. 그러나 이러한 균형은 현종 15년(1674) 현종에서 숙종으로 왕위가 승계되는 시기를 전후하여 무너지기 시작하였다.

현종 연간의 서인과 남인의 대립에서 가장 부각되었던 쟁점은 두 차례에 걸쳐 진행된 왕실의 복제논쟁, 이른바 禮訟이었다. 현종 즉위년부터 이듬해까지 진행된 제1차 논쟁에서는 서인의 주장이 채택되어 서인이 주도하는 정국이 그대로 유지되었으나, 현종 몰년(1674)의 제2차 논쟁에서는 남인의 주장이 채택됨으로써 남인이 정국의 주도권을 장악하게 되었고, 정국은 전반적으로 커다란 변화를 겪게 되었다. 정국을 주도하는 붕당이 교체된 것은 인조반정 이래 붕당정치의 전개 과정에서 처음 있는 일이다. 이렇게 붕당과 붕당 사이의 견제와 균형을 깨고 정국을 주도하는 붕당과 견제하는 붕당이 서로 교체됨으로써 정국이 급격하게 전환하는 것을 '換局'이라 한다.[2]

---

1) 李成茂・鄭萬祚 외, 《朝鮮後期 黨爭의 綜合的 檢討》(韓國精神文化硏究院, 1992). 李泰鎭, 〈朝鮮中・後期 政治史 理解의 방향〉(《朝鮮後期의 政治와 軍營制 變遷》, 韓國硏究院, 1985).

2) 洪順敏, 〈肅宗初期의 政治構造와 '換局'〉(《韓國史論》 15, 서울大, 1986).

(2) 환국의 범주

지금까지의 연구에서는 환국에 대한 개념이 명확하지 못하여 하나의 사건에 대해서도 서로 다르게 명명한 예가 적지 않으며, 또 어떤 사건을 환국으로 볼 것인지도 분명하지 못하였다. 환국의 실상과 정치사적 의미를 규명하기 위해서는 우선 그 범주부터 분명히 설정할 필요가 있다.[3)]

숙종 연간에 들어서면서 환국이 여러 차례 발생하였다. 첫번째는 위에서 말한 바 현종이 죽고 숙종이 즉위한 숙종 즉위년(1674)에 제2차 복제논쟁을 계기로 서인이 물러나고 남인이 정국을 주도권을 장악한 甲寅換局이다. 두번째는 숙종 6년의 庚申換局이다. 경신환국은 정국을 주도하고 있던 남인이 淸南과 濁南으로 분립하여 대립하는 가운데 탁남이 兵權을 장악하려는 기미를 보이자 훈척계열의 金錫冑와 국왕 숙종이 합력하여 남인을 축출하고 서인을 다시 진출시킨 것이다. 세번째 환국은 숙종 15년의 己巳換局으로서 숙종과 昭儀 張氏 사이에 태어난 왕자의 位號를 정하는 문제를 둘러싸고 이에 반대하던 서인들이 밀려나고 남인이 다시 등용된 것이다. 네번째는 숙종 20년 폐비되었던 仁顯王后 閔氏를 복위케 하고 왕후가 되었던 세자의 생모 장씨를 다시 嬪으로 강등하게 하는 조치와 함께 남인을 물러나게 하고 서인을 등용한 甲戌換局이다.

흔히 위에서 말한 네 번의 환국, 혹은 갑인환국을 제외한 세 번의 환국만을 환국으로 이해하는 경향이 있으나, 정국을 주도하는 붕당과 견제하는 붕당이 서로 교체됨으로써 정국이 급격하게 전환하는 것을 환국이라고 정의하면 이러한 환국은 그 이후에도 몇 차례 더 발생하였다. 갑술환국 이후 약 15년간은 소론계열이 정국을 주도하는 가운데 노론의 일부가 참여하면서 정국은 안정되었다. 그러한 안정은 숙종 36년 3월 당시 정국을 주도하던 소론의

---

3) 환국에 해당하는 같은 정치적 현상을 놓고서도 시각과 처지에 따라서 또는 어떤 측면을 강조하는가에 따라서 다르게 부르는 경우가 적지 않다. 이를테면 甲寅禮訟·庚申大黜陟·丙申處分·辛壬士禍 혹은 辛壬獄事 등이 그것이다. 또 정치적으로 같은 성격의 현상임에도 논의 대상에 포함시키지 않는 경우도 있다. 논의를 진전시키기 위해서는 이들을 함께 묶어 객관적인 개념으로 통일시킬 필요가 크다.

지도자 최석정이 지은 《禮記類編》을 거두어 들여 불태우게 하는 조치를 계기로 깨어졌다. 이를 계기로 노론이 소론을 공격하면서 점차 정국의 주도권을 장악하였다. 이 때 정국의 전환은 그리 급격하지도 않고 그 규모와 영향 또한 상대적으로 매우 미약하였지만, 이로 인해서 소론이 퇴조하고 노론이 진출하였다는 점에서는 환국의 범주에 넣어 생각할 수 있다. 그런 의미에서 이를 庚寅換局이라 할 수 있겠다.

노론과 소론의 정치적 영향력은 숙종 42년에 이르러 다시 크게 변전하였다. 숙종 42년 8월 숙종은 당시 정국을 주도하는 소론의 영수로 인정받던 尹拯의 부친 尹宣擧 문집의 인쇄 원판을 헐어 없애도록 하고, 이어 이듬해에는 윤신거와 윤증 부자의 官爵을 추탈하였다. 이러한 숙종의 조치를 흔히 丙申處分이라 한다. 병신처분은 이를 계기로 소론은 퇴조하고 노론이 정국의 주도권을 잡았다는 점에서 보면 환국에 해당하는 것으로 丙申換局이라 하는데 무리가 없다.

경종 원년(1721)부터 그 이듬해 경종 2년경에는 경종의 동생인 延礽君(후의 英祖)을 왕세제로 책봉하는 문제를 둘러싸고 노론과 소론 사이의 대립이 극도로 날카로워진 상황에서 소론이 노론을 대거 숙청하고 주도권을 장악하였다. 이 역시 노론과 소론 사이에 정국 주도권이 급격히 교체된 사건이라는 점에서는 하나의 환국으로 보아야 할 것이다. 이를 辛壬換局이라 할 수 있다.

경종 4년 8월 25일 경종이 죽고 왕세제 연잉군(영조)이 즉위하면서 정국은 대단히 불안정해졌다. 소론 가운데 노론을 처벌하는 데 강경파인 峻少계의 핵심 인물들은 자연히 중앙 정계에서 도태되고 온건파인 緩少계의 일부만 남게 되었다. 그러다가 결국 이듬해인 영조 원년(1725)에는 완소계도 물러나고 노론이 정국의 전면에 진출하였다. 이 때의 정국 주도 집단의 교체와 정국 전환도 분명히 환국의 범주에 드는 것이므로 이를 乙巳換局이라고 부를 수 있겠다. 을사환국으로 등장한 노론은 신임옥사 당시 처벌된 노론계열의 인물들을 신원하고 소론을 처벌할 것을 집요하게 주장하였다. 이에 영조는 영조 3년 노론 인물들을 핵심 관직에서 물러나게 하고 소론을 불러들였다. 이를 丁未換局이라 한다.

정미환국 이후 완소계열의 인물들이 정국을 주도하는 상황에서 준소계열 및 남인의 일부 인물들이 영조의 왕권의 정통성을 부정하며 반란을 일으켰다. 이를 戊申亂이라 한다. 무신란을 진압한 뒤 영조는 더욱 강력하게 붕당을 부정하며, 노론과 소론 가운데 그 논의가 온건한 자들을 균형있게 등용하여 자신이 정국을 주도하는 탕평책을 추구하였다. 영조 초년 이후 탕평책이 추구되면서 환국은 더 이상 발생하지 않았다.

이상 숙종 즉위년(1674)부터 영조 4년(1728) 사이 50여 년간에 걸쳐 발생한 아홉 차례의 환국은 다른 시기의 정치집단의 교체와 비교해서 비교적 짧은 시기에 집중적으로 발생했다는 점, 어떠한 경향성을 띠면서 당대 정치사를 대표할 만한 특성을 이룬다는 점에서 이를 특별히 구별하여 하나의 범주로 묶고 개념화하여 '환국'이라고 하는 것이 타당하겠다.

(3) 환국을 보는 기본 시각

환국에 대해서는 붕당 사이의 대립이 격화되고 일당 전제화의 추세 속에서 나타난 붕당정치의 변질 또는 말폐로 보는 시각이 일반적이다.[4] 그러나 이러한 시각으로는 이 시기 환국이 왜 그렇게 여러 차례 집중적으로 발생했는가를 설명하는 데 한계가 있다. 환국을 단순히 붕당정치의 말폐로 보는 데서 나아가 좀더 깊이있게 이해하기 위해서는 다음 몇 가지 문제를 유의하여 살펴보아야 할 것이다.

첫째, 환국을 "정국을 주도하는 붕당과 견제하는 분당이 서로 교체됨으로써 정국이 급격하게 전환하는 것"이라 할 때, 정치집단의 분포 및 역학관계 그리고 환국에서 교체되는 집단의 실체가 무엇인가 하는 점이다. 환국이 일어나게 되는 정치적 바탕은 복수의 붕당이 대립하며 공존하는 붕당정치적 상황이다. 그러나 붕당정치라고 해서 정치 집단으로 붕당만 존재하는 것은

4) 《국사》 고등학교(하) 1998년 간행본.
붕당 정치의 변질 : 양반 지배 세력의 결속을 강화하려는 데에 그 의도가 있었던 붕당정치는 붕당 사이에 대립이 격화되면서 변질되어 갔다. …이로부터 붕당정치의 기본 원리는 무너지고, 상대 세력의 존재를 인정하지 않는 일당 전제화의 추세가 나타나기 시작하였다. 상대 붕당에 대한 보복으로 賜死가 빈번히 행해졌고, 외척의 정치적 비중이 높아져 갔으며, 정쟁의 초점이 왕위 계승 문제에까지 미치는 등 붕당정치가 정상적으로 운영되지 못하였다.

아니다. 왕조 체제를 이루고 있는 당시의 정치 지형에서 국왕은 정치 체제의 정점에 있는 주권적 통치자였다. 각 국왕들의 실권에는 강약의 편차가 있다 하더라도 국왕이라는 존재 자체는 무시되거나 부정될 수 없었다. 국왕 이외에 功勳으로 封爵을 받은 신료와 왕실의 외척으로 구성되는 勳戚의 존재도 염두에 두어야 한다. 훈척은 일반 사류와 동일한 기반 위에서 정치적으로 보조를 맞추기도 하지만, 반면에 일반 사류와는 전혀 다른 정치 행태를 보이기도 한다. 이들은 기본적으로 국왕과 긴밀한 관계를 맺고 왕권의 직접적인 지지 기반이 된다. 하지만 때로는 국왕에 대한 강력한 도전 세력으로 돌변하기도 한다. 그밖에 일반 관료들 대부분이 특정 黨色을 띠고 있는 붕당정치기의 정치 상황에서도 당색보다는 실무 행정 관료적 성향을 더 강하게 띠는 부류도 있다. 이들은 붕당 사이의 대립 구도에서 완전하지는 않으나 대체로 중립적인 자세를 취하면서 붕당보다는 국왕의 지지 기반으로 작용하는 경향이 강하다. 이와 같이 붕당정치적 정치 지형이라 하더라도 중앙 정치무대의 역학 관계에 작용하는 변수를 붕당만이 아니라 국왕이나 훈척, 실무 행정관료 등도 함께 포함하여 고려해야 할 것이다.

환국으로 인해 교체되는 집단은 일차적으로는 붕당이라고 할 수 있다. 하지만 붕당은 고정적인 것은 아니며, 환국으로 그 전체가 일거에 교체되지도 않는다. 붕당은 각기 생성－分岐－硬化－소멸의 轉移 단계를 갖는 가변적인 존재이다. 시간이 흐름에 따라 자연히 붕당의 인물 구성이 변해 가게 마련이다. 그에 따라 하나의 붕당이 둘 혹은 셋으로 분기하기도 하고, 더욱 강고한 붕당으로 세를 불리기도 한다. 같은 당으로서 正體性을 가지면서도 학연이나 지연, 혈연의 차이로 그 내부에 이질적인 요소를 내포하고 있다. 이러한 이질적인 요소는 특히 환국과 같은 정치적 격변의 전후 시기에는 전면에 드러나 하나의 붕당을 복수의 붕당으로 분기하게 하기도 하고, 붕당 자체의 성격을 변하게 하기도 한다. 환국의 핵심은 붕당 전체의 교체라기보다는 붕당 내부에서 실질적으로 영향력을 행사하는 소수 권력집단의 교체에 있다. 그러므로 어느 환국을 살필 때 그로 인해 교체되는 집단의 실체와 정치 집단간 역학관계의 변동을 파악하는 것이 필요하다.

둘째, 환국의 직접적인 動因은 무엇인가 하는 점이다. 정치집단이 붕당 형태를 띠고서 대립하고 있을 때, 붕당 사이의 균형을 깨는 힘은 붕당의 외부로부터 오게 되는 경우가 많다. 왕정체제를 갖추고 있던 조선 사회에서 붕당 사이의 역학관계에 영향을 미칠 수 있는 붕당 외적인 요소로 가장 주목되는 것은 왕권이다. 왕정체제에서 어느 붕당이 정국 운영의 주도권을 행사한다는 것은 국왕의 존재를 전제로 하는 것이다. 어느 개인이나 집단이라도 왕권을 부정하며 절대적으로 권력을 행사할 수는 없다. 붕당 사이의 역학관계와 주도와 견제의 역할이 안정적으로 결정되어 있는 붕당정치기에는 정국 운영에서 국왕이 커다란 영향력을 행사하지 못하였다. 그러나 붕당 사이의 역학 관계가 팽팽한 균형을 이루며 더욱 날카롭게 대립할 때는 국왕의 역할이 붕당 사이의 균형을 깨고 주도 붕당과 견제 붕당을 뒤바꾸는 데 가장 주요한 변수가 될 수 있다. 그러므로 환국을 살필 때는 붕당 사이의 역학 관계와 국왕의 역할을 함께 주목할 필요가 있다.

셋째, 환국이 발생할 때 정치집단 사이의 쟁점은 무엇이었나를 주의깊게 볼 필요가 있다. 흔히 환국을 특정 개인 사이의 사사로운 감정이 개입된 쟁투로 설명하나, 실제로 갑인환국에서 정미환국에 이르기까지 아홉 차례 환국의 쟁점은 복제논쟁과 같은 사상 이념 논쟁, 兵權을 둘러싼 경쟁, 특정인에 대한 평가, 상대 당에 대한 처벌의 강도, 왕위 승계를 둘러싼 힘겨루기 등 다양하다. 어떤 문제는 대단히 폭이 넓고 추상적인 것이어서 많은 사람들이 관련되는 것이 있는가 하면, 어떤 것은 특정인을 둘러싼 구체적인 문제여서 소수의 인물들만이 관련되는 것이 있다. 또 어떤 것은 서로 어느 정도 양보를 하여 상대방의 주장을 일부 수용할 수 있는 것이 있는가 하면, 어느 것은 양보가 곧 자파의 완전한 몰락을 가져오는 것이기에 양보할 수 없는 것도 있다. 이러한 쟁점을 둘러싼 대립을 조정하려는 논리가 제기되기도 하였고, 반면에 是非·正邪·忠逆을 분명하게 가리자는 논리를 내세워 자파의 주장을 완고하게 고집함으로써 대립을 심화시키는 움직임도 있었다. 그러므로 환국을 깊이있게 이해하기 위해서는 그 쟁점과 그것을 둘러싼 제반 논리와 행태를 주의깊게 살펴보지 않을 수 없다.

2) 환국의 실상

(1) 갑인환국

현종 즉위년(1659) 효종이 승하하였을 때 母后인 인조의 繼妃 莊烈王后 趙氏의 상복을 三年服으로 하자는 남인의 주장과 朞年服으로 하자는 서인의 주장이 대립하였다. 許穆으로 대표되는 남인의 주장은 왕가의 특수성을 인정하여, 효종이 인조의 장자는 아니지만 嫡子로서 장자의 지위를 이어받은 것으로 보아 장렬왕후가 적장자복에 해당하는 무거운 복을 입어야 한다는 것이었다. 이에 비해 宋時烈을 필두로 하는 서인의 주장은 天下同禮를 내세워, 효종은 인조의 적자이기는 하지만 장자가 아닌 衆庶子이므로 이에 해당하는 가벼운 복을 입어야 한다는 것이었다.[5] 현종 즉위년의 논쟁에서는 서인의 주장이 채택되어 서인이 계속 정국을 주도하는 붕당의 입지를 고수하였다. 하지만 남인도 허목이 현종 8년에 좌의정, 12년에 영의정이 되는 등 현종대 중반부터는 중앙 정계의 상당한 부분을 차지하였다.

현종 15년 2월 23일에 현종비 仁宣王后 張氏가 승하하였다. 예조에서는 장렬왕후가 입을 복제를 처음에는 기년복으로 정했다가 다시 그보다 한 단계 낮은 大功服으로 정정하여 올렸다.[6] 이 문제는 인선왕후의 장례가 끝난 직후인 7월초 대구에 사는 幼學 都愼徵이 상소하여 그 전거를 따짐으로써 논란의 대상이 되었다.[7] 이 문제를 강력하게 추구하여 서인 관료들을 공박한 사람은 현종이었다. 당시 정국을 주도하고 있던 서인측 신료들은 인선왕후를 장렬왕후의 衆子의 아내로 보아 대공복을 입도록 해야 한다는 견해를 표명하였고, 현종은 次子로서 長子의 지위를 계승한 아들의 아내로 보아 기년복

5) 鄭玉子, 〈17세기 思想界의 再編과 禮論〉(《韓國文化》 10, 서울大, 1989).
李迎春, 《朝鮮後期 王位繼承의 正統性論爭 硏究》(韓國精神文化硏究院 博士學位論文, 1994).

6) 《顯宗實錄》 권 22, 현종 15년 2월 임술.
《顯宗改修實錄》 권 27, 현종 15년 2월 임술.

7) 《顯宗實錄》 권 22, 현종 15년 7월 무진.
《顯宗改修實錄》 권 28, 현종 15년 7월 무진.

을 입도록 해야 한다는 주장이었다. 현종은 일찍이 송시열 등 서인측에서 내세웠던, 효종이 인조를 "繼體는 하였으나 嫡統은 아니다"라는 '體而不正'설을 효종을 貶降한 것으로 비판하며, 《儀禮》나 《周禮》 등 중국의 古禮보다는 '時王의 制', 곧 國制를 적용할 것을 고집하였다. 현종은 복제문제를 담당하였던 예조판서 趙珩 등을 하옥하고 당시 영의정 金壽興을 춘천에 付處하도록 명한 뒤에[8] 기년복으로 고쳐 成服하도록 최종 판결을 내렸다.[9] 그로부터 열흘 뒤에는 남인 許積을 영의정으로 삼고 서인 金壽恒을 좌의정으로 결정하여 정국의 주도권이 서인으로부터 남인으로 옮겨갈 단초를 열었다. 이러한 조처를 취한 지 한 달이 못 된 8월 중순부터 현종은 병세가 위독해져 8월 18일에 승하하였다.

숙종 즉위초에는 송시열에게 현종의 陵誌를 지어 올리게 하기도 하였으나 송시열이 극구 사양하여 김석주가 이를 대신하는 등 서인계의 입지가 위축되었다.[10] 숙종은 복제문제에 대한 현종의 처분을 옹호하는 주장을 고수하여 서인을 공박하였다. 이러한 상황에서 복제문제는 이제 구체적인 실행 측면을 넘어 서인과 남인 사이의 정치적 이념 논쟁으로 비화하여 갔다. 대사헌이 된 허목을 비롯하여 남인 언관들은 복제논쟁에서 서인측의 중심 인물인 송시열을 파직하고 귀양보내라는 쪽으로 비판과 공격을 집중하여 마침내 숙종 원년(1675) 정월 송시열을 덕원으로 귀양보냈다.[11] 이로부터 현종 말년부터 허적이 영의정을 맡고 김수항이 좌의정을 맡고 있는 체제는 유지되면서도 점차 남인들이 관직을 차지하여 정국의 주도권을 장악하여 갔다. 특히 허목과 尹鑴 등 허적과는 성향이 다른 부류들이 진출하여 송시열을 죽이라고까지 공격하여 熊川에 위리안치하게 하였다.[12] 서인으로 중앙 정계에서 활동하던 閔鼎重·李端夏 등도 관작이 삭탈되어 문외로 출송당하고, 김수항도 원주에 부처

---

8) 《顯宗實錄》 권 22, 현종 15년 7월 무인.
《顯宗改修實錄》 권 28, 현종 15년 7월 무인.
9) 《顯宗實錄》 권 22, 현종 15년 7월 기묘.
《顯宗改修實錄》 권 28, 현종 15년 7월 기묘.
10) 《肅宗實錄》 권 1, 숙종 즉위년 9월 계해 및 10월 병신.
11) 《肅宗實錄》 권 2, 숙종 원년 정월 임신.
12) 《肅宗實錄》 권 4, 숙종 원년 윤5월 을미·기해·임인·무신.

되었다가 영암으로 귀양갔다.[13] 서인이 퇴조함과 함께 숙종 원년 6월에는 남인 허목이 우의정이 되는 등 남인이 정국의 주도권을 거의 독점하였다.[14]

이상 현종 15년(1674) 7월 인선왕후의 장례 직후부터 시작되어 숙종 원년 7월까지 약 1년에 걸쳐 서인과 남인 사이에 이루어진 제2차 복제논쟁의 결과 서인이 퇴조하고 남인이 정국을 주도하게 된 정국의 전환을 갑인환국이라 한다. 갑인환국은 인조반정 이후 유지되어 온, 서인이 주도하고 남인이 견제하면서 유지되어 오던 붕당정치의 균형을 깬 첫번째 환국이다. 갑인환국의 주요 쟁점은 복제문제였다. 복제논쟁은 단지 繁文縟禮에 그치는 것이 아니라 기본적인 행동 규범인 예의 구체적인 적용문제였고, 따라서 사회를 이끄는 지도이념에 대한 논쟁이었다. 이 논쟁의 승패는 사회를 이끌 지도력의 當否, 좀더 구체적으로는 정국 주도권의 장악 여부로 연결되는 문제였다. 복제논쟁은 다른 한편으로는 왕가의 특수성, 다시 말하자면 왕권의 우월성 인정 여부에 관련되는 문제이기도 하였다. 남인은 대체로 왕권의 우월성을 인정하는 쪽이었다. 이는 인조반정 이후 열세에 있던 자신들의 입지를 강화하려는 정치적 의도를 내포하는 측면도 있다. 왕가의 복제논쟁은 이렇게 왕의 위상과 관계되는 문제이므로 왕의 위상이 논란의 대상이 되는 것 자체도 그렇거니와 더구나 그것이 오랫동안 지속되는 것은 왕으로서는 달가울 바가 전혀 없는 일이었다. 이에 숙종은 숙종 5년 3월 국왕으로서 이 문제에 결론을 내린 다음 "이후 다시 예론을 陳疏하는 자는 역률로 논단하겠다"는 하교를 내려 논란을 봉쇄하였다.[15]

(2) 경신환국

숙종 초년 제2차 복제논쟁에서 승리하여 정국을 주도하게 된 남인은 그 내부에서 淸南과 濁南으로 분립하였다.[16] 탁남은 허적·權大運 등을 영수로 하는 집단으로 현종조부터 고위직에 있었던 자들이 많으며 그 세력이 크고

---

13) 《肅宗實錄》 권 4, 숙종 원년 윤5월 임인 및 7월 임인·갑진.
14) 《肅宗實錄》 권 4, 숙종 원년 6월 경진.
15) 《肅宗實錄》 권 8, 숙종 5년 3월 병진.
16) 이하 경신환국과 기사환국에 대한 서술은 洪順敏, 앞의 글을 참조.

당시 정국을 주도하는 위치에 있었다. 이에 비해 청남은 허목·윤휴 등을 중심으로 탁남을 비판하는 입장을 취하였다. 청남·탁남과 함께 이 시기 주요한 정치집단의 한 부분을 형성하였던 것이 勳戚이다. 淸風 김씨가와 光山 김씨가 그리고 驪興 민씨가가 이른바 '三戚'으로 지목되고 있었는데, 이들은 兵權을 비롯하여 국정 전반에 걸쳐 깊숙이 관여하며 막강한 실력을 행사하고 있었으므로 이들과 이질감을 갖고 있던 일반 士類들은 이를 비정상적인 것으로 여겨 이들을 공격하는 형국이었다. 특히 현종비 명성왕후의 동생인 金錫冑는 군사 전문가로 인정을 받으면서, 숙종 초년부터 숙종 10년(1684) 그가 죽기까지 정국의 변동을 주도하였다.

숙종 초년 청남과 탁남 그리고 훈척 사이의 관심의 초점은 예론보다는 병권에 있었다. 병권은 정치 권력의 물리적 기반을 이루는 것이며, 구체적인 경제적 이해관계가 집결되어 있는 초점이기도 하였다. 당시 병권을 구현하는 부서는 軍門으로 나타났다. 군문은 군역가의 징수, 막대한 屯田의 경영, 화폐의 발행과 통용, 점포의 설치와 경영 같은 적극적 영리행위 등으로 경제 부서보다도 막강한 경제력을 유지하고 있었다. 따라서 당시 정치집단으로서는 군문을 장악하려 하지 않을 수 없었다. 숙종 초년에는 임진왜란과 병자호란을 거치면서 창설되었던 訓鍊都監·御營廳·摠戎廳·守禦廳의 네 군문이 있었다. 이러한 군문들은 대체로 김석주를 비롯한 훈척들이 장악하고 있는 형세였다. 이에 남인은 都體察使府를 복설하여 탁남의 허적이 체찰사가 되었다. 특히 탁남은 도체부를 통하여 병권을 좀더 많이 장악하려는 시도를 보였다. 이러한 병권을 둘러싼 훈척과 특히 탁남의 움직임에 대하여 청남계의 인물들은 강력하게 비판하였다.

이렇게 청남과 탁남의 대립이 격화되고 탁남으로 권력이 편중되자 숙종은 이를 견제할 필요성을 느끼게 되었다. 서인계 인물들을 遠竄에서 해제하도록 명하고, 인사권을 좀더 강력히 행사하려 시도하였으며, 붕당을 없앨 것을 강조하였다. 숙종은 6년 3월에는 훈련대장을 남인 柳赫然에서 '國家之親 位高之人', 곧 훈척인 총융사 金萬基로 교체하고, 서인계 인물들을 진출시키고 남인을 축출하였다. 이러한 맥락에서 도체찰사도 허적에서 김석주로 바뀌었다. 숙종은 남인의 독주에 대한 견제 수단으로서 국왕 자신이 인사권을 행사할 의지를 천명하기도 하였다.[17] 환국의 직접적인 계기는 아니더라도 환국이 발생하는 데 숙종의 의지가 크게 작용하였음을 보여주는 대목이다.

환국의 직접적인 계기는 숙종 6년 4월에 鄭元老와 金萬鐵이 올린 종친 福善君 柟과 허적의 서자 許堅이 역모를 꾸몄다는 내용의 고변이었다. 이 역모의 실상은 그리 심각하지 않은 듯하나 김석주가 탁남을 제거하려는 의도에서 확대시킨 것으로 보인다. 이 고변으로 허견은 陵遲處死, 복선군은 교수형을 당하였으나, 허적은 관작을 삭탈당하고 田里로 放歸되고, 吳挺昌·윤휴·李元禎은 圍籬安置되고, 閔熙는 放送되고, 유혁연은 사형을 면하여 유배되었다. 반면에 이 사건을 계기로 훈척이 두드러지게 진출하여 이후 정국에서 큰 영향력을 행사하였으며, 남인이 축출된 자리를 서인이 내거 차지하였다. 이것이 경신환국이다.

(3) 기사환국

경신환국으로 경쟁자인 탁남이 제거된 뒤 김석주를 중심으로 하는 훈척이 병권을 거의 독점하게 되었다. 훈척은 서인으로부터도 남인 퇴치의 공을 인정받고 있었을 뿐만 아니라, 특별히 이 무렵 정치적 역량이 크게 신장되어 있던 숙종으로부터도 신임와 비호를 받고 있었다. 훈척은 정치적으로 그 지위가 크게 부상되어 거의 독주하다시피 하고 있었다. 김석주는 군제 변통을 주관하면서 精抄廳과 訓鍊別隊를 합하여 禁衛營을 창설하였다. 이러한 훈척의 독주에 대해서 三司의 연소한 관료들이 비판하기 시작하였고, 그러한 반훈척적 사류 집단의 움직임은 숙종 8년 8월 南九萬이 병조 판서가 되면서 활발해졌다.

이러한 시기에 10월에는 전병사 金煥과 出身 金重夏의 고변사건이 일어난다. 김환의 고변 내용은 남인 許璽 등이 군비를 갖추고 역모를 꾀한다는 것으로서, 閔黯·權大運·吳始復·吳挺緯 등 남인 주요 인사 16명이 이에 참가하여 福平君 㮒을 추대하고 대왕대비로 수렴청정케 한다는 것이었다. 김중하의 고변 내용은 민암이 權瑍, 洛西令 秀胤, 尹惟中 등과 '浮雲'이라는 死生契

17)《肅宗實錄》권 9, 숙종 6년 3월 무오.

를 맺고, 南斗北·金錫胄·朴斌 등을 제거함으로써 대사를 도모하려 했다는 것이다. 이 고변이 있은 지 6일 후에는 어영대장 金益勳이 승정원 兒房에 나아가 密啓를 올린다. 김환이 고변하기 전에 자기에게 와서 허새의 모역 내용을 다 말했고 이에 덧붙여서 哨官 全翊戴와 柳命堅 사이의 수상한 낌새 및 낙서령 수윤이 임금을 원망하는 부도한 말을 전했기에 전익대를 잡아두었으니 조사해 보라는 내용이었다.

조사 결과 허새는 모역을 생각한 것은 사실이나 李德周에게 말했더니 그는 신중을 기하자고 했던 정도에 그쳤을 뿐이라 말하고, 나머지 혐의 사실은 전부 부정하였다. 이 사건 처리를 놓고 金壽恒·閔鼎重·金壽興·鄭知和·김석주 등은 철저히 조사할 것을 주장했고, 李尙眞은 적당히 마무리지을 것을 주장하는 등 대신들간에 의견이 엇갈리다가 더 이상 확대시키지 않는 쪽으로 끝났다. 그러나 이 사건 이후 훈척과 '年少輩'의 대립은 더 심화하는 방향으로 발전하여 정치적으로 그 여파는 매우 크게 되었다. 趙持謙·兪得一·安烒 등 연소배는 삼사의 언관으로서 훈척, 그 가운데서도 문제가 되었던 김익훈의 경력, 부정축재, 정탐에 근거를 둔 密啓 등을 집요하게 공격하여 마침내 숙종 9년(1683) 정월 김익훈을 어영대장직에서 해임시키기에 이른다. 이 과정에서 연소배는 하나의 정치집단으로 결집되었고 서인이 노론과 소론으로 분기할 때 소론의 핵심이 되었다.

이에 비해 남인들로부터 심하게 박해를 받은 후 이 시기에 재등장한 송시열은 연소배와 훈척의 대결에서 철저히 김익훈을 비호하고 나섰다. 이에 연소배들은 김익훈을 추가로 처벌하라고 더욱 공격을 가하였으나 숙종은 도리어 그들을 좌천시켰다. 이 사건을 계기로 숙종 9년 5월 결국 김익훈이 門外黜送되기까지, 중앙 정계에 참여하고 있는 현직 관료는 물론 산림들까지 모두 훈척과 연소배의 대립에서 초연할 수 없을 만큼 이 문제는 큰 정치적 쟁점이 되었다. 前輩로 불리는 의정부의 대신들은 김익훈을 비롯한 훈척에 타협적이고 우호적이었던 데 반해 後輩로 불리는 삼사의 연소 관료들은 훈척에 비판적이고 적대적이었다. 그리하여 전자는 노론으로, 후자는 소론으로 결집하여 서인은 소론과 노론으로 분립하였다.

노론과 소론은 각각 송시열과 尹拯을 중심으로 하여 세력이 커져 갔다.

송시열은 윤증의 스승이자 아버지 尹宣擧의 친구였다. 윤선거가 죽자 윤증이 송시열에게 墓碣銘을 부탁하였는데, 송시열은 윤선거가 병자호란 당시 강화도에서 구차하게 목숨을 구한 것에 대한 비판을 우회적으로 표명하였다. 이에 윤증은 스승 송시열에게 반감을 가지고 불만을 표시하였다. 이러한 송시열과 윤증 사제지간의 알력을 이른바 '懷尼是非'라고 한다. 숙종 10년에 이르러 이 두 사람의 관계가 노론과 소론의 반목과 대립을 심화시키고 각각을 하나의 붕당으로 硬化시키는 쟁점으로 부각되었다.

소론의 공격에 대해 훈척과 노론은 병권을 좀더 강력히 장악함으로써 응전하려 하였다. 그러나 훈척은 그 지주적 존재인 김석주가 숙종 10년 9월에 급작스럽게 죽음으로써 그 세력이 크게 위축된다. 그 이후에는 노론과 소론이 중요 정치집단으로 남게 되어, 정국은 이 두 정치집단 간의 상호 작용에 의해 운영되었다. 자연히 이들은 상호 비판과 견제를 활발히 하게 되었고 이러한 노·소론의 대두와 대립은 자신이 믿고 의지하던 훈척의 퇴조로 인하여 불안을 느끼고 있던 숙종에게는 매우 불만스러운 것이었다. 숙종은 붕당 자체에 대해 부정적인 인식을 갖고 있었으며, 특히 소론을 배척하는 입장이었던 것이다. 숙종은 왕권 본연의 속성상 자신의 의지가 관철되는 정국 운영을 원하였다. 숙종은 측근 세력이던 훈척이 약화되자 훈척을 지원하는 한편 왕실의 종친을 옹호하였다. 이에 대해 서인은 노론 소론을 막론하고 이를 지적하고 나섬으로써 왕권 대 서인의 상호 작용이 정국의 주요 대립축을 형성하였다.

숙종 14년 10월에 후궁 장씨가 왕자를 낳았다. 장씨는 남인과 연결되어 있는 역관집안 출신으로 궁녀로 들어와 이 무렵 위계가 내명부 정3품 昭儀였다. 왕자 출산을 계기로 장씨 주변의 인물들은 더욱 두드러지게 행동하였고 이에 비례하여 臺諫의 비판도 거세졌다. 숙종 15년 정월 숙종은 낳은 지 두 달 된 왕자의 名號를 '元子'로 정하고자 하였다. 원자는 단지 첫 아들이란 뜻을 넘어 世子가 될 아들이란 뜻으로서 정치적으로 차기 왕위를 승계할 후계자로 정한다는 의미가 있는 일이었다. 이에 대해 남인과 연계되어 있는 후궁 장씨에 대해서 거부감을 갖고 있던 서인 신료들은 왕비 인현왕후의 나이가 아직 젊으므로 시기 상조라고 강력하게 반대하였다. 그러나 자신의 후계자를 확정해 놓음으로써 왕권의 기반을 강화하고자 하였던 숙종은 이를 고집하여 결국 원자로 정하고, 장씨를 승격하여 禧嬪으로 봉하였다. 이 때 소론의 呂聖齊가 다시 우의정이 되고, 남구만이 판중추부사가 되어 정국이 소론 중심으로 재정비되는 듯하였다. 그러던 중 그 해 2월 노론계의 영수요 산림으로 인정받던 송시열이 원자 정호가 시기 상조라는 상소를 올렸다. 숙종은 이에 대해 즉각 그를 관작을 삭탈하고 문외출송하도록 명하였다. 이를 계기로 노론·소론을 막론하고 서인은 모두 급속히 파직되고 睦來善이 좌의정, 金德遠이 우의정, 그리고 權大運이 영의정, 閔黯이 좌참찬이 되는등 남인계의 인물들이 대거 관직에 등용되었으니 이것이 기사환국이다.

기사환국은 남인이 실세하고 훈척도 퇴조한 뒤 노론과 소론이 균형을 이루고 있는 바탕에서 국왕 숙종이 자신의 입지를 강화하려는 움직임을 보이는 역학 구도 아래서 발생하였다. 환국 발생의 직접적인 계기는 숙종의 후계자를 미리 확정짓는 문제에 대해 노론과 소론을 포함하는 서인의 반대를 국왕 숙종이 물리친 것이었다. 붕당 사이의 역학 관계나 이념적인 대결보다는 숙종의 개인적인 의지가 크게 작용하였다. 기사환국으로 남인이 재등장하였지만, 자력에 의한 것이 아니라 숙종의 의지에 의한 것이었으므로 그 기반은 허약하였다. 이러한 허약성으로 남인은 기사환국 뒤 5년만에 다시 정국의 주도권을 잃게 되었다.

(4) 갑술환국

기사환국이 일어나자 서인 전체의 이념적 근원이 되는 栗谷 李珥와 牛溪 成渾을 문묘에서 黜享하였다.[18] 양인의 문묘 從享이 경신환국 직후인 숙종 7년에 이루어졌던 점을 감안하면 이는 서인이 현실적으로 패퇴하였음을 보여주는 상징적 사건이다. 그와 함께 원자 정호에 반대하였던 노론의 영수 송시열은 제주도에 유배되었다가, 賜死하라는 숙종의 명에 따라 잡혀 오는 길에 정읍에서 죽었다.[19] 金壽恒·洪致祥·李師命 등 노론계 인물과 金益勳 등 훈척 그리고 그 관련자 18명이 죽고, 노론·소론을 막론하고 서인계 인물들 다

18) 《肅宗實錄》 권 20, 숙종 15년 3월 을유.
19) 《肅宗實錄》 권 21, 숙종 15년 6월 무진.

수가 유배되거나 파직 등의 처벌을 받았다.[20] 이어 숙종은 인현왕후 민씨를 투기를 일삼는다는 이유를 내세워 왕비에서 폐하여 庶人으로 삼아 친정으로 내치고,[21] 희빈 장씨를 왕비로 승격시키기로 결정하였다.[22] 그와 함께 숙종 16년(1690) 4월부터 남인 신료들이 세자 책봉을 거론하여 6월에 책봉하였다.[23] 그 때 세자의 나이가 3세밖에 되지 않았던 사실을 감안하면 이는 매우 성급한 일로서 숙종이 기사환국을 일으킨 근본 저의가 자신의 후계자를 조기에 확정하여 왕권을 강화하려는 데 있음을 드러내는 것이다.

기사환국으로 중앙 정계에 다시 등장한 남인은 權大運·睦來善·金德遠·閔黯 등이 중심이 되어 정국을 이끌어 갔다. 노론과 소론이 함께 중앙 정치 무대에서 패퇴하여 견세 집단이 없는 상황에서 남인은 서인에 대한 처벌을 강화시키는등 정국을 독단적으로 운영하는 면모를 보였다. 이러한 남인과 당시 왕비 장씨의 친정가가 연결되었다. 왕비 장씨의 오빠인 張希載가 환국 직전부터 민암·閔宗道·李義徵 등과 연결되었으며,[24] 숙종 18년에 가서는 관례를 뛰어 넘어 총융사로 발탁되었다.[25] 역관출신으로서 막대한 부를 축적하고 있던 장씨가의 인물들은 서울 중심부에 거대한 누각을 짓는 등 두드러진 행위를 하였다.[26] 남인과 장씨가의 이러한 행태는 숙종에게는 달가운 일일 수가 없었다. 이러한 터에 숙종 19년 무렵에는 폐위된 인현왕후전 소속 궁인 출신의 최씨가 새로 후궁이 되었고,[27] 숙종과 최씨 사이에서는 낳은 지 두 달만에 죽기는 하였지만 왕자가 생산되기도 하였다.[28] 남인과 장씨의 진출이 숙종 개인의 의지에 크게 힘입었던 만큼 또 다른 후궁에게로 숙종의 총애가 옮겨간 것은 이들의 지지 기반을 위협할 수 있는 요인이었다.

---

20) 李熙煥, 《朝鮮後期黨爭硏究》(국학자료원, 1995), 106～111쪽.
21) 《肅宗實錄》 권 21, 숙종 15년 5월 정유·기해.
22) 《肅宗實錄》 권 21, 숙종 15년 5월 신축·무신 ; 권 22, 숙종 16년 10월 기묘. 책봉례는 장렬왕후의 장례 절차가 마무리된 뒤인 숙종 16년 10월에 가서 행했다.
23) 《肅宗實錄》 권 22, 숙종 16년 4월 갑술 및 6월 을해.
24) 《肅宗實錄》 권 20, 숙종 15년 정월 계미.
25) 《肅宗實錄》 권 24, 숙종 18년 3월 을묘.
26) 《肅宗實錄》 권 25, 숙종 19년 6월 병술.
27) 《肅宗實錄》 권 25, 숙종 19년 4월 기해.
28) 《肅宗實錄》 권 25, 숙종 19년 10월 병자 및 12월 임오.

남인의 정국 주도는 숙종 20년(1694) 3월 두 차례의 연이은 告變으로 급격히 끝났다. 숙종 20년 3월 왕이 대신과 비변사 신료들을 인견하는 자리에서 우의정 민암이 咸以完이란 자의 고변을 아뢰었다.[29] 함이완의 고변 내용은 소론계열의 前 承旨 韓構의 아들 韓重爀등이 남인이 물러가고 서인이 재등장하기를 바라는 마음에서 돈을 모아 장희재, 東平君 李杭 등 실권자에게 접근하여 신료들과 궁중의 동정을 엿보아 살피려 했으며, 노론계열의 金鎭龜의 아들 金春澤과 兪命一의 아들 兪復基와 兪泰基 등도 무슨 움직임이 있는 듯하나 그 내용을 잘 모르겠다는 정도였다. 관련자들을 잡아 일차 문초하였으나 대체로 그 내용을 부인하여 앞으로 국청을 설치하여 더 조사를 할 참이었다.[30] 그 직후에 幼學 金寅 등이 또 다른 내용의 고변서를 올렸다. 장희재가 돈으로 사람을 매수하여 숙원 최씨를 독살하려 한다는 것, 또 信川郡守 尹憘와 訓局別將 成虎彬 등이 반역을 도모하고 있는데 大將이 참여하였으며 閔黯·吳始復·睦昌明 등 남인이 결탁되었다는 내용이었다.[31] 국청의 조사 결과는 그 내용은 김인이 남인 이의징에게 배척을 받자 그를 공격하려는 의도에서 지어낸 허구라는 것이었으며 숙종도 이에 동의하는 분위기였다.[32]

그러나 다음날인 4월 1일에 상황은 급전하였다. 국청의 조사 내용이 폐비 인현왕후의 복위와 왕후 장씨의 폐위문제와 고변자 함이완이 남인의 중심인물인 민암의 사주를 받은 것이라는 등에 이르자 숙종은 한밤중에 갑자기 備忘記를 내렸다. "민암 등이 서둘러 고변을 아뢰고 獄事를 확대하여 공주가에까지 미치려 한다. 임금을 우롱하고 搢紳을 함부로 죽이는 정상이 매우 통탄스러우니, 參鞫한 大臣 이하 모든 관련자들의 官爵을 削奪하여 門外로 黜送하고, 민암과 금부 당상은 모두 絶島에 安置하라"는 것이었다. 그리고 이 비망기를 즉각 시행하지 않았다 하여 입직한 승지와 홍문관원뿐만 아니라 모든 승지와 삼사 관원들도 파직하라는 파격적인 조치를 취하였다. 이러한 숙종의 급박한 조치로 결국 남인계의 영의정 權大運, 좌의정 睦來善, 영중추

29) 《肅宗實錄》 권 26, 숙종 20년 3월 신유.
30) 《肅宗實錄》 권 26, 숙종 20년 3월 갑자.
31) 《肅宗實錄》 권 26, 숙종 20년 3월 정묘.
32) 위와 같음.

부사 金德遠과 삼사 관원들은 관작이 삭탈되어 문외로 출송당하고, 우의정 민암, 판의금부사 柳命賢, 지의금부사 李義徵·鄭維岳, 동지의금부사 睦林一 등은 모두 절도에 안치되었다.[33] 이어서 그 날로 바로 남구만을 영의정에 除拜하는 것을 시작으로 5~6일 사이에 왕명으로 서인들을 대거 관직에 기용하였다.

이렇듯 갑술환국은 예측할 수 없을 정도로 급격하게 발생하였다. 갑술환국은 붕당 사이의 힘의 대결이나 어떤 이념적 쟁점을 둘러싼 대립보다는 전적으로 숙종의 뜻에 의해 진행되었다. 이 때의 인사가 대개 숙종의 의지에 따라 왕명이나 特旨에 의한 것이었다는 점으로 미루어 볼 때 숙종은 朴世采의 주상을 받아들여 노론과 소론 사이의 균형을 이루게 하여 사신의 뜻을 관철시키고자 하는 의지를 갖고 있었던 것으로 보인다.[34]

갑술환국으로 그 때까지 중앙 정계에서 활동하던 남인 대부분이 죽음을 당하거나 유배 또는 파직당하였다. 그 규모는 기사환국 당시의 서인이 당한 것과 비슷하다고 할 수 있다. 남인은 이후 정조 연간 탕평 정국에 가서 일부 인사가 정조의 지우를 입어 다시 등장할 때까지는 중앙 정계에서 배제되었고, 서인이 다시 정국의 주도권을 장악하였다. 4월에는 송시열에 대해서 그가 효종의 특별한 대우에 보답하려는 뜻이 돈독한 것으로 보아 기사환국 당시 원자 정호에 반대한 것은 한때의 망발일 것이니 그의 관직을 회복시키고 제사를 내리도록 명하였고,[35] 또 기사환국 직후 문묘에서 출향되었던 이이와 성혼을 다시 문묘에 배향함으로써 서인의 정국 주도 입지가 확인되었다.[36]

갑술환국 직후 숙종은 폐위되어 사제에 있던 인현왕후를 별궁으로 옮겨 군사들로 호위케 하고 廩料를 지급하게 하는 조치를 거쳐 복위시켰다.[37] 그에 맞추어 왕비 장씨는 왕비의 璽綬를 거두고 다시 옛 작호 禧嬪을 내려주었다. 다만 세자가 조석으로 문안하는 예는 폐하지 않게 하였다.[38] 세자의

33) 《肅宗實錄》 권 26, 숙종 20년 4월 무진.
34) 朴光用, 《朝鮮後期 '蕩平' 硏究》(서울大 博士學位論文, 1994).
35) 《肅宗實錄》 권 26, 숙종 20년 4월 계유.
36) 《肅宗實錄》 권 27, 숙종 20년 6월 기미.
37) 《肅宗實錄》 권 26, 숙종 20년 4월 무자·신묘.
38) 《肅宗實錄》 권 26, 숙종 20년 4월 기묘.

생모로서의 지위는 유지시켜 세자의 입지에 손상이 가지 않게 하려는 조처였다. 하지만 희빈 장씨는 결국 숙종 27년(1701) 인현왕후가 죽었을 때 그가 죽도록 저주를 하였다는 혐의(誣蠱의 獄)로 사사당하였다.

(5) 경인환국

갑술환국으로 진출한 정치집단은 전체적으로 서인이라 할 수 있지만, 그 내부에는 소론과 노론이 공존하고 있었다. 대체적으로 소론이 우세한 가운데 노론이 일부 안배되어 있는 형세로 갑술환국 이후 약 15년간은 노·소간의 대립보다는 공존의 분위기가 강해 이후 등장하는 탕평 정국과 유사한 면모를 보이기도 하였다.[39] 하지만 이 시기에는 아직 붕당을 전면적으로 부정하는 논리에 입각한 정국운영은 나타나지 않고, 그러한 방향을 지향하는 논리와 반대하는 논리가 제기되었다. 정치운영론은 국왕이 정국을 주도해야 한다는 탕평론이 상대적으로 우세하였다. 탕평론은 붕당의 존재를 인정하면서 각 붕당을 골고루 균형있게 등용해야 한다는 박세채의 調劑保合論과, 붕당을 묻지 말고 능력에 따라 등용하고 상벌을 분명히 해야 한다는 建極論으로 나누어 볼 수 있으며, 탕평론과 다른 계열로는 君子黨－小人黨論에 입각하여 자신들의 黨論을 고집하는 주로 노론계에서 제기한 是非分別論 등이 있었다.[40] 이러한 가운데 당색으로는 소론계열이지만 당색보다는 실무 관료 성향이 강한 南九萬과 崔錫鼎과 같은 인물들이 숙종의 의지에 부응하면서 정국을 이끌어 갔고,[41] 노론 가운데 이들과 성향이 유사한 申琓과 李濡 등이 정국 운영에 참여하면서 淸流로 불리는 노론과 소론 일부의 是非分別論者들이 비판적 견제를 하는 상황이었다. 정치 집단이 노론과 소론 내부에서 각각 더 작은 집단으로 분기하면서 다시 사상과 이념 또는 좀 더 구체적인 정치운영론 등이 정치적 쟁점으로 부상하였다.

이렇게 암류하던 정치운영론을 둘러싼 대립이 표출된 것이 숙종 36년의

39) 鄭景姬, 〈肅宗後半期 蕩平政局의 變化〉(《韓國學報》 79, 일지사, 1995).
40) 朴光用, 앞의 책.
41) 《肅宗實錄補闕正誤》 권 26, 숙종 20년 4월 갑신.
《肅宗實錄補闕正誤》 권 32 상, 숙종 24년 4월 임술.
朴光用, 위의 책.

최석정의 《禮記類編》을 불태운 일이다. 당시 정국 운영의 중심에 있던 최석정이 당시로부터 10년 전에 《大學》과 《中庸》 그 밖의 《孝經》 등 경전들에서 禮에 관계되는 내용을 발췌 재정리하여 《예기유편》을 편집하였는데 숙종 35년에 이르러 이것이 경연의 교재로 쓰기로 결정되었다. 이에 노론계열의 관료들과 지방의 유생들까지 광범위하게 들고 일어나 《예기유편》이 朱子를 경시하고 주자의 학설에 어긋났다며 그 板刻을 불태워 버리라고 1년이 넘도록 집요하게 공격을 가하였다. 숙종은 초기에는 이러한 노론의 행태를 禮書를 핑계로 黨同伐異하면서 소론의 중심 인물인 최석정을 공격하는 것이라며 최석정을 두둔하였으나, 결국에는 《예기유편》을 모두 거두어 불태우게 하였다.[42] 그 며칠 뒤에는 영의정 최석정을 판중추부사로 일선에서 한 발 물러나게 하고, 노론 李畬를 영의정, 金昌集을 우의정으로 앉혔다.[43] 이로써 정국의 주도권은 어느 정도 노론 쪽으로 기울게 되었다. 상대적으로 우세한 위치에 있던 소론계열을 밀어내고 노론계열이 정국의 주도권을 잡기 시작하였다는 점에서는 이 역시 하나의 환국으로 보아 경인환국으로 부를 수 있는 사건이다.[44]

경인환국은 기본적으로는 《예기유편》이라는 최석정 개인의 편책을 둘러싼 다툼이다. 그러나 그 책이 경연에서 교재로 쓰일 예정이었기 때문에 학문·사상적 태도의 면에서 주자를 교조적으로 묵수하는 노론계열과 상대적으로 자유롭게 접근하는 소론계열의 대립이라는 측면이 부가되었고, 국왕 숙종이 개입하여 불태우라는 판결을 내림으로써 전국적인 차원의 노론·소론 사이의 이념 대립으로 확산되었다. 하지만 기본적으로는 최석정 개인의 저술에 국한된 문제였고, 노론과 소론 사이의 이념적·정치적 대립도 그리 날카롭지 않았다. 경인환국으로 교체된 정치 집단의 규모나 환국 후에 흔히 따르는 상대당에 대한 보복적 처벌의 강도 역시 여타 환국들에 비하면 매우 약한 편이었으며 노론의 정국 장악도 확고하지는 못하였다. 전반적으로 경인환국으로 인한 파급 효과는 그리 크지 않았다. 그러나 이 무렵부터 노출되기 시작

42) 《肅宗實錄》 권 48, 숙종 36년 3월 경진.
43) 《肅宗實錄》 권 48, 숙종 36년 3월 신묘.
44) 朴光用, 앞의 책.
李肯翊, 《燃藜室記述》 권 38(속집 권 7).

한 노론과 소론 사이의 이념적·정치적 대립의 요인들은 숙종 말년으로 가면서 점차 전면으로 표출되어 양보할 수 없는 대립을 야기하였다.

(6) 병신환국

경인환국 뒤 5~6년간은 여전히 관료 성향의 노론과 소론이 함께 정국 운영에 참여하여 균형을 이룬 형세였다. 그러한 균형은 숙종 40년(1714) 정월 尹拯이 죽으면서 최석정이 지은 그의 제문을 둘러싸고 대립이 날카로워지면서 깨어졌다. 윤증은 숙종 초년 노론과 소론의 분립 이후 소론의 영수로 추앙받는 山林이었다. 최석정은 제문에서 송시열을 침해하여 배척하였는데 "空言은 몸소 실천하지 못하였고, 高論은 이루지 못하였다"는 내용까지 있었다. 이에 대해 노론계의 성균관 유생들이 먼저 나서서 송시열이 내세운 청에 대한 復讎 大義를 공언과 고론으로 비방한 것이요, 효종을 무함한 것이라며 최석정을 극력 공박하였다.45) 이에 대해 숙종은 최석정의 제문은 공적인 문서가 아니므로 조정에서 논의할 문제가 아니라고 답을 하였다. 그러나 노론측에서는 최석정에 대한 공격을 늦추지 않았고, 소론에서도 이에 대해 반박을 함으로써 노론과 소론의 다툼이 격렬해졌다.

이러한 노소간의 대립을 더욱 격화시킨 것이 《家禮源流》의 저작권 시비였다. 병자호란 직후 兪棨가 윤선거와 함께 家禮에 관한 《儀禮》 및 제가의 禮書를 정리하여 《가례원류》라는 책의 初本을 만들어 이를 제자인 윤증에게 맡겼다. 이를 숙종 39년에 유계의 손자인 兪相基가 당시 우의정이었던 李頤命의 후원을 받아 간행하고자 하여 윤증에게 가지고 있는 中本을 달라고 하였으나, 윤증은 자신의 부친인 윤선거와 함께 만든 것이며 자신도 일부 보완하였는데 갑자기 간행을 이유로 달라고 하는데 의문을 품고 내주지 않았다. 이에 둘 사이에 분쟁이 생겼고, 유상기는 다른 데서 초본을 확보하여 책으로 꾸미면서 權尙夏의 서문과 鄭澔의 발문을 실었는데, 이들은 그 글에서 윤증이 스승을 배반하고 책의 저작권을 고집함을 신랄하게 비난하였다. 유상기가 간행 작업을 마치고 숙종 41년 11월에 왕에게 올렸다. 이에 대하여 숙종은 儒賢인 윤증을 비난하였다 하여 정호를 파직하여 서용하지 말고 그의 발문

45) 《肅宗實錄》 권 55, 숙종 40년 8월 신사.

을 쓰지 말도록 명하였다.46)

이 문제는 노론과 소론 사이에 광범위한 쟁점으로 부각되었고, 해묵은 송시열과 윤증 사이의 懷尼是非 문제로 번져 갈등이 깊어졌다. 숙종은 이 문제에 대하여 아버지와 스승 가운데 아버지가 重하고 스승이 輕하다는 논리를 내세워 윤증을 옹호하면서 윤증을 비난하는 노론계 인물들을 처벌하고, 중앙 정계에서 활동하는 노론의 중심 인물이었던 김창집을 좌의정에서 파직시키는 등 소론의 주장을 받아들이는 편이었다.47) 이러한 숙종의 지지에 힘입어 소론은 노론에 대해 더욱 압박을 가하면서 정국을 독점적으로 주도하려는 경향을 보였다.

그러나 이러한 소론의 행태는 숙종의 불만을 사서 숙종 42년 7월 2일에 숙종은 송시열과 윤증 사이의 갈등의 단서가 되었던, 숙종 7년 윤증이 송시열의 무원칙한 태도에 대해 의문을 제기하여 보내려 했던 편지 〈辛酉擬書〉와 송시열이 윤선거를 우회적으로 비난한 내용의 묘갈문을 모두 써서 들이라고 하였다.48) 숙종은 그 글을 검토한 결과 윤증의 말이 너무 송시열을 억누르는 것이 많으니 허물이 없다고 할 수 없으며 따라서 여러 사람들이 이를 따지는 것이 괴이하지 않다는 판결을 내렸다.49) 숙종의 지지의 방향이 그때까지 기울었던 윤증에서 송시열 쪽으로 바뀌었음을 가리키는 것이다. 숙종은 이러한 판결을 내림과 동시에 《가례원류》에 권상하의 서문과 정호의 발문을 다시 넣으라는 조치, 송시열의 묘갈명에는 윤선거에게 욕을 끼친 바가 없다는 판결도 내렸다. 이어서 김창집을 좌의정으로 제배하는 것을 비롯해 노론계열의 인물들이 대거 등용되었다.

정국을 주도하게 된 김창집은 8월 24일에 이르러 노론과 소론 각 붕당의 朝臣과 鄕儒들 사이에서 끊임없는 시비의 대상이 되고 있는 윤선거 문집의 인쇄 원판을 헐어버릴 것을 청하였다. 윤선거가 남인 윤휴와 제휴하여 효종의 처사를 무함하였음에도 이 책이 소론측이 윤선거를 계속 비호하는 근거가

46) 《肅宗實錄》 권 56, 숙종 41년 11월 정유.
47) 《肅宗實錄》 권 57, 숙종 42년 3월 정미 및 윤3월 임신.
48) 《肅宗實錄》 권 58, 숙종 42년 7월 기미.
49) 《肅宗實錄》 권 58, 숙종 42년 7월 계해.

되기 때문이라는 논리였다. 숙종은 즉석에서 이를 받아들여 윤선거 문집의 인쇄판을 헐어 없애라고 승정원에 명하였다.[50] 더 나아가 노론계 인사들의 주장을 받아들여 윤선거와 윤증을 '先正'이라 부르는 것을 금하였고,[51] 윤증의 서원을 새로 세우는 일을 금지하였으며,[52] 궁극적으로는 그들의 官爵을 追奪하는 데 이르렀다.[53] 이와는 대조적으로 송시열이 엮고 그 제자 권상하가 수정한《朱子大全箚疑》17책을 校書館에서 간행하게 하였고,[54] 송시열의 서원 華陽書院과 송준길의 興巖書院의 편액을 숙종이 직접 써서 내리기도 하였으며,[55] 송시열의 문집을 교서관에서 간행하도록 허락하기도 하였다.[56]

좁은 의미에서는 숙종 42년(1716) 7월 2일 숙종이 윤증의 〈신유의서〉에 허물이 있고, 송시열의 묘갈명에는 윤선거에게 욕을 끼친 바가 없다고 판결하고《가례원류》에 권상하의 서문과 정호의 발문을 다시 넣으라고 한 조치를 丙申處分이라 하지만, 넓게 보면 그 이후 약 1년여 걸친 일련의 숙종의 조처를 아울러 가리키는 것으로 볼 수 있다. 병신처분으로 정국 주도 붕당이 소론에서 노론으로 바뀌었고, 그에 따라 정국 역시 급변하는 점에서 보면 이는 하나의 뚜렷한 환국으로서 이를 병신환국이라고 할 수 있다.

병신환국은 해묵은 회니시비를 둘러싸고 심각해진 노론과 소론 사이의 대립과 분쟁에 국왕 숙종이 직접 관여하여 처분을 내림으로써 발생하였다. 이로써 소론은 그 학문적·정치적 이념과 명분에 심각한 타격을 입고 정국에서 소외된 반면 노론은 숙종의 인정과 지원을 받아 정국 주도권을 독점하게 되었다. 이후 노론과 소론은 상대방을 중앙 정국에 공존할 수 없는 상대로 보게 되었다. 병신환국 단계에서는 이미 죽은 윤선거와 윤증 그리고 송시열 등에 대한 사후 평가를 숙종이 처분하는 형태였기에 노론과 소론 사이의 대

50)《肅宗實錄》권 58, 숙종 42년 8월 신해.
《肅宗實錄補闕正誤》권 58, 숙종 42년 8월 신해.
51)《肅宗實錄》권 58, 숙종 42년 10월 경자 및 12월 을묘.
52)《肅宗實錄》권 59, 숙종 43년 정월 병인.
53)《肅宗實錄》권 59, 숙종 43년 5월 임오.
《肅宗實錄補闕正誤》권 59, 숙종 43년 5월 임오.
54)《肅宗實錄》권 58, 숙종 42년 9월 경진.
55)《肅宗實錄》권 58, 숙종 42년 10월 경자.
56)《肅宗實錄》권 60, 숙종 43년 7월 병진.

립이 숙청과 죽음 등 극단적인 데로 치닫지는 않았다.

윤증 부자의 관작을 삭탈한 지 두달쯤 지난 7월에 숙종이 관례를 무시하고 승지와 사관들도 배석하지 못하게 한 채 좌의정 이이명만을 불러 단 둘이 密談을 나누었다.[57] 이른바 丁酉獨對이다. 이 때의 밀담 내용은 정확히 밝혀지지는 않았으나, 독대 직후에 행판중추부사 이유, 영의정 김창집, 좌의정 이이명 등 노론계 신료들만이 참여한 접견 자리에서 한 숙종의 언명에 따라 세자의 대리청정 문제였음이 알려졌다. 숙종은 이 자리에서 자신의 안질이 심해서 세자에게 대리청정을 하게 해야겠는데 무언가 뜻대로 하기에는 문제가 있다는 언표를 하였다. 이에 대해 그 자리에 참석한 사람들은 모두 당나라 및 세종이 문종에게 대리청정하게 한 조선의 고사를 들어 적극 찬성했고, 숙종은 그 날로 바로 하교를 내려 세자에게 대리청정을 명하였다.[58]

독대라는 비상한 절차에서 비롯된 대리청정 조치에 대해서 소론측에서는 노론측에서 세자를 위태롭게 만들려는 모종의 음모가 있는 것으로 의심을 하였다.[59] 갑술환국 이후 줄곧 세자를 보호하는 데 공이 큰 것으로 인정받던 관료적 성향의 소론 영중추부사 尹趾完이 이이명을 私人·私身이라며 독대를 공박하였으나, 숙종은 윤지완의 주장을 비판하면서 물리쳤다.[60] 윤지완과 이이명 모두 성밖으로 물러가 대죄하였고, 노론과 소론 사이에 독대와 대리청정을 둘러싸고 찬반 논의가 크게 일어나는 가운데 세자도 여러 차례 대리청정을 극구 사양하였으나 결국 대리청정은 실시되었다. 이후 숙종 46년 6월 숙종이 죽을 때까지 약 3년간은 노론이 정국을 주도하였다.

노론과 소론의 대립에서 자신의 의지를 강력하게 투영하여 환국을 야기하며, 독대를 통해 대리청정을 하게 하면서까지 세자에 대해 모호한 태도를 취한 숙종의 처사는 대단히 커다란 정치적 파장을 일으키게 되었다. 각 붕당들은 제각기 是非와 正邪를 분명히 하는 방향으로 정치운영론을 진전시켰고, 그 결과 상대방을 부정함으로써 대립과 갈등은 더욱 심각해져 갔다. 특히 숙종

57) 《肅宗實錄》 권 60, 숙종 43년 7월 신미.
58) 위와 같음.
59) 《肅宗實錄補闕正誤》 권 60, 숙종 43년 7월 신미.
《俟百錄》 권 1, 숙종 43년 秋 7월.
60) 《肅宗實錄補闕正誤》 권 60, 숙종 43년 7월 기묘.

사후에는 붕당 사이의 이러한 대립의 쟁점에 숙종의 뒤를 잇는 경종과 영조의 王位 승계문제까지 개입되어 忠逆을 다투는 상황으로 진전됨으로써 붕당 사이의 대립은 양보할 수 없는 싸움으로 발전해 갔다.

(7) 신임환국

숙종 말년에 정국을 주도하던 노론이 세자의 즉위를 달가워하지는 않았지만, 결정적인 사유가 없는 한 세자의 즉위를 막을 수는 없었다. 이런 상황에서 숙종이 죽고 세자－경종이 즉위하게 되자 소론은 정국을 주도하고 있는 노론에 대해서 맹렬한 공격을 가하였다. 경종은 숙종과는 달리 노론과 소론의 대립 구도에서 소론을 지지하면서도 각각의 사안들에 대해서 분명한 처결을 하지는 못하였다. 이러한 상황에서 부교리 趙文命이 올린 붕당의 폐해를 논하며 임금이 표준을 세워 정국을 주도하라고 한 조언은 경종에게는 별반 실효가 없는 말에 지나지 않았다.[61] 이러한 상황에서 정언 李廷熽의 상소를 빌미로 노론의 중심 인물로 활약하던 영의정 김창집, 좌의정 이건명, 판중추부사 조태채 등이 경종 원년(1721) 8월에 儲嗣를 정하기를 청하여,[62] 延礽君 昑을 왕세제로 책봉하였다.[63] 이에 대해 소론측에서는 行司直 柳鳳輝가 경종의 나이가 아직 젊으므로 시기상조라고 반대하는 상소를 올렸으나,[64] 노소간의 쟁론의 대상이 되는 데 그쳤다.

노론측은 세제를 책봉한 데서 그치지 않고 경종 원년 10월에 집의 趙聖復이 나서서 왕세제를 庶政에 참여시킬 것을 상소하였다.[65] 경종이 비록 건강이 좋지 않았다고는 하나 이 때 경종의 나이가 34세로서 아직 젊었던 점을 감안하면 이는 경종의 왕권을 무시하는 주장으로서 무리가 없지 않았다. 노론의 의도는 자신들이 지지하는 왕세제의 후계구도를 확고하게 하려는 데 있었다. 대리청정 문제를 둘러싸고 노론과 소론의 대립은 더욱 날카로워졌다. 경종은 이러한 상황을 수습하기는커녕 대리청정을 시행하라는 명령을 내렸

61) 《景宗實錄》 권 3, 경종 원년 5월 을축.
62) 《景宗實錄》 권 4, 경종 원년 8월 무인.
63) 《景宗實錄》 권 4, 경종 원년 8월 기묘 및 9월 갑인·을묘.
64) 《景宗實錄》 권 4, 경종 원년 8월 신사.
65) 《景宗實錄》 권 5, 경종 원년 10월 정묘.

다가 환수하기를 반복함으로써 대립을 심화시켰다. 10월 17일에는 영의정 김창집, 영중추부사 이이명, 판중추부사 趙泰采, 좌의정 李健命이 聯名으로 箚子를 올려 숙종 43년(1717) 당시 세자였던 경종의 대리청정 전례에 따라 대리청정에 관한 절목을 마련하였다. 이날 밤중에 대간의 탄핵을 받아 성밖으로 물러나 있던 소론계 우의정 趙泰耉가 궁궐에 들어와 왕을 만나 뵙기를 청하니 경종이 허락하였다. 노론과 소론의 주요 관료들이 함께 인견하는 자리에서 조태구는 대리청정을 극력 반대하여 경종의 결정을 번복하게 하였다.[66] 이날의 결정을 계기로 소론은 노론에 대해서 공격을 더욱 강화하게 되었다.

12월 6일에는 司直 金一鏡·朴弼夢·李明誼·李眞儒·尹聖時·鄭楷·徐宗厦 등 7인이 연명으로 상소하여 김창집·이이명·이건명·조태채를 '四凶'으로 지칭하면서 노론 일당을 역적으로 몰아 처벌을 주장하였고 경종은 이를 嘉納하였다.[67] 그 날 이조판서 權尙游를 파직하고 남인 沈檀을 이조판서로, 소론 김일경을 참판으로 特除하는 등 주요 관원을 대폭 노론에서 소론으로 교체하였다. 9일에는 영의정 김창집, 좌의정 이건명을 면직시키고 대리청정을 막는 데 결정적인 역할을 한 우의정 조태구를 영의정에 제배하고 그의 추천을 받아 崔奎瑞를 좌의정, 崔錫恒을 우의정에 제배하였다.[68] 정국을 주도하는 붕당이 노론에서 소론으로 급격히 바뀌면서 노론에 대한 소론의 정치적 숙청이 시작됨을 알리는 신호였다. 이 무렵 인사문제를 비롯한 정국 주도 행태와 노론에 대한 처벌의 강온에 따라 소론은 온건한 성향의 緩論-緩少와 강경한 성향의 峻論-峻少로 분기하였다.[69] 경종 연간에 정국을 주도하며 노론에 대한 공격을 가한 것은 준소계열이었다.

경종 2년 3월 27일에 睦虎龍이 告變을 하였다. 鄭麟重·金龍澤·李器之·李喜之·沈尙吉·洪義人·金民澤·白望·金省行 등 노론 4대신의 子姪과 추종자들이 숙종 말년에 세자 곧 경종을 칼이나 독약으로 해하고, 또는 축출하

66) 《景宗實錄》 권 2, 경종 원년 10월 갑술.
《景宗修正實錄》 권 2, 경종 원년 10월 갑술.
67) 《景宗實錄》 권 5, 경종 원년 12월 임술.
《景宗修正實錄》 권 5, 경종 원년 12월 임술.
68) 《景宗實錄》 권 5, 경종 원년 12월 을축.
69) 《景宗實錄》 권 6, 경종 2년 정월 무신.

기를 꾀하니, 이는 나라가 생긴 이래 처음 있는 일로 적도들을 급히 토벌하여 종사를 안정시키라는 내용이었다. 또 말하기를 적도 가운데는 동궁을 매수하여 씻기 어려운 욕을 끼치려고 하는 자도 있으니 적도의 정상을 조사하여 누명을 신설하여 국본을 안정시키라고 하였다.[70] 이 고변으로 그로부터 약 두 달에 걸쳐 준소계열에서는 노론을 집요하게 공격하였고, 결국 고변에 거명된 노론계 인물들 상당수가 처벌을 받았다. 영의정 김창집, 좌의정 이이명, 우의정 조태채, 좌의정 이건명 등 노론 4대신이 賜死되는 것을 비롯해 사형이 20여 명, 杖斃 30여 명, 絞殺 13명, 유배 114명, 自盡 9명, 연좌 173명에 이르렀다.[71] 이에 반해 윤선거와 윤증 부자가 復官이 되고, 숙종 연간 소론을 이끌었던 南九萬·朴世采·尹趾完·崔錫鼎 등이 숙종 묘정에 배향되는 등 병신환국에서 부정되었던 소론의 정치·사상적 이념이 다시 회복되었다. 옥사에 관련된 인물들을 扶社功臣으로 錄勳을 하였다. 고변을 한 목호룡 역시 녹훈되어 東城君이라는 훈작을 수여받았다.

경종 2년(1722)에 발생한 이 대규모 옥사를 壬寅獄事라고 부르는데 경종 원년 12월 김일경 등의 노론 4대신에 대한 공박에서부터 이 임인옥사까지를 辛壬換局이라 할 수 있겠다. 신임환국은 붕당 사이의 대립이 극단으로 치달아 나타난 결과이다. 복수의 붕당이 공존의 토대 위에서 서로 비판과 견제를 하며 균형을 유지하던 붕당정치의 정치운영 형태가 환국으로 부정되어 가는 추세에서 붕당 사이의 대립의 쟁점이 점차 是非와 正邪를 다투는 데로 옮겨 가다가 숙종 말년에는 왕에 대한 義理—忠逆을 다투는 데로 나아가 양보할 수 없는 싸움을 벌이게 되었다. 그렇게 되면서 노론과 소론의 대립에는 염탐과 고변, 모함과 숙청, 살륙 등 이전의 유교 윤리와 행위 규범을 넘어서는 행태가 두드러지게 나타났다. 붕당 사이의 시비를 가리는 처분을 통해 환국을 유도하며 정국을 이끌던 국왕이 이러한 붕당 사이의 싸움을 조정 통제하지 못하게 되자 붕당 사이에서는 상대방에 대한 근본적인 부정과 급격한 정국의 전환이 나타났다. 경종 연간의 신임환국은 그 절정에 자리잡고 있는 것이다.

---

70) 《景宗實錄》 권 6, 경종 2년 3월 임자.
《俟百錄》 권 5, 壬子 春.
71) 《辛壬紀年提要》 彙考.

(8) 을사환국

신임환국을 중심으로 한 경종 연간의 정치상황은 국왕의 지위를 근본부터 위협하는 것이었다. 당시 왕이었던 경종도 그렇지만 특히 노론의 지지를 업고 왕세제로 책봉되었던 연잉군의 처지는 매우 위태로웠다. 이러한 상황에서 경종 4년 8월 경종이 즉위 4년 만에 죽자 왕세제－연잉군이 왕으로 즉위하였으니 바로 영조다. 영조는 즉위한 직후 이광좌를 불러들여 좌의정으로 제배하였다.[72] 이광좌는 경종 연간 준소계열 주도의 정국 아래에서 물러나 있던 인물이었다. 그리고 영조는 이어서 준소 가운데서도 강경파의 핵심 인물인 김일경이 지은 壬寅獄事에 대한 敎文 가운데 魯桓公子 翬가 형을 죽인 것을 가리키는 '鍾巫', 진시황이 맏아들 扶蘇를 죽이고 작은 아들 胡亥를 세운 것을 뜻하는 '沙丘', 당태종이 형과 아우를 죽인 것을 가리키는 '蹀血' 등과 같은 표현을 문제 삼았다. 모두 영조가 왕세제 시절의 일들을 빗댄 것으로 인정하여 김일경의 관작을 추탈하고 문외출송하라고 명하였다.[73] 김일경을 설노에 안치하였나가 의금부에 내려 국문하면서 신임옥사의 고변자인 목호룡과 내통한 것으로 몰아 목호룡도 잡아와 함께 국문하였다. 영조 자신이 의금부에 나가 이들을 친국하고는 그 날로 참형에 처하였다.[74] 영조는 이어 붕당의 폐단을 누누히 강조, 붕당을 타파할 것을 천명하면서 자신이 직접 정국을 주도해 나갔다.[75] 영조 원년(1725) 정월에 들어서는 노론계열의 척신으로서 영조의 탕평에 동조하던 閔鎭遠을 이조판서로 삼음으로써 완소계열을 견제하게 하였다.[76] 그렇게 완소와 노론을 함께 등용하여 견제와 균형을 조성하고 나서 김창집·이이명·이건명·조태채 등 노론 4대신의 관작을 회복시켰다.[77] 이렇게 상황이 변하자 노론측에서는 당국하고 있는 완소의 중심 인물인 이광좌와 조태억 및 경종 연간 준소의 중심 인물들을 처벌하라는 주

72)《英祖實錄》권 1, 영조 즉위년 9월 신유.
73)《英祖實錄》권 2, 영조 즉위년 11월 기유.
74)《英祖實錄》권 2, 영조 즉위년 12월 정축.
75)《英祖實錄》권 3, 영조 원년 정월 임인.
76)《英祖實錄》권 3, 영조 원년 정월 신유 및 2월 정유.
77)《英祖實錄》권 4, 영조 원년 3월 경자.

장을 제기하면서 소론에 대한 공세를 강화하였다. 영조는 4월말에는 당국하고 있던 완소를 대신하여 노론의 정호를 영의정, 민진원을 좌의정, 이관명을 우의정에 제배하였다.[78] 을사환국의 시작을 알리는 신호였다.

을사환국의 마무리 작업으로서 5월에는 경종 2년(1722)에 노론을 숙청하면서 책봉된 功臣의 錄券과 會盟錄, 그리고 고변자 목호룡이 받은 교서와 초상화 등을 모두 불태워 버리게 함으로써 임인년의 옥사를 부정하니 이른바 임인옥안의 飜案이었다.[79] 이와 함께 소론에 대해서는 조태구의 관작을 추탈하고,[80] 유봉휘를 귀양보내고 이광좌와 조태억 등의 관직을 삭탈하고 문외출송할 것을 명하는 반면,[81] 노론에 대해서는 金壽恒에게 文忠, 이건명에게 忠愍, 조태채에게 忠翼, 權尙夏에게 文純, 이이명에게 忠文, 李喜朝에게 文簡, 금창집에게 忠獻이라는 諡號를 내리는 한편,[82] 노론 4대신의 서원 건립을 허락함으로써 명분을 뒷받침하여 주었다.[83]

숙종 말년에서 경종 연간을 거치면서 노론과 소론 사이의 대립이 왕위 승계문제를 둘러싸고 벌어지면서 충역을 다투게 되었다. 노론과 소론은 서로 상대방을 용납할 수 없게 되면서 숙청과 살육이 크게 일어났다. 이러한 상황에서 즉위한 영조는 소론 가운데 논의가 온건한 완소를 등용하여 정국을 이끌게 하였다. 그러나 자신의 왕위의 정통성에 문제를 제기하는 준소계열을 용납할 수 없었다. 준소의 중심 인물들을 제거하고 그 반면에 경종 연간 과정에서 피해를 입은 노론 중심 인물들의 정당성을 회복시키는 조치를 취하면서 일시 등용하였던 완소까지도 퇴진시켰으니 이것이 을사환국이다. 을사환국은 붕당 사이의 대립 구도에 끼여 위협을 받고 있던 국왕 영조가 자신의 입지를 확보하기 위하여 취한 첫 단계 조처라고 할 수 있다.

78) 《英祖實錄》 권 5, 영조 원년 4월 경인.
79) 《英祖實錄》 권 6, 영조 원년 5월 무신.
《俟百錄》 권 7, 영조 원년, 春 翻壬寅獄老 黨遂大進.
80) 《英祖實錄》 권 6, 영조 원년 5월 무신.
81) 《英祖實錄》 권 7, 영조 원년 7월 기해.
82) 《英祖實錄》 권 5, 영조 원년 4월 신미.
83) 《英祖實錄》 권 7, 영조 원년 8월 신사.

(9) 정미환국

을사환국으로 등장한 노론은 임인옥사의 주역인 준소 김일경 일파의 나머지 인물들에 대한 처벌을 줄기차게 요구하였다. 그러나 영조는 노론의 요구를 수용하지 않으며 자신의 뜻대로 정국을 이끌어 나갔다. 노론의 요구를 수용하면 정국 운영의 주도권까지 노론에게 내어주지 않을 수 없는 상황이었다. 이 즈음에 소론 완론계의 趙文命과, 노론계의 외척 閔鎭遠 등이 자주 탕평론을 개진하였다.[84] 조문명은 붕당을 군자당과 소인당으로 나누어 보면서 시비를 혼란시켜 분별할 수 없게 만드는 당론을 부정하여 '破朋黨(붕당을 타파할 것)'을 으뜸가는 목표로 내세우는 탕평론을 제기하였다. 민진원은 겉으로는 시비의 분별을 우선하는 붕당론을 표방하였지만 실제로는 온건한 입장을 취하였다.[85] 영조는 이러한 緩論 蕩平論을 받아들여 여러 차례 붕당을 경계하는 전교를 내렸다.[86] 영조 자신이 정국을 주도하겠다는 의지의 표명이었다.

그렇게 영조가 정국을 주도한 지 2년 만인 영조 3년(1727) 7월에 영조는 다시 노론을 내치고 소론을 불러들이는 조치를 단행하였다.[87] 영조 자신의 特旨로 준소 유봉휘의 관작을 追復시키고, 노론 정호의 관작을 삭탈하고 문외출송하였다. 이어서 준소 5인의 처벌을 요구하던 영부사 민진원, 판부사 이관명, 우의정 이의현 등 노론 주요 인사 100여 명을 일거에 파직하고, 유배되어 있던 소론 인물들을 대거 석방하여 등용하였다. 다시 이광좌가 영의정, 조태억이 좌의정이 되어 정국을 이끌게 되었다. 이러한 정국 주도 붕당의 교체와 함께 노론과 소론 사이의 시비, 충역의 근거를 뒤바꾸는 조치도 이루어졌다. 노론 사대신은 다시 罪案에 들게 되었고 임인옥이 逆獄으로 규정되어 김용택·이천기 등 관련자들은 다시 역적으로 몰리게 되었다. 이상의 조치는 영조의 뜻에 따라 단 4~5일 사이에 신속하고도 단호하게 이루어졌다. 이를 흔히 丁未處分이라 하는데, 정국 주도 붕당의 교체와 그에 따른 정국의

84) 《英祖實錄》 권 8, 영조 원년 10월 기묘·갑진.
85) 박광용, 앞의 책.
86) 《英祖實錄》 권 10, 영조 2년 12월 을해.
87) 정미환국 전후의 정국의 추이에 대해서는 박광용, 앞의 책 및 鄭萬祚, 〈英祖代 初半의 蕩平策과 蕩平派의 活動〉(《震檀學報》 56, 1983) 참조.

전환이라는 환국의 정의에 비추어 보면 이는 분명히 하나의 환국으로서 정미환국이라고 불러 마땅할 것이다.

정미환국으로 이광좌를 중심으로 하는 소론계열이 정국을 이끄는 상황에서, 영조 4년(1728) 3월 李麟佐·鄭希亮 등이 戊申亂을 일으켰다. 무신란은 준소계의 강경파와 남인 일부가 경종 독살에 영조가 관련되었다 하여 密豊君 坦을 추대하여 일으킨 반란이었다. 영조로서는 왕권의 正當性을 부정당하는 심각한 문제였으나, 영조는 정국을 주도하고 있던 소론계를 앞세워 무신란을 진압하고서, 이를 계기로 좀더 강력하게 자신의 주장대로 정국을 이끌어갔다. 노론측에서는 討逆을 내세우며 정국을 주도하고 있던 소론에 대한 공세를 강화하였다. 그러나 영조는 당론을 앞세우기보다는 왕권 앞에서 붕당은 타파되어야 한다는 종래의 완론 탕평론을 더욱 강력하게 제시하며, 노론과 소론의 온건파를 함께 등용하는 調劑保合의 인사 정책을 추진하였다.

무신란 이후 영조가 노론을 제어하는 논리는 "소론에 김일경과 같은 역적의 무리가 있다면 노론에도 鄭麟重의 무리처럼 역적의 성품을 가진 자가 있다"는 兩非論이었다. 이에 대해 노론측에서는 신임환국에서 처형된 노론 사대신에 대한 처분을 바꿔줄 것을 요구하였다. 이 문제에 대한 논의 끝에 영조는 영조 5년 8월 13일에 '悖子逆孫'의 논리를 내세워 노론 사대신 가운데 자질들까지 연루되지 않은 趙泰采·李健命은 伸寃하고 김창집과 이이명은 그대로 죄안에 둔 이른바 己酉大處分을 단행하였다. 이는 노론과 소론이 함께 정국 운영에 참여할 계기를 제공하고자 하는 현실적 목적에서 나온 절충적 조치였다고 할 수 있다. 이 조치에 대해서는 노론과 소론 양측에서 불만을 갖기도 하였으나, 이를 계기로 영조 연간의 완론 탕평책은 비로소 본격적으로 추진되었다.

3) 환국의 정치사적 의의

환국은 정국을 주도하는 붕당과 견제하는 붕당이 서로 교체됨으로써 정국이 급격하게 전환하는 것을 가리킨다. 그러한 환국은 현종 몰년에서 영조 초년까지 50여 년간 아홉 차례 발생하였다. 숙종 즉위년(1674)의 갑인환국, 숙종 6년의 경신환국, 숙종 15년의 기사환국, 숙종 20년의 갑술환국, 숙종 36년의 경인환국, 숙종 42년의 병신환국, 경종 원년~2년(1721~22)의 신임환국, 영조 원년의 을사환국, 영조 3년의 정미환국 등이 그것이다.

환국은 기본적으로 복수의 붕당이 공존하면서 서로 대립하고 견제하는 가운데 균형을 이루고 있는 붕당정치의 역학구도를 바탕으로 하여 발생하였다. 숙종 전반기의 갑인환국 · 경신환국 · 기사환국 · 갑술환국은 서인과 남인 사이에, 갑술환국으로 남인이 중앙 정계에서 완전히 밀려난 뒤의 경인환국 · 병신환국 · 신임환국 · 을사환국 · 정미환국은 서인에서 분립한 노론과 소론 사이에 정국을 주도하는 붕당과 견제하는 붕당의 지위가 서로 교체된 것이었다.

어느 붕당이 정국의 주도권을 상실하게 되면 그 붕당 구성원은 중앙 정계에서 밀려났다. 다시 말하자면 주요 관직을 상실하고 사형이나 유배 또는 문외출송 등 처벌을 받음으로써 정치적 입지를 박탈당하였다. 그렇게 중앙 정계에서 밀려나는 인원의 규모는 환국에 따라 서로 달랐다. 환국의 강도가 강한 경우에는 붕당 구성원 거의 모두가 관직을 잃고 주요 구성원 다수가 처벌을 받기도 하였고, 약한 경우에는 핵심 구성원만 가벼운 처벌을 받는 데 그치고 다른 사람들은 관직을 유지하기도 하였다.

환국은 붕당정치적 역학구도를 바탕으로 이루어지기는 하였지만, 그 구체적 계기는 붕당과 붕당 사이의 관계에서 제공된 것은 아니다. 붕당정치라 하더라도 왕정체제 안에서 이루어진 것이었기에 국왕 및 속성상 근본적으로 국왕과 연결되어 있는 종친이나 훈척 등 정치집단의 존재와 역할을 무시할 수는 없는 것이었다. 붕당 사이의 대립이 날카로워져 팽팽한 긴장을 조성하였을 때 그 균형을 깨고 정국의 주도권을 어느 한편으로 이동시키는 역할을 담당한 것은 국왕이었다. 붕당정치기에는 국왕은 붕당 사이의 대립에 깊숙히 관여하지 않았으나, 현종 말년이 되면서 국왕이 국가의 공적인 사안은 물론 붕당과 붕당, 때로는 개인과 개인 사이의 갈등에도 관여하여 직접 시비를 판결하였다. 그러므로 붕당 사이의 역학 구도는 국왕의 의지와 처분에 따라 급격하게 뒤바뀌었다. 그러나 환국이 반복되는 정황에서 국왕이 크고 작은 정치적 사안에 깊숙히 관여하여 역할이 증대하기는 하였으나, 그것이 곧 국왕의 권한이 강화되고 비중이 증대되었음을 뜻하지는 않았다. 환국의 쟁점에 따라서는 오히려 국왕의 그러한 역할이 왕위와 왕권을 근본적으로 위협하는 요인이 되기도 하였다.

갑인환국의 구체적인 쟁점은 왕실의 복제문제였다. 복제문제는 왕실의 사소한 전례에 그치는 것이 아니라 사대부를 비롯하여 사회 전반에 어떤 예를 적용하여 사회 질서를 이끌어 나가느냐 하는 이념문제로 연결되는 것이었다. 복제논쟁은 사상적·학술적인 시비라는 측면과 함께 현실 정치에서 국왕의 초월성·절대성을 어느 정도 인정할 것인가 하는 측면을 동시에 내포하고 있었다. 그러므로 갑인환국은 비교적 장기간에 걸쳐 완만히 진행되었으며 패퇴하는 서인에 대한 처벌의 규모와 강도도 그리 크지 않았다.

경신환국은 병권까지 독점하여 정국의 주도권을 완전히 장악하려고 시도하는 남인 가운데 탁남에 대해서 훈척 집단이 반발하여 일어났다. 현실적인 이해관계가 깊이 연결되어 있는 병권문제가 쟁점이 되었고, 구체적인 계기 역시 정탐에 의한 고변이었기에 남인 전체가 중앙 정계에서 밀려나기는 하였지만 처벌을 받은 인원의 규모는 그리 크지 않았다. 또 서인 내부에서 현실 정치와 훈척에 대한 인식에 따라 노론과 소론이 분립하였다.

기사환국은 후계자를 조기에 확정함으로써 자신의 입지를 강화하려는 숙종과 남인계열의 후궁 소생을 조기에 후계자로 확정하는 데 반대하는 서인 사이의 대립에서 국왕 숙종의 의지에 따라 전격적으로 이루어졌다. 갑술환국 역시 기사환국으로 다시 정국의 주도권을 잡은 남인이 독단적으로 정국을 운영하려는 기미를 보이자 숙종이 전격적으로 비망기를 내림으로써 발생하였다. 기사환국과 갑술환국은 자신의 후계자 확정 및 왕실 내부의 문제에 대한 국왕 숙종의 방어적 의지가 강하게 작용한 환국이었다.

갑술환국 이후 비교적 장기간은 노론과 소론 가운데 실무 관료적 성향이 강한 인물들이 숙종의 의지에 부합하여 정국을 이끌어갔는데 이런 상황에서 발생한 경인환국의 쟁점은 당시 정국을 주도했던 소론의 중심 인물 최석정의 《예기류편》에 대한 시비였다. 개인의 저작에 대한 학술적이면서 이념적인 시비에 국왕이 개입한 것이었다. 이러한 구도는 병신환국에서 재연되었다. 윤증과 유계의 후손 사이에 《가례원류》의 저작권을 놓고 벌어진 다툼이, 윤증이 죽은 뒤에 소론의 영수로 인정받던 윤증과 노론의 영수로 추앙받던 송시열의 시비 논쟁으로 비화하였다. 이는 송시열과 윤증 사이의 개인적인 시비 차원을 넘어서 노론과 소론의 이념과 명분 싸움으로 번진 것인데 이 문제에 대해 숙종이 처분을 내린 것이다.

노론과 소론의 이념적 시비 다툼은 현실적 正邪를 다투는 것을 지나 숙종 말년에는 왕위 승계를 둘러싸고 양보할 수 없는 忠逆 다툼으로 발전하였다. 신임환국은 그러한 충역 다툼이 극단적으로 비화하여 나타난 것이다. 왕세자 시절 경종을 보호하였음을 내세웠던 소론은 노론이 연잉군－영조를 왕으로 세우려는 의도를 드러내자 대규모의 숙청을 감행하였다. 이로써 노론과 소론은 공존할 수 없는 관계가 되었다. 이러한 가운데 즉위한 영조는 자신에 대해서 근본적으로 반발하는 준소를 세거하고 신임환국에서 피해를 입은 노론의 정당성을 회복하였으니 이것이 을사환국이다. 그러나 소론에 대한 강력한 처벌을 요구하는 노론의 주장은 자신의 입지를 확보하여 정국을 주도하려는 영조로서는 받아들이기 어려운 것이었다. 이에 노론을 물리치고 소론을 불러들이니 이것이 정미환국이다. 정미환국 직후 남인과 소론 일부에서 일으킨 무신란을 진압하면서 영조는 노론과 소론의 온건파를 調劑保合하는 정책을 본격적으로 추진하였다. 붕당 사이의 대립과 주도권 교체인 환국을 넘어서 국왕이 정국을 주도하는 탕평정치로 이행한 것이다.

17세기에서 18세기로 넘어가는 숙종 연간에는 지주전호제를 축으로 하는 농업경제로부터 상품화폐경제로의 획기적인 전환, 良賤制에서 班常制로 넘어가는 신분제의 변동, 새롭게 대두하는 세력과 기존 세력의 갈등으로 표출되는 鄕戰의 발발을 비롯한 향촌사회의 변동, 추상적인 理氣論에서 사회 관계와 규범에 관한 禮論을 지나 구체적이고 현실적인 문제로 관심이 확산되어 가는 사상계의 추이 등 전반적인 변화가 집중적으로 나타났다. 환국은 단순히 붕당정치의 말폐라기보다는 당시 진행되고 있던 폭넓은 변화가 정치에 반영되어 붕당정치적 안정이 깨어지면서 나타난 현상이며, 18세기 탕평정치기에 반현된 여러 변화의 시발로 보아야 할 것이다.

〈洪順敏〉

Ⅲ. 붕당정치하의 정치구조의 변동

1. 비변사의 강화
2. 언관권·낭관권의 형성과 권력구조의 변화
3. 천거제의 시행과 관료 충원방식의 변화
4. 공론정치의 형성과 정치 참여층의 확대
5. 중앙 군영제도의 발달
6. 지방 군제의 개편

Ⅲ. 붕당정치하의 정치구조의 변동

1. 비변사의 강화

1) 설립 배경과 혁파 과정

조선 후기 軍務 및 政務 등에서 독단적인 기능을 행사했던 비변사는 16세기초인 중종 초기에 남북의 국경문제에 대처하기 위한 국방 관계 기관으로 설립되었으나 차츰 정치적 기능이 작용되면서 군국 기무 및 국정을 총괄하는 최고 기관으로 위치하게 되었다. 당초 영의정·좌의정·우의정이 監領하는, 국경지대의 일을 맡아 처리하는 재상(知邊事宰相) 중심으로 설립되었으나 운영상에서 조직이 확대되고 강화되어 가자 그 초기부터 통치체제 문란의 비판이 야기되어 혁파의 논란을 거치면서 상설되었다. 특히 임진왜란을 겪으면서 군사적 기능뿐만 아니라 정치적 기능이 더욱 확대되어 국정 최고 기관으로 역할하기에 이르러 이후 의정부를 압도하면서 19세 중엽 고종초까지 존속하였다.[1)]

---

1) 지금까지 비변사에 대한 연구는 대표적으로 다음을 들 수 있다.
重吉萬次, 〈備邊司の設置に就きて〉(《青丘學叢》 23, 1936), 23~81쪽.
申奭鎬, 〈備邊司와 그 謄錄에 대하여〉(《韓國史料解說集》, 國史編纂委員會, 1964), 83~100쪽.
鄭夏明, 〈備邊司의 胎動과 軍政의 變遷〉(《韓國軍制史》 近世朝鮮前期篇, 육군본부, 1968), 331~357쪽.
李載浩, 〈朝鮮備邊司考－特히 그 機能의 變遷에 對하여－〉(《歷史學報》 51·52 합집, 1971), 32~41쪽.
洪奕基, 〈備邊司의 組織과 役割에 대하여〉(《軍史》 6, 國防部 戰史編纂委員會, 1983).
홍순민, 〈정치집단의 구성〉(《조선정치사(상)》(한국역사연구회 19세기정치사연구반, 1990, 청년사).
한국역사연구회 19세기정치사연구반, 《조선정치사(하)》(1990, 청년사).

조선시대의 정치 운영은 초기 議政府 署事制와 그 후 六曹 直啓制 그리고 臺諫 言論, 銓郞 監主 등의 제도적인 장치와 제도 외에 붕당정치 형태가 큰 흐름이라고 할 수 있다. 그런데 비변사가 설치되고 그 기능이 강화되면서부터는 이전의 정치 형태와는 궤를 달리한 서사제와 직계제의 절충형식이라 할 수 있는 비변사 회의체(籌座·賓座) 중심의 정치가 전개되기에 이르렀다.

즉 조선 후기의 정치는 외적으로는 사림정치·붕당정치로 전개되고, 내적으로는 비변사 중심으로 운영된 정치 형태라고 할 수 있는데, 이는 소수의 비변사 提調堂上이 인사권을 장악하고 兵事·군정뿐만 아니라 외교·재정·지방행정 등 국가의 중요한 공사를 처리하는 정치 운영의 주도세력이었기 때문이다. 이와 같은 비변사 중심의 정치는 정치 권력이 비변사에 집중됨으로써 가능한 것이었고 이러한 현상은 결국 조선시대의 정치를 중앙집권적

최이돈, 〈문반 정치구조〉(위의 책).
오종록, 〈비변사의 조직과 직임〉(위의 책).
——, 〈비변사의 정치적 기능〉(위의 책).
潘允洪, 《朝鮮時代 備邊司硏究》(國民大 博士學位論文, 1990).
——, 〈朝鮮後期 備邊司의 政治的 機能에 관한 硏究 -備邊司의 置廢를 중심으로-〉(《傳統文化硏究》 1, 조선대 전통문화연구소, 1990), 67~93쪽.
——, 〈朝鮮後期 政治權力構造 硏究 -備邊司의 組織을 중심으로-〉(《國史館論叢》 22, 國史編纂委員會, 1991), 37~71쪽.
——, 〈備邊司의 職務에 대하여〉《朴永錫敎授華甲紀念 韓國史學論叢》上, 논총간행위원회, 1992), 853~875쪽.
——, 〈備邊司의 會議運營〉《擇窩許善道先生停年紀念 韓國史學論叢》, 一潮閣, 1992), 456~475쪽.
——, 〈壬亂이후 備邊司의 邊事措置와 軍事政策의 議定〉(《歷史學報》 139, 1993), 67~93쪽.
——, 〈備邊司의 財政政策 議定硏究〉(《韓國史硏究》 85, 1994), 47~75쪽.
李在喆, 〈光海君代 備邊司의 組織과 機能〉(《大丘史學》 41, 1991).
——, 〈仁祖代 備邊司의 運營과 性格〉(《朝鮮史硏究》 2, 복현조선사연구회, 1993).
——, 〈備邊司 變通論 檢討〉(《朝鮮史硏究》 3, 복현조선사연구회, 1994).
——, 〈孝宗代 備邊司의 運營과 性格〉(《國史館論叢》 57, 國史編纂委員會, 1994).
——, 〈肅宗代 備邊司의 性格〉(《大丘史學》 53, 1997).
鄭弘俊, 〈16·17세기 權力構造의 改編과 大臣〉(《韓國史硏究》 84, 1994).
韓忠熙, 〈朝鮮 中宗 5年~宣祖 24年(成立期)의 備邊司에 대하여〉(《西巖趙恒來敎授華甲紀念 韓國史學論叢》, 아세아문화사, 1992).

관료국가로 고착시킨 결과를 초래하였다.

비변사는 16세기초 남북 변방에서 발생하는 국방관계 일을 처리하기 위한 기구의 필요성과 중종반정 이후 왕권의 안정과 연관된 정치적인 이유로 중종 5년(1510)경에 설립되었으나 얼마간 유야무야한 채로 있다가 다시 중종 12년에 임시 기관의 형태로 조직되었다. 그 후 중종 26년에 3의정이 비변사의 都提調職을 겸하도록 하였고, 명종 9년(1554)에 상설 관아가 됨으로써 의정부와 함께 관부의 최고 등급인 1품의 독립 관아로 정착 발전하게 되었다.

비변사는 備局 또는 籌司라는 별칭과 당초 그 설치 동기는 남북 변경의 倭胡를 효과적으로 대비하려는 것이 일차적 목적이었다(備禦籌劃機關). 그러나 정치적인 동기나 통치 방법상의 문제도 설립 배경으로 간과할 수 없다. 그 동안 비변사의 설치 배경을 정부 내부기구의 해이 때문이라거나 군사제도 운영의 모순 즉 군정과 군령체계의 동요 때문이라는 견해가 있었다.[2] 그러나 이보다 앞서 이미 세종조에 왜구 및 야인에 대한 대책에 있어 邊事諳鍊者(知邊事者)를 국방관계 회의에 참여시킨 선례에서 그 모태를 찾을 수 있는데, 이것은 물론 여말선초 都評議使司 제도의 영향이라고 할 수 있다.

이러한 선례와 함께 세조때의 의정부 서사제의 폐지는 상대적으로 변방에서 발생하는 국방관계의 일을 의논하는 협의체를 강화시킬 요인으로 작용되어 유사시 변사주획인원을 知邊事者 이외의 宗室이나 諸將까지 확대시킨 것이 관행이었다. 이때의 지변사자는 성종때에 知邊事宰相으로 발전하였고 이것은 후일 비변사 당상으로 바로 연결되었다.

또한 군정·군령체계의 모순에 따른 변통 과정에서 유사시 효과적인 변사주획체의 필요성이 비변사를 태동케 한 배경이었다고 할 수 있다. 지방의 用兵에 관한 군령 하달은 본래 병조와 의정부의 합의를 거쳐 국왕이 節度使에 하달하는 것이었다. 그런데 이 군령의 협의과정에는 변방의 사정에 밝은 대신(知邊事宰相)이 참여하여야만 효과적으로 작성 하달할 수 있고, 군령의 최종 결재자인 국왕의 마음도 안도시킬 수 있어, 軍營의 移設이라던가 邊將의 인선 나아가 광범한 지방 군정의 문제까지도 다루게 되는 것이다. 이러한 변사

---

2) 鄭夏明, 앞의 글 참조.

주획과 지변사 재상의 역할이 비변사 설치의 한 이유였다.

한편 비변사 설치의 또 다른 배경으로는 중종반정 이후의 정치적 상황과 관련된 정치 운영상의 문제를 주목하지 않을 수 없다. 비변사의 설치 동기가 '大臣未慣兵事'[3] 때문이라는 기록과 같이 변사주획에 지변사자를 참여시키려는 것은 분명하지만, 여기에는 당시 정치 운영상의 문제가 개재되었을 가능성 또한 배제할 수 없다. 이는 반정 후 10여 년이 지나 왕권이 신장되는 정치적 상황에서 비변사가 등장하였기 때문이다.

세종때 폐지된 의정부 서사제가 중종 11년(1516)에 부활되자 그 이듬해에 비변사의 조직 명칭이 나타난 것과 14년 기묘사화 후에 다시 비변사가 再設강화된 점, 그리고 17년~23년 사이에 주로 三司 관원들에 의해 비변사의 폐지가 강력히 주장된 점 등에서 왕권 강화와 관련된 비변사의 정치적 의미를 엿볼 수 있는 것이다.

특히 비변사의 독주에 따른 비판과 폐지 주장이 제기될 때마다 중종은 시종 이를 묵살하고 계속 비변사를 존속시키려는 입장이었고, 기묘사화의 주동자로 일컫는 반정공신 南袞·沈貞 등도 왕에 동조하며 끝까지 폐지를 반대하고 나선 점 등에 유의할 필요가 있다. 이 같은 사실은 비변사의 설치 운영이 왕권의 강화 내지 집권층의 권력 증대와 관련된다는 것을 의미하며 나아가 비변사를 통해 신진 사림세력을 견제하려는 뜻도 있었다고 하겠다.[4]

이렇게 비변사는 첫째 국방상의 문제로 세종~세조조 이래 지변사자를 변사주획에 참여시킨 선례와 이의 결과로 나타난 성종대의 지변사재상의 활약 그리고 중종초 변방의 잦은 소란으로 이에 대처할 군사 협의체의 필요성이 있었고, 둘째 제도적 모순의 문제로서 군정·군령체계의 변통에 따른 변사주획기구의 필요성 및 당시 防禦廳·築城司 등 변사대책기구의 權設 운영 경험, 셋째 정치 운영의 문제로서 중종반정 이후 왕권 안정과 관련된 정치적 상황 변동과 새로운 통치 방법의 필요성 등이 복합적으로 작용되어 비변사라는 새로운 기구가 나타났던 것이라고 할 수 있다.

이와 같은 비변사의 설립 시기에 대하여 그 동안 여러 가지 견해가 있어

---

3) 《明宗實錄》 권 16, 명종 9년 2월 기묘.

4) 潘允洪, 앞의 책, 제1장 제1절 참조.

왔다. 비변사의 설립 연대를 중종 5년, 중종 12년, 명종 10년(1555) 그리고 심지어 세종대, 성종대 등으로 주장하기도 한다. 이와 같은 여러 가지 견해가 있었던 것은 비변사의 설립에 관한 관계 기록이 명확하지 않기 때문이다. 이 가운데 중종 5년 설립 주장이 가장 온당한 것이지만, 그 동안의 여러 가지 견해는 다음과 같은 이유가 있으며 또한 각자의 견해차와 일부 오류가 있었기 때문이다.

첫째, 《中宗實錄》에 최초의 비변사 설립 기사가 전후 연결없이 돌출하여 이의 해설을 구구하게 한 점과, 《備邊司謄錄》에도 설립 시기의 기록이 없어 그 경위를 알 수 없게 한 점, 이에 더하여 이 시기 비변사와 유사한 성격의 防禦廳·築城司 등 몇몇 권실아문의 置廢가 혼재되어 있는 점을 들 수 있다.

둘째, 제도사적 측면에서 관청의 설치 기준을 어디에다 둘 것이냐 하는 문제 때문이다. 즉 어느 관아의 경우, 처음 설치된 시점과 그 관아의 상설 운영 시점이 다를 수 있는데, 전자를 기준으로 할 때는 설립 연대가 올라가고, 후자를 중시한다면 그 연대가 내려갈 수밖에 없다. 이러한 경우는 비변사에만 해당되는 것이 아니라 일반 기관에도 적용되는 문제이다.

셋째, 둘째와 연관되기는 하지만, 어떤 관아가 설치될 경우 그 임무와 관련하여 명실상부한 기능의 행사 여부를 기준으로 설립을 규정하는 관점이 있을 수 있다. 여기에는 논자의 주관이 많이 작용될 수 있어 설립 연대의 比定에 상당한 차이가 있을 수 있다. 또 설립 당시의 단순한 조직과 그 후 확대 정비 즉 정형화된 조직 가운데 어느 경우를 설립 조직으로 적용하느냐에 따라 달라질 수도 있다.

넷째, 비변사 설립의 경우, 임란 이후에 저술된 여러 私撰 史書類와 후기에 편찬된 여러 政法書 등에 비변사 설립 연대 기사가 거의 동일하다는 점 때문에 실제 설립 연대를 등한시한 면이 없지 않았다. 《芝峰類說》을 위시하여 《磻溪隨錄》·《燃藜室記述》 등과 《續大典》·《萬機要覽》·《文獻備考》 등에 모두 '備邊司 明宗 十年始設'로 기술되어 있어 그 이전에 설치된 비변사를 별로 주목할 수 없게 하였다.

이상과 같이 그 동안 비변사의 설립 연대는 각기 다르게 언급해 왔다. 종래의 명종 10년설은 유명한 사서나 법전 등에서 근거했다고 하더라도 중종 년간에 이미 비변사가 운영되어 온 엄연한 사실이 무시된 것이며, 중종 5년설도 이때가 비변사 기사가 최초로 실록에 등장한 시기라는 데에는 이의가 없지만 "비변사 從事官을 품계가 높은 문신으로 선발하는 것이 어떠하겠습니까"[5]라는 기사는 전후 본말이 없는 돌출기사일 뿐만 아니라 종사관의 품계를 높여 뽑자는 것은 이미 비변사의 존재를 전제한 내용일 수 있기 때문에 그 이전에 비변사가 설립되었을 가능성을 배제할 수 없다. 그러나 현재까지 이 이상의 기록을 찾아 볼 수 없고, 당시 임시로 설치되었던 여러 기관들이 置廢되는 상황으로 볼 때 중종 5년(1510)에 설립되었다는 것이 가장 타당하다고 하겠다.

반면에 중종 12년설[6]은 이때의 실록 기사에 비변사의 조직이나 관직 명칭이 분명하게 나타난다고 하여 이를 설립 연대로 삼으려는 것이다. 그러나 이것은 그 이전 중종 5년의 기록을 인정하지 않은 무리가 있다. 또한 비변사가 중종 17년 楸子島 倭變으로 상설화되었다는 것도, 그 후 폐지와 복설(중종 36년)이 반복된 바 있어 분명하게 수긍할 수 없다. 이렇듯 여러 가지 문제점이 있을 수 있으나 제도적으로 정비된 시기보다도 창설을 먼저 염두에 둘 경우, 비변사의 설립 上限은 중종 5년이라고 하겠다.

중종 5년에 설립된 비변사는 고종 2년(1865) 3월에 혁파될 때까지 조선 중·후기 350여 년간 국정 최고 기관으로 행세하며 관제상의 최고 권력기구인 의정부를 허구화시켰다. 그러나 이와 같이 막강한 기관인 비변사는 왕실과의 相補 관계가 무너지면서 특히 臣權이나 戚臣權力에 의한 왕권의 제약을 결코 용납할 수 없었던 대원군의 정책으로 하루아침에 혁파되었다.

비변사는 순조대 이후 19세기 60여 년간은 그 권한이 막강하였다. 이미 관행화된 비변사의 관원들을 자체적으로 선임하는 自薦制와, 비변사 전임당상은 도제조 특히 현직 의정들의 친인척은 임명되어도 자리를 말지 않고 피하는 규정(相避制)의 해소 등은 비변사의 정치 권력 집중을 더욱 용이하게 하였다. 그리하여 척신세력이 요직을 독점함은 물론이고 인사나 정무 議啓權도 장악하고 있어 국왕은 다만 비변사의 결정을 형식적으로 따르는 형편이었다.

5) 《中宗實錄》 권 11, 중종 5년 4월 계사.

6) 申奭鎬, 앞의 글 참조.

정무 관할에 있어서도 이미 각사의 변통 업무는 법적으로 비변사를 거치게 되어 있어[7] 비변사의 정치와 행정통제력은 더욱 강력해 지고 있었다. 이러한 현상은 척신 세도정치 기간에 일어난 민란을 대비한다는 명분아래 더욱 심화되었고, 국왕의 권한 또한 위축되어 오히려 비변사에서 영향력을 행사하는 외척과 연계하여 왕권을 유지하고 있는 형국이었다.

이와 같은 상황에서 고종이 즉위(1863. 12)하자 이제 권력은 趙大妃와 大院君에 의해 장악되었고, 세도정치를 타파하고 왕정을 복고하기 위한 조치로 곧 바로 비변사의 혁파가 착수되었다. 300여 년 이상 최고의 정치세력 온상지라고 할 수 있었던 비변사의 혁파 시도는 가히 혁명적인 것이었다.

그러나 비변사의 혁파는 하루아침에 단행할 수 없는 것이어서, 그 첫 단계로 비변사의 임무와 기능을 분리하고 권한을 박탈하여 政務는 의정부로 귀속시키고 軍務는 삼군부로 이관시키어, 비변사를 文簿만 맡게 하는 형식적인 기구로 전락시켰다가 다음 단계로 혁파 과정을 거쳤다. 이 과정에서는 먼저 조대비에 의한 혁파 방향의 지시가 있었고, 다음으로 혁파에 따른 비변사「分掌節目」이 마련되었으며, 마지막으로 혁파의 교시가 있었다.

비변사의 혁파가 제기되자 당시 척신으로 핵심 세력이었던 영의정 金佐根은 부정적이었으나 조대비계였던 좌의정 趙斗淳은 폐지에 동조하였으며, 이 일로 조두순은 영의정으로 승진되고 김좌근은 삭직되었다. 혁파 지시 후 한 달만인 고종 원년 2월 11일 비변사의 「분장절목」이 入啓되었다. "임금께 아뢰고(啓稟), 각 관아로 공문을 보내고(行關), 공문을 받는 일(捧甘) 등 정부에 속한 일은 의정부가 하고, 본디 비변사에 속한 일만 비변사의 일로 한다"[8] 등의 15개조 시행 세칙과 2개항의 소관 분장 내용이 확정되어 이제 국정 전반은 의정부에 귀속되고 비변사는 다만 事大·邊事 등의 비변사 고유임무를 文簿 거행 정도로 형식화되어 남아있게 되었다.

이와 같은 「분장절목」의 입계와 동시에 조치된 銓郎權의 부활은 비변사를 사실상 폐지한 것이나 다름이 없지만, 제도적으로는 고종 2년 3월 28일 宗簿寺와 宗親府를 합병한 예를 명분으로 비변사와 의정부를 합하여 一府로 합

7) 《續大典》 吏典 雜令.
8) 《高宗實錄》 권 1, 고종 원년 6월 15일.

으로써 비변사의 혁파가 마무리되었다. 이렇게 하여 비변사는 그 관명이나 관아·印信까지 모두 없어졌지만 비변사의 고유업무라 할 수 있는 사대교린 등의 소임은 의정부의 朝房으로 편입되어 일부 계승되었으나 여기에는 이미 정치적 기능이 상실되었음은 물론이며 이것마저 1894년 갑오개혁 때의 관제 개혁으로 완전히 없어지게 되었다.

2) 조직 정비와 직무 확대

비변사는 일반 아문의 경우와 같이 그 조직과 구성원은 위계와 임무에 따라 都提調－提調(副提調)－郎廳과 하급 胥吏로 구분되었다. 부제조 이상이 당상관으로 임명되므로 이를 총칭하여 備邊司堂上이라고 하며, 이 비변사당상은 다시 의정관격인 재상급의 소수 고위 제조와 정무관격인 판서급의 다수 일반 제조로 구별된다. 비변사등록의 坐目에 고위 제조와 당상을 구분하여 명기한 것처럼 소수의 고위 제조는 비변사 諸宰이며, 다수의 일반 제조는 통상 비변사당상으로 호칭된다.

비변사당상은 그 선임 절차에 따라 專任堂上(啓差堂上)과 兼任堂上(例兼堂上)으로 구분되며, 비변사회의에서의 직무 분장에 따라 有司堂上과 句管堂上으로 나뉘어진다. 유사당상은 비변사의 상임 구성원이며, 구관당상은 시기적으로 늦게 나타난 것이지만 군정·재정·지방 행정 등을 관장하는 專管 구성원이라 할 수 있는데, 이들이 비변사의 핵심 직무를 행사하였다.[9)]

이러한 비변사 제조－당상은 겸직으로 운용되었기 때문에 겸임이 기본이지만 그 선임과정에서 兼差·啓差·例兼·分差 등의 선임 절차가 나뉘어 있었다. 겸차는 비변사의 고유 기능에 관련된 知邊官員(知邊事宰相)의 겸임이며, 계차는 비변사에 의해 차출된 경우이고, 예겸은 직위에 따른 당연직 겸직자이며, 분차는 비변사 관원과 비변사 업무를 나누어 맡는 補任의 경우이다. 여기에서 계차의 대상은 비변사의 변사주획에 유관한 적임자의 선발이 목적이었으나 그 제한이 별로 없었기 때문에 비변사의 정치 세력화 과정과 밀접

---

9) 潘允洪, 앞의 글(1991) 참조.

한 관계가 있었다. 후기로 갈수록 훈척이나 집권층의 軍職 보임자가 이 계차의 경우에 해당되었다.

계차로 선임된 제조-당상급은 일정한 정원이 없었으나, 실무 행정관 격인 낭청은 12명의 정원제로 조직되었다. 낭청은 文郞廳 4명과 武郞廳 8명으로 구성되었으며 종6품으로 임명되는데, 문낭청은 武備司郞官의 예겸 및 侍從의 계차로서 선임되고 무낭청은 혹 參外官이 예겸하기도 하며 仕滿(15朔)되면 승진이 보장되는 특혜가 있었다.

서리는 43명으로 구성되었으며 이속 서리의 경우 각 도 營吏 각 2명이 選上되었으나 후기에는 京吏로 바뀌었다. 이 43명은 書吏 16명, 書寫 1명, 庫直 2명, 史令 16명, 大廳直 1명, 文書直 1명, 守直軍 3명, 撥軍 3명 등으로 그 소임이 나뉘어 있었다.

비변사 조직의 정비 및 확대에 관해서는 《속대전》이나 《大典通編》 등의 법전이나 《萬機要覽》·《備邊司謄錄》을 참고할 수 있는데, 1555년 당시의 비변사 조직을 《만기요람》을 중심으로 살펴보면, 먼저 비변사를 대표하는 도제조는 최고위 관료로서 현직 의정과 전직 의정이 모두 겸임하였다. 도제조와 함께 비변사 회의와 차대 등에 참석할 자격을 갖는 제조는 지변사재상을 겸직으로 임명하였으며, 정원이 없었고, 이·호·예·병조 판서와 강화유수는 예겸하였다. 유사당상 3명은 제조 가운데에서 知軍務者로 계차하였다. 낭청 12명은 3명이 문신이요, 8명은 무신이었고, 1명은 병조 武備司 낭청이 겸하였다. 초기의 이와 같은 조직은 이후 계속 확대되어 갔다.

임진왜란을 계기로 부제조 1명이 증원되는 동시에 훈련대장이 예겸되었으며, 인조 2년(1624)에는 유사당상 1명이 추가되어 유사당상이 4명으로 운영되었다. 인조 24년에는 대제학이, 숙종 원년(1675)에는 형조판서가, 숙종 17년과 25년에는 개성유수와 어영대장이, 숙종 39년에는 8도구관당상 각 1명이 계속하여 증원되었다. 또한 영조 23년(1747)에 수어사와 총융사가, 정조 17년(1793)에 수원유수가, 숙종 19년에 광주유수가 제조에 예겸됨으로써 정조 시기까지 문무 요직이 거의 비변사 구성원으로 확대된 형편이었다.

이를 도표화하면 다음 〈표 1〉과 같다.

〈표 1〉 비변사 조직표

<table>
<tr><td colspan="2" rowspan="2"></td><td rowspan="2">資 格</td><td rowspan="2">品階
人員</td><td rowspan="2">選任</td><td colspan="9">施 行</td></tr>
<tr><td>明宗10</td><td>宣祖25</td><td>仁祖2</td><td>仁祖24</td><td>肅宗1</td><td>肅宗17</td><td>肅宗25</td><td>肅宗39</td><td>英祖23</td></tr>
<tr><td colspan="2">都提調</td><td>時原任
議 政</td><td>正一
1</td><td>例兼</td><td>都提調</td><td></td><td></td><td></td><td></td><td></td><td></td><td></td><td></td></tr>
<tr><td rowspan="6">提
調</td><td>啓
差</td><td>宰臣中
知邊事</td><td>從二
無定</td><td>兼差
啓差</td><td>提 調</td><td></td><td></td><td></td><td></td><td></td><td></td><td></td><td></td></tr>
<tr><td rowspan="5">例
兼</td><td>判 書</td><td>正二
4~5</td><td>例兼</td><td>吏戶禮兵</td><td></td><td></td><td></td><td>刑判</td><td></td><td></td><td></td><td></td></tr>
<tr><td>留 守</td><td>從二
1~4</td><td>例兼</td><td>江華留守</td><td></td><td></td><td></td><td></td><td>開城留守</td><td colspan="3">水原(正祖 17)
慶州(正祖 19)</td></tr>
<tr><td>大 將</td><td>從二
2~5</td><td>例兼</td><td></td><td>訓鍊大將</td><td></td><td></td><td></td><td></td><td>禦營大將</td><td></td><td rowspan="2">守禦使
摠戎使
禁衛大將
(英祖 30)</td></tr>
<tr><td>大提學</td><td>從二
1</td><td>例兼</td><td></td><td></td><td></td><td>大提學</td><td></td><td></td><td></td><td></td></tr>
<tr><td colspan="2">副提調</td><td>通政中
知軍者</td><td>正三
1</td><td>啓差</td><td></td><td>副提調</td><td></td><td></td><td></td><td></td><td></td><td></td><td></td></tr>
<tr><td colspan="2">有 司
堂 上</td><td>提調中
知軍者</td><td>從二
3~4</td><td>啓差</td><td>有司 3員</td><td></td><td></td><td></td><td></td><td></td><td></td><td></td><td></td></tr>
<tr><td colspan="2">句 管
堂 上</td><td>備局中
堂 上</td><td>從二
(8)</td><td>分差</td><td></td><td></td><td></td><td></td><td></td><td></td><td></td><td>八道句
管</td><td></td></tr>
<tr><td colspan="2">郎 廳</td><td>侍 從
參外官</td><td>從六
12</td><td>啓差
兼職</td><td>郎廳</td><td></td><td></td><td></td><td></td><td></td><td></td><td></td><td></td></tr>
<tr><td colspan="2">胥 吏</td><td>營 吏
京 吏</td><td>43</td><td>選上
差出</td><td colspan="9">書吏 16, 書寫 1, 庫直 2, 使令 16, 大廳直 1, 文書直 1, 守直軍 3, 撥軍 3</td></tr>
</table>

* 《續大典》·《萬機要覽》·《大典會通》基準.
** 품계 항목에서의 '從二'는 '從二品' 이상임.
인원 항목의 숫자는 최초와 최후 숫자가 함께 표시된 것임.
이 표의 '施行'은 中宗~明宗實錄 내용과 상이한 부분이 있음.

위의 조직표에 따르면 비변사의 도제조-제조-낭청의 조직은 명종 10년(1555) 이후에 편성된 것으로 되어 있으나 이는 법전에 나와있는 내용일 뿐 사실은 설립 초기인 중종 12년(1517)에 이미 나타나 있다.

따라서 비변사의 조직은 설립 초기에 기틀이 잡히어 운용되었으며 이후는 조직과 구성원의 증원이 계속된 것이다. 즉 명종 10년 이전까지는 도제조 1명, 계차제조 2~3명, 예겸제조 5명, 낭청 12명 등 도합 20명 내외로 구성되었으나, 임진왜란·인조반정 그리고 숙종~정조와 순조대의 세도정치 등 내외의 정치적 상황에 따라 당상의 숫자가 40명을 상회한 때가 있었다. 이어 세도정치 말기의 경우 軍職을 중심으로 무려 50~60명에 달하는 폭증 양상을 보여, 이 시기 서리까지 포함한 비변사 구성원의 총인원은 100여 명을 넘는 방대하고 방만한 조직이 되었다.

이러한 조직의 확대 운영은 외형으로만 보아도 다른 아문과 비교할 수 없을 정도였으며, 이는 곧 비변사의 기능 강화와 구성원의 정치 세력화와 바로 직결될 수 있는 것이었다. 이 같은 현상은 계차제조의 정원이 정해져 있지 않았고 예겸제조가 수시로 증원된 데에서 그 원인을 찾을 수 있으며, 이 숫자의 증가는 비변사의 정치적 기능의 강화와 그대로 비례하고 있었다.

비변사의 조직은 초기에는 본래의 변사주획에 부응할 만한 국경지대의 일을 잘 아는 관원을 중심으로 편성되었으나, 명종 9년의 상설화 과정에서 국경문제 뿐만 아니라 京中 군무까지 담당하도록 하였으며, 예겸제조가 증원되면서 판서급인 일반 정무 관원이 점차 가담하게 되었다. 또 임진왜란에 대비하면서부터는 국경지대의 일을 잘 아는 관원들로 제한되었던 특색이 상실되고, 군사 업무와 함께 여러 행정부서의 직무도 통할하게 되는 국가 최고 관부로서 자리잡아 갔다.

인조초에는 반정 공신들이 조직의 주체를 형성하여 변사주획이라는 본래의 성격은 명분으로 잔존된 채 정치적 성격의 조직으로 변질되어 갔다.[10] 숙종대 이후는 사회경제적 여건의 변동과 함께 8도 句管堂上이 두어져 도별로 보고되는 사안의 처리를 담당하도록 규정되었을 뿐만 아니라, 제조의 경우만 보더라도 그 기본 구성원인 예겸제조가 14명(5조 판서, 5군영 대장, 4도 유수, 대제학)을 헤아리게 되어, 국가 통치의 핵심을 이루는 재정과 군사를 중심으로 국가 행정을 전반적으로 장악하는 조직으로 크게 바뀌었다.

이와 같은 비변사의 조직 체계는 다음과 같은 몇 가지 특징을 발견할 수 있다. 비변사의 조직은 기본적으로 일반 임시기구의 경우에 준한 것이지만 일반 아문이 그 설립 목적에 연관된 소수의 예겸제조로 운용된 것에 반하여

10) 李載浩, 앞의 글 참조.

비변사는 당초부터 여러 가지 비판이 제기된 가운데도 다수의 제조로 운영하기 시작하였고 구성원의 수시 증원을 가능하게 하는 選任장치가 있었다는 것이다. 또한 비변사가 임시기구로 출발하여 상설기관으로 제도화된 이후에도 임시적인 조직 형태를 가지고 있었으며 구성원의 본직은 자주 바뀌어도 비변사 구성원으로서는 장기 재임이 상례였으며 구성원의 선임이 정변이나 후기 세도정치기에는 勳武戚臣이 주류를 이루고 있었다는 점이다.11)

이와 같은 특징은 대부분 비변사 구성원의 정치 세력화 현상과 밀접한 관련이 있다고 하겠으나, 그 외에 전문적인 관료층을 배양하려는 필요성이나 업무 수행의 능률성과도 관련이 있다고 하겠다. 이 점은 비변사의 정치적 기능에 긍정적으로 작용된 부분이라 할 수 있다.

비변사 당상의 선임 형식은 앞에서 본 바와 같이 계차와 예겸으로 크게 나눌 수 있는데, 계차의 경우는 당초부터 자체 司啓로서 문무 구별없이 선임되고 정원이 정해져 있지 않았기 때문에 비변사의 세력 확대에 크게 작용하였다. 예겸의 경우는 5조 판서(工判 제외)·대제학·4都 留守·5군영 大將 등의 겸직으로 일시에 예겸된 것은 아니었으며 군영대장의 경우는 비변사 坐目에 오르지 않은 준구성원의 성격이라 할 수 있지만, 이러한 사항들은 비변사의 정치적 기능 확대가 보장되는 제도적 장치일 뿐만 아니라 자의적인 권한 행사와도 밀접한 관계가 있는 운영 체제였다.

비변사 구성원의 자격은 변사주획에 부응할 만한 문신 중심의 知邊事宰相級이 기본이었으나, 초기부터 정치적 성격을 띤 일부 척신 등이 선임되었으니 이러한 것이 바로 비변사의 위상을 나타내는 것이라고 하겠다.

예겸제조가 증원되고 임진왜란 등에 대처하면서부터는 그 구성원이 문무 구별없이 편성되었으나 인조초에는 반정 공신들이 대거 계차되어 조직의 주체를 형성하였고, 이후 벌열들이 비변사당상을 맡는 것이 상례로 되었다. 이것은 신진 관원의 비변사 진출이 거의 봉쇄된 것을 뜻하는 것이며, 세도정치기에는 외척세력이 비변사를 석권할 정도이었다. 이와 같은 사실은 비변사구성원이 어느 때이건 당대 권력의 중추였음을 나타낸 것이다.

---

11) 潘允洪, 앞의 글(1991) 참조.

비변사 구성원 가운데 핵심적 역할을 한 것은 소수의 고위 제조 및 유사당상과 구관당상이었다. 4명의 유사당상은 비변사의 모든 업무를 장악하여 公事를 전담하여 처리하고 관직 議薦에 관여하며 병무를 주관하였다. 유사당상은 그 임무의 중요성 때문에 비변사의 제조중에서 三望으로 계차되었으나 비변사의 정치적 기능이 강화되기 시작한 인조대부터는 口頭 또는 草記에 의해 單望으로 선임되기도 하였다. 이것은 비변사의 권한이 자의적으로 행사되고 있음을 보여주는 것이며, 더욱이 이렇게 선임된 유사당상은 籌座나 賓座에서 大臣이 부재하여 긴급한 公事의 결재를 받지 못할 경우에, 직접 대신에게 나아가 收議하거나 또는 사사로이 처리할 정도로 그 권한은 막중하였다.[12)]

구관당상은 비변사의 군정·새정·교역 등의 사안을 주관하고 지방의 군정·행정 등을 통제하는 경제 분야 및 지방 통제의 전담 구성원이었다. 숙종대의 八道句管堂上制度가 대표적이라고 하겠으나 그 이전의 舟師句管·徙民推刷句管·軍餉句管 등과 堤堰·魚鹽·貢市·舟橋司 등의 구관 및 賑恤廳堂上·宣惠廳堂上 등이 이에 속하며 후기로 갈수록 주로 비변사의 재정 장악에 기여한 구성원이었다.

비변사의 직무는 제도적으로 《속대전》에 명기된 바와 같이 中外의 軍國機務를 總領한다고 되어 있으나, 이것은 의정부와의 직무 체계상의 구분이며 초기의 변사주획의 임무에서 차츰 경중 군무 및 군정의 議定과 나아가 일반 정무까지 의정하는 국정 전반을 관장하는 직무로 확대되어 나갔다.

특히 임진왜란을 대처할 때에 군국기무를 총령하고 인조반정 이후 정치적 기능이 강화되면서 부터는 국정을 총괄하는 최고 아문으로 기능하게 되었으며 임자·병자 양란과 호란 등의 전시 및 준전시 체제의 장기화는 이러한 관행을 굳어지게 하여 국가의 대소 정책 결정이 대부분 비변사에 이관된 듯한 양상으로 발전하였다.

이러한 비변사의 직무를 일별하여 보면, 기본적인 변사 대책의 임무로서 변사주획·邊政 措置·전란 대처 등이 있었으며, 정치행정상에 있어서는 관직 의천·군정 의정·외교 관리·재정 조정·지방행정 통제 등이 있었고, 정

12) 潘允洪, 앞의 글(1992b) 참조.

치 기능상에 있어서는 정책의 의정과 시정의 조정 등이 있었다. 이와 함께 비변사는 왕권의 相補 또는 제약 그리고 비변사 구성원의 정치 세력화 내지 권력 집중화 현상에 많은 작용을 하였다.[13] 이러한 현상은 비변사의 권한 강화에서 기인되었음은 물론이다.

3) 시기별 성격과 기능강화

비변사의 직무와 역할은 전시기 동안 평면적으로 동일하게 전개된 것이 아니기 때문에 시대별·사안별 내용이 구체적으로 파악 해명되고 이의 바탕 위에 시기별 성격이 규정되어야만 그 기능을 보다 종합적으로 이해할 수 있을 것이다. 이를 위하여 다음과 같이 비변사의 기능을 시기별로 구분할 수 있다. 즉 제1기 邊事籌劃期, 제2기 軍國機務總領期, 제3기 外交財政掌握期, 제4기 內政專橫期 등 4시기의 구분이다. 이 시기 구분은 비변사의 역할과 성격을 중심으로 한 것이지만 시대적 배경 그리고 정치적 상황의 변동 등이 같이 고려된 것이다. 우선 비변사의 시기별 기능을 비변사의 조직이나 발전과 연계하여 요약·도표화하면 다음 〈표 2〉와 같다.[14]

〈표 2〉 비변사의 시기구분

구분	시기(352년간)	조직상	발전상	배 경
제 1기(16C) 변사주획기	중종 5(1510)~선조24(1591) 81년간	성립기	초창기	남북변경빈발시대 (경오·을묘왜변)
제 2기(17C) 군국기무총령기	선조25(1592)~숙종24(1698) 106년간	정형기	활성기	전시·준전시복구시대 (왜·호란북벌산업조성)
제 3기(18C) 외교재정장악기	숙종25(1699)~정조24(1800) 101년간	확장기	홍성기	대외화평교역시대 (사회변동·상품경제발전)
제 4기(19C) 내정전횡기	순조 1(1801)~고종2(1865) 64년간	파행기	퇴영기	정치사회파행정체시대 (세도정치·민란발발)

13) 潘允洪, 앞의 글(1992a) 참조.
14) 潘允洪, 앞의 글(1990) 참조.

제 1기로 구분한 변사주획기는 설립 초기인 중종 5년(1510)부터 선조 24년(1591)까지 16세기 81년간으로서, 그 명칭이 통시대적으로 적용될 수 있는 것이지만 당초 변사주획이라는 설립 방향과 변란 빈발의 시대적 배경에 따른 이 방면의 중심적 역할이 고려된 것이다. 조직 변천상에서는 이 기간을 형성·초창기로 구분하였는데 이것은 설립과 치폐가 반복된 과도기적 상황을 감안하고 비변사에서의 '例會議啓'가 규정(명종 9)되었기 때문이다.

이 기간초에 도제조-제조-낭청의 직제가 기틀이 잡혔으며 10여 명 내외의 당상은 지변사재상 및 훈구대신 등으로 선임되었으나, 명종때부터는 이·호·예·병조의 4조판서가 예겸되기 시작하고 3명의 유사당상이 운용되면서 본격적인 의정활동이 전개되었다. 이 확대된 구성원에 의하여 변사주획 뿐만 아니라 경중 군무를 의계하고 차츰 정무의 일부까지를 의정하게 됨으로써 비변사가 이 시기부터 의정부와 비견할 정도의 위치에 이르게 되었다.

제2기로 구분한 군국기무총령기는 선조 25년부터 숙종 24년(1698)까지 17세기 106년간으로서, 임란·호란과 북벌 등 전시-준전시적 상황 그리고 전후 복구, 산업 조성 등의 시대적 배경과 법전 등에 규정된 군국기무총령 등이 함께 고려된 것이다. 이러한 시기에 조직이 정형화되고 기능 또한 활성화되어서 그 조직 발전상으로는 정형·활성기로 구분할 수 있다.

즉 이 시기초인 임란때에 부제조가 신설되어 비변사의 조직이 도제조-제조-부제조-낭청의 직제로 정형화되었으며 새로 설립된 訓局의 大將이 예겸제조로 추가되고 인조 2년(1624)에 유사당상 1명이 증원된 데 이어 대제학(인조 24년)·형조판서(숙종 1년)·개성유수(숙종 17년)의 예겸이 계속되어져 정형화된 조직과 확대된 구성원에 의해 전란대처 등 군국기무를 총령하고 나아가 국정전반을 의정하는 최고아문으로 등장하게 되었던 것이다. 따라서 이 시기에 의정부의 허구화가 수반되었음은 물론이다. 특히 이 기간의 인조반정을 계기로 하여 비변사의 조직은 정치적 성격을 분명히 나타내 보이고 있었다.

제3기 외교재정장악기는 숙종 25년부터 정조 24년(1800)까지 18세기 101년간으로서, 효종-현종 년간의 북벌 및 그 논의가 종식되고 대외 화평시대를 맞이하였을 뿐만 아니라 숙종 24년의 《受教輯錄》 편찬은 이전시대를 정리한 하나의 구획으로 보여지기 때문에 이때를 제3기의 시점으로 본 것이다. 이 무렵을 전후하여 비변사는 대외 교역을 포함한 외교 관리의 사례가 현저히 드러나고 각종 구관당상의 활발한 분차 운영으로 무역·재정·지방행정관계 등의 사안이 처리되고 장악되어 갔다.

이와 함께 비변사의 조직도 계속 확장되어서 이 시기는 비변사의 조직 발전상에 있어서 확장·홍성기라 할 만한 때였다. 즉 숙종 25년(1699) 어영대장의 예겸을 위시하여 수어사와 총융사(영조 23년)·금위대장 등 군영대장과 水原 유수(정조 17년)·廣州 유수까지 예겸함으로써 중앙의 5군영 대장과 4도 유수가 모두 비변사 구성원으로 확대 편입되어 비변사의 정국 주도 현상이 뚜렷이 부각되었다. 그러나 이 보다 더욱 특징적인 것은 이 시기에 八道 句管堂上·魚鹽 句管堂上·宣惠 堂上·貢市 堂上·舟橋司 句管堂上 등 각종 구관당상이 분차되어 교역·재정 등을 장악하는 專管 구성원의 확대가 현저해졌다는 점이다.

앞의 제2기가 전시·준전시의 대처 및 전후 복구 등 국방 강화가 시대적 배경이었다고 한다면, 이 제3기는 淸日 양국과의 평화시대라는 대외적 여건과 대내적으로 사회 변동·상품 경제 발달 등 앞 시기와 다른 시대적 환경을 맞이하였다고 할 수 있다. 따라서 비변사의 조직도 이에 부응하여 경제 관계 구성원의 증치가 이루워졌고, 이것은 비변사의 재정권 확대라는 측면에서 주목되는[15] 동시에 조선 후기 사회·경제발전의 모습도 보여주는 것이라 하겠다.

제4기 내정전횡기는 순조 원년(1801)부터 비변사가 혁파된 고종 2년(1865)까지 19세기의 64년간이다. 순조초부터 세도정권의 등장으로 정치적 파행과 함께 사회적 퇴영이 일어나고 아울러 인사·재정 등 내정의 핵심 사안이 비변사에 의해 장악되고 이와 연결된 삼정 문란, 민생 탄압은 이 시기를 특징지운다. 비변사의 조직상으로도 파행기라 할 수 있으니, 이미 확장된 조직의 구성원에 있어서 군직 중심의 계차가 더욱 심하였고 유사·구관 등의 요직 당상이 외척이나 벌열세력에 의해 독점되는 현상이 뚜렷하였다.

전반적으로 비변사의 조직은 정치 세력의 중심 조직으로 바뀌었고, 이 마지막 시기는 비변사의 핵심 구성원에 의해 인사·재정·지방 행정 등 주요

15) 潘允洪, 앞의 글(1994) 참조.

내정이 專擅되고 왕권과의 相補性도 결여되어 결국 비변사의 혁파를 자초한 파행성의 노출 시기였다고 할 수 있다. 이와 같은 현상은 19세기초·중엽 정치 사회의 퇴영 현상과도 밀접한 관계를 갖고 있는 것이라고 할 것이다.

이와 같은 비변사의 4기구분에서 각 시기상의 기능을 보면, 제1기에서부터 변사주획을 비롯한 京中 군무 및 일반 정무 의정으로 확대되었고, 제2기는 군국기무총령과 나아가 국정을 총괄하였으며, 제3기는 국정 총괄위에 外交辦理·재정 장악·지방 구관 등을 구체적으로 주관하였으며, 제4기는 종래보다도 관직 의천권이 더욱 천단되고 재정·내정 등의 핵심 정무가 비변사에 의해 전횡되었던 것으로 요약할 수 있다.

또한 시기가 지날수록 총괄하는 사무가 확대되고 기능이 강화되었음을 알 수 있는 데, 대체적으로 제1~2기에는 변사-군국기무의 역할이 주류이며, 제3~4기에는 외교·경제·정치 행정적 기능이 위주이었음을 알 수 있다. 이 같은 변화는 비변사 자체의 기능 변화에 더하여 대외 관계의 변동 및 사회 경제적 상황, 정치 세력의 추이 등에 따른 결과라고도 할 수 있다.

즉, 비변사의 제1~2기로 구분한 전반기는 남북 邊釁이 잦았을 뿐만 아니라 선조~인조 년간의 왜란·호란을 치루워 냈던 전시체제와, 효종~현종 년간의 2차에 걸친 寧古塔 派兵(羅禪征伐) 그리고 북벌론 등으로 준전시적 정국이 등장하였는데, 이 시기의 잦은 전쟁과 군사적 상황의 연속은 그 주체가 여하건 간에 비변사의 성장과 활성화에 중요한 배경이 되었다고 할 수 있다. 그리고 이때의 주요 정책의 의계와 그리고 군국기무의 총령은 제3~4기 대외화평시대에 내정 장악으로 이어져 국정을 총괄하고 나아가 독단에까지 이르렀다고 할 수 있다.

4) 정치적 기능과 위상

비변사의 정치적 기능은 비변사의 정책 결정 과정에서 뚜렷이 나타난다. 비변사의 각종 정책의 결정은 비변사 회의인 籌座와 빈청회의인 賓座에서 이루어졌다. 주좌는 비변사에서 수시로 열리며, 빈좌는 대궐에서 정해지는 例會開座의 형태인데, 빈청회의를 廢座하려 할 때는 頉稟으로 가능하며 비변사의 활약이 소강상태일 때에 이 탈품사례가 많았다.

이러한 주좌나 빈좌에서 비변사의 대소사를 처리하였는데, 이 과정은 書狀이나 상소문 그리고 주요 사안 등을 開座時 대신들이 돌려 보고, 논의 결정한 후 관인을 찍어 入啓하는 절차를 거치었다. 임금의 답을 재심하여 상주할 때에는 먼저 유사당상이 相臣에게 보고하고 의안을 작성해 여러 대신에게 논의케 하여 의견이 일치된 연후에 입계하였으며 공사 출납은 절차상 모두 승정원을 경유하였다.

비변사의 공사는 일상적인 공사와 긴급한 공사로 구분되며 긴급한 공사를 처리할 때에는 유사당상이 파격적으로 대신들의 회의에 나아가 權道로 처리한 경우가 많았다. 공사처리 때에 각종 回啓 안건의 통제를 통해 施政을 조정하였으며 이해관계의 조정도 함께 행해졌다. 변사·교린·내정 등의 사안과 각종 別單·事目·節目 등의 제정시에는 매우 신중하였으며 특별한 경우 회의 기간만해도 수개월이 소요되었다. 그러나 대개 비변사 구성원의 주도대로 회의가 이루어지고 정책이 결정되는 것이 상례이었다.

비변사에서의 의계 사안은《고종실록》에 제시된 幸行을 비롯하여 使行·典禮·科擧·賦稅·刑獄·邊事·松田 등에 이르기까지 총 56개 항에서 보듯이 국정 전반에 걸쳐 있었고, 자체의 업무 또한《謄錄類抄》나《萬機要覽》등에 보이는 바와 같이 무수히 많았다.《등록유초》에는 관직·驛路·畜牧·교화·예악·부역·교린·군정 등 20여 개 항목으로 나타나있고《만기요람》에도 擬望·軍操·還餉·使行銀·空名帖 등 20여 항이 넘게 제시되어 있어 정치적 성격이 배제된 순수한 사무도 매우 많았다. 이 가운데 역로·축목·烽燧·漕轉·魚鹽·松政 등은 비변사의 업무로 전관되다시피 하였으며, 관직 의천권은 邊將·監兵水使에서부터 特命 使臣 등 京官에 이르기까지 이조·병조의 銓選權을 무력화시킬 정도로 막강하였다.

비변사의 업무 가운데 국방 문제는 비변사의 고유 임무와 관련하여 기본적으로 수도권 방위에 대한 문제 및 남북변방의 海防·制置 등 여러 사안과 漂海人·被擄人 등을 통한 대외정세 파악 그리고 萊館開市와 中江開市 등의 대외 교역 사안을 조정하였다. 이와 같은 경우는 그것이 비변사의 재정권 장악이라는 측면을 넘어 당시의 사회경제적 여건을 적극적으로 주도하는 일면도 있었다.

일반 군사정책에 있어서는 制置·政格·變通·移屬 및 宿衛·禁旅·五衛·軍營·束伍·赴防·海鎭·舟師 등 제도적인 사안과, 良役·戶役·軍布·牙兵·步卒·簽丁·餘丁 등 軍額 사안, 操練·點閱·試藝·軍賞 등의 감독 사안 그리고 屯田·軍糧·軍器·호궤 등 군수 문제 등에 이르기까지 군사정책 거의 전부가 포함되어 있었다.[16)]

외교 정책 즉 사대교린의 문제에 있어서도 국방문제와 관련하여 倭·胡와의 분쟁에 대처하고 對淸回咨 및 對倭書契 등을 처리하였다. 또 使行銀, 鳥銃換貿 사안, 漂漢人을 통한 청일 양국의 정세파악, 대청·대왜 무역관계 등이 많았는데 의계항목으로 볼 때 燕行·互市·萊館·支勅·書啓·漂海人·邊事·金銀·潛商 등의 사안 처리가 집중적으로 나타나고 있다.

재정정책[17)]은 비변사의 제3기로 접어든 18세기경에 많이 이루어지고 있었다. 이 시기는 비변사의 재정 장악기라 할 만한 시기로서 賦役·財用·田農 등에서 各曹 소관의 내용이 거의 비변사에 이관된 듯한 양상을 보였다. 貢物·結役·紙地·大同 등 호조 소관의 부역사항이 비변사의 중심 사안이었고, 병조 소관의 步兵價布 및 刷馬價木·軍布代捧 등의 조치라던가 放軍收布의 폐단시정 등 군정 문제를 대부분 담당하였다.

財用사안은 金銀·錢幣·耗穀·魚鹽·紙地·商賈·殖利·賑救·屯庄 등 6조의 재용 관계 대부분이 비변사에 의해 처리 통제되고 있었는데 18세기 상품경제의 발달과 관련하여 錢幣行錢과 인삼무역에도 큰 비중을 차지했다.

농업문제에 있어서는 양전사업을 비롯하여 둔전·목장·제언·踏驗·勸農 등의 사안이 중심 항목이었다. 특히 양전의 어려움을 비변사에서 통제한 모습이 나타나고, 方田法이라 새로운 打量法을 시행하였으며, 둔전·목장·제언 등의 대책은 비변사의 관심이 집중된 분야였다.

이상과 같은 비변사의 제반업무를 통해서 그 정치적 기능을 살필 수 있지만, 비변사의 권력집중 양상은 각종 정책의 의논 및 그에 대한 처리 방침의 결정과 주요 관직에 대한 인사권의 장악, 그리고 구성원의 정치세력화 등에서 직접적으로 나타나고 있었다.

---

16) 潘允洪, 앞의 글(1993) 참조.
17) 潘允洪, 앞의 글(1994) 참조.

설립 초기부터 의정부와 병조 등에서 담당한 업무가 비변사와 중복 또는 이관됨이 많아 設官分職의 본 뜻을 잃고 정부 관료기구의 위계 질서를 문란하게 한다는 비판과 함께 비변사 폐지 주장이 비등하였던 것은 이의 증거라고 할 것이다. 비변사의 제3기에 들어와서는 이러한 비판마저도 나타나지 않았는데, 이것은 비변사가 이미 국가의 최고 관부로 운영되었고 집권층의 주류가 대부분 비변사의 구성원에 속해 있었기 때문이다.

이와 같이 시대가 지날수록 의정부의 의정권과 전조의 銓選權이 무력화되는 현상은 비변사의 직권 강화와 비례하게 되어 비변사는 국가의 최고 관부로서 기능하게 되고 정치구조의 핵심에 위치하게 되었다. 그리고 정치세력의 집중처요 권력구조의 핵심 위치에 있었던 비변사는 신진세력의 진출을 막았을 뿐만 아니라 왕권과의 상보를 넘어서 왕권을 제약하는 상태로 진전되었는데, 이와 같은 측면은 비변사의 후반기에 접어들면서 더욱 가속되었다.

그러나 그 전시기인 비변사의 활성·홍성기에는 효율적인 국방대책과 시정통제 그리고 비변사 관료의 전문성 및 현실성있는 정책 의계 등이 전통관료제하의 한계성 속에서도 상당히 긍적적으로 작용한 부분이 있다고 볼 수 있어서, 이러한 측면은 임진·병자 양란을 겪고도 조선 왕조가 붕괴되지 않은 요인의 하나에 해당될 수 있을 것이다. 이와 함께 국왕의 입장에서는, 정치 운용면에서 의정부·육조·삼사 등의 제도에 의해 유지되던 정치 질서에 비변사라는 정책·행정상의 통제 장치를 추가 운영함으로써 왕권의 안정을 도모한 것으로 볼 수 있으나, 정치 세력의 측면에서는 비변사당상에 오르는 길이 권력의 중심에 접근하는 방법이었으므로, 이 양자간의 상관관계가 비변사를 장기간 존속케 한 기본 요인이었다고 할 수 있다.

비변사의 제4기에 접어들면서 이 양자간의 상보가 무너져 비변사 세력에 의한 왕권의 제약이 노출되기 시작하였다. 이것은 곧 비변사의 파행과 병행된 것이지만 세도정치는 척신의 권세와 이러한 비변사의 권력 구조를 배경으로 가능하였다고 할 수 있고, 삼정문란과 민란 발발은 이의 결과라고도 할 수 있다. 이와 같은 상황의 도래는 비변사의 권한이 아무리 막강하다 하더라도 왕조국가 체제하에서 일정한 한계성을 넘어설 수 없는 것이기 때문에 결국 비변사의 혁파를 자초하게 된 것이라고 할 수 있다.

비변사의 정치적 위상은 정권 독단의 기관, 정책의 의결과 시정의 조정 기관으로 요약할 수 있듯이 정치적으로 부정적인 측면과 행정적으로 긍정적인 면모를 다 갖고 있었다고 할 수 있다. 이 두 측면은 비변사의 양면성을 보여준 것으로 긍정적 측면은 設官分職의 괴리가 비판되었음에도 불구하고 비변사를 오래도록 존치시키는 하나의 요인이라고 할 수 있을 것이다.[18]

우선 정권 독단의 기관이라고 규정한 것은 비변사에 정치 권력이 집중되고 정책 의계권이 독점되며 나아가 제도적으로 의정부의 허구화 현상을 초래케 한 것과 또한 관직 의천권을 전횡하여 銓曹(이조·병조)의 무력화 양상을 가져오게 한 권력의 집중 현상 때문이었다.

비변사는 설립 초기부터 의정부와 相抗하고 병조를 물러서게 할 정도로 권한이 비대해졌다. 설립 초기의 국방 협의체의 목적을 넘어서 곧 바로 국방 군무를 의정하는 정책기관으로 발전하였고, 의정대신은 국방를 잘 알지 못한다 하여 비변사 당상에게 위임하는 경우가 나타났으며 병조의 소관도 비변사에 이관된 듯한 양상이었다. 이렇게 되자 비변사 폐지론이 자주 제기되어 초창기에 결국 2차에 걸쳐 폐지와 복설이 반복되었는데 이것은 비변사가 순수한 국방 관부로서의 차원을 넘어 권력이 집중된 현상 때문이었다.

명종 9년(1554) 비변사 회의가 정례화한(例會議啓) 이후부터는 군사 문제뿐만 아니라 경중 군무까지를 관장하는 의정기관의 성격을 보였으며 이는 비변사의 상설기관화의 기반이 되었다. 그후 선조때 임란이 발발하자 '政出多門은 大害'[19]라고 하여 비변사로 권한이 더욱 집중되어 전시 비상 국정을 통할하기에 이르렀다.

그러나 이 시기 비변사의 전란 대처 능력에 한계가 있는 것으로 보여져 사헌부에 의해 일부 그 기능이 비판된 적이 있었지만 군국기무뿐만 아니라 국정 전반을 총괄하는 사실상의 국정 최고기관으로 행세하였다. 대간이 관원이 부적합하다 하여 바꾸려 하자 이를 비변사가 무시한다거나, 승정원도 措辭 등을 스스로 비변사에 의뢰하고 있었던 정황에서 그 일면을 엿볼 수 있게 하고 있다.

---

18) 潘允洪, 앞의 책, 제 4장 참조.
19) 《宣祖實錄》 권 26, 선조 25년 5월 무진.

광해조에 들어와서도 전후 복구책과 對후금 정책 때문에 비변사의 기능은 더욱 활성화되고 있었다. 이 시기부터 이제 비변사를 비판하는 경우가 없어지고 비변사의 기능 강화는 물론 왕권과의 관계도 깊어졌으며 특히 광해군 년간의 매우 민감한 외교문제인 명나라의 원병 요청을 의식한 大義論과 후금의 세력을 의식한 大勢論의 갈등 속에서도 군국 주도권은 비변사에 의해 장악되고 있었다.

그러나 정치적으로 비변사의 기능이 극대화된 것은 인조반정 이후라고 할 수 있다. 이 시기 비변사의 당상이 서인 반정공신 및 그 계열의 문신으로 구성되었다는 것은 그 정치적 성향을 헤아리기에 충분하다. 이와 같은 상황은 비변사의 말기까지 대체적으로 큰 변동이 없었으며 세도정권 시기에는 막강해진 비변사의 기능 때문에 오히려 왕권이 이에 의탁하여 유지된 형국이었다.

한편 비변사에 의한 인사권의 장악은 그 기능의 강화뿐만 아니라 정치 세력의 집중에 크게 기여하였다. 비변사의 인사 관여는 이미 설립 초기부터였다. 중종 17년(1522) 楸子島 왜변시 지방 군관의 파견에 관여하고 이어 그 선임을 병조와의 동의로 조치한 것에서 잘 드러나고 있다. 이러한 비변사의 관직 의천권은 외방의 감사·병사·수사 등 邊閫·변방의 수령과 수도 방비의 留守·將臣 등 일부 문무 경관직 그리고 특별 사명에 이르기까지 점차로 확대되어 종국에는 銓曹의 전선권을 무위로 만들었다. 비변사의 전선권은 설립 초기부터 邊將 의천으로부터 나타나기 시작한 것이지만 원래 변장을 포함한 무관을 제수할 때에는 관계 銓曹인 병조의 동의를 얻어 이조에서 擬望하였으며 陞品除授時에는 전조가 함부로 할 수 없게 되어 있었다.

그러나 이러한 원칙은 비변사가 설립 운영된 후 대부분 무너지게 되었다. 비변사에서 변방의 일을 아는 사람을 변장에 제수한다는 이유로 의천권을 행사하였기 때문이다. 구체적으로 보면 을묘왜란이 일어난 명종 10년(1555) 5월에 도순찰사 및 방어사의 차출에 비변사의 의계가 있었고 이 시기 사간원에서 "비변사의 규획 조치는 참으로 이르지 않는 곳이 없다"[20]고 할 정도였다. 임진왜란 때에는 비변사에서 도원수·도체찰사·순찰사 등의 고위 지휘

20) 《明宗實錄》 권 18, 명종 10년 5월 기유.

관을 천거 조치하였고,[21] 왜란이 소강상태에 접어든 계사년에는 각급 관원의 의천권을 넘어서 「備邊司 擧事十條」[22]라고 하는 인재 선발법을 제시하기에 이르렀다. 이것은 당시 서얼·공사천·승속 등의 신분을 초월하고 또한 문벌이나 地緣 및 사농공상을 불문하고 실무에 중점을 두어 천거하여 이 가운데서 장수나 수령급 등 일반 관료까지 선발하고자 하는 것이었다.

광해군대의 기록에는 관원을 차출할 때 이조나 병조에서 "비변사로 하여금 의천하게 함이 어떻겠습니까"[23]하여 전선권을 비변사에 이관한 듯한 양상이었으며, 이후에는 "근래의 例대로 비변사에 명하여 의천하도록 하는 것"이 일반화되기에 이르렀다. 따라서 조선 후기로 갈수록 이조·병조의 전선권이 무력화되었음은 당연한 추세이었다.

한편 비변사가 군국 기무를 총괄한다고 제도화된 것은 바로 정부 관청을 의미하는 것이지만, 여기에 더하여 일반 정책을 의정하고 시정을 조정하는 역할을 해왔기 때문에 大典의 관제 계통상에 편제되지 않은 별설의 권설아문으로서 그 성격이 특별한 것이었다.

비변사의 정책 의정 기능은 戰時나 평상시를 막론하고 행사되었다. 유사시는 外方狀啓를 처리하고 긴급하거나 중요한 국방 문제를 의정하였으며, 평상시에는 京外의 상소를 처리하고 이와 관련된 논의를 통해 국정 전반의 정책 방향을 수립하였다. 전자는 국방 외교 등 군국기무에 관한 정책 의정이 많았고, 후자는 내정의 일환으로 각종 사안에 대한 節目이나 事目 그리고 別單 등의 마련을 통하여 시정 조치와 정책 방향의 제시가 함께 이루어지고 있었다.

이러한 정책은 주좌나 빈좌에서 비변사 당상의 주도하에 절차상 의정대신의 稟定을 거친 것이지만 핵심 구성원인 유사당상의 역할이 매우 컸다. 비변사의 의정 과정은 同議措置－同議啓－單獨議啓－單獨草記 등의 형식이 있는데 후기로 갈수록 비변사의 단독초기가 많아졌으며 이는 비변사의 독단적이며 권위적인 의정 형태와 직결된 것이다. 특히 정책을 수립할 때 '上敎備邊司'나 '言于備邊司' '問于備邊司' 등과 같은 傳敎형식과 긴급한 사안에 대하여

21) 《謄錄類抄》 권 1, 官職, 선조 37년 2월 18일(奎 15080).
22) 《宣祖實錄》 권 55, 선조 27년 9월 계사.
23) 《備邊司謄錄》 1책, 광해군 9년 6월 8일.

는 국왕이 비변사에 '急速議處'를 명한 것은 비변사의 독단적 기능을 더욱 강화시킨 결과이었다.

비변사의 정책 수립에 있어 그 방향을 외교와 내정으로 나누어 볼 경우 외교정책 수립에 있어서는 명분과 실리의 두 측면이 논란되었으나 현실적인 문제에 관심이 집중된 방향이었으며 이러한 바탕위에 국왕의 마음을 바꾸게 하는 강력한 주장이 전개되기도 하였고, 내정의 정책 수립에 있어서는 이해의 상충문제일 경우 쌍방의 의사가 대변된 후 이를 조정한 방향이 많이 나타나고 있었다. 전자는 인조 년간 대마도주가 가지고 온 잘못된 격식의 書契를 회답할 것인지의 여부를 논의할 때[24] 잘 드러나고 있으며 후자의 경우는 영조 년간 송파장의 존폐 문제를 논의할 때 특징적으로 나타나고 있었다.

외교문제인 서계의 회답 여부에 관한 정책 결정과정은 예조-비변사-국왕의 순서이며, 송파장의 존폐문제의 결정과정은 平市署(호조)-비변사-국왕의 순서로, 이 두 가지 문제의 정책수립 중심은 모두 비변사이었음을 알 수 있다. 서계 회답 문제는 인조가 회답 의향이 있었음에도 불구하고 비변사에서 전면 반대하여 不答으로 결정된 것이었고, 송파장 존폐문제[25]는 영조가 중도적 입장에서 비변사의 건의에 따른 것이다. 그러나 이 두 가지 사안의 결정에서 국왕은 모두 반대없이 비변사의 정책 방향을 따랐다는 것은 제한된 예이기는 하나 비변사가 정책 수립에 있어서 그 중심 위치에 있었음을 보여준 것이라 할 것이다.

한편 비변사가 국가 행정 전반을 총괄하는 기구로 자리매김 할 수 있었던 것은 시정의 조정 역할 때문이다. 숙종 14년(1688)에 여러 軍門에서 자행하고 있던 充役의 直定폐단을 비변사에서 조정한 일이 있었다.[26] 군문에서의 군병 직정은 군문 스스로는 매우 유리한 것이지만 이를 뒷받침하는 지방관의 입장에서는 군역을 조절할 수 없고 나아가 백성에게도 불리한 양면성이 있는 사안인데 이를 비변사에서 「禁斷直定事目」을 마련하여 통제 조정한 것이다.

---

24) 《備邊司謄錄》 13책, 인조 27년 3월 9일 및 4월 13일.
25) 《備邊司謄錄》 127책, 영조 30년 11월 28일.
《備邊司謄錄》 128책, 영조 31년 정월 16일.
26) 《備邊司謄錄》 42책, 숙종 14년 4월 4일.

이와 같은 이해의 양면성은 各司의 업무와 각기의 손익에 관련하여 나타난 것이지만 당초 정책 결정과정에서 예측하지 못하였거나 사전 조정이 결여된 소치일 수도 있다. 이러한 점을 예방하기 위한 조치가 숙종 년간을 전후하여 비변사에서 강구되었던 것으로 보이는데 《속대전》의 吏典 雜令條에 "각사에서 변통하려는 사안을 廟堂(비변사)을 거치지 않고 직계하는 관원은 파직한다"라고 규정된 바와 같이 비변사의 조정권이 법제화되기에 이른 것이었다. 특히 조선시대 경국대전의 정령 집행체계는 각관의 임무가 병렬적 체계로 제도화되어 있기 때문에[27] 이의 통제조정은 매우 중요한 일이었다. 이의 통제력 행사가 바로 비변사의 중요한 몫이었으며 이러한 측면이 구관낭상의 전문성과 함께 비변사를 기능 통치적 기관으로 특징지울 수 있게 한 것이다. 특히 이러한 정책 조정이나 시정 통제는 오히려 비변사와 같은 특별한 기구에서 효과적으로 수행할 수 있다는 점에서 그 장기운영이 가능하였던 것이라고 할 수 있다.

요컨데 비변사는 조선 후기 정치 권력이 집중된 權府이면서 정책의 의결과 施政을 조정하는 政廳으로서 16세기 이후 정치운영의 擬制的 핵심기관이었으며 그 장기 운영은 이후 권력집중적 관료제 사회의 진통과 중앙집권적 정치구조를 심화시킨 결과를 가져왔다고 할 수 있다.

〈潘允洪〉

2. 언관권·낭관권의 형성과 권력구조의 변화

1) 언관권·낭관권의 형성

(1) 언관권의 형성

성종초부터 士林은 중앙 정치에 진출하기 시작했다. 그것은 사림의 정치진출에 대한 필요성의 제고와 성종의 새로운 정치세력에 대한 요구가 맞물

27) 潘允洪, 《朝鮮時代史論講》(敎文社, 1986), 34쪽.

리면서 가속되었다. 사림의 중앙 진출은 그것을 충족시킬 수 있는 정치 구조의 변화를 요구하였다. 이는 사림 진출의 가속화를 위해서 또한 사림의 정치적 입지 강화를 위해서 필수적인 것이었다. 그러한 권력구조의 변화는 성종대 언관권의 강화와 중종대 낭관권의 형성으로 나타났다.

15세기의 권력은 왕과 재상을 중심으로 운영되었다. 이 양자는 상호 보완적이었으나 길항관계에 있어 상호 갈등도 노출하였다. 갈등적인 모습은 조선 건국 초기부터 鄭道傳을 중심으로 하는 재상 중심 정치운영 입장과 이에 반대하는 李芳遠을 중심으로 왕실 중심의 입장이 첨예하게 대립된 데서 잘 나타났다. 왕과 재상간의 권력을 주도하려는 노력은 여러 차례의 정변을 통해서 표현되었고, 제도적인 면에서 議政府 署事制와 六曹 直啓制의 대립으로 잘 나타났다.

이 양자의 권력을 견제하는 제 삼의 권력으로 작용할 수 있는 것은 간쟁과 탄핵의 임무를 하는 臺諫이었다. 조선 초기부터 대간의 활동은 적지 않았으나 그 실질적 기능은 많은 제한을 받아 언론의 방향이 당시 주도권을 장악한 측에 의해서 좌우되는 경향이 컸다. 이는 대간의 인사권이 왕과 재상에게 있어서 그 권력기반이 취약했기 때문이다. 물론 대간은 왕이나 재상의 권력 남용을 견제하는 역할도 하였으나, 이는 독자적인 권력 기반이 없이 개별적인 忠義에 입각한 것으로 그 한계는 분명한 것이었다. 즉 재상이나 왕에 의해서 좌우되는 인사 이동이나 파직 등에 의해서 강력한 언사는 구조적으로 불가능하였다.[1)]

그러나 士林이 중앙 정치에 등장하여 성종의 지원을 받아 언론기구를 중심으로 활동하면서 대간들은 부여된 임무에 상응한 역할을 하기 위해서 노력하였다. 먼저 대간들은 箚子를 사용하는 방법을 확보하여 이를 통해서 격식을 간소화하면서도 자신들의 의사를 분명하게 전달할 수 있었고, 圓議制를 관행화하여서 언론이 대간의 합의된 의견이라는 인식을 확보해가고 있었다. 또한 언론이 대신과 갈등을 일으키는 경우, 대간 발언의 근원인 言根을 캐물음으로 언사가 위축되기 쉬운 문제를 '不問言根'이라는 관행을 확보하여 언

1) 崔承熙,《朝鮮初期 言官·言論硏究》(서울大 韓國文化硏究所, 1976).

론의 토대를 확대하는 성과를 거두었다.[2)]

이러한 성과를 통해서 兩司의 언론 기능이 강화된 위에 성종 중엽부터는 弘文館이 언론 기능을 하게 되었다.[3)] 교육의 핵심은 君德을 輔養하는 데 목적이 있었고, 왕의 정사가 이에 어긋날 때 홍문관원은 경연 중에 疏를 올려 의사를 표현할 수도 있었다. 물론 이는 언론기관으로서가 아니라 경연의 연장선상에서 인정한 것이었다. 언론의 내용도 양사가 제안한 사항의 수용을 촉구하여 양사의 언론을 지원하는 데 그치는 것이 보통이었다.

그러나 시간이 지나면서 홍문관은 양사 언론을 지원하는 데서 나아가 양사가 제기하지 못한 사안을 제기하기도 하였고, 문제를 제기하지 못하는 양사의 언론의 태만을 지적하기도 하였다. 이는 홍문관이 언론기관이 될 가능성을 보여주는 것이었는데, 여기에 분명한 위치를 부여해준 것은 성종이었다. 성종은 재위 19년(1488)에 "나는 너희를 재상과 같이 대우하니, 대간과 같이 외부 일을 듣는 대로 말하라"고 홍문관의 적극적인 언사를 요구하였다.[4)] 이러한 성종의 요구는 파급 효과가 컸다. 대간들 역시 홍문관의 언사를 인정하였고,[5)] 대신들도 홍문관에 淸議가 있음을 인정하였다. 이러한 제반 상황에서 성종 21년에는 대간이 홍문관을 '公論所在'라고 간주하였고, 성종 22년에는 "홍문관에 言責이 있다"는 지적까지 보이게 되면서 홍문관이 언론기관으로 인정되었다.[6)]

홍문관의 언관화는 단순히 언론기관이 하나 더 추가되는 것이 아니라 양사 중심의 언론의 한계를 극복한 데에서 그 의미를 찾을 수 있다. 이는 홍문관의 인사가 弘文錄에 입각했기 때문이다. 홍문록은 재능있는 인사를 확보하기 위한 제도로, 과거에 합격한 인물들 중에서 재능있는 인사를 미리 선발해 홍문록에 올려놓고, 이들 중에서 홍문관원을 임명하도록 하는 특별 인사 방식이었다.[7)] 이 방법이 주목되는 것은 홍문록의 선발이 홍문관의 參下官들에

---

2) 南智大, 〈朝鮮 成宗代의 臺諫言論〉(《韓國史論》 12, 서울大, 1985).
鄭杜熙, 《朝鮮 成宗代의 臺諫 硏究》(韓國硏究院, 1989).
3) 이하 서술은 崔異敦, 《朝鮮中期 士林政治構造硏究》(一潮閣, 1994) 참조.
4) 《成宗實錄》 권 223, 성종 19년 12월 계사.
5) 《成宗實錄》 권 223, 성종 19년 12월 갑진.
6) 《成宗實錄》 권 252, 성종 22년 6월 무신.
7) 崔承熙, 〈弘文錄考〉(《大丘史學》 15·16, 1978).

의해서 주도되었다는 점이다. 홍문관의 참하관들이 인사에 참여하는 것은 매우 특이한 현상으로 당시에 강조되기 시작한 능력보다 인품을 중시하는 인사 방식의 변화와 연결되는 것이었다. 인품을 중시해서 인사를 할 때 젊은 참하관들은 선후배 관계에 있는 후보자의 인품을 잘 알 수 있었으므로 선발에 참여할 수 있었다. 홍문록은 적절한 인사를 하기 위한 특별한 제도에 불과했으나, 홍문관이 언론활동을 하기 시작하면서 왕이나 재상들의 부당한 인사 관여에 대한 인사 보호 장치로 작용하였다. 이는 홍문관이 홍문록을 통해서 양사 중심 언론이 갖는 근본적인 한계인 인사 보호 장치의 부재를 극복하여 보다 강력한 언론을 할 수 있게 되었다.

그 위에서 홍문관은 양사와 밀접한 관계를 가지면서 삼사언론의 구심체 역할을 하게 된다. 언론이 활성화되면서 언관의 인사가 엄밀해졌고, 우수한 자원으로 인정받는 홍문관의 관원들이 성종 22년부터는 대간직으로 진출하게 되었고, 이것이 거의 일반화되면서 양자의 관계는 친밀하게 되었다. 또한 홍문관이 대간의 언사 태만을 탄핵하는 일이 종종 있었는데, 이러한 탄핵이 인정되고 관행화되면서 홍문관의 '臺諫彈劾權'이 형성된다.[8] 이로 인해서 홍문관이 양사를 지원하고 통제하는 삼사언론체제가 형성되었는데, 이는 홍문관을 중심으로 하는 언론체제를 형성케 하여 기존의 양사 중심의 언론의 한계를 극복할 수 있게 하였다.

그러한 변화 양상은 연산군 7년(1501)에 연산군이 "전에는 언론을 하는 자가 이렇게 지루하지 않았다. 대간이 비록 물러나고자 하지만 홍문관의 제약을 받아서 자유롭게 할 수 없다"라고 지적하거나 "근래의 대신의 행위는 대간이 논박하고 대간의 행위는 홍문관이 논박한다"라고 지적한 데서 잘 드러난다. 이는 홍문관을 중심으로 하는 언론체계가 형성되어 그 기능이 강력했음을 보여주고 있다.[9] 이러한 변화 위에서 성종 말기 이후에는 言官權이라고 칭할 만한 권력이 형성되었고, 이러한 권력구조의 변화는 새로운 정치세력인 사림의 등장과 확대, 정치 운영 방식의 변화 등에 크게 영향을 주었다.

---

8) 《成宗實錄》 권 242, 성종 21년 7월 기사.
9) 《燕山君日記》 권 41, 연산군 7년 11월 을유 · 갑술.

(2) 낭관권의 형성

사림은 성종대에 강화된 언론권을 바탕으로 중앙 진출을 확대하고 留鄕所復立 등을 제기하면서 활동을 강화했다.[10] 그러나 이러한 사림의 세력 확대를 꺼리는 왕과 훈구대신들은 사림을 탄압하여 무오사화를 일으켰다. 사림은 사화로 그 세력이 위축되었으나 홍문관을 중심으로 하는 언론의 체계를 유지하려고 노력하였고, 中宗反正 이후에는 다시 세력을 확대하면서 활발한 언론활동을 전개하여 나갔다.[11] 그러나 무오사화를 당하면서 사림은 정책이나 인사 등의 사안이 결정된 이후의 견제 장치인 언론권의 한계를 깊이 인식하게 되었다. 이에 대한 새로운 대응 방향을 모색하였고 그 방향이 郎官權의 형성으로 나타났다.[12]

조선 초기부터 낭관들은 정책을 입안하는 고유의 권한이 있었으나 그것은 실무자로서 행정적 기능에 국한된 것이었고, 사안의 결정에 가부를 논할 수 있던 것은 아니었다. 그러나 성종 말기에서 중종초에 걸치는 사림의 노력으로 낭관들도 부서내의 사인 결정에 참여하는 권한을 가지게 되었다. 즉 낭관이 해당 부서의 일을 당상관과 같이 논의해서 결정할 수 있는 지위를 확보한다. 이러한 변화에 의해 확보된 낭관의 권한을 낭관권이라 지칭할 수 있다. 낭관권은 낭관 품계를 가진 5품 이하의 관원으로 그 정치적 비중이 큰 의정부와 육조 낭관들이 핵심이었다. 이는 宰相權의 핵심이 의정부와 육조의 재상인 것과 대응되는 현상이었다. 특히 인사를 다루는 銓曹郎官의 경우는 그 정치적 비중이 큰 까닭에 銓曹郎官權 혹은 銓郎權으로 별도로 칭하기도 하였다.

낭관권 형성을 가능케 한 계기는 自薦制에서 찾을 수 있다. 자천제는 자기 후임을 자신이 천거할 수 있는 관행이다. 이러한 관행의 형성은 중종 19년(1524) "낭관의 薦望은 낭관이 하고 당상관이 관여하지 않는다"는 기록을

---

10) 李泰鎭, 《韓國社會史硏究》(지식산업사, 1986).
11) 金 墩, 〈中宗代 言官의 성격변화와 士林〉(《韓國史論》 10, 서울大, 1984).
李秉烋, 《朝鮮前期 畿湖士林派硏究》(一潮閣, 1984).
12) 崔異敦, 〈16세기 郎官權의 형성과정〉(《韓國史論》 14, 서울大, 1986).
金宇基, 〈조선전기 사림의 銓郎職 진출과 그 역할〉(《大丘史學》 29, 1986).

통해서 잘 알 수 있다.[13] 자천제가 시행될 수 있었던 배경은 인사 이념의 변화 즉 능력보다 덕을 중시하는 인선의 강조에 기인한 것이다. 이러한 변화는 성리학에 대한 이해의 심화와 당시 잦은 사화를 통해서 德의 중요성이 부각되었기 때문이었다. 덕은 같이 지낸 동료들에 의해서 잘 알 수 있는 것으로 인식되었으므로, 인선 방법이 동료들의 천거인 자천으로 귀결되었다.

이러한 자천제의 연원은 분명하지 않으나 시사를 주는 것은 조선 초기부터 시행된 藝文館의 자천제다. 예문관의 자천제는 直書한 史草의 내용을 비밀로 하기 위해 자신이 후임을 선발할 수 있도록 보장하는 관행이었다. 이러한 관행은 확대되어 성종대에는 이조·병조·예조의 낭관과 승정원의 낭관인 주서의 경우에서 확인된다. 그러나 성종대의 자천제는 훈구들의 세력이 강한 상황에서 낭관권의 형성에 기여하지 못하고 오히려 각 부서에서 재상들이 낭관의 인사에 직접 관여하는 인사 비리의 한 방법으로 사용되었다.

성종대에 언관권이 강화되어 재상을 견제하면서 낭관의 지위에 변화가 야기되었다. 특히 성종 25년(1494) 무렵에 홍문관원이 이조와 병조의 낭관으로 임명된 것은 중요한 변화였다. 홍문관원은 고유 기능을 위해서 처음에는 다른 부서의 진출이 허용되지 않았으나, 서서히 대간 낭관으로의 진출이 허용되었다. 이러한 허용은 당시 홍문관을 중심으로 하는 언관과 낭관이 긴밀히 연결되는 관행을 제공하였고, 긴밀한 관계로 언관의 지원을 받게 된 낭관은 그 지위를 상승시키면서 영향력을 확대시켜 나아갔다. 중종대에 이르러 자천제를 통해서 인사 영역을 확보하게 되면서 낭관권을 형성하는 데에까지 나아갔다.

이러한 변화의 결과 중종 3년(1508)에는 郎官家에 奔競禁止의 조치가 취해지는데, 이는 당상관만 분경금지의 대상이던 것과 대조되는 현상으로 낭관의 지위가 그 사이에 상승되었음을 보여준다. 또한 중종 12년경에 이르면 이조 낭관이 직접 인사에 간여하여 당상관과 대립하면서 자신들이 영향력을 발휘하는 사례가 보인다. 이는 이미 이 시기에 이르면 낭관권이 형성되었음을 분명히 보여주는 것으로 이해된다. 이러한 현상은 육조의 낭관들과 의정부의 낭관들에게서 공히 나타나는 현상이었다. 이들은 자기 부서에서 결정해야 하

13) 《中宗實錄》 권 51, 중종 19년 6월 갑진.

는 일에 영향력을 행사하였다.

형성된 낭관권은 언관권과 밀접한 관계를 가졌다. 낭관들은 언관들과 같은 품계를 가지고 있어 상호 이동하면서 밀접히 연결될 수 있었고, 또한 낭관은 언관의 인사를 장악하여 언관을 보호하였고, 언관은 낭관이 각 부서에서 당상관과 의견이 달라 다툴 때에 낭관의 입장에서 언론을 행하여 낭관을 지원하여 주었다. 그러므로 낭관들과 언관들은 강하게 결속하여 상호 지원하는 관계를 유지하면서 활발하게 활동하였다. 결국 낭관권의 형성은 기존의 권력구조를 크게 변화시키는 것이었고, 사림은 이를 통해서 적극적으로 세력과 활동 영역을 확대해 갔다.

2) 권력구조의 변화와 사화 및 붕당

(1) 사화의 발생

사림에 의해서 추구된 일련의 권력구조의 변화는 기득권자인 훈구나 공신 재상들에게 상당한 위기감을 야기하였다. 그 결과 훈구는 여러 가지 방법으로 사림을 견제하였고, 전격적으로 배격할 수 있는 방법이 모색되어 폭력적 방법인 사화가 나타났다.

연산군대의 戊午士禍는 홍문관의 언관화에 기초한 언권의 강화를 견제하기 위한 조치였다. 성종은 유교의 이념에 충실한 왕이었고, 훈구의 견제라는 당면한 목적으로 사림을 지원하여 언권의 강화를 인정하고 협조하였다. 그러나 성종이 왕권의 강화를 위해서 훈구를 견제해야 하였던 것과는 달리 연산군은 사림의 견제로 상대적으로 훈구가 약해진 상황에서 즉위하였고, 유교적인 이념에 충실하지 않는 자신을 견제하는 대간의 언사를 귀찮은 것으로 인식하여 오히려 대간들과 대립하였다. 이로써 사림은 재상을 견제하면서 왕을 견제하여야 하는 이중적인 부담을 지게 되었고, 결국 왕과 재상의 결속에 의한 폭력적인 견제인 무오사화를 당하게 되었다.

사화의 직접적인 단서는 金馹孫의 史草가 제공하였고 金宗直의 문인인 영남인들이 피해를 입었으나, 정치 구조의 면에서 보면 주로 언론권의 핵심 인물들이 피해를 입었다. 이는 사화가 왕권과 재상권을 견제하려는 사림의 언론권을 바탕하는 권력 강화에 대한 반동으로 야기되었음을 잘 보여준다. 그러므로 사화 이후에 재상들은 언권의 강화를 문제삼아 홍문관의 언론 활동이나 홍문관이 가진 대간 탄핵권을 비판하였고, 홍문관이 중심이 된 삼사 언론 활동을 저지하려 노력하였다. 그러나 언론의 기본 이념이나 덕을 강조하는 인사 이념의 타당성을 파기할 수 없는 상황에서 공격은 일시적일 수밖에 없었다. 그러므로 연산군 7년(1501)에는 "근래의 대신의 행위는 대간이 논박하고 대간의 행위는 홍문관이 논박한다"라고 지적될 만큼 홍문관을 중심으로 하는 언론 체계가 유지되고 있었다.

무오사화의 결과 언론직을 장악하고 있던 사림은 큰 피해를 입어 세력이 위축되는 형세를 보여주었고, 주도권은 왕과 재상에게 돌아갔다. 이러한 상황에서 왕과 재상들은 서로 주도권을 잡기 위해 노력하여 양자 사이에는 긴장 관계가 형성되었다. 왕과 재상의 갈등이 심화되면서, 재상들은 궁중의 경비를 절약하고 왕의 방종을 견제하려 하였으나 연산군은 오히려 갑자사화를 야기하여 훈구재상들을 격퇴시켰다. 무오사화로 위축되었지만 언관직을 중심으로 왕의 방탕을 일정한 정도 견제하던 사림이 그 피해에 같이 연루된 것은 당연하였다. 그것은 권력의 집중이 아니라 정치적 정당성과 권력 기반을 상실한 것이었다. 그 결과 연산군은 중종반정이라는 반격을 받게 되었다.

중종반정 이후 사림은 언론권을 회복하였으나 무오사화로 드러난 언관권의 한계는 극복되어야 했다. 이는 낭관권의 형성으로 나타났다. 중종대에 낭관권의 형성으로 권력구조가 새롭게 재편되면서 사림의 권한이 확대되었고 그를 통한 사림의 진출이 강화되면서 훈구와 사림 사이에 새로운 긴장이 감돌았다. 그러한 상황에서 사림의 개혁 독주에 위기 의식을 느낀 중종이 훈신들과 결탁하여 사림을 공격하자, 사림은 다시 사화를 당하였다. 己卯士禍 이후 공신세력은 주도권을 장악하면서, 사림의 권력 기반이었던 낭관권의 혁파를 기도하였다. 이들은 낭관의 인사 방식인 자천제나 낭관들의 정치적 결속을 문제 삼으면서, 낭관권을 규제하려고 노력하였다. 그러나 이러한 노력은 일시적인 효과만 있었다. 광범위한 在地士族을 모집단으로 하는 사림의 중앙 진출을 막을 수도 없었고, 관행상 형성된 언론권과 낭관권을 쉽게 폐지할 수도 없었다.

이러한 상황에서 왕과 공신세력은 무오사화 직후에 보여주었던 주도권 장악을 위한 상호 대결을 피하고 지속적인 결속을 유지하려고 힘썼다. 그 결과 외척이 양자의 매개자로 등장하여 양자의 이해를 조정하면서 권신의 위치로 부상한다. 중종 말기의 金安老, 명종대의 尹元衡·李樑 등이 그 예였다. 권신은 당연히 언권과 낭관권을 장악하려고 노력하여 사림들과 갈등이 심하였다.

명조초에 야기된 乙巳士禍는 이러한 정치 구조에서 야기된 것이었다. 인종과 명종의 즉위를 둘러싸고 외척간에 권신이 되기 위한 주도권 다툼이었다. 물론 을사사화에 직간접으로 사류들이 연루되어 피해를 입었지만 기본 대립 구도는 외척 대 외척의 갈등이었다. 싸움에 승리한 윤원형이 권신으로 등상하였고 정치 주도권을 장악하면서 낭관권과 언관권을 장악하려고 노력하였다. 그러나 명종이 성장하면서 자신의 주도권을 위해 윤원형을 견제하기 위해서 이량을 내세우자 윤원형이 물러가고 이량이 권신으로 등장하였다. 이량 역시 낭관권을 견제하려고 노력하였으나 실패하자 물러나게 되었다. 왕과 재상은 권신을 매개로 결합하여 사림을 통제하려고 노력하였으나 계속 실패하였고, 오히려 사림세력이 더욱 강화되자 권신을 매개로 한 사림의 통제를 포기하고, 낭관권과 언관권을 인정하지 않을 수 없게 되었다.

결국 사화는 정치 구조의 변화에 대항하여 기득권을 가진 이들의 반격으로 야기된 것이었다. 기득권자들은 사화를 통해서 사림이 정치를 주도하는 것을 막으려고 노력하였다. 언관과 낭관들은 이미 확보한 권력구조를 유지하면서 선조대에 들어서 사림은 정치적 주도권을 장악하게 되었고, 결국 고유의 정치운영 방식인 붕당을 형성했다.

(2) 붕당의 형성

사림은 여러 차례의 사화를 당하고 권신들의 압력을 받았으나 이를 물리쳤고, 명종말에 이르면 정치 주도권을 장악하면서 언권과 낭관권을 기반으로 권력구조를 재편하였다. 이러한 권력구조의 변화는 당연히 새로운 정치 운영 방식을 요구했고, 그것은 朋黨政治의 형성으로 나타났다.

붕당을 가능케 하는 중요한 여건의 하나는 붕당에 대한 인식의 변화였다. 붕당에 대한 바른 인식은 중종대까지도 형성되지 못하여, 관료들간의 정치

결사는 죄악시되었다. 그러므로 사화의 죄목도 붕당을 만들었다는 것이었다. 그러나 선조대에 이르면 붕당에 대한 긍정적인 인식이 왕과 관료간에 형성되었다. 붕당에 대한 긍정적인 인식이 심화된 데에는 붕당을 긍정적으로 보는 朱子朋黨觀의 수용이 크게 작용하였다. 이러한 변화 까닭에 정치 결사인 붕당을 죄악시하지 않았고, 서로의 집단적 결사를 인정할 수 있는 바탕이 형성되어, 상호 대결이 士禍와 같은 극단적인 형태로 흐르지 않을 수 있었다.

붕당에 대한 새로운 인식 위에서 명종말 권신의 퇴진 이후, 낭관권이 재정립되었고 삼사도 고유의 기능을 수행하게 되면서 선조 2년(1569)부터는 이미 붕당이라는 지칭이 나타났다. 이는 李滉을 종주로 하는 奇大升 등 신진들과 李浚慶·金鎧 등 선배들간의 알력이었다. 당시대의 사람들은 이 갈등을 老少黨으로 지목하였다. 그러나 이는 구조적인 면에서 볼 때 붕당이 아니었고 언관·낭관들이 자기 위치를 찾기 위해서 재상들과 갈등을 일으킨 것에 불과하였다. 신진들은 己卯士林을 이상으로 하여 낭관권을 기반으로 개혁을 추진하였고, 재상들은 개혁에 소극적이어서 여러 면에서 이 양자가 충돌을 일으키면서 대립하자 이 양상을 당시의 사람들이 노소당이라 하였던 것이다. 그러나 이들의 대립은 붕당의 구조를 가진 것은 아니었고 재상과 낭관의 대립에 불과하였다.

선조 8년 이후 붕당은 서서히 그 모습을 나타냈다. 그것은 선조 초기에 이준경 등 재상들과 대립하던 낭관 집단이 서서히 재상 집단으로 이전해 가고 있었고, 새로운 낭관 집단이 金孝元을 중심으로 조성되고 있었기 때문이다. 사림의 권력 기반은 낭관권이었고, 낭관권은 自薦制라는 강력한 결집을 기반으로 하는 것이어서 낭관과 낭관을 지낸 선배 사이에는 두터운 유대를 가졌고, 이 결속을 통하여 재상권과 대립할 수 있었다. 그러나 시간이 지남에 따라서 낭관의 선배 집단은 낭관과는 상호 견제 관계에 있는 재상의 집단으로 들어갈 수밖에 없었고, 이에 따라 낭관과 선배 집단간의 구조적 대립이 불가피하였다. 이러한 구조적 성격은 중종대 낭관권이 형성되면서 곧 나타날 수 있는 것이었지만, 사화의 발생과 권신의 등장으로 낭관의 순조로운 승진이 저해되어 그 표출이 지체되었다. 선조 초기의 사림이 정치를 주도하여 이들의 승진이 순조롭게 되면서 구조적인 대립이 나타나기 시작하였다.

이 양자가 서서히 갈등을 표출하기 시작하였는데 그 기폭제가 된 것은 金孝元과 沈義謙의 개인적인 대립이었다. 심의겸과 김효원의 대립은 인사 마찰에 불과하여 특별한 것이 아니었다. 그러나 개인적인 갈등이 구조적인 갈등을 표출시키는 발단이 되어 개인 대립은 집단적인 대립의 양상으로 전개되어 갔다. 양 집단의 구조적인 대립이 구체화되자, 조정에서 이 문제를 거론하게 되었고 李珥의 중재에 따라 김효원·심의겸 등을 外職으로 내보내게 되었다. 그러나 이 문제는 개인 차원에서 풀 수 있는 것이 아니었다. 외직의 임명에 대해서 김효원당에서는 자기 쪽에 불리하게 조처했다고 생각했고, 심의겸당 쪽에서는 이 기회를 이용해서 김효원당을 완전히 제거하려고 획책하면서 상태는 오히려 악화되어 갔다. 그러나 김효원당은 낭관을 유지하면서 이이·李山甫 등 중립적 위치를 고수하던 이들을 서인으로 몰아 내자 붕당은 본격화 되었다.

이후 재상권에 기반을 둔 서인들의 기본 태도는 낭관권을 근본적으로 붕궤시키려는 것이었다. 공격의 초점은 낭관권의 결집핵인 자천제와 언관권의 이념적 토대인 公論을 부정하는 것으로 나타났다. 자천제는 낭관권의 기반이었고, 낭관권은 동인 결속의 기반이었으므로 자천제에 대한 공격은 치열하였다. 서인의 집요한 노력으로 선조 16년에는 일시적으로나마 자천제가 혁파되는 성과를 거두었으나, 자천제는 곧 복립되고 혁파의 노력은 헛되고 말았다. 사실 자천제는 규정된 법에 의해서 실시된 것이 아니었고 관행으로 형성되어, 사화와 권신들의 압력 속에서도 유지되어 온 것이어서 쉽게 혁파가 가능한 것은 아니었다. 한편 서인은 언론의 이념인 공론에 대해서도 공격하였다. 서인은 공론을 '浮議'라고까지 비난하면서 당시 삼사 언론의 편파성을 맹공격하였다. 공론의 편파성에 대한 비난은 역시 혁파되었던 자천제가 다시 복립되는 상황에서 큰 의미를 가질 수 없었고, 사림이 지향해온 公論政治로 향한 대세를 막을 수 있는 것도 아니었다.

李珥에 의해서 주도된 동인에 대한 공격은 선조 17년 이이의 죽음으로 일단락되면서 동인과 서인의 관계는 새로운 단계로 넘어갔다. 이이의 죽음으로 세력이 위축된 서인은 새 방향을 모색할 수밖에 없었다. 이는 낭관권과 공론을 인정하면서 서인도 동인과 동질함을 주장하는 방향이었다. 이러한 서인의 입장 변화는 서인을 대표하는 李貴의 상소에 잘 나타났다. 이귀는 서인도

'士類'이며 '公論之人'이라고 주장하였다. 그들은 또한 당시의 삼사 언론이 불공정하여 많은 선비가 삼사의 언론에 동조하지 않으므로 서인으로 치부되고 있다고 주장하고 있다. 이 시기에 이르면 서인의 구성원이 확대되어 이이와 成渾의 제자들을 중심하여 삼사의 언론의 편향성을 의식하는 사류가 다수 서인에 합세한 것도 사실이었다. 이렇게 인원 구성이 변화되면서 새로운 활로를 모색하던 서인이 스스로를 사류이며 공론지인으로 자처하면서 공론과 연결을 모색한 것은 주목할 만한 변화였다. 재상권을 권력 기반으로 하여 동인의 권력 기반과 그 이념인 공론을 부정하던 서인이 공론과의 연결을 주장하였고, 나아가 자신들이 공론을 형성하는 사류라고 주장한 태도는 당시 서인이 취할 수 있는 유일한 활로였다. 결국 이로 인해서 공론을 바탕으로 하는 붕당정치가 정립될 수 있는 토대가 형성되어 사림이 추구해왔던 공론정치의 이상이 새로운 정치의 운영 방식인 붕당정치를 통해서 정립되었다.

3) 붕당정치하의 언론권과 낭관권

이미 언급한 대로 붕당은 언론권과 낭관권의 형성으로 나타난 권력구조의 변화를 수용하면서 새로운 운영 방식으로 정립된 만큼, 붕당정치하에서의 언론권과 낭관권의 기능과 역할은 그 비중이 클 수밖에 없었다. 언관들은 홍문관을 중심으로 결속되었고, 홍문관의 주도에 의해서 일사불란한 언론을 해갔다. 붕당정국하에서도 삼사 내에서 관원들은 동등한 권한을 가졌고, 관직의 고하와는 관계없이 논의를 제기하고 토론을 할 수 있었다. 개별적인 의견은 존중되었으나 대간의 언론 활동은 합의된 의사를 양사나 삼사의 合啓를 통해서 표출하는 것이 일반적이었다. 물론 개인 명의로 啓를 올리는 것도 거의 동료들에게 통지를 하고 올리는 것이 보통이었다. 그 과정에서 의견이 합의되지 않는 경우는 자기 의견을 고수하면서 사퇴하여 처분을 기다리는 避嫌制가 운영되고 있었다. 이는 합의를 중시하면서도 각각의 의견 역시 중시되는 당시 언론의 분위기에서 나오는 운영 방식의 하나였다. 피혐이 긴 경우 삼사 내의 다른 부서에서 조종을 하는 것이 보통이었고, 특히 대간의 탄핵권을 가진 홍문관이 처리를 주도하는 것이 보통이었다. 이러한 과정을 거치면서 대간의 언론은 부서 내의 합의, 나아가 삼사 내의 합의를 얻어갔으며, 그 과정이 공개적으로 드러나고 그 처리과정 역시 관료들과 재야의 사림까지도 관여를 할 수 있게 되어 공론을 수렴하고 대변하는 체계를 갖추어 갔다.

삼사의 활동은 조선 전기와 마찬가지로 정책이나 인사에 대한 비판이나 탄핵이 주된 임무였고, 탄핵의 대상은 왕을 비롯한 모든 관료가 해당되었다. 특히 당시 국정을 주도하였던 비변사의 당상들도 잘못하는 경우에는 예외 없이 비판을 받을 수밖에 없었다. 붕당정국하에서 삼사의 활동은 자연스럽게 붕당의 활동과 깊이 관련을 가지는 것으로 나타난다. 삼사의 언론은 공론을 표방하고 있었지만 언론을 장악한 黨의 이해 관계를 표출하는 경우도 적지 않았다. 효종이 "臺閣을 色目을 안배해서 임명한다"라고 지적한 것은 대표적인 사례였다.[14] 그러므로 대간은 공론을 수렴하여 공정한 비판을 하려고 노력하였고, 붕당이 그 상호 비판적인 기능성을 유지하던 17세기를 통해서 언론은 일정하게 긍정적인 기능을 한 것으로 이해된다.

이러한 언관권의 동향과 함께 낭관권도 더욱 강화되었다. 붕당정치기에도 여전히 낭관의 자천제가 강력하게 시행되었고, 낭관은 자천제를 기반으로 영향력을 크게 행사하였다. 특히 인사를 담당하는 이조낭관은 淸職에 대한 인사권을 여전히 유지하면서 낭관권의 핵심 부서로의 역할을 하였다. 인조 3년(1625) 金瑬가 "당하관의 淸選은 전에부터 낭관의 손에 있다"[15]라고 지적한 것은 그러한 사정을 잘 보여주고 있다. 특히 전랑은 대표적인 청직인 삼사 언관에 대한 인사권을 확보하고 있어 중요한 영향력을 행사할 수 있었다. 이러한 영향력을 가진 낭관은 훈신이나 권신의 위협이 없어지면서, 낭관직을 마치고 일정 시간이 지난 후에는 자연스럽게 재상의 지위로 나아갈 수 있었으므로, 낭관은 더욱 중요한 요직이 되었고, 낭관의 기능과 역할 역시 더욱 강화될 수 있었다. 따라서 낭관은 각 부서에서 정책의 결정이나 인사의 결정에 영향력을 강화할 수 있었다.

낭관권은 삼사의 언론권과 밀접한 관계를 가지고 있었다. 낭관과 삼사의 관원들은 같은 직급을 가진 바탕에서 상호 교류되고 있었고, 언관들은 낭관

---

14) 《孝宗實錄》 권 19, 효종 8년 8월 계미.
15) 《仁祖實錄》 권 8, 인조 3년 정월 을축.

들이 각 부서에서 당상관과 대립할 때 지원하여 주었고, 銓曹郎官이 삼사 관원의 인사를 주도하는 기왕의 관계를 유지하면서 더욱 밀접한 관계를 갖고 있었다. 언관의 언론활동은 이러한 상관성 속에서 낭관들의 영향을 받기도 하였고, 언관들의 인사에 미치는 영향력이 큰 전조낭관이 공론을 주장하는 것으로 인식되기도 하였다. 물론 공론이 특정인에 의해서 좌우될 수 있는 것은 아니었으나, 언관 내에도 공론 형성 과정을 주도하는 인물이 존재하였던 것처럼, 언론을 주도한다는 관점에서 낭관은 언론에 영향력을 미칠 수 있었다. 그러므로 낭관과 언론 내의 主論者가 같이 언론을 주도하는 것으로 인식되었다. 물론 낭관과 주론자는 꼭 구별될 수는 없었고, 인조 7년(1629)에 주론자였던 羅萬甲이 낭관이 되는 현상에서 볼 수 있듯이[16] 이 양자의 관계 역시 상호 넘나들 수 있는 것이었다. 이러한 관계에 있었으므로 인조대 崔鳴吉은 "銓曹가 根本이며 三司가 瓜皃"[17]라고 전조와 삼사가 몸과 수족의 관계를 가지면서 밀접하게 붕당을 운영하고 있음을 지적하고 있다.

낭관 역시 언관과 마찬가지로 붕당에 치우칠 수 있었다. 이미 언급한 대로 붕당의 형성과 낭관권은 밀접한 관계를 가지고 있었고, 낭관권이 갖는 영향력이 지대하였으므로 각 붕파는 낭관권을 장악하려고 노력하였고, 장악한 낭관권을 통해서 자파를 확대하려고 노력하였다. 그러므로 낭관들은 붕당에 연루되지 않을 수 없었다. "낭관과 언관이 당론에 치우친다"[18]는 인조대의 지적은 그 단적인 사례로 이해된다. 따라서 낭관들은 자기 당에 치우친 인사를 하는 경우도 적지 않았으나, 공론에 입각한 인사가 기본 이념으로 여전히 존재하였고, 지나친 편향은 오히려 권력 기반을 축소하는 것인 만큼 상당히 포괄적인 인사를 하려고 노력하였던 흔적들이 보인다. 그 구체적인 사례로 인조대의 분석을 보면 인조대 서인 정권에도 남인이 27% 참여하였고, 북인까지 12% 참여하고 있다.[19] 이러한 현상은 서인이 주도권을 장악한 가운데 남인을 대폭 등용한 것으로 이해되는데, 이는 낭관들의 붕당적 편향을 보여

16) 《仁祖實錄》 권 21, 인조 7년 7월 병신.
17) 李肯翊, 《燃藜室記述》 권 27.
18) 《仁祖實錄》 권 1, 인조 원년 4월 정묘.
19) 吳洙彰, 〈仁祖代 政治勢力의 동향〉(《韓國史論》 13, 서울大, 1985).

줌과 동시에 어느 정도 공론을 유지하려고 노력하였음을 보여준다.

관료들 중에는 이러한 언관과 낭관의 정치적 역할에 대하여 부정하는 이들도 적지 않았고, 나아가 이들의 권한을 인정하는 바탕에서 운영되는 붕당정국에 대한 부정적인 인식도 적지 않았다. 먼저 언론에 대한 비판을 보면 인조대의 이조판서 최명길은 삼사가 공론을 수렴하지 못하고 있다고 언론을 비판하였다. 그는 언론이 '붕당'에 따라서 행해진다고 비판하면서 구체적으로 공론 수렴의 한 구조인 피혐제를 비난하였다. 최명길은 삼사의 피혐제가 혼란을 야기시킨다고 보고 삼사의 피혐제를 없애고, 피혐에 대한 처리도 왕이 할 것을 요구하였다.[20] 이는 공론의 수렴을 위한 공개적인 비판과 합의 과정에 내해서 부정적인 입장의 표현으로, 단순히 최명길 개인의 의견이 아니었고, 인조반정을 주도한 공신집단의 공통된 의견이었다. 핵심 공신 중의 한 사람인 이귀가 대간이 없는 것이 국사에 낫다는 의사를 표현한 것은 그 대표적인 경우였다.[21]

삼사와 더불어 낭관권에 대한 비판도 많았다. 낭관권을 혁파하려는 노력은 선조대 이래로 계속 나타났다. 선조대 李珥의 주도로 자천제가 혁파된 것이나, 인조대 최명길의 주도로 자천제가 혁파된 것은 그 대표적인 예였다.[22] 이러한 조치는 이후에도 여러 차례 있었고, 왕의 시행 명령이 내려졌으나 별 효과가 없었다. 이는 낭관권 자체가 법적인 규정에 의한 것이 아니라 관행으로 유지되는 것이었고, 훈구나 권신들의 위협 속에서 유지될 만큼 강인한 유대와 논리적 타당성을 바탕으로 한 것이었기 때문이었다.

위와 같은 언관권과 낭관권에 대한 문제 제기는 이를 바탕으로 형성된 붕당 정국에 대한 문제 의식과 연결되는 것이었다. 인조를 비롯한 대부분의 왕은 붕당을 문제삼았다. 인조는 "붕당의 說은 왕이 들어서는 안되고, 신하가 말해서도 안 된다"고 하였고, 현종은 "붕당은 망국의 화"라고까지 하였다.[23]

---

20) 《顯宗實錄》 권 9, 현종 6년 정월 갑인.
21) 《仁祖實錄》 권 5, 인조 2년 3월 을해.
22) 《宣祖修正實錄》 권 17, 선조 16년 6월.
《仁祖實錄》 권 46, 인조 23년 2월 계미.
23) 《仁祖實錄》 권 8, 인조 3년 2월 신묘.
《顯宗實錄》 권 9, 현종 6년 정월 갑인.

이러한 왕의 붕당에 대한 부정적인 인식은 붕당이라는 운영 방식이 왕의 정치적 위상에 부정적인 영향을 주었기 때문이었다. 물론 관료들 중에서도 붕당을 부정하는 이들이 있었다. 이는 정국을 주도하지 못하는 집단에서 주로 나타났고, 정국을 주도하는 경우에도 붕당적 기반을 주된 바탕으로 하지 않는 공신집단과 같은 경우에 두드러졌다. 그러나 당시의 붕당은 공론을 통하여 정치 참여층을 재야 사림까지 확대하는 정치 운영 방식이었음으로 그 이전의 방식에 비하여 긍정적인 면이 많아, 대부분의 관료들과 사림에 의해서 지지를 받는 운영 방식이었다. 그러므로 여러 가지 비난과 저지의 노력에도 불구하고 붕당을 통한 정국 운영 방식과 이를 뒷받침하는 언관권과 낭관권은 17세기를 통하여 그 긍정적인 기능을 하면서 계속 유지되었다.

그러나 숙종대를 거쳐 18세기에 이르러 당파간의 정치 보복이 나타나고 대립이 극단적인 방향으로 흐르면서 붕당의 긍정적인 기능은 소진되었고, 붕당을 지탱하던 권력구조인 언관권·낭관권도 긍정적인 역할을 못하였다. 붕당의 긍정적인 기능의 소멸은 사림을 정치의 모집단으로 하는 정치 운영 방식의 한계를 의미하는 것이었다. 이미 사회가 사림들의 주도로 운영될 수 없는 상황이었고, 사회경제적으로 성장하여 정치적인 지위까지 확보하기를 원하는 사회 구성원이 새롭게 등장하고 있었다. 이들을 정치 구성원으로 수용하는 것은 새로운 차원의 정치 의식과 정치 구조와 운영 방식을 요구하는 것이었다. 이는 기득권층이 양보해 줄 수 있는 차원을 넘어서는 근대 정치의 형성의 문제였으므로 이를 해소하기 위한 노력이 장시간 요구되었다.

〈崔異敦〉

3. 천거제의 시행과 관료 충원방식의 변화

1) 천거제의 실시와 사림세력의 확대

권력구조가 변화하면서 그에 상응하는 관료 충원방식의 변화가 요구되었다. 사림이 권력구조의 변화를 통해서 추구하였던 정치 주도권의 장악은 결국 사림세력을 정치권 내에 얼마나 진입시킬 수 있는가에 의해서 그 성패가 좌우되었다. 그러므로 사림은 재야 사림을 중앙 정치에 진입시킬 수 있는 방안을 모색하였다. 이미 진출해 있는 사림들은 과거제에 의해서 진출하였고, 재야 사림도 과거제를 통해서 진출할 수도 있었지만 적극적으로 진출시킬 수 있는 방식을 모색하였고, 이것이 천거제로 구체화되었다.[1]

사림은 천거제의 기본적인 구상을 士 주도의 향촌 통치라는 사림의 정치이념에서 찾고 있었다. 사림들은 《周禮》에서 그 이상형을 찾았는데, 《주례》에는 士에 의한 향촌의 자치를 이상시하고, 이를 위해서 향촌을 교화시킬 것과 인재를 중앙에 천거하는 것을 士에게 권리와 의무로 부여하고 있다. 여기서 자치제의 운영이 향촌의 교화와 인재의 천거라는 양면에서 논의된 것이 주목되는데, 이는 지방의 인재를 중앙에 천거함으로써 지방의 의견을 중앙 정치에 반영시킬 수 있었으며, 또한 천거된 관원을 통해서 지방 자치를 보호받을 수 있었던 것이다. 즉 천거제는 향촌 자치를 유지하고 강화하기 위한 일 방편이었다.

천거제에 대한 기초적인 이해는 조선을 건국한 신진사대부들도 가지고 있었다. 조선 초기부터 집권자들은 천거를 통해 사류를 수용하겠다고 표명하였다. 그러나 당시 정권을 장악한 이들은 중앙집권적인 정치 운영에 집중하였으므로 천거제는 실제의 의미대로 시행될 수 없었다. 천거의 이념은 유능한 관료들을 천거하는 保擧制로 운용되었다. 그러나 이마저도 여러 가지 폐단을 야기하면서 그 의미를 점차 상실해 가고 있었다.

성종대에 사림이 언관직을 통해서 진출의 발판을 마련하자, 지방 교화에 대한 관심을 유향소 복립을 통해 표명하면서, 동시에 천거제의 실시를 제기하였다. 천거제의 추진은 遺逸薦擧와 學生薦擧로 진행되었다. 사림은 보거제의 폐단을 지적하면서 유일천거의 실시를 먼저 추진하였다. 유일천거는 성종 9년(1478) 李深源에 의해서 그 필요성이 제기되었고, 성종 13년 曺偉에 의해서 거듭 제안되면서 유향소 복립운동과 같이[2] 사림의 운동으로 본격화된다. 사림은 음서제나 보거제의 한계와 운영상의 문제점을 지적하면서 새로운 방

---

1) 이하 서술은 崔異敦, 〈16세기 士林派의 薦擧制 강화운동〉(《韓國學報》 54, 1989)를 참조.

2) 李泰鎭, 《韓國社會史硏究》(知識產業社, 1986).

식인 천거제의 필요성을 역설하였다. 그러나 천거제의 실시는 훈구의 입장에서 볼 때 사림 세력의 강화로 연결되는 것이었으므로 바람직하지 않은 것이었다. 훈구들은 같은 맥락에서 추진된 유향소의 복립은 허용하면서도 직접적으로 정치 세력의 변화에 영향을 줄 천거제의 실시는 계속 거절하였다. 사림은 연산군대에도 계속 노력하였으나 사화의 와중에 성공하지 못하였다. 반정으로 연산군을 몰아내고 중종이 들어서자 중종과 공신들은 정권의 정통성을 내세우면서 사림의 요구를 수용하지 않을 수 없었고, 중종 2년(1507)부터 유일천거가 시행되었다.

유일의 천거는 지방의 자치적 운영의 한 방편으로 추진되었으므로 향촌의 자치적 운영의 성숙에도 크게 영향을 준 것으로 이해된다. 지방의 선비와 학생들이 합의를 통해 향촌의 德望之士를 선발하는 과정이 반복되면서 향촌의 공론을 수렴하는 능력이 확대될 수 있었고, 특히 지방 수령에 준하는 관료를 직접 추천할 수 있게 되면서 향촌 자치기구의 영향력 역시 크게 신장되었다.

유일의 천거제와 같이 학생의 천거제도 중종대에 들어서 실시된다. 학생천거제는 이미 세종대부터 그 비슷한 유형이 시행되고 있었다. 즉 세종대에 성균관 유생들이 적어지자 학생들을 유인하기 위한 방안이 여러 가지 시행되었는데, 그 중 한 방법이 성적이 우수한 학생들을 천거하여 등용하는 제도였다. 그러나 이 제도는 별다른 성과가 없었다. 당시 성균관의 주된 구성원이었던 고위 관직의 자제들이 蔭敍나 特殊兵을 통해서 관직에 진출하고 있었으므로 여전히 성균관은 비어 있었고, 그러한 사정은 성종 초반까지 동일하였다.

그러나 성종 중반기부터 사림이 중앙에 적극 진출하면서 상황은 달라진다. 사림이 진출하면서 성균관을 채우는 방안이 새로운 발상에서 제기되었다. 즉 성종 20년(1489) 趙之瑞의 건의에 따라서 지방의 사림으로 성균관을 채우는 방식이 건의되었다. 이 방법이 수용되어 시행되자 성균관은 활성화되었고, 사림들이 성균관의 주된 구성원이 되는 결과를 가져왔다. 이러한 상황에서 학생천거는 사림의 진출로의 의미를 가질 수 있었으나, 아직 학생의 천거가 성적에 따르는 것이어서 능력보다 덕망을 중시하는 천거제의 이념과는 달라 제대로 기능을 할 수 없었다. 그러나 중종대에 들어서 유일천거제가 시행되면서 학생천거제도 시행된다. 이때에는 선발 방식도 유생들의 합의에 의해서

재덕을 겸비한 학생을 선발하여 정부에 천거하는 '成均館 議薦'의 방식으로 바뀌었다.3)

유일천거와 학생천거는 그 시원은 달랐지만 성균관의 주구성원이 지방의 유생으로 바뀌면서 천거 대상이 유일천거와 다르지 않았고, 천거 방법도 공론에 의한 선발이라는 동일한 형태였으므로 이 양자는 본질적으로 같은 것이었다. 그러므로 시간이 흐르면서 이 양자는 같은 의미를 가졌고, '薦擧制'로 같이 지칭되었다.

사림은 천거제의 실시를 확보했으나, 피천인들의 관직 서용은 새로운 문제로 남게 되었다. 그것은 피천인의 서용이 문음출신 서용과 대립되는 것이어서 재상들이 난순한 표방 이상의 것을 요구하는 피천인의 서용에 냉담했기 때문이었다. 이에 사림들은 천거제의 타당성을 피력하면서 언권과 낭관권을 추진력으로 문음출신의 진출을 견제하는 한편 피천인의 활발한 서용을 확보해갔다.

그러나 피천인의 서용은 문음출신의 처우와 같이 非文臣이라는 지위에 머물러 소위 淸要職이라고 일컫는 중요한 직책에는 나아갈 수 없었다. 이러한 한계를 극복하기 위해서 사림들은 이를 과거제화하려고 노력하였다. 이는 먼저 孝廉科의 제의로 나타났다. "孝하는 데서 군주에 대한 忠이 나온다"는 이념을 내세우면서 科目을 설정해 보려는 움직임이었다. 그러나 "祖宗의 일이 아니다"라는 명분을 내세우는 재상들의 반발이 강력하여 과목의 설치가 불가능하였다. 사림들은 이에 "祖宗朝의 법을 준수해야 한다"는 재상들의 반대명분을 피하기 위해 別試의 양식을 빌어서 薦擧別試를 제시하였다. 이에 대해서도 재상들은 반대하였지만 논리적 명분이 약하였고 사림의 추진력에 밀려 결국 천거별시는 賢良科라는 이름으로 실시되었다. 천거별시의 자격 심사는 사림인 낭관들이 담당하였기 때문에 주로 사림들이 선발되었고, 특히 기존 관료로 선발된 이들은 천거로 관직에 나아간 이들이었다. 이것은 천거별시가 천거인들의 청요직 진출을 위한 자격 추인 절차였음을 잘 보여준다.

그러나 己卯士禍를 통한 재상권의 반격에 의해서 천거제는 폐지되었다.

---

3) 《中宗實錄》 권 14, 중종 6년 6월 임인.

사화 이후에도 사림들은 낭관권과 언권을 유지하면서 천거제의 복치를 추진하였으나 중종 말기와 명종대에 걸친 권신의 등장으로 치폐를 거듭하였다. 선조대에 이르러 사림이 집권하면서 천거제는 복치되었고 '郎薦制'와 연계되어 정치 충원의 새로운 방법으로 정립되었다.

2) 붕당정치기의 천거제와 산림

선조대에 들어서 사림이 정치의 주도권을 장악하면서 천거제는 활성화된다. 사림은 자신들의 정치 이념에 따라서 자신들의 모집단인 재지사족을 공론 형성층으로 하여 간접적인 정치 참여를 허용하였고, 천거제를 통해서 사림의 직접적인 정치에 참여를 확대하였다. 그러나 이미 정치의 주도권을 사림이 확보한 만큼 천거제의 목적은 초기의 것과 차이가 있었다. 인사에 인품을 중시하고 이를 공론을 통해서 확인하여 서용한다는 기본 이념은 동일하였으나, 처음 천거제를 추진할 때 가장 중요한 목적이던 사림세력의 확대라는 목적은 해소되면서, 천거제는 사림정치의 정당성을 확보하는 목적에서 추진되었다. 즉 이를 통해 재야 사림을 수용하여 붕당정치가 사림을 모집단으로 하는 것임을 보이면서, 천거제는 집권 당파 나아가 붕당정치의 정당성을 확보하기 위한 장치로 이용되었다.

이 시기에도 천거제는 학생천거·유일천거제로 시행되었다. 학생천거는 성균관 유생들의 공론에 의해서 재덕이 있는 유생이 천거되었고, 유일천거는 지방의 사림들을 鄕論에 의해서 선발하여 수령과 감사를 통해서 중앙에 천거하였다. 당시의 遺逸은 遺逸之士 혹은 隱遁之士로 표현되기도 하였으나 山林之士라는 표현이 더욱 자주 이용되었다. 山林이라는 용어는 성종대 사림이 진출하면서 士林이라는 명칭과 같이 혼용되어 나타났다.[4] 산림이나 사림이라는 용어의 의미는 지방의 선비를 지칭한다는 점에서는 같았으나, 산림이라는 용어가 在地的인 성격이 더욱 강하다는 정도의 차이가 있을 뿐이었다. 그러나 재지의 사류들이 중앙에 진출하여 관직을 가지면서 이를 지칭하는 용

---

4) 《成宗實錄》 권 246, 성종 21년 10월 계해조에 보이는 山林이라는 용어는 그 한 예이다.

어로 재지성이 약한 사림이 더욱 선호되면서 산림이라는 용어는 거의 사용되지 않았다. 사림이 중앙에 진출하여 훈구나 권신과 싸우는 과정에서 일부 훈구가문의 관료들도 사림의 이념에 동조하여 사림파가 되는 현상이 나타나면서, 사림이라는 용어는 在地 혹은 地方의 의미가 더욱 약해졌고, 특히 선조대 이후 중앙정치의 주도권을 장악하면서 사림이라는 용어는 전혀 지방의 선비라는 의미를 가질 수 없게 되었다. 그러므로 붕당정치기에는 재지사림이 그 재지성을 표현하기 위해서 새로운 용어가 필요하였고, 山林이라는 새로운 용어를 많이 사용하였다. 그러므로 당시 지방의 선비는 모두 산림이었고, 천거를 통해서 중앙에 나아간 이들도 역시 산림으로 지칭하였다.[5]

이 시기 특이한 것은 학생천거와 유일천거 외에 이조낭관이 주도하여 실시한 郎薦制도 천거제의 일환으로 운영된 것이다. 낭천제는 낭관이 學行之士를 6품 이하의 관직에 천망한 제도로 선조대부터 나타난다. 낭관이 직접 파악할 수 있는 대상은 서울 거주 유생이었고, 주로 성균관의 학생이었으므로 이를 '學生公薦'이라고도 불렀다.[6] 낭천제가 실시된 직접적인 원인은 먼저 음서제의 문란에 있었다. 음서제는 고위 관료의 자녀에게 관직을 허용하는 제도였으나, 관료제가 정비되면서 관직을 주기 전에 일정한 시험인 取才를 치루어 일정한 자격을 심사하였다. 그러나 점차 취재가 형식화되어 문란해지면서 사림은 문음출신의 진출을 제한하고 새로운 인선 방식인 천거제를 선호하였다. 그러나 학생천거나 유일천거가 비정기적인 것이면서, 공론을 수렴하는 과정이나 이를 중앙에 올려 임명하는 과정이 번거로워 자주 실시되기 어려웠다. 그러므로 인사에 직접 관여하고, 낭관권의 형성 이후 공론을 수렴하는 기능을 하고 있는 낭관이 복잡한 절차없이 산림을 천거할 수 있는 낭천제가 실시되었다. 낭천제의 실시는 천거제의 활성화에 크게 기여하였다. 낭천제는 붕당의 와중에 정치적 쟁점이 되어 폐지되기도 하였다. 그러나 낭관권이 강화되고 천거제가 활성화되는 상황에서 일정하게 유지된 것으로 생각된다.[7]

---

5) 《宣祖實錄》 권 7, 선조 6년 12월 정미·무신조에 보이는 '山林之士 本無資級', '山林操行之士', '山林行誼之士 非科目之比'라는 표현은 그 대표적인 사례이다.
6) 《宣祖修正實錄》 권 9, 선조 8년 7월.
7) 위와 같음.

천거제가 활발하게 시행되면서 이들 중 유능한 이들에게 6품직을 주는 것도 일반화되었다. 천거된 자에게 6품을 주는 관례는 중종대 이래 나타나고 있으나 붕당정치기에 들어서서 더욱 활발하게 나타난다. 선조 6년(1573) 李之菡·鄭仁弘·崔永慶·金千鎰·趙穆 등이 隱遁之士로 천거되어, 喪中에 있었던 조목을 제외하고는 모두 6품에 제수된 것은 그 대표적인 사례였다.[8] 물론 일률적으로 6품을 주는 것은 과거에 급제한 이들보다 더욱 우대하는 것이어서 논란도 있었으나 일단 '특이한 자'는 선별하여 6품을 주는 것은 일반화되었다.[9]

이러한 상황에서 산림에게 대간직을 주는 문제도 논의되었다. 선조 6년 경연 중 柳希春이 이미 중종대에 金湜이 천거되어서 사헌부 장령에 임명되었음을 지적하면서 이 문제를 제기하였다. 이는 며칠 뒤 선조에 의해서 南行之賢者는 대간에 임명하라는 명이 내려지고,[10] 다음날 구체적으로 성혼과 정인홍이 적격자로 거론되어 성혼이 사헌부 지평에 임명되면서[11] 실시되었다. 이후 산림이 사헌부의 관원으로 임명되는 것은 일반화되었다.[12]

천거제가 활발히 시행되었고 산림이 사헌부의 직에도 임명되었으나, 과거출신자와 대등하게 인정되지 못하였다. 산림은 여전히 청요직에 임명될 수 없는 상황이 계속되었다. 즉 산림은 중요 낭관직에 임명되지 못하였고, 홍문관과 사간원의 직은 물론 성균관 등 과거출신이 임명되는 곳에는 임명될 수 없었다. 사헌부의 직에 임명이 가능하였던 것은 사헌부에는 문과출신이 아니어도 가능하다는 《經國大典》의 규정에 근거한 것이었다.

그러므로 산림을 문과출신자들과 같이 대우하는 것은 중요한 쟁점이 되었다. 선조 29년 金宇顒의 홍문관이나 예조에 천거인을 임명하자는 요구는 그 대표적인 것이었다.[13] 이러한 요구는 수용되지 않았으나 천거제가 크게 활성화되면서 산림의 중용은 계속 문제가 되었고, 인조대에 들어서는 새로운 방법을 통해서 일부 수용된다. 그 방법이 산림직의 설치였다. 산림직은 청요직

---

8) 《宣祖實錄》 권 7, 선조 6년 6월 신해·계축.
9) 《宣祖實錄》 권 7, 선조 6년 12월 정미·갑자.
10) 위와 같음.
11) 《宣祖實錄》 권 7, 선조 6년 12월 병자.
12) 禹仁秀, 《17세기 山林의 세력 기반과 정치적 기능》(慶北大 博士學位論文, 1992).
13) 《宣祖實錄》 권 72, 선조 29년 2월 임자.

에는 문과출신을 임명하는 원칙과 산림의 우대라는 두 가지를 조화시키기 위한 고심의 소산이었다.

산림직의 설치는 인조 원년(1623) 성균관에 司業을 설치하면서 시작된다. 인조반정 직후 공신인 金瑬·李貴 등은 金長生·張顯光·朴知誠 등 당시 대표적인 산림을 천거하면서 이들을 수용할 수 있는 자리로 사업이라는 직책을 만들었다. 결국 사업직의 설치는 산림에게 문과직을 줄 수 없는 상황에서, 인조반정의 정당성을 높이기 위해서는 천거제의 활성화가 필요하게 되면서 절충안으로 되어진 것이었다. 사업은 종4품직으로, 이전에 산림을 우대하는 경우 6품에 임명하였던 관례와 비교해 볼 때 상당한 우대였다. 이후 효종대에는 정3품 당상관인 祭酒를 누어 산림을 더욱 높이 대우하였다. 물론 이러한 직책은 상징적인 것이어서 산림이 성균관의 실무에 관여할 수는 없었다.[14]

이와 더불어 世子侍講院에도 산림직이 설치되었다. 세자시강원은 세자의 교육을 담당하는 곳으로 유교적 정치 이념을 다음대의 군주에게 교육한다는 점에서 매우 중요한 부서였다. 인조 24년 金尙憲의 발의에 의해서 비변사의 논의를 거쳐서 정3품 당상관직인 贊善, 종5품직인 翊善(進善), 종7품직인 諮議 등의 3관직이 만들어졌고 처음으로 찬선에 金集, 익선에 宋時烈, 자의에 權諰가 임명되었다.

이러한 산림직의 설치는 천거제의 활성화를 위한 노력의 결과였고, 사림을 대표하는 중요한 사림이 임명되는 것으로 관행화되면서 매우 비중있는 자리가 되었다. 그러나 산림직의 설치 자체가 산림에게 문과의 직을 줄 수 없다는 기본 입장에서 이루어진 것이었고, 그 설치 부서도 실권과는 거리가 있는 상징적인 자리여서 그 한계는 명확하였다.

이러한 한계는 천거제 시행의 목적이 변한 것과 깊이 관련되는 현상이었다. 즉 천거제가 사림의 세력을 결집하는 데 이용되던 상황과는 달리 정권의 정당성을 확보하는 방향에서 이용되면서 산림의 실제적 기능 역시 한정되었다. 앞에서 살핀 산림직의 설치 과정도 인조반정 이후 취약한 반정의 명분을 보완하는 일련의 노력과 밀접히 관련되는 것이었다. 그러므로 붕당정치하에

---

14) 禹仁秀, 앞의 책.

서는 천거제를 과거에 상응하는 현량과와 같은 제도로 만들려는 노력은 거의 나타나지 않았고 과거제를 보완하는 한계 내에서의 활성화였다. 그러므로 이러한 한계를 인식하고 이를 개선하려는 노력도 있었다. 인조 17년(1639) 대사성 李敬輿가 매년 각 지방에 일정 액수를 정하여 정기적으로 천거제를 시행하자고 제의한 것이나,[15] 숙종 19년(1693) 이조판서 李玄逸이 科擧와는 별도의 액수를 정하여 천거를 실시하자는 제의[16] 등이 그것이다. 이러한 제의는 천거제를 상설적으로 해보자는 수준의 제안이었지만 이 정도의 제안도 지속적으로 수용되지 못하였다.

천거제는 기본적으로 과거제를 보완하는 수준에서 운영되었지만, 이것은 여전히 사림 정치이념의 근간을 이루는 제도였고, 이를 통해서 많은 산림이 정치에 진출하였다. 또한 진출한 산림은 재야의 산림을 대표한다는 상징성으로 인해서 정치적 영향력도 적지 않았다. 대표성은 특히 산림직에 임명된 소수에 집중되는 경향을 보였고, 이들은 유교적 명분과 관련되는 정치 사안에 대해서는 매우 큰 영향력을 행사하였다. 선조대 성혼, 광해군대 정인홍, 인조대 김장생, 효종·현종대 송시열, 숙종대 許穆 등은 그 대표적인 인물이었다. 이들은 정권의 정당성과 명분을 제공하는 한편 정치 상황에 따라서 막후 조정이나 정국을 주도하는 경우도 있었다.

산림의 정치적 역할은 사류를 대표한다는 명분에서 가능하였고, 이러한 대표성은 현실적으로 여론을 수렴하여 공론을 형성하고, 이를 붕당의 운영에 반영하는 과정 속에서 가능한 것이었다. 그러므로 산림의 정치적 역할은 붕당정치 상황에서 유지되는 것이었고, 숙종대 이후 붕당정치 체제가 깨어지고 영조대 이후로는 공론의 수렴까지 불가능해지면서 축소 형식화되고 말았다. 이는 사회경제적으로 새로운 세력이 형성되어 정치 참여를 요구하는 시대적 상황이 전개되면서 정치 충원 방식도 새롭게 마련되어야 함을 보여주는 현상이었다.

〈崔異敦〉

15) 《仁祖實錄》 권 38, 인조 17년 4월 임진.
16) 《肅宗實錄》 권 25, 숙종 19년 11월 임술.

4. 공론정치의 형성과 정치 참여층의 확대

1) 공론 수용기구의 정비

권력구조가 바뀌고 정치 충원 방식이 바뀌면서 정치 참여층이 확대되는 현상도 나타났다. 정치 참여층의 확대는 정치의 질적인 변화의 일면으로, 이 시기 이러한 양상을 잘 보여주는 것이 공론정치의 형성이었다. 이는 사림이 재야에 있으면서도 공론을 통해서 정치에 영향을 미칠 수 있는 압력 집단이 되는 현상이었다. 공론정치의 형성은 공론 수용기구와 형성층의 양면이 갖추어져야 가능한 것이었다. 먼저 공론 수용기구의 정비 과정을 살펴보자.[1)]

당시의 관념에서 공론은 一國 사람들이 당연하다고 생각하는 여론으로 人心이 결집되고 天心이 반영된 것이었다. 따라서 공론은 國是였고 공론에 의해서 정치가 되어질 때에 국가가 바르게 다스려지는 것으로 이해되었다.[2)] 공론은 인심이 결집된 것이므로 국가의 구성원 모두를 포함하는 기반을 가져야 할 것으로 이해되었으므로 '一鄕之人宜有公論'이라는 생각이 일반적이었고, 국가에서는 "크고 작은 일을 막론하고 鄕士와 庶民에게 의논한다"는 인식이 형성될 수 있었다. 따라서 국가에서는 이들의 공론을 받아들일 수 있는 체제를 갖추는 것은 당연하게 여겼고, 일반 民들에게도 上言의 길이 열려져 있었다. 그러나 이들의 상언의 길은 현실적으로 제한되었고 이들이 공론의 구성원이라는 것은 이념에 불과하였다.

현실에서는 공론은 왕·재상·언관에 있었다. 代天理物하는 자로 인식되는 왕은 天心에 따라서 통치해야 하였고, 天心과 人心은 공론으로 반영된다고 인식되어, 왕은 공론을 수용하고 공론에 따라 일을 결정하는 공론의 주인으

---

1) 崔異敦, 〈16세기 公論政治의 형성과정〉(《國史館論叢》 34, 國史編纂委員會, 1992).
———, 〈사림언론과 중앙정치〉(《역사비평》 37, 역사비평사, 1997).
金 墩, 《16세기 전반 政治勸力의 변동과 儒生層의 公論 형성》(서울大 博士學位論文, 1993) 참조.

2) 南智大, 〈朝鮮 成宗代의 臺諫硏究〉(《韓國史論》 12, 서울大, 1985).

로 인식되어 있었다. 그러므로 공론의 수용 여부는 왕이 하늘을 대신한다는 명분이었으므로 통치의 정통성과 연결되는 것이었다.

재상들은 국사를 왕과 논의한다는 입장에서 공론을 유지하는 명분을 가졌고, 공의를 왕에게 건의해야 할 것으로 기대되었다. 실제적으로 재상들은 議政府 署事制 등을 통해서 국가의 각종 사안에 대하여 직접·간접으로 간여하였고, 署事制가 폐지된 후에도 收議를 통해서 영향력을 행사하였다. 그러나 공론 형성층이 분명하지 않았던 당시에 재상의 공론은 재상들의 공통된 의견이라는 좁은 의미를 가질 수밖에 없었다. 따라서 이들에게 있어서도 공론은 왕의 경우에서와 같이 통치의 정당성을 확보하는 이념에 불과하였다.

통치에 대한 명분적 수식에 불과하였던 것과는 다른 성격의 공론을 대간에서 찾을 수 있다. 대간은 왕의 耳目으로 인식되고 있었고, 이목의 역할은 公議를 거두어서 왕에게 이르게 하는 것이었다. 이러한 입장에서 대간은 지위가 낮았지만 국정을 논하는 위치를 부여받고 있었다. 따라서 대간의 언론은 공론이었고 대간 언론의 폐지는 공론의 폐지로 인식되었다. 이들의 의견은 국가의 다스려짐을 위해서 절대적인 것으로 인식되었고, 각종 정책과 인사를 결정하는 경우에 대간들은 자신들의 견해를 밝히고 영향력을 행사하는 것을 사명으로 하였다.

그 임무에도 불구하고 조선 초기에는 대간들의 정치 구조적 지위가 취약하였고, 공론의 바탕이 되어야 할 공론의 형성층이 형성되지 못하여, 대간의 언론은 표방과는 달리 정치적으로 이용되는 것이 일반적인 현상이었다. 심지어 언론이 언론기관의 공통된 의견이라는 인식마저도 형성되지 않았다. 그러므로 언관의 언론이 문제되는 경우에 그 사안을 入啓한 자, 혹은 그 사안을 먼저 발언한 자는 다른 대간들로부터 분리되어 처벌되는 경우도 많았다. 이러한 상황에서 대간은 一國民의 공의를 대변하는 기능을 못하였고, 공론 수용기구로서의 의미도 약하였다. 따라서 이 시기의 실질적인 공론의 형성층은 주로 대신들이었고, 이들의 收議가 공론을 수렴하는 자리로 인식되었다.

그러나 성종대에 사림이 중앙정치에 등장하여 성종의 지원을 받아 언론 기구를 중심으로 서용되면서 언론 활동이 강해지기 시작하자, 대간들은 부여된 임무에 상응한 역할을 위해서 노력하였다. 먼저 대간들은 圓議制를 강화하여 언론이 대간의 합의된 의견이라는 인식을 확보해 가고 있었다. 또한 대간 발언의 근원인 言根을 캐물음으로 언사가 위축되기 쉬운 문제를 '不問言根'이라는 관행을 확보함으로 언론을 활성화하였다. 이러한 성과를 통해서 양사의 언론 기능이 강화되고 있었고 따라서 공론 수용 기능은 활성화되고 있었다.[3)]

성종 중엽부터는 홍문관이 언론 기능을 하게 되면서 새로운 변화를 야기하였다.[4)] 홍문관은 경연을 통해서 君德을 輔養하는 것을 임무로 하였고 그러한 입장에서 중요한 일에는 疏를 올려 의사를 표현할 수 있었다. 이러한 홍문관의 언론 활동이 점차 강화되어 갔는데, 이것이 성종과 대신·대간들에 의해서 인정되면서 성종 22년(1491)경에는 홍문관이 언관기관으로 인정되었다.

그 위에 홍문관은 대산의 언사를 규세하는 '臺諫彈劾權'을 확보하게 되었고, 홍문관원이 대간직으로 진출하게 되면서 이 양자의 관계는 유기적인 조화를 이루게 되었다. 이는 홍문관을 중심으로 하는 언권의 강화로 기존의 양사 중심의 언론의 한계를 극복할 수 있는 변화였다. 언론 기능의 강화는 언론의 당연한 의무였던 공론을 수용하는 기능을 원활히 수행할 수 있는 바탕이 되었다. 이로서 홍문관을 중심으로 하는 언론 삼사가 공론 수용기구로서의 역할을 본격적으로 하게 된다.

성종대의 홍문관을 통한 공론 수용 기능이 활성화된 위에 중종대에는 낭관들도 공론 수용 기능을 수행한다. 낭관들은 각 曹의 장관인 堂上官을 보좌하는 역할을 하였으나 중종대에는 삼사와 밀접한 연결을 가지면서 自薦制를 통한 인사의 자율성 확보를 기반으로 낭관권을 형성하면서 각 부서에서의 결정에 영향력을 행사하게 되었다. 낭관들은 자신들의 의견이 공론에 바탕한 것이라는 점에서 낭관권 행사의 명분을 찾고 있었다. 각 曹에서의 일이 공론에 따라야 한다는 인식은 낭관들의 인사 원칙인 자천제의 이념에서부터 나타났다. 능력보다는 인품을 강조하는 새로운 인사 이념에서 실시된 자천제는 인품은 동료들이 잘 안다는 인식과 더불어 이 방법이 다수의 의사를 수용한 공론에 의한 인사라는 인식이 포함되어 있었다. 그것은 "吏曹郎官은 極選의 자리이므로 천거된 자가 物望에 합당한 연후에 천망된다"라는 사간원의 지적에서 잘

3) 南智大, 위의 글.
4) 이하 서술은 崔異敦,《朝鮮中期 士林政治構造硏究》(일조각, 1994) 참조.

나타난다.[5] 이는 자천제가 물망 즉 공론에 의해 이루어지는 것임을 잘 보여준다.

공론에 의한 천거인 자천제로 인선된 낭관들은 당연히 각 부서의 일을 공론에 입각하여 처리해야 했다. 그 한 예로 명종 13년(1558)에 보이는 이조 낭관들이 "外議가 이 사람은 이 직에 가하다 하고 저 사람은 저 직에 불가하다"[6]라고 외의, 즉 공론에 따른 인선을 위해서 당상관들과 다투는 기록은 그러한 낭관들의 노력을 잘 보여준다.

이러한 낭관들의 공론 수용 태도에 대해서 당상관들은 비난도 하고 있지만 기본적으로 공론에 의한 결정을 바람직한 것으로 인식하고 있었다. 중종 39년(1544) 吏判 申光漢이 贊成 擬望을 놓고 "이 일은 마땅히 衆論을 두루 얻어야 하는데 중론을 모르니 어찌해야 하는가"[7]라고 말하고 있는 것은 그 대표적인 예였다. 여기의 중론 역시 공론을 의미하는 것이었다. 낭관들이 공론 수용의 기능을 하자, 李珥는 "淸議가 낭료에게 있고 장관에게는 없다"라고 표현했다.[8] 이러한 표현은 낭관들이 삼사와 더불어 공론을 수용하는 기능을 하고 있음을 잘 지적하고 있다.

결국 낭관들은 낭관권을 토대로 공론 수용 기능을 하고 있었다. 이는 삼사가 공론을 수용하여 이미 결정된 사항에 대해서 견제를 가하는 것이었는데 비하여, 낭관들은 실무의 결정 과정에서 공론을 반영하는 것으로 한 단계 진전된 모습을 보여주는 것이었다.

2) 공론 형성층의 확대

언관과 낭관들이 공론 수용 기능을 원활히 수행하면서 그 이면에서는 점차 공론 형성층이 형성·확대되고 있었다. 공론의 형성과 수용은 불가분의 관계에 있었으므로 수용기구의 정비는 공론 형성층의 형성에 밀접히 연결되었다. 조선 초기에는 공론의 형성과 수용이 원활하지 않았으므로 특정 인물이나 부서가 공론을 담당하였다. 당시에 공론을 담당하는 부서를 '公論所在'

---

5) 《明宗實錄》 권 24, 명종 13년 정월 임자.
6) 위와 같음.
7) 《中宗實錄》 권 104, 중종 39년 8월 기사.
8) 《宣祖修正實錄》 권 16, 선조 15년 정월.

라 지칭하였는데 이는 공론의 수용 기관이라는 의미와 더불어 공론 형성 기관이라는 의미까지를 포괄하였다. 즉 왕·대신·언관이 공론을 담당하였다는 의미는 대신이 공론을 수용한다는 의미와 더불어 이들이 구체적인 공론 형성층임을 의미하였다. 따라서 이들 사이에서 합의된 의견은 곧 공론이었다.

이러한 양상은 공론의 바탕이 되는 공론 형성층이 구체화되지 않은 데서 기인하였다. 이념적으로는 모든 민은 공론의 형성층이었고 민심이 공론이었지만, 이들의 의사 표출과 정치의 수렴은 현실적으로 이루어지지 않았다. 종종 求言이 내려져서 의사를 수렴하고 있었지만 그것도 형식적인 것에 그쳐 극소수의 상소를 하는 부류는 관료들에 국한되는 것이 보통이었고, 조정에서는 구언에 의한 상소까지도 문제를 삼는 경우가 있었다.

이러한 상황에서 공론이 갖는 의미는 지극히 제한되어, 재상들의 정책 결정이나 언론기관의 탄핵에 명분을 부여하는 것에 그쳤다. 그러나 언권이 강화되고 낭관권이 형성되어 공론 수용 기능을 활발히 하게 되면서 구체적으로 공론 형성층이 드러나게 되었고 이들의 의견이 정치에 반영되었다. 이러한 움직임은 관원들과 사류의 양면에서 진행되었다.

먼저 관원이 공론 형성층이 되는 모습을 살펴보자. 관원 중 당상관들은 收議를 통해서 인사나 정책에 의사를 표출할 수 있었고 여기서 합의된 것은 공론으로 인정되었으므로 주목되는 것은 당하관의 경우였다. 당하관은 언관을 제외하고는 의사 표출이 원천적으로 불가능하였다. 당하관은 종종 왕 앞에서 輪對하도록 규정되어 있었지만, 그 기회는 왕의 자의에 의해서 좌우되었으므로 이를 통해 국가 현안에 대한 의사가 수렴될 수는 없었다. 재상들이 각 부서를 대변하면서 수의에 임할 때 재상들은 실무자인 당하관의 의사를 반영할 수도 있었으나 그 여부는 재상의 의사에 달린 것이었다. 따라서 당하관들은 행정 실무를 담당하고 정치에는 관여하지 않는 것으로 되어 있었다. 즉 당하관은 공론 형성층이 아니었다.

그러나 삼사의 언권이 강화되고 낭관권이 형성되어 공론 수용 기능을 강화하자 관원들의 의사 표출도 활성화되어 갔고, 이들의 의견이 대간의 언사나 정책 결정에 압력으로 나타나기 시작하였다. 중종 3년 11월 경연 중 朴元宗은 "문신이 사사로이 서로 모여서 조정의 득실을 의논한다. 대간들이 이러한 의견을 받아들여 府中에서 논의하여 언론하고 있다"라고 당시 관원들의 논의 구조를 언급하고 있다.[9] 이에 의하면 공식적인 논의의 토대가 마련되어 있지 않은 당하관급 관료들이 사사로이 모여서 정치 문제를 논의하고 있고, 그 논의는 대간에 의해서 수용되고 있음을 보여준다. 이러한 중종 초기의 자료는 단편적인 것이기는 하지만 당하관들이 비공식적 모임의 활성화를 통해서 공론 형성층으로 등장하고 있는 것을 잘 보여주고 있다. 이 현상은 이 시기에 돌발적으로 나타난 것이라기보다는 이미 성종말부터 형성되었으나 활성화되지 않던 것이 중종반정 이후 사림이 자신감을 가지면서 구체적으로 표출된 것으로 생각된다.

좀 더 구체적인 양태를 살피기 위해 당하관을 參上官과 參下官으로 나누어 살펴보자. 참상관의 경우 의정부와 육조의 낭관들이 핵심 구성원이었다. 이들은 앞에서 언급한 대로 낭관권을 형성하면서 각 부서의 일에 대하여 공론을 수용하는 기능을 하고 있었다. 그러나 이들은 다른 한편으로는 역할의 동질성을 기반으로 하여 상호 결속하였고, 이 결속 위에서 공론 형성층의 역할도 하고 있었다. 낭관들은 이러한 결속을 作會를 통해서 다지고 있었다. 六曹郎官作會와 舍人作會 등의 작회는 본래 낭관 상호의 친목 모임이었다. 그러나 낭관은 이를 통해서 다져진 결속 위에서 정치 문제에 대하여 공론을 형성하고, 이를 '六曹郎官啓'·'政府舍人六曹郎官等上疏' 등을 통해서 표출하였다. 이러한 모습은 낭관들이 자기 부서 밖의 일에 대해서는 공론 형성층의 기능을 하였음을 잘 보여준다.

참하관의 경우에는 홍문관·예문관·승문원·성균관·교서관 등의 참하관이 그 핵심을 이루고 있었다. 이중 홍문관이 언론 기능을 하면서 나머지 부서와 구별되고, 남은 4부서는 四館으로 호칭되면서 보조를 같이 하고 있었다. 4관은 과거급제 후 바로 배치되는 장소로 그 관원들은 성균관에서 공부를 같이 한 교유관계를 가지고 있었고, 같이 유생을 관리하는 입장이어서 상호 깊은 유대를 갖고 있었다. 이들은 관료군의 모집단인 유생과 관료들간의 연결 고리로서 자신들의 위치를 인식하면서 모임을 가졌고, 친목으로 시작하

9) 《中宗實錄》 권 7, 중종 3년 11월 경신.

였으나 중종대 이후 정치 구조가 변하면서 가장 핵심 부서인 예문관을 중심으로 공론 형성층이 되어 정치적인 발언을 하기 시작하였다.

이와 같이 당하관들이 공론 형성층으로 등장하는 이면에서 점차 재야사림들도 공론 형성층으로 등장했다. 士는 중앙의 성균관을 중심으로 활동하는 유생과 지방의 유생으로 나누어 살필 수 있는데, 먼저 성균관의 유생들의 경우를 살펴보자. 교육기관인 성균관을 중심으로 결집된 중앙의 유생들은 이전부터 국가 정책에 의견을 개진하였으나 斥佛문제에 국한된 것이었다. 그러나 성종 말기부터 성균관의 구성원이 지방의 사림들로 채워지고, 齋會 방식에 따른 衆論에 의해 운영되어지면서 성균관도 공론을 형성한다는 의식이 강화되었다. 유생들은 삼사와 밀접한 관계를 맺어 훈구와의 대립에 서로 지원하는 관계를 형성하면서, 성균관의 정치적 위상에 대한 의식의 변화를 수반하여 그 이전과는 다른 양상을 보여주기 시작하였다. 그 단적인 모습이 성균관 유생들이 자신들을 공론을 담당하는 '公論所在'로 파악하는 것이었다. 이는 훈구와 사림이 대립되는 상황에서 일반 유생들의 고양되어 가는 정치의식의 변화를 대변하는 것이었다. 이러한 인식의 변화는 중종반정 이후에는 일반화되어 표출되면서, 성균관 유생들이 공론 형성층으로 등장하였다.

지방 유생들의 경우에도 같은 변화가 나타났다. 조선 초기부터 지방의 유생들은 求言을 통해서 자신의 의사를 표출할 수 있었으나 이는 매우 제한된 것이었다. 그러나 성균관이 자신의 입장을 새롭게 정리하고 공론의 소재라고 자처할 무렵에는 지방 유생들에게서도 변화가 나타났다. 지방에서는 이미 성종대부터 지방 공론인 鄕論이 구체화되고 있었다. 성종 초엽부터 사림들은 중앙에 진출하면서, 한편으로는 중앙정치 구조의 개혁에 주력하였고 한편으로는 지방의 자치적 운영의 확보에 노력하였다. 사림은 중앙정치에서 공론에 의한 통치를 추구한 것과 마찬가지로 향론에 따르는 지방의 자치적 운영을 이상시하였다. 사림은 그러한 구체적인 방법으로 유향소의 복립을 제기하고, 또한 향사례·향음례의 실시를 계속 추진하면서 자치적 운영을 모색하였다. 유향소나 향사례·향음례는 지방의 향론에 입각한 향촌 규제를 위한 구체적인 방안들이었다.10)

10) 崔異敦, 〈16세기 사림 중심의 지방정치 형성과 민〉(《역사와 현실》 16, 1995).

이러한 이들의 자치 노력은 일단 戊午士禍로 위축되지만 연산군을 축출한 이후에는 더욱 자신감을 가지고 추진되었다. 중종대에는 지방에서 향론의 형성이 일반화되는 분위기였고, 중종 4년(1509)에는 원악향리의 治罪까지 향론에 의해서 하는 것이 어떠하냐고 중앙에 건의할 만큼, 향론에 의한 향촌 운영이 일반화되어 가는 추세였다.11)

이러한 상황에서 향론의 구성원도 확대되는 추세였다. 그러한 추세는 향론 중심 기구의 확대를 통해 짐작된다. 성종대만해도 향론의 중심 기구는 유향소·司馬所였으나 중종대에는 유향소와 더불어 향교가 제기되고 있음이 주목된다. 유향소·사마소의 구성원은 전직 관료나 생원·진사에 국한되었으나, 향교는 일반 교생을 대상으로 하였으므로 자연히 구성원의 확대를 초래하는 것이었다. 생도가 향론의 구성원으로 등장하는 것은 당시 생도의 상당수가 양인으로 구성되어 있다는 점을 생각한다면 단순히 구성원의 확대에 그치는 것은 아니었고 질적인 면에서도 의미있는 시사를 주는 현상이었다.12)

지방에서의 변화는 중앙에서의 변화와 별개의 것이 아니었다. 본래 중앙 사류와 지방 사류간에는 유생들이 자유롭게 중앙과 지방을 왕래하고, 성균관에서 같이 공부한 관행이 있어 밀접하였다. 특히 성종 말기에는 지방 사림들이 적극적으로 성균관에 진출하여 지방 유생들이 성균관의 주구성원으로 등장하면서 성균관의 유생과 지방의 사류는 더욱 밀접하게 되었다. 이것은 구체적으로 성균관의 분소적인 역할을 하였던 사마소가 지방에 광범위하게 설치되어 성균관과 보조를 같이한 것에서도 확인되는 현상이었다.

이러한 상황에서 사류의 중앙과 지방의 구분이 무의미해졌고 이들의 의사는 합하여져 士論으로 개진될 수 있었다. 지방에서 사림이 향론을 통해서 중앙의 대표였던 수령의 잘못을 정면으로 제기할 만큼 성장한 상황에서, 중앙의 성균관에 진출한 사류들은 정치적인 의식을 성장시켜 중앙의 문제에 자신들의 의사를 표출하는 것은 당연하였다. 중앙정부에서도 그러한 언사를 당연한 것으로 간주하였다. 이는 중종 10년 "유생이 조정의 시비를 논의하는 것은 조정에 부정한 일이 있어 처처에 공론이 있는 것이다. 어떻게 공론을

---

11) 《中宗實錄》 권 9, 중종 4년 8월 정해·기축.
12) 李範稷, 〈朝鮮前期의 校生身分〉(《韓國史論》 3, 서울大, 1976).

막을 수 있겠으며 公論之人을 벌할 수 있겠는가"라는 중종의 지적에서 잘 나타난다.[13] 이와 같은 지적은 유생의 의견을 공론으로 인정하고 유생이 조정의 문제를 의논하는 것을 수용하는 것으로, 유생이 공론 형성층으로 기능하였음을 보여주는 것이었다.

3) 공론정치의 활성화

선조대 이후 사림이 정치의 주도권을 잡으면서 공론정치는 활성화된다. 사림이 정치를 주도하면서 언관권과 낭관권이 확고해졌고, 이를 통한 공론의 수용 기능이 활성화되었다. 또한 사림이 공론 형성층으로 인정되어 성균관이 공론의 소재이며 재야사림이 공론 형성층이라는 것, 즉 공론이 草野에 있다는 것[14]이 분명하게 공인되었다. 특히 붕당정치가 형성되면서 각 당파가 공론을 정통성을 부여하는 존립 근거로 삼았으므로 공론은 붕당정치를 움직이는 가장 중요한 정치 요소로 작용하였다. 그러므로 공론은 대신이나 왕조차도 따라야 할 것이라는 대전제가 형성되어, 모든 정치 사안이 당연히 공론에 의해서 결정되어야 하였다. 이러한 전제가 표방에 그치지 않고 구체적으로 왕이나 대신이 사안을 처리하는 데에 있어서 구체적으로 나타났다. 선조 21년(1588) '卜相'의 문제가 있자 선조는 재상들에게 공론이 어떤 사람을 뽑기 바라는가를 물었고, 재상들 역시 이에 대한 回啓에서 공론을 참작하여서 재상을 뽑겠다고 말한 사례[15]를 볼 때 공론정치가 실제적으로 운영되고 있었음을 보여주고 있다.

이러한 공론의 활성화 상황은 일일이 사례를 들어서 거론할 수 없는데, 그 대강의 추세를 짐작케 해주는 현상이 朝報와 通文의 활성화였다. 조보는 정치에 대한 소식지로 공론의 형성을 위한 정보 전달의 역할을 하였다. 조보가 언제부터 나타났는지 분명치는 않다. 그러나 초기의 조보의 기능이 주로 정부에서 결정한 일을 언론기관에 알리는 역할을 하는 데서 출발한 것으로 보아

---

13) 《中宗實錄》 권 23, 중종 10년 9월 무자.

14) 《宣祖實錄》 권 3, 선조 2년 6월 신사.

15) 《宣祖實錄》 권 22, 선조 21년 5월 계사. 당시의 대화에는 外議가 어떠한가 묻고 있다. 여기서 外議는 조정 밖의 공론이라는 의미를 강조한 것으로 공론과 동일한 의미를 가진다.

언론기관이 활성화된 성종대 무렵부터 본격적으로 발행된 것으로 생각된다.

공론이 활발하게 형성되면서 중종대부터는 중앙 정치의 논의가 조보를 통해서 외부로도 나가서 공론 형성을 위한 정보의 기능을 하기 시작했다. 이러한 사정은 중종 10년(1515) 대사헌 權敏手가 국가의 비밀을 점거하지 않아 외인이 먼저 안다고 지적하면서 조보를 금할 것을 요청한 데서 짐작할 수 있다. 즉 공론이 활성화되면서 정치 결정에 대한 구체적인 정보가 필요하게 되었고, 조보를 빌미삼은 비공식적인 정보의 유출이 드러나자, 국가 비밀의 누설이라는 차원에서 문제로 제기된 것이었다. 그러나 공론이 활발해지고 있던 당시 상황에서 조보를 금하는 것은 불가능하였다. 이러한 권민수의 발언에 대해서 사림은 비난하였고, 중종도 "조보의 일은 예로부터 있어 왔으니 비밀히 해야할 일은 승정원에서 알아서 비밀로 하는 것이 가하다"고 조보의 금지를 허락하지 않았다.16)

그러나 아직 당시의 조보는 조정에서 결정된 일을 승정원에서 주관하여 의정부나 대간 등 정부기관에 알리는 기관과 기관 사이의 연락을 하는 것이 공식적인 기능이었다.17) 그러나 조보의 역할은 점차 활성화되었고, 중종 후반에는 조보의 역할이 기관 사이의 연락에 그치지 않고 재상 등 개인에게도 보내지게 되었다.18) 이러한 상황에서 조보를 통한 정보의 전달은 더욱 활성화되었고, 선조대에 이르면 지방에 거주하는 사림도 조보를 구해보는 것이 일반적인 현상이 되었다.19)

이러한 조보의 활성화 추세는 선조 12년(1579) 조보를 활자로 인쇄한 사례를 통해서 확인된다. 조보가 일반화되면서 필요한 수량이 늘자 일일이 붓으로 쓰는 것이 번거로웠고, 선조 12년 서울의 '識者遊食人'들이 조보를 인쇄하여 各司와 외방의 邸吏들에게 매매할 것을 계획하고, 의정부와 사헌부에 허

16) 《中宗實錄》 권 22, 중종 10년 5월 무자.
17) 《中宗實錄》 권 22, 중종 10년 5월 무자 및 권 38, 중종 15년 3월 갑인.
18) 《中宗實錄》 권 86, 중종 32년 정월 병신.
19) 柳希春, 《眉巖日記草》 1책, 정묘 10월 9일조 기사에 의하면 전라도에 있는 유희춘이 5일자 조보를 받아보고 있으며, 동월 12일조의 기사에 의하면 6일자 조보를 받아보고 있다. 《宣祖實錄》 권 6, 선조 5년 5월 기묘조에 의하면 이러한 사실이 조정에서 거론되고 있다.

락을 얻어 수개월간 판매하였다.[20] 이러한 사태는 조보를 인쇄하여 판매하는 것이 이득을 남길 만큼 조보를 보는 수효가 활성화되어 있음을 보여주었고, 또한 '식자유식인'이라는 특정한 자격을 가지지 않은 일반인들에게 인쇄를 허용할 만큼 조보는 대중적으로 공개되어 있었다. 이러한 조보의 활성화는 정치의 문제와 현안을 널리 알게 하여 공론의 활성화에 기여하였다.

조보가 중앙 정치의 정보를 전달을 통해서 공론의 활성화에 기여하였다면, 通文은 지방의 공론을 수렴하는 장치로 작용하였다. 향촌에서도 역시 향촌의 공론인 鄕論을 바탕해서 향교와 서원을 중심으로 하는 공론 운영 체계가 뚜렷하게 형성되었다. 향론에 입각한 향촌의 운영이 구체적으로 향촌의 행정을 통해서 관철되었으며, 심지어 지방의 교육 관리인 訓導도 향론에 의해서 천거하고자 하였는데,[21] 이는 중앙의 고유 권한인 관리의 인사에 자신들의 의견을 직접 반영하겠다는 의도로 당시에 빈번하게 나타나는 수령의 유임을 요구하는 상소와 더불어 재야사림의 자치 운영 의식을 짐작케 한다.

특히 재야사림들은 지방의 공론을 수렴하여 중앙 정치의 문제를 직접 거론하기도 하였다. 그러한 과정이 활성화되면서 나타나는 것이 통문이었다.[22] 향촌에서 조보를 통해서 입수한 중앙 정치의 현안에 의견을 표시하고자 할 때, 향촌의 대표들은 통문을 돌려서 의견을 수렴하였다. 통문을 발송하는 주체는 향교나 서원 또는 각 문중 등이 될 수 있고, 그것을 통보 받는 곳도 향교나 서원·문중 등이었다. 통문이 돌려지는 범위는 사안에 따라서 달랐는데, 적게는 읍 단위에서 그치는 것도 있었으나 크게는 도 단위까지 돌려졌다. 심한 경우는 성균관이 중심이 되어서 8도에 통문을 돌리는 경우도 있었다. 통문에서 거론되는 사안은 적게는 한 고을의 민폐의 시정을 촉구하는 내

---

20) 《宣祖修正實錄》 권 12, 선조 11년 2월. 이러한 조치는 비록 수개월만에 중단되었으나, 인쇄의 필요성이 제기되었고 수용되었던 상황은 변함이 없었다.

21) 《宣祖實錄》 권 7, 선조 6년 12월 정미.

22) 이하 서술은 다음의 글을 참조.
金東洙, 〈서원통문의 공론성과 서원의 정치세력화의 요인〉(《歷史學硏究》 10, 1981).
李樹健, 〈朝鮮後期 嶺南儒疏에 대하여〉(《斗溪 李丙燾博士 九旬紀念韓國史學論叢》, 知識産業社, 1987).
薛錫圭, 《16~18세기의 儒疏와 公論政治》(慶北大 博士學位論文).

용에서부터 크게는 붕당정치의 중요 현안에 대한 의견의 개진까지 다양하였다. 통문을 통해서 연락을 받은 사림들은 疏會를 열어서 상소할 내용을 결정하고 상소문을 작성하여 연명하여 올렸는데, 사안에 따라서 수십 명에서 수백 명에 이르렀고, 심한 경우는 만 명을 넘는 경우도 있었다. 이러한 과정에서 통문은 활발하게 돌려졌고, 지방 향론을 수렴하는 정치로 정립되었는데 이는 공론 정치의 활성화를 단적으로 보여주는 것으로 이해된다.

조보와 통문의 활성화를 통해서 나타나는 공론 정치의 활성화는 17세기말 붕당정치의 긍정성이 소진되면서 위축된다. 이미 사회경제적으로 성장한 民이 정치의 참여를 요구하는 상황에서 士論을 기반으로 하여 정치를 운영하는 공론정치는 그 긍정성을 상실하는 것이었다. 그러나 기득권자들은 이러한 요구를 외면하고 오히려 사론마저도 차단하는 탕평과 세도정치라는 반동적인 방향으로 나아가고 있었다. 이러한 상황에서 새롭게 부상하는 사회 세력이 정치 참여층으로 인정되고 이들의 의견이 공론으로 인정되기 위해서는 많은 시간과 노력이 필요하였다.

〈崔異敦〉

5. 중앙 군영제도의 발달

조선 전기의 군사제도는 중앙의 五衛, 地方의 鎭管 및 制勝方略的인 체제를 중심으로 유지되었다. 그러나 이러한 전기의 군사제도는 《經國大典》이 성립된 15세기말부터 각종 모순이 발생하여 서서히 허구화되어 갔다. 따라서 倭亂이 일어났던 16세기말에는 군사적 기능이 거의 공백상태에 놓여지게 되었다.

이러한 공백기에 20만에 달하는 왜군이 鳥銃隊를 앞세우고 침략해오자, 조선은 우선 그 수적인 우세를 극복할 수 없어 속수무책일 수밖에 없었다. 다만 李舜臣 등에 의한 水軍의 활약과 전직 관리나 유학자 등 유교를 실천 윤리로 하는 義兵에 의하여 왜군의 작전에 차질을 빚게 했으며, 뒤에 明軍의 참전으로 수적인 열세를 극복하고 官兵·의병의 정비로 반격이 시작되었다.

그리고 이때를 계기로 하여 왜란 극복을 위한 군사체제의 재정비·재편성을 서두르게 되었다. 즉 16세기에 변방 방어를 위하여 설치되었던 備邊司를 더욱 확대 강화하는 동시에 三手兵을 중심으로 하는 明將 戚繼光의 浙江兵法인 紀效新書法을 도입하여 중앙에는 訓鍊都監, 지방에는 束伍軍을 조직하여 對倭전쟁을 승리로 이끄는 데 성공하였다.

왜란 이후에도 국내외 정세는 안정을 찾지 못하고 인조반정·李适의 난 등의 국내적인 혼란과 호란과 같은 국제적인 도전 등이 겹쳐 일어남으로써 군사체제 재편성 및 강화는 매우 급한 일이 아닐 수 없었다. 따라서 국방체제는 수도 및 수도권을 중심으로 정비·강화되면서 필요에 따라 三手技 중심의 束伍法에 의한 御營廳·摠戎廳·守禦廳·禁衛營 등이 차례로 설치되어 숙종때까지 중앙은 이른바 5군영 체제가 갖추어졌다.

이와 같은 군사제도의 재편성 과정을 통하여 중앙 군사제도를 수도 방위 군영, 수도외곽 방위 군영 및 왕권수호 군영으로 나누어 그 실제를 파악해 보고 끝으로 붕당정치기에 있어서의 군사권의 추이를 살펴본다.

1) 수도 방위 군영

후기 중앙군을 대개 5군영 체제라고 하나 엄밀한 면에서 보면 수도를 직접적으로 방위하는 군영은 훈련도감·어영청·금위영의 3군영이다.

이들 3군영은 때로는 왜란을 극복하기 위하여, 때로는 對淸 관계의 악화로 인한 국방력을 강화하기 위하여, 때로는 급료병인 훈련도감군를 줄이고 국가재정과 수도 방위의 양면을 충족시키기 위하여 설치되어 숙종 이후의 수도 방어의 직접적인 책임은 이들 3군영이 담당하였다.

뿐만 아니라 이들 3군영은 훈련도감과 같이 모두 長番 급료병으로 편제되기도 하고 혹은 어영청·금위영과 같이 鄕軍을 주축으로 하여 戶·保에 의한 遞番 교대로 번상하는 군영이 되기도 했으나, 이들의 조직 편제는 모두 《紀效新書》에 의한 속오법으로 편제되어 수도 방위의 공동 책임을 지고 있었다.

(1) 훈련도감[1)]

훈련도감의 설치가 구체화된 것은 선조가 왜란을 피했다가 환도한 선조 26년(1598) 10월 이후의 일이다. 즉 당시 三道 都體察使로서 군사 지휘권을 장악하고 있던 柳成龍 등의 건의에 의하여 飢民 구제・精兵 양성을 주안으로 하여 매월 9斗의 급료를 지불하는 동시에 명장 척계광의 병서인 《기효신서》의 浙江兵法에 의하여 砲・殺・射手의 전문적인 三手兵으로 편제되었다.[2)] 따라서 훈련도감군은 《기효신서》의 근본정신인 '治衆如治寡'에 입각하여 分數束伍에 중점을 두고 '責任分明 哨隊有倫'하는 부분 연습의 소부대 단위로 三手 전문의 병종으로 편제되었다.[3)] 그러나 전문적인 삼수병으로 편제되었다고 하지만 어디까지나 왜란 극복을 위한 포수를 중심으로 편제되었다. 따라서 훈련도감군은 왜란을 계기로 조총 등의 필요성이 중대함으로써 처음 포수로 설치되었다가 그 뒤 義勇隊[4)]를 殺手로 편입하고 다시 守門將 동 學射之人을 射手에 편입하여 삼수병으로서의 편제가 이루어진 것은 선조 27년 6월 이후의 일로 생각된다.[5)]

훈련도감의 설치는 都監이라고 한 이름에서도 알 수 있듯이 처음부터 법적인 뒷받침을 받은 군영이 아니었다. 즉 설치 초기에는 문자 그대로 전국의 군대를 三手로 나누고 이들을 전문적으로 훈련하여 왜란을 극복하려는 임시 군영이었다. 그러나 다시 수복된 수도 방어의 핵심 군영으로 왜란 후 서서히 永設 군영화했으며 이러한 영설화에는 많은 우여곡절이 있었다.

처음 설치된 훈련도감군은 전기한 바와 같이 지방군의 훈련을 책임졌을 뿐 아니라 수도권을 5營으로 나눈 후 이들 5영에 각각 배치되어 왕권 수호

---

1) 車文燮, 〈宣祖朝의 訓練都監〉(《朝鮮時代軍制研究》, 檀國大 出版部, 1973).
陸軍士官學校 韓國軍事研究室편, 《韓國軍制史》(近世朝鮮後期篇, 陸軍本部, 1977).

2) 《紀效新書》는 明將 戚繼光이 당시 중국 서해안에 침입해 오던 倭寇에 대비하여 쓴 兵書이다.

3) 車文燮, 앞의 글 참조.

4) 義勇隊는 왜란 중 왕세자(광해군)를 호위하기 위하여 긴급히 만든 병종이다(《宣祖實錄》 권 52, 선조 27년 6월 갑술).

5) 《宣祖實錄》 권 52, 선조 27년 6월 갑술.

와 捕盜·巡綽의 책임도 졌다. 설치 초기의 훈련도감은 大將을 都監堂上이라 하고 그 밑에 직접 군사지휘를 담당하는 中軍·千摠이 있었으며 이들 지휘관 아래 司(把摠)－哨(哨官)－旗(旗摠)－隊(隊長)－伍의 편제로 연결되어 있었다. 그러나 뒤에 기구가 더욱 확대 강화됨에 따라 議政이 겸하는 都提調 1명, 兵判과 戶判이 겸하는 提調를 두고, 직접 군사 책임을 담당하는 大將 1명(종2품) 아래 中軍 1명(종2품)·別將 2명(정3품)·千摠 2명(정3품)·局別將 3명(정3품)·把摠 6명(종4품)·從事官 4명(종6품)·哨官 34명(종9품)으로 지휘 체계를 편성하였다.[6)]

그리고 조직 편제는 左·右 兩部＝6司＝33哨로 편제되었다. 즉 馬兵(射手) 7초(1초 119명) 833명·砲手 20초(1초 122명) 2,440명·殺手 6초(1초 123명) 738명 도합 33초에 4,011명으로 구성되었다. 이같이 조직이 확대되면서 이들 이외에도 軍官 10명, 別軍官 10명, 知彀官 10명, 旗牌官 20명, 勸武軍官 50명, 都提調軍官 5명, 監官 6명, 藥房·鍼醫·馬醫 각 1명 등 군사 훈련이나 도감의 각종 행정에 종사하는 군관들이 있었다. 그리고 도감에는 일반군 이외에 別武士 68명, 漢旅 33명, 局出身 150명, 武藝別監 198명 등의 특수병도 있었으나 앞서의 권무군관이나 한려·국출신[7)] 등은 뒤에는 모두 軍功에 의한 待遇軍이었다. 이외에도 各色標下軍이 1,230명이 있었다. 都監軍은 경제적인 이유로 몇 차례의 가감이 있었지만 대개 5,000여 명 정도의 軍摠을 말기까지 유지하였다.

설치 초기의 훈련도감은 장번 급료병으로서 매월 급료를 지급하는 동시에 정기적인 것은 아니지만 試才·鍊才 등을 통하여 논상하고 衣資 등을 지급했으며 赴防者에 대하여는 妻料를 지급하였다. 그러나 도감 자체가 왜란 극복을 위하여 설치된 임시 군영이기 때문에 이를 유지하기 위한 항구적인 재정 대책이 세워지지 않았다. 그렇기 때문에 호조에서는 둔전을 확대하여 경제기반을 마련하려고 했으나 여의치 않아 선조 말년에는 이른바 三手糧을

6) 《續大典》 兵典, 軍營衙門 訓鍊都監.
7) 局出身은 병자호란때 남한산성 扈從軍 가운데 出身者 1,884명을 7局으로 나누어 永肅門에 입직하게 했으나 뒤에는 서서히 待遇軍化했다.

마련하였다.[8]

그러나 이 같은 삼수량만으로도 장번 급료병인 군총을 유지할 수 없었기 때문에 평안도와 함경도를 제외한 6도에 砲保 37,194명과 餉保 7,000명을 설정하여 이들에게서 포 2필 혹은 미 12두를 징수하여 충당하였다. 뿐만 아니라 도감군의 長番 액수를 줄이기 위하여 한때 番上遞代하는 훈련별대를 두어 도감병을 감축하려고도 했다. 그러나 오히려 이는 禁衛營을 탄생시키는 결과를 가져 왔으며 5군영체제가 갖추어졌어도 수도 방어의 핵심 군영은 도감이기 때문에 군액의 견감은 이루어지지 않았다. 영조때에는 균역법이 성립되어 일반 양정의 포 부담이 1필로 반감됨으로써 均役廳으로부터 給代 등을 받아 운영되었다.[9] 이와 같은 재정기반으로 馬軍은 미 10두·太 9두를 지급하고 말이 없는 자는 미 9두를 지급하였다. 그러나 처음 도감군에 들어가면 미 4두를 지급하고 試才 등에 의하여 7두~9두까지 지급받을 수 있었으나 9두 이상은 지급되지 않았다.

후기 군사제도가 차차 정비되면서 훈련도감은 수도의 핵심 군영으로서 왕권 수호는 물론 어영청·금위영과 더불어 궁성 수비 내지는 수도 서울의 방위를 책임지게 되었으며 붕당정치가 붕괴되는 과정에서 왕권이 신장되던 영조대에 가서 續大典化했다. 즉 도감군은 국왕의 動駕 陪扈·殿座 環衛를 전담하고 서울 서부·북부의 坊民과 더불어 수도 방위를 담당하기도 했으며 扈衛信地를 정하여 왕권을 수호하고 도성 分守와 宮墻 파수 및 都城 내외의 순라도 담당하였다. 뿐만 아니라 수도 안의 濬川과 주위 四山의 禁松 및 捉虎 등도 분담하여 책임지도록 하는 등 문자 그대로 중앙군의 핵심적 역할을 담당하는 군영의 하나가 되었다.[10]

훈련도감 본청은 서울 餘慶坊에 있었으며, 도감의 양곡 등 군수품을 공급하기 위하여 설치되었던 糧餉廳은 남부 薰陶坊에 있었다. 그리고 도감의 규모가 점차 커짐에 따라 北營·南營·新營·下都監·北一營·西營 등의 營舍

8) 《宣祖實錄》 권 203, 선조 39년 9월 정해.

9) 《萬機要覽》 軍政編, 訓鍊都監 財用.

10) 위와 같음.

가 두어졌다. 북영은 苑洞의 拱北門 밖에, 남영은 昌德宮의 敦化門 밖에, 신영은 慶熙宮의 興化門 밖에, 하도감은 남부 明哲坊의 訓鍊院 동쪽에, 북일영은 경희궁의 武德門 밖에, 서영은 경희궁의 崇義門 밖에 두어졌다.[11] 이는 국왕이 창덕궁이나 경희궁에 머물러 있는 경우가 많았기 때문에 도감의 여러 公廳도 이들 궁을 중심으로 배치된 것으로 생각된다.

(2) 어영청

1623년의 인조반정으로 말미암은 국내의 어수선한 정세와 後金이 강대해지면서 압력을 가해 오는 국제 상황이 짝하여 御營廳이 설치되었다. 특히 인조대의 서인정권이 광해군때와는 달리 후금에 대해 강경책을 표방함으로써 이에 대한 대비책을 강구하지 않으면 안되었다. 이러한 때에 서인정권은 반정초부터 후금의 침입을 기다릴 것이 아니라 오히려 적극적으로 대처하기 위하여 인조의 후금에 대한 親征을 계획하게 되었다.

이 계획의 실천을 위하여 인조가 직접 開城으로 나가게 되면 도성의 방위는 國舅인 韓浚謙에게 맡기기로 하고, 개성은 李貴를 留守겸 御戎使로 선임하여 맡기기로 하였다. 후금에 대비한 어융사의 선임이 어영청 설치의 선구적 조처가 된 것이다. 이귀는 인조의 개성 留駐를 책임지기 위하여 정예병 260여 명을 모집해 놓고 있었으나 국왕의 친정계획이 실행에 옮겨지지 못함으로써 이귀는 유수직에서 물러나 환도하게 되었다. 그러나 인조 2년(1624) 정월 앞서 모집한 개성 근처의 정예병을 해산시키지 않고 그대로 유지하는 동시에 이귀를 御營使로 임명하고 왕권 수호를 담당하도록 했으니 이것이 御營軍의 시초가 되는 것이다.[12]

어영군은 곧 이어서 일어났던 이괄의 난으로 인조가 公州로 피난했을 때 호위하였고 그곳에서 왕의 호위를 강화하기 위하여 인근 군현의 山尺砲手를

---

11) 車文燮, 〈中央 五軍營의 成立過程〉(陸軍士官學校 韓國軍事硏究室편, 앞의 책).

12) 車文燮, 위의 글.

《仁祖實錄》 권 4, 인조 2년 12월 정묘.

《備邊司謄錄》 3책, 인조 2년 정월 12일.

대읍은 7명, 중읍은 4명, 소읍은 2명씩 精抄하여 당시 어영군의 수는 약 600여 명으로 불어났다.[13] 이들 어영군은 이괄의 난이 진정되고 인조가 환도했을 때에는 1,000명으로 불어났으나 이를 해산시키지 않고 양분하여 500명씩 교대로 왕의 시위를 담당하도록 했다. 이로써 어영군은 기왕의 훈련도감과 함께 수도 방위는 물론 왕권 수호를 전담하는 중앙군으로 정착하기 시작하였다.

그러나 이 같은 중앙군의 확대 강화는 재정면에 큰 부담을 가져왔다. 이에 정부에서는 이들에게 保人을 설정하고 良人인 경우에는 保 1人, 賤人인 경우에는 잡역 면제의 혜택인 復戶가 주어졌다. 한때 어영군은 총융사에 속한 때도 있었으나 정묘호란을 겪으면서 그 수가 5,000여 명으로 늘어났으며 인조 6년(1628) 12월에는 제조·대장 등을 정점으로 하는 지휘 체제가 갖추어지고 병자호란 이후에는 그 수가 약 7,000여 명으로 늘어나 사실상 군영체제를 갖추었으며,[14] 효종때에 확대·정착되었다.

즉 효종 3년(1652) 淸의 간섭이 완화된 틈을 타 효종은 李浣을 어영대장에 임명하고 본격적으로 어영청을 개편하여 안으로는 왕권 수호의 정예군으로, 밖으로는 북벌의 선봉군으로 삼으려 했던 것이다.[15] 이때의 어영청은 議政이 겸임하는 도제조 1명, 호조판서가 예겸하는 제조 1명 아래 대장 1명(종2품)을 정점으로 하는 군영체제로 갖추어 졌다. 군액은 종래보다 3배가 늘어난 21,000명으로 증액하고 이들을 6番으로 나누되 21개 그룹으로 만들어 두 달씩 1,000명이 번상 근무함으로써 종래는 겨울 合氷期 3개월간 번상하던 것을 지양하고 항상 1,000명의 번상군이 상주하는 수도 방어 군영으로 존치하게 되었다.[16]

어영청의 그 재정 기반은 보인이었다. 이는 비록 붕당정치기라는 시대적인 배경을 가지고 있으나 어느 면에서는 건국 초기에 마련되었던 戶·保의

---

13) 李适의 亂 당시의 기록은 없고《顯宗改修實錄》권 10, 현종 4년 10월 정축 기사에 어영청 설치 관계 기록이 있어 인용하였다.

14)《仁祖實錄》권 31, 인조 13년 10월 기미 및 권 39, 인조 17년 7월 병자.

15)《孝宗實錄》권 8, 효종 3년 6월 기미.

16)《顯宗改修實錄》권 10, 현종 4년 11월 무인.

五衛制度와 비슷한 것 같다. 즉 번상 숙위하는 어영군에게는 보인 3丁이 지급되었는데, 1정은 순전히 번상 왕래하는 데 소요되는 경비를 맡게 되었고(資保), 나머지 2정은 서울 체류중의 경비를 담당하여 당시 보인의 수는 무려 8만 명에 달했다고 한다. 또한 효종때의 어영군에는 騎兵 중심의 別馬隊와 火砲軍인 別破陣이 설치되기도 하였다.[17]

그러나 현종 이후 북벌에 대한 의욕이 사라지는 동시에 붕당간의 쟁투가 더욱 격화되고 정권의 교체가 복잡해지면서 어영군 유지에도 부담이 가중되어 마침내 평안과 함경도를 제외한 6도 鄕軍의 번상체제로 바뀌었다. 효종때 어영청은 5部·別三司·別中哨 1哨 등으로 편제되어 있었다.[18] 그러나 숙종때 금위영이 설지되면서 숙종 30년(1704) 12월 금위영과 함께 5부=25사=125초=16,300명으로 정비되었다. 1초의 군총은 127명으로 〔1초=3旗, 1기=3隊(1대=正軍 10명, 火兵 1명, 卜馬軍 1명, 총 12명)〕 편제되었다.[19]

이같이 정비된 어영청은 125초를 25番으로 나누어 5초씩 번상하되 두 달에 한번씩 교대하도록 하여 매번 약 700명이 수도에 상주하도록 하였다. 이같은 어영청 제도의 개편 정비는 다 같은 향군으로 조직된 금위영과 통일성을 기한다는 의미가 있기도 하지만 항상 700명 정도의 상비군이 서울에 상주함으로써 수도 방어의 강화가 이루어지도록 한 것이다. 뿐만 아니라 금위영의 주류를 이룬 향군 자체는 6도 보인에 의하여 유지되어 사실상 국가 재정면에서 득을 보고 있다는 데도 의의가 있었다. 당시 설정된 금위영 보인의 수를 보면 資保 17,475명, 官保 50,175명, 別破陣保 780명, 騎士保 3,729명으로 자보와 관보를 합치면 67,650명으로 향군수의 약 4배나 책정되어 있음을 볼 수 있다. 따라서 자보는 步軍 1명에는 보 1정, 卜馬軍 1명에는 보 2정을 지급하여 資裝之需로 충당하게 하고, 월등히 많이 책정된 관보는 상번자에게 旅需錢 1兩(복마군에는 加 1량)과 朔料 매 1명에 9두(兼司僕者에는 加 3두)를 지

17) 《顯宗改修實錄》 권 10, 현종 4년 6월 정축.

18) 《萬機要覽》 軍政編, 御營廳, "孝宗 壬辰(3年) 李浣 爲大將 始置軍營 定軍保 有五部·別三司·又有別中哨 收保人 米·布"라 하였다.

19) 《肅宗實錄》 권 40, 숙종 30년 12월 갑오. 이때의 개혁으로 16哨가 감액되었고 別三司나 別中哨는 없어졌다.

급하는 경비로 충당하였다.[20] 이러한 많은 수의 보는 국가가 사실상 재정 부담을 지지 않는다는 데 있었으나 상대적으로 良役의 부담을 가중시키는 결과로 나타나 이후 양역변통에 관한 문제가 끊임없이 제기되는 것이다. 이들 어영군이 훈련도감군보다 어느 면에는 더 좋은 대우를 받고 있는 것 같으나 도감군은 長番軍이기 때문에 1년 내내 급료를 받지만 어영군은 4년에 한번 2개월간의 삭료를 받는다는 것에 유의해야 할 것이다.

어영청의 조직 편제는 훈련도감과 마찬가지로《기효신서》의 浙江兵法에 의한 편제되었으나, 훈련도감과는 기병에 있어 약간 다르며 금위영과는 거의 같은 편제였다.

都提調 ┐ ┌ 騎士別將(1)－騎士將(3)－正・領＝騎士
　　　　├ 大將 － 中軍 ┤
提　調 ┘ └ 千摠(5)－把摠(5)－哨官(41)－旗摠－隊長－伍＝鄕軍
(部)　(司)　(哨)　(旗)　(隊)

＊( )의 숫자는 인원수

위에서 보는 기본적인 군사 지휘체제 이외에도 군무를 관장하는 郎廳 2명이 있고, 초관 이외의 장교로서 敎鍊官 12명, 旗牌官 10명 등의 군사훈련 담당관과 본청군관 15명, 출신군관 11명, 駕前別抄 52명, 別武士 30명, 馬醫 1명, 재경군관 300명 등의 각종 장교들이 있었다. 이중에는 필요에 의하여 설정된 것도 있었으나 훈련도감과 마찬가지로 무과의 남발로 인한 대우직도 있어 조선 왕조가 가지고 있는 고민을 엿볼 수 있다.

또한 훈련도감과 다르게 어영청이나 금위영에는 각각 兼把摠 11명과 10명이 있었다. 도감병이 長番兵인데 반하여 이들 兩營은 4년에 한번 번상하기 때문에 下番이후의 군사훈련이 문제될 수밖에 없었다. 그렇기 때문에 각 도에 2명씩의 武에 소양이 있는 수령으로 하여금 파총을 겸하게 하여 각자의 관내에 소재하고 있는 향군 하번군의 훈련을 책임지도록 하였다.

군총에 있어서도 기본적인 병종인 각도 향군 125초 이외에 기사 150명, 별파진 160명(화포군으로 10명씩 돌려가며 입번) 등이 기본 병종이었다. 이들 외

20)《萬機要覽》軍政編, 御營廳.

에도 京標下軍 981명, 守門軍 40명, 軍舖守直軍 16명, 本牙兵 310명, 懸錄牙兵 87명, 輜重卜馬兵 50명, 楊花津牙兵 100명, 敎師 10명, 兼別破陣 40명, 鄕騎士 700명, 標下軍 56명 등 유명·무명의 잡다한 병종이 있어 표하군이나 수문군같이 兩朔 9斗米를 받고 長番 근무하는 자가 있는가 하면, 필요할 때만 사역하는 輜重卜馬軍, 그리고 이름만 있고 수포군인 향기사 등이 이 속에 포함되어 있어 어느 면에서는 6도 향군을 주축으로 하는 번상병과 장번 근무인 급료병이 혼재하는 군영 형태라 할 것이다.[21]

금위영과 어영청은 거의 같은 조직체계를 가지고 있었지만 약간 차이가 나는 것은 어영청이 兼管別後部를 가지고 있다는 점이다. 이는 永宗鎭에 설치한 것으로 永宗僉使가 어영청의 천총을 겸하고 그 밑에 종군 1명·파총 1명·초관 1명·防營軍官 160명·待變軍官 300명·敎鍊官 8명·旗牌官 15명, 별파진 18명 그리고 別隊軍 5초=731명을 배치하였다. 《萬機要覽》에는 숙종 6년(1680)에 永宗萬戶로 하여금 어영청 파총을 겸하도록 했으나, 영조 34년(1758)에 다시 독립된 鎭이 되면서 첨사가 천총을 겸하게 되었다고 하고 있다. 영종도가 어영청에 속하게 된 이유는 설명이 없어 알 수 없으나 수도권 방어를 위하여 《續大典》에 이곳에 방어사를 두었다가 폐지했다는 기록과 관련이 있는 것으로 생각된다.

어영청 본영은 남부 明哲坊 南小門 동쪽에 있었으며 그 규모가 확대됨에 따라 新營을 梨峴에, 東營을 宣仁門 밖에 설치하였으나 국왕이 경희궁에 있을 때에는 開陽門 밖에 설영하였다. 또한 北二營이 社稷洞에 있었으나 국왕이 경희궁에 있을 때에는 武德門 밖에 설영하였다. 이 밖에 集春營이 集春門 밖에 있었으며 糧餉을 저장하는 南倉은 南小洞에 있었다.[22]

(3) 금위영

양란을 겪은 조선 왕조는 궁핍한 국가 재정과 극심한 양역의 폐해를 극복하기 위하여 군제변통·양역변통의 논의가 끝없이 이어졌다. 이를 극복하는

21) 위와 같음.
22) 御營廳에 관하여는 車文燮, 〈朝鮮後期 中央軍制의 再編〉(《韓國史論》 9집, 國史編纂委員會, 1981)에 의하여 정리하였다.

과정에서 숙종 8년(1682) 3월 금위영을 설치하였다.[23] 이것은 일찍이 설치되어 있었던 吏番軍인 精抄軍과 훈련도감의 급료병 감액을 위하여 설치되었던 훈련별대를 합하여 금위영이라는 하나의 독립된 군영으로 개편한 것으로 당시 훈련도감 대장을 겸하고 있던 병조판서 金錫胄가 올린 〈軍制變通節目〉에 의하여 구체화되었다.

정초군은 인조 14년(1636) 병자호란을 전후하여 신설되었으며 난 후에 조직화된 것으로 생각된다.[24] 《만기요람》에 의하면 인조때 병조판서 李時白이 병조 소속의 각 번 기병 가운데 우수한 자를 정초하여 哨를 만들고 精抄廳을 설치하였는데 뒤에 3초로 늘어났다고 하고 있어 이는 병조 소속의 기병을 조직화한 것으로 보인다.[25] 따라서 정초군은 병조판서의 수하병의 확보와 숙위 강화를 위하여 설치되었으며 현종 9년(1663) 12월 정초청으로 승격시켜 옛 병조 자리에 병영을 마련하여 병조판서가 주관하도록 하였다.[26]

이후 병조 騎兵戶 19,391명을 정초군으로 옮겨 1초 당 111명으로 40초로 만들어 8번으로 나누어 5초씩 윤회 번상하도록 하였다. 이들 번상군에게는 자보 1丁을 주어 번상할 때의 資裝으로 삼게 하였고, 나머지 10,511명에게서는 미·포를 징수하여 운영 재정으로 활용하였다. 또 정초군은 병조판서가 대장을 겸하고 그 밑에 별장·낭청 등을 두어 군사 지휘와 실무를 담당하게 하였다. 이는 붕당정치가 더욱 심화되면서 군사권의 소재가 중요한 정치권 행사의 배경이 되는 상황을 말해주는 것으로, 국방의 총책인 병조판서권을 강화함으로써 당권의 행방에 정초군의 존재가 큰 영향을 미친 것으로 생각된다. 정초군은 현종 14년 자보 가운데서 1,220명을 덜어 10초를 더 만들어 50초로 하고 그 대신 番次를 10번으로 늘렸다.[27]

훈련별대의 설치는 정초청에 대한 시비가 한창 일어나고 있던 현종 10년

---

23) 《肅宗實錄》 권 13, 숙종 8년 3월 갑자.
車文燮, 〈禁衛營硏究〉(《朝鮮時代軍制硏究》, 檀國大 出版部, 1973).
24) 《備邊司謄錄》 6책, 인조 19년 9월 17일.
25) 《萬機要覽》 軍政編, 禁衛營 設置沿革.
26) 《顯宗實錄》 권 11, 현종 9년 12월 신묘.
27) 《萬機要覽》 軍政編, 禁衛營.

2월이었다.[28] 이는 훈련도감의 장번 급료병제로 말미암아 국가 재정의 부담이 가중되는 폐단을 덜기 위한 방편으로 설치되었다. 즉 당시 李端夏의 주장에 의하여 각 도 監·兵·水營의 營將假屬 54,000명 가운데서 실제 有職·有役者 및 공사천을 제외한 閑丁數 6,665명을 어영청의 예에 의하여 13번으로 分作하고 매번 512명씩 도감으로 이송하여 수도 방어를 담당하도록 하는 동시에 급료병인 도감군을 "궐원이 생겨도 보충하지 않는다(有闕勿補)"하여 점차 줄여 나간다는 것이다.

이와 같이 정초군이나 훈련별대가 모두 국가 재정도 충족시킬 수 있고 또한 정권 유지나 수도 방어를 위한 군액도 확보할 수 있다는 효과를 노려 설치되었으며 궁극적으로는 장번 도감병의 감액이나 혁파에 수안점을 맞추어져 있었음을 알 수 있다. 따라서 조정에서는 기회있을 때마다 훈련도감군을 更番軍으로 바꾸든지 아니면 혁파해야 한다는 논의가 계속되었다. 그러나 그때마다 재정은 부족하지만 중앙군의 핵심 기간 군영을 유지해야 된다는 고민으로 도감은 존치되어 왔다.

이와 같은 어려움을 극복하기 위하여 숙종대에 들어서면서 훈련도감군의 감액과 양역변통이란 명목아래 마침내 정초군과 훈련별대를 합쳐 숙종 8년에 금위영으로 설치된 것이다. 즉 당시 훈련대장을 겸하고 있던 병조판서 金錫胄의 주장에 의하여 급료병인 훈련도감군 5,707명 가운데 707명을 감하여 별대로 옮기고, 이들 별대와 정초군을 합하여 5部=20司=105哨로 편제하여 금위영이라 했던 것이다. 이 같은 금위영은 처음 병조판서가 겸하는 대장 아래 禁軍 騎步兵과 相配하되 10番 2朔으로 돌려가며 상번하도록 하였다. 그러나 뒤에 어영청과 같이 6도 향군으로 개편하여 5부=125초, 別左·右兩司=10초, 별중초=1초 등 135초로 불어났으나 숙종 30년의 군제변통에서 어영청과 같은 규모인 1營=5부=25사=125초의 향군 번상 숙위체제로 개편되었다.[29] 물론 어영청과 마찬가지로 금위영도 관·자보에 의하여 운영되었다. 다만 금위영이 설치 초기에 어영청과 다른 점은 정치적인 역학관계로 인하

28) 《顯宗實錄》 권 16, 현종 10년 2월 정묘.

29) 《肅宗實錄》 권 40, 숙종 30년 12월 갑오.

여 병조판서가 줄곧 금위대장을 겸한 것이다. 그러나 붕당정치가 서서히 붕괴되고 왕권의 강화가 진행되던 영조 30년(1754)에 와서 처음으로 지휘권이 병조판서권에서 분리되어 문자 그대로의 금위영으로 독립되어 훈련도감·어영청과 더불어 수도 방어의 핵심 군영으로 발전하게 되었다.[30]

조직 편제는 어영청과 대동소이하여 역시 도제조·제조를 비롯하여 대장이 있고 중군 아래 기사별장과 천총이 있고 別驍衛를 관장하는 騎士將 그리고 보병 5사를 관할하는 파총이 있었다. 그리고 기사는 正一領으로 연결되었으며 보군의 司 밑에는 哨(哨官)－旗(旗摠)－隊(隊長)－伍로 연결되는 조직편제를 이루고 있었다.[31] 1초는 대개 127명이었으나 뒤에는 이 수가 더욱 줄어든다. 그리고 기사와 향군은 각각 15番 逐朔相遞(한달마다 교체), 25번 兩朔相遞(두달에 한번 교체)로 어영청의 번체와 같았으며 겸파총은 역시 하번금위군을 훈련시키는 책임을 졌다.

이상에서 보는 핵심적 조직 체계 이외에도 직접 군사훈련을 담당했던 교련관·기패관 등이 있고 이외에도 별무사·별기위·도제조군관·권무군관 등의 어느 면에서는 대우를 위한 장교 집단들도 존치되어 있었다. 이외 군병으로는 군사 기능을 돕는 각종 표하군과 화포군인 별파진 등 어영청에서 보는 여러 가지 병종이 있었다.[32] 금위영의 본영(新營)은 金虎門 밖에 있었으며 南別營은 墨洞에, 서영은 景秋門 맞은편에, 남영은 경희궁 開陽門 외에 있었으며 이외에 남창은 남별영의 남쪽에, 하남창은 묵동에 있었다.

(4) 3군문의 왕권 수호와 수도 방위

조선 전기의 수도 방어는 五衛에 속해 있는 각 병종을 중심으로 행해지고 있었다. 그러나 16세기말 임진왜란을 겪는 동안 훈련도감이 설치되고 이후 필요에 의하여 총융청·어영청·수어청·금위영 등 군영이 차례로 설치되어

---

30) 《英祖實錄》 권 30 영조 30년 10월 을미.
《備邊司謄錄》 127책, 영조 30년 10월 14일.
車文燮, 〈禁衛營硏究〉(《朝鮮時代軍制硏究》, 檀國大 出版部, 1973) 참조.
31) 御營廳의 조직편제 도표 참조.
32) 조직편제는 御營廳 조직편제 참조.

5위체제를 허구화시키고 수도 방위의 책임은 이들 5군영으로 대체되었다. 그러나 이 중 총융청과 수어청은 서울 외곽인 북한산성과 남한산성을 근거지로 삼게됨으로써 훈련도감·어영청·금위영의 3군영이 사실상 수도 방위의 핵심 군영으로 정착하였다. 따라서 수도 방어의 3군영체제는 숙종 30년의 군제변통을 거치고 영조 4년 李麟佐의 亂을 계기로 하여 더욱 구체적으로 정비되어 간 것으로 생각된다. 이 같은 3군영의 왕권 수호·수도 방위에 대한 실제를 살펴보면 다음과 같다.[33]

① 侍衛·侍立 : 3군문은 먼저 왕권의 수호를 위하여 국왕의 도성 내외의 行幸에 隨駕하고 또한 殿座에는 排立을 책임지고 있었다. 이 중 動駕의 배호와 전좌할 때의 環衛 등은 훈련도감이 책임을 진 것 같고 국왕이 교외도 행행하면 어영청과 금위영이 해마다 돌아가면서 호위하도록 하였다. 만약 국왕이 궐문을 나와 도성 내 다른 곳에 머물 때에는 병조 稟旨로 도성 내의 모든 파수는 3군문의 임시 편제인 留都營이 책임지도록 하였다. 그리고 국왕의 교외 행행 때에는 훈련도감에서 척후와 복병을 내여 국왕의 신변을 책임지고 보호했으며 국왕이 도성 내에서 經宿할 때는 금위영·어영청 양군영이 척후와 복병을 책임지고 있었다.

② 扈衛信地 : 비상시에 대비하기 위한 궁성 호위의 목적으로 설정된 信地로서 금위영 설치 당시인 숙종 8년경에는 다음과 같았다.[34]

훈련도감=敦化門~弘化門
어 영 청=弘化門~集春門
총 융 청=集春門~廣智營
금 위 영=廣智營~金虎門

이 같은 호위신지는 국왕이 창덕궁에 있을 때의 신지이며, 여기에는 총융청의 京廳이 서울에 있을 때의 배치이나 총융청이 북산산성으로 옮겨간 이

33) 《萬機要覽》 軍政編.
車文燮, 〈朝鮮後期 中央軍制 再編과 首都防衛〉(《朝鮮時代軍事關係硏究》, 檀國大出版部, 1996) 참조.

34) 《禁衛營謄錄》 숙종 8년 10월 23일.

후에는 훈련도감·어영청·금위영의 3군영이 다음과 같은 신지를 책임졌다.

훈련도감＝金虎門南邊～司僕水門(步軍)·敎寧府前路(馬軍)

금 위 영＝金虎營～廣智營

어 영 청＝御營東營隅～廣智營[35]

이와 같은 신지를 중심으로 일단 비상이 걸리면 훈련대장은 중군 이하의 旗鼓兵을 인솔하고 창덕궁의 정문인 돈화문을 파수하고 보군은 금호문(창덕궁 서문) 南邊～東營西邊에 結陣하며 馬兵은 把子橋 앞길에 결진하였다. 금위대장도 역시 중군 이하의 기고병을 인솔하고 금호문을 파수하고 보군은 금호문 북변～광지영 서변에 결진하는 동시에 騎士는 曜金門(창덕궁 景秋門北) 북변～拱北門(요금문 북)에 결진하였다. 그리고 어영대장도 중군 이하의 기고병을 인솔하고 홍화문(창덕궁 동문)을 파수하고 보군은 어영청 북변～광지영 동변, 기사는 館峴에 결진하였다. 물론 이러한 궁성 호위에는 서울에 적을 두고 있었던 수어청·총융청·호위청 및 龍虎營 등이 모두 동원되었으나, 수어청은 京廳이 남한산성으로 옮기면서 이에서 제외되었고 총융청은 경청이 자하문 밖 鍊戎臺에 있었기 때문에 이에 참여하기도 했다.[36]

위에서 보는 신지 및 비상시의 동원은 국왕이 창덕궁에 있을 때이지만 국왕이 경희궁에 있을 때에는 다음과 같았다.

훈련도감＝開陽門 東～武德門(步兵)·六曹洞口(騎兵)

금 위 영＝개양문～崇義門

어 영 청＝무덕문～숭의문을 호위신지

③ 守城:3군문 직무는 궁성 수비에만 있는 것이 아니라 도성 수비도 주임무의 하나였다.[37] 따라서 3군문은 각각 담당 地界를 나누어 수도 방위를

35)《萬機要覽》軍政編.

36)《大典通編》兵典 疊鍾.

37) 元永煥,〈朝鮮 後期 都城修築과 守備에 대하여〉(《鄕土서울》33, 1975).
車文燮, 앞의 글(1996) 참조.

분담하였다. 이 같은 수성에 관하여는 영조 22년(1746) 〈守城節目〉에 의하여 다시 구체적으로 정비되었다.[38] 이에 따르면 서울 5부의 민호를 각각 가까운 3군영에 분속시키고 매 3년마다 분속된 坊·契의 호구 총수를 조사하여 각 해당 군문과 병조에 보고하게 하고 유사시에 대비하도록 하였다. 3군문은 分授된 도성의 城堞를 모두 5停으로 분작하고 前·左·中·右·後로 순차를 정하여 돌을 세우되 훈좌·훈전·훈중·훈우·훈후 등과 같이 刻字하여 3군문의 수성해야 할 책임 한계를 분명히 하였다. 만약 방위의 단위가 1營이면 五部를 5정으로 나누고 1부면 5사를 5정으로 나누며, 1사면 1초를 5정으로 나누어 지키게 하되 유사시에는 노약자와 집을 지키는 사람을 제외하고는 모든 사람이 登牌하여 힘써 수성하도록 하였다. 이때 해당 영은 해당 부에 전령을 파견하여 督戰하도록 하되 만약 힘을 다하여 싸우지 않으면 部官을 군법으로 처결하도록 하였다. 또 5부의 각 契는 모두 작은 깃발을 만들었는데 훈련도감은 황색, 금위영은 청색, 어영청은 백색으로 하되 여기에는 某部·某契를 쓰고 금위영이면 禁前·禁右 등의 글씨를 써서 3군문의 소속을 표시하게 하였다. 이들 깃발은 해당 영에서 만들어 해당 부에 나누어 주되 평상시에는 각각 해당 영에 보관했다가 유사시에 나누어 주도록 하였다. 그러나 실제 영조 이후에 수성을 해야 될 사건이 일어나지 않음으로써 이 같은 철저한 수성의 이행은 알지 못한다.

이와 같이 짜여진 수도 방어의 〈守城節目〉에 의하여 배당된 3군문의 수성 분계을 보면 다음과 같다.

훈련도감=북부를 중심으로 하되 서부·중부 1부(민호수 14,587호)
금 위 영=남부를 중심으로 하되 중부·서부의 1부(민호수 14,768호)
어 영 청=동부를 중심으로 하되 중부·남부·서부의 1부(민호수 14,587호)

이러한 수성의 분계는 禁火의 담당 구역과도 같았다.[39]

④ 都城·山城·宮墻修築 및 把守 : 3군문은 평상시에 있어서도 도성이나

---

38) 《英祖實錄》 권 64, 영조 22년 12월 정묘, 守城節目.
39) 《萬機要覽》 軍政編, 訓鍊都監 守城字內.

산성 혹은 궁장 등의 頹圮處가 있으면 책임을 지고 수축하는 동시에 이를 파수하되 군문대장은 춘추로 看審하고 매일 장교를 정하여 擲奸하도록 하였다.[40]

도성 퇴비처를 수축하는 책임 구역을 보면 다음과 같다.

훈련도감=肅靖門 東邊 舞沙石~敦義門 북변에 이르는 4,850步
금 위 영=돈의문~光熙門 南村家 뒤에 이르는 5,042步半
어 영 청=광희문~숙정문에 이르는 5,042步半[41]

책임진 곳이 무너지면 훈련도감은 도감군이, 금위영·어영청은 입직에서 出番하는 향군으로 파수하도록 하였다. 그리고 이를 수축하는 데는 각각 책임 영이 담당하되 戶料兵布를 지급하였다. 그러나 女堞頹圮處는 각 영문의 물력으로 이를 수축해야 했다.

북한산성 수축에 있어서도 3군문의 재력이 동원되었다. 호란 당시 남한산성이 별 효과를 거두지 못하자 숙종 37년(1711) 4월부터 城役을 일으켜 10월까지 공역을 마무리했다. 여기에다 별궁을 짓고 餉穀과 軍器를 저장하여 방어 태세를 갖추었다. 처음 성의 향곡은 宣惠廳에서 책정하고 城堞과 군영은 3군문이 設倉分授하되 經理廳을 두어 주관하도록 하였다.[42] 영조 23년(1747) 북한산성은 당연히 총융청의 근거지가 되어야 한다고 하여 경리청이 폐지되고 이의 관리를 총융청이 전담하게 되었다. 그러나 3군문의 군수창고 등이 이곳에 있었기 때문에 파수의 책임을 다음과 같이 지도록 하였다.[43]

훈련도감=山映樓北 露積峰~白雲臺西
금 위 영=大城門北~曲城以西
어 영 청=大城門南~西門東

그리고 궁장 수축 등은 원래 호조와 紫門監에서 책임지도록 했으나 정조

40) 《大典通編》 兵曹, 擲奸.
41) 《英祖實錄》 권 62, 영조 21년 7월 병자.
42) 《肅宗實錄》 권 50, 숙종 37년 10월 갑술.
43) 이후 註없는 군은 모두 《萬機要覽》 軍政編, 北漢山城條를 참조하였다.

2년(1778)에 3군문에 나누어 수축케하되 戶料兵布를 지급하여 궁장 파수도 책임지도록 하였다. 따라서 자문감은 板簷과 盖瓦를 進排하고 3군문은 수축의 책임을 지게 되었다. 3군문의 궁장 파수의 구역을 보면 다음과 같았다.

훈련도감＝敦化門～明禮門＝金虎門 입직군 담당
拱北門～集春門＝廣智營 입직군 담당
通化門～司僕水門＝弘化門 입직군 담당
금 위 영＝拱北門～明禮門＝南營 입직군 담당
景慕宮・含春苑의 墻垣修築 담당
어 영 청＝集春門南～通化門＝集春營 입직군 담당
內司僕前水門隅 ┐
內農圃～敦化門東 ┘ 東營 입직군 담당

이들 궁장은 위에서 보는 바와 같이 그곳 근처에 입직하는 군사가 頹圮에 관한 관리 파수의 책임을 지되 이상이 있을 경우는 병조의 武備司에 보고하도록 하였다.

⑤ 行巡(巡邏):3군문의 수도 방어는 철저한 行巡(순찰)에도 있었다. 이들 행순은 궁장 외의 행순과 도성 내외의 행순으로 나누어진다. 모든 행순군(순라군)은 먼저 軍號(言約)를 받아야 하고 타군 信地에서 만나면 곧 相應循環하여야 하되 통행금지가 해제(罷漏)되면 그치게 하였다. 특히 도성 내외를 행순하는 牌將 또는 군사가 혹 서로 만나 군호를 물어 통하지 않으면 통행금지 위반자(犯夜人)로 지목하여 잡아서 다스리도록 하였다.

궁장 외의 행순에 있어서는 3군문 각 영에 입직하는 초관 1명과 군사 20명으로 나누어 돌아가며 밤에 순찰케 하였는데 이들의 전담 구역을 보면 다음과 같다.

훈련도감＝初更(南營軍)・3更(廣智營軍)＝集春門西邊水門～拱北門 담당
금 위 영＝2更(西營軍)＝拱北門～宗廟大門 담당
어 영 청＝4更(集春營軍)・5更(東營軍)＝宗廟大門～上水門 담당

위에서 보는 정상적인 행순 이외에도 각 군영은 영조 9년(1733)부터 別巡邏라하여 1將 5卒로 편성하여 初更부터 날이 밝을 때까지 매일 교대로 순라를 돌았다. 뿐만 아니라 장관(대개 把摠이나 騎士將 등과 堂上軍官)이 罷漏 후에 입직군을 이끌고 날이 밝을 때까지 행순하는 등 2중·3중의 순라로 궁성 호위에 만전을 기하였다.

그리고 도성 내외의 행순은 치안에 주목적이 있었기 때문에 좌·우 捕盜廳이 밤까지 행순하였고, 3군문은 다시 날짜를 나누어 교대로 행순하게 하여 夜巡을 보강하였다. 3군문 가운데 훈련도감과 어영청의 행순은 현종 11년(1670)에 정하였다고 하나 금위영이 성립되기 이전이기 때문에 그 전신인 정초청이 담당하고 있다가 금위영이 설치되면서 3군문체제가 갖추어진 것 같다. 즉 3군문은 훈련도감은 初日, 금위영은 中日, 어영청은 終日의 3교대로 나누어 행순하였다. 《속대전》에는 훈련도감 9牌, 금위영 7패, 어영청 8패로 나누어 각 패에 牌將 1명씩을 배치하고 훈련도감 90명, 금위영 94명, 어영청 77명의 군사를 배치하고 있으나, 《대전통편》에는 금위영·어영청 양영도 역시 9패로 나누고 있다.[44] 그러나 순조때에 이루어진 《만기요람》에는 3군문 모두 8패로 나누어 그 책임 구역을 정하여 행순하도록 하고 있으며 간간이 병조판서와 兩捕將 그리고 3군문대장 등이 직접 都巡하여 치안에 만전을 기하고 있다.

한편, 3군문은 각각 입직하는 곳을 가지고 있었으며 도성 방어는 이들 입직군이 그 주류를 이루고 있었다. 3군문의 내외 입직처를 보면 다음과 같다.

훈련도감=北營·金虎門·弘化門·集賢門·永肅門·南營·廣智營·軍餉色 新營
國王 慶熙宮移御時는 新營·興化門·崇義門·西營·北營

금 위 영=新營·西營·南別營·火藥庫·建陽門·銅龍門·南倉·崇禮門·昭義門
國王 慶熙宮移御時는 延化門·南營

어 영 청=新營·東營·集春營·南小營·火藥·南倉
國王 慶熙宮移御時는 北二營·東營

44) 《大典通編》 兵典, 行巡.

3군문은 이외에도 수도 방어에 직접·간접으로 관계가 있는 濬川·禁松·摘奸·捉虎 등에 있어서도 책임 구역을 설정하여 치안을 담당하고 있었다.

2) 수도 외곽 방어 군영

조선 후기의 5군영은 수도 방어를 위하여 집중적으로 설치되었다. 그러나 수도의 직접적인 방어는 3군영이었으며, 수도 외곽 특히 경기도 일대의 방어는 총융청과 수어청이 담당하였다. 이들 양청의 將은 京官으로 임명되고 또한 서울에 京廳이 있어 때로 총융청같이 4山 禁松의 기능 등을 가지기도 했으나, 기본 방이 목적은 서울 외곽인 북한산성·남한산성을 중심으로 서울 외곽 방어에 치중하는 외곽 방어 군영이었다. 이들 양청은 屯田開設·保의 설정 등의 경제기반을 바탕으로 했으나 이에 속하는 군사는 주로 畿甸軍 특히 속오군 등이었다.

(1) 총융청[45]

총융청의 설치는 인조때 서인정권이 성립된 후 後金관계가 더욱 악화되어 수도 외곽의 京畿軍의 정비가 절실해지면서 구체화되었다. 그러나 인조 2년(1624)에 일어난 이괄의 난으로 말미암아 한때 그 정비가 주춤하였다. 난은 진압되었으나 국내외적인 어려움이 더욱 증가되었다. 즉 對後金 관계는 물론이지만 인조가 이괄에게 쫓겨 公州까지 播遷함으로써 국내적으로 왕권 호위의 취약성을 들어내었기 때문이다. 이러한 취약성을 보완하기 위하여 당시 국왕을 수행했던 어영군을 강화하는 동시에 경기도 일대의 속오군을 중심으로 왕권 수호의 총융군을 편제하게 되었다. 이러한 총융군의 조직은 경기감사 李曙를 京畿諸邑次知堂上으로 임명하여 책임을 맡겼으며 2년 6월에는 이서의 직함을 畿輔摠戎使로 개칭함으로써 그가 관할하고 있던 경기군도 총융군으로 불려지게 되어 처음으로 제도화되기 시작하였다.[46]

---

45) 總戎廳에 관한 구체적인 것은 陸軍士官學校 韓國軍事硏究室 편, 앞의 책 및 車文燮, 앞의 글(1966)을 참조할 것.

46) 《備邊司謄錄》 3책, 인조 2년 5월 26일·6월 13일.

설치 초기의 총융군은 경기도내의 정군·속오군 그리고 別隊馬軍 등으로 조직 편제되었다. 즉 경기군을 水原·廣州·楊州·長湍·南陽의 5영으로 나누어 每營에 3부, 매부에 3사, 매사에 3초로 약 2만여 명에 의하여 편제되었다. 다시 인조 2년(1624) 11월에 明將 척계광의《練兵實記》의 分數法에 의하여 7영=12부=25사=123초로 편제하여 수도 외곽 경기 일원을 방위하게 하였다.47)

그러나 인조 4년 남한산성에 수어청이 설치됨으로써 경기군의 수도 남부 방어는 점차 수어청으로 이관되었다. 따라서 인조 12년에 총융사 이서가 사임하기 전까지 경기도 일대를 전관하고 있던 총융사가 남한산성에 대한 감독권을 행사한 것으로 보인다. 효종대에 와서 수어청이 하나의 군영으로 모습을 갖추게 됨으로써 수도의 북부는 북한산성을 중심으로 총융청에서, 그 남부는 남한산성을 중심으로 수어청에서 각각 책임을 맡게 되었다.48)

그러나 병자호란 이후 청의 徵兵이 수도 군영인 어영군에서 행해지게 됨으로써 宿衛가 미약해 질 수밖에 없었다. 이 같은 숙위를 보강하기 위하여 총융청은 內·外營制로 바뀌었다. 즉 인조 24년 총융사 具仁墍가 경기군에서 壯抄軍 10초와 屯壯抄 3초를 뽑아 겨울 3개월 동안 도성에 입번하여 궁성 숙위 등의 업무를 맡게함으로써 중앙군의 테두리에 배치하였다.49) 그리고 숙종 즉위년에는 총융사의 수하병이라 할 수 있는 牙兵 10초가 당시 三淸洞에 있던 本廳에 입번하게 되고 屯民 가운데에서 抄出한 屯牙兵 3초가 첨가되어 이른바 총융청의 內營制가 성립되었다. 따라서 이때부터 총융청은 내영 2부, 외영 3부 체제가 갖추어지게 된 것이다. 내영제를 표로 보면 다음과 같다.50)

---

47) 《仁祖實錄》 권 7, 인조 2년 11월 을미. 이《練兵實記》도《紀效新書》의 編者인 明將 戚繼光이 편찬한 것으로, 본집 9권, 新集 6권으로 되어 있다. 본집에는 分束伍·練膽氣·練耳目·練手足·練營陣·練將 등의 6篇으로 나누어 練兵의 實效性을 기록하고 있다. 편성체계가《紀效新書》와는 약간 다르나 근본은 마찬가지 인 것 같다.

48) 車文燮, 〈守禦廳硏究〉上·下(《東洋學》 6·9집, 檀國大 東洋學硏究所, 1976·79).

49) 《萬機要覽》 軍政編, 總戎廳 設置沿革.

50) 위와 같음.

總戎廳 內營制

- 使一中軍(管城將兼)
  - 左部(千摠)
    - 左司(把摠)－5哨(哨官)
    - 中司(把摠)－3哨(哨官)
    - 右司(把摠)－5哨(哨官)
  - 右部(千摠)
    - 左司(把摠)－5哨(哨官)
    - 中司(把摠)－3哨(哨官)
    - 右司(把摠)－5哨(哨官)
  - 26哨

위 표에서 보는 내영제는 2부＝6사＝26초(壯抄 10초, 牙兵 10초, 屯牙兵 3초, 屯壯抄牙兵 3초)에 使 1명, 中軍 1명, 천총 2명, 파총 6명, 초관 26명이 기본 체제를 이루고 있다. 여기서 주목되는 것은 다른 군영에서 볼 수 없는 둔장초·둔아병 등으로 《續兵將圖說》의 陣圖에도 나타나지 않는 것으로 보아 총융사의 欄後 親兵인 것 같다. 그렇기 때문에 《속대전》에서도 아예 4사(파총 4명)＝20초(초관 20명)만으로 되어 있기도 하다. 이들 내영군은 10월 15일부터 다음해 10월 15일까지 3군으로 나누고 매 군에 4초씩 윤회 상번하도록 하였다.[51] 그러나 이들이 除番되는 경우 양민은 미 6두, 奴軍는 미 3두를 납부해야 하였다. 또한 장초 등의 이름을 붙이고 있는 것으로 보아 이들은 의무군역자 가운데서 선발되어 군역을 지고 제번되면 제번미를 바쳐야 했던 것 같다. 내영에도 기본 조직편제 이외에 다른 군영과 마찬가지로 교련관·군·감관 등이 있고, 대우를 위한 閑良軍官·在家軍官 등이 속해 있으며 잡역을 담당하는 표하군 995명 등이 속해 있었다.

외영제도는 내영제도가 갖추어지지 않았던 초기에는 구분없이 7영제, 5영제로 변개되다가 내·외영제가 성립되면서 내영은 좌·우부의 양부제로, 외영은 3영제로 정착하였다. 특히 수도 외곽인 경기도를 수어청과 양분하여 관할하게 됨으로써 붕당간의 역학관계 등으로 소속 군관의 이동이 여러 차례 있었으나 숙종 13년(1687)경에 와서 3영체제가 확립되었다. 즉 《만기요람》에 의하면 "숙종 13년 수어청의 啓請으로 인하여 南陽을 南漢으로 移付하고 다만 水原·長湍·楊州만 설치하였다"고 한 데서 알 수 있다. 이러한 3영제는 숙종 15년 양주를 다시 坡州로 代定하였다고 《만기요람》에 기록하고 있으나 숙종 30년의 군

51) 《續兵將圖說》 軍摠 總戎廳.

제변통 때에는 파주 대신 장단으로 되어 있어 파주 대정은 그 이후인 것 같다.

이와 같이 舊軍制인 2부(내영)·3영제(외영)는 숙종 30년(1704)의 군제변통 때 내영제가 폐지되고 左·右·中의 3영제로 개편하되 중영은 3부, 좌·우영은 각 2부로, 1부는 각 2사, 1사는 각 5초로 편제하였다. 그리고 1초는 각 125명으로 하여 정군 15,181명으로 하고 나머지 군사와 새로이 들어오는 사람 모두를 軍需保라 하여 양인은 미 12두(均役法 시행 이후는 6두), 奴軍은 미 6두를 바치게 하여 모두 23,157명으로 군영체제를 갖추게 하였다.[52] 이로 보아 내영과 합쳐 3영체제로 정해진 것 같으나 앞의 표와 같이 총융청 본청의 군제 속에 내영제의 편제가 그대로 존치되고 있음을 보아, 총융청도 역시 관념적이기는 하나 내영제(本廳)와 외영제(屬營)가 2부·3영제의 형식으로 남아 있었다.

숙종 30년의 개혁을 중심으로 《속대전》과 같은 시기에 편찬된 《續兵將圖說》의 陣圖와 軍摠을 바탕하여 총융청 외영제를 보면 다음과 같다.

총융청 외영제

○ 左營(南陽 〈南陽·衿川·安山·果川·陽川 5邑軍〉)

○ 右營(長湍 〈長湍·朔寧·坡州·交河·高陽·漣川·麻田·積城 8邑軍〉)

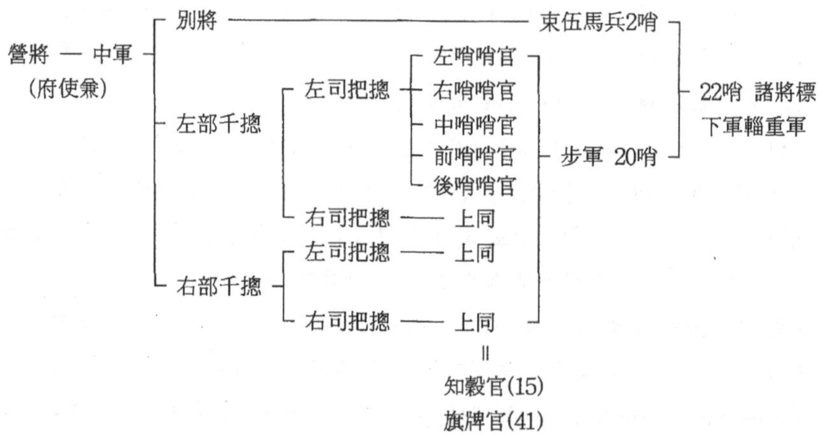

---

52) 《肅宗實錄》 권 40, 숙종 30년 12월 갑오.

○ 中營(水原 獨鎭)

- 營將 — 中軍 (府使兼)
  - 左別將 — 東伍馬兵3哨
  - 右別將 — 東伍馬兵3哨
  - 左部千摠
    - 左司把摠
      - 左哨哨官
      - 右哨哨官
      - 中哨哨官
      - 前哨哨官
      - 後哨哨官
    - 右司把摠 — 上同
  - 中部千摠
    - 左司把摠 — 上同
    - 右司把摠 — 上同
  - 右部千摠
    - 左司把摠 — 上同
    - 右司把摠 — 上同
  - 中軍隨率軍官(40)

(各 哨官) — 步軍 30哨

東伍馬兵3哨 + 東伍馬兵3哨 + 步軍 30哨 — 36哨

36哨, 禿城3哨 — 39哨

募入軍

標下軍

輜重軍

(哨官) ‖

敎鍊官(10)

知穀官(5)

旗牌官(61)

防營軍官(61)

募入軍官(30)

위의 기본적인 조직편제 이외에도 외영에는 臨津鎭과 북한산성이 속해 있었다. 이를 표로 보면 다음과 같다.

臨津鎭

別將(1) — 哨官(2) — 牙兵 2哨
　　標下軍
　　津夫(資保 各 1名, 每保米 6斗)

北漢山城

管城將(1) — 把摠 (1) — 哨官(6) — 牙兵 5哨
(中軍兼)　　　　　　　　‖　　　　標下軍

敎鍊官(4) 把下軍(散在畿邑 每人所納 良米 6斗·奴米 3 斗)
旗牌官
門部將(3 : 大城門, 大東門, 大西門)
付料軍官(23)
守堞軍官把摠(2) — 守堞軍官24領(散在畿邑 每人所納米則 6斗 綿布則 1匹)
別破陣 15番(5番在京 輪回入番蕩春臺 餘在畿邑每名納米6斗)

이외에도 良軍需保·奴軍需保 등이 있어 이들은 각각 미 6두를 납부했으며 吹鐵牙兵과 많은 둔전이 총융청에 속해 있었다. 따라서 총융청은 국가재정에 의하여 운영되기보다는 자체 조달의 경비에 의하여 운영되고 있었으며, 병종의 대부분은 그 지방의 토착 아병이나 속오군에 의하여 편제되어 서울을 내외에서 방어하는 군영이었다.

총융청은 영조 26년(1780) 국가 재정의 감축을 이유로 총융사를 경기병사가 겸하게 하여 북한산성에 출진케 했으나, 36년에 다시 옛 제도로 환원되고 40년에 한때 5영체제로 바뀌었으나, 정조 11년(1787)에 다시 3영체제로 바뀌었다. 그리고 영조 당시 83초로 편제되었던 마·보군이 《만기요람》 당시에는 각 영 2부=4사=12초의 束伍步軍과 각 영 2초의 別騎士(正宗때의 마병을 改名한 것임) 6초 그리고 중영에 설정된 欄後軍 1초 도합 43초로 감축되었다.

(2) 수어청[53]

수어청의 설치는 《속대전》에 인조 4년(1626) 남한산성을 개축하여 설치하고 廣州 등의 진관을 節制했다고 하고 있으나, 당시의 기록에서는 설치 사실을 찾아 볼 수 없다. 남한산성은 왜란이후 국내외의 혼란기를 틈타 세력이 팽창된 후금의 압력이 가중됨으로써 이에 대처하기 위한 수도 외곽의 방어진지 내지는 유사시의 避駕處로서 개축하게 되었다. 즉 인조 2년 7월부터 전국의 僧徒들을 주축으로 하여 총융사 李曙의 총감독 아래 三南檢察使 沈器遠 등을 南漢句管堂上으로 하여 4년 11월에 일단 완성되었다. 그러나 이에 필요한 각종 방어시설이나 체제도 갖추어지기 전에 정묘호란이 일어났다. 따라서 각종 체제가 갖추어지는 것은 이 호란 이후로, 인조 6년 11월 廣州牧使 李時昉으로 하여금 남한산성 防禦使를 겸하게 하는 동시에 邑治를 산성 안으로 옮기게 하고 廣州田 20결을 주어 방어체제를 갖추기 시작하였다.[54] 수어사가 임명된 것은 인조 10년대로 생각되는데, 최초의 수어사 기록은 인조

---

53) 車文燮, 앞의 글(1976·79) 및 陸軍士官學校 韓國軍事硏究室, 앞의 책 참조.

54) 《重訂南漢志》 권 9, 下篇 城事.

《仁祖實錄》 권 16, 인조 6년 11월 갑신.

10년 11月 李守一이 수어사로, 심기원이 副使로 있다가 교체되었던 實錄의 기록이 최초이다. 따라서 광주목사가 겸하던 산성 방어사가 인조 10년대에 수어사로 바뀌어 산성 사무를 전담한 것으로 생각되며 그 이듬해에는 부사가 別將으로 바뀌어 수어사·별장체제가 갖추어졌다. 그러나 당시 남한산성은 광주목사·수어사 그리고 경기도 일대의 군사관할권을 장악하고 있었던 총융사 이서의 3영체제 안에 있었기 때문에 수어청의 명실상부한 독자적인 군영은 아니었다. 인조 12년 2월 총융사 이서가 병으로 교체되면서 광주목사와 수어사의 2원체제로 바뀌게 되었다.

병자호란 이후로 남한산성을 둘러싸고 훈척대신으로 임명되는 군사책임자인 京廳의 수어사와 행정책임자인 광주부윤(인조 14년 정월 牧使에서 승격)인 부사 사이에 각종 이해관계가 얽혀 대립이 끊이지 않았다. 이러한 모순을 해결하기 위하여 때로는 수어경청이 산성으로 出鎭하여 광주부윤을 留守로 승격시켜 겸하게 하는 일원체제로, 때로는 경청을 두어 별도 수어사가 산성을 방어케하는 이원체제로 환원하는 등, 붕당인들의 군사권 쟁탈의 와중에서 여러 차례의 변혁이 이루어졌다. 즉 숙종 9년(1683)에 출진(1원체제), 숙종 16년 還京廳(2원체제), 영조 26년 출진(1원체제), 영조 35년 환경청(2원체제) 등의 변화를 거듭하였다. 결국 정조 19년(1795)에 와서 왕권을 강화하기 위한 壯勇營의 설치와 관련하여 다시 출진하는 동시에 아예 경청을 매각함으로써 수어청 자체는 폐지되고 광주유수의 직권 아래 들어가 京軍門에서 벗어나고 畿輔軍營化하였다.

이와 같이 변화가 무상했던 수어청의 군영체제가 갖추어진 것은 효종 7년경이었다. 즉 이때 산성 入守를 위한 屬營體制가 처음으로 갖추어졌기 때문이다. 이때에는 경기도의 廣州邑軍(광주·여주·이천·楊根·砥平)·竹山鎭·楊州鎭의 3진과 강원도의 原州鎭·淮陽鎭의 양진, 충청도의 忠州鎭 등의 16,000명으로 편제하되 수어사 관할 아래 실제로는 유사시에 광주 방어사가 경기 3영의 군사 일체를 주관하고 기타 道의 軍士는 수령이나 영장 혹은 방어사에 의하여 남한산성에 입수하도록 하였다.[55] 이러한 속영체제는 현종 4년(1663)에 다시 4영 3부체제로 바뀌었다. 즉 본청에 속해 있던 충주는 鳥嶺

55) 《備邊司謄錄》 18책, 효종 7년 9월 25일.

을 지키기 위하여, 鐵原(淮陽)은 北路를 지키기 위하여 산성 입수에서 제외되고 廣州·楊州·竹山·原州로 4영을 만들고 鐵原·原州鎭 대신 경기좌도의 각 읍 소재 牙兵으로 左部, 호서지방의 각 읍 소재 아병으로 右部, 그리고 영서지방 읍의 新募習砲者 8,800명과 洪州·橫城·砥平의 舊牙兵 300명을 합하여 4영 3부체제, 수성졸 2만여 명으로 편제하고 산성 僧軍도 조직화하였다.[56] 따라서 수어청의 편제는 남한산성을 중심으로 남·북방의 외적침입을 방위하기 위하여 처음부터 경기도 일원의 군사로만 편제하지 않고 적의 침입로가 될 수 있는 고을의 군사까지도 속영체제에 편입시켜 산성 방어에 진력하였다. 뿐만 아니라 이러한 4영 3부체제는 총융청과 마찬가지로 경청 중심의 내영 3부와 속영 중심의 외영 4영의 내외영체제인 것이다.

이 같은 4영 3부체제는 경청에 입번하던 아병 입번제가 폐지되는 등 다소의 변동은 있었으나 숙종 30년대까지 그대로 유지되어 총융청과 함께 수도 외곽 방위 군영의 쌍벽을 이루었으나 그 해 12월 5군문 〈改軍制節目〉에 의하여 다음과 같이 개편되었다.

前營=廣州-5司=25哨
中營=楊州-5司=25哨
後營=竹山-5司=25哨
左部-牙兵 16哨
　　馬兵 3哨
　　訓御馬步軍·親牙兵-數未詳
右部-上同

위에서 보는 바와 같이 수어청은 과거 적침의 요로에 설치되었던 다른 도의 진을 폐지하고 경기도군으로 대체하고 있다. 이로써 경기좌도의 廣州·楊州·竹山의 3영이 수어청에 속하고 경기우도의 南陽·水原(坡州)·長湍의 3영은 총융청에 속하여 수도 외곽을 남북에서 수어하는 책임을 졌다. 다만 총융청 편제와 다른 점이 있다면 湖西牙兵의 존재이다. 수어청의 경청이 있을 때 속해 있는 호서아병은 모두 충청도군인데 이들은 12초로 良納米 12두(뒤

56) 《顯宗改修實錄》 권 10, 현종 4년 11월 정사.

에 6두) 奴納米 6두(뒤에 3두)의 不赴操收米軍이였으며 완급시에는 新南城에 撥立했는데, 이는 순수한 군사적인 기능이 아니라 재정보전을 위하여 설립된 병종이었음을 알 수 있다. 또 총융청과 마찬가지로 使·중군·별장·파총·초관·교련관·군관·한량군관(在家軍官) 등의 기본 체제 아래 16,500명의 군사와 기타 표하군·軍需奴保 등을 합하여 32,350명으로 편제되어 있었다. 뿐만 아니라 총융청에 북한산성청이 있던 것과 마찬가지로 수어청에도 남한산성청이 있어서 이곳의 守城將(廣州留守兼) 이하의 조직 편제가 따로 있었다.

수어청의 재정은 총융청과 마찬가지로 둔전개설·不赴操收米 혹은 군수보미 등의 자체 경제기반을 바탕으로 했으나 항상 부족하여 영세성을 면하지 못하였다.

수어청이 정조때 남한산성으로 영구히 출진하게 됨으로써 경청에서 옮겨온 표하군·아병·별파진·訓御軍(訓·御軍으로서 廣州 경내에 있는 자는 수어청에 속했다)·승군·각종 군관 모두 수미포군에 불과하여 수어군으로서의 쓰임새는 거의 없었다. 특히 군관 명목에 속하는 자가 무려 5,000명이나 있었으나 이들은 모두 不納米·不入番·不赴操하는가 하면 납미군도 이것으로 역을 지는 등 待遇軍들이어서 후기로 오면 거의 실효성을 상실하고 있었다.[57]

따라서 실제 산성에 입수하는 군졸은 3영 2부에 속해 있던 속오군과 아병들이었다. 이들 속오군은 의무를 전제로 하였고, 아병은 둔전을 생활기반으로 하는 병졸이었다. 특히 이들 아병은 이원체제 아래서는 경청(수어청)의 좌·우별장에 직속되어 있었으나, 산성으로 일원화된 뒤에도 산성별장이 없어지고 좌부별장을 驪州牧使가, 우부별장은 利川府使가 겸하게 되었다.

이들 속영 군졸들은 각 진에서 面操 즉 輪操하고 3년마다 한번씩 산성에서 大操에 참가하여 守禦信地를 익히고 군사기술을 닦으며 군영을 수보하게 하였다. 城操 때 동원된 속영군과 진지를 보면 다음과 같다.

前營將(廣州判官)－陣于南將臺, 4司＝20哨·4把下＝2,608名
中營將(楊州牧使)－陣于北將臺, 4司＝20哨·4把下＝2,608名

57) 《重訂南漢志》 卷 4, 營制 참조.

後營將(竹山府使)－陣于東將臺 蜂岩城, 4司＝20哨・4把下＝2,608名

左部別將(驪州牧使)－陣于東將臺, 馬兵 2哨＝250名, 4司＝20哨・4把下 ＝1,991名

右部別將(利川府使)－陣于西將臺, 馬兵 2哨＝250名, 4司＝20哨・4把下 ＝2,000名[58]

위에서 보는 바와 같이 제도적으로는 짜임새가 있으나 실제에 있어서는 성조 등이 거의 행해지지 않았다. 즉 年凶・妨農・癘疫・勅行・幸行 등의 이유로 하여 때로 20년 동안 한번의 성조도 하지 않는 경우도 있었다. 특히 정조때에는 왕권 강화를 위하여 장용영이 설치되면서 경기군의 거의가 장용외영에 속함으로써 광주유수가 겸하는 수어청은 군영의 체제를 유지 할 수 없었다.

3) 왕권 수호의 금위군영

조선 후기 사회에서 중앙군의 테두리에 들 수 있는 군영으로서 왕권을 직접 수호하는 군영은 扈衛廳과 龍虎營(禁軍廳) 등이 있다. 호위청은 왕권의 강약 및 서인 반정정권의 주도세력 등과 연관되면서 표면적으로는 궁궐 숙위기관으로 존치되었으며, 용호영은 조선 전기 국왕의 친위병이었던 內禁衛・兼司僕・羽林衛를 단일화하여 하나의 군영으로 하여 제도화한 것이다.

(1) 호위청[59]

호위청은 인조반정에 성공한 서인정권에 의하여 宿衛單弱이라는 명목으로 설치되었다. 광해군 15년(1623) 인조반정은 金瑬・李貴 등 공신들의 사사로운 군사(私募軍)의 동원으로 성공했으니 반정 후 이들을 해체시킬 수는 없었다. 그들 반정 주도세력은 반정 초에 왕권이 지극히 약하다는 점을 들어 이들에

58) 위와 같음.

59) 扈衛廳에 관하여는 車文燮, 앞의 글(1996) 및 陸軍士官學校 韓國軍事硏究室, 앞의 책 참조.

게 급료를 주어 그대로 궁궐에 남아 宿衛할 것을 주장하여 사실상 국왕의 뜻과는 관계없이 설치되었다. 즉 호위청은 인조 원년(1623) 9월에 설치되고 10월에는 대장 4명과 당상관 2명을 정하여 사모군 가운데서 대장은 100명, 당산관은 50명을 뽑아 군관으로 삼고 왕권을 수호하게 하는 한편 급료를 지불하도록 하였던 것이다.[60] 최초의 호위대장은 李曙·金瑬·申景禛·李貴가, 당상관은 金自點·沈器遠이 그 공로에 따라 임명되었다.[61]

이들 공신들은 왕권 호위를 내세워 호위청 설치를 주장했으나 이는 사실상 표면적인 이유에 불과하고 왕권과 공신들의 정치기반이 자리잡지 못한 상태에서 특히 공신들의 군사기반 확립의 필요상 각종 무사배를 모아 馬兵的인 사병의 구실을 남낭하게 한 것이나. 당시 4내장 2당상관이 거느리는 호위군관은 모두 합쳐 500명이었으나 이외에도 실제로는 韓浚謙·申翊聖 등 모두 14명이 私兵을 거느리고 있어 인조 2년 3월에는 무려 1,000명에 달하고 있었다. 정액의 군관은 유록자로서 분번 숙위를 담당하였으나 무록자는 집에서 대기하는 자로 실제 반정공신의 사병적인 군사기반으로 존재하였던 것이다. 이들 호위군관 등은 어영청·총융청을 비롯한 각 군영의 확대 작업에 기간요원으로 활용되고 있었다. 이는 반정 초기 왕권의 기반뿐만 아니라 공신들의 정치적 기반도 이괄의 난 등으로 약화되었기 때문에 자신들의 정치적 기반을 확고히 하기 위하여 사병 성격의 이들 무록군관의 수가 늘어났던 것 같다. 총융청이나 수어청에 한량군관 또는 재가군관 등 수백 명씩의 무록군관이 있는 것도 이러한 것과 관계가 있는 것으로 생각된다. 뿐만 아니라 이들 호위군관은 아버지가 죽으면 그 아들이 승계하여 자신의 군사적 기반으로 삼았으니, 즉 이귀가 죽자 그 아들인 李時白이 호위대장직을 승계한 따위가 그것이다.[62]

---

60) 《仁祖實錄》 권 2, 인조 원년 7월 무신·9월 기사 및 권 3, 인조 원년 10월 임진.

61) 《仁祖實錄》 권 3, 인조 원년 10월 임진.
《萬機要覽》 軍政編, 扈衛廳條에는 "仁祖元年 以宿衛單弱 命抄中外出身 有才勇者 亦令咸鏡南北道 選上武士 置扈衛廳 特拜李貴 爲京城扈衛大將 申景禛 爲訓將"이라 하여 실록과는 다르다.

62) 《仁祖實錄》 권 49, 인조 26년 윤3월 을해.

호위청의 설치는 반정공신들의 정치적 기반의 유지책과 결부됨으로써 표면적인 이유와는 달리 오히려 왕권의 약화를 가져왔다. 孝宗때 군비확충에 대비하여 금군의 강화를 강력하게 추진한 것 등도 공신들의 군사기반을 의식한 왕권 강화책이었다고 보여진다.

현종이 즉위하자 당시 영의정이었던 鄭太和가 "호위청의 설치는 반정 후의 불안한 시기로 인해 훈신으로 대장을 삼아 군관을 영솔하여 입직하게 했는데, 지금은 이들이 없다 해도 금위의 單寡를 걱정하지 않는다. 이들의 급료가 1년에 3,000여 석에 이르는데 설치한 지 지금 37년 동안 별로 힘을 얻은 일도 없는데 허다한 廩食만 허비한다"고 강력하게 주장하여 그 동안 호위4청이던 것을 호위3청으로 줄였다.[63] 호위청에 대한 이와 같은 논란은 붕당정치가 활성화되고 서인·남인 사이의 정치적 이해관계와 맞물리면서 여러 차례 제기되었으니 숙종 10년(1684)에는 金錫冑의 주청에 의하여 한때 호위4청으로 복구되었다가 다시 3청으로 축소되었다. 그러나 이 뒤에도 여러 차례 이에 대한 논의가 진행되었는데, 숙종때 尹德駿의 상소는 호위청의 실체를 가장 잘 표현하고 있다. 즉 "(호위)군관은 반정의거에 동원된 군사로 그 공은 잊을 수 없지만 지금은 그들이 다 죽고 또한 그들을 지휘하던 공신들도 이미 다 죽었는데도 호위청을 폐지하지 않으니 아무런 의의가 없다"[64]고 한 것 같이 설치 초기의 의의를 사실상 상실하고 있었다. 그러나 반정공신의 사망 등으로 그들의 정치기반으로서의 군사적 기반의 필요가 없어졌는데도 존치된 것은 뒤에 호위대장의 직을 훈척과 時·原任議政이 겸하게 됨으로써 폐지되지 않고 《續大典》화 된 것 같다. 《속대전》에 의하면 대장 3명은 시·원임대신과 國舅중에서 겸하며 사실상 군사지휘권자인 별장(3품) 3명에 의하여 영솔되고 각 청 군관은 350명(총 1,050명)으로 편제되어 호위를 관장하되 소임군관 3명과 堂上別付料軍官 1명을 각각 배치하고 있다.[65] 이렇듯 대장은 시·원임대신이나 국구에 한하고 있기 때문에 당시의 호위군관도 초기의 호

---

63) 《顯宗改修實錄》 권 2, 현종 즉위년 11월 무진.

64) 《肅宗實錄》 권 33, 숙종 25년 9월 을묘.

65) 《續大典》 兵典 京官職.

《萬機要覽》에는 호위3청으로 각 청 군관 400명씩 1,200명이 기재되어 있다.

위군관과 마찬가지로 이들 대신이나 국구의 정치적 기반을 유지하기 위한 군사적 세력기반이라 생각된다.

정조때에 와서 국왕 자신이 직접 왕권강화에 나서 이른바 宿衛所를 설치하면서 호위청의 축소를 가져왔다. 즉 정조 원년(1777) 왕은 숙위소를 설치하여 왕권을 강화하는 동시에 이듬해 2월 朝臣의 찬성을 얻어 호위 1청으로 축소하고 군관도 精卒 350명(뒤에 400명으로 늘어남)으로 한정하였던 것이다. 호위대장도 정조는 대신을 택하지 않고 영조비 徐氏의 형제인 徐命善을 임명하여 오히려 왕권의 친위체제를 강화하였다.[66)]

이 같은 호위청의 편제와 직능을《萬機要覽》軍政篇 扈衛廳條에서 요약해 보면 다음과 같다.

대장=의정 혹은 국구가 兼함

별장 3명=호조에서 給祿하고 1명씩 內入番한다.

소임군관 4명=兵房·戶房·堂上·掌務 각 1명, 당상군관은 호조가 급록하고 나머지는 戶料를 지급한다.

군관 400명=이들은 都下에 근착이 있고 射御에 능한 자로 料窠는 95명으로 하고 매월 별장의 감시아래 試射를 행하여 부료하되 각 10두를 지급한다.

입직=90명을 3번으로 나누어 궐내에 입직하며 또 5명은 大將所에 윤직하고 內中日에 궐내 입직한다.

국왕의 교외 행행=궐내 입직 15명을 더하여 50명으로 하고 留都大將에 속하여 궐외 신지인 金化門北~拱北門 前路에 배립 호위한다.

국왕의 성내 動駕=출번군관 60명을 좌·우열로 나누어 시위하게 하고 환궁후에 信箭을 기다려 罷陣한다.

특전=군관이 시사에 처하여 5중한 자가 한량인 경우는 전시에 直赴하게 하고 출신자는 加資한다. 또한 3영초관으로 천전하는 규정(禁衛營·御營廳 각 3자리, 摠戎廳 1자리)에 의하여 군관 중에 출신자는 料仕을 헤아려 居首者(試射에서 많이 맞추는 자의 料仕도 역시 같다)로서 자리가 나면 移差한다.

員役-牢子 10명, 巡令手 10명, 燈籠軍 10명, 標下軍 12명, 伺候軍 6명, 帳幕軍 20명이 있는데 이들의 料는 호조에서 포는 병조에서 지급한다.

---

66) 宿衛所 등에 대하여는 陸軍士官學校 韓國軍事硏究室 편, 앞의 책 참조.

(2) 용호영[67]

건국 초기 중앙 군제가 정비되면서 각종 특수병과 정병 등을 포함한 오위체제가 갖추어져 수도 방위의 책임을 졌다. 그러나 이들 중앙군으로서 오위병 이외에 국왕의 친위병인 금군이 별도로 설치되었다. 즉 태종 7년(1407)에 설치된 內禁衛, 세종때 설치된 兼司僕, 그리고 성종 23년(1492)에 설치된 羽林衛 등으로 內三廳이라 불렸다. 이들 금군은 중앙군인 오위에 소속되지 않고 독립된 아문으로 존치되면서 후기에 오위체제가 허구화됐는데도 그대로 존치되어 왕권을 직접 가까이에서 陪扈하는 금군으로 존치하였다.

그러나 이들 금군은 왜란과 호란 등의 혼란을 겪고 또한 인조반정으로 호위청이 설치되는 등의 처지로 왕권이 약화되면서 금군도 약화될 수밖에 없었다. 양란 이후의 수습과 왕권 강화를 위한 군비확충에 적극적이었던 孝宗때에 와서 금군이 강화되었다. 즉 효종은 금군 3위를 내삼청으로 묶는 동시에 병판 朴筵에게 금군의 기마군화를 적극 추진하도록 하였다. 먼저 효종은 내삼청장을 얻기 어렵다는 이유로 좌·우별장을 두고 6번 교대로 편제된 금군 629명 가운데 1·2·3번은 좌별장이, 4·5·6번 우별장이 관장하도록 하였다.[68]

그러나 당시 금군이 629명이라고 하나 다른 일을 겸직하고 있는 자가 200명이나 되어 겸직이 아닌 순수한 금군은 400여 명에 불과하였다. 이에 대하여 겸하고 있던 어영청 소속의 별초무사를 모두 내삼청에 전입토록 하는 등 겸직하는 금군을 본 임무로 돌아오게 하는 동시에 효종 8년(1657)에는 금군 수를 1,000명으로 증액하였다. 이에 10년에는 좌·우별장 아래 10명의 番將을 두어 10번으로 나누고 기마체제인 10명=1領, 3領=1正의 체제로 편제하되, 별장은 번장을 통솔하고 정은 령을 통솔하여 명령을 기다리게 하는 동시에 내삼청군은 병조판서가 관리하도록 하였다.[69]

그러나 효종이 죽고 현종대에는 군비축소론들이 대두하면서 금군도 감축

---

67) 車文燮, 앞의 글(1966) 참조.

68) 車文燮, 〈孝宗朝의 軍備擴充〉(《朝鮮時代軍制硏究》, 檀國大 出版部, 1973) 참조.

69) 《萬機要覽》 軍政篇 龍虎營設置沿革.

되었다. 현종 5년(1664) 8월에는 금군수가 모두 672명이었는데 그것도 實・預差를 합친 수로 이중 實差는 불과 350명 정도에 불과하고 그 중 말이 없는 자가 111명이 되어 금군의 약화를 가져왔다. 이를 해결하기 위하여 현종 7년에 700명으로 정액하여 7번 교대로 하였는데 금군수는 뒤에도 크게 변동이 없었다. 또 번장도 7명을 두는 동시에 뒤에 좌・우별장을 혁파하고 單別將體制로 바꾸고 내삼청이란 이름도 일단 금군청으로 개정하였다. 이 단별장의 처음 설치가 언제인지 알 수 없으나 숙종 8년(1682) 금위영이 설치되면서 병조 소속의 馬隊가 없어졌기 때문에 좌・우금군별장을 합치고 금위영의 중군이 금군별장을 겸하도록 한 것 같다. 이는 금위영의 전신이 병조 소관의 精抄軍이었고 또한 금위대장을 兵判이 겸하고 있었으며 내삼청 자체도 병판의 소관이었기 때문에 사실상 무장으로 군사권을 행사하던 중군이 금군별장을 겸하게 하여 금군체제의 일원화를 기도한 것이라 생각된다.

그러나 숙종 12년에 이르러 병판 李師命의 건의로 금군별장을 별도로 차출하게 되었으며 이로써 금군청은 마침내《속대전》상으로 하나의 군문으로 통합 설치되었다.

금군은 가장 우수하고 능력있는 무사가 맡고 있었으며, 이들은 仕日數・試取 등을 통하여 加階되고 우수한 자는 금군안에서 당상군관・교련관 또는 외방 무관직 및 중앙 군영의 관직 등으로 진출하였다. 그러나 이들 금군은 모두 나름의 품계를 가진 자로 편제되어 있었기 때문에 시간이 지나감에 따라 이에 상응하는 직책을 갖기란 그리 쉬운 일이 아니었다. 그렇기 때문에 영조때 병판이었던 朴文秀가 "옛날에는 양반출신이 금군에 많이 들어와 訓・捕將 등이 모두 금군에서 나왔고 가까이는 閫帥・營將들도 금군에서 많이 나왔는데, 지금은 主將者가 격려하지 않기 때문에 금군이 날로 催低한다"고 하였다. 또한 지금은 양반・常漢할 것 없이 약간 능력있는 자면 모두 금군에 들어가는 것을 싫어하기 때문에 금군의 疲殘이 바로 이 때문이라고 주장하였다.[70] 이는 결국 양반지배체제의 지배질서가 허물어짐으로써 금군 기피현상이 일어나고 또한 주장자가 애써 금군을 챙겨주지 않음으로써 점차 그 질

---

70)《備邊司謄錄》102책, 영조 13년 11월 25일;《承政院日記》863책, 영조 13년 11월 25일.

이 떨어진다고 하여 금군 강화가 급선무임을 말하고 있다. 이에 영조가 즉위하면서 양역변통에 적극성을 띠고 군비를 강화하려고 노력했으나, 이것은 李麟佐의 난에 총융사·금군별장 등이 이에 관련된 사실에 놀라 왕권을 강화하는 과정에서 나온 것으로, 특히 인사 적채현상을 해결하기 위하여 당상군관·교련관 등의 수를 늘려 해결하려 하였다.

이 중 당상군관은 이미 현종때 금군으로 무과에 합격한 자를 당상군관으로 승서하였는데, 숙종때 와서 그 인원수가 판서군관 15명, 별장군관 10명 즉 25명으로 한정되었다. 이들 당상군관도 영조때에 오면 모두 금군에서 승임되는 것이 아니라 出身閑散窠 15명, 禁軍窠 10명으로 한정하되 15명은 병조판서에 속하고 10명은 별장에 속하도록 하고 있어 금군에서만 발탁되지는 않았다.[71] 이 같은 군관들은 《大典通編》으로 정비되었는데, 당상군관은 16명으로 감축되고 금군에서 승서되는 수는 8명에 불과하였다.[72]

교련관에 있어서도 영조 13년(1737)대의 금군절목을 들어 금군 내에서 승차한다고 했으나 실제 행하여진 것 같지 않고 《대전통편》에 있는 대로 교련관 14명 중 4명만이 금군에서 승임토록하고 있어 정체 현상을 극복하지 못하였다. 이외에도 오위의 部將廳이나 宣傳官廳·守門將廳 등의 部將이나 宣傳官·守門將 한 자리를 금군중에서 取才를 통하여 擬差하는 등 왕권 강화를 위해 금군의 적체를 해결하려고 노력하였음을 영조대에서 볼 수 있다.

《속대전》에 기재된 금군청의 편제를 보면 다음과 같다. 즉 700명을 합하여 1청으로 하고 7번으로 나누되 매번 3정=9령=100명으로 陪扈와 입직을 관장하며 병조판서가 통령한다고 하였다. 또 宣傳官 취재출신 40명과 部將 취재출신 15명을 금군으로 선발하고, 금군은 비록 승진하여 折衝(正 3품 당상관) 嘉善(從 2품)에 이른다 하더라도 교체하지 않고 그대로 속하게 하였다. 또 7번 중 駕後禁軍 50명을 선발하여 動駕때 시위하게 한다고 하였다. 그리고 조직편제로는 별장 1명에 장 7명을 두되 겸사복장 2명, 내금위장 3명, 우림위장 2명으로 나누어 편제하였다.

71) 《續兵將圖說》 軍摠 禁軍廳.

72) 《大典通編》 兵典 軍營衙門 禁軍廳.

이를 도표로 보면 別將 1명(종2품)－將 7명(정3품)－正 21명(종8품), 領 63명(종9품)으로 지휘계통이 연결된다.[73] 이들 금군은 모두 전기와 마찬가지로 체아직을 주고 있는데 이를 표로 보면 다음과 같다.

正 3品	3명	(內 1명,	羽 1명,	兼 1명)
從 4品	13〃	(內 4〃,	羽 5〃,	兼 4〃)
從 5品	31〃	(內 12〃,	羽 10〃,	兼 9〃)
從 6品	82〃	(內 35〃,	羽 24〃,	兼 23〃)
從 7品	115〃	(內 66〃,	羽 24〃,	兼 25〃)
從 8品	132〃	(內 59〃,	羽 37〃,	兼 26〃)
從 9品	324〃	(內 123〃,	羽 99〃,	兼 102〃)
計	700〃	(內 300〃,	羽 200〃,	兼 200〃)[74]

이상과 같이 영조대에 와서 금군 강화에 대한 노력이 계속되었다. 뿐만 아니라 영조 30년에 병조판서가 겸하고 있던 금위대장이 독립되면서 병조판서는 提調로서 자문에 응하게 되고 대신 병판은 금군청의 兵政 責任者로 왕권과 직결하게 되었다.

이후 영조 31년에 금군청은 용호영으로 개편되고 별장의 공식 명칭도 금군별장으로 바뀌었다. 정조 15년(1791)에는 다시 금군 100명을 감하여 600명으로 하고 6번으로 나누었으나 순조때에 와서 다시 환원되었다.

금군은 왕의 측근에서 動駕·殿座時의 陪扈는 물론 仁政殿 月廊의 입직 및 도성 8문과 木覓烽燧·五間水門 등의 요소요소에 분배 입직하였으며 또한 각처의 摘奸 등을 행하여 왕권을 직접 수호하는 중앙군이었다.

---

73) 《續大典》 兵典 軍營衙門 禁軍廳.

74) 《萬機要覽》 龍虎營條에는 實·預差를 구분하고 있으며, 《續大典》에도 實·預差가 있다고 했으나 그 구분은 하지 않고 있다(《萬機要覽》 軍政篇 龍虎營 禁軍祿試射條 參照).

4) 붕당정치와 군권[75)]

권력을 행사하는 본질적인 행위가 정치라고 하면 그 권력기반을 유지하고 행사하는 데는 군사력을 배경으로 하는 지휘권의 장악 즉 군권의 장악이 가장 중요한 수단이 된다.

특히 조선 중기 이후의 사회는 이른바 붕당정치라는 어느 한 정파에 의한 집단정치체제의 성향이 강했기 때문에 정파내부에서의 갈등, 각 정파 상호간의 세력다툼, 왕권과 정파간의 힘겨루기 등에 있어서 군사지휘권의 장악은 정치운용에 매우 절실한 과제가 되었다. 따라서 정치세력을 유지하고 그 권력을 행사하기 위한 군사권장악의 절실함에서 이른바 5군영 등의 중앙 군영체제가 갖추어지고 이에 참여하지 못했던 黨人은 지방군의 지휘권을 바탕으로 정치세력과 권력을 유지하려고 하였다. 즉 집단정치체제인 붕당정치에 있어서의 군권의 장악은 정치주도의 실제와 밀착되어 있다고 할 수 있다.

(1) 붕당정치 과도기와 군권

붕당정치가 형성되기 시작한 것은 16세기 전후의 사화기를 극복하면서 鄕黨的 기반을 가진 사림세력이 중앙 정치 일선에 등장하기 시작하여 새로운 집단 정치체제로서의 기틀이 마련되면서 이른바 붕당정치의 과도기적 정치정세를 조성하였다.

16세기를 전후한 정치변화는 상대적으로 군사적인 면에서는 초기적인 체제를 붕괴시키는 결과를 가져왔다. 즉 초기에 확립되었던 오위제도가 그 기능이 허구화되고 지방 군사체제인 진관체제도 16세기에 집중적으로 일어났던 왜구 및 북방족의 침입에 적극적으로 대비하기 위하여 制勝方略的인 체제로 바뀌는 동시에 중앙에는 변방 방어를 위하여 備邊司를 설치하는 등의

---

75) 붕당정치와 군권에 관하여는 李泰鎭의 《朝鮮後期의 政治와 軍營制 變遷》(韓國研究院, 1985)과 이를 간추리고 보완하여 발표한 〈17세기 朋黨政治와 中央軍營의 兵權〉(《朝鮮後期 黨爭의 綜合的 檢討》, 韓國精神文化研究院, 1992)을 참고하고 필자의 의견을 첨가하여 기술하였음을 밝혀둔다.

조처가 취해지기도 했다. 그러나 실제 군사체제 운용의 핵이 되는 군역은 이른바 放軍收布에 의한 포납화가 촉진되어 사실상 국방체제가 전면적으로 붕괴되는 시기이기도 하다.[76]

그러나 경제적인 면에 있어서는 집약농업의 보급과 농경지의 확대, 수리시설의 보급 등으로 생산력이 증대되고, 이 같은 농업의 발달로 상공업도 아울러 발달하는 변화를 가져왔다.

이러한 농업경제 발달의 성과를 토대로 하여 재지적 지주층인 사림들이 정치일선에 등장하여 새로운 세력을 형성하여 붕당정치의 단초를 열었다. 이들은 鄕黨 중심의 성향을 강하게 띠었으며, 성리학을 통한 지식인화로 정치경제면에서 새로운 시대를 지향하게 되었던 것이다.

그러나 국방의 기본 요소인 군역에 있어서는 포납화가 강요되어 국방의 空洞化가 촉진되는 모순을 야기하였다. 이러한 국방의 공동화 현상의 와중에서 16세기말 임진왜란이 발발했다. 조정에서는 난국 타개책으로 비변사를 중심으로 都體察使·都元帥체제의 비상체제를 구축하여 왜란에 대처하는 동시에 당시 동·서로 나누어졌던 정파를 초월하여 왜란 극복에 주력하였다. 그러나 왜란 초기에는 도체찰사나 도원수가 가지고 있던 군사지휘권은 사실상 무력하여 관군의 패배를 초래했고 다만 鄕黨 중심의 사림에 의한 의병활동과 李舜臣 등의 수군 연합함대의 활약으로 전선이 유지되었다.

왜란 이듬해에 明軍이 직접 왜란에 동원되면서 우선 수적인 열세를 극복하는 동시에 반격에 나섰다. 이로 말미암아 군사지휘권 즉 군권은 사실상 명장이 주도했으며 관·의병 활동도 더욱 적극화하여 조·명군에 의한 반격이 시도되었다.[77] 이러한 가운데 明將 척계광의 기효신서법에 의한 삼수병 양성을 위한 훈련도감이 설치되고, 지방은 거국적인 군사동원령에 의한 속오군이 조직되어 정파를 초월한 반격으로 왜란을 극복하였다. 이때 설치된 훈련도감과 속오군체제가 왜란 후에도 그대로 유지되어 후기 군사체제의 단초를 열

---

76) 陸軍士官學校 韓國軍事硏究室 편, 앞의 책 참조.

77) 車文燮, 〈朝鮮中期 倭亂期의 軍令·軍事指揮權 硏究〉(《韓國史學》 5, 韓國精神文化硏究院, 1983).

었다[78]. 7년간의 거국적 대응으로 왜란을 극복했던 조선왕조는 전쟁이 끝난 뒤에도 비상체제를 풀지 않았다. 즉 국방에 있어서 비변사를 중심으로 하는 도체찰사·도원수의 비상체제를 그대로 유지해 간 것이다. 이는 倭에 대한 대비보다는 왜란동안 조·명의 통제권에서 벗어난 만주족의 後金이 경계세력으로 등장했기 때문이었다.

이렇듯 거국적인 대응으로 난국을 극복했던 것과는 달리 국내 정치정세는 각 정파간의 갈등으로 나타났다. 왜란의 책임을 진 東人의 한 파인 南人세력이 정치 일선에서 후퇴하고 선조 말기에는 北人정권이 등장하였다. 그러나 이들은 다시 광해군의 왕위승계를 지지했던 大北派에 의하여 주도되었다. 이들 대북정권은 처음부터 광해군의 왕위 승계를 지지했을 뿐만 아니라 왜란 중 軍功이 많았던 鄭仁弘·李爾瞻 등이 핵심세력으로 등장하여 붕당정치의 과도기가 나타났다.

대북파에 의하여 옹립된 광해군정권은 일차적으로 정권에 걸림돌이 될 수 있는 왕자·척신들에 대한 경계·숙청을 단행하여 정치 핵심에서 벗어났던 정파들의 비난을 자초하였다. 뿐만 아니라 정치운용을 위한 군권은 사실상 광해군이 직접 장악하고 명과 후금에 대한 등거리 외교를 표방하였다. 즉 그는 일찍이 세자로 있으면서 왜란 중 撫軍司[79]를 이끌고 직접 왜란 극복에 나섰으며, 왜란 이후 명의 요청으로 후금 공략에 姜弘立의 1만 명의 군대를 파견하면서 向背를 보아 항복하도록 했던 것이다. 그러나 강홍립군의 항복은 광해군이 이끌던 대북정권은 물론 정치핵심에서 벗어났던 정파들에 의해서도 수용되지 않았다. 뿐만 아니라 17세기에 들어서면서 집중적으로 일어난 세계적 자연재해에 의한 기근·질병은 전후 경제기반 확립에 지장을 가져와 軍籍의 정상화도 그리 쉬운 일이 아니었다.[80]

---

78) 訓鍊都監과 束伍軍에 대하여는 車文燮, 《朝鮮時代軍制硏究》(檀國大 出版部, 1973) 참조.

79) 撫軍司는 임진왜란때 왕세자였던 광해군의 行營으로 처음에는 分備邊司라 했다가, 선조 26년 12월 무군사로 개칭되었다. 광해군은 이를 중심으로 군·민에 관한 策應을 주도했으며 난중에 일종의 分朝 구실을 하였다.

80) 羅鍾一, 〈17세기 危機論과 韓國史〉(《歷史學報》 94·5 합집, 1982).

따라서 붕당정치의 과도기라고 할 수 있는 광해군기는 실제 비상체제를 유지하면서 국방에 진력했으나 국내적으로 정파간의 이해관계에서 오는 갈등과 자연재해의 집중적 발생 및 국방의 원동력이 되는 군적의 불확실한 파악 등으로 부국강병체제를 갖출 수 없었다. 더욱이 외교문제에 있어서의 왕권과 신권 사이의 갈등은 마침내 정치 핵심에서 벗어났던 서인세력에 의한 인조반정을 초래하였던 것이다.

(2) 붕당정치 발전기의 군권

인조반정은 서인에 의하여 주도된 것이었으나 서인세력과 남인세력 등이 공존하는 붕당정치의 발전기에 속한다고 보여진다.[81] 어느 때나 쿠데타에는 군사력이 동원되는 것이 상식이다. 따라서 인조반정에 있어서도 주도세력인 李貴·金瑬·李曙·申景禛 등의 서인들에 의한 私募軍 1,200명 정도가 동원되어 성공을 거두었다. 이 같이 그리 많지 않은 군사력으로 반정에 성공한 것은 당시 관군의 주력이었던 훈련도감군이 반정군에 적극적으로 반항하지 않음으로서 가능했던 것이다.

그러나 반정초기에는 왕권도 물론이지만 반정을 주도한 서인세력의 정치적 기반도 확립되어 있는 상태는 아니었다. 따라서 왕권은 왕권대로, 서인세력은 서인세력대로 정치운용의 배경이 되는 군권의 장악이 필수적인 과제가 될 수밖에 없었다. 인조는 광해군때 소외되었던 남인세력과의 연립에 의한 서인 주도정권을 원했던 듯하다. 그러나 반정 주도세력이 동원했던 사모군의 처리라는 난제에 부딪히게 되었다. 이러한 상황에서 서인 주도세력들은 인조의 여러 차례의 종용에도 불구하고 왕권 수호라는 표면적인 이유를 들어 이들을 公兵化하는 데 성공하였으니, 이것이 바로 호위군관을 중심으로 한 호위청의 설치인 것이다.[82] 특히 반정에 공로가 컸던 4대장 2당상관들은 일정한 수의 자기 사모군을 공병화하는 동시에 이를 기반으로 사실상 정국을 주도했다. 이외에도 사적인 군사기반을 공인받은 자가 무려 12인에 달하고 있

81) 李泰鎭, 앞의 책 참조.

82) 李泰鎭, 위의 책 및 車文燮, 앞의 글(1981) 참조.

음을 《朝鮮王朝實錄》에서 확인할 수 있으니, 이는 남인과의 연립정권이라 하지만 실제에 있어서는 호위군관을 거느린 서인에 의하여 정국이 주도되었음을 말하는 것이다. 뿐만 아니라 인조정권은 광해군때와 달리 排後金 向明政策으로 일관함으로써 북방족에 대한 대비책으로 군사력을 강화해야 하는 필연성에 직면하고 있었다. 이러한 상황에서 인조 2년(1624) 李适의 亂이 일어나게 되자 이를 진압하는 과정에서 어영청·총융청·수어청 등의 중앙군영이 필요에 의하여 설치되기 시작하였고 이들 군영들은 호위군관들에 의하여 조직되고 훈련되었으니 여기서 같은 정파 안에서 군권 장악을 위한 갈등이 일어나고 있음을 볼 수 있다. 따라서 비록 남·서인의 연립정권이라고 하나 사실상 호위군관을 배경으로 서인세력에 의하여 군영체제가 이루어지고 같은 정파 안에서도 정국을 주도하기 위하여 필요한 군영설치에 적극적으로 참여하게 되었으며 여기에서 남인세력은 제외되었던 것이다. 그러나 이들 3군영 설치의 표면적인 이유는 왕권의 수호와 수도권 방어 및 후금과의 대립이란 국내외 정세를 내세웠음은 당연하다.

이러한 이유를 바탕으로 이괄의 난 때 長湍軍을 통솔한 경험이 있던 李曙는 경기 군사를 재정비하여 총융청 창설을 주도했다. 또한 李貴는 새로운 국왕 수호 및 수도 방어군으로 어영군을 창설하였다. 특히 이귀는 沈器遠과 더불어 남한산성을 수축하고 입수군을 조직하여 수어청을 설치하였는데 이들 신설 군영의 기간요원은 그들의 호위군관들이었다.[83]

그러나 같은 반정의 핵심공신이면서도 중앙군영 창설에 참여하지 못했던 金瑬·金自點 등은 지방군에 대한 軍令權을 장악함으로써 정치세력을 강화하려고 하였다. 즉 인조정부는 광해군대와 마찬가지로 북방의 후금에 대비하여 서북도의 산성 방위체제를 굳히는 등 도체찰부체제를 해체하지 않고 그대로 유지하면서 김류·김자점 등이 이들 지방군에 대한 군령권을 확보하여 정치적으로 같은 정파이면서도 중앙군영의 군권을 장악한 이귀나 이서 등과 대립하는 처지에 섰던 것이다. 특히 김류와 이귀의 군권싸움은 정묘호란을 계기로 더욱 첨예화하였다. 이때 김류는 도체찰사 張晩의 휘하에서 부체찰사로

83) 위와 같음.

있었는데 下三道로부터 자원하여 인조를 江都로 扈駕한 私砲手를 중심으로 호위 군영을 창설하려 했다. 그러나 이귀의 반대에 부딪혀 실패하고 이들의 본영은 어영청으로 하되 體府衙兵이라 하여 김류의 體察府에 소속하도록 하였다.

뒤에 김류가 도체찰사가 되면서 또 한 사람의 소외자였던 김자점과 더불어 유사시에 동원되는 지방군의 군권을 장악할 수 있었다. 서인 내부에서 이같이 양분된 군권은 병자호란때 후금을 방어하는 데 실패하였고 淸의 간섭에 휘말리게 되었다. 특히 김류·김자점세력은 反淸에 젖어 있던 사림의 지지를 상실하고 현실 긍정의 미봉책으로 일관하였다. 그러나 호란 이후의 정국은 반청의식이 더욱 고조되어 현실 긍정의 미봉책은 金集·宋時烈 등의 신진사류와 남인계열의 사류인 許積 등의 반대에 부딪혔다. 김류계열의 현실 긍정 세력과 사류의 지지를 얻은 李貴의 아들 李時白·李時昉 형제와 심기원 등의 반청세력의 군권과 첨예하게 대립하였다. 이러한 군권의 장악을 중심으로 정치국면도 친청·반청의 양대세력으로 나뉘었다.

인조 말기 친청·반청세력의 정국주도를 위한 갈등은 심기원의 獄, 昭顯世子의 早死, 姜嬪의 獄 등으로 나타났다. 군권도 청의 징병에 동원되었던 어영군은 친청파인 김자점세력이 장악하였고 수도권 방어를 위하여 강화되었던 수어·총융청은 반청파인 이시백·시방 등에 의하여 장악되었던 것이다.

인조말~효종초에는 김자점 등 친청파에 의하여 정국이 주도되었으나 효종 3년(1652) 이후 청의 간섭에서 서서히 벗어나면서 친청파들이 숙청되고 이후의 정국은 사림의 崇明思想과 결부된 반청세력이 더욱 강화되었다. 이것이 북벌계획의 강력한 추진으로 나타났던 것이다.[84] 북벌정책을 본격적으로 착수한 단계에서는 서인·남인을 초월한 무신의 등용이 추진되었다. 서인계열의 李浣, 남인계열의 柳赫然 등의 무장으로 하여금 어영군·훈련도감·금군 등의 군사력을 증강시키는 등 군비확충에 서인과 남인들이 당색을 초월한 초당적 입장에서 대처하였다. 효종의 이 같은 군비확충 내지는 강화책은 중앙군영이나 금군의 증강으로 왕권 강화에는 많은 도움을 주었으나 국가재

84) 車文燮, 〈孝宗朝의 軍備擴充〉(《朝鮮時代軍制硏究》, 檀國大 出版部, 1973).

정을 돌보지 않은 것으로, 당시 청에 대한 '城下之盟'의 굴욕을 씻는 데에 사실상 도움을 주지 못하였다.

따라서 효종이 죽고 현종이 뒤를 이으면서 사실상 북벌정책의 포기 내지는 후퇴를 가져오는 형세로 발전하고 다만 왕권 강화에 역점을 둔 군권의 향방이 주목되었다. 현종은 이른바 禮訟정국을 주도하였다. 그는 인조반정 이후 뿌리를 깊이 내리고 있던 서인세력을 견제하기 위하여 예송을 이용하였다.[85] 즉 현종은 2차 예송에서 서인 대신들이 효종을 끝내 衆子로 고집하는 것은 왕실을 무시하는 처사로 받아들여 도승지를 비롯한 近侍職에 남인을 다수 등용하기 시작하였던 것이다.

현종이 죽고 나이 어린 숙종이 왕위에 오르자 다시 서인세력이 주류를 형성하기 시작하였다. 그러나 숙종초에는 비록 서인계열이기는 하나 비주류에 속했던 宗戚 金錫胄 등을 등용하여 군사문제를 맡겨 왕과 왕실의 위상을 높이려고 하였다.[86] 김석주의 등용은 인조 이래로 서인세력이 워낙 강했기 때문에 왕실이 믿을 수 있는 종척세력과 제휴할 수밖에 없었던 왕권의 제약성을 말해주는 것이다.

이 같은 현실에서 남인은 북벌을 명분으로 한 都體察府의 復設로 권력 장악을 적극화시켰다. 숙종 즉위초 남인인 尹鑴가 당시 중국에서 吳三桂의 난이 일어난 것을 계기로 城下의 盟의 치욕을 씻기 위한 북벌을 강력하게 주장하면서 도체찰부의 복설을 요청하였다.[87] 그러나 이러한 윤휴의 주장은 서인에 의하여 권력장악을 위한 의도라고 비난되었다. 실제 도체찰사는 영의정이 겸하도록 되어 있어 당시 영의정이었던 남인 許積이 도체찰사가 되어야 했기 때문에 서인에게는 불리할 수밖에 없었던 것이다.

결국 이듬해인 숙종 원년(1675) 정월에 도체찰부가 복설되어 영의정 허적이 도체찰사를 겸하게 되었다. 그러나 부체찰사에는 이의 복치를 강력히 주장했던 윤휴 대신 서인 비주류의 종척인 수어사 김석주를 임명함으로써 정

85) 李迎春, 〈服制禮訟과 政局變通〉(《國史館論叢》 22, 國史編纂委員會, 1991).
86) 李泰鎭, 앞의 책.
87) 위와 같음.

치권력을 분산시키려고 기도하였다. 이러한 권력 분산의 현상은 중앙군영에 대한 통제권에도 엿볼 수 있다. 즉 남인은 현종때의 2차 예송에서 승리한 후 훈련도감과 어영청을 그 영향아래 두었으나, 수도외곽 방위군영인 수어청과 총융청은 그들의 영향에서 벗어나 있었던 것이다. 이에 남인은 도체찰부의 설치를 계기로 도성 밖의 군사력인 수어청과 총융청까지도 자신들의 통제 아래 두려고 하였다. 그리하여 開城의 大興山城을 축조하여 북방비어의 出陣處로 삼는 동시에 훈련도감과 어영청의 군관을 동원하여 그 곳의 屯軍을 훈련시켰던 것이다. 이러한 조처는 서인의 중진들은 물론 서인 비주류인 김석주 등도 크게 반발하여 한때 도체찰부가 폐지된 일까지 있었다. 이는 한 마디로 서·남인간의 군권 경쟁이 치열했음을 말해 준다. 이 사이 부체찰사 김석주는 수어사에서 어영대장으로 옮기면서 남인이 대흥산성을 근거로 역모를 도모하였다고 고변하고 숙종 6년 庚申大黜陟을 주도하여 남인세력에 큰 타격을 입혔다. 김석주는 이후 대흥산성의 管理使가 되어 사후 처리를 전담하였다. 뿐만 아니라 그는 강화도에 墩臺를 쌓아 방어시설을 강화하고 《璿源錄》의 편찬을 주관하여 이를 강화도에 비치하였다. 이와 같이 김석주가 강화도의 邊備를 강화한 것은 남인의 대흥산성 축조와 때를 같이 했으며 여기에다 《선원록》을 비치한 것은 남인세력에 대한 견제의식을 내포하고 있는 것으로 생각된다.

이와 같이 서·남인의 군권을 둘러싼 권력 장악의 소용돌이에 숙종이 직접 뛰어들기 시작한 것은 경신대출척 이후로 생각된다. 숙종은 13세에 즉위했기 때문에 실제 정치적 판단력을 갖추게 된 것은 이 이후에 속하는 것으로 생각되는 것이다. 이후 숙종은 여러 차례 換局의 정치 정국을 이끌면서 왕권 강화에 노력하였다.

이러한 정국의 추이에 따라 창설된 군영이 숙종 8년에 설치된 금위영인 것이다.[88] 물론 금위영 설치의 주도적 역할을 담당한 이는 당시 서인주류와 손잡고 숙종의 후원을 얻은 병조판서 김석주였다. 그는 종래의 정초청과 훈련별대를 통합하여 훈련도감의 長番兵을 감축한다는 명목 아래 遞番交代로

88) 車文燮, 〈禁衛營硏究〉(《朝鮮時代軍制硏究》, 檀國大 出版部, 1973).

편성된 금위영을 탄생시켜 이른바 후기 중앙의 5군영체제를 갖추게 되는 것이다. 따라서 금위영의 주력은 훈련별대였으나 그 임무와 지휘체제는 정초청의 것을 물려받아 병조판서가 대장을 겸하고 대궐 밖의 숙위를 주임무로 삼게 하였던 것이다.

군권경쟁을 배경으로 하는 정국의 추이는 혼미를 거듭하였다. 즉 국왕과 왕실의 권위를 회복하려는 시대적인 상황은 숙종으로 하여금 경신환국(6년)·기사환국(15년)·갑술환국(20년) 등 환국정치를 이끌게 하였고 이 사이에 서인·남인 정파간의 권력 쟁탈이 이어졌다. 이러한 정세아래 군액의 감축과 양역부담의 견감 등을 토의의 대상으로 하는 良役變通의 논의가 끊임없이 이어졌다. 그러나 오히려 군액은 증가하였고 이에 따라 양역의 부담도 가중되는 현상으로 나타났다. 이러한 모순을 극복하기 위하여 숙종 30년(1704) 12월에 있은 군제개편·軍布均一·軍額裁減 등의 소변통이 있기는 했으나 근본적인 대변통으로는 이어지지 않았다.89)

뿐만 아니라 금위영 창설 이후의 조선 왕조는 북방 의식이 서서히 약화되면서 상대할 적이 없어지는 국제정세로 인하여 지방 군사조직은 거의 유명무실화됨으로써 군권경쟁은 중앙군영을 중심으로 왕권과 정파간의 대립으로 이어졌다.

(3) 탕평론과 군권

숙종대의 환국정치는 종래의 양당공존체제인 붕당정치체제가 무너지고 붕당간의 배타적 대립이 심각하게 전개되어 숙종 자신도 이를 탕평론으로 수습하려 했다. 그러나 숙종때의 탕평론은 붕당간의 세력조정 보다도 붕당 그 자체를 깨어서 왕권강화에 집중되도록 하려 했다. 즉 숙종대에도 몇 차례 탕평의 諭示가 있었으나 이는 종척에 대한 의존도가 높고 집권 붕당을 환국으로 교체하는 등의 방식을 택함으로써 붕당간의 분쟁을 가열시키는 결과를 가져왔던 것이다. 이에 따라 숙종 중기 이후에는 사실상 정치 주도세력은 서

89) 鄭萬祚, 〈肅宗朝 良役變通의 展開와 良役對策〉(《國史館論叢》 17, 國史編纂委員會, 1990).

인으로 넘어가고 이들은 다시 노론·소론으로 분리되면서 군권 경쟁도 주로 군액감축·양역변통을 통하여 자기 주장을 구체화시키면서 서인 내부에서의 정치세력의 부침으로 일관되었음을 볼 수 있다.

탕평론이 정책으로 추진된 것은 영조대였다. 이때도 기왕에 있어온 정치세력의 뿌리가 워낙 깊어 탕평론의 궁극적인 목적은 왕권 강화에 있었으나 각 정파의 세력을 조정하는 이른바 '調劑保合'에 힘쓰는 형편이었다. 특히 정파간의 권력 쟁탈은 숙종 20년의 갑술환국으로 남인세력은 거의 재기 불능 상태에 빠지고 이후의 정국은 서인의 노·소론의 대립과 갈등으로 일관하였다. 따라서 숙종 중기 이후 영조초에 이르는 동안의 정국의 흐름은 노·소 양파의 정권 유지나 수도를 위하여 왕세자 책립의 시시여부에 관심이 집중되어 정쟁이 가열화하였다. 이러한 상황에서 왕위에 나아간 영조는 탕평책을 앞세워 노·소론의 聯政체제를 구축하여 인사상의 불만을 해소하는 데 힘쓰는 한편 왕권 강화를 위한 개혁에 주력하였다.90)

이러한 조제보합적 탕평책은 상대적으로 노·소론의 정치적 갈등을 가열시켰다. 마침내는 영조 4년(1728) 소론 과격파에 의하여 주도되었던 이인좌의 난(戊申亂)을 야기하게 되어 소론세력이 약화되는 동시에 노론세력이 사실상 정국을 주도하였다. 이러한 정치정세를 이용하여 영조는 왕권 강화의 배경이 되는 군권 장악에 적극적으로 나서게 되었다. 즉 이인좌의 난 이후 守城綸音을 발표하여 3군문의 도성수비체제를 한층 강화하고 금군을 용호영으로 일원화하는 동시에 병조판서로 하여금 모든 군영대장의 위에 서게 하는 체제를 확립하는 등 왕권 강화의 의지를 적극화했던 것이다.

이와 같이 탕평정국은 왕권이 강화되는 한편 서인의 노·소론에 의하여 정국이 주도되었다. 그러나 영조 31년 羅州의 掛書사건을 계기로 노론의 결정적인 승리로 돌아가 사실상 붕당정치의 실효를 거둘 수가 없었다. 더욱이 37년의 思悼世子사건 이후에는 다시 時派·僻派로 나누어지고 노론 중심의 벽파에 의하여 정국이 주도되었다.

조선 후기 사회에서 왕권 강화의 절정기를 이룬 시기는 정조대였다. 정조

90) 李泰鎭, 앞의 책.

는 붕당정치라는 한계를 극복하기 위하여 붕당을 깨고 편파가 없는 中正의 길인 皇極의 탕평을 실현하려 했다. 그는 이러한 새로운 정치 실현의 구심체로서 奎章閣을 설치 운영하고 壯勇 內·外營을 신설하여 국왕중심의 새로운 군권 운영체계를 갖추어 갔으니 후기 사회에서 국왕으로서 군영 설치를 직접 주도한 군주는 정조가 처음이다. 이는 국왕이 군권과 정치권을 겸하여 장악하고 왕권 강화의 실을 거두었던 것이다. 그는 장용영의 운용을 통해 척신들의 군영대장직 체제를 지양하여 무반 군영대장직 체제로 바꾸는 등 종래의 관례를 깨뜨려 나갔다. 뿐만 아니라 정조는 그의 친위군영인 장용영의 대장을 거침으로서 그의 신임을 얻은 무장을 다른 군영의 대장이 될 수 있도록 하는 새로운 체계를 세우기도 했다.

그러나 19세기에 이르러 왕권이 지극히 약화되고 이른바 세도정치기에 접어들면서 중앙정치는 세도 일족이 비변사를 정치의 중심체로 삼아 당상직의 수를 늘려 독점하면서 다른 官署의 견제 기능을 약화 내지는 마비시켰다. 이에 따라 중앙 군영들도 전반적으로 비변사의 직접적인 통제속에 들면서 군사력의 실제적인 보유 및 가동은 훈련도감 하나에 한정시켜 그 대장직을 세도 일족의 핵심이 확고하게 장악하는 경향을 보였다. 이로서 보면 세도정치는 역사적 역기능을 하고 있는 것으로 생각되며 따라서 군권을 떠나서 국방력 면에서 보면 더욱 약체성을 면할 수 없게 된 것이다.

이러한 약체성에서 벗어나기 위하여 興宣大院君의 섭정기에 있어서는 비변사를 폐지하는 동시에 의정부권을 부활하고 5군영에 무반출신 군영대장직을 두려했으나 근 60년에 걸친 세도정치기의 군정의 문란을 하루아침에 강화할 수는 없었다.[91]

〈車文燮〉

---

91) 위와 같음.

6. 지방 군제의 개편

1) 속오군의 편성[1]

조선 중기에 있어서의 지방 군사제도는 기본적으로 초기 세조때부터의 鎭管體制였다. 다만 남북 변경지대에 대한 倭·野人의 侵擾와 진관체제 성립기반의 광범위성에 관련된 여러 모순 등으로 말미암아 16세기 중반에는 制勝方略(分軍法)이라는 편의적인 동원·방어체제가 대두되었고, 진관체제는 허구화되었다고 할 만큼 제 기능을 하지 못하는 형편이었다.

그런데 진관체제는 각 진관을 중심으로 自戰自守토록 짜여져 1線·2線·3線式의 단계적 대처가 가능한 깊이있는 방어체제인데 비하여, 제승방략은 일정한 陣地에 각 진의 군사를 집결시켜 중앙에서 파견한 장수의 지휘아래 제한된 지역에서의 대응에 적절하다고 할 수 있으나 전면전쟁에서는 제 1선의 뒤를 받치기 어렵다는 등의 허점이 드러나는 방안이었다. 그리하여 임진왜란의 초기 전투에서 조선군이 패배한 요인의 하나로 지적되어, 진관체제 복구론이 제기된 바 있었다.[2]

그러나 전쟁의 와중에 軍役 문제를 포함한 전반적인 진관체제 복구론의 실현은 어려운 일이었고, 우선 군사의 동원 방안과 조총을 가진 왜군의 전법에 대한 대응책의 마련과 같은 응급적인 군사력 강화가 절실하였다. 그리고 이러한 노력은 三手兵의 양성과 束伍法에 의한 군대편성으로 방향을 잡기 시작하였고, 결국 중앙의 훈련도감 설치와 지방에서의 속오군 편성이 추진되기에 이르렀다.

선조 25년(1592) 가을부터 적은 숫자이지만 조총-砲手 교습을 시작한 바 있었고, 다음 해 정초의 平壤 탈환전을 전후하여 朝·明연합군이 전쟁의 주

1) 속오군에 대해서는 車文燮, 〈束伍軍 硏究〉(《朝鮮時代 軍制硏究》, 檀國大 出版部, 1973) 및 陸軍士官學校 韓國軍事硏究室편, 《韓國軍制史》(近世朝鮮後期篇, 陸軍本部, 1977) 등 참조.

2) 진관체제 복구론에 대하여는 許善道, 〈鎭管體制 復舊論硏究 -柳成龍의 軍政改革의 基本施策-〉(《國民大 論文集》, 1973)을 참조.

도권을 장악하면서 명나라 南軍, 즉 浙江兵의 활약상을 통해 浙江兵法에 대한 인식을 넓히게 되어 그 兵書인 戚繼光의《紀效新書》가 군사력 강화방안에 직접적인 영향을 미치게 되었던 것이다.

이 책의 束伍編에는 團束行伍의 요령과 연좌제의 엄한 군령, 長短兵의 迭用에 관한 내용 등이 서술되어 있으니, 장단병이란 조총을 갖는 포수와 각종 창검류를 써서 단병 접전을 하는 殺手를 지칭하는 것인데, 조선에서는 여기에 전통적 기예인 활, 즉 射手를 합하여 삼수병을 편성하였다. 속오의 요령은 1司는 5哨를 통솔하고 1초는 3旗를, 1기는 3隊를, 1대는 2伍를 통솔하는 식으로 伍는 단지 4명을 거느린다는 것이다. 영의정 겸 4도 도체찰사 柳成龍의 설명에 따르면, 병법의 가장 긴요한 요체로 分數를 말하는 것이며 束伍分數之法은 큰 무리를 적은 인원을 다스리듯 효과적으로 지휘할 수 있다는 것이다.

이러한 속오법은 포수에 중점을 둔 삼수훈련에 적용되어 왔고, 본격적으로는 선조 27년(1594) 4월경 훈련도감의 편제로 일단 완료된 바 있다. 지방군과 관련하여 이 무렵에 유성룡은 진관체제를 재정비하고 지방군의 훈련을 그 체계를 통하여 계통적으로 독려할 것을 건의하여 시행토록 하였다. 그는 같은 해 10월에「戰守機宜」10條를 왕에게 올려 속오가 군정의 대강임을 역설하고, 이를 도원수, 각도의 감·병사에 보내 시행토록 지시하였다. 물론 이러한 조처 등이 순조롭게 진행된 것만은 아니었다. 군량의 부족과 抄軍의 곤란 및 지휘·훈련체계 등 합리적 체계조정의 미비, 그리고 지방 수령의 인식 부족이나 불성실 등의 문제가 남아 있었던 것이다.

그러나 속오법의 지속적인 추진과 이에 대한 인식이 깊어져 지방군의 정비는 이루어져 갔다. 같은 10월 黃海兵使의 교체때 전 병사 趙仁得이 뽑은 정병 4,000명을 束伍分部토록 하였고, 海州의 鍊兵도 속오법으로 편성하도록 결정되었다. 이때 선조와 비변사의 조처 내용을 요약하면, ① 신분의 귀천을 가리지 않는 초군 ② 속오법에 의한 편성―여기에는 거주지 중심으로 먼 거리를 왕래하는 불편을 제거하려는 鄕里比隣과 농사때를 피하는 원칙이 포함된다 ③ 丁壯이 아닌 중·하등민은 奉足같이 粮米를 내게 한다. ④ 私奴의 경우에는 주인에 대한 보상 등이다.

평안도의 경우에도 선조 28년 10월에 경기·황해·평안·함경도 도체찰사를 겸임한 영의정 유성룡이 “李元翼이 감사로 있을 때 이미 속오법으로 편성하여 포수·살수를 교련하여 다른 지방의 군병과는 차이가 있다”는 평가를 하고 있다. 같은 달에 「武學事目」이 頒行되고, 12월에는 「編伍事目」에 따른 경기도의 「分營事實」이 나왔으며 다음해 정월에 「鍊兵規式(事目)」을 유성룡 소관인 4도에 반행하였으니, 경기 이북 4도의 속오군 조직이 먼저 이루어진 것으로 보인다. 그러나 선조 29년 4월 병조의 보고에, 「무학사목」에서 거주하는 面·里에 따라 旗隊를 括束하라고 한 바가 제대로 되지 않고, 오직 충청도 어사 李時發 만이 대체로 이루었을 뿐이며 외방의 束伍冊도 隣里團束의 본의에 배치됨이 심하다고 하였으니, 남쪽 지방도 편성 자체는 좀 늦게 이루어졌음을 알 수 있다.

또한 《宣祖修正實錄》 선조 27년 12월조에 초군 또는 속오군을 두었다고 기록되어 있고, 《文獻備考》에도 선조 27년에 각 도에 속오군을 두었다고 한 것으로 보아 전반적인 속오군 편성이 이 해에 시작되어 선조 29년 중에는 완료된 것으로 보인다. 선조 30년 3월 비변사에서 충청·전라·경상도 등에 대한 鎭管束伍之法의 申明을 보고하고 있고, 같은 해의 丁酉再亂에서는 각 도의 속오군이 동원되기도 하였다. 다만 명칭에 있어서 당시의 기록으로는 束伍之軍·束伍軍兵·束伍軍卒·編伍軍 또는 哨軍 등으로 나타나다가 고유명사 격인 속오군으로 기록된 것은 선조 30년 2월경부터이다.

이렇게 성립된 초기에 있어서의 속오군의 전국적인 편제의 실체는 알 수 없다. 다만 유성룡의 문집이나 그의 《鎭管官兵編伍冊殘卷》 등에서 일부 지방의 실제 편제를 알 수 있다. 그가 경기도 순찰사에게 보낸 「편오사목」에 의하여 경기도의 편제를 표로 작성하여 보면 다음의 〈표 1〉과 같다.

여기에서 右·前·後의 3營은 左營의 예에 의거토록 하였으나 실제로 어느 읍이 어떤 司가 되는 지는 나타나지 않았고, 哨 이하는 面·里·村의 형편에 따라 분속하는 원칙만 제시되고 있다. 또 江華·喬桐은 섬이므로 스스로 한 營을 이루고 육군에 예속치 않았으며, 훈련도감군을 中營으로하여 大閱 때에만 함께 5영이 한 곳에 都會토록 하고 있다. 그리고 그 사목의 본 항목에 따르면 ① 면·리를 중심으로 초관을 정하고 거기에서 기총·대총을 택하며 ② 分軍法은《기효신서》에 의거하여 필요에 따라 융통성 있게 增損하라고 하여 지역 사정에 따라 旗·隊나 인원수를 가감할 수 있다는 것이다. 이와 같은 원칙은 다른 지방의 경우도 적용된 것으로 보이며, 군제의 편제도 미루어 짐작할 수 있을 듯 하다.

〈표 1〉 경기도 속오군 편제

	營將(所在地)	把摠(屬鎭)	哨官	旗摠	隊摠
京畿(兵使)	左營(龍津)	前司(利川)	前哨	1旗	1隊
					2隊
					3隊
					1隊
					2隊
					3隊
				2旗	1隊
					2隊
					3隊
				3旗	1隊
			左哨		2隊
			右哨		3隊
			中哨		
			後哨		
		左司(驪州)			
		右司(廣州)			
		中司(楊根, 砥平)			
		後司(楊州,抱川, 加平)			
	右營(水原, 禿城)	(水原, 南陽, 仁川, 富平, 陽川, 通津, 金浦, 安城)	〃	〃	〃
	前營(龍仁, 石城山城)	(竹山, 陰竹, 振威, 安山, 陽智, 龍仁, 衿川, 果川)	〃	〃	〃
	後營(坡州山城)	(高陽, 坡州, 交河, 豊德, 長湍, 漣川, 朔寧, 永平, 開城府)	〃	〃	〃
	中營(京城, 訓練都監軍)		〃	〃	〃

영·사의 배치 이외에 哨 이하의 실제 편제는《진관관병편오책잔권》을 통하여 평안도 일부 지방에서 그 면모를 살필 수 있으니, 이를 도표화하여 보면 다음과 같다.

〈표 2〉 평안도 安州鎭管 右營 前司

前司 (把摠 : 出身)	旗摠	隊摠	備考
前哨	1旗	1隊 殺手	隊摠1, 藤牌2, 筤筅2, 長槍4, 鐺鈀2, 火兵1
(永柔)	(旗摠 : 良)	2隊 殺手	〃
(哨官 : 出身)		3隊 殺手	〃
	2旗	1隊 鳥銃	隊摠1, 鳥銃10, 火兵1
	(旗摠 : 良)	2隊 鳥銃	〃
		3隊 鳥銃	〃
	3旗	1隊 鳥銃	〃
	(旗摠 : 良)	2隊 鳥銃	〃
		3隊 鳥銃	〃
中哨	1旗	1隊 射手	隊摠1, 射手10, 火兵1
(永柔)	(旗摠 : 良)	2隊 射手	〃
(哨官 : 出身)		3隊 射手	〃
	2旗	1隊 射手	〃
	(旗摠 : 良)	2隊 射手	〃
		3隊 射手	〃
	3旗	1隊 射手	〃
	(旗摠 : 良)	2隊 射手	〃
		3隊 射手	〃
後哨	1旗	1隊 殺手	前哨1旗와 同
(肅川)	(旗摠 : 良)	2隊 殺手	〃
(哨官 : 出身)		3隊 鳥銃	前哨2旗와 同
	2旗	1隊 鳥銃	〃
	(旗摠 : 良)	2隊 射手	中哨와 同
		3隊 射手	〃
	3旗	1隊 射手	〃
	(旗摠 : 良)	2隊 射手	〃
		3隊 射手	〃
留哨	1旗	1隊 射手	〃
(肅川)	(旗摠 : 良)	2隊 射手	〃
(哨官 : 出身)		3隊 射手	隊摠1, 射手10
留哨	1旗	1隊 射手	隊摠1, 射手10, 火兵1
(永柔)	(旗摠 : 良)	2隊 射手	〃
(哨官 : 出身)		3隊 射手	〃
	2旗	1隊 射手	〃
	(旗摠 : 良)	2隊 射手	〃
		3隊 射手	〃

1隊는 隊摠아래 11명으로 구성되나 留哨(숙천) 1旗 3隊는 火兵이 없이 10명이고, 3대 1기, 3기 1哨의 원칙까지는 지켜진 셈이나, 5초 1司는 지켜지지 않은 것으로 나타난다. 三手의 분포는 前司의 경우 총 36대 360명(대총·화병

제외)중 사수가 23대 230명으로 대다수를 차지하나, 安州鎭管 전체로는 포·살수 492명, 사수 465명으로 비슷한 편이어서 포·살수중심으로 되어 간다고 할 수 있을 것이다. 이 편오책에 의하면 1초는 초관을 포함하여 112명으로 편성하는 것이 원칙이라 하겠으나 3초 1사·3사 1영의 편제로 되어 안주진관은 영장 이하 각종 군병을 합하여 1,200명 정도로 편성되어 있다. 경기도의 경우 5초 1사·5사 1영제였으므로 1영은 2,500명이었을 것으로 여겨진다. 이와 같은 지방마다의 차이는 당초의 방침이 진관체제의 틀 위에서 편성하면서 융통성을 부여한 점과 여기에 隣里固束의 원칙이 작용한 데에서 온 것이라고 할 수 있을 것이다.

속오군의 조련은 훈련도감의 지시에 따라 道 순찰사(監司 겸임) 책임아래 각 營將을 중심으로 習陣 등이 이루어지고, 그 아래 사는 把摠·초는 초관·기는 旗摠·대는 隊摠에 의하여 근처 교장에서 조련토록 하였다. 그런데 영장은 軍資主簿(종6품)·守門將(종6~9품)·郡守(종4품) 등으로 위계 질서가 없었고, 속오군의 습진에는 자신들 스스로 양식과 말을 준비하여야 함에도 보수는 없었다. 그리하여 지방 수령의 영장·파총 겸임을 배제하려던 조정에서도 이를 바꾸어 훈련·명령계통을 체찰사—監兵使(순찰사)—鎭管節制使—同僉都尉—哨官—旗隊摠으로 조정하려고 하였다. 그러나 속오군은 전임인 초관도 법적 뒷받침은 없었고, 임진왜란이 지나자 관심도 적어지면서 훈련도 제대로 행하여지지 않고 一身兩役에 허덕이고 제반 賤役에 동원되는 등 그 폐단이 깊어져 갔다. 더욱 조정이 속오의 많고 적음으로서 수령을 상벌하니 수령들은 수를 채우는 데 급급하여 속오군은 老弱殘疾뿐이라는 지경이었다. 이러한 폐단에 대한 개선은 李适의 亂을 겪은 뒤에 後金의 침략 위협에 직면하자 속오군의 편제를 수령 중심에서 전문적인 영장 중심으로 바꾸는 지방군의 정비 강화 노력으로 나타났다. 인조 5년(1627) 4월 營將制度가 성립되어 속오군의 操鍊權(영장)과 行政權(수령)이 구분된 것이다. 그러나 수령들의 반발이나 못 미치는 재정적 뒷받침과 능력 있는 무신의 부족 등으로 영장제도의 운영에 문제점이 있었고, 병자호란에서는 제대로 지방 방비를 하지 못하고 말았다. 이 후에 속오군은 다시 수령중심으로 존치되다가 효종때는 다시 영장제도가 설치되었고 효종의 사망 이후에 결국 《續大典》상으로는 兼營將제도로 환원되었다. 이는 후기의 군제가 5군영제라는 京軍門 중심으로 재편되기 시작한 영향인 셈이었다. 또 開城 속오에 한정되기는 하나 효종 초년에 收米法이 적용되었고, 숙종 말년에 摠戎廳 소속의 모든 속오군에게도 적용되어 束伍收米法이 보편화된 듯하다. 즉 전쟁에 나갈 군대는 오직 속오 뿐인데 壯實한 良丁은 모두 布를 바치는 것으로 대신하고 疲殘無依한 부류들로 채워지는 상태가 되었다는 것이다. 따라서 장기간에 걸쳐 조련도 제대로 시행되지 않고, 속오군외에 牙兵(감병사)·吏奴隊(수령)같은 여러 兵種을 발생시키기도 하였다.

이같이 유명무실한 상태의 속오군은 李麟佐의 난을 계기로 재정비되었다. 영조 6년(1730) 9월에 조정에서는「束伍節目」을 발표·시행토록 하였으니 그 내용은 대체로 다음과 같다. 隣里團結·魚隣作隊를 기준하여 영장의 거주지 중심으로의 作隊, 物故者·逃亡者·僞故者의 처리, 闕額塡充規則 및 違法者에 대한 벌칙, 조련법, 초관의 擇差와 仕滿規則, 속오군의 給保·服色, 器械·戰馬의 관리, 각 초·기·대장, 각 읍 色吏의 弊 단속, 영장의 號令을 不遵하는 守令 문제, 수령의 馬步軍의 官役 사용 금지 그리고 作隊 후의 報告圖武 등이다. 특히 여기에서 束伍給保法을 적용하여 속오군에 대한 雜役 蠲減·歲抄法을 지양하고 朔抄法으로 철저히 搜括토록 하였으니 保法의 확장은 농민들의 부담을 가중하는 결과를 가져온 것이다.

이와 같은 속오군의 지방 분포와 그 수를《文獻備考》에서 찾아보면 다음과 같다.

〈표 3〉 속오군의 지방분포와 그 수[3)]

道　名	所　屬	哨　數	保人數	備考
京畿道	守禦廳(前, 中, 後營)	75哨		
	摠戎廳(前, 左, 中, 右, 後營)	78哨		中營은 束伍軍 無
	鎭撫營(前, 左, 中, 右, 後營)	44哨128丁		江華府鎭撫使
忠淸道	觀察使	19哨		
	鎭 營(前, 左, 中, 右, 後營)	135哨		中營은 束伍軍 無
全羅道	鎭 營(前, 左, 中, 右, 後營)	212哨	保 28,374	
	濟州牧使, 邑鎭	44哨		
	山城(笠岩, 金城, 赤裳, 威鳳, 蛟龍)	59哨	1,280(隨率軍保 316)	保는 笠岩山城

3) 차문섭, 앞의 글, 재인용.

道 名	所 屬	哨 數	保人數	備考
慶尙左道	鎭營(前, 中, 後)	136哨	16,180	
	東萊守城將	11哨	1,375	
慶尙右道	鎭營(左, 別中, 右營)	129哨	15,812	
	山城(金烏, 鳥嶺)	34哨	3,964	
江 原 道	防禦營	1哨		
	鎭營(左, 中, 右)	73哨		
黃 海 道	鎭營(前, 左, 中, 別中, 右, 後)	67哨		
平 安 道	鎭營((前, 左, 中, 右, 後) ·	65哨(精抄)		
	防禦營	22哨(精抄)		
	防禦營(淸南, 北, 左, 右)	60哨(精抄)		
	鎭營(別前, 別左, 別右, 別後)	73哨(精抄)		
	獨鎭	125哨(精抄)		
咸 鏡 道	觀察使	50哨		
	南兵使	4哨		
	鎭營(前, 左, 中, 別中, 右, 後)	96哨		
	北兵使	20哨		
	行營	20哨		
	南前衛(左, 中, 右, 後)	38哨		後衛는 兼防禦營
	北前衛(左, 中, 右, 後)	28哨		
三道統禦營	統禦使	4哨		水軍, 兼京畿水使
	防禦營	8哨		水軍
計		1,730哨128丁	66,995	

표에 나타나 있듯이 속오군의 편제는 전국적인 것이었다. 그 숫자도 성립 초기의 것은 제대로 알 수 없어도 크게 증가하고 있음은 사실이니, 인조 14년(1636) 7월에 평안도를 제외한 전국 속오군이 86,000명이었는데, 숙종 7년(1681)에 전국 20만 명에 이르고 있는 것이다. 〈표 3〉의 경우에도 1초를 120명으로 계산하면 21만 명 정도가 된다.

속오군은 양민으로 편성된 正軍이 후기로 내려가면서 거의 收布軍化함으로써 지방군의 핵심이 된 것으로 인식되고 있다. 그 성립초인 임진왜란 기간중에 군사 관계 부서나 當路者들의 조처·건의·논의 등에서 나타나는 구성 신분에 관한 내용을 간추리면, 양반·士族·儒士·서얼·조관·한량·아전·양민(인)·正軍·雜匠·公賤·私賤·內奴 등으로 앞에서 기술한 바 있듯이 거의 모든 신분이 망라되었음을 알 수 있다. 〈표 2〉에서 그 일부를 살펴 본

안주 진관의 경우 軍摠 1,192명중 양민이 926명·奴가 266명이며, 寧邊 진관은 786명중 양민 499명·노 287명으로 구성되어 있었다. 또 한 특징으로는 포·살수대는 양민이 혼성된 데 반하여 대부분의 사수대는 모두 양민으로 편성되었다는 점이다. 여하간에 속오군의 근간은 양민과 公私賤이었고, 이들은 正軍이 거의 마비된 지방에서 군사적 임무를 담당하였으나, 一身兩役에 더하여 잡역의 부담 등으로 役賤해 질 수밖에 없었다. 따라서 그 품격은 저하되었으며 사회신분상의 혼란도 촉진되었다고 하겠다. 인조 5년의 영장제도 성립을 계기로 속오군은 신분상으로도 양·천을 중심으로 재정비되어 속오군에 편입될 수 없는 구분이 제도화되기 시작하나, 충실한 자가 빠진다던가 正兵이 속오군까지 이중의 역을 지는 등, 사실상 서서히 賤隷化되었던 것 같다. 숙종때부터 속오군에 공·사천이 증가되었고 균역법 성립 이전 영조 12년(1736)에 천예화가 국가적인 조처로 현실화되었다. 양민의 疊役을 엄금하여 闕額을 새로 채울 때는 모두 私賤으로 充定토록 한 것이다. 법적으로도《續大典》에 명확히 구분되어 공·사천은 다 속오군에 편입되나 양인은 공문없이 다른 읍에 移充하여도 그에 상당하는 역에 충정토록 되었다. 그리고 천예 가운데에서도 공천은 국가 재정 수급상 편오 대상에서 제외되었으므로 속오군은 실제로 私賤軍化되어 간 것으로 인식되어 있다.[4)]

또한 속오군은 그 편성이 응급적인 데서 비롯된 만큼 경제적인 지원이 제대로 이루어지지 않았다. 당초에 일정한 대우 기준도 없었고 각 지방의 사정에 따라 임시적인 조처가 취해졌을 뿐이었다. 해주에서는 屯田이 지급되기도 하고, 충청도에서는 포·살수에 대해 奉足 2명씩의 지급 등이 있었으나, 전반적이고 체계적인 대책이 마련된 것은 아니었다. 오히려 속오군이 조총·弓箭·의복 등을 팔아먹는 일이 생기기도 하였다. 인조 5년에 영장제도가 설치될 때부터 속오군의 대우 개선이 논의되었으나, 군영제 확립에 따른 재정 부담으로 별로 이루어진 바는 없었다. 뒤에 효종이 북벌계획을 추진하면서 대우 개선은 일단 이루어졌다. 효종 5년(1654)에 경상도 속오에 대한「奉足定給節

4) 그러나 속오군 전체가 그러한 것인지의 여부는 정조 22년(1798)의 기록(〈河東府 東伍軍兵保人戊午式改都案〉)에 나타나는 양·천 혼성사실로 보아 좀더 밝혀져야 할 부분이라고 하겠다.

目」을 반포하고, 7년에는 三南 속오군에 대하여 신분과 사회적인 위치에 따라 세 가지로 구분하여 給復·免役·蠲役조처를 취하였던 것이다.[5]

그러나 숙종초에 이미 제대로 되지 못하다가 9년(1683)에 금위영이 설치되고 給復 규정도 혁파되고 말았다. 그 뒤로는 앞에 기술했듯이 영조초의 이인좌의 난을 계기로 반포한「속오사목」에서 給保를 규정하였으나 결국은 제대로 이행되지 못하였던 것으로 보이며 점차 收布·收米軍이 되어 갔다. 물론 法典上으로는《속대전》에 父子 3인이 編伍된 자는 父, 형제 4인은 兄, 4父子 이상의 양역은 원하는 1인을 제외해주고 疊役者는 뒤에 지게 된 역을 감해 준다고 규정하고 있기는 하였다.

2) 영장제의 실시[6]

지방 속오군의 習陣·조련을 담당하는 營將은 선조 29년(1596)의《진관관병편오책잔권》에 이미 나타난다. 물론 이와는 다르나 훈련도감의 경우에도 그 전에 설치되었던 일이 있다.

그러나 속오군을 專管하는 제도적 확립은 인조 5년(1627) 4월에 비롯되었다. 淸과의 긴장 관계속에서 병조판서 李廷龜는 "속오 설립초에 영장이하 장관을 두어 통속케 하였는데 점점 해이해져 臨急調用에 소용없게 되었다"고 하면서 전쟁중에 장수를 바꾸는 폐단을 없애기 위하여 감당할 만한 자를 택하여 영장으로 임용하자고「營將事目」을 건의하여 시행토록 한 것이다. 그 중요한 내용은 다음과 같다.

① 각 도에 진관과 道里 附近에 5영을 分設하고 영마다 1영장을 두되 堂上 이상 官으로 잘 선택하며 강원·함경도와 같이 軍兵이 적은 경우에는 3영 또

---

5) 이때의 삼남 속오군에 대한 세 가지 구분은 다음과 같다.
① 束伍軍給復免役色目－사수·포수·旗手·창수·살수·火兵·書記.
② 給復秩－騎兵·보병·各色保人·寺奴·內奴.
③ 免身役秩－忠勳府奴·府奴·館學奴·院奴·寺奴·諸員·餘丁·匠人·唱準·雇工.
《備邊司謄錄》18책, 효종 7년 9월 2일, 備邊司單啓目.

6) 車文燮,〈朝鮮後期의 營將〉(《朝鮮時代 軍制研究》, 檀國大 出版部, 1973)을 중심으로 정리하였음.

는 4영으로 한다. 영장은 소속 각 읍을 순력하여 千摠 이하 將官은 스스로 처치하고 수령에 대하여는 감병사에게 보고하여 처치한다.

② 장관·천총 이하는 50朔으로서 한하여 임기가 끝나면 옮기되 성적에 따라 승진시키기도 한다. 직임을 다하지 못하는 수령은 파출하고 장관은 汰去한다. 汎濫作弊 수령은 영구히 서용하지 않고, 장관은 邊地 충군한다.

③ 각 읍 수령·장관은 그들이 抄한 군병을 거느려 각기 그 읍에서 10월 보름 후부터 2월 보름전까지 매 초하루날 2차례 鍊藝하고, 영장은 즉 10월 보름 후부터 1월 보름전까지 3차에 걸쳐 習陣하며 이어 연예하되 연말에는 감병사와 회동하여 5영을 통한 한차례의 습진을 한다.[7]

즉 영장이 계급상으로 수령의 위이며, 조련권과 행정권을 구분하여 영장은 속오군에 한하여 관여할 수 있음을 규정한 것이다.

이로써 지방 속오군의 훈련을 전담하는 武將 위주의 영장제도는 성립되었다. 그러나 이 제도는 지방 수령의 반발을 일으키고 재정적 뒷받침이 미치지 못하였으며 또 능력있는 무신의 부족 등과 같은 여러 가지 어려움을 안고 있었다. 이에 따라 영장에 대한 사기진작책에서부터 흉년 등을 이유로 폐지하자는 주장까지 극단적인 논란이 계속되었다. 결국 병자호란 다음해인 인조 15년에 專擔 영장제도는 폐지되고 수령들로 하여금 兼察하게 하였다. 그 뒤에 영장제도의 필요성에 대한 논의가 다시 벌어졌으나 인조때에는 오직 中軍제도의 강화에 그치고 말았다.

北伐策을 추진한 효종이 즉위하면서 지방 군정의 합리적인 운영이 논의되고, 이에 따라 영장제도를 다시 두자는 주장이 대두되어 효종 5년 2월에 특진관 元斗杓의 주장에 따라 三南에 먼저 영장을 差遣케 함으로써 전담 영장의 제도는 다시 설치되었다. 이때의 「영장사목」에서는 인조때보다 여러 사항을 구체적으로 명확하게 규정한 점이 특이하다고 할 수 있다. 예컨대 영장과 수령의 직무 한계에 대하여 구체적인 예까지 들어 군사 조련에 관하여는 영장이, 軍務에 관하여는 수령의 직권으로 규정하면서 서로 범해서는 안될 한계와 처벌까지 선을 그어 놓은 것이다. 또 영장을 수령보다 우위에 두고 있음도 보이나, 영장에 대한 支供 등의 재정적 부담은 중앙에서 마련하지 않고 지방 각

7) 《仁祖實錄》 권 16, 인조 5년 4월 병진. 同 事目은 이 밖에 8개조를 합하여 총 11개조로 되어있다.

官에서 담당토록 하여 재정 지원문제는 제대로 해결되지 못한 상태였다. 그리하여 효종대에도 논란은 있었으나, 임금의 강경한 태도로 지엽적인 부분 수정만 한 채 영장제도는 유지되었다. 효종의 사후 영장제도의 필요성은 인정하면서도 수령겸관의 주장이 다시 제기되다가, 현종 6년(1665) 경기 지방의 흉년으로 도적들이 들끓게 되자 경기 지방에 영장제도가 창설되면서 討捕使를 겸하였다. 같은 왕 13년에는 영동의 군정을 위하여 삼척첨사로 영장을 겸하게 하였고, 숙종 원년(1675) 경에는 평안·함경도의 국경 방비를 위하여 삼남 지방과 마찬가지로 영장제도가 확립됨으로써 전국적인 영장제도의 완성을 보게 되었다. 다만 이러한 확대가 專擔 영장으로 이루어진 것이 아니라 《속대전》의 기록과 같이 삼남 지방을 제외하고는 수령겸관으로 변해 갔던 것이다. 영조 22년(1746)에 이루어진 《속대전》에 기재된 영장의 전담·겸관 상황은 다음과 같다.

경기도 6員－전원 수령 겸관.
충청도 5員－左營將 海美현감 겸관. 그 밖의 4영장은 전담 영장.
경상도 6員－別中營將 金海부사 겸관. 右營將 진주 배치 겸관. 外 4영장 전담.
전라도 5員－우영장 雲峰현감 겸관. 後營將 礪山부사 겸관. 外 3영장 전담.
황해도 6員－전원 수령 겸관.
강원도 3員－우영장(삼척) 외에 겸관.
함경도 6員－中營將 永興부사. 우영장 三水부사 4원 겸관.
평안도 9員－전원 겸관.
鎭撫營 5員－전원 겸관.8)

3) 관방의 강화9)

關防이란 '設險固圉'를 목적으로 도로가 모여들거나 험한 고갯마루 등의 긴요한 곳에 城을 쌓고 군사를 배치하여 외적의 침범에 대비하는 것이라고

8) 《續大典》 권 24, 兵典, 外官職.
鎭撫營은 江華府로, 같은 책의 京官職을 참조할 것.
9) 관방에 대하여는 현재로서 車勇杰, 〈朝鮮後期 關防施設의 整備過程〉(《韓國史論》 7, 國史編纂委員會, 1980) 및 ―――, 〈朝鮮後期 關防施設의 變化過程〉(《韓國史論》 9, 國史編纂委員會, 1981)가 있을 뿐인데 구체적 시설 사항을 다 살필 수 없으므로 결론적인 개념 정도만을 소개하려 한다.

설명되고 있다. 우리 나라는 지형상 산과 언덕이 많아 역대로 이에 대한 조처가 계속되었다. 관방 시설로서 城柵과 溝池 등의 각종 시설이 축조·수리되어 온 것이다. 조선시대에 있어서 그 大要는 城으로, 초기이래 都城·邑城·關城·山城 등이 수축되었다.

세조때부터 16세기말 임진왜란 이전까지 경상도 25개소, 전라도 14개소 등의 沿海 鎭堡가 설치·축성되어 왔으며, 내륙에는 곳곳의 읍성과 산성이 수축되어 해안 다음으로 읍성과 산성으로의 단계적 방어를 위한 시설이 된 셈이었다. 특히 산성은 국경지대가 돌파된 뒤, 淸野入堡한다는 기본적이고 전통적인 방어 개념에 따른 시설로서 軍倉 등의 설치와 함께 하는 것이다. 여하튼 임진왜란 이전 선조때에는 倭侵에의 대비로 논란이 있는 가운데 宜寧邑城의 축조를 비롯하여 남부 지방의 읍성 수축이 진행되었고, 전쟁 과정에서는 경기·下三道 등의 산성 수축에 힘을 썼으며 이때 鳥嶺에의 設關도 이루어졌다.

다시 말하면 대체로 군창을 가진 산성이 내지를, 연변 읍성이 그 외방을, 연변 진보가 다시 그 외곽을 차단토록 되었으나, 임진왜란으로 소규모 외침에 대비한 연변 방어체제의 무의미함과 내지 관방의 퇴락이 드러나고, 산성에 청야입보하는 방법의 효과가 인식되었다. 그리하여 많은 오래된 산성들이 수·개축되고 왜란 이후에는 대규모의 산성으로 개편되었으며 연해 진보들은 위치 변동없이 있는 그대로 유지되었다. 특히 내륙의 주요 嶺路를 튼튼히 지키자는 논의로 竹嶺·鳥嶺·伊火嶺·秋風嶺·六十嶺·八良峙 등 교통의 요지이면서 지세가 험악한 곳에 적은 비용으로 큰 효과를 얻을 수 있는 방안이 검토되고 일부 시설되기도 하였다.

〈李謙周〉

Ⅳ. 자연재해·전란의 피해와 농업의 복구

1. 장기적인 자연재해와 전란의 피해
2. 상평창·진휼청의 설치 운영과 구휼문제
3. 인구의 감소
4. 요역제의 붕괴와 모립제의 대두
5. 진전의 개간과 양전사업
6. 영농기술의 발달과 농촌경제의 변화
7. 지주제의 발달과 궁방전·둔전의 확대

Ⅳ. 자연재해 · 전란의 피해와 농업의 복구

1. 장기적인 자연재해와 전란의 피해

1) 소빙기(약 1500~1750년) 자연재해 연구 현황

역사학자들이 기후에 대해 관심을 가지기 시작한 것은 서양의 경우 18세기까지 거슬러 올라간다. 저 유명한 에드워드 기번(Edward Gibbon)의 《로마제국의 쇠퇴와 멸망》[1]이 최초의 것으로 꼽힌다.[2] 기번은 이 책에서 추워진 기후가 로마의 쇠퇴와 멸망의 한 원인이 되었던 것을 논하였다. 그런데 기번을 비롯해 18세기의 저명한 지식인들이 기후에 대해 특별한 관심을 보였던 것은 주목할만하다. 볼테르가 17세기 역사는 반드시 기후변동을 고려해야 한다고 지적했고, 몽테스퀴외(Charles Montesquieu)도 《법의 정신》에서 기후 영향의 중요성을 언급하였다.[3] 18세기 학자들이 이렇게 기후의 영향에 대해 특별한 관심을 표했던 것은 그들이 어린 시절을 보냈거나 아버지 · 할아버지들이 살았던 시대에 이상기후 현상이 심했던 것과 무관하지 않다.

19세기에 들어와 18세기 고전적 사상가들처럼 기후의 영향을 특별히 강조하는 사상가들은 없었다. 19세기에는 많은 학문이 새로이 독립 영역을 확립하여 발달했다. 기상학도 19세기 중엽에 체계를 세워 독립 학문으로 발달하였다. 그러나 기상학이 이처럼 독립적인 학문으로 발달하면서도 기후의 변동이

---

1) Edward Gibbon, *Decline and Fall of Roman Empire*, 1776, London, W. Strahan and T. Cadell.

2) Neiville Brown, "The Impact of Climate Change : Some Indications from History, AD 250~1250", August 1995, *OCEES Research Paper* No.3, Oxford, p.15.

3) *The Spirit of Laws*, 2vols. New York, 1748 : Hafner, First published in French. Book 14, Chapters 12-13.

인간의 생활과 역사에 미치는 영향을 특별히 강조하지는 않았다. 19세기에 발달한 환경론(Environmentalism)도 주로 지리학을 중심으로 발달하였다. 20세기초에 헌팅톤(Ellsworth Huntington)이 기상학자로서는 처음으로 역사를 논하였다. 그는 아시아에서의 급격한 기후변동이 로마 멸망과 그 후의 암흑기(The Dark Ages)의 원인이 되었다는 견해를 제시했다.[4]

기후변동이 인간의 생활에 미치는 영향을 보다 더 중요시하는 학문 연구는 20세기 중반 이후에 본격적으로 대두하였다. 이 시기에 지구상에서 산업화지역이 급격히 늘어남에 따라 대기 오염도가 높아가고 그 결과로 지구 온난화 현상이 심해짐에 따라 기후 · 기상 등 대기권의 각종 자연현상의 중요성을 인지하는 정도가 높아졌다. 기상학자나 지리학자들은 미래의 '지침(indication)'으로서 과거의 기후나 환경에 대한 역사적인 연구의 필요성을 강하게 느끼면서 탐구를 거듭하였다. 이에 반해 역사학자들의 반응은 냉담했다. 오늘날에 직면하고 있는 지구 온난화문제는 어디까지나 산업화 이후의 문제로서, 이것이 그 이전의 역사에 연결이 될 수 있는 것으로 받아들여질 수는 없었다. 역사학자 가운데서도 영국의 토인비(Arnold Toynbee)가 1934년에 이미 저 유명한 《역사의 연구》[5]에서 기후 변동이 문명권의 성쇠에 미친 영향을 논하였지만 이에 동조하는 역사학자들은 거의 없었다. 역사학자들은 역사변동을 여전히 사회적 관계 또는 인간의 사고의 결과로 보려는 성향을 강하게 보였다.

20세기 역사학에서 환경에 대해 가장 큰 관심을 표명한 부류는 새로운 역사학을 추구한 프랑스의 '아날학파'였다. 그러나 이들의 관심은 지리적 환경에 더 쏠려 있었다. 이 학파 창도자의 한 사람인 루시엥 파브르(Lucien Febvre)는 《지리와 인간의 발전》[6]에서 역사학자들이 지리학에 대해 관심을 가질 것을 촉구했다. 19세기 독일에서는 환경으로서의 지리에 대한 관심이 높던 끝에 지리적 결정론이 대두하였다. 그 대표적 인물인 빅터 쿠진(Victor Cousin)은 "자연

---

4) *The Pulse of Asia*, London, Archibald Constable, 1907 ; Neiville Brown, ibid, p.11.
5) *A Study of History*, Volume 12 ; Reconsiderations. Oxford Press.
6) *La terre et l'evolution humaine*, 1925 ; *A Geographical Introduction to History* (New York, 1992)로 英譯됨.

지도(physical map)를 가져오라, 그러면 그 나라가 역사 속에 앞으로 어떤 역할을 할 것인지를 미리 말해 줄 수 있다. 우연이 아니라 필연으로서"라고 말할 정도였다. 이에 대해 "인간 공동체의 삶의 방식은 환경에 대한 창의적인 적응(creative adaption)으로 보아야 한다"(Paul Vidal de la Blache)는 비판이 나와 있는 가운데[7] 루시엥 파브르는 "필연(necessities)은 없다. 도처에 가능성(possibilities)이 있을 뿐이다. 그리고 가능성의 주인(Master)으로서의 사람이 그것들을 사용하는 것을 판단한다"는 유명한 격언을 남겼다. 그는 곧 역사학자들에게 환경의 중요성을 강조하면서 역사지리학(geo-history)을 연구할 것을 권고하였던 것이다.[8] 이 학파의 제2세대인 페르난드 브로델(Fernand Braudel)의 유명한 필립 2세 시대의 지중해에 관한 저서는 곧 그로부터 강한 영향을 받은 것이었다. 아날학파는 이같이 역사에 있어서 환경에 대해 큰 배려를 가지고 있었지만 기후에 관한 관심은 크게 떨어지고 있었다. 브로델 다음 세대의 중심 역할을 하고 있는 엘마뉴엘 르호이 라뒤히(Emmanuel Le Roy Ladurie)가 랑그독(Languedoc) 지방의 농민에 관한 연구에서[9] 기후의 영향을 고려하기는 했지만 이 저술의 중심 관점은 어디까지나 인구문제였다. 르호이 라뒤히는 이후에도 누구보다 기후와 농작물 수확에 관해 많은 연구업적을 내놓았다. 그러나 그의 연구에서 이 문제는 어디까지나 보조적인 것이었다.[10]

인간의 역사에 미친 기후의 영향은 결국 20세기 중반까지도 기상학자·지리학자들이 주로 관심을 가지고 연구했던 것이라고 할 수 있다. 역사학자들의 소극적인 태도는 1978년에 파커(Geoffrey Parker)와 스미스(Lesley Smith)가 공동으로 편집한 《17세기의 위기》[11]를 통해 비로소 달라지기 시작했다. 1950

7) *American Encyclopedia of Social Sciences*, Environmentalism, p.93.

8) Ed. by Peter Burke, *A New Kind of History from the Writings of Luciean Febvre*, introduction p. xi, Harper & Row Publishers, 1973.

9) Emmanuel Le Roy Ladurie, *The Peasants of Languedoc*, Translated into Engflish by John Day, Univeristy of Illinois Press

10) Emmanuel Le Roy Ladurie, *Times of Feast, Times of Famine*, London, George Allen and Unwin.

11) Geoffrey Parker & Lesley Smith, *The General Crisis of the Seventeenth Century*, London, Routledge & Kegan Palul, 1978.

년대 이래, 이 책이 다룬 주제인 17세기 위기는 체제변동의 문제로만 다루어졌었다. 즉 17세기에 일어난 각종 폭동과 반란 · 전쟁 등을 중세사회 해체의 국면으로 보던가, 절대왕정의 비대해진 관료제가 야기한 문제로 파악되었다. 파커 · 스미스 등은 체제변동의 면모 자체를 부정하는 것은 아니나 그 변동이 급격하고도 격렬한 모습으로 나타난 것에 대한 특별한 이유로써 자연과학자들이 이미 제기하고 있던 17세기의 특별한 자연조건 즉 소빙기 현상과 연관지우는 편집의 입장을 취했다. 파커와 스미스는 이 책의 서론에서 17세기 역사는 기후변동을 고려하지 않으면 안된다는 볼테르의 지적을 상기시키면서 1976년에 싸이언스(Science)紙 1,002호에 발표된 천문학자 존 에디(John Addy)의 태양흑점쇠퇴설에 관한 논문을 전재했다.12) 에디는 17세기에 기온이 내려간 이유를 19세기초에 수집한 몬더(Maunder)의 태양흑점활동에 관한 고기록들을 활용해 태양흑점활동의 쇠퇴가 곧 기온강하의 원인이었다는 학설을 내놓았다. 이 논문의 소개는 역사학이 자연과학측의 연구성과를 기후 영향론의 입장에서 수용한 최초의 예였다.

1970년대 말에 이르면 지구 환경 보존에 관한 소리가 높아지는 가운데 기후사에 관한 학자들의 관심도 더 높아졌다. 1979년에 자연과학자들과 역사학자들이 기후와 역사의 관계에 대한 논의를 위해 직접 만나는 자리가 처음으로 만들어졌다. 이 회의의 성과는 2년 뒤에 《기후와 역사》라는 제목으로 정리되어 출판되었다.13) 회의는 어떤 결론을 얻었다기보다도 기후사의 연구 가능성을 확인하는 것만으로도 의의가 있는 것이었다.

1980년대 이후 자연과학자들의 행보는 더욱 진지하고 빨라졌다. 그들은 역사학자들의 연구성과를 수렴하면서 기상학의 성과를 토대로 미래 기상의 지침으로서 과거의 기후현상의 자취를 열심히 추적하였다.14) 이에 비하면 역사학자들의 관심은 아직도 미약한 것이라고 하지 않을 수 없다. 역사학이 환경에 대한 반응보다 인간의 행위에 더 비중을 두어온 오랜 전통 때문인지

12) The Maunder Minimum : Sunspots and Climate in the Reign of Louis XIV.

13) *Climate and History ; Studies in Interdisciplinary History,* Rober I. Rotberg and Theodore K. Rabb(ed.), 1981, Princeton Univerisity Press.

14) Neiville Brown, ibid.

적극적인 전환은 쉽게 일어나지 않고 있다.

지리학자들은 기원전 16만 년 전에 제3기가 끝나고 빙기가 시작되는 것으로 지구의 역사를 파악한다. 이때부터 기원전 만오천 년 전까지 간빙기가 존속하면서 지구는 점차 따뜻해져 가는 가운데 猿人類가 출현하였다. 간빙기 다음 후빙기가 시작되면서 현재의 인류가 등장하였고, 이 시기에서는 지구의 온난화와 건조가 지속되어 여러 선사·고대의 문명이 발달하였다. 그러나 기원전 수세기에서의 온난화·건조화에 대해서는 이론도 제기되고 있을뿐더러 지역적인 차이도 있어서 일반화시키기 어려운 점이 많다고 한다. 지리학자나 기상학자 등 자연과학자들이 다같이 동의하고 있는 중요한 기후변동은 '중세의 온난화'(medieval optimum)와 '근세의 소빙기'(little ice age)이다. 중세의 온난화에 대한 최근의 연구성과 소개에 의하면, A.D. 900년부터 온난화가 시작되어 1000년경에는 지구상의 대부분의 지역이 이를 누리고 그 하한은 1300년경에 닿고있는 것에 대체로 의견을 같이하고 있다. 유럽지역은 1100년에서 1300년까지가 온난화가 가장 안정적으로 지속되어 중세의 번영이 이루어진 것으로 보고 있다.[15)]

근세의 소빙기의 경우, 현상 자체의 존재는 다 인정하나 존속기간에 대해서는 학자들간에 견해 차이가 있다. 20세기 초반에 업적을 낸 쇼브(D. J. Schove)는 1541~1890년간, 램(H. H. Lamb)은 1450~1850년, 중국의 왕(S. Wang)은 중국의 소빙기를 1450~1890년으로 각각 설정하였다.[16)] 그런가 하면 존 에디는 17세기 중반에서 18세기 초반으로 잡고 있다. 그러나 자연과학자들의 견해는 인간의 실제적인 체험을 토대로 한 것이 아니기 때문에 현상의 밀도가 크게 떨어지는 시기도 포함하고 있을 가능성이 있다. 《朝鮮王朝實錄》의 기록에 근거한 필자의 조사에 의하면 그 기간은 뒤에서 자세히 살피게 되듯이 1480년경부터 1750년경까지였던 것으로 확인된다. 이 조사 결과는 18세기 유럽의 고전적 학자들이 기후의 영향을 특별히 중시한 반면, 19세기 학자들은 그렇지 않았던 차이와도 바로 들어맞는 것이어서 흥미롭다.

---

15) Neiville Brown, ibid, p.29.
김연옥, 〈역사속의 소빙기〉(《歷史學報》 149, 1996), 254쪽.

16) 김연옥, 위와 같음.

소빙기 현상은 연구 자료면에서 이전의 다른 어느 시기의 이상현상보다 실체 파악이 유리하게 되었다. 기원전의 온난화 · 건조화의 경우는 말할 것도 없거니와, 중세 온난화에 관한 연구는 관련 기록의 부족으로 이론적 풀이에 의존하는 정도가 높다. 문헌기록이 부족한 상태에서는 해수면 변동의 자취, 나이테 및 꽃가루 분석 등의 자연과학적 방법, 또는 집자리 유적의 위치에 관한 고고학적 분석 등을 동원하는 것이 최선이다. 그러나 이런 연구방법은 온난화 · 한냉화 등의 기후변동의 사실은 확인할 수 있어도 그 원인이 무엇인지는 구체적으로 헤아리기 어렵다. 이론적 추리만이 가능할 뿐이다.

중세 온난화의 원인에 대해서는 농경지 개간을 위한 放火를 수반하는 산림벌목(deforestation)으로 보는 견해가 최근 유력한 학설로 제시되어 있다. 벌목 방화시 발생하여 대기에 방출된 탄산가스의 누적이 온실효과를 가져와 기후의 온난화를 가져오다가 궁극적으로는 벌목지 확대로 인한 햇빛 반사의 중성자 양의 증대로 한냉화를 초래한다는 것이다. 이 학설은 산림벌목 경작은 일찍이 로마제국의 영역 안에서부터 진행되기 시작하여 5~6세기에 일시 둔화상태이다가 7세기부터 다시 활성화되기 시작해 1050~1250년간에 인구 증가와 함께 극성하였다는 사실을 기본전제로 삼고 있다. 그리고 비단 유럽 지역 뿐만 아니라 같은 시기에 중국 등 동아시아에서도 벌목지 확대의 증거를 추적하고 있다.[17] 이 견해는 곧 온실효과의 온난화는 1300년을 하한으로 하여 한냉화로 돌아서 재이가 빈발하고 이에 따라 기근과 질병이 잇따라 발생하여 이른바 '14세기 위기'의 상황이 초래되는 것으로 풀이하고 있다. 기상학자를 비롯한 자연과학자들의 이와 같은 해석에 대해 역사학자들은 중세 말기의 쇠락을 아직도 중대한 인구와 생산력 한계, 이 양자의 불균형 관계에서 구하는 것에 더 쏠리고 있다.[18]

중세의 온난화가 이처럼 원인 분석에서 추론에 의존하고 있는 것에 비하면 근세 소빙기의 경우는 상대적으로 풍부한 문헌기록들을 통해 그 원인을 보다 더 실증적으로 파악할 수 있는 조건이다. 이 경우도 주로 서양 자료에

17) Neiville Brown, ibid, p.10.

18) Rösner, *Peasants in the Middle Age*. Polity Press, 1992, Chapter VI.

만 의존하고 있던 지금까지의 연구 상황에서는 관련 기록의 부족으로 중세 온난화의 경우보다 크게 나을 것도 없었다. 서양에서는 소빙기 현상이 2세기 이상 지속되었는데도 이를 장기적으로 관측해 남긴 일관성있는 자료가 확인되지 않았다. 《조선왕조실록》의 관련 기록들은 이러한 한계를 근본적으로 타개해 주는 획기적인 자료라고 할 수 있다. 이 자료를 통해 파악되는 소빙기 현상의 원인은 지금까지 기상학자들이나 천문학자들이 예상하던 것과는 전혀 다른 것으로 나타났다. 《조선왕조실록》의 관련 기록들에 의한 소빙기 연구는 기후사 연구에 새로운 지평을 여는 것이라고 할 수 있다.

2) 16~18세기초 장기적인 자연재해의 실상

자연이상현상에 관한 기록은 서양에 비해 유교 문화권의 한국·중국 등이 훨씬 더 풍부하다. 두 나라 역사에서 자연이상현상에 관한 기록이 상대적으로 많이 남겨진 것은 전적으로 유교의 독특한 災異觀 때문이었다. 유교는 생명이 있는 것들이 살아가는 것을 하늘의 큰 뜻(天道)이라고 풀이하여 많은 백성을 다스리는 군주도 하늘의 그러한 뜻을 본받아 실현시키는 것을 최대 임무로 간주하였다. 이러한 天道觀은 하늘에서 나타나는 천문·기후 및 기상의 이상현상은 곧 군주가 잘못한 일이 있을 때 하늘이 그에 대한 譴告로 표시하는 것이라고 풀이하였다. 따라서 이상현상으로 재이가 나타나면 군주는 자신의 정치에 무슨 잘못이 있는가를 두려워하는 마음으로 되돌아보기(恐懼脩省)를 요구받았다. 이상현상에 대한 관찰과 기록 자체가 곧 하늘에 대한 공경의 뜻을 담은 것으로 인식하였다.

유교문화권에서는 이처럼 독특한 재이관으로 천변재이에 관한 자료가 많이 남겨졌지만, 이러한 기록의 조건이 반드시 자연이상현상에 대한 더 많은 과학적 연구를 보장하지는 않았다. 많은 기록들은 오히려 이상현상을 어느 시대에나 있는 범상한 것으로 보아 넘기게 만들었다. 그리고 시대에 따라 다르게 나타나는 기록 빈도에 대해서도 순수하게 자연현상의 시대적 차이로 보이지 않고 특별한 정치적 고의의 소산으로 간주하는 경향이 강하였다. 즉 어떤 기존의 권력을 무너뜨리거나, 폄하하기 위해 이상현상을 과장하거나 조작했을 수도 있다는 해석이 나오기까지 하였다. 그러나 이러한 추정은 지나친 것이라 하지 않을 수 없다. 유교정치사상 아래서, 있는 기록을 의도적으로 빼는 경우는 있어도 기록을 조작하는 경우는 극히 드물다. 정치적 갈등이 심한 상태에서 연대기를 편찬하게 되면 평소에 관측된 이상현상의 반영에 가감이 생길 수 있지만 기록의 조작은 있기 어려운 것이다. 그러므로 현전하는 기록들에 대한 지나친 의심은 모든 전래 기록들의 가치를 위협하는 결과를 가져올 수 있으므로 삼가야 할 것이다.

유교문화권의 천변재이에 대한 기록 가운데서도 조선왕조의 실록은 비공개 원칙이 끝까지 지켜졌기 때문에 기록의 신빙도가 대단히 높다. 중국에서도 거의 같은 정치사상 아래 같은 기록제도가 있었지만 明代 이래로는 실록 起居注 등의 공개 원칙으로 인해 이상현상의 찬입 기피가 심하게 작용해 실제 반영도가 크게 낮아져 있다.[19] 중국의 연대기 자료는 소빙기 현상의 중간 시점에서 왕조가 명에서 청으로 바뀌는 대혼란이 있어 기록의 충실도가 더 떨어진다. 이에 반해 조선왕조는 소빙기 전체를 왕조의 존속기간 속에 포함시키고 있어 기록의 일관성이 지속되어 자료로서의 가치가 더 높다. 소빙기 현상 연구에서 《조선왕조실록》은 세계사적으로 거의 유례를 찾아 볼 수 없는 호조건의 문헌 자료라고 할 수 있다. 《조선왕조실록》의 관련 기록들에 대한 필자의 조사 작업은 태조에서 철종까지의 실록들만을 대상으로 하였다. 1920년대에 편찬된 《高宗實錄》·《純宗實錄》은 편찬과정과 체제면에서 다른 점이 많기 때문에 제외하였다. 이 조사의 결과로, 각 현상별 기록의 건수는 다음 〈표 1〉과 같이 집계되었다.[20]

---

19) 李泰鎭, 〈소빙기(약 1500~1750년) 현상의 천체현상적 원인-《朝鮮王朝實錄》의 관련자료 분석-〉(《國史館論叢》 76, 國史編纂委員會, 1996), 92~93쪽.
고병익, 〈東아시아 諸國에서의 實錄의 編纂〉(《學術院論文集》 인문·사회과학편 제34집, 1995).

20) 자료 조사 결과는 처음에 《國史館論叢》 제76집에 〈소빙기(약 1500~1750년) 현상의 천체현상적 원인-《조선왕조실록》의 관련 자료 분석-〉이란 논문으로 발표되었다. 그러나 발췌 자료는 워낙 방대하여 재확인 작업을 한 결과 현상별, 시기별로 약간의 차이가 나타났다. 그러나 논지를 바꿔야 할 정도의 오차는 아니었다. 여기서는 재확인된 수치를 사용한다.

〈표 1〉　《조선왕조실록》 천변재이 관련 기록들의 현상별 분포

이상현상 종류	기록 건수	이상현상 종류	기록 건수
유성	3,431	大雨	187
有色天氣	1,052	대풍우	633
天中소리	10	대풍	232
혜성	1,214(65)*	대설	36
客星	265(9)*	有色눈비	90
日變	96	티끌	29
月變	20	어둠	54
햇무리	4,487	안개	651
달무리	2,370	지진	1,500
금성낮출현	2,006	해일	112
뇌전	2,370	水色變	33
우박	2,006	이상 고온	64
서리	605	이상 저온	87
때아닌 눈	377	총합계	25,670

* 혜성기록건수의 ( )는 출현 혜성수, 객성기록건수의 ( )는 출현 객성수.

위 〈표 1〉에 집계된 수의 기록들은 먼저 시기적인 분포를 파악해야 기후사의 자료가 될 수 있다. 그래서 편의적으로 50년을 단위로 나누어 각 단위 시기의 현상별 기록 건수를 배열해 본 결과 〈표 2〉와 같이 되었다(단, 첫 번째와 마지막의 단위 시기는 각기 앞뒤의 자투리 해수를 합쳤다).

〈표 2〉　천변재이의 시기별 총 건수 일람표

시 기 순	해 당 연 도	총 건 수
제 1 기	1392~1450	2,117
제 2 기	1451~1500	1,420
제 3 기	1501~1550	6,109
제 4 기	1551~1600	4,785
제 5 기	1601~1650	3,300
제 6 기	1651~1700	3,563
제 7 기	1701~1750	2,716
제 8 기	1751~1800	936
제 9 기	1801~1863	724

앞 〈표 2〉에 정리된 것에 의하면, 25,670건의 기록들은 제3기에서 제7기 사이에 몰려 있다. 제3기에서 제7기까지 다섯 시기의 기록빈도는 각기 2,700건 이상 6,100건에 달한 반면, 제1기는 2,117여 건, 제2기·제8기·제9기는 1,500건 이하로 크게 떨어진다. 제4기의 경우 1592년의 豊臣秀吉軍의 침입으로 약 25년간의 자료가 소실된 결함을 가지고 있지만 그래도 건수는 4,700건을 넘어선다. 제3기에서 제7기까지의 기록건수는 모두 20,473건으로 전체의 79%를 차지한다. 위 건수를 현상별로 다시 풀어보면 〈표 3〉과 같다.

〈표 3〉 《조선왕조실록》 천변재이 관련 기록들의 시기별 분포상황

(50년 단위)

재 해	제1기	제2기	제3기	제4기	제5기	제6기	제7기	제8기	제9기	합계
유성	103	69	422	387	766	740	695	239	10	3,341
有色天氣	48	9	333	325	211	61	61	3	1	1,052
天中소리	0	0	4	4	2	0	0	0	0	10
혜성	21	198	221	102	37	102	84	75	374	1,214
客星	0	0	0	127	102	0	14	22	0	265
日變	6	0	16	27	23	9	13	2	0	96
月變	0	0	1	10	6	1	0	2	0	20
햇무리	424	352	1,662	1,378	266	121	239	44	1	4,487
달무리	27	16	145	557	78	116	176	27	0	1,142
금성	252	339	1,186	397	829	1,141	388	116	239	4,887
뇌전	264	108	547	456	209	250	282	211	43	2,370
우박	177	68	578	260	223	295	262	108	35	2,006
서리	107	11	145	38	84	121	81	17	1	605
때아닌 눈	37	3	70	32	35	117	65	18	0	377
대우	63	1	38	13	5	22	21	17	7	187
대풍우	149	112	59	34	134	89	47	7	2	633
대풍	46	4	61	28	30	42	16	3	2	232
대설	2	7	7	0	2	14	4	0	0	36
有色 눈비	14	8	29	18	8	11	1	1	0	90
티끌	0	0	1	2	7	19	0	0	0	29
어둠	0	0	1	0	14	24	13	2	0	54
안개	144	20	45	280	91	22	48	1	0	651
지진	183	78	482	287	110	185	157	13	5	1,500
해일	4	1	7	5	14	33	38	7	3	112
水色變	14	0	1	0	1	12	5	0	0	33
이상 저온	8	1	28	3	11	9	4	0	0	64
이상 고온	24	15	20	15	2	7	2	1	1	87
합 계	2,117	1,420	6,109	4,785	3,300	3,563	2,716	936	724	25,670

* 모든 수치는 발생 또는 관측 기록의 빈도

** 한재·수재·충재·기근·전염병 등은 제외

위와 같이 수집 정리된 결과를 통해 소빙기의 존재를 확인하는 가장 직접적인 방법은 기온 강하와 직접 관련되는 현상들의 상황을 파악해 보는 것이다. 〈표 3〉 중의 여러 현상 중 기온 강하와 직접 관련이 있는 것으로는 우박·서리·때아닌 눈 등이다. 이것들의 발생에 관한 기록의 빈도를 검토해 보면 아래 〈표 4〉와 같다.

〈표 4〉 기온강하와 관련되는 현상들의 기록 빈도 시기별 비교표

기 별	우박	서리	때아닌 눈	합계
제 1 기	177	107	37	321
제 2 기	68	11	3	82
제 3 기	578	145	70	793
제 4 기	260	38	32	330
제 5 기	223	84	35	342
제 6 기	295	121	117	533
제 7 기	262	81	65	408
제 8 기	108	17	18	143
제 8 기	35	1	0	36
합 계	2,006	605	377	2,988

위 〈표 4〉에 의하면, 제3~7기의 다섯 시기의 기록 건수 합계는 2,406건으로 전체 2,988건의 80%를 차지한다. 각 시기별로 모두 330건 이상으로 나머지 네 시기에 비해 훨씬 높은 빈도를 보인다. 나머지 중 제1기가 321건으로 높게 나타나나 전자에 미치지 못한다. 단 제1기의 비교적 높은 빈도는 앞에서 언급한 '14세기 위기'의 끝에 해당하는 것으로 앞으로 별도의 연구가 필요할 것 같다. 제3~7기의 높은 빈도는 이 기간 즉, 1500년 전후부터 1750년 전후까지 전반적으로 기온이 내려갔던 사실을 증명하기에 충분한 자료이다.

소빙기의 실재와 존속기간은 위 〈표 4〉의 검증으로 충분히 이루어졌다고 할 수 있다. 그러면 그러한 기온강하의 원인은 무엇일까. 앞에서 이미 언급하였듯이 지금까지 소빙기 현상의 원인에 대한 학설로는 미국의 존 에디가 제시한 태양흑점 활동 쇠퇴 내지 중지의 설이 유일한 것이다. 태양흑점 활동이 최소화되어 태양의 발열·발광이 감소함으로써 지구의 기온이 떨어졌다는

것이다. 그는 19세기 전반기에 영국의 그리니치 천문대 태양과의 책임자였던 마운더(E. W. Maunder)가 수집한 1645~1715년간의 흑점에 관한 유럽의 古기록들을 활용하여 이런 학설을 제시했던 것이다. 그러나 《조선왕조실록》은 이 기간에 특별히 흑점활동의 쇠퇴와 관련한 현상들을 보고하고 있지 않다. 《조선왕조실록》의 관련 기록들에 대한 필자의 분석 결과는 대체로 다음과 같다.

먼저 이상현상의 근본 원인은 유성 특히 火球型 유성의 다수 출현과 낙하로 파악되었다. 천문학자들에 의하면, 태양계가 속한 은하계는 2억 년이란 긴 시간 속에서 우에서 좌로 도는 이른바 은하회전을 하며, 태양계는 그 은하회전을 따라가는 한편으로 약 6,500만 년의 시간이 걸리는 자체 상하운동을 한다고 한다. 따라서 태양계는 상하운동시 수평으로 지나가는 다른 운석 또는 소혹성의 밀집군을 만날 수 있으며, 그 때 운석이나 그보다 큰 소혹성이 지구의 대기권으로 돌입할 수 있다고 한다. 그리고 화성과 목성 사이에 운석 · 소행성(asteroid)들이 떠도는 帶(belt)가 있어서, 그것들이 태양을 중심으로 타원형으로 돌다가 지구대기권으로 돌입한다고 한다. 현대 천문학으로서도 관측이 가능한 것은 후자뿐이라고 한다. 어느 쪽이든 지구에 운석형 유성이나 소행성이 다량으로 돌입할 가능성은 얼마든지 있다. 달 표면에 무수하게 남겨진 크레타 흔적은 그 중요한 증거의 하나로 꼽힌다. 그 흔적은 곧 운석 · 소혹성에 맞은 자국으로서, 달은 지구와는 달리 대기권이 없기 때문에 돌입한 운석 또는 소혹성은 그대로 달 표면에 부딪혀 대부분 크레타를 만들어 놓는다고 한다. 대기권이 있는 지구의 경우, 운석 · 소혹성들은 일단 대기권에서 타서 없어지거나 크기가 작아진 상태로 땅에 떨어져 웬만한 크기로는 크레타의 흔적을 남기지 않는다는 것이다. 그러나 대기권에 타서 남겨진 먼지의 양이 많아지면 태양의 발광 · 발열에 영향을 줄 수 있다.

이 방면의 학설로서 가장 유명한 것은 미국의 루이 알바레즈(L. Alvarez)팀의 소혹성 지구 충돌에 따른 공룡 소멸설[21]이다. 이 팀의 연구는 이태리 · 덴

21) Alvarez L. · Alvarez W. · Asaro F. · Michel H., June 1980, "Extraterrestrial Cause for the Cretaceous-Tertiary Extinction ; Experimental Results and Theoretical Interpretation", *Science* Vol. 208, No. 4448, American Association for the Advancement of Science, 1095－1108.

마크와 뉴질랜드 해안의 백악기와 제3기 지층 사이의 암석에 이리디움이란 광물질이 상하 부위에 비해 백배나 두텁게 쌓여있는 것을 발견하면서부터 시작되었다. 이 물질은 지구 표면에는 거의 찾아 볼 수 없고 외계의 운석·소행성에 다량 함유되어 있는 것인데, 그런 물질이 이렇게 두텁게 쌓여있는 것은 외계로부터의 충격에 의한 것이 아니고서는 거의 상정하기 어려운 상황이었다. 이 팀은 정밀한 과학적 분석 끝에 일시에 그만한 크기의 이리디움이 쌓이려면 지름 10㎞의 소혹성이 떨어질 때 가능하다는 것을 산출해 냈고, 또 이만한 크기의 소행성이 충돌하면 지름 150~180㎞의 크레타가 형성된다는 것도 함께 계산해냈다. 놀랍게도 과학자들은 인공위성 사진에 힘입어 1990년에 실세로 남미 유카단반도에서 지름 180㎞ 크기의 크레디를 새로 발견했다.

알바레즈팀이 거대 운석의 지구 충돌시에 일어난 자연이상현상으로 밝혀낸 내용은 다음과 같다. 먼저 이만한 크기의 운석이 충돌하면 엄청난 양의 먼저가 하늘로 치솟아 태양을 완전히 가리게 되고, 그렇게 되면 급냉현상으로 우박과 눈이 쏟아진다고 하였다. 운석이 바다에 떨어질 때는 더워진 바닷물에서 솟은 수증기가 하늘을 가려 일시적으로는 온실현상이 생기나 태양열의 차단으로 곧 급냉현상이 나타난다고 하였다. 바닷속에 떨어진 운석은 많은 어패류를 절멸시키며, 하늘을 가린 먼지는 태양을 가려 초목의 광합성 작용을 중단시켰고 이에 따라 25㎏ 이상 크기의 초식동물은 수년 안에 모두 절멸할 수밖에 없었다고 풀이하였다. 이리디움이 두텁게 쌓인 암석의 지층이 바로 공룡이 소멸한 것으로 알려지는 백악기와 그 다음의 제3기층 사이이기 때문에 이 풀이는 그 후 공룡소멸 원인의 가장 유력한 설이 되었다.

알바레즈팀의 거대 운석 지구 충돌설은 《조선왕조실록》의 소빙기 관련 자료들을 풀이하는 데 가장 큰 도움을 주는 설명체계이다. 《조선왕조실록》의 기록은 태양 흑점의 이상에 대한 관찰보다 유성의 출현과 낙하에 관한 기록을 수 없이 많이 보여주고 있다. 유성에 관한 기록건수는 총 3,341건이며 이중 제3기에서 제7기 사이의 것이 3,010건으로 전체의 88%가 소빙기에 집중되어 있다. 당시의 유성 관측 기술은 오늘날처럼 망원경을 사용하는 것이 아니므로 작은 유성까지 모두 대상으로 하는 것은 아니었다. 육안으로 관측된 것 가운데도 작은 크기의 보통 유성은 기록의 대상으로 하지 않았다. 실록에 오른 것은 대부분 사발 모양, 병 모양, 큰 물동이 모양, 배 모양, 주먹 모양 등과 같이 육안 관측이 가능한 것으로 그 중에도 특별히 커 보이는 것들을 대상으로 했다. 색깔과 꼬리 길이를 가급적 밝힌 것도 크기를 의식한 것이라 할 수 있다. 소빙기 기간 중의 관측 대상 유성들 가운데는 출현시 특이한 현상을 수반한 것들이 많다. 예컨대 화살을 쏘는 火藥兵器인 神機箭 소리를 내면서 날아갔다던가, 출현시 하늘 가운데와 사방에 번개불이 크게 일어나고 우뢰가 치면서 비와 우박이 섞여 내렸다던가, 미약한 우뢰소리를 내면서 赤光이 땅을 한참 동안 비추었다던가, 실내를 환히 비추고 잠시 하늘이 흔들리고 은은한 소리가 났다던가, 색깔이 불같고 소리는 천둥 같았다고 하는 것들이 많았다. 이런 유성들이 보통 유성이 아니라 운석형(화구형) 유성이란 것은 재언을 요하지 않는다. 유성은 하나만 출현하는 경우도 있지만 너댓 개, 10여 개, 수십 개씩 나타나는 경우도 있었다. 흐르는 작은 유성은 이루 말할 수 없이 많다고 한 때도 있고, 유성·飛星이 비오듯이 내렸다던가, 하나가 둘로 갈라져 서로 다른 방향으로 횃불 모양으로 날아갔다던가, 10여 개가 나와 사방으로 흩어지면서 땅을 비추고 사라진 다음 다시 30여 개가 나타났다고 한 것도 있다.

유성 출현과 관련되는 하늘의 이상현상은 열거하기 어려울 정도로 많다. 구름 한 점 없는 하늘에 포를 쏘는 듯한 큰 소리가 나더니 꼴(蒭;짚단) 같이 생긴 불덩어리가 큰 소리를 내며 하늘을 지나가고, 지나간 곳은 하늘 문이 활짝 열려 폭포와 같은 형상이었다던가, 하늘가가 붉은 색이 낀 가운데 火氣가 있어 공중에서 떨어지는 형태가 기둥 같았는데 줄지어 선 것이 4개, 길이는 數丈으로 밝기가 낮과 같았다던가, 밤하늘이 이상하게 검어지더니 곧 낮처럼 불빛이 비추고 하늘이 갈라지면서 위는 뾰족하고 아래는 넓고 크기가 항아리만한 물체가 동쪽에서 서쪽으로 흐르면서 대포 같은 소리를 세 번 내고 북을 두드리는 소리가 계속 났으며 별이 떨어지는 것 같았다고 하는 것과 같이 두려운 광경이 수없이 벌어지고 있었다.

유성이 장기간에 걸쳐 다량으로 떨어진 사실은 알바레즈팀 학설에 따라 소빙기 현상의 근본 원인을 구명할 수 있는 근거가 된다. 은하회전과 은하계 속의 태양계의 상하운동이나, 화성~목성간의 소혹성벨트의 한 운석군의 지구중력권과의 만남으로 1500년경부터 지구대기권에 돌입한 운석들이 약 250년간 쏟아졌다는 풀이가 가능하다. 이 때의 운석군은 알바레즈팀이 분석한 6,500만 년 전 백악기 말기의 것에 비해 운석들의 크기는 훨씬 작았지만, 운석 밀집군의 크기는 모두 낙하하는 데 약 250년이 걸릴 정도로 컸고, 따라서 그것이 지구의 기후에 끼친 영향도 결코 가볍게 볼 수 없다. 소행성에 비해 크기가 작은 운석이라도 지구의 대기권에 돌입할 때 타거나, 지상 가까이서 폭발하면서 발생하는 우주먼지(Cosmic dust)가 대기중에 장기간 쌓이면, 그것이 태양의 발열·발광에 미치는 영향은 결코 가벼울 수 없다. 소빙기 현상은 결국 운석들이 대기권에 돌입할 때 마찰 또는 폭발하면서 발생한 먼지가 태양열과 빛을 가림으로써 생긴 현상이었던 것이다.

《조선왕조실록》의 관련 기록 가운데는 실제로 태양이 먼지에 가려 생긴 이상현상을 전하는 것도 많다. 日變과 (유사)안개 현상에 관한 것이 바로 그것이다. 黃氣가 사방을 막았다던가, 아침부터 巳時(9~11시)까지 흐린 기운(濁氣)이 안개처럼 덮여 햇빛이 엷었다던가, 黃雲이 해를 가려 마치 일식이 있을 때와 같이 어두워졌고 북방에서 뇌성이 크게 일어났다던가 하는 기록들이 모두 운석 먼지와 관련되는 것이다. 태양에 관해서는 태양에 빛이 없다던가, 빛이 약해진 상태에서 색깔이 붉은색·보라색이 되어 제 모습이 아니라던가, 먼지에 둘러 쌓이거나 가려 굴절현상이 생김으로써 해가 둘로 보인다던가, 흔들리는 것 같다고 한 것까지 있다. 누렇거나 붉은 색깔의 눈이 왔다던가, 松花가루 같은 누런 가루가 내렸다던가, 누런 안개가 끼어 어두컴컴해지고 우박과 흙비가 내렸다던가, 저녁 무렵에 해에 빛이 없고 흰기운이 해를 가려 열렸다 닫혔다 하면서 해바퀴(日輪)가 움직이는 것 같다던가, 하늘에서 재가 내리거나, 흙비가 오거나, 풀씨비가 내렸다는 것도 모두 분진현상에 따른 것이다. 풀씨비는 별들이 떨어지면서 내린 것이라고 분명히 밝혀져 있기도 하다. 붉은 색깔 또는 황적색의 눈이 내렸다고 한 것은 분진이 눈에 묻어 내린 것이며, 사방이 캄캄하고 누런 빛이 땅을 비추는 가운데 내린 눈에 티끌이 섞여 있었다는 기록도 있다.

1661년 음력 3월 12일에서 4월 24일까지 서울 일대가 분진현상으로 어둠이 계속되면서 해와 달의 색깔이 자주 변하고 서리가 간간이 내리기까지 한

다음과 같은 기상상태는 규모가 적으나마 알바레즈팀의 학설을 그대로 연상시킨다.

1661년

3월 12일 사방이 3일 동안 먼지가 떨어지는 것처럼 희뿌옇게 어두웠다.
3월 13일 종일 어두웠다. 해가 뜰 때 자색이었고 밤에는 달이 적색이었다.
3월 14일 서리가 내렸다.
3월 18일 서리가 내리고 사방이 어두운 것이 7일째이다.
4월 1일 가뭄이 심하다.
4월 8일 새벽에 서리가 내렸다. 해가 뜰 때 색깔이 매우 붉었다.
4월 9일 아침 6시에서 저녁 6시까지 마치 먼지가 떨어져 내리는 것처럼 사방이 희뿌옇게 어두웠다.
4월 11일 낮 12시에서 저녁 6시까지 마치 먼지가 떨어져 내리는 것처럼 사방이 희뿌옇게 어두웠다.
4월 12일 아침부터 저녁까지 사방이 마치 먼지가 떨어져 내리는 것처럼 희뿌옇게 어두웠다. 저녁때 해의 색깔이 보라빛이었다. 밤에 달의 색깔이 붉고 빛이 없었다.
4월 13일 종일토록 사방이 희뿌옇게 흐렸다.
4월 18일 새벽에 서리가 내렸다. 아침부터 저녁까지 사방이 희뿌옇게 흐렸다.
4월 19일 아침부터 저녁까지 사방이 희뿌옇게 흐렸다.
4월 21일 아침부터 저녁까지 사방이 희뿌옇게 흐렸다.
4월 22일 아침부터 종일토록 사방이 희뿌옇게 흐렸다.
4월 23일 아침부터 종일토록 사방이 희뿌옇게 흐렸다.
4월 24일 아침부터 종일토록 사방이 희뿌옇게 흐렸다.

실록 기록의 조사에 의하면, 하늘에 나타난 이상현상으로는 해와 달의 무리 현상, 금성(태백성)의 잦은 대낮 출현 등의 빈도가 가장 높다. 무리 현상은 어느 시기에나 나타날 수 있는 것이지만, 이 시기에는 장기적으로 빈도가 높을 뿐더러 모양새도 상상을 초월하는 것이 많았다. 무리현상에 대한 관측은 단순히 햇무리가 졌다고 한 것에서부터 해에 고리모양으로 둥근테가 두 개 생겼다던가, 해의 위쪽에 흰무지개가 둘러진 상태에서 그 아래(해 바로 위) 冠(모자 ; 태양의 윗 부분을 감싼 모양), 戴(윗 부분에 직선으로 뻗친 것), 背(윗 부분에 나타난 초승달 모양) 등의 형상이 생기고 해 아래로는 履 모양이 생겼다고 한 것까지 있다. 두 개의 무리가 겹친 가운데 이런 현상이 생기는 경우도 흔하다. 그리고 그 안팎이 붉은 색, 푸른 색을 띠고 있다고 묘사된 것도 많다. 비가 오기 전에 공중에 습기가 많을 때 발생한다. 그러나 이 때의 무리는 해나 달의 둘레에 둥근테가 생기는 정도로 위와 같은 여러 가지 형상이 생기는 것과는 다르다. 겹겹의 무리에 여러 가지 현상이 현출된 것은 대기권에 두텁게 쌓인 우주먼지와 관련이 있을 것이다.

다음으로 빈도가 높은 금성(태백성)의 대낮 출현의 경우, 당시의 천문가들은 태양의 빛이 약해진 것을 원인으로 지적하였다. 금성은 음성으로서 이것이 낮에 나타나는 것은 모든 陽(重陽)의 으뜸인 태양의 빛이 약해졌기 때문이라고 하였다[22]. 이 해석이 틀리지 않는다면 16세기 이래 이 현상이 엄청난 빈도로 자주 일어난 것은 태양이 운석 먼지에 가려 발광·발열이 약화됨으로써 일어난 것이라고 해석할 수 있다.

250년간 1,744건, 연평균 7건으로 집계되는 천둥 번개(뇌전) 현상도 결코 심상한 것이라고 할 수 없다. 한 해에 7회 정도의 천둥 번개는 있을 수 있지만, 250년간 그 비율이 계속되었다는 것은 결코 정상적인 것이라고 할 수 없다. 이 시기 천둥과 번개는 여름뿐만 아니라 겨울철에도 계속되고 있었기 때문에 많은 사람들에게 두려움과 당혹감을 주었다.

지진은 우연찮게도 뇌전과 비슷한 발생 빈도를 보이고 있다. 총 1,500건의 지진발생기록은 81%에 해당하는 1,221건이 제3기에서 제7기 사이에 집중되어 있다. 운석형 유성이 가장 가까이에서 폭발할 때는 높은 열과 압력을 지층에 가하게 되어 지진파를 유발하게 된다고 한다. 이 시기에 장기적으로 지진 발생도가 높아지는 것은 분명히 운석 낙하와 밀접한 관련이 있을 것이다.[23]

대기권에서 일어나는 기상의 이변 중 가장 빈도가 높은 것은 우박·수재·서리 등의 순서이다. 우박·서리 등에 대해서는 앞에서 이미 언급하였지만, 이 현상은 때아닌 눈과 함께 소빙기의 대표적인 기상현상으로 주목할 필요가 있다. 우박은 발생 빈도가 높을 뿐만 아니라 크기가 큰 것들이 많아 농작물에 주는 피해가 대단히 컸다. 그리고 서리와 눈은 대개 겨울철이 아니라

22) 《燕山君日記》 권 27, 연산군 3년 9월.
23) 이태진, 〈小氷期(1500~1750) 천변재이 연구와 《朝鮮王朝實錄》－global history의 한 章〉(《歷史學報》 149, 1996), 221쪽.

음력 2월에서 9월 사이에 내린 것으로 심지어 5~8월에 눈이 내리는 경우도 적지 않았다. 서리는 霜隕이라고 하여 덩어리로 떨어지는 경우도 많았다. 이러한 기온강하 현상의 원인이 운석형 유성의 낙하란 것은 앞에서 누차 강조한 것이지만, 《조선왕조실록》의 자료 조사 결과 기온강하에 직접 관련되는 이 현상들의 약 250년간의 기록 건수가 총 2,406건(우박 1,618, 서리 469, 때아닌 눈 319)으로 같은 기간의 유성 출현 기록의 빈도 3,010건에 근접되어 있는 것은 우연의 일치라고 보아 넘기기 어렵다.

소빙기 기온강하의 실제 모습에 대한 이해를 돕기 위해서는 세 가지 현상의 예를 좀더 들어둘 필요가 있다. 다음의 예시들은 한냉화 현상의 심각 정도를 사실적으로 전해주는 예들이다.

① 선조 39년(1606) 9월 23일에 평안도에서 도내 여러 고을의 상황을 일괄적으로 올려보낸 8월 19일부터 23일간의 기상상태 ; 8월 19일 오후 2시에 회천군 북리 읍내에서 동쪽으로 10리쯤 되는 곳에서 검은 구름이 홀연히 일어나면서 천둥소리가 났다. 동시에 얼음과 우박이 섞여 일시에 쏟아졌다. 우박은 큰 것이 거위알만하고 중간 것은 오리알, 작은 것은 계란만했다.

② 인조 9년(1631) 10월 16일 서울 ; 천둥과 번개치면서 우박이 내렸다.(하늘)서남쪽에서 바람과 물이 서로 부딪치는 듯한 소리가 나서 동쪽으로 옮겨갔다.

③ 인조 25년 9월 25일 평안도 의주 ; 번개와 천둥치면서 우박이 내렸다. 우박이 큰 것은 사람 머리만하고 작은 것은 거위알만하여 산야의 짐승과 새가 많이 맞아죽고 미처 수확하지 못한 백곡이 모두 사라졌다.

④ 현종 즉위년(1659) 6월 2일의 평안감사의 일괄 보고 ; 4월 19일 오후 4시에 삭주부에 북쪽 오랑케 땅으로부터 광풍이 불어닥치고 꿩알만큼 큰 우박이 쏟아졌으며 그것이 쌓여 얼음이 1척(30여 ㎝) 이상으로 얼어붙어 모든 곡식이 다 손실되고 전답이 텅비었다.

위 예시들에서 주목되는 것은 이상현상의 대부분이 겨울이 아닌 시기인 4·8·9월 등에 일어난 사실이다. 다음과 같이 여름철인 7·8월에 눈이 오고 얼음이 어는 경우도 한 두 번이 아니었다.

⑤ 인조 18년(1640) 8월 18일 ; 충청도 전의 등 7개 읍에 눈이 내렸다. 직산은 냇

물이 모두 얼었다. 8월에 얼음이 얼고 눈이 내린 것은 전에 없던 일이다.

⑥ 숙종 12년(1686)

8월 8일 ; 지난 7월 인제현에 서리가 내리고 큰 바람이 불면서 비와 우박이 내렸다. 철원부에 비와 계란만한 우박이 내렸다.

8월 16일 ; 충청도에 찬바람과 찬비가 연일 내렸다.

8월 19일 ; 경상도에 큰 비·광풍·우박·눈 등이 내렸다.

8월 25일 ; 진주에 눈이 내리고 영해에 해일이 일었다.

大風은 위의 예시에서도 확인되듯이 비나 눈·우박 등과 함께 일어나는 경우가 많았다. 특히 우박을 동반하는 경우가 많아 계절적인 태풍과는 다른 느낌을 강하게 준다. 이 경우는 운석이 떨어지면 그 먼지로 하늘의 태양이 가려 한냉화 현상이 생기면서 대풍과 우박이 동반된다는 알바레즈팀의 설명이 훨씬 더 적합성을 가진다. 계절적인 태풍보다 훨씬 더 많은 수치로 발생하고 있는 대풍은 이런 특수한 조건의 것으로 밖에 달리 설명할 길이 없다.

겨울철인데도 일시적으로 봄날같이 따뜻해져 꽃이 피고 얼음이 얼지 않는 난동 무빙현상은 빈도가 높지는 않으나 괴이한 일로 여겨 기록에 많이 올라 있다. 이 경우는 대부분 특정한 지역에서 국부적으로 발생한 현상으로, 이는 운석이 바다에 떨어질 때 바닷물이 증발함으로써 온실현상이 생긴다는 해석으로 이해할 문제이다. 발생 지역들은 실제로 바다에 가까운 경우가 많았다.

3) 자연재해와 전란의 피해

(1) 자연재해의 피해

조선왕조 500년의 기간 중 소빙기 현상이 일어난 1480년 무렵부터 1750년 무렵까지의 기간에는 자연재해의 피해가 장기적으로 계속되었다. 뿐만 아니라 이 기간에는 큰 규모의 외침으로 임진왜란(1592)·정유재란(1597)·정묘호란(1627)·병자호란(1636) 등이 있었다. 자연재해는 기근과 전염병을, 전란은 전쟁 희생자를 초래하여 사회적으로 큰 타격을 입히기 마련이다. 종래 이 시대의 자연재해와 전란에 대한 이해는 양자를 서로 별개로 생각하는 경향이 강했다. 이 시대 연구자들은 연대기의 자료를 따라가면서 이 시대에 자연재해가 심했다는 것을 인지하고 이와 관련하여 구황정책으로 진휼·환곡·納粟 등의 문제를 다룬 연구자들이 적지 않다. 그러나 이 시대의 자연재해를 소빙기 현상의 결과로 묶어서 파악한 연구자는 없었다. 오히려 자료상 250년이 넘는 긴 기간에 재해가 연속적으로 나타나기 때문에 자연재해는 언제나 발생하는 것으로 간주하여 특별한 의미를 부여하지 않는 경향이 없지 않았다. 이 시기 자연재해 문제가 이런 식으로 이해됨에 따라 전란의 피해에 더 큰 비중을 두는 경향도 있었다. 17세기에 많은 인명의 손실을 수반하는 기근과 전염병도 순수한 자연재해의 결과라기 보다 전란으로 경제적 여건이 더욱 악화됨에 따라 나타난 가승적 결과로 여기는 경향이 없지 않았다. 그러나 장기적 재난으로서 소빙기현상의 실체와 규모가 드러난 상태에서는 전란 자체도 소빙기 현상 속에 있는 것으로 판단된다. 왜이든, 여진족이든 기상의 이상이 물자의 부족을 초래해 침략 전쟁을 일으켰을 가능성은 얼마든지 상정할 수 있다.

자연재해의 원인이 무엇이든 인간생활에 최종적으로 미쳐오는 것은 한재·수재·충재·기근·전염병 등이다. 소빙기 현상의 전모를 전하는 《조선왕조실록》은 이에 관한 기록들도 수없이 많이 전하고 있다. 그러나 이 기록들은 앞의 천문현상들과는 달리 祭儀的, 사상적 인식이 시대마다 다른 가운데 대응의 빈도도 이에 좌우되어 이를 적은 기록의 빈도가 반드시 재이의 강약을 대변하기 어렵다. 예컨대 한재의 경우, 초기에는 유교적 대응방식에 충실하여 한차례의 가뭄에 대해서도 祈雨祭·감선·正殿 피하기·寬刑 등의 여러 조치를 잦게 실행하여 관련 기록이 수다하게 많다. 반면에 16~17세기에는 祈雨祭 보다는 君臣 모두의 恐懼脩省이 강조되어 이에 관한 논의를 곧 한재에 관한 기록인 것으로 단정하기 어려운 때가 많다. 그리고, 같은 1회의 한재라도 16~17세기의 것의 강도는 15세기 것에 비해 훨씬 크다.[24] 이런 조건에서 관련기록의 빈도에 관한 통계적 처리는 의미가 없다. 수재의 경우도 대

24) 이태진, 〈고려~조선중기 天災地變과 天觀의 변천〉(《한국사상사방법론》, 翰林科學院叢書, 小花, 1997).

개 비슷하다. 그러므로 이 기록들에 대한 분석은 특별한 처리 방법이 강구될 때까지 기다릴 수밖에 없다. 여기서는 그런 각종 재해의 최종적 귀착이라고 할 수 있는 田結數의 감소와 전염병(疫病) 발생 상황을 통해 소빙기 자연재해의 피해를 개관하는 데 그치기로 한다.

소빙기에 한재와 수재가 어느 시기보다 심했다면 田地의 결수가 감소되기 마련이다. 먼저 조선시대 전결수에 관한 기록들을 통해 16-18세기 전기간의 전결수의 감소 상황을 보기로 한다.

〈표 5〉 조선시대 전국 전결수의 변천

시　　기	전 결 수	전　　거
태　종　4(1404)	931,835결	《증보문헌비고》 권 141, 田賦考 1
세　종 32(1450)	1,632,006결	《세종실록》 지리지, 각도 총론
	1,709,136결	《세종실록》 지리지, 각읍 통계
임 란 이 전	1,515,591결	《반계수록》 권 6, 田制攷說 下
	1,515,500결	《증보문헌비고》 권 141, 田賦考 1
	1,708,000결	《증보문헌비고》 권 148, 田賦考 8
선　조 34(1601)	300,000결	《선조실록》 권 140, 선조 34년 8월 무인
광해군　3(1611)	542,000결	《증보문헌비고》 권 148, 田賦考 8
인　조 13(1635)	895,491결	《인조실록》 권 31, 인조 13년 7월 임신
숙　종 45(1719)	1,395,333결	《증보문헌비고》 권 142, 田賦考 2
영　조　2(1726)	1,220,366결	위와 같음
순　조　7(1807)	1,456,592결	《만기요람》 재용편 2, 田結

* 출전 : 박종수, 〈16·7세기 田稅의 定額化 과정〉(《韓國史論》 30, 서울大, 1993).

위 〈표 5〉에 의하면, 조선 초기 세종대의 收稅 전결수는 160-170만 결 선이었다. 그리고 이것이 임진왜란 이전의 어느 시점까지 150-170만 결 수준을 유지한 것으로 해석할 수 있다. 이 수치들의 전거 가운데 《증보문헌비고》는 당대의 기록이 아니기 때문에 한계가 있지만 전혀 근거없는 것이라 할 수는 없다. 이 점을 받아들이면, 임란 전 16세기의 전결은 세종대 것에서 약간 감소한 상태이다. 그러나 자연재해의 피해가 이미 많이 누적된 명종대 이후에도 이 정도의 감소에 그쳤다고 생각되지는 않는다. 임진왜란이 끝난 뒤 선조

34년에 처음 조사된 전국의 전결수는 30만 결로 급감하였다. 소빙기 대자연재해에 대한 이해가 없다면, 이 급감은 전쟁의 피해로만 간주되기 쉽지만, 실제로는 명종대에 이르러 이미 파탄지경에 이른 소빙기 현상의 피해가 근저를 이루고 있는 것이라고 보아야 옳을 것이다. 이후 광해군, 인조대를 거쳐서도 전결수가 쉽게 회복되지 않은 것도 계속된 소빙기현상 때문이었다. 숙종 45년에 이르러 비로소 세종대 것에 가까운 근 140만 결에 이르렀지만, 여전히 계속되는 재해로 영조 2년 조사에서는 다시 120만 결대로 감소하였다. 140만 결대는 소빙기현상이 끝난 영조대 후반, 정조대에 안정적으로 유지될 수 있었다.[25)]

이 시기에 국가는 농경지 복구, 생산인구의 확보 등에 진력하는 한편, 기아에 허덕이는 백성들의 부담을 조금이라도 덜어주기 위해 전세의 정액화(永定法), 공물의 田結稅化(대동법), 군역변통, 의무 노역제의 폐지와 雇役制 채택 등 부역체계에 일대 변화 조치를 취하였다. 이런 제도 개혁이 소빙기 기간중에 제기되어 시행된 점은 이것들이 소빙기 대재난의 극복 차원에서 이루어졌다는 것을 의미한다. 농업기술면에서도 소빙기 현상에 대한 대응의 측면이 확인된다. 申洬의 《農家集成》은 주지하듯이 이 기간에 편찬된 대표적 농서이다. 이 책은 세종대의 《농사직설》과 함께 편찬 당대의 새로운 농작법들을 소개하였는데, 그 신작법들이 대부분 한냉화에 대비한 旱種에 관한 것들이다. 벼농사의 경우, 이앙법을 권장하되 조종의 볍씨를 파종하는 방법을 소개하였고 또 내한성이 높은 山稻 품종도 권장하였다. 겨울철을 나는 작물인 大小麥에 대해서는 《농사직설》에 廣畝에 파종하던 방식 대신, 小畝를 密作하는 것으로 바꾸었는데, 이것은 추위와 바람에 이기는 효과를 높이기 위한 것이었다.[26)]

농산물이 감소하여 기근이 들면 사람들의 신체의 면역력이 떨어져 전염병이 돌기 마련이다. 여기에 전쟁까지 겹친다면 상황은 더욱 어려워 질 수밖에

---

25) 총 전결수가 영조대 후반, 정조대에도 세종대의 160~170만대에 미치지 못한 것은 생산력과의 비교 속에 별도로 검토되어야 할 문제이다.

26) 김 호, 〈16세기말 17세기초 '疫病' 발생의 추이와 대책〉(《韓國學報》 71, 一志社, 1993), 143~145쪽.

없다. 아래 〈표 6〉은 《조선왕조실록》 중 전염병(역병) 발생에 관한 기록들의 빈도를 앞의 시기구분(50년 단위)에 따라 집계한 것이다.

〈표 6〉 《조선왕조실록》 중 전염병(역병)에 관한 기록 빈도 조사표

	제1기	제2기	제3기	제4기	제5기	제6기	제7기	제8기	제9기
전염병	22	7	133	15	37	100	108	35	8

위 〈표 6〉에 의하면, 소빙기에 해당하는 제3·6·7기에 역질 발생의 빈도가 높은 것으로 나타났다. 같은 소빙기 중 제4·5기의 빈도가 낮은 것은 이 시기에 한해 전염병 발생이 낮았던 것을 의미하는 것은 결코 아니다. 이것은 해당 실록의 기록상의 특별한 조건이나, 왜란·호란 등의 전시적 상황에 따른 문제일 뿐이다. 제4기의 경우, 선조 25년 이전까지의 기록이 임진왜란으로 모든 史草가 없어져 실록이 부실하게 된 결과이다. 제3기에서부터 시작된 전염병의 만연은 이 시기에서도 그치지 않았으며, 오히려 누적적인 조건으로 상황은 더욱 심각했을 것이다.

제4기인 선조 20년(1587)부터 23년 기간에 일어난 전염병의 만연은 '近古에 없었던 것'이란 표현이 나올 정도로 심각했으며, 선조 22년에는 "굶주린 백성들이 도망하거나 유리걸식하였고, 또 죽음의 구렁에 수없이 빠지기도 하였으며, 끝내 그들은 도적이 되어서 횡행하는 수밖에 없었다"[27]고 보고될 정도로 심각한 지경이었다. 제4기말과 제5기는 왜란·호란 등의 전란이 계속된 시기로서, 전시 중의 기록의 부실, 戰死와 病死가 잘 구분되지 않는 점 등으로 관련 기록의 빈도가 상대적으로 떨어졌을 수 있다. 임란 중인 선조 26년 8월에 이순신 장군이 조정에 올린 다음과 같은 보고는 실제로 병사와 전사가 겹친 것을 그대로 보여준다.

> 전라도에 여역이 크게 번지어 一陣中의 군졸이 태반 가량 전염되어 사망자가 속출하고 있으며 더욱이 군량이 부족하여 계속 굶던 차에 병에 걸리면 반드시 죽었습니다. … 신이 거느린 군사만해도 射手와 格軍을 합쳐 元數 6,200여

27) 《宣祖實錄》 권 23, 선조 22년 10월 임인.

명 가운데 작년과 금년에 전사한 사람의 수와 2~3월부터 오늘에 이르기까지 병사한 자가 600여 명이나 되는데, 무릇 이 사망자들은 모두 건강하고 활을 잘 쏘며 배를 잘 부리는 자들이었습니다(《壬辰狀草》, 萬曆 21년 8월 10일 啓本).

전쟁과 전염병 만연의 상황이 겹쳤을 때 양자를 분별한다는 것은 거의 불가능한 일이다. 기근과 전쟁으로 먹을 것이 부족해지면 사람들의 면역력이 급격히 떨어져 한 번 발생한 역병(瘟疫)은 높은 이환율을 발휘하기 마련이다. 그러므로 소빙기인 제3기에서 제7기에 이르는 기간에 질병적 상황은 지속적인 것이었다고 해도 틀리지 않는다.

임진왜란과 그후 약 20여 연간의 전염병 발생에 관한 한 분석적 연구는 소빙기 재해의 인명적 손실의 실상을 구체적으로 살피는 데 도움이 된다. 이 연구는 선조 즉위년(1567)부터 광해군말까지의 기간을 대상으로 하되, 선조 즉위년부터 32년까지(A기로 부른다)와 선조 33년부터 광해군 15년(1623)까지(B기)로 나누어 전염병(여역) 발생에 관한 실록 기록들의 계절별 분포를 조사하였다.[28] 그 결과, A기는 봄~여름철 발생율이 높고, B기는 겨울~봄철의 발생율이 높은 것으로 나타났다.[29] A기의 경우, 임진왜란이란 전쟁이 여름철에 발발하여 장티푸스나 이질과 같은 水因性 전염병이 주를 이룬 것으로 분석되었다.[30] 여름철 모기로 인한 말라리아의 감염 위험성도 높아 학질이 다양한 증세로 나타나기도 했다고 한다. 한편, B기는 감기(인플루엔자)와 이로 인한 폐염 등의 합병증, 초겨울부터 감염 증상이 나타나기 시작해 그 이듬해 봄까지 치성하다가 여름에 수그러 드는 것이 보통인 痘瘡(마마)·瘟疫(발진티프스로 추정)·唐毒疫(성홍열) 등이 많았다고 한다. 이런 전염병은 소빙기 특유의 혹심한 추위가 몰고온 질병이라고 할 수 있다. 겨울철 역병은 여름철 것에 비해 사망율이 더 높았다고 한다.

이 연구는 여름철 질병이든 겨울철 질병이든 소아의 감염율이 높았던 것

---

28) 김 호, 앞의 글.
29) A기 : 봄 30.7%, 여름 37.4%, 가을 11.4%, 겨울 18.2%. B기 : 겨울 48.5%, 봄 25.8%, 여름 17.1%, 가을 8.6%.
30) 三木榮, 《朝鮮醫學史及疾病史》(1962), 30~31쪽.
김 호, 앞의 글, 127~128쪽.

도 함께 지적하였다. 전자에서는 늦봄에서 초가을까지 계속되는 소아 전염병인 홍역이 심했고, 아이들은 학질로부터도 위협을 받았지만 치료법을 몰라 피해가 컸다고 한다. 겨울철 병인 痘瘡·瘟疫·唐毒疫 등도 소아의 이환율과 사망율이 다른 전염병에 비해 높았다. 높은 소아 사망율은 다음대의 성인수의 감소로 이어져 인구감소의 장기적 요인이 될 수 있는 것이었다.

기근과 전염병은 결국 소빙기 기간에 거의 끊이지 않았다고 해도 좋다. 그리고 그러한 상황은 국가통치력에도 큰 타격을 주어 아사자·병사자에 대한 조사 자체가 충실한 것이 될 수 없는 결과를 가져왔다. 아사자·전염병 사망자에 대한 보고는 현종 12년(1671) 한해의 것이 비교적 충실한데, 이 해 총 기민수는 680,993명, 동시 및 아사자 58,415명, 전염병 사망자 34,326명으로 집계된다. 그러나 실제로는 이보다 훨씬 많아 100만 명에 달했다고 한다.

소빙기 자연재해에 대한 대책은 진휼기구를 세워 이를 통해 이루어졌다. 전염병에 대한 대책으로는 국가적 차원에서 醫書를 편찬하여 지방 각관에 내려보내 활용하도록 하는 것을 일차적인 과제로 삼았다. 광해군 2년에 許浚에 의해 종합의서로서 《東醫寶鑑》이 편찬된 것은 이 시기의 극심한 질병적 상황을 극복하려는 의술적 노력의 최대의 성과였다. 이 의서가 이전의 의서들에 비해 되도록 싼값의 약재를 활용하는 노력을 기울인 것도 많은 사람들이 병고에 시달린 상황을 반영하는 것이었다. 그리고 출간된 후 어려운 여건에서도 지방에 상당한 수로 배포되었던 것은 질병의 피해가 그만큼 컸던 것을 의미한다.[31] 허준은 광해군 4년에 다시 왕명으로 《新撰辟瘟方》을 지었는데 이것은 겨울철 전염병인 온역 만연을 극복하기 위한 것이었다. 그리고 효종 4년(1653)에 해서지방에 온역이 만연하여 의관 安景昌이 이 책을 토대로 《辟瘟新方》을 편찬하기도 하였다. 전염병 퇴치를 위한 의서 및 그 언해본들은 이 외에도 여러 가지가 있었다.[32]

1480년경부터 시작된 소빙기 자연재해가 사회적으로나 국가적으로 큰 타격을 주었다는 것은 진휼청이 이 현상이 시작되면서 처음 설치되어 줄곧 존

31) 김 호, 앞의 글, 142~143쪽.
32) 위와 같음.

속하였다는 사실로서도 입증이 된다.

(2) 전란의 피해

소빙기현상의 자연재해가 계속된 16~17세기에 동아시아 국제사회는 결코 평온하지 않았다. 14세기 동아시아는 원·명 교체의 대변동 속에서 왜구까지 출몰하여 큰 혼란을 겪었다. 유럽사에서 이르는 '14세기 위기'가 동아시아에서도 그대로 현출되고 있었다고 할만 하다.[33] 한반도에서 왕조가 고려에서 조선으로 바뀐 것도 그러한 대변동의 한 부분이었다. 그러나 14세기의 혼란은 15세기에 들어와 안정되어 갔다. 14세기 중반 이후 그렇게 자주 출몰하던 왜구도 1399년을 고비로 크게 줄어들었다. 새 왕조에 들어와 1396·1408·1419년 등 세 차례의 침구가 있었으나 1419년의 對馬島 정토 이후 왜구 출몰은 거의 없어졌다. 북쪽 野人(여진족)들은 1410·1422(2월, 10월)·1460, 1475년 등 5차의 침구가 있었다. 이 침구들은 명나라의 요동 평정책에 밀려 일어난 것에 불과한 것으로 조선 또는 조·명연합작전의 반격으로 쉽게 진정되었다. 그러나 1490년대 이후 소빙기의 시작과 거의 비슷하게 왜구와 여진은 다시 준동하기 시작하였다. 1491년 이후 1592년 임진왜란이 일어나기 전까지 약 100년간 여진과 왜구의 침입상황은 다음 〈표 7〉과 같다.

〈표 7〉 1491~1591년간 왜·여진 침입 연표

1491. 1.	兀狄合 여진, 경흥 造山堡 침입(부사 전사), (11월 許琮 정벌)
1496. 7.	건주 여진 渭原에 침입
1497. 3.	왜 鹿島에 침입하여 만호를 죽임
1499. 3.	야인, 삼수군에 들어와 노략질 함
7.	여진, 강계 楸坡鎭에 침입
1510. 4.	삼포왜란
1512. 6.	여진, 종성 침략
1512. 7.	여진, 갑산·창성 등지에 침입
1517. 2.	평안도 方山鎭 부근에 야인 1만 명 월경 주둔

33) 그러나 현재 유럽사에서 처럼 이 시기의 동아시아사를 기후 변동과의 관련 아래 위기적 상황으로 파악하는 연구는 나오지 않았다(이태진, 앞의 글, 1997, 98~99·109~115쪽).

1522.	4.	추자도 왜변
1523.	4.	안면도 풍천에 왜구
1524.	1.	압록강 유역의 야인 축출(1517 이래 거주), 이함 등 虛空橋에서 패함
1525.	8.	전라도에 왜변
1528.	1.	만포첨사 심사손, 야인에게 살해됨
1530.	1.	여진인, 山羊에서 작변, 2월 축출
1544.	4.	고성 蛇梁에 왜변
1552.	5.	제주에 왜구 출몰
1553.	5.	제주도에 왜변
1555.	5.	영암 達梁浦에 왜변, 이윤경 대파(을묘왜변)
1556.	6.	제주 침입 왜선 5척 불태움
1583.	1.	경원부 藩胡, 부성을 함락(니탕개의 난)
	2.	申砬 등 두만강 방면 여진 정벌
1587.	2.	녹도·가리포·응양에 왜구 침입
	9.	오랑캐 경흥·녹둔도 침범
1588.	1.	북변사 李鎰, 도강하여 時錢 번호를 정벌

〈표 7〉에 정리된 것과 같이 1491년 이후 약 1세기간의 왜·야인의 침입은 이전 1세기에 비해 3배 이상으로 급증하였다. 삼포왜란·을미왜변·尼蕩介의 亂 등과 같이 침구 또는 변란의 규모도 이전에 비해 훨씬 큰 것들이 많았다. 왜나 야인 모두가 식량 확보가 침구의 중요 목표였던 것은 침구의 원인 자체가 소빙기 자연재난이었던 것을 의미한다.

왜인들이 삼포를 통해 사간 물품들은 곡물·면포·면주, 그리고 중국산 비단 또는 그 原絲(白絲) 등이었다. 그리고 그들이 가져온 것은 구리, 염색의 재료로 쓰이는 蘇木, 은 등이었다. 그들은 조선측에 대해 곡물이든 면포이든 구입량을 늘여줄 것을 요구하였다. 그러나 조선측은 거듭되는 흉년으로 이들의 요구를 들어줄 수 없었다. 4~5,000명에 달한 삼포 거주 왜인들이 일으킨 1510년의 왜란은 수출량 제한에 대한 불만이 주된 원인이었다.[34] 1547년에 중국 寧波(닝보) 거주의 왜인들이 일으킨 난도 이와 거의 성격이 비슷하였다. 왜인들의 이러한 반란행위는 교역량의 감축이나 중국의 경우 교역대상에서의

34) 이태진, 〈16세기 국제교역의 발달과 서울상업의 성쇠〉(《서울상업사연구》, 서울학연구소, 1998).

제외로 응징받았다. 이런 상황에서 그들이 취할 수 있는 마지막 선택은 노략질밖에 없었다. 16세기 조선과 명나라 해안에서 출몰한 왜구는 14세기 때보다 결코 규모가 작지 않았다.

16세기 왜구는 일본열도의 정치적 분열과 무관하지 않았다. 주지하듯이 일본열도는 1490년 무렵부터 足利(아시카가)氏의 室町(무로마치)幕府의 통치체제가 쇠미해지고 군웅이 할거하는 戰國의 시대가 된다. 일본열도의 이러한 정치적 분열이 과연 소빙기 자연재난과 직접적인 관련이 있는 지는 알 수 없다. 일본열도의 정치적 분열은 교역권의 분열을 의미했다. 모든 대소의 호족들이 조선·중국으로부터의 수입품을 원했다. 그래서 교역권의 장악은 전국시대 大名(다이묘)들의 정치적 쟁패의 주요한 목표였다. 비단은 다이묘와 그 휘하 호족들이 지위를 과시하는 수단으로 인기가 높았고 면포는 군사들의 제복뿐만 아니라 일반민들의 옷감으로도 수요가 높았다. 이 시기 일본의 농산물이 과연 소빙기 재난의 영향으로 감소하였는지 여부는 확인되지 않았으나 對馬島 藩主가 줄곧 수출량을 늘여줄 것을 요구한 것은 사실이다. 소빙기현상의 영향을 받았다면 지역적으로 풍흉이 엇갈리기 마련이고 그 상황에서는 곡가의 지역적 차등으로 곡물 무역이 활발하게 진행되는 것은 당연하였다. 삼포왜란 후 조선의 연안지역을 출몰한 왜구들은 곡물·면주·면포 등을 노략질의 주요 대상으로 삼았던 것은 확실하다.

전국시대의 쟁패는 1568년에 織田信長(오다 노부나가)에게 패권이 돌아간 뒤, 1585년에 豊臣秀吉(도요토미 히데요시)이 다시 패권자가 되었다. 풍신수길은 1589년 명나라에 대해 비밀스런 협상을 의도하였다. 즉 현재 일본 각지에서 나가고 있는 왜구들을 종식시키는 대가로 조공무역의 기회를 다시 얻는 방안을 검토하였다.[35] 일본열도를 최초로 통일한 주역으로서 풍신수길이 조공무역의 기회를 다시 얻으려 한 것은 중국과의 무역을 통일적으로 장악하려는 의도였던 것은 말할 것도 없다. 이렇게 검토된 방안이 실천에 옮겨졌는지는 확인이 되지 않았지만, 3년 뒤 그는 명나라 침공을 목표로 하는 '出陣의 命'을 내렸다. 그것은 명측이 가하고 있는 교역 물자의 제한을 근원적으

35) 藤木久志, 《豊信平和令과 戰國社會》(東京大 出版會, 1985), 218~238쪽.

로 철폐하는 것을 목표로 하는 것이었다.

야인들은 15세기 중반기까지 명나라가 衛所제도를 시행하여 그 체제 아래서 조선과 명으로부터 농업기술을 받아들여 안주하기 시작했다. 그러나 15세기 말엽부터 다시 동요하기 시작하여 조선의 변경지방을 침략하기 시작했다. 여진족의 이러한 동요가 시간적으로 소빙기 현상과 거의 맞물리고 있는 것은 결코 우연이라고 할 수 없다. 그들의 생활 근거지는 위도가 높아 기온강하에 쉽게 영향을 받는 조건을 가지고 있었으므로 소빙기 재난으로부터 일찍 타격을 받기 시작해 식량을 얻기 위해 조선으로 침구해 온 것이었다. 여진족들은 정묘・병자호란 때도 물자 부족으로 조선인 포로들을 米布나 은으로 값을 받고 돌려주는 원칙을 세웠다.

풍신수길은 1592년 정월 5일 '출진의 명'을 내리면서 30만 명의 병력을 동원하였다. 10만 명은 九州(규우슈) 名護屋(나고야)성에 대기하고 20만 명이 차례로 조선으로 건너왔다. 제1진이 4월 13일에 나고야를 출발하여 20일만인 5월 2일에 서울에 도착하였다. 조선은 전쟁에 대한 준비가 없었기 때문에 일본군은 승승장구였다. 전세는 이듬해 정월 8일에 조선과 명의 연합군이 평양을 탈환하면서 비로소 뒤집히기 시작했다. 서울까지 후퇴한 일본군은 2월 행주싸움에서도 패하여 강화 회담을 제의하면서 남쪽 연안 지역으로 몰려 내려갔다. 선조 26(1593)~27년간 혹심한 기근과 추위가 닥쳤다. 그래서 1594~95년간 전쟁은 소강 상태였다. 소빙기의 재난이 전쟁 중에도 계속되고 있었던 것이다. 1596년 9월 회담이 결렬되었다. 1597년 정월 풍신수길은 15만 명의 병력을 동원하여 재침을 기도하였다. 정유재란이 일어났다. 그러나 이번에도 일본군은 직산에서 북상이 꺾여 남쪽 연안 지역에 되몰려 있다가 8월 18일 풍신수길이 병사하여 그 유언에 따라 철수를 기도하였다. 그러나 이순신의 수군에게 가로 막혀 철수도 제대로 하지 못하다가 11월 19일 노량 앞 바다에서 대파 당하는 것으로 전쟁은 끝났다.

임진・정유 두 차례의 전란에서 희생된 자의 수는 공식적으로 보고된 것이 없다. 전쟁이 끝난 후인 선조 34년에 한 대신은 전쟁 전과 후의 상황을 대비해 다음과 같이 왕에게 말하였다.

중종조에 3창(군자창·풍저창·광흥창 ; 필자)의 저축이 203만 석이란 많은 수에 이르렀는데 그 후 제향에 쓰임새가 점차 넓어지고 잡용으로 쓰는 것도 많아져 임진년에 와서는 저축한 것은 겨우 50여 만석으로 3분의 2는 줄어든 것이었다. 인구수로 말하면 평시에 비해 겨우 10분의 1이다(《宣祖實錄》 권 140, 선조 34년 8월 무인).

나라의 저치곡이 점차 줄어든 것은 진휼곡이 늘어났기 때문이었다. 인구수가 10분의 1에 불과하다고 한 것은 분명히 과장된 것이나 심각한 타격을 입었다는 것을 의미하는 표현이다. 이 보다 앞서 1593년 5월 서울이 수복된 후의 한 기록은 서울로 돌아온 인구(還集人)를 남 14,062명, 여 24,869명, 합계 42,106명으로, 이 중 賑濟場에 모인 기민은 남녀 3,175명이라고 하였다.[36] 전란 전의 서울 인구는 10만여 명을 헤아렸다. 그렇다면 반수도 돌아오지 못한 상태이다. 1596년은 위에서 언급했듯이 혹심한 기근이 계속되고 있었다. 전란 중에 동원된 인력은 15만 명 정도로 추산된다.[37] 이 중 전사자를 3분의 1로 잡더라도 5만여 명 정도였을 것이다. 풍신수길은 출진하는 장수들에게 시신이나 수급 대신 조선인들의 코를 베어오라고 했다. 그래서 軍民을 가리지 않은 살륙의 만행이 저질러졌다.[38] 이렇게 적군에 의해 죽는 자도 많았지만, 기근과 전염병으로 죽는 자도 많았다. 다음의 기록들은 각각 1593년과 1594년 두 해의 참혹한 광경들을 전한다.[39]

① 京畿의 士民들이 크게 굶주려 굶어죽은 시체가 길을 꽉 메웠다. … 길을 가다보니 어린아이가 젖을 빨고 있는데 어미는 이미 죽어 있었다. 유성룡은 말하기를, "왜적이 아직 물러가지도 않았는데 인민의 죽음이 이와 같으니 장차 어찌할 것인가"라고 탄식하고, "하늘도 걱정하고 땅도 비참하게 여기는 듯 하다"고 하였다…(《宣祖修正實錄》 권 27, 선조 26년 2월 계사).

---

36) 《宣祖實錄》 권 38, 선조 26년 5월.

37) 1592년 5월 경상·전라·충청 삼도를 중심으로 소집된 관군이 근 10만 명이었다고 한다. 이에 각지 의병 등을 합하면 15만 명 정도로 추산된다.

38) 李元淳, 〈壬辰·丁酉倭亂時의 朝鮮 俘擄奴隷問題〉(《邊太燮博士華甲紀念史學論叢》, 三英社, 1985), 628~620쪽.

39) 최영희, 《壬辰倭亂중의 사회동태》(한국연구총서 28, 한국연구원, 1975), 88·89·99쪽.

② 영남에 흉년·기근과 역질로써 인민이 사망하여 거의 없어졌으므로 문경 이하로부터 바로 밀양에 이르기까지 수백 리 사이에 사는 사람이 없어서 벌써 텅빈 땅이 되어 버렸으니 비록 일을 하고자 하더라도 형편이 되지 않았다(《징비록》 권 12, 辰巳錄).

③ 사헌부에서 아뢰다. 기근이 극심하여 인육을 먹기에 이르렀어도 마음으로 이상한 생각을 하지 않는다. 길바닥에 굶어죽은 시체를 칼로 도려내어 한곳도 살이 남아 있지 않을 뿐더러, 혹은 산사람을 도살하여 腸胃와 腦髓까지도 모두 먹었다. 옛날에 사람이 서로 잡아 먹었다는 말이 있지만 이렇게 심하지 않았을 것이다. 견문한 것으로는 극히 참혹하다(《宣祖實錄》 권 47, 선조 27년 정월 병신).

왜란 중에는 많은 사람들이 포로로 잡혀갔다. 그 수는 10만 명이 넘었을 것으로 추산되고 있다. 일본측 학자들은 과거 통신 5~6만 명으로 추산하였으나[40] 최근 규우슈의 薩摩(사츠마)州에만 30,700여 명의 조선인 포로가 있었다는 정보 등에 근거해 10만 명 이상으로 추산하고 있다.[41] 포로는 일본군이 조·명 연합군에게 밀려 남쪽 해안지역에 성을 쌓고 대치하고 있던 기간과 정유재란 때 대거 잡아갔다. 그들은 포로들을 15만 명 이상의 대군 동원으로 부족해진 본국의 노동력을 충용하는 것을 중요 목적으로 하였다. 그러나 이보다 더 중요시한 것은 이들을 포르투갈 노예상인에게 넘기는 것이었다. 일본의 대소 藩主들은 포르투갈 상인들로부터 鐵砲(조총), 白絲(비단 原絲), 담배 등을 닥치는 대로 사들이면서 이에 대한 값으로 조선인 포로들을 넘겼던 것이다. 그들은 남쪽에 진치고 있을 때 '人買船'을 보내 조선인을 잡아와 長崎(나가사키) 방면에서 이들을 포르투갈 상인들에게 팔아 넘겼던 것이다.

약 10만 명 내외를 헤아린 조선인 포로들은 극히 소수만이 모국으로 돌아올 수 있었다. 1599년 6월부터 국교 재개의 교섭이 시작되면서 일본측은 포로의 송환을 약속하였다. 그러나 1597년부터 1606년까지 10년간 《조선왕조실록》을 통해 확인되는 송환 포로는 5,720명에 불과하고, 이후 1607년에 1,240명, 1609년에 수십 명, 1617년에 321명, 인조 2년(1624)에 146명, 1643년 14명 등 2,000명 미만으로 총 7,500명 정도의 송환을 확인할 수 있다. 왜군이 많은

40) 內藤雋輔, 〈壬辰·丁酉役에 있어서 被掠 朝鮮人의 刷還問題에 대해〉 하 (《朝鮮學報》 34, 1965).

41) 이원순, 앞의 글, 630쪽.

민간인들을 수입품 대금 지불 수단으로 삼은 것은 일본이 전쟁과 소빙기 자연재난으로 값을 치를 물자 생산에 어려움을 겪고 있었다는 것을 의미한다.

임진왜란이 일어나기 전에 북쪽 여진족의 침구로는 선조 16년(1583)의 이른바 니탕개의 난이 가장 규모가 컸다. 여진족들은 누르하치가 등장하여 선조 22년부터 인근 부락을 점령하고 무력과 혼인정책으로 급속한 성장을 보여 광해군 8년(1616) 정월 황제를 칭하며 후금국을 세웠다. 1605년에 이미 명에의 조공을 폐기한 누루하치는 1618년 4월에 犯境과 父祖 피살을 표면적인 이유로 들어 명나라의 변경요지를 점령하기 시작하였다. 이어 1619년 3월 명군과의 대회전에서 누르하치군이 승리함으로써 명 · 청 교체 대변동의 기선을 잡았다. 이후 후금군은 인조 5년(1627) 정월부터 3월까지 3만 명의 대군, 인조 14년 12월부터 이듬해 정월까지 20만여 명의 대군으로 조선을 침략했다.

두 차례의 호란 중 조선측의 피해는 물론 병자호란 때가 더 컸다. 그러나 어느 쪽이든 피해규모 전체가 정확히 파악되지는 않았다. 정묘호란시의 피해는 주로 침입로에 위치한 평안도의 평양 · 강동 · 삼등 · 순안 · 숙천 · 함종 등지에 집중되었다. 이들 6읍의 피해는 포로가 된 자 총 4,986명, 피살자 290명, 포로 중 도망쳐 돌아온 자 623명 등으로 공식 보고된 것이 있다.[42] 그리고 병자호란 때는 포로가 된 자가 무려 50만여 명에 달했다는 기록밖에 없다.[43] 이들은 평안도 · 황해도 등지 사람들이 많았을 것은 말할 것도 없다. 그러나 지역별 피해자에 대한 기록은 강화도에서 포로가 된 자를 강화조약 성립 직후 쇄환해 준 남자와 여자 1,600여 명이었다는 수치밖에 전하는 것이 없다.

---

42) 《仁祖實錄》 권 16, 인조 5년 5월 16일 신사 및 《承政院日記》 권 1, 인조 5년 5월 17일 임오. 각 지역별 피해의 내용은 다음과 같다. 평양 피로 男婦 2,193명, 피살 158명, 逃還 334명, 掩骼(시체) 1,169명, 江東 피로 225, 도환 67, 피살 우마 790, 삼등 피로 1,500, 피살 28, 도환 111, 순안 피로 576, 피살 44, 도환 78, 숙천 피로 370, 전망 60, 도환 33, 威從入防正軍 피로 122.
森岡康, 〈丁酉亂後における の贖還問題〉(《朝鮮學報》 32, 1965), 76쪽.
박용옥, 〈정묘란 조선피로인 쇄 · 속환고〉(《史學硏究》 18, 1964), 359쪽.

43) 《遲川集》 권 17, 제7책 2, 移陳都督咨.
박용옥, 〈丙子亂 被擄人 贖還考〉(《史叢》 9, 1964), 52쪽.

그런데 두 차례의 호란에서도 왜란 때와 마찬가지로 조선인 포로는 거래의 대상으로 간주되었다. 정묘호란시 후금은 강화조약 성립 직후 정주·선천·철산 등지 사람들로 이루어진 3,210여 명을 무조건 쇄환했다(이 숫자는 위의 4,986명에 포함되지 않는다). 그러나 나머지는 贖還 즉 값을 내고 데려가라는 조건을 내세웠다. 속환은 開市의 조건과 함께 요구되었다. 포로를 돈을 받고 돌려주고 그 값으로 개시장에서 조선의 미곡을 사가겠다는 계산이었다. 정묘호란 후 포로의 공정가는 青布(담요 종류) 10필로 정해졌으나 실제로는 60~70필로 요구되었다. 上品 즉 신분이 높은 사람은 소 한 마리에 청포 10필, 중품은 청포 100필, 하품은 소 한 마리 또는 청포 60~70필로 요구되기도 했다. 몸값이 이렇게 고가로 요구되어 속환이 실제로 이루어진 것은 극소수였다. 그래서 포로 가운데는 죽음을 눈앞에 두고 최후로 도망쳐 오는 자들도 많았다. 그러나 후금은 이에 대한 代價를 조선정부가 책임질 것을 요구했다. 개시도 의주와 회령 두 곳에서 이루어졌으나, 조선측이 물자가 모자라 시장의 모양을 제대로 갖추지 못하는 경우가 많았다. 그래서 속환문제는 인조 10년 이후 거의 이루어지지 않은 상태에서 양국의 감정을 악화시키고 있었다. 후금이 속환과 개시에서 노린 것은 곧 식량 확보였으며, 그것은 소빙기의 재해 속에서 겪고 있던 식량난에 대한 하나의 자구책이었다. 그들은 조선에 대해 歲幣보다도 개시와 속환을 더 강하게 요구했으나 조선 자체가 장기적인 재해로 식량 공급에 허덕이고 있었으므로 성과를 거둘 수 없었던 것이다.

병자호란 후 청나라는 속환정책을 근본적으로 바꾸지 않았다. 이번에는 속가를 청포대신 銀으로 요구하였다. 이전과는 달리 청나라의 세력이 커지고 그 세력권이 명의 본토로 확대되어 가는 변화 속에서는 명의 화폐수단인 은이 곡물 매입면에서도 더 유리한 것일 수 있었다.[44] 청이 이 시기에 조선인 포로 1명에 대해 요구한 속가는 은으로 150~250냥으로 대단한 고가였다. 그래서 이 때도 사실상 속환은 제대로 이루어지지 않았다. 50만여 명의 포로가 사경을 헤매거나 청인의 노예 등으로 그대로 정착하였다.

44) 한명기, 〈光海君代의 대중국관계-후금문제를 둘러싼 대명관계를 중심으로-〉(《震檀學報》 79, 1995).

16~17세기 동아시아의 대전란인 임진왜란, 정묘·병자호란 등에서 침략국인 일본·청 등이 다같이 조선인 포로들을 필요한 교역품 특히 곡물 확보의 결제가로 활용하고자 했다는 것은 당시 어느 지역이나 장기적인 재해로 곡물 확보가 어려웠다는 것을 의미하기에 충분하다. 그래서 이 시기의 전란의 피해란 것도 소빙기 자연재해의 한 부분이라고 보지 않을 수 없다.

〈李泰鎭〉

2. 상평창·진휼청의 설치 운영과 구휼문제

1) 임진왜란 이전의 상평창제 시행과 진휼청 운영

앞에서 살폈듯이 소빙기 자연재해의 기간은 《조선왕조실록》을 통해 1500년 무렵부터 1750년 전후까지로 확인되었다. 엄밀하게 1480년경에서 시작해 1760년경까지로 관련 현상이 나타난다. 소빙기의 자연재해가 심했다면 마땅히 이에 대한 국가적 차원의 대책이 있었을 것이다. 상평창, 진휼청의 설립과 운영이 바로 그 대표적인 것이다. 그리고 納粟空名帖이란 것도 이 시기에 진휼청이 민간 저치곡을 동원하기 위해 비상적으로 쓴 방법 중의 하나였다.

유교정치사상에서 천재지변은 왕정의 어떤 잘못에 대한 하늘의 譴告로 해석되었다. 그래서 어떤 천변재이 현상이 나타나면 군주는 스스로 自省의 뜻으로 여러 가지 근신 조치를 취하는 한편으로 신하들에게 求言을 하고 필요한 구황 조치를 취하는 것을 도리로 삼았다. 성종 12년(1481)~13년은 소빙기 현상이 처음 시작하던 시기였다. 성종 12년 5월 한발이 극심한 가운데 경기도 광주지방에서 우박까지 쏟아지자 왕은 구언을 하였고 이에 4건의 進書가 올려졌다. 그리고 7월 11일에는 호조가 「구황절목」을 작성해 구황정을 실시하였다.[1] 이때 취해진 구황조치는 대강 다음과 같다.

---

1) 장학근, 〈成宗의 救荒政策과 민의수렴〉(《朝鮮時代史硏究》, 龍巖車文燮敎授華甲紀念論叢, 1989).

첫째로, 정부가 賑濟場을 설치하여 운영하였다. 각지에서 한발이 들어 기근이 발생하자 많은 농촌인구가 서울로 유입하였고 쌀값도 폭등하였다. 이에 정부는 5부로 하여금 10일마다 인구를 조사하도록 하여 진제 대상의 인원을 파악하도록 하였다. 그리고 군자감의 비축미곡을 각도에 분급하여 지방에 대한 진휼 대책도 세웠다. 1인당 하루치 양식으로 1升씩 지급하였다.

둘째로, 常平制를 실행하여 구휼의 효과를 기하였다. 국가가 시가보다 훨씬 싸게 면포를 받고 쌀을 내주어 식량을 공급하는 것이 그 목적이었다. 그리고 미가 상승을 억제하기 위해 종래 소금과 곡식을 교환하던 것을 소금과 布로 교환하는 것으로 바꾸는 한편, 각종 세금도 포로 납부하도록 하여 미가 상승을 억제하였다.

셋째로, 농민들의 재생산 의욕을 유지하기 위해 국가가 종자곡 제공에 만반의 대책을 기하였다. 즉 호조 주관 아래 국가의 각종 창고의 묵은 곡식을 햇곡과 바꾸어 이듬해의 종자곡을 미리 확보하도록 하고, 종자곡도 확보치 못한 지역에 대해서는 햇곡식을 산출한 지역의 미곡을 종자곡 몫으로 보내게 하였다.

넷째로, 敬差官 및 賑恤使를 각지에 파견하여 구황을 성실히 이행하지 않는 수령을 적발하여 처벌하는 감독체제를 강화하였다.

다섯째, 국왕이 베푸는 恩典이 아니라 국왕의 自省 실행이란 명분아래 각종 면세 조치를 취하여 농민들의 부담을 덜어주었다. 성종 12년 이전의 미납분의 노비신공, 공공기물 파손 변제비, 어염세, 공유지 경작세, 船稅, 창고대여세 등을 면제 대상으로 삼았다.

여섯째, 궁궐의 내핍을 강조하고 減刑을 단행하였다.

위와 같은 구황정은 소빙기 재난에 대한 유교 왕정의 초기 대책으로 전형적인 것이었다. 성종대에는 이후에도 몇 차례 더 기근이 발생하지만, 국가의 비축이 비교적 양호한 상태에서 이와 같은 성실한 대응으로 큰 타격을 입지 않았다. 그러나 이후 재해가 그치지 않음으로써 이러한 방식의 대응은 점차 무력해지고 국가재정 자체가 위기적 상황으로 빠져들었다. 재해가 거듭할수록 국가의 비축곡 자체가 절대적으로 부족하여 구황정이 최소한의 기능도 발휘하기 어려운 상황에 이르렀다.

초기의 구황정은 앞의 성종 12년의 조치 가운데 두 번째의 상평제에 비중을 크게 두었다. 이 제도는 성종 12년에 처음 건의되었지만, 처음 시행된 것은 이듬해였다. 그리고 이 제도는 저치곡의 한계로 중종 21년(1526)까지 밖에 유지되지 못했다. 그 동안 약 40년간 상평창이 설치되었을 때의 미곡의 값과

상평창 방출 쌀값을 대비하면 다음 〈표 1〉과 같다.[2)]

〈표 1〉 상평창제 시행 건의와 시행 상황표

년 월	미곡시가 (면포 : 쌀)	상평창 방출미곡가	비 고
성 종 12년(1481) 4월	1필 : 3두		첫 건의, 미시행
성 종 13년(1482) 3월	1필 : 2두	1필 : 3두 5승(?)	서울만 시행
성 종 23년(1492) 3월	1필 : 2두 5승	1필 : 4두	군사, 관속 등 대상
4월	1필 : 2두 5승	1필 : 3두 5승	
연산군 4년(1498)		1필 : 4두 5승	
연산군 6년(1500)	1필 : 2두 5승	1필 : 4두 5승	
연산군 8년(1502)	1필 : 2두		서울과 지방 설치, 5필 단위로 방출
중 종 5년(1510)			심한 기근으로 건의 되었으나 채택되지 않음
중 종 14년(1519) 4월			군자곡 부족으로 시행되지 않음
중 종 19년(1524) 4월	1필 : 6~7승		심한 한재로 효과 없어 폐지
중 종 20년(1525) 7월			재시행 건의, 호조가 節目 재작성 약속
9월	1필 : 1두	1필 : 3두	富商大賈 개입해도 빈민에 도움됨으로 시행한다고 함

〈표 1〉에는 상평창 설치가 건의되었으나 채택되지 않은 경우도 함께 제시되었다(1510·1519년). 대부분의 건의는 기근 발생시 이에 대한 대책으로 나온 것이므로 건의에 그친 것이라도 기근 발생의 빈도를 아는 데 도움이 된다. 그러나 반대로 상평창 설치 건의가 실제로 발생한 기근을 모두 포괄하는 것은 아니다. 〈표 1〉은 상평창제가 기근에 대한 대책으로 성종대에서 연산군대 사이에서만 효력이 있었던 것을 보여준다. 중종대에도 설치 건의가 계속되었으나 국가의 보유곡 부족으로 채택되지 못했다. 중종대에는 다섯 차례의 건의중 20년(1525) 9월에 한 번 시행되었다. 그리고 이후에는 진휼청 설치를 중심으로 대책이 모색되었다.

2) 이 표는 李正守, 〈朝鮮前期 常平倉의 전개와 기능〉(《釜山史學》 27, 1994)에서 다루어진 내용에 근거해 작성되었다.

상평창제는 본래 물가조절 제도로 구황책이라고 할 수는 없는 것이다. 풍년에 쌀값이 쌀 때 국가가 비싼 값으로 사들여 쌀값의 폭락을 방지하고, 반대로 흉년에 쌀값이 비쌀 때 싼값으로 방출하여 쌀값을 포함한 물가의 앙등을 방지하는 것을 목적으로 하는 제도였다. 성종대 시행에서도 쌀값의 앙등을 방지하기 위해 국가가 보유·저치하고 있는 미곡을 싼값으로 방출하여 쌀값의 급등을 억제하고자 하였다. 그러나 쌀값의 등귀를 초래한 원인이 심한 기근이었기 때문에 처음부터 단순한 물가 조절이 아니라 진휼의 목적도 강하게 가지고 시행되었다. 그러나 그칠 줄 모르는 소빙기의 자연재해는 상평창제의 원리를 거의 무력하게 만들었다. 재해가 장기간 계속됨으로써 싼값으로 곡식을 사놓을 수 있는 기회가 거의 없게 됨으로써 이 제도는 설자리를 잃었다.

진휼 목적으로 도입된 상평창제도는 뜻밖의 방해자를 만나기도 하였다. 국가가 미곡을 시가보다 더 싸게 방출하자 富商大賈들이 이를 악용하는 사례가 자주 발생했다. 즉 이들이 방출곡을 싼값으로 사서 다른 지방에 가져가 고가로 팔아서 이윤을 챙기는 행위가 비일비재하게 발생하였다. 국가는 시행 초기에 양질의 면포(長準布 즉 5升布 또는 4승포)만을 값으로 받는 원칙을 세우자, 短布(3승포와 2승포) 밖에 가지고 있지 못한 일반인들은 부상대고로부터 양질의 면포를 빌리는 현상까지 발생하였다. 예컨대 富商에게 양질의 면포 1필을 빌려 상평창에서 쌀 1두 4승을 받게 되면, 2승은 자신이 먹고 나머지 1두 2승은 모두 부상에게 주었다.[3] 이런 문제점을 시정하고자 나중에 단포도 받도록 했지만 그때는 이미 상평창제가 더 이상 유지될 수 없는 상황이 되어 있었다.

중종 20년(1525) 11월에는 상평창의 무곡보다 還上이 小民들에게 더 유리하다는 주장이 제기되었다. 중종 25년 정월에는 부자들은 환자를 꺼리고 일반민들에게는 진휼이 더 필요하므로 앞으로는 상평창보다 진휼청 기능 강화에 주력하는 것이 마땅하다는 주장이 강하게 제기되었다. 진휼청은 중종 6년에 처음 설치되어 계속 존속하였다(〈표 3〉 참조). 이 때는 독립기구로 진휼청

---

3) 《中宗實錄》 권 95, 중종 36년 6월 경오.
이정수, 앞의 글, 104쪽.

을 설치하였다. 그러나 중종 20년(1525) 7월의 재설치에서는 독립기구가 아니라 호조판서가 賑恤使를 겸하는 형식을 취했다. 진휼사의 파견이 오히려 현지에 많은 부담을 주었기 때문이었다. 그리고 중종 25년의 제안에서는 또다시 진휼청을 호조로부터 독립시키고 책임자도 별도로 重臣으로 임명하여 그 기능을 집중적으로 강화하자는 것으로 바뀌었다. 상평창제도는 중종대 중반 이후 이와 같은 진휼청 강화론에 밀려 더 이상 거론되지 않았다. 실제로 자연재해의 장기화로 국가 저치곡이 날로 감축되어 상평창제도를 운영할 여유가 없었다. 국가가 보유하고 있는 저치곡을 총동원해 진휼에 임해도 어려운 것이 당시의 실정이었다.

다음 〈표 2〉는 연산군대 이래 서울에 소재한 軍資監·豊儲倉·廣興倉 등의 국가 저치곡 보유상황에 관한 기록들을 정리한 것이다.

〈표 2〉 京倉穀 元數 및 재고량

시 기	元 數	현재 저치량	실재 잔존량
연산군대		500,000석	
중종 23년(1528)	688,000여 석		
중종 25년(1530)	730,000석	500,000여 석*	
중종 37년(1542)	700,000석	600,000석	300,000석
명종 3년(1548)	500,000석		
명종 6년(1551)	500,000석		100,000석
명종 21년(1566)		260,000여 석	100,000석 미만

*趙圭煥, 〈16세기 환곡운용과 진자조달 방식의 변화〉(《韓國史論》 37, 서울大, 1997), 127쪽.

《中宗實錄》 권 67, 중종 25년 정월 경술 및 이정수, 앞의 글, 111쪽.

조선 초기 田稅 행정이 가장 잘 정비되었던 시기는 세종대로서, 세종 26년에 새 전세제도로 貢法이 확정되기 직전에도 1년의 전세 수입은 약 60만 석에 달했던 것으로 알려진다. 그러나 16세기에 들어오면 평균적으로 20만 석으로 크게 줄어든다. 橫看에 오른 전세 상납액이 20만 석 정도였지만, 한 해 농사의 풍흉에 따라 10만 석에서 26만 석까지 변화가 있었다. 年分等制도 지속적인 자연재해로 최하등인 下下等으로 고정되는 추세였다.[4] 이러한 전세액의 감하는 지주제의 발달과 국가 집권력의 이완 등에도 원인이 있었지만, 보다 더 근본적으로는 자연재해의 잦은 발생으로부터 영향받은 것이 많았다. 전세 수입이 계속 줄어들면 당연히 京倉의 저치곡이 줄어들기 마련이다. 위 〈표 2〉에 의하면 중앙 3창의 실제 저축곡은 중종대에는 30만 석, 명종대에는 10만 석에 불과한 실정이 되었다.

임진왜란이 일어나기 전까지 중종~명종대 진휼청의 설치 상황은 대체로 다음 〈표 3〉과 같이 정리된다.[5]

〈표 3〉 중종·명종 연간 진휼청 설치 상황표

단위	기 간	독립기구 (진휼청)	호조 산하	전거(해당실록의 최초, 최종기사)
1	중종 6년(1511)~ 8년(1513)	■		중중 6년 10월 신사
2	중종 11년(1516)~12년(1517)	■		중종 11년 10월 기미 중종 12년 3월 신사
3	중종 20년(1525)~21년(1526)		■	중종 20년 7월 기묘 중종 21년 2월 기미
4	중종 24년(1529)~25년(1530)		■	중종 24년 7월 신축 중종 25년 정월 갑진
5	중종 28년(1533)		■	중종 28년 정월 병오
6	중종 36년(1541)~37년(1542)	■		중종 36년 5월 임진 중종 37년 8월 을미
7	명종 2년(1547)~ 3년(1548)	■		명종 2년 5월 을해 명종 3년 6월 경술
8	명종 6년(1551)~10년(1555)	■		명종 6년 3월 임진 명종 10년 4월 신묘
9	명종 14년(1559)	■		명종 14년 7월 정해
10	명종 20년(1561)~21년(1566)	■		명종 20년 11월 무술 명종 21년 6월 을해

4) 朴鍾守, 〈16·17세기 田稅의 定額化 과정〉(《韓國史論》 30, 서울大, 1993), 74~89쪽.
이재룡, 〈16세기의 量田과 陳田收稅〉(《孫寶基博士停年紀念 韓國史學論叢》, 지식산업사, 1988), 317쪽.

5) 이 표 작성에는 조규환의 도움이 많았다.

위 〈표 3〉에 의하면, 진휼청은 중종 재위 37년간에 12년간, 명종 재위 22년 중 10년간 설치되었던 것으로 확인된다. 첫 설치를 기준으로 하면 1511년부터 1566년까지 55년 동안에 21년간 진휼청이 설치되었다. 진휼청의 설치는 대체로 앞 해에 심한 가뭄이나 홍수로 실농하여 이듬해 봄에 기근을 이기기 어려운 상태에서 이루어졌다. 따라서 재이 발생의 실제적 상황은 설치가 있기 전 1년이 더 가산되어야 한다. 앞의 〈표 1〉의 상평창의 경우도 마찬가지이다. 이 계산법을 취하면, 55년 동안 재이발생 상황은 42년간 계속된 셈이다. 거의 상습적이라고 해도 좋은 이러한 자연재해 발생의 상황이 국가재정을 심각한 상태에 빠뜨렸을 것은 쉽게 상정할 수 있다. 〈표 2〉의 저치곡의 점진적 감소추세가 바로 그 상황을 보여주는 것이다. 진휼청의 설치 자체를 오히려 최악의 재난상태를 의미하는 것이라고 간주해야 할 정도로 16세기 중반 이후의 국가 재정 실태는 극도로 악화되어 있었다. 이 기간 곧 명종대(1546~1567)는 소빙기 자연이상현상의 발생빈도가 가장 높은 상승추세를 보이던 시기이기도 하다.[6]

중종~명종간의 진휼청의 설립 형태는 두 가지였다. 〈표 3〉에 표시되었듯이 진휼청이 독립기구로 설치되는 경우와 호조에 예속되어 있는 경우이다. 전자의 경우, 중종 6년(1511) 10월의 첫 설치 때 다음과 같은 순서를 밟았다. 10월 1일에 여러 道에 진휼사를 파견하는 명령이 먼저 나온 다음, 4일에 진휼청을 설치하여 右贊成 金應箕를 體察使로 임명하였다. 마치 전시에 都體察使府를 설치하고 총 지휘자로 의정부의 중신을 도체찰사로 임명하는 방식과 같았다. 그러나 진휼청의 책임자로서의 체찰사 명칭은 1회로 그치고 곧 진휼사로 바뀌었으며, 각도에 파견되는 직책은 從事官·敬差官 등으로 조정되었다. 〈표 3〉의 6의 시기 이후에는 대체로 이 체제로 유지되면서 진휼청 堂上을 더 두기도 하였다.

진휼청의 설치는 군주가 백성들에게 구휼의 의지를 강하게 보이는 효과가 있는 반면, 그 나름의 폐단도 많았다. 즉 중앙에서 진휼사 또는 종사관이 각지에 내려가면 현지 수령들이 구황정의 부실을 감추기 위해 부당한 행위를

---

6) 앞의 제1절의 〈표 2〉·〈표 3〉 참조.

하는 경우가 많았다. 예컨대 곧 죽게된 백성이 있으면 이것이 진휼사에게 발견될까 두려워 도랑에 처넣고 거적으로 가려놓기 때문에 구휼은 고사하고 도리어 죽는 자가 많아 '진휼사가 아니라 매장사'라는 말까지 생길 정도였다.[7] 그래서 진휼청을 별도로 설치하지 않고 기존의 감사-수령 중심 체제로 구휼을 추진하고 이에 필요한 식량의 비상 달은 호조판서가 주관하게 하는 제도가 선호되었다. 이런 운영체제에서는 호조판서가 곧 진휼사를 겸하였다. 한편 호조판서는 이런 운영체제에 대해 업무 과중의 고충을 진달하여 종사관을 그 휘하에 별도로 두는 것이 허용되기도 하였다.[8]

호조판서가 진휼사를 겸하는 체제는 진휼의 업무가 그만큼 전념될 수 없는 약점을 지니고 있었다. 진휼사를 중신으로 임명하여 독립기구로 운영해야 한다는 주장은 중종 25년·28년에 계속 일어났다. 그러나 이 건의는 중종 36년 5월에 비로소 채택되었다. 이조판서 梁淵을 진휼사로 임명하고 종사관 수명을 선정하였다. 그러나 이 때도 호조와의 협력관계가 강조되었다. 이를 더 지원하기 위해 같은 해 11월에는 영의정이 양자를 감독하는 체제를 갖추었다.[9] 종사관 외에 당상관도 더 두었다.[10]

2) 임진왜란 이전의 구황정의 실태

구황정은 충분히 준비된 비축곡을 토대로 이루어질 수 있는 상황이 아니었다. 진휼청은 구휼곡을 비상적인 수단으로 확보하는 것을 가장 중요한 임무로 삼았다. 중앙정부의 군자곡·상평곡 등의 비축곡은 중종대 후반에 이미 바닥이 나 있었다. 진휼의 재원에 필요한 곡물은 다른 명목의 국가 재원을 전용하는 수밖에 없었다. 가장 손이 쉽게 간 것은 田稅穀이었다. 그러나 계속되는 흉황으로 1년 전세액 자체가 10만 석에서 26만 석 사이로 크게 떨어

7) 《中宗實錄》 권 66, 중종 24년 11월 임자.
8) 위와 같음.
9) 《中宗實錄》 권 96, 중종 36년 11월 을사.
10) 그간 진휼사는 좌찬성 閔齊仁(명종 3년 2월 무신), 지경연사 金光準(명종 6년 3월 임진), 洪暹(명종 21년 6월 을해) 등의 이름이 확인된다.

져 있었기 때문에 이에 대한 의존도를 높힐 수 없었다.[11] 다음으로 손이 쉽게 간 것은 중앙 각사의 불긴요한 공물의 여유분이었다. 16세기에 이르러 공납제도는 防納의 폐단이 심한 상태였다. 이에 대해 국가는 공물을 쌀로 내는 것(作米)을 양성화하여 비리와 작폐를 배제하려고 하였다. 이것은 구황곡 마련의 필요성과 일치하여 활성화되는 추세를 보였다. 연산군 8년(1502) 이래 중종 36년(1541)까지 10회에 걸쳐(중종 9·10년 각 1회, 중종 20년 5회, 중종 24년·36년 각 1회) 구황곡으로 전용한 사례가 확인된다.[12] 그러나 중앙 각 관서들의 재원도 본래 여유가 없었기 때문에 이러한 전용은 한계가 있었다. 공물의 전용보다는 공물에 대한 직접적인 감면 조치가 민에게 더 혜택이 돌아간다는 지적이 나오면서 이것이 더 선호되었다.

16세기 구황정의 가장 중요한 재원은 司贍寺의 노비 身貢이었다. 사섬시 노비 신공은 公奴婢 가운데 立役을 면제받은 納貢奴婢들이 몸값으로 내는 것으로 사섬시에 들어오는 총액은 1년에 면포 약 20만 필(1인당 1필)에 달했다. 당시로서는 중앙의 여러 재원 가운데 사섬시의 신공이 가장 양호한 편이었다. 재고량에 관한 한 조사는 성종 16년(1485)에 면포 724,500여 필·正布 180,000필, 연산군 10년 새 면포 400,000필·묵은 면포 400,000필, 명종 6년(1551) 이전 10,000,000여 필(20만여 同), 1551년 현재 3,000,000필(6만여 同)였던 것을 보고하였다.[13] 이 신공은 중종 7년 이래 명종 21년(1566)까지 무려 16회(중종 7년 2회, 중종 8년·중종 36년·중종 37년·명종 2년·명종 3년·명종 8년 각 1회, 명종 9년 4회, 명종 10년·명종 11년·명종 21년 각 2회)에 걸쳐 전용결정이 내려졌다.[14] 공노비 신공이 구황재원의 마지막 보루로 부각되면서 立役奴婢의 代立에 의한 납포 추세가 일반화되었다. 입역노비에게도 대립을 허용하여 대립을 면제해주는 대가로 포를 거두어 구황재원으로 삼는 추세가 날이 갈수록 더해갔다. 명종대에 사섬시 재고량이 천만 필에 달한 것은 바로 이러한

11) 조규환, 〈16세기 환곡운영과 賑資조달방식의 변화〉(《韓國史論》 37, 서울大, 1997), 146쪽.

12) 조규환, 〈16세기 救荒政策의 변화〉(서울大 碩士學位論文, 1996. 2), 36쪽.

13) 조규환, 앞의 글(1997), 149쪽.

14) 조규환, 위의 글, 150~151쪽.

추세에 따른 것이었다. 그러나 이 재원도 재해가 장기화됨에 따라 시간이 지날수록 감축될 수밖에 없었다. 이밖에 어염선세를 쌀로 거두기도 하였지만 이것이 차지하는 비중은 그리 크지 않았다.[15] 모든 賦稅가 이렇게 쌀로 환산된 것은 재해의 장기화로 미곡의 생산량이 줄어드는 한편 수요는 높아졌기 때문으로, 이 시기의 한 특징적 현상이라 하지 않을 수 없다.

되풀이되는 자연재해는 비상적인 진휼곡 확보에 많은 어려움을 안겨 주었다. 각종 조세 및 신공의 전용에도 불구하고 공공 재원의 동원에는 한계가 있었다. 그리하여 국가에서는 부유한 자들이 가지고 있는 곡식도 비상시의 진휼곡으로 동원하는 방법을 강구하였다. 15세기에는 義倉 제도의 활성화로 私家의 長利는 억제되었다.[16] 《경국대전》(戶典, 徵債)에서도 私債는 관에 알리고 징수하도록 규정하였다. 사채는 50%의 고리대이지만 飢民들의 재생산기반 유지에 필요하다는 것을 인정한 것이다. 16세기에 자연재해가 거듭되면서 국가는 한동안 자영농민 보호를 명분으로 사채를 불허하는 방침을 천명하였지만 관곡이 모자라자 이를 다시 허용하지 않을 수 없게 되었다. 국가는 이제 부민들에게 勸分(나누기를 권장함)의 형식을 빌어 사채를 낼 것을 요구하였다. 그러나 국가의 입장이 이렇게 바뀌자 오히려 富民들이 사채 놓기를 기피하는 경향이 생겨 관에 의한 강제적인 민간곡 출연 방식으로 官封에 의한 사채가 장려되었다. 관봉의 원칙은 성종 16년에 이미 수립되었으나 그간 흐지부지 하다가 중종 36년에 새로 독립기구로 발족한 진휼청이 「賑恤事目」 9개조를 마련하여 상세한 규정을 만들었다.[17] 수령이 여유가 있는 부민을 상세히 파악하여 그 집에서 먹을 곡식은 충분히 남겨두고 그 나머지 수량을 적어서 감사에게 보고하고 감사는 이를 중앙에 아뢰었다가 관가 창고의 곡식이 모자랄 때 백성을 불러 고르게 나누어주고, 가을 곡식이 익으면 公債의 규칙에 따라 수령이 단속하여 본 주인에게 돌려주되, 호조로 하여금 置簿했다가 解由 때 참고하며, 곡식을 가진 자가 적발되는 것을 꺼려서 나누어 숨기는 자, 권분의 사채를 받아쓴 뒤에 갚지 않은 자는 감사가

15) 조규환, 위의 글, 151~154쪽.

16) 김훈식, 《조선 초기 의창제도 연구》(서울大 博士學位論文, 1993).

17) 조규환, 앞의 글(1997), 163쪽.

추고하여 죄를 다스리도록 한다고 하였다.

그러나 사곡의 동원도 순탄하지는 않았다. 부민들은 상환이 제대로 이루어지지 않는 것에 대한 불만이 높았으며, 이에 대한 대책으로 納粟受價 또는 納贖補官의 방식이 강구되었던 것이다. 납속수가는 국가의 권분령에 따라 납속한 부민들에게 국가 소유의 곡물·면포·漁箭·銅鐵 등을 지급하는 제도로서,[18] 당시 아직 활발하게 진행되던 국내사업 및 국제교역에 부민들이 관계되어 있던 것과 양반 지주층의 곡물 잉여를 정부가 진휼재원 확보에 적극 활용하려는 취지였다. 한편, 납속보관은 사족을 포함한 良人을 대상으로 권분령에 따라 납속한 자들에게 관인에 준하는 신분적 대우를 제공하는 것이었다. 보관제는 성종 16년(1485) 8월에 이미 閑遊 양인 즉 留鄕品官들을 대상으로 시행되어 군역면제의 기회로서 환영을 받았다.[19] 그러나 이 제도는 신분 기강의 문란을 초래할 위험성 때문에 기피되다가 중종 36년(1543) 대흉 때 다시 한 차례 새로이 강하게 제기되었다. 이때의 논의에서는 실직이 아니라 官名만 주는 대안이 마련되었지만 역시 채택되지는 않았다. 이후 재난의 정도가 훨씬 더 심각해지는 명종대에 이르러, 사족층을 대상으로 影職 제수가 많이 행해지면서 이 제도는 실제로 시행된 상태가 되었다.[20] 부유한 公私賤人을 대상으로 한 納贖免賤, 범죄인을 대상으로 한 贖罪 등의 방법도 동원되었다.

진휼청은 기근이 발생했을 때 賑濟場(設粥所)을 설치해 기민을 직접 구제하는 일도 담당하였다. 무상으로 기민을 구제하는 구황대책으로서의 賑濟는 극심한 흉년에만 시행하였으며 이것도 국가구제와 민간구제(私救)의 두가지 형태가 있었다. 전자는 군자곡·별창곡 등의 회계 元數에서 곡식을 會減하여 행하였고, 후자는 士族·富民의 개인 여유곡을 이용하는 것이었다.

서울에서는 한성부에서 5부의 기민들을 등급으로 구분하여 진휼청이나 호조에 보고하고, 지방에서는 각 읍의 수령들이 기민을 등급으로 가려 감사에게 보고하면 각도 감사는 다시 이를 조사하여 중앙에 보고하여 진제장 설치

18) 조규환, 앞의 글(1996), 59쪽.
19) 조규환, 위의 글, 64쪽.
20) 조규환, 앞의 글(1997), 172쪽.

나 구식곡 분급 여부에 관한 중앙의 지시를 받아 곡식을 마련하여 시행하였다. 진제장은 보통 정월~4월간에 설치되고 늦으면 5~6월까지도 열렸다. 그리고 진제시 제공하는 米豆는 어른(장년) 기준으로 1인에게 1승씩(쌀 5합, 콩 5합) 제공되었다. 이것은 평시 노역군에게 제공되는 것의 반이었다. 그러나 상황이 어려우면 쌀 2승을 1인이 6일 먹어야 할 때도 많았다.[21] 16세기 특히 명종대에 이르면 사족으로 굶는 사람들이 진제의 대상으로 자주 거론되었다. 사족들이 굶으면서도 지체를 의식해 진제장에 나오지 않는 경우가 많으니 진휼청에서 직접 방문하여 구제하라는 왕명이 자주 내렸다.[22] 이것은 소빙기 자연재해가 얼마나 심각했던가를 단적으로 보여주는 예이다. 吳希文의《瑣尾錄》은 소빙기 재난 속에 전란까지 겹쳐 관인 신분으로서도 피할 수 없었던 간고를 사실대로 적은 것이었다.

민간 구제의 경우, 직접구제와 간접구제의 두 가지가 있었다. 전자는 개인이 직접 기민을 '保授'(내려 받아 보호함)하여 구제하는 것, 후자는 개인의 저축식량을 관이 동원하여 대신 구제하는 형태이다. 후자의 대표적인 예는 위에서 언급한 납속보관제이다. 직접 구제에는 '보수' 구휼과 遺棄兒 收養 등이 가장 중요한 것이었다. 보수 구휼은 사노비나, 투탁 등을 통해 호강한 무리의 노비 또는 雇工이 된 양인에 대한 구제로서 그 책임이 주인에게 돌아갔다. 이 시기 자연재해가 계속되는 가운데서도 중앙의 궁방이나 권세가들이 서남해안 지역에 堰田(간척지)을 대규모로 개발할 수 있었던 것은 이런 보수 구휼에 의한 노동력 확보에 힘입어 가능하였다. 국가는 극심한 흉황으로 식량이 부족하여 본주가 고공·婢夫 등 투탁인들을 내쫓으면 오히려 이를 금지하면서 보수 구휼을 권장하였다. 국가의 구휼능력이 한계에 도달했기 때문이었다.

유·기아는 극심한 흉황으로 유이민이 증가하여 그들이 유리 걸식하는 중에 먹을 것이 없어 자식을 길에 버리거나, 나무에 매어놓고 가버리는 가운데 발생하였다. 이에 대한 대책은 活人署·진제장 등 국가기관이 맡아 구활하거나,

21) 조규환, 앞의 글(1996), 74~78쪽.
22) 조규환, 위의 글, 80~81쪽.

富實人, 같은 집안(一族) 또는 가까운 이웃(切隣) 가운데 거두어 기르기를 희망하는 사람들을 모집 또는 지정하여 키우게 하는 것 등이었다. 국가기관이 구활하는 것은 진휼청의 소관으로 다른 문제가 없으나, 개인이 양육했을 경우, 그 아이의 신분이 문제가 되었다. 성종 12년(1481)의 「論賞節目」은 2명을 양육했을 때 하나는 노비로, 다른 하나는 고공으로 삼는 것을 허용하였고, 《경국대전》 禮典 惠恤條에도 기른지 10년 후에는 사역하는 것을 허용하였다. 이러한 법규정은 부자들이 양인을 강제로 천인으로 만드는(壓良爲賤) 것의 빌미가 되기도 하였지만, 소빙기 자연재해가 계속되는 가운데 민간에게 유 · 기아 수양을 책임지우는 것은 國穀의 소모없이 가능한 진휼의 한 방책으로 관례화되었다. 국가는 법적 규정과 수양 위축의 우려 사이에서 다른 선택을 할 수 없었다.[23)]

3) 임진왜란 이후 진휼청 제도의 변천

16세기 초반부터 장기적인 자연재해에 시달리던 조선왕조는 16세기말, 17세기초에 설상가상으로 임진왜란 · 정유재란 · 정묘호란 · 병자호란 등 수차의 대규모적인 외침을 당해 더 큰 혼란에 빠졌다. 그러나 전란을 치른 뒤에도 자연재해는 그치지 않았다.

선조 25년(1592) 4월 왜군이 부산에 상륙한 이후 선조 26년 6월 현재까지 왜군의 분탕을 겪거나 그들에 의해 점거된 지역들은 181개 고을이었다. 이 숫자는 전체 고을 328개의 55.2%에 달하는 것이었다. 농사는 물론 왜군이 들어가지 않은 147개 읍(44.8%)에서만 가능하였다고 볼 수 있으나 실제로는 호남지역과 대동강 이북 지역에서만 가능하였다.[24)] 농사가 가능한 지역이 이렇게 한정된 데다 재해가 계속되었으므로 진휼의 업무도 그칠 수 없었다. 특히 임진왜란 직후의 계사(1593) · 갑오(1594) 두 해의 재해는 이후 사람들 사이에 오래 동안 기억될 정도로 참혹했다. 전시 중의 모든 대책을 맡은 비변사

---

23) 조규환, 위의 글, 제2장 제2절 私的 구제의 모색.

24) 최영희, 《壬辰倭亂 중의 사회동태》(한국연구총서 28, 한국연구원, 1975), 84쪽.

또는 그 산하에 별도 설립된 진휼청이 주로 진휼의 업무를 담당하였다.

임진왜란 중에 진휼청이 기능하고 있었던 것은 다음과 같이 확인된다. 즉 선조 26년 윤11월 29일에 진휼청 낭청의 승진 문제에 관한 논의가 있었으며,[25] 이듬해 2월에 사간원이 근래 나라 일이 번다하여 局을 세운 것이 너무 많다고 지적하면서 接待都監·訓鍊都監 등과 함께 진휼청의 이름도 들었다.[26] 같은 시기 진휼청이 설치한 賑恤場 다섯 곳에 만여 명의 기민들이 모여들었다는 보고도 있다.[27] 그러나 이 해 12월에 진휼청은 진제장에 모여드는 백성과 사족들의 수가 많은 반면, 비변사가 가지고 있는 쌀과 콩은 바닥이 났으므로 구황물자가 생산되는 고을에 관원을 보내지 않으면 기민들이 모두 죽게 될 지경이라고 보고할 정도로 진휼의 재원은 크게 부족한 상태였다.[28]

앞에서 살폈듯이 중앙정부가 활용하던 진휼의 재원은 임진왜란 전에 이미 바닥이 났다. 이에 전란까지 겹쳐 상황은 더 어렵게 되었던 것이다. 이제 비변사와 진휼청이 해야 할 일은 기근 미발생 지역의 곡식을 기근 발생 지역으로 옮겨 활용토록 하는 것뿐이었다. 왜란이 일어난 그 해 11월에 이미 비변사는 영·호남 지역의 구황대책으로 경상우도의 좁쌀을 좌도로 옮겨 기민들을 구제케하고 우도는 전라도의 곡식을 옮겨 쓰도록 하였다.[29] 선조 26년 정월 갑신에 세운, 탕패가 심한 경기·경상·함경도 등지의 耕種과 수송대책도 평안도 미곡(쌀 830석, 콩 780석, 서직 750석, 피속 740석)을 함경도로, 전라도 미곡(쌀 6,000석, 콩 6,000석, 조 6,000석, 보리 4,000석)을 경상도로, 충청도 미곡(쌀 300석, 콩 300석, 조 200석, 보리 200석)을 강원도로 보내는 것이었다. 광해군 7년 12월 14일, 하삼도에 기근이 발생했을 때도 비변사는 진휼사 임명을 건의한 뒤 대처 방안을 농사가 어느 정도 된 황해도에서 4~5,000석, 평안도에서 14,000석을 京江으로 실어와 하삼도의 구황곡과 종자곡으로 활용할 것을 건

---

25) 《宣祖實錄》 권 45, 선조 26년 윤11월 기유.

26) 《宣祖實錄》 권 48, 선조 27년 2월 을묘.

27) 《宣祖實錄》 권 48, 선조 27년 2월 병자.
《增補文獻備考》 권 169, 市糴考 7, 賑恤 1, 선조 26년.

28) 《宣祖實錄》 권 53, 선조 27년 7월 무자.

29) 《宣祖實錄》 권 32, 선조 25년 11월 신유·임술.

의하였다.[30] 임진왜란 후 진휼청은 이전과는 달리 전국 각 고을의 보유 곡식을 최대로 활용하기 위해 이동시키는 것을 주업무로 삼았다.

임란 이후에도 진휼청의 별도 설치 운영을 반대하는 의견이 있었다. 임시 전담 관청을 설치하더라도 소기의 성과를 거두지 못하는 경우가 많다는 것이 이유였다. 이괄의 난을 진압한 직후인 인조 2년(1624) 3월에 흉년으로 진휼청 설치가 필요했으나 호조는 分曹 郎廳을 임명하여 한성부 낭청 1원과 함께 호조의 저축곡으로 진휼을 주관하게 할 것을 건의하였던 것이다.[31] 호조의 제안은 일단 채택되었던 듯 인조 4년 현재로 비변사는 진휼청이 아니라 救荒廳을 두고 이를 관장한 것으로 되어 있다.[32] 그러나 인조 4년의 상황은 이런 체제로는 감당할 수 없을 정도로 재이의 타격이 심각하였다. 이 해의 구황청을 선혜청에 이속하여 상평청과 합쳐 진휼청이라고 이름을 다시 고쳐 8도의 耗穀 및 發賣(각종 官倉의 곡식을 싼값으로 내다 파는 것), 죽 끓여 주는 일 등을 모두 구관하도록 하였다.[33] 선혜청이 진휼청에 합쳐진 것은 선혜청이 관장하던 미곡을 진휼곡으로 동원할 필요가 있었기 때문이었다. 이 무렵 진휼곡은 "동쪽 것을 옮겨 서쪽을 보충하고, 위의 것을 줄여 아래를 더하는" 방식밖에 없는 실정이었다. 이 업무를 각 도의 都事들이 주관한다는 것은 거의 불가능하였다. 중앙의 별도의 전담 기구를 설치하여 그 종사관들을 각 도에 파견하여 도끼리, 고을끼리의 협조를 구하고 또 이에 대한 통제가 필요했던 것이다.[34]

인조대 진휼청은 기록상 이후 인조 6년 8월·16년·17년 2월·20년·21년·23년·26년에 존치 중이었던 것으로 확인된다.[35] 진휼청을 선혜청에다 설치

30) 《光海君日記》 권 98, 광해군 7년 12월 병진.

31) 《仁祖實錄》 권 5, 인조 2년 3월 기묘. 호조의 건의에 대한 史臣의 논평에 의하면 호조의 건의는 광해군 11년(1619)에 진휼청 제조 朴弘耉가 각도의 미곡을 실어다 모두 자기 집에 들여 한 말의 쌀도 백성에게 돌아가지 않게 한 사례에 근거했다는 것이다. 요컨대 인조 초반 진휼청 불설치는 광해군대 실정에 대한 비판의식이 작용한 것이라고 할 수 있다.

32) 《增補文獻備考》 권 169, 市糴考 7, 賑恤 1, 인조 4년.

33) 위와 같음.

34) 《仁祖實錄》 권 19, 인조 6년 9월 신유.

35) 《仁祖實錄》 권 36, 인조 16년 정월 계사 ; 권 38, 인조 17년 2월 경인 ; 권 43,

한다는 기록은 인조 17년에도 다시 보인다. 25년에는 진휼의 임무가 끝난 뒤, 본청에 곡식이 얼마 남게 되자(쌀 800여 석, 조 700여 석) 이를 상평창 규례에 따라 값을 올려 포와 바꾸어 놓자는 건의가 있었다.[36] 이즈음 진휼청은 남한산성과 강화도의 저치곡을 진휼곡으로 운용하는 권한을 확보하여 이 정도의 여유를 가질 수 있게 되었다.[37] 진휼청이 여유곡으로 이렇게 상평법을 활용하게 되면서 이름도 상평청으로 바꾸고 선혜청 당상과 낭청이 이를 겸하여 관장토록 하였다.[38]

상평청은 단명하였다. 설치 1년만에 본래 기민을 구제해 살리는 뜻과는 달리 재물을 모으고 이익을 구하는 터전이 되고 있다는 비난이 생기면서[39] 상평청의 이름은 상당한 기간 보이지 않게 된다. 효종대에는 진휼청의 이름도 보이지 않다가 9년 8월에 처음으로 설치 조치가 있었다. 효종대에도 각지에서 기근은 계속 발생하였다. 효종 즉위년(1649)에 북도에 기근이 들어 嶺東米 2,000석을 옮겨 진휼하고, 2년에는 松都에 기근이 들어 강도미 1,000석을 옮겨 진휼했다. 같은 해에 西路에 큰 전염병이 돌아 사망자가 많아 약물과 함께 관향미 92,000여 석을 보냈다. 4년에는 강도에 기근이 들어 봄에 거두는 세미(春賦米) 1,000석을 주어 진휼하였고, 6년에 면포 5천 필을 함경도 육진 및 삼수 갑산에 분송하여 쌀을 바꾸어 기민을 진휼하게 했으며, 9년에는 호서·호남 연해읍들에 기근이 들어 田租를 감하고 전남곡 10만 석을 옮겨 진휼했다.[40] 진휼청이 다시 개설된 것은 바로 이때였다.[41] 이렇게 근 10년만에 다시 설치된 진휼청은 이듬해(효종 10년, 1659)의 대기근에 "곡식을 옮기고

인조 20년 5월 신사 ; 권 44, 인조 21년 3월 경신 ; 권 46, 인조 23년 8월 정미 ; 권 48, 인조 25년 3월 정미 ; 권 49, 인조 26년 정월 갑자.

36) 《仁祖實錄》 권 48, 인조 25년 3월 정미.

37) 《仁祖實錄》 권 49, 인조 26년 윤3월 정묘. 江都의 진휼청 租穀 600여 석을 강도와 安山의 8고을 농민들에게 종자곡으로 나누어 주었다.

38) 《仁祖實錄》 권 49, 인조 26년 5월 기축.

39) 《孝宗實錄》 권 2, 효종 즉위년 12월 무자. 상평창이 諸司의 常供價를 먼저 서울 사람들에게 주고 외방에서 두배로 징수하여 백성들에게 오히려 고통을 주고 있다는 것이었다.

40) 《增補文獻備考》 권 169, 市糴考 7, 賑恤 1.

41) 《孝宗實錄》 권 20, 효종 9년 8월 무진.

부세를 견감하는 등 모든 진휼책을 다 동원했다"고 한다.[42] 기근이 든 호남·호서를 구휼하기 위해 統營穀 1만 석을 옮기고, 제주 기근을 진휼하기 위해서는 그 田租의 반을 감하는 한편 나주 금성산성미 1천 석, 통영곡 2천 석을 옮겼다.[43] 효종대에 이처럼 진휼이 그치지 않았는데도 9년 이전까지 진휼청을 설치하지 않은 것은 北伐을 위한 제반 준비조치와의 상충을 우려한 때문이었던 것으로 보인다. 북벌을 위한 군비확장에 대한 제동과 진휼청 복설 조치가 시기를 같이 한 것은 결코 우연이 아니었다.

현종대는 소빙기 자연재해가 가장 큰 인명 피해를 냈던 시기였다. 현종 즉위년(1661)과 2년에 유례없는 흉년과 기근이 연속적으로 닥쳤다.[44] 당시는 기온강하 뿐만 아니라 홍수가 심했기 때문에 전염병이 크게 돌아 인명 피해가 컸다. 현종 2년 윤7월 진휼청이 다시 설치되었다.[45] 앞에서 살폈듯이 이전까지는 흉황이 심해도 田稅 감면은 되도록 피했다. 그것은 국가 운영에 필요한 가장 기본적인 경비였기 때문이었다. 그러나 현종대의 재난은 이에 대한 배려조차도 허용하지 않았다. 즉위년에 정부는 서울에 모여든 기민들을 구제하기 위해 關西(평안도)의 管餉 耗穀을 동원하는 한편, 海西(황해도) 公穀도 함께 동원하기 위해 이를 京倉으로 수송케 하고 본도의 五斗稅米를 견감하여 가을에 거두어 대신 채우도록 하였다.[46] 원년에는 《구황촬요》를 제작해 전국에 배포하면서 함경도 단천의 貢銀, 강원도 영동·영서의 大同米, 다른 여러 도의 전세 및 노비신공포 등을 감하였다. 먹을 것을 찾아 서울에 몰려든 기민들을 위해 상평청에서 관리하던 米鹽을 나누어주기도 하였다. 또 강원도의 기민들을 위해서는 영남 연해읍의 미곡 2천 석을 양양 등 5읍에 배로 실어가게 했다. 2년에는 왕실 용도의 尙衣院과 내수사의 貢紬의 일부, 면포 1천 필 등을 비변사에 내리면서 경기의 春收米를 結당 2두씩 감했다. 심

42) 《增補文獻備考》 권 169, 市糴考 7, 賑恤 1.
43) 위와 같음.
44) 당시 신축년(현종 2, 1661) 흉년은 前해인 경자년보다 더 심했다고 평가되었다. 《顯宗實錄》 권 5, 현종 3년 정월 정유.
45) 《顯宗實錄》 권 4, 현종 2년 윤7월 계미.
46) 《增補文獻備考》 권 169, 市糴考 7, 賑恤 1.

지어 大僕寺의 말 기르기 비용의 미곡 천여 석도 賑資로 돌렸다. 외방에서는 삼남의 기근을 구제하기 위해 함경도미 1만 석, 강원도미 1천 석, 조 3천 석을 영남에 보내도록 하고, 강도미와 남한산성미도 동원하였다.[47]

현종 3년 정월 기근이 심하게 든 영남 · 호남지역의 田稅 처리 문제를 둘러싸고 엇갈린 의견이 오갔다. 전세를 관례대로 서울로 운송하면 현지 賑資에 쓸 곡식이 없으므로 이를 본 도에 그대로 두고 진휼곡으로 사용할 것을 주장하는 의견이 나오고, 이에 대해 전세는 국가 경비가 전적으로 의존하는 것인데 이를 면제하면 나라가 지탱할 수 없다는 반론이 나왔다. 비슷한 논란은 이전에도 여러 차례 있었지만 양남 전체의 전세 처리문제는 정부로서는 매우 심각한 사안이었다.[48] 최종적으로, 재해를 입은 19개 고을은 전액 감면해 주고 나머지는 모두 경창에 운송해 들이도록 하되, 후자는 부분 면제로 호서의 예에 따라 10두 당 3두를 감하는 것으로 결정이 났다.[49]

현종 11년에 다시 대기근이 닥쳤을 때도 같은 문제가 재론되었다. 현종 11년 12월 28일(신해) 구휼책 논의를 위해 진휼청 당상들(예조판서 조복양, 좌참찬 민정중, 좌의정 허적, 호조판서 권대운, 병조판서 김좌명)이 모두 어전회의에 참여했다. 조복양 · 민정중 등은 삼남의 전세를 감면하고 관서 쌀을 동원해 진휼비로 옮겨 쓰지 않을 수 없다고 주장하였다. 이에 대해 허적 · 권대운 · 김좌명 등이 반대하면서, 금년의 전세 수미 자체가 예전의 1/10 밖에 되지 않은데 이것마저 감면하면 국가 비용은 전무한 실정이 됨으로 절대로 감면할 수 없다고 했다. 양론에 대해 왕은 전세 전면 면제는 불가하되 올릴 수 있는 것은 올리고, 올릴 수 없는 것은 올리지 말게 하여 본 도에 두고 내년 봄에 가져다 쓰는 것이 좋겠다는 결정을 내리면서, 진휼청으로 하여금 부족한 것은 전세 대신 다른 곡식을 옮겨 쓰도록 조치하게 하였다.[50]

---

47) 위와 같음.

48) 왕은 처음에 호남 우도는 완전 면제는 할 수 없으므로 곡식이 익은 전결에서 세금을 거두어 그것을 진구용으로 쓰도록 하고, 좌도는 절반만 거두기도 하고 전량을 거두기도 하되 잘 헤아려 하라고 하였다(《顯宗實錄》 권 5, 현종 3년 정월 경인).

49) 《顯宗實錄》 권 5, 현종 3년 정월 정유.

50) 《顯宗實錄》 권 18, 현종 11년 12월 신해.

전세를 진휼곡으로 동원하는 것이 어렵다는 것이 이렇게 거듭 문제되자 진휼청은 일종의 취로사업을 진휼책으로 도입하였다. 진휼청 산하에 堤堰司를 두어 오랜 재이로 황폐해진 수리시설을 복구 또는 개발하는 한편, 그 공사에 기민을 동원하여 먹을 것을 제공하는 방식을 썼다.[51] 현종 3년(1662) 정월 제언사가 복설되고 「진휼청제언사목」이 마련되었다.[52] 호조판서와 진휼청 당상이 함께 그 일을 맡고 낭청은 호조의 낭관으로 임명하였다.[53]

진휼청은 대재해가 계속되는 가운데에 국사에서 차지하는 비중이 날로 높아갔다. 그래서 郎廳까지도 '나라 일에 성의가 있는 자'로 엄선할 정도였다.[54] 진휼청은 慶德宮(경희궁) 앞 비변사에 본청을 두고[55] 용산강(마포강) 군자창·풍저창 등 주변에 江倉을 두었다.[56] 기민들은 주로 강창 주위에 많이 모여들었다.

현종 11년과 12년의 기근은 현종초의 그것보다 더 참혹하였다. 당시의 기록은 12년 2월에만 진휼청이 돌본 기민이 2만 명, 사망자 60명이었다고 한다.[57] 기근은 전염병뿐만 아니라 심한 추위까지 동반하는 경우가 많았기 때문에 진휼청에서 주검을 매장하는 데 면포를 주어 몸을 가리고 단단히 묶게 하면, 산 사람들이 곧 그 주검을 파내어 염한 것을 벗겨갈 정도였다고 한다.[58] 현종 11년 8월에 시작된 대기근은 12년 5월에 끝나는 듯 했으나 그해

---

51) 《顯宗實錄》 권 5, 현종 3년 정월 경인.

52) 이 때 복설이라고 한 것은 중종대의 例를 다시 취한다는 뜻이었다.

53) 《顯宗實錄》 권 5, 현종 3년 정월 정유.
《顯宗改修實錄》 권 6, 현종 3년 정월 경인.
《備邊司謄錄》 22책, 현종 3년 정월 18일 및 26일.
李泰鎭, 〈朝鮮時代 水牛·水車 보급 시도의 農業史的 의의〉(《千寬宇先生還曆紀念 韓國史學論叢》(정음문화사, 1985).
———, 《韓國社會史硏究》(知識産業社, 1986), 334~335쪽.

54) 《顯宗實錄》 권 7, 현종 4년 8월 신축. 이 때는 閔維重과 南九萬이 낭청으로 차임되었다.

55) 《備邊司謄錄》 40책, 숙종 12년 6월 4일.

56) 《顯宗實錄》 권 19, 현종 12년 5월 갑술.

57) 《顯宗實錄》 권 19, 현종 12년 2월 신해.

58) 《顯宗實錄》 권 19, 현종 12년 3월 병자.

밀보리 농사가 또 대흉작이어서 기근은 강도를 더해 계속되었다.

대기근 때 아사자·전염병 사망자에 대한 보고는 충실하지 않다. 장기적인 자연재해가 정확한 보고를 허용하지 않았다. 그래도 현종 12년 한 해의 경우에는 비교적 충실한 보고가 기해졌다. 이해 정월 1일부터 12월 30일까지 서울 및 각도·각군으로부터 올라온 보고를 집계하면, 총 기민수는 680,993명, 동사 및 아사자 58,415명, 전염병(여역) 사망자 34,326명이다.[59] 그러나 같은 해 12월 12일 사헌부의 헌납 尹敬敎는 기근과 전염병으로 인한 사망자가 한 해에 거의 100만 명에 달했는데도 관리들이 두려워 실제 숫자를 보고하지 않고 있다고 했다.[60] 현종 13년 4월의 한 기록은 12년부터 13년 봄까지 전염병이 도는 가운데 12년 봄과 여름 사이 떠돌다 사망하여 시체가 길에 즐비했는데 진휼청에서 수레로 실어다가 동서 근교와 목멱산 바깥 기슭에 매장한 숫자만도 3,600여 구에 달한다고 했다.[61] 그리고 13년의 보고는 동·아사자 152명, 전염병 사망자 5,620여 명의 숫자밖에 내놓지 않고 있다. 이것은 양년의 기근이 임진·계사년 전란 때보다 더 참혹하다는 말과는 너무나 거리가 있다. 이 해에 상평청과 진휼청의 죽 끓이는 곳에 모인 숫자는 많을 때는 4,300여 명, 적을 때도 2천여 명이었으며, 곳곳에 도둑이 들끓었다고 한다.[62]

진휼청은 숙종·영조대에도 거의 비슷한 기능을 수행하면서 계속 존속하였다. 소빙기 자연재해가 계속되는 한 이 기구는 없어질 수 없었다. 그러나 진휼청은 숙종 12년 6월에 폐지되고 상평청이 그 기능을 대신했다. 그 사이에 재이가 뜸해져 대아문을 계속 둘 필요가 없다는 주장에 따라 변개 조치가 취해졌다.[63] 진휼청이 주관하던 재물과 미곡은 모두 상평청으로 옮기고 선혜청에서 一員이 상평청에 파견되어 진휼의 업무를 전관하도록 했던 것이다. 요컨대 흉년이 드물어진 틈에 진휼청의 재곡을 상평청의 규례로 증식하되

59) 이것은 필자가 《顯宗實錄》에서 집계한 것이다.

60) 《顯宗實錄》 권 209, 현종 12년 12월 임오.

61) 《顯宗實錄》 권 20, 현종 13년 4월 병술. 이 기록은 한성부가 나중에 10리 밖으로 옮겨 매장하였다고 밝힌 다음에 시체의 숫자를 제시해 후자만의 것인지 전체 것인지 애매하다.

62) 《顯宗實錄》 권 20, 현종 13년 3월 을해.

63) 《備邊司謄錄》 40책, 숙종 12년 6월 4일.

전국의 대동미를 관장하는 선혜청과 긴밀한 관계를 가지도록 한 것이다.

그러나 숙종 21년(1695) 8월 다시 대흉년과 대기근이 닥침으로써 진휼청은 복설되었다. 賑政이 새로이 바빠져 타청에 그 업무가 속해 있을 수 없으므로 현종 2년(1661) · 11년의 예에 따라 복설하는 것으로 조치하되, 당상과 낭청은 현임 상평청 당상과 낭관들이 그대로 맡도록 하였다. 상평청 당상과 낭관들이 진휼청의 임원을 겸한 것은 그 사이 대동법 및 주전의 시행으로 상평청과 밀접한 관계를 유지하지 않고서는 진휼의 자본을 확보할 수 없었기 때문이었다. 진휼청이 상평청과 유대관계를 가진 체제는 이후 계속되었다. 영조 후반 곧 1760년대에 소빙기 재해가 거의 종식되는 시점에서 진휼청은 그대로 존속하면서도 그 소관 재곡의 이름은 常賑穀으로 바꾸어 부르도록 하였다. 이것은 상평청이나 진휼청에 移付되는 각 읍 곡물을 하나로 통합해 관리하기 위해 취해진 명칭 변개이지만, 한편으로는 소빙기 자연재해가 바로 이 시점에서 끝나 진휼곡의 용도도 급격히 줄어들어 이식곡으로의 용도 변경이 가능했던 의미를 지니는 변화였다.[64] 정조 7년(1783) 《字恤典則》을 제정하는 단계에는 진휼의 빈도가 현저하게 줄어들어 그 재곡을 유기아들에 대한 사회보장적 조치에 쓰이는 것으로 바뀌게 된다.

〈李泰鎭〉

3. 인구의 감소

1) 조선시대 인구 추정

조선시대의 인구에 관한 연구는 자료 여건이 어려운 가운데도 지금까지 꾸준히 진행되었다. 그러나 연구자들 사이에는 인구 동향과 인구수 추정에서 상당한 견해 차이가 있다. 특히 조선 중기의 인구수 추정에서 견해가 엇갈렸다. 이 시기의 인구 동향 파악에서 소빙기 이상현상을 인식한 연구자는 물론

64) 《備邊司謄錄》 154책, 영조 46년 9월 15일.

없었다. 그러나 수집된 관련 문헌자료를 통해 이 시기에 흉년·기근·전염병·전쟁 등이 많았던 것을 인지하여 이를 인구감소의 원인으로 간주한 연구는 여러 개가 있었다.

조선시대 인구 연구는 주로 《朝鮮王朝實錄》과 《戶口摠數》에 전하는 식년 호구조사 결과에 근거하고 있다. 3년 단위의 호구조사는 16세기에 들어오면서 제대로 시행되지 못하다가 왜란과 호란을 거친 뒤 인조 17년(1639)부터 다시 행해졌다. 《조선왕조실록》과 《호구총수》 등 조선시대 공식기록에 전하는 호구수는 이 글의 맨 뒤에 제시된 〈그림 1〉의 ① 및 〈표 1〉과 같다. 이 자료들에 근거한 연구는 현재 10여 편을 넘지만, 장기간의 인구 동향을 다룬 연구는 많지 않다. 관련 주요 연구들의 추정 결과를 정리해 보고자 한다.[1)]

(1) 호구 총수의 조사 결과를 존중한 추정

方東仁, 〈인구의 증가〉(《한국사》 13, 국사편찬위원회, 1978).

이 연구는, 조선시대 인구에 관한 공식 조사는 도망자·隱漏者·冒錄者 등이 많고, 아이들의 연령층이 포함되지 않는 등 누락인구가 많아 실제의 인구수로는 볼 수 없다는 견해를 취했다. 실제 인구수는 이러한 탈락·누락이 감안될 때 추정이 가능하다는 견해이다.

조선 중기의 경우, 왜란·호란 후 전국 인구는 200만 명 미만이었다가, 현종 10년대의 조사에서 500만 명을 상회하게 되고, 계속적인 증가추세로 숙종

---

1) 조선시대 인구에 관한 다른 주요 연구들은 다음과 같다.
四方博, 〈李朝人口に關する一硏究〉(《朝鮮社會法制史硏究》, 京城帝大法學會論集 제 9집, 1937).
金載珍, 《韓國의 戶口와 經濟發展》(박영사, 1967).
石南國, 《韓國の人口增加の分析》(勁草書房, 1972).
鄭德基, 〈朝鮮王朝時代 戶口 변천의 사회경제적 연구〉(《湖西史學》 2, 1973).
韓永愚, 〈조선전기 戶口總數에 대하여〉(《인구와 생활환경》, 권태환·한초연 편, 서울大 인구 및 발전문제 연구소, 1977).
朴商台, 〈조선후기의 인구 -토지압박에 대하여-〉(《韓國社會學》 21-겨울호, 1987).
김두섭, 〈조선후기 도시에 대한 인구학적 접근〉(《韓國社會學》 24-여름호, 1990).
韓榮國, 〈朝鮮後期 어느 士族 家門의 子女生産과 壽命〉(《擇窩許善道先生停年紀念韓國史學論叢》, 1992).

대 초반에 700만여 명에까지 이르렀다가, 이후 600~700만여 명을 왕래하는 고정적이고 정체적인 현상을 보인 것으로 파악하였다. 이 고정적·정체적 현상의 원인을 특히 전쟁, 흉년과 기근, 전염병 등 자연재해로부터의 피해에 초점을 맞춘 것이 주목된다. 이 밖에 18세기 인구 동향에 대한 파악에서 농경지와 인구분포의 밀접한 상관관계를 검토하여, 황해·함경·평안·경기 등지의 농경지가 개발되면서 인구가 전체적으로 상승한 점을 지적하였다.

(2) 인구학적 연구방법에 의한 연구결과

權泰煥·愼鏞廈, 〈朝鮮王朝時代 人口推定에 관한 一試論〉(《東亞文化》 14, 1977. 12).

1925년 조선총독부에 의해 시행된 제1회 국세조사의 결과를 조선시대 호구조사 자료를 활용하는 기준으로 삼아, 《조선왕조실록》에 기록된 조선 말기의 인구수(약 700만)는 완전성이 40% 미만인 것으로 평가하였다. 그리고 조선시대 자료 중 완전성이 높은 서울 인구에 의한 전국 인구수의 재구성을 시도하였다. 서울 호구수 중 경종 3년(1723)부터 정조 23년(1799)간 2~12년 간격으로 보고된 것과, 세종 8년(1426)·현종 10년(1669) 것을 완전성이 높은 것으로 평가하였다. 전국 인구에 대한 비율이 1925년 국세조사의 것과 동일하다는 것을 그 근거로 삼았다. 서울 호구수에서 전국 호구수 추정에 활용할 수 있는 중요한 요소는 호당 口數 곧 가구원수였으며, 이의 산출을 통해 인구학적으로 기대 가구원수와 보고된 수치와의 차이를 보정 요인으로 삼아 전국 인구수를 재추정하는 방법을 썼다.

위와 같이 평균 가구수를 추정한 다음, 세종 27년 환자미 방출시의 황해도 진휼 대상 호구수를 단편적이나마 완전성을 보이는 자료로 주목했다. 이 자료를 활용해 세종 22년 자료(戶 201,853, 口 692,475)의 완전성이 호 41.4%, 구 15.54%인 것을 산출하여 세종대의 인구수를 6,724,000명 정도로 추정하였다. 이어 이에 근거한 중종대 인구자료의 완전성과 보정 요인 등을 산출하고, 세종 22년~중종 38년(1543)간, 중종 14년~38년간의 연평균 인구증가율을 각각 0.53%, 0.44%로 산출했다. 이에 근거해 태조 원년(1392)~세종 22년간, 중종 38년~선조 24년(1591)간의 연평균 인구증가율을 0.4%로 가정하여 임진왜란 전까지의 각 년의 인구수를 파악하였다. 조선 건국의 해인 1392년의 인구는 약 555만 명, 임진왜란 직전인 선조 24년은 약 14,00만 명에 달한 것으로 추산하였다.

선조 25년 임란 이후 인조 15년(1637) 병자호란까지는 전쟁과 관계된 질병·기근· 사회적 불안 등을 고려해 연 −0.2%로 인구가 감소했다는 인위적 가정을 세웠다. 동일한 가정은 19세기에도 적용되었다. 그 사이의 호구수 추정을 위해서는 다음과 같은 방법을 썼다. 먼저, 인조 17년~현종 10년간의 30년 동안 호구자료(호 441.827, 구 1,421,165→호 1,313,652, 구 5,018,744)는 '급격한 진저 향상'을 보인 것이라고 평가하고, 이 사이의 매년 인구수 보정을 위해 현종 10년 이후 자료와 동일한 오류 유형을 갖도록 일차 보정을 한 후 이를 실제 인구수 추정에 사용하는 방법을 썼다. 현종 10년 것을 기준으로 30년간 호수의 증가율을 25%로 가정하여 호구수를 재조정 한 다음, 1639~1669년간의 호수는 1669년 이후의 호구와 같은 개념으로 조사된 것으로 간주하여, 현종 17년 이후의 모든 호구조사자료의 오류 보정은 평균가구원수의 조정에 두었다. 평균가구원수는 숙종 46년(1720)의 울산호적자료를 표본으로 사용하여 연령별 분포의 비정상성을 파악한 다음, 이를 1925년의 전국 연령 분포와 대비해 지수형 방정식을 만들어 추산하였다. 그리하여 조선시대 매 연도별 추정 인구표를 제시하였는데(〈그림 1〉의 ②), 조선 후기의 경우, 인조 17년은 10,665,000명, 철종 12년(1861)은 16,762,000명으로 제시되었다.

(3) 역사인구학적 연구방법에 의한 연구결과

Tony Michel, Fact and Hypothesis in Yi Dynasty Economic History : The Demographic Dimension, *Korean Studies Forum*, No. 5. 1979 winter~1980 spring ; 〈朝鮮時代 人口變動과 經濟史－人口統計學的 측면을 중심으로－〉(《釜山史學》 17, 1989).

호구자료 중 인조 17년(1639)부터 작성된 《호구총수》 또는 실록의 통계 수치에서 총 인구수를 호의 총수로 나누어 4.3명이란 평균 가구원수부터 먼저 구했다. 그리고 이 수치는 1925년 인구조사의 평균 가구원수 5.34명에 비해 약 23%가 누락된 것으로 평가하였다. 평균 가구원수 5명 규모는 헌종 14년(1848)의 실록 통계수치에 대한 다음과 같은 분석으로 뒷받침하였다. 즉 이때의 실록 기록은 호 110만, 구 1,260만이라고 했는데, 이는 이전의 기록들이 호 약 140만, 구 약 600만 정도를 나타낸 것에 비하면 큰 차이가 있는 것으로, 기록대로라면 가구원수는 11.3명이 된다. 이런 대가족 규모는 일반적인 것이 될 수 없으므로 110만 호는 210만 호의 오기일 것으로, 이렇게 보면 평균 가구원수는 5.9명으로 1925년 것과 거의 일치한다고 밝혔다. 이 기록은 호수 표기에는 잘못이 범해졌으나 실제 호구수를 처음 밝힌 기록으로 주목할만한 것이라고 평가하였다. 이에 근거해, 이전의 각 식년 조사기록에서 총인구수는 무시하고, 호수에 7.95명을 곱하면 각 시기의 실제 인구수로 상정할만한 규모가 나오는데, 이런 결과는 일반적으로 평균 호수가 50% 정도 축소되었으며, 기록된 호라 할지라도 가구원수는 약 23%가 호적에서 누락되었을 것이라는 가정을 가능하게 하였다. 결국 가장 타당성이 있는 평균가구 규모는 5.3명이라는 결론을 내렸다. 이렇게 파악된 호수의 누락율과 실제 평균 가구원수에 근거해 조선시대의 시기별 인구수를 추정 또는 산출하여 도표를 그려 제시했다(〈그림 1〉의 ③).

인구 동향에 대해서는 다음과 같이 언급했다. 첫째, 15세기 중엽인 세종대는 실제 인구가 550만~750만 명 정도로 인구가 증가일로에 있었던 시기로 이 시기 이후에 호패제도가 중단되고(1469), 군역이 군포 납부로 대신하게 된 것도 인구증가로 노동력 부족현상이 해소되었기 때문이라고 파악하였다. 조선 초기의 인력부족 현상이 농업생산력의 증가, 徙民에 의한 북방지역의 농지 개척 등으로 해소된 결과로 보았다. 그러나 조선의 인구는 16세기 중엽 무렵에 1,000만명을 한계로 최고의 수준에 이른 다음 정체되었을 것으로 파악하였다.

임진왜란 전후의 인구 동향에 대해서는 왜란 이전부터 인구 증가 둔화현상이 있었을 것을 강조하였다. 16세기 후반부터 인구의 성장이 눈에 띄게 완화되어 이런 상태에서 전란, 기근, 전염병 등의 재난으로 회복력이 더욱 떨어져 1590년대를 지나면서 인구의 2할 즉 200만 명에 가까운 숫자가 감소했을 것으로 보았다. 그후 매우 완만한 회복세를 보이면서 17세기 중엽에서 신속한 증가가 나타난 것도 임란 이전에 이미 인구 성장이 둔해진 증거로 보았다.

(4) 농업경제사적 연구의 결과

李永九·李鎬澈, 〈朝鮮時代의 人口規模 推計〉 Ⅰ·Ⅱ(《經營史學》 2·3, 1988).

이 연구는 인구증가율은 전근대 사회에서 근대사회로 이행하면서 점차 증가하는 것이 일반적 현상이며, 조선 전기에 비해 조선 후기에 이앙법의 보급, 시비법 및 농기구의 발달, 상업적 농업의 발전 등 농업기술면에서 획기적으로 발전했기 때문에 인구 증가율이 전기보다 낮을 수 없다는 관점에서 출발하였다.

조선 초기의 경우, 호구 조사의 완전성이 1/10에 불과하다는 당시의 기록이 있으므로, 이를 《세종실록》 지리지의 전국 호구수로 제시된 것에 적용하여 760만~800만 명의 수치를 구했다. 그리고 전기의 인구 성장율 0.15%로 세종 14년(1432)의 인구(약 800만 명으로 추정)에 역산한 결과, 태조 원년(1392)에 대해서는 약 750만 명이란 수치를 얻었다. 그리고 조선시대 토지의 段當收量指數는 세종 26년(貢法)을 100으로 할 때 17세기 전반이 75, 18세기 전반이 119.7, 18세기 후반이 129.5, 19세기 전반이 142.5로서, 그 연평균 성장률은 각각 0.158%·0.46%·0.46%·0.10%·0.25%가 된 것을 제시하고[2], 이로 볼 때 17~18세기 토지생산력의 성장율은 조선 전기의 그것보다 훨씬 높았던 것이 분명하며 따라서 인구 성장율도 이에 준해 평가되어야 한다고 주장하였다. 그리고 17세기의 인구 감소에 관한 기록도 사실을 반영하는 것이라기 보다도 호구 파악 방식의 변화나 표현상의 문제라고 비판하면서 17세기의 인구 감소를 부정하였다. 이상과 같은 관점에서 《호구총수》의 각 식년 호구수를 이용해 회귀분석의 방법으로 각 시기의 평균증가율을 산출하여 각기의 인구 규모를 추정하였다(〈그림 1〉의 ④).

이상 4개 연구는 분석방법이 서로 다르고 인구추정의 수치도 서로 크게

---

2) 이호철, 《조선전기농업경제사》(한길사, 1986), 746~747쪽.

다르다. 주요 지표 연도가 될만한 세 경우에 대한 3개 연구의 추정 인구수를 예로서 비교하면 다음 〈표 2〉와 같다. 연구자들 사이에는 인구 추정치는 차이가 있으나 증감의 시기에 대해서는 일치하는 경우도 있다(권태환 · 신용하와 토니 미첼). 그리고 증감의 시기에 대해서는 근본적인 차이가 있는 데도 추정 인구수가 근접된 경우도 있다(토니 미첼과 이영구 · 이호철의 1591년도, 1669년도). 이런 엇갈림은 아직 연구 방법에 어떤 문제가 있다는 것을 의미하며, 이런 문제점을 해소시켜 나가는 것이 앞으로의 과제이다.

〈표 2〉 인구 추정치 주요 년도 예시

연 구 자	태조 원년(1392)	선조 24년(1591)	현종 10년(1669)
권태환 · 신용하	5,549,000명	14,095,000명	13,192,000명
토니 미첼	4,800,000명	약 10,000,000명	약 10,200,000명
이영구 · 이호철	7,500,000명	10,120,000명	9,930,000명

2) 소빙기 자연재해와 인구 동향

조선시대 인구에 관한 연구에서 앞으로 최소한 증감시기 곧 인구의 흐름에 대한 인식만은 일치시켜야 한다. 이것은 각 시기의 상황에 관한 구체적인 검토로서 가능한 문제이다. 추정 방법은 과학적일수록 좋지만, 상황에 대한 인식이 잘못되면 아무리 과학적인 분석방법이라도 무효한 것이 되기 쉽다. 조선왕조 시대의 거의 반에 해당하는 시기에 존속한 소빙기현상에 대한 인식은 이 시대 인구 동향 파악에 결정적인 영향을 줄 수 있는 것이다. 아직 소빙기현상의 존재가 드러나지 않은 상태에서도 연구자들 가운데는 기근 · 전염병 등으로 인한 인구의 감소를 중요시하였다. 이는 관련 문헌 검토에서 이에 관한 기록들이 많이 나왔기 때문이었다. 지금은 소빙기현상의 존속 기간과 그 재해의 규모가 가시화되었으므로 이를 고려하여 인구의 증감을 다시 살핀다면 보다 더 체계적인 연구성과를 거둘 수 있을 것이다. 기존 연구들이 보인 견해 차이와 쟁점들도 소빙기현상에 대한 이해를 통해 해결될 수 있을 것이다.

앞에서 정리한 기존의 연구성과 가운데 소빙기현상과 관련해 재음미가 필요한 것은 16세기 중반 이후의 인구 성장 둔화설과 17세기 중반부터의 인구 상승설이다. 전자는 토니 미첼이 제기한 것이고, 후자는 이영구·이호철을 제외한 연구자들이 모두 취한 것이다.

16세기 중반 둔화설은 그 시작점을 명종대부터로 보았다.[3] 둔화의 원인에 대해서는 구체적으로 든 것이 없다. 16세기가 조선시대에서 가장 어려웠던 암흑시대라는 학계 일각의 주장을 받아들이면서 거의 한 세기가 지난 17세기 중반에서야 비로소 같은 수준의 인구가 회복된 것으로 볼 때, 감소의 시작 시기를 통설대로 선조 25년(1592)의 임진왜란부터로 볼 수 없다는 입장이다. 이러한 견해는 15세기말에 시작된 소빙기현상의 재해가 그치지 않아 중종 6년(1511)부터 진휼청을 상설하다시피 하고 중종말부터는 정부의 진휼대책조차 무력한 상태에 빠진 사실로서도 뒷받침 될 수 있다. 앞에서 살폈듯이 중종 6년에 처음 설치한 진휼청은 중종 20년에 독립기구에서 호조 산하로 들어갔지만, 중종 36년에 다시 독립기구로 환원하였으며, 임진왜란 이후에는 호조·선혜청 등을 통할하면서 비상체제의 중심으로 기능하였다. 이 사실은 사회경제적 상황이 중종 36년의 시점부터 극도로 나빠지기 시작했다는 판단을 가능하게 한다. 〈그림 2〉(이 글의 뒤에 제시)는 성종 12년(1481)부터 명종 8년(1553)까지 서울의 쌀값(면포의 필수)에 관한 기록들을 정리한 것이다. 이를 보면 성종 12년부터 조금씩 상승하기 시작한 쌀값이 1500년대에 상승의 폭이 3배로 높아진 후, 1510년대에 다시 큰 동요를 보이기 시작하여 1540년대부터는 통제 불능의 상태에 빠진 것을 보여준다. 거듭된 기근과 전염병의 만연이 가져온 상황이었다. 15세기 인구 상승의 요인이 16세기 전반에는 거듭하는 자연재해 속에서 어느 정도 순작용을 유지했다하더라도 16세기 중반에 이르러서는 더 이상 상승효과를 유지할 수 없는 상황에 빠졌던 것이다. 토니 미첼의 16세기 중반 둔화설은 정곡을 얻은 것이라고 보아도 좋을 것이다.

다음, 17세기 중반 인구상승설의 경우, 그 근거는 《호구총수》 및 실록의 호구조사 결과이다. 인조 17년(1639)부터 재개된 호구조사 결과가, 현종 7년

3) 미첼교수는 어느 왕대라고 직접 언급하지 않았으나, 그가 제시한 〈조선시대의 인구추정표〉에 의하면 1550년대부터 성장이 정체한 것으로 표시되어 있다.

(1666)부터 200만 명 대에서 400~500만 명 대로 급격히 늘어남에 따라, 이에 근거해 이 시기를 인구 회복 및 상승기로 보게 된 것이다. 그런데 소빙기설에 의하면 현종대는 자연재해의 피해가 가장 심했던 시기이다. 현종대의 호구조사에 대해 권태환·신용하는 '급격한 질적 향상'이라고 평가했고, 이영구·이호철도 호구에 대한 국가의 파악방식이 이 시기에 변한 것으로 보고 이를 적극적으로 평가하는 입장을 취했다. 토니 미첼은 숙종 4년(1678) 자료부터 신뢰할 수 있는 것으로 보고 현종대의 자료에 대해 의미있는 해석을 끌어내기는 어려운 것이라고 하였다. 그런데 현종대는 앞에서 살폈듯이 소빙기현상의 자연재해가 가장 큰 인명 피해를 냈던 시기 중의 하나였다. 현종 즉위년과 2년의 유례없는 흉년과 기근으로 진휼청을 다시 설치하였다. 그리고 현종 3년에는 영남·호남 지역에 심한 기근이 들었다. 그리고 현종 11~12년에는 후대에 庚辛大饑饉이라는 별칭을 남길 정도로 사상 유례가 없는 대기근과 전염병이 돌아 100만 명 이상의 인명 피해를 냈다. 바로 이런 상황에서 인구가 증가하기 시작했다는 것은 납득하기 어렵다. 이런 착오는 현종대의 호구조사의 실황과 성격을 다시 살피게 한다.

인조 17년부터 재개된 호구조사의 실상과 성격에 대해서는 최근 아주 구체적인 연구성과가 나와 크게 참고된다.[4] 이에 따르면, 현종대와 숙종대 초반의 호구수의 급증은 良役制 유지를 위해 호구 색출을 어느 시기보다 강력하게 추진한 결과에 불과한 것이며, 이런 색출이 때마침 닥친 대기근과 전염병의 발생으로 제도 운영에 큰 문제를 던져 양역변통 논의가 시작되었다고 한다. 이 연구에 근거해 17세기의 양역제와 호구조사의 관계를 정리하여 현종대 호구증가의 의미를 구체적으로 살펴보기로 한다.

조선 전기의 實役 위주의 군역제도는 성종 8년(1477)에 467,716명(正軍 134,973명, 保人 332,745명)의 군역 의무자를 파악하였다.[5] 그런데 실역 위주의 군역제도는 16세기에 자연재해가 계속되는 가운데 布納化로 변질되어 군역 의무자를 파악한 軍籍은 과세 장부로 바뀌어갔다. 이런 변질 속에서도 중종 4

4) 鄭演植, 《조선후기 '役摠'의 운영과 良役 變通》(서울大 博士學位論文, 1993).

5) 李泰鎭 외, 《韓國軍制史》 近世朝鮮前期(陸軍士官學校 韓國軍事硏究室, 1968), 208~209쪽.

년(1509) 12월의 군적은 정군 177,322명, 雜軍 123,958명을 파악하였다.[6] 중종 18년 12월에도 다시 정군 186,691명, 잡군 125,074명을 파악하였다.[7] 중종대에는 2차의 군적 개수와 함께 호구도 두 차례 조사할 수 있었다. 중종 14년에 호 754,146, 구 3,745,481, 중종 26년에 구 3,965,253명을 조사하였다. 그러나 이후로는 어느 쪽도 성과를 올릴 수 없었다.[8] 소빙기 자연재해로 민의 피폐가 갈수록 심해지고, 군역 의무자들이 유리·도산하는 경우가 많아 이를 충정하기 위한 개수의 필요성은 높아도 실행이 불가능하였던 것이다.

임란 후에도 상황은 더욱 어려워지고 있었다. 군적 개수를 위한 사업은 광해군때까지 한 번도 착수되지 못하였다.[9] 광해군 2년(1610)에 軍丁 확보를 목적으로 號牌法 시행이 시도되었지만 일반민의 반발로 중지되고 말았다. 인조반정(1622)으로 서인이 집권한 뒤 군사력 증강의 필요성은 이전보다 더 높아졌다. 반정 주도세력이 친명정책을 표방하여 후금의 내침 가능성이 높아져 군사력 증강은 절대적으로 필요했다. 서인정권은 舊軍籍과 관계없이 군사가 될 만한 자들을 모아 서울에 군영을 신설하여 국방과 정권유지에 필요한 군사력으로 삼았다. 이렇게 군사력 증강의 필요성이 높아짐으로써 군역 대상자 파악을 위해 인조 3년에 호패법 시행이 다시 시도되었다. 호패의 위조, 미착용에 대한 엄한 벌칙(참형)을 내세워 1년만에 男丁의 수를 103만 명에서 226만 명으로 증가시키고(이때는 私賤의 노비도 포함했던 것 같다), 이를 근거로 이듬해에 군적 개수작업에 착수하였다. 임란 이전부터 내려오는 군적의 군액이 40만 명이며[10], 이 가운데 戶·保를 합쳐 251,679명이 虛位란 것도 처음 파

---

6) 정군 177,322명은 정상적인 상태라면 436,212명의 보인을 가지게 된다. 성종 8년의 정군과 보인의 비율이 2.46명이므로 이를 중종 4년의 정군수에 곱하면 위의 숫자가 산출된다. 정군과 보인을 합친 613,534명이 곧 당시의 총 군역 의무자(군적에 오른자)가 된다. 그러나 이때의 군적 조사 결과가 왜 정군과 잡군의 수만을 제시하고 보인의 수를 빠뜨렸는지는 알 수 없다.

7) 정군 186,691명을 중종 4년의 경우와 같은 방법으로 계산하면 보인 459,262명, 양자를 합친 총액은 645,954명이 된다.

8) 실록에 의하면, 명종 7년(1552) 7월, 선조 원년(1568)·6년 8월 등 3차례에 걸쳐 군적 조사가 시도되었으나 민의 반발로 중단되었고, 단지 선조 8년 3월에 신군적을 반행하였다고 하나 숫자는 밝혀지지 않았다.

9) 이하 鄭演植, 앞의 책의 요지를 정리한 것이다.

10) 이것은 선조 8년(1575) 3월에 頒行했다는 신군적의 파악 수자가 아닌가 한다.

악할 수 있었다. 그러나 일반민의 피폐가 심했기 때문에 개수작업은 더 이상 진행되지 못하고, 정묘호란으로 조정이 강화도로 피난하는 길에 민심 이반을 두려워하여 호패 관련 문적들을 모두 한강변에서 불사르고 말았다.

군적 개수사업은 인조 12년(1634)에 다시 시도되었다. 그러나 이것도 원칙만 정하고, 이듬해 병자호란이 발발하여 실행되지 못했다. 인조 16년부터 歲抄란 것을 통해 空戶充定사업이 착수되었지만, 반정 후에 증설한 군영 군사를 뽑는 것(별세초)을 우선하여 구군적의 궐액 채우기(大歲抄)는 인조 26년까지도 인조 3년 것에서 겨우 56명을 더 채운 것에 그쳤다.

효종은 주지하듯이 북벌정책을 표방하였기 때문에 군역 대상자 확보정책은 그대로 유지하였다. 그러나 이때도 자연재해의 피해는 계속 누증되는 상태였기 때문에 큰 성과를 거두지 못했다. 새 대상자 색출이 가능하면 신군영에 우선적으로 배속되고 구군적의 궐액 채우기는 사실상 진전이 없었다. 남한산성의 守禦廳 배속 병력을 단속하고, 서울 御營廳의 군사를 7,000명에서 21,000명, 禁軍을 600여 명에서 1,000명으로 각각 확장한 것이 주요 성과였다. 마지막으로 훈련도감 군사를 5,000여 명에서 10,000명으로 늘이는 사업을 추진 중에 국왕이 승하하였다. 당시의 군영제도도 전기의 군역제도처럼 1명의 정군에게 2~3명의 保人을 배당하였으므로, 위 23,000명의 증액에는 46,000~69,000명의 보인 충정을 수반하였으므로 자연재해가 계속되는 상황에서는 결코 가벼운 일이 아니었다. 마지막 훈련도감 군사 증액 조치에 대해서는 반대의견이 많았다.

현종 즉위초에 시작된 군액 감축 논의는 훈련도감의 증원분 5,000명(10哨) 감축에 초점을 두었다. 이 논의는 시간을 오래 끌었지만 결국 현종 10년(1669)에 감축하지 않는 것으로 결말이 났다. 대상 인원이 이미 서울에 와있으므로 감축하여 되돌려보내기 보다는 그대로 두고 결원이 생기더라도 보충하지 않는 것으로 의견이 모아졌다. 뿐만 아니라 그 인원은 훈련도감에 그대로 두지 않고 訓鍊別隊란 신군영 창설로 이어져, 앞으로 결원 보충을 하지 않는다는 원칙도 사실상 무위로 돌아갔다. 인조반정 이래 중앙 군영 창설은 반정 주체인 서인들이 거의 주도하였다. 훈련도감·어영청·수어청 등의 군권이 모두 그들에게 돌려졌다. 그 서인을 견제해 오던 남인이 현종 조정에서는 모처럼 정치적 우세를 잡았다. 국왕과 서인의 거두 宋時烈의 반목이 심했기 때문에 남인의 요직 진출이 현저하게 우세해졌다. 남인들은 서인을 견제할 새로운 군영이 필요했으며, 국왕도 이 점을 용인해 현종 11년에 元軍 13,700명, 保人 41,100명, 총 54,800명의 규모로 훈련별대가 창설되었던 것이다. 현종대는 현실적으로 군액을 절대적으로 감축해야 할 상황이었으나, 정치적으로는 정파간에 군권 경쟁이 가열되어 군영 증설이 계속됨으로써 군역(양역) 대상자 색출의 필요성이 더욱 높아지고 있었다. 이 시기에 전례없는 자연재해가 거듭하는 가운데서도 호구조사가 강화되어 이전보다 많은 호구 수치를 남긴 것은 바로 이런 배경을 가지고 있었다. 재해의 피해가 크면 군액 소사는 늦추어야 하는데 군영이 증설되는 정치적 상황에서는 오히려 재해로 도산한 자를 채워야 하는 필요성까지 합쳐져 군의 확보를 위한 호구조사의 강도가 더욱 높아지는 모순이 빚어졌던 것이다.

현종대의 호구정책은 인조·효종대와는 질적으로 전혀 달랐다고 한다.[11] 현종대의 호구조사는 事目의 규정을 이전보다 훨씬 더 강화하였다. 첫 식년인 원년의 경우, 호적에 탈루된 자들을 全家徙邊律로 다스린다고 하였다. 《經國大典》·《大典續錄》·《大典後續錄》에서는 보지 못하던 규정이다. 다음 식년(현종 4년, 1663)에서도 호적 누락자는 고역인 水軍에 충정하고, 私賤이 그랬을 경우는 전가사변률을 적용한다고 했다. 현종 7년에는 나이를 1년 허위로 기재하면 당사자와 家長을 杖 100, 1丁을 누락시킨 자는 杖 100에 徒 3년, 3丁을 누락시킨 자는 全家徙邊에 처한다고 하여 호적 사무 관리자들에 대한 규제를 강화하고, 漏戶는 사대부나 공사천을 막론하고 徙邊에, 호적 담당자는 管領·統首·監考 이하 里正에 이르기까지 杖 100부터 전가사변, 充軍의 형벌을 가한다고 훨씬 더 구체적인 규제사항을 두었다. 군역을 피하거나 끼니를 얻기 위해 서울에 위장 입적해 있는 良戶도 철저히 색출해 내도록 하였다. 현종대에 호구조사 결과가 급증한 것은 바로 이런 강력한 규제 강화를 통해 얻어진 것이었다. 현종 11년(1670)은 훈련별대가 창설되고, 이전에 비해 매우 많은 호구수를 올린 해였지만, 한편 그해 가을부

11) 鄭演植, 앞의 책.

터 다시 전례없는 강추위와 대기근(경신대기근)이 엄습하고 전염병이 맹위를 떨치기 시작하였다.

현종대 호구조사 결과에 대한 위와 같은 파악에 의하면, 이 시기를 호구 급증의 전환기로 보기에는 여러 가지로 어려움이 많다. 인구 감소에 결정적인 영향을 끼치고 있던 소빙기 자연재해의 피해가 이 시기에 더 가중되고 있었다면 이 시기에 인구가 증가했다고 보는 것 자체가 불가능하다. 사회적인 조건은 앞 시기와 마찬가지거나 더 나빠졌는데 탈루한 가호의 색출이 강력하게 추진되어 숫자가 늘어났을 뿐인 것이다. 다시 말하면, 실제 호구수는 앞 시기 인조·효종대와 비슷했는데 지금까지는 국가에 대한 부담에서 벗어나기 위해 호적에서 빠졌던 가호들이 이때 다수 색출되었을 뿐이었던 것이다. 특히 군역 부과 대장인 軍籍이 호적에 근거해 작성되었으므로 호구조사는 군역정책의 향방에 따라 좌우될 수 있는 문제였다. 호구조사의 실상과 성격이 이렇다면, 그 수를 일률적으로 실제 인구수의 근거로 삼을 수는 없다. 현종대의 숫자는 그 이전이나 이후에 비해 과도하게 잡힌 것으로 간주하지 않을 수 없다.

한편, 현종대에 군역의무자의 수(役摠)가 이렇게 정점에 이르렀지만 경신대기근으로 양역제가 본격적으로 흔들리는 계기가 마련되었다고 한다.[12] 미증유의 참화가 전국을 휩쓸고 지나간 뒤부터 지금까지 파악한 군액이 과도함으로 감축해야 한다는 소리가 높아져 16세 이상 남정을 모두 군역(양역) 의무자로 파악하여 군적에 올리는 양역제 자체를 변경해야 한다는 변통론이 대두하기 시작했다는 것이다. 현종대 호적 조사 강화 후 인구가 감소된 시기는 1669~1672년, 1693~1696년, 1732~1735년, 1738~1741년, 1747~1750년 등 다섯 차례인데, 이 모두가 대기근과 전염병이 맹위를 떨친 시기로, 이 시점들에서는 한결같이 양역변통론이 강력하게 제기되었다고 한다. 소빙기 자연재해가 군역정책의 오랜 원칙을 흔들어놓기 시작한 것이다. 경신대기근 이후로는 양역 의무자수(役摠 ; 약 100만 명)가 고정되는 가운데 소규모의 간헐적인 증감은 있었지만 더 이상 늘지 않고 고정 내지 감축되는 추세였다고 한

12) 위와 같음.

다. 숙종 21년(1695)에 다시 이른바 乙丙(乙亥·丙子)대기근을 겪은 이후로는 역총을 감축 또는 고정, 규정 외의 과다한 역총의 색출을 목표로 한 정책이 균역법 시행 직전까지 계속 추진되었다고 한다. 숙종대 이후 영조 24년(1784)에 균역법 시행의 토대가 된 《良役實摠》이 마련되기까지의 호구수는 이런 정책의 흐름과 밀접한 관계를 가지고 있었다는 것이다.

현종대 호구 급증의 배경이 위와 같다면, 장기적인 소빙기 재난 속에 인구가 회복되기 시작하는 시점은 어디일까. 한마디로 이것은 앞으로 다방면의 천착을 통해 포착해내야 할 과제이다. 한성부의 인구가 효종 8년(1657)의 80,572명에서 현종 7년에 194,030명으로 급증한 것도 현종대를 인구회복의 선환기로 보는 중요한 근거였다. 그러나 이 시기의 한성부 인구 급증은 기근과 전염병 만연이 극심해지면서 국가의 진휼사업이 서울에서 가장 낫게 행해지고 있었기 때문에 서울로 유입하는 인구가 늘고 또 앞에서 언급했듯이 그 색출이 철저했기 때문이었다. 이 무렵에 기민 구제의 한 대책으로 모든 부역이 雇役制로 전환하여 서울에서 품팔이 할 일자리가 어느 곳 보다 많이 만들어지고 있었던 것도 유민의 서울 유입을 촉진시켰다.[13] 이런 상황을 살피면 현종대의 서울 인구 증가는 어디까지나 국지적인 현상으로 전국의 인구가 동시에 상승했다는 증거가 될 수 없다.

인구의 회복기는 아무래도 현종대 후 숙종대 중후반의 어느 시점으로 보아야 할 것 같다. 국가는 장기적인 자연재해와 전쟁으로 도탄에 빠진 백성들을 구제하기 위해 부세제도에도 변혁을 기하였다. 효종 2년에 호서지방에서부터 시작된 대동법은 그 중 가장 대표적인 것이었다. 도탄에 빠진 백성들을 구제하기 위해서는 부세의 부담을 덜어주는 제도의 개혁이 선행되어야 한다는 주장이 채택되기 시작한 것이다. 그러나 백성의 부담을 덜어주는 새로운 제도는 반대론도 있었지만 너무 심한 재해가 양전사업의 착수를 어렵게 하여 시행되지 못하는 상황도 벌어졌다. 어떻든 대동법은 숙종 3년에 경상도, 숙종 34년에 황해도 등지에까지 시행되면서 궤도를 잡았다. 숙종대는 제도개혁의 의지가 높아졌던 시기이긴 하지만 숙종 21년(1695)부터의 을병대기근

13) 李泰鎭, 〈조선시대 서울의 都市 발달 단계〉(《서울학연구》 창간호, 1994), 35~36쪽.

으로 큰 타격을 입었다. 그 타격이 수년간 계속된 뒤 숙종 30년 전후부터 다시 안정세를 회복하였다. 이 무렵에 군제변통이 마침내 중앙 군영의 전면적인 개편과 함께 35,000명의 역총을 감축시킨 것도 한 지표로 삼을 수 있다. 역총은 영조 24년(1748)의 《양역실총》에서 30,000~40,000여 명을 줄였다. 요컨대 인구의 진정한 회복세는 1700년 전후로 잡아야 할 듯 하다. 대기근과 전염병은 이후에도 계속되지만 그 발생 간격이 점차 넓어져 사회가 받는 충격이 점차 둔화되어 그 동안에 시행된 대동법 · 雇役制 등의 새로운 시책들이 효력을 발생할 기회를 얻었다.

영조 26년에 시행된 균역법은 장기적인 재해에 시달리던 백성들을 구제하기 위해 취해진 조치 중 최종적인 것이었다. 균역법 자체도 다른 양역정책과 마찬가지로 기근과 전염병으로 인구가 급격히 감소하면서 이에 대한 대응책으로 대두한 것이라는 새로운 견해가 제시되었다.[14] 이 최종적인 조치가 시행된 직후에 약 250년간 계속된 소빙기현상도 막을 서서히 내리기 시작하였다. 임란 후 처음 역총을 감한 숙종 30년에서 균역법이 시행된 영조 26년 사이는 어느 모로 보나 인구 회복이 본격화되기 시작한 시기로 잡혀져야 할 것 같다. 군역 의무자의 감축은 곧 민의 부담을 덜어주는 것으로 인구회복의 한 요인으로 간주되기 때문에 이에 관한 지속적인 감축 논의가 인구회복 여건의 조성을 의미하는 것이 될 수 있다.

이렇게 보면 임진왜란을 계기로 급격히 하강한 人口線은 17세기 중반이 아니라 18세기초부터 상향 곡선을 긋기 시작한 것으로 대세가 그려진다. 그러나 이런 그림을 그리기 위해서는 소빙기현상으로 인한 각종 재난의 실태와 제반 시책의 효력 발휘에 관한 자세한 조사 분석이 선행되어야 한다. 그리고 족보를 통해 파악되는 가족원수의 증감 추세도 인구 동향을 읽는 데 중요한 자료가 될 수 있다. 安東 權氏 成化譜를 분석한 한 연구는 15세기의 평균 자녀수를 3.41~3.73명으로 보여준 데 반해,[15] 조선 후기 全州 徐氏 世譜를 분석한 연구는 2.5명이란 결과를 제시하였다.[16] 전자가 인구증가기의

14) 鄭演植, 앞의 책.

15) 李泰鎭, 〈14~16세기 한국의 인구증가와 新儒學의 영향〉(《震檀學報》 75, 1993).

16) 韓榮國, 앞의 글, 547쪽. 단 이 연구는 1547년 출생에서 1871년 출생의 族員

평균자녀수라면 후자는 소빙기의 재난으로 인구감소가 현저하던 시기를 포함하는 시기의 조건에서 나올 수 있는 것이다. 앞으로의 인구 동향 분석에서는 현전하는 수많은 족보자료도 활용가치가 있다는 것을 보여주는 사례 분석이다. 조선시대 인구 연구는 현재 어떤 결론적인 추정치를 제시하기 보다 새로운 출발점에서 좀더 종합적이면서 구체적인 공동작업이 요망된다.

〈李泰鎭〉

190명을 다루면서 평균 자녀수의 시기별 파악은 하지 않았다. 소빙기는 이 연구가 다룬 1547~1871년 기간 중 1760년까지가 해당된다. 나머지 기간에서도 1800년대 전반기는 재난이 많았던 시기이므로 평균 자녀수가 낮게 나온 결과는 사실일 가능성이 많다.

〈표 1〉 《朝鮮王朝實錄》과 《戶口總數》에서 발췌된 조선시대 전국 호구수

年 度	王 朝	戶 數	口 數	備 考
1393	太祖 2		301,300	兩界 누락
1404	太宗 4	153,404	322,786	漢城府 京畿道 누락
1406	〃 6	180,246	370,365	漢城府 누락
1423	世宗 5	196,975		
1426	〃 8	16,921	103,328	八道 조사 缺
1440	〃 22	201,853	692,475	漢城 開城 누락
1445	〃 27	217,000		漢城戶口 누락
1519	中宗 14	754,146	3,745,481	
1531	〃 26		3,965,253	
1543	〃 38	836,669	4,162,021	
1639	仁祖 17	441,827	1,521,165	
1642	〃 20	481,660	1,649,012	
1645	〃 23	505,911	1,738,888	度支志 : 441,321 ; 1,531,365
1648	〃 26	533,720	1,793,701	
1651	孝宗 2	580,539	1,860,484	
1654	〃 5	628,603	2,047,261	
1657	〃 8	668,737	2,201,098	度支志 : 658,771 ; 2,290,083
1660	顯宗 1	758,417	2,479,658	
1663	〃 4	809,365	2,851,192	
1666	〃 7	1,108,351	4,107,156	
1669	〃 10	1,313,652	5,018,744	度支志 : 1,313,453 ; 5,018,644
1670	〃 11	1,342,074	5,164,524	
1672	〃 13	1,205,866	4,720,815	
1675	肅宗 1	1,250,298	4,725,704	
1678	〃 4	1,332,446	5,872,217	度支志 : 1,342,428 ; 5,246,900
1681	〃 7	1,376,842	6,218,342	
1684	〃 10	1,444,377	6,573,107	
1687	〃 13	1,468,537	6,769,723	
1690	〃 16	1,514,000	6,952,907	
1693	〃 19	1,547,237	7,045,115	
1696	〃 22	1,296,569	5,626.986	平安道, 咸鏡道는 흉년으로 조사가 결

年 度	王 朝	戶 數	口 數	備 考
1699	肅宗 25	1,333,330	5,774,739	
1702	〃 28	1,342,486	5,922,510	
1705	〃 31	1,370,313	6,062,953	
1708	〃 34	1,406,610	6,206,554	
1711	〃 37	1,466,245	6,394,028	
1714	〃 40	1,504,483	6,662,175	
1717	〃 43	1,557,709	6,839,771	
1721	景宗 1	1,559,488	6,799,097	
1723	〃 3	1,575,966	6,865,404	
1726	英祖 2	1,614,598	6,955,400	
1729	〃 5	1,663,245	7,131,553	
1732	〃 8	1,713,849	7,273,446	
1733	〃 9	1,714,569	7,273,446	
1735	〃 11	1,618,172	6,979,798	
1738	〃 14	1,672,184	7,096,565	
1739	〃 15	1,662,219	7,040,480	
1741	〃 17	1,685,884	7,192,848	
1744	〃 20	1,749,612	7,209,213	
1747	〃 23	1,759,692	7,340,318	
1750	〃 26	1,783,044	7,328,867	
1753	〃 29	1,772,749	7,288,627	
1756	〃 32	1,771,350	7,318,359	
1759	〃 35	1,690,715	6,968,856	
1762	〃 38	1,691,040	6,981,598	
1765	〃 41	1,675,267	6,974,642	
1766	〃 42	1,675,267	6,974,642	
1768	〃 44	1,679,865	7,006,248	
1771	〃 47	1,689,046	7,016,370	
1774	〃 50	1,703,030	7,098,441	
1777	正祖 1	1,715,371	7,238,523	
1780	〃 4	1,714,550	7,228,076	
1783	〃 7	1,733,757	7,316,924	
1786	〃 10	1,740,592	7,330,965	增補文獻備考：1,737,670；7,356,783

年 度	王 朝	戶 數	口 數	備 考
1789	正祖 13	1,752,837	7,403,606	
1792	〃 16	1,689,596	7,438,185	
1799	〃 23	1,741,184	7,412,686	
1801	純祖 1	1,757,973	7,513,792	
1807	〃 7	1,764,801	7,561,403	
1811	〃 11	1,761,887	7,583,046	
1814	〃 14	1,637,108	7,903,167	
1816	〃 16	1,555,998	6,595,368	
1820	〃 20	1,533,515	6,512,349	
1823	〃 23	1,534,238	6,470,570	
1826	〃 26	1,549,653	6,558,784	
1829	〃 29	1,563,216	6,644,482	
1832	〃 32	1,565,060	6,610,878	
1834	〃 34	1,578,823	6,755,280	
1835	憲宗 1	1,572,454	6,615,407	
1837	〃 3	1,575,411	6,613,327	濟州 포함 1月
1837	〃 3	1,551,951	6,708,572	〃 12月
1839	〃 5	1,577,806	6,684,191	1月
1839	〃 5	1,577,824	6,693,006	濟州 제외 12月
1840	〃 6	1,560,774	6,617,997	
1842	〃 8	1,568,176	6,625,953	1月
1842	〃 8	1,570,473	6,701,629	3月
1843	〃 9	1,566,892	6,630,491	1月
1843	〃 9	1,582,313	6,703,684	12月
1844	〃 10	1,582,673	6,719,648	
1845	〃 11	1,572,656	6,656,440	
1846	〃 12	1,581,594	6,743,862	
1847	〃 13	1,587,181	6,751,656	
1850	哲宗 1	1,529,356	6,470,730	
1852	〃 3	1,588,875	6,810,206	
1856	〃 7	1,597,343	6,828,907	濟州 포함
1859	〃 10	1,600,434	6,869,102	
1861	〃 12	1,589,038	6,748,138	

〈그림 1〉 朝鮮時代 인구추정 諸說 비교

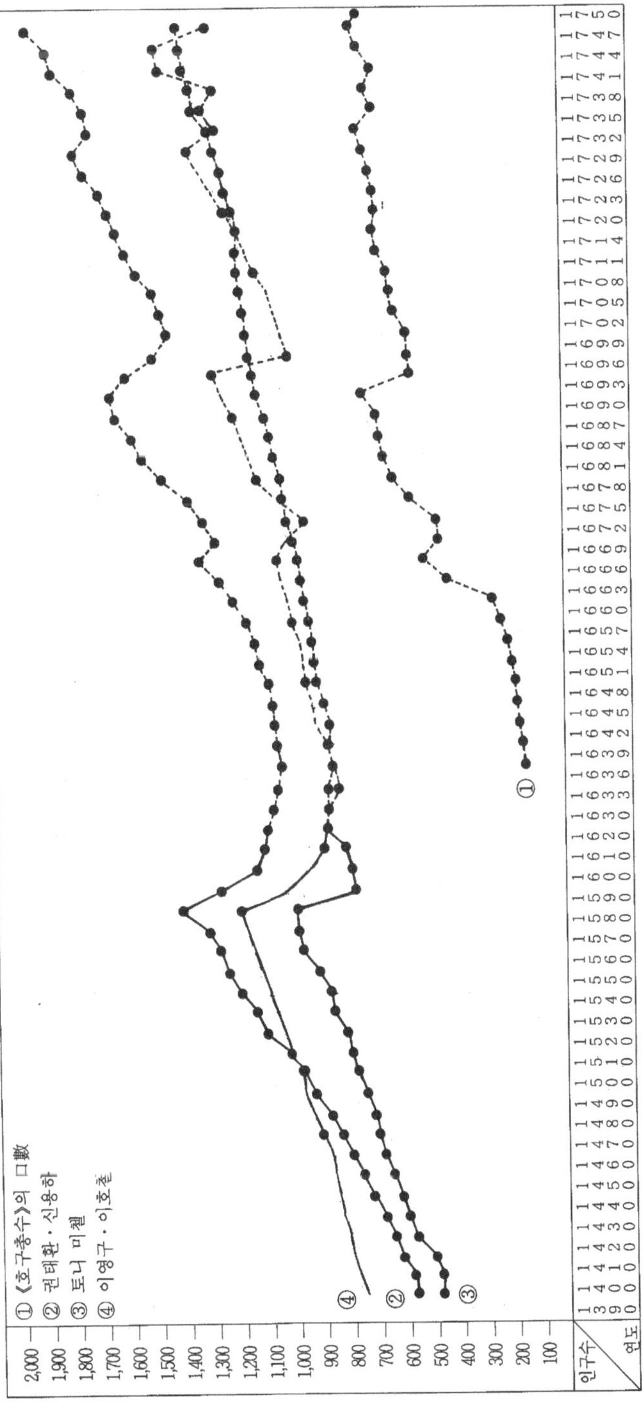

〈그림 2〉 1481～1553년간 쌀1두당 면포값 변동표(서울)

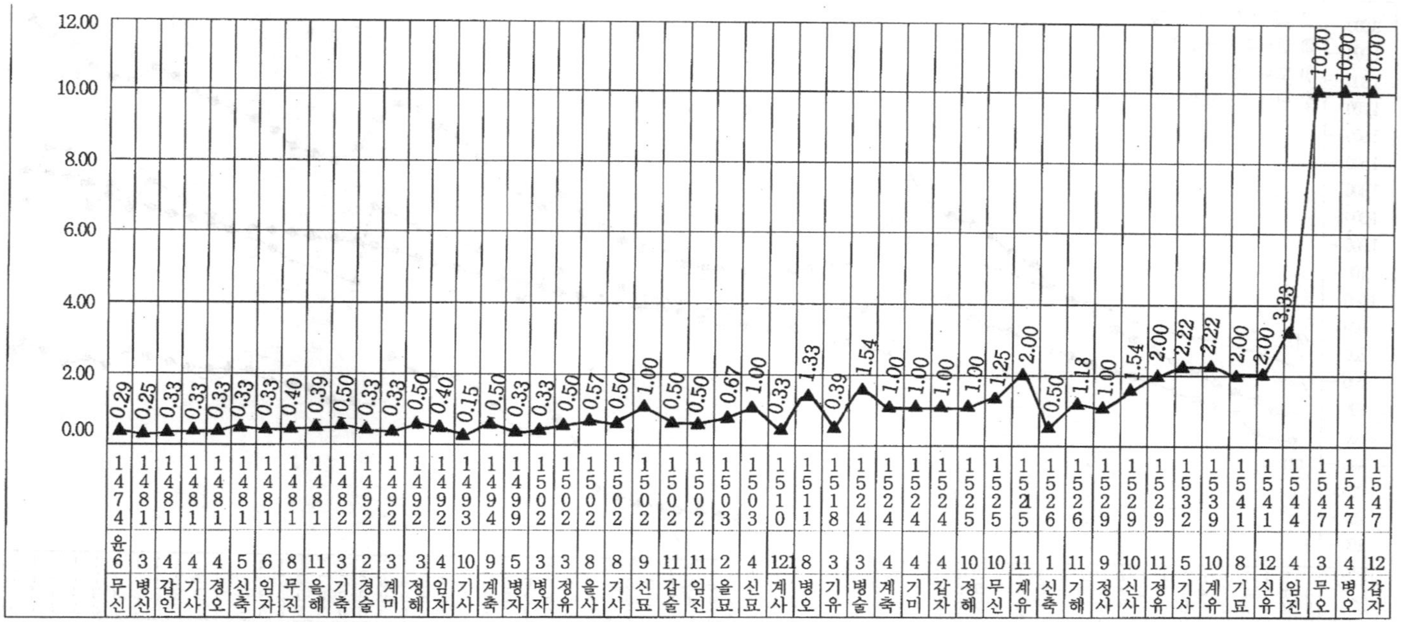

4. 요역제의 붕괴와 모립제의 대두

1) 요역제 변동의 추이와 대동법의 성립

徭役은 특정 人身에 대해서가 아니라 개별 民戶에 부과되는 부역노동이었다. 전근대의 국가 권력이 필요할 때마다 불특정의 민호에서 노동력을 징발해서 쓰는 수취 제도인 것이다. 전체적으로 보아서, 민호의 요역 부담은 不定期的이며 不定量的이었다. 요역은 전근대의 전시기에 걸쳐 존재하였다. 요역이 부세제도 전반에 차지하는 비중은 점차 축소되었던 것으로 보이지만, 無償의 강제 노동을 징발한다고 하는 부역노동의 기본적인 성격은 유지되고 있었다.

15세기 이후 요역제에 중요한 변동이 초래되었다.[1] 세종대를 전후해서 요역 징발의 기준이 노동력에서 소유지 면적으로 바뀜으로써 국가 권력의 농민 지배방식에 있어서 변화가 있었음을 반영하였다. 人丁의 직접 지배가 아니라, 토지를 매개로 한 지배 방식이 채택된 것이다. 田結은 여러 종류의 물납 조세를 징수하거나, 요역을 징발함에 있어서 擔稅 능력을 가늠할 수 있는 척도였다. 중앙 집권적인 지배 체제를 위한 稅役의 원천이 여기에서 확보될 수 있었다.

15세기 이후 지주제가 확산되고 광범위한 하층 농민이 지주 경영에 포섭되어 갔다. 그러한 가운데 應稅·應役의 능력은 戶別 보유 노동력에 내재되어 있는 것이 아니라, 私有地의 광협에 있었다. 收租權的 토지 지배가 약화·소멸되고 있던 시기에 양반 중심의 지주제가 발전하고 있었고 그에 따라 토지 소유를 둘러싼 농민의 계층 분화가 이루어지고 있었다.[2] 사유지는 가장 분명

---

1) 有井智德, 〈李朝初期の徭役〉(《朝鮮學報》 30·31, 1964).
尹用出, 〈15·16세기의 徭役制〉(《釜大史學》 10, 1986).
金鍾哲, 〈朝鮮初期 徭役賦課方式의 推移와 役民式의 確立〉(《歷史敎育》 51, 1992).
姜制勳, 〈朝鮮初期 徭役制에 대한 재검토〉(《歷史學報》 145, 1995).

2) 李景植, 〈16世紀 地主層의 動向〉(《歷史敎育》 19, 1976).
———, 〈朝鮮前期 職田制의 運營과 그 變動〉(《韓國史硏究》 28, 1980).

한 부의 척도가 되었다. 이 시기의 요역제 운영에 差役의 기준은 전결에 있었다. '田結出夫'의 원칙에 따라 토지 면적을 기준으로 해서 징발된 요역의 役夫는 곧 煙軍, 혹은 煙戶軍이었다. 15세기 이후의 요역제는 이 같은 기준에 입각하여 개별 민호로부터 연군을 징발하는 것을 그 내용으로 하였다.

요역이 전결의 많고 적음에 따라 부과되는 세목이라 해도, 그것이 관부의 필요에 따라 수시로 민호의 노동력을 직접 징발하는 부역노동으로 남아있는 한, 운영상의 불합리성을 배제하기는 어려웠다. 요역제가 노동력 직접 징발의 力役으로 남아서 신분적 지배체제 아래 군현 내부의 독자적인 운영 체계에 맡겨지는 한, 여전히 '差役不均'의 폐단을 극복할 수 없었다. 따라서 요역제 개선을 추구하는 농민들은 다시 요역의 物納稅化를 모색하지 않을 수 없었을 것이다.

세조대의 梁誠之는 당시 민간의 조세 부담에 관해 언급하면서, 민호 一家의 田稅가 소출의 1/4에 달한다고 지적한 바 있었다. 그 가운데 6할은 잡세가 차지하였다. 이는 여러 종류의 공물을 대납한 것인데, 주로 민호의 요역 노동에 의해서 조달되는 공물·진상물로 구성되어 있었다.[3] 공물 대납이 일반화되었던 것은 그와 관련된 요역의 대납 현상이 보편화된 것이기도 하였다. 요역에서의 물납세화 경향은 이처럼 常時雜役 곧 일상적으로 되풀이되던 요역 종목에서부터 개별적인 대납의 방식을 취하면서 구체화되고 있었다.

물납세화를 추구하였던 농민들의 요구는 군역을 비롯한 다른 형태의 부역제도에서도 드러나게 되었다. 양인 농민을 대상으로 한 皆兵制의 군역 운영원리는 이 무렵 노동 집약적인 영농방식을 발전시켜 나갔던 농업생산력 수준에 상응하지 못한 낡은 것이었다. 그렇기 때문에 현실의 군역제는 이미 16세기 이래 代立制·收布制의 법외적인 관행을 빚어내고 있었다.[4] 임진왜란 시기에 군역에서 '兵農分離'의 논의가 크게 일어났던 것은 이 같은 군역의 물납세화 요구에 따른 것이기도 했다.[5] 訓鍊都監의 성립은 그 부분적인 실

3) 《世祖實錄》 권 40, 세조 12년 11월 경오.
4) 李泰鎭, 〈近世朝鮮前期 軍事制度의 動搖〉(《韓國軍制史》 近世朝鮮前期篇, 陸軍士官學校 韓國軍事研究室, 1968).
5) 尹用出, 〈壬辰倭亂 시기 軍役制의 동요와 개편〉(《釜大史學》 13, 1989).

현이었다. 병농분리론은 전통적인 병농일치의 皆兵制를 부정하는 것이다. 당시의 지배층 관료들은 붕괴일로에 있는 군역제를 재건하기 위하여 기왕의 사회경제적 변동을 현실로서 인정하고, 그 위에 收布制와 募兵制의 전면 도입을 모색하였다. 그들의 주관적인 의도와는 관계없이 병농분리론은 군역제의 신분제적 운영원리를 폐기하는 방향으로, 稅役 체계의 체제적 유지를 부정하는 방향으로 나아갈 가능성을 내포하고 있었다.

이 같은 변동은 또 다른 부역노동의 세계인 요역제의 운영에서도 나타나고 있었다. 이 시기의 농민들은 요역 노동의 물납세화를 희망하고 있었다. 그렇기 때문에 요역 징발된 농민들은 흔히 代立의 방식으로 대응하기도 했다. 지방 관부에서는 때로 요역 농민의 현물 대납을 허용하고 있었다. 17세기 이후 노동력 징발의 군역제가 전국적인 차원에서 공식적인 물납의 군역세로 개편되고 있었을 때, 노동력 징발의 요역 또한 물납세화·전결세화의 움직임을 보이게 된 것이다. 大同法 성립의 의의 가운데 하나는 이처럼 요역의 물납세화·전결세화 과정을 전국적인 차원에서 추인하고 법제화하는 데 있었다.

대동법이 광해군 즉위년(1608)부터 약 100년간에 걸쳐서 전국에 실시되면서 공납제는 물론 군역·요역 등의 역제에도 중대한 변화가 초래되었다. 대동법은 종래의 공물·진상과 아울러 농민의 부역노동 가운데 일부를 전결세화한 것이기 때문이었다. 대동세는 공물·진상의 마련을 위한 京納分인 上納米와 각 군현의 官需 및 잡역의 충당을 위한 儲置分인 留置米로 나뉘어 운용되었다. 공물·진상이 전결세화되는 가운데 그것의 생산·조달·운송에 관한 요역이 자연스럽게 이에 포함됨으로써 해소될 수 있었다. 종래 요역 노동에 의해 마련되던 물종들이 貢價 구매 방식으로 혹은 役價를 지불하고 노동력을 구매하는 방식을 통해서 조달된 것이다. 공물·진상과 관련된 요역은 본래 요역의 여러 종목 가운데 비교적 정기적인 성격을 갖고 있었다. 이는 군현에서 개별 민호에 정례적으로 부과되던 常時雜役이었으며 민가의 요역 노동 가운데 가장 큰 비중을 차지하는 것이기도 했다.

대동미 상납분의 용도 가운데에는 종래 민간의 요역 노동에 의해서 조달되던 공납·진상 물자의 구입 비용이 포함되어 있었다. 예컨대 奉常寺의 貢

案에 포함된 中脯·생토끼(生兎)·생사슴(生鹿)·땔나무(柴木) 등이라든지, 司宰監貢案의 燒木, 瓦署의 吐木 따위는 대동법 이후 貢價 구매 방식으로 조달 방식이 전환되었다. 또 공납·진상과는 별도로 중앙 각사에서 민호에 부과했던 여러 잡물도 대동세에 흡수될 수 있었다. 造紙署의 石灰, 修理契의 영선공사를 위한 재료 등이 그러하다. 아울러 奉常寺·典牲署·司宰監 등을 비롯하여 소속 공인들이 宣惠廳으로부터 공가를 받는 아문들은 대개 '役價'를 지출 항목의 하나로 설정하고 있다. 이는 각 아문이 정기·부정기적으로 필요한 임시적인 노동력을 구매하기 위한 비용이었다. 역시 대동법 이전에는 한성부 방민들을 주로 사역하던 요역의 분야였던 것인데, 고립제가 적용됨으로써 役民의 분야에서 떨어져 나가게 된 분야였다.

선혜청의 공가 가운데 일부는 各宮·各司로 직접 교부되었다. 그 중 西氷庫·東氷庫에는 藏氷을 위해서 각기 藏氷價와 役軍價 및 갈대 刈取軍價를 지급하였다. 장빙가는 장빙하는 데 소요되는 여러 잡물의 조달을 비롯하여 빙고의 수리비용 등이 포함된 것이다. 역군가와 예취군가는 이 일에 고용된 일꾼들의 품삯이었다.[6] 이처럼 종래 요역을 징발하던 분야의 하나였던 장빙역에서도, 대동법 이후에는 노동력 직접 징발 방식의 요역 노동이 아니라 모립제의 고용노동이 적용되어야 했던 것이다. 대동미 유치분의 용도 가운데에도 잡물 조달의 요역을 대신하는 것들이 포함되어 있다. 예컨대 각종 官需米·油淸紙價米를 중심으로 하여 제사에 쓰이는 牛脯 등의 祭需, 각종 선박의 개조에 소요되는 지출 등이 포함되어 있다.[7]

일부의 身役도 함께 전결세화되어서 대동미에 흡수될 수 있었다. 지방 향리의 京役이었던 其人과 京主人, 지방 定役戶의 신역이었던 司饔院의 漁夫와 鷹師, 繕工監의 鴨島坪直 및 지방 民丁의 選上役이었던 皂隷 등의 신역이 전결세화된 것이 그러한 예에 속한다. 이 같은 신역이 대동미에 포함되기에 이른 것은 그 역이 과중한 데다가 중간 수탈의 폐단이 따르기 때문이었다.[8]

6) 《萬機要覽》, 財用編 各貢.

7) 《湖西大同事目》.

8) 韓榮國, 〈大同法의 實施〉(《한국사》 13, 국사편찬위원회, 1978).
德成外志子, 〈朝鮮後期의 貢物貿納制〉(《歷史學報》 113, 1987).

이 같은 신역은 苦役인 만큼 17세기 초엽에 이르러서는 응역자들의 심각한 피역 저항에 봉착하게 되었다. 특히 거듭되는 전란을 겪으면서 응역자의 상당수가 달아나 버리는 등 신분제에 입각한 개별 인신의 파악을 전제로 했던 신역 체계의 붕괴 조짐이 뚜렷하였다. 지배층 관료들은 이 같은 신역을 대동세에 흡수함으로써 부역제도 와해에 소극적으로나마 대응하려 했던 것이다.

대동법의 시행과 더불어 요역의 잡다한 종목 가운데 일부도 전결세화될 수 있었다. 예컨대 禮葬造墓軍의 역은 王子 이하 종친·공신을 비롯하여 1품 이상 관료의 장례를 위한 묘소 조성의 요역이었다. 경기 주민이 주로 징발 사역되었던 점에서 지역적인 특성을 지닌 요역 종목이기도 하였다. 조묘군을 민호에서 징발하던 폐단은 17세기에 들어서 대동법이 실시됨과 함께 일단 개선될 수 있었다. 대동미 수입의 일부로서 조묘군을 '給價募立'하는 募立制가 적용될 수 있었기 때문이다. 예장조묘역은 특정지역에 부정기적으로 부과되는 토목공사의 요역이었지만 과도한 부담이 집중되는 고역이었기 때문에 일찍부터 개선책이 모색되던 분야였다. 新舊官 迎送의 役 또한 농민들이 부담하던 잡다한 요역 종목의 하나였다. 17세기 대동법이 실시된 이후 대동미 유치분의 용도 속에 迎送刷馬價가 포함됨으로써 원칙적으로 이를 대신할 수 있게끔 법제화되었다. 신구관 영송의 역은 공납·진상 등과는 무관하였지만 비교적 정례적인 성격을 지닌 무거운 부담의 요역 종목이었다. 그 때문에 전국적으로 통일된 대동법의 규정 속에 이를 흡수할 수 있었다. 대동법 이전에는 刷馬價를 人吏結이나 民結에서 그때마다 거두어 썼던 것인데 남용하는 등 폐단이 심하였다. 이제 영송쇄마가를 대동미에 포함시킴으로써 그 지출 액수를 제한하기 시작한 것이다.[9]

요역 종목 가운데 몇 가지는 아예 대동세 상납미의 용도 가운데에 포함되지 않는다고 명시된 것들도 있었다. 예컨대 上納牛馬牽軍役이란, 대동법 실시 전부터 제주와 지방의 여러 목장에서 상납하는 牛馬의 몰이꾼인 牽軍을 민간에서 차출하는 요역이었다. 또 禮葬 擔軍의 역과 관청 공문인 關文을 전달하는

9) 韓榮國, 〈湖西에 實施된 大同法〉上·下(《歷史學報》13·14, 1960·1961).
姜萬吉, 〈朝鮮後期 雇立制 發達〉(《韓國史硏究》13, 1976).

심부름일 등은 각 군현의 境上에서 烟軍을 교체시키는 방식으로 부과하는 요역이었다. 〈大同事目〉에서는 이 같은 요역 종목들을 모두 그대로 존속시킨다고 규정하였다. 나아가 유치미로서 마땅히 지출되어야 할 지방 경비의 일부도 민간의 부담으로 그대로 남게 되었다. 예컨대 군현에서의 雉·鷄·柴·草·氷丁의 조달 뿐 아니라 임기를 채우지 못한 채 '不時遞易'되는 수령의 迎送刷馬價 조달, 文武試에서의 假家 설치의 일, 화약 원료인 焰硝를 구워내는 일 등이 여전히 민간의 부담으로 남았던 것이다. 그밖에 대동사목에 언급조차 되지 못했던 많은 요역 종목들이 대동법 이후에도 민호의 부담으로 남게 되었음은 물론이다. 그 같은 잡역·잡물의 조달은 八結作夫制로 운영되던 당시의 전결세 납세 조직을 통해서 이루어졌다.

실학자 柳馨遠은 17세기 중엽 일부 지방에서 실시되던 대동법에 관해서 적극적인 지지의 뜻을 보였다. 백성들로부터 수취함에 있어서 定制·定數를 설정하는 등 일정한 규모를 세워서 중간 수탈을 배제할 수 있게 된 점을 높이 평가하였다. 이미 대동법을 시행하는 군읍에서는 각종 수요 물자를 쌀로 환산하여, '雜徵之弊'를 없애기 시작했다는 것이다. 대동법은 그가 구상하는 經稅에 접근하는 세제였다. 모든 과외의 잡부를 없애고 경세라고 하는 하나의 세목으로서 공적 경비 전체를 충당해야 한다는 것이 그의 구상이었다. 여기에는 공물·진상을 비롯하여 여러 잡세 및 군현의 각종 비용이 포함되어야 한다고 보았다. 그리하면 농민들은 쌀로 바치는 일정한 경세의 수량을 알고 있으므로 균평하게 한 번씩만 낼뿐이어서 부당한 중간 수탈이 개입할 틈이 없게 된다는 것이다. 국가의 재정 지출에 있어서도 經費의 항목을 세부적으로 규정함으로써 재정 운영의 합리화·표준화를 기하자는 주장이었다. 유형원의 경세에 관한 구상은 당시의 대동사목을 기초로 하면서 그 미진한 것을 개혁한 뒤에 전국을 대상으로 획일적·통일적으로 실행하는 것을 목표로 하였다.

유형원은 당대에 시행되고 있었던 대동법을 정의하기를 "모든 국가적 수요를 헤아려 쌀로 거둔 뒤에 모든 비용을 관부에서 정식대로 지출하고, 모든 力役에 관부에서 삯을 지불해서 민역을 따로 징발하지 않게 하는 법"이라고 하였다. 또 대동법과 그 이전의 '賦役之規'를 서로 대비하면서 전자는 국가의 수요를 헤아려서 결정한 수량의 쌀을 받아 관에서 지출하도록 제정한 것인데 비해, 후자는 원래의 부세는 가볍지만 일이 있을 때마다 백성에게 거둠에 정해진 한도가 없는 것(逐事斂民無定限者)이라 하였다.10) 그가 지적한 대로 물납세의 징수량이 늘어난다 할지라도 세액을 일정하게 정해주는 쪽이 피지배층의 처지를 개선시켜 줄 수 있었다. 담세자인 농민들이 부역노동의 속박과 부당한 중간수탈에서 점차 자유롭게 될 것이기 때문이다. 그러나 당시 지방재정 운영의 모순은, 이 같은 '賦役之規', 곧 요역 징발의 방식이 완전히 청산되지 못하였다는 데 있었다.

대동세에 흡수된 요역은 이처럼 공납·진상의 요역을 중심으로 한 일부 요역 종목이었다. 그 나머지의 요역은 대동법의 시행에 따른 직접적 영향 아래 놓여 있지 않았다. 대동법 성립 초기의 지배층 관료들은 공납 뿐 아니라 모든 요역의 부담(一年貢賦及凡百應役之價)을 田結稅化할 것을 구상하였다. 그러나 복잡 다양한 요역의 내용을 전국적이며 획일적인 대동세 안에 일괄적으로 흡수하기 어려웠다. 따라서 초기부터 山陵과 詔使의 役은 "이 한도에 구애되지 않는다"라는 식의 단서를 달아 두기도 했지만 사실상 일부의 요역 종목만 대동세에 흡수하는 것으로 귀결되었다. 그 때문에 대동법 이후에도 민호에서 요역을 징발하는 사정이 크게 달라지지 않았다고 지적되곤 하였다.11)

요컨대 대동법의 시행과 함께 노동력 징발의 요역이 일체 소멸된 것은 아니었다. 토목공사의 요역을 비롯하여 국왕·사신·관리 등이 왕래할 때마다 지방 군현의 농민들이 부담하게 될 支供의 요역은 대체로 부정기적인 요역 종목이었다. 토목공사나 지공의 요역은 일이 있을 때마다 차역하는 것인 만큼 그로 인해서 민호에 돌아오는 부담은 일정치 않았으며 그 대부분이 대동법의 규정에 들어 있지 않았다. 그럼에도 불구하고 대동법의 시행으로 인해서 力役으로서의 요역이 수취제도 전반에서 차지하는 비중이 크게 약화되는 계기를 맞게 된 것은 분명하다. 대동법 이후 한때 僧役이 크게 강화되었던 것은 그 같은 요역제 변동의 한 표현이기도 했다. 대동법 시행 이후 "烟軍을

10) 柳馨遠, 《磻溪隨錄》 권 3, 田制後錄 上, 漕運·經費 및 권 19, 祿制, 外方吏隸祿磨鍊.

11) 《光海君日記》 권 4, 광해군 즉위년 5월 임진 및 권 13, 광해군 원년 2월 경진. 《仁祖實錄》 권 4, 인조 2년 정월 정묘 및 권 5, 인조 2년 3월 임술.

징발할 수 없게 되었기 때문에" 僧軍을 징발하는 일이 많았다는 당시의 지적은[12] 대동법 시행 이후 요역의 물납세화가 본격적으로 이루어지고 있었다는 것, 그에 따라 초래된 노동력 공급 체계에서의 결손분을 승역으로 전가하였던 사정을 말해준다.

2) 대동법 이후의 요역제 운영

조선 전기 요역의 법제적 규정을 담은 《經國大典》의 戶典 徭賦條에는 "모든 토지 8결에서 一夫를 내되, 1년의 부역은 6일을 넘지 못한다"는 내용이 들어 있었다. 이 조항은 전결을 차역의 기준으로 삼는다는 원칙을 국가적 차원에서 제도화한 것이다. 요역제 운영에 관한 법적 규정은 영조대의 《續大典》에서 다시 "貢案에 오른 京司 貢物로서, 五道에 分定된 것, 五道 各 營邑의 所需로서 民役으로부터 나오는 것은 모두 作米한다"는 규정으로 대체되었다. 民役에서 나오는 것, 즉 常時雜役의 요역 징발에 의해 조달되던 각종 공물은 이제 대동미의 징수로 대체된 것이다. 단 각읍의 雉·鷄·柴·草·氷丁은 作米에 포함시키지 않아서 전처럼 '役民'하는 종목임을 분명히 하였다. 아울러 "山陵 및 詔使 외의 一切 요역은 다시 民을 번거롭게 할 수 없다"는 규정도 첨가해 두었다.[13] 산릉과 조사의 역이라고 표현된 두 가지 종목에 한해서만 《경국대전》 요역 징발 규정에서와 같은 전결에서의 役夫 차출이 용인된 셈이다.

이처럼 대동법 이후의 요역은 공식적으로는 몇 가지 분야에 한정되어 있었다. 하나는 지방 관청의 일상적인 官需 잡물을 조달하는 일이었다. 지방재정의 운영을 원활하게 하고자 잡역세 징수를 허용하는 것이다. 이는 대동법 이후 농민들이 부담하던 물납의 烟戶雜役 가운데 큰 비중을 차지하고 있었다. 다른 하나는 중앙 정부에서 부정기적으로 긴급하게 차역하게 되는 산릉과 조사의 役事였다. 두 가지 역사는 모두 국가적 대사로서 단기간에 많은 인력과 각종 잡물이 소요되는 점에서 공통점을 지니고 있었고 일찍부터 民力에 크게 의존하는 요역 종목이었다. 대동법 성립 초기부터 여러 가지의 요

12) 《備邊司謄錄》 27책, 현종 9년 11월 6일.

13) 《續大典》 戶典, 徭賦.

역 종목 가운데 특별한 것으로 주목되었으며 결국 민력을 쓰지 않을 수 없는 역사로 간주되기에 이르렀다.14)

산릉역은 왕이나 왕비의 능 또는 세자 등의 묘소를 조성하거나 이를 遷葬·改修하기 위한 工役이었다. 왕실의 권위를 상징하는 능묘의 조성은 수개월간에 걸쳐 이루어지는 대규모 역사였기 때문에 막대한 노동력이 투입되어야 했다. 17세기 초엽의 산릉역에서는 대체로 8~9천명의 烟軍을 징발하는 것이 관례였다. 조선 초기 이래 요역 농민들은 '民結之丁夫', '外方田結之軍', '外方農民', '烟戶軍'이라 불리면서 산릉역의 주된 노동력으로 징발되어 왔다. '國家莫重之事'인 만큼 오랫동안 노동력 직접 징발의 力役制로 남아 있을 필요가 있었기 때문이다.

산릉역에서는 陵所의 토목공사를 진행하는 데 많은 노동력이 투입되었지만 한편으로는 능소 부근의 경기 및 한성부 민호에 돌아가는 다른 형태의 요역 부담이 있었다. 假家를 짓는 일, 會葬하는 관리들에 대한 접대를 각 고을에서 나누어 맡는 일 등이 경기 주민의 요역 부담으로 돌아갔으며 國喪의 발인 때 단기간 사역하는 擧士軍을 비롯한 각종 差備軍 수천 명은 한성부의 요역인 坊役으로 징발되었다. 방민들 가운데는 군문·아문 등에 투속함으로써 이 같은 방역으로부터 피역하려는 인구가 날로 증대하였으며, 결국 방역의 물납세화를 촉진하는 구실을 하였다.15)

산릉역에서는 이처럼 많은 인원을 징발해야 했다. 그러나 이 같은 대규모의 요역 징발은 관민 어느 쪽에서나 점차 힘겨운 일이 되고 있었다. 노동력 직접 징발의 부역노동이 지니는 비효율·비능률이 두드러지게 드러났으며 요역 농민의 피역·도망 등 저항과 대립·대납의 움직임에서 보듯이 물납세화를 요구하는 움직임을 보이고 있었다. 그러한 가운데 산릉역에서의 요역 징발 체계는 17세기 초엽부터 뚜렷한 변화의 조짐을 보이고 있었다. 광해군

---

14) 《光海君日記》 권 4, 광해군 즉위년 5월 임진.
《仁穆王后山陵都監儀軌》 啓辭, 임신 7월 8일.

15) 金東哲, 〈18세기 坊役制의 변동과 馬契의 성립 및 都賈化 양상〉(《韓國文化硏究》 1, 釜山大, 1988).
이지원, 〈17~18世紀 서울의 坊役制 運營〉(《서울학연구》 3, 1994).

즉위년(1608)의 선조 穆陵 산릉역에서 부역군 가운데 자원자에 한해 면포를 代納하도록 허용했던 것을 시발로 하여 인조 4년(1626)의 毓慶園 禮葬役, 인조 8년 선조 목릉 遷陵役에서부터 본격적으로 각도의 烟軍을 징발하는 대신 價布를 거두게 되었다. 노동력을 징발하는 요역제를 대신하여 募立制의 노동력 조달방식이 적용되는 비중은 점차 늘어났다. 결국 17세기 중엽부터는 산릉역에서 연군을 요역 징발하던 일은 그치게 되었다. 산릉역에서의 노동력 수급체계는 이같이 부역노동에서 모립제로의 점진적인 이행 과정을 보여준다.[16)]

산릉역에서 요역 농민인 연군을 징발하지 않는 대신 많은 일꾼을 고용하여야 했으므로, 당연히 막대한 재정 지출이 요구되었다. 結布는 산릉역의 재정 수요를 해결하기 위한 임시적 전결세로서 부과되었다. 전국의 모든 수세지에서 거두어진 결포는 대개가 산릉역의 고용 인부인 募軍의 품삯으로 지불될 터였다. 이처럼 산릉역에서 대규모의 요역 노동을 징발하는 대신 烟軍價를 결포의 형식으로 거두었던 일은 인조대부터 시작되었다. 그러나 17세기 중엽 이후의 여러 산릉역에서는 더 이상 결포 징수의 사례를 찾아볼 수 없게 된다. 대동법의 시행 범위가 확산되고 국가재정 수입 체계가 복구됨으로써 구태여 임시적 결세 수취방식을 적용하지 않더라도 역부 고용에 쓰일 재원을 충당할 수 있었기 때문이다.

대동법 이후에도 산릉역과 더불어 민역을 사용할 수 있다고 공식적으로 규정된 요역 종목의 다른 하는 詔使之役 즉 중국 사신의 접대와 결부된 요역이었다. 事大外交의 상징으로서 역시 막대한 경비와 노동력이 징발되던 역사였다. 사신이 왕래하는 沿路 各官에서는 많은 요역 부담이 따르고 있었다. 또 각종 관아 건물의 役事를 맡는 役軍 및 差備軍 · 修掃軍 · 助役軍 등의 명목으로 漢城府의 坊軍 및 각도의 烟軍 등이 징발되었다. 중국 사신을 영접하는 일은 민호에게 많은 부담을 강요하는 국가적인 大役의 하나였다. 詔使之役에는 운송의 노역을 담당하기 위해서 많은 馬匹이 함께 징발되었다. 17세

16) 尹用出, 〈17 · 8세기 役夫募立制의 성립과 전개〉(《韓國史論》 8, 서울大, 1982).
——, 〈17세기초의 結布制〉(《釜大史學》 19, 1995).

기 초엽부터는 이 같은 刷馬를 징발하지 않고 민결에서 價布를 대신 거두도록 조치하였다. 당시 경성에는 "말을 갖고 있으면서 고립에 응하려는 자가 매우 많았다"고 하는데 遠道의 농민들이 왕래하는 폐단을 덜 수 있는 것과 영접도감에서 "때맞춰 필요한 만큼 고립할 수 있다"는 장점이 함께 고려된 결과였다. 전결에서의 요역 징발 방식을 버리고 임시적인 전결세를 대신 거두는 쪽이 雇立人, 요역 농민, 관부의 三者 모두에게 편리한 것으로 인식되기에 이른 것이다.17)

광해군대 초기부터 조사역에 드는 재정 지출이 크게 늘어났으며 호조를 중심으로 다양한 조달책이 논의되었다. 그 가운데서 채택된 것은 각도에서 '田結收米'하는 방도였다. 임시적인 결세를 운영하려는 것이다. 이것이 광해군대 후기를 거쳐서 인조대 이후의 조사역에 대한 통상적인 대응책으로 나타나는 '전결수포' 곧 결포에 선행하는 수취방식이었다. 조사역은 임시적인 結米, 혹은 결포의 형태로 전결세화의 경로를 보여주는 것이다. 인조대에는 조사 접대를 위해서 10만 량 가량의 은을 마련하는 경우가 일반적이었다. 三結布·四結布 등의 형태로 전결에 부과해서 거두어들인 면포를 가지고 市廛과 민간에서 은을 구입하게 되는 경우가 많았다. 이같이 임시적인 전결세로서의 결미·결포는 광해군 초기부터 시행되기 시작하여 인조 연간까지 수시로 채택되었다.

17세기 초엽의 여러 別役 가운데 특히 많은 인력과 물자가 소모되는 산릉역·조사역의 두 가지는 대동법 이후에도 민역의 대상으로 파악되는 국가적인 大役이었다. 그 때문에 17세기 초엽의 빈번한 결포 징수의 조치가 이 분야에서 집중되었다. 인조대에는 산릉역이나 조사의 役 외의 다른 別役, 예컨대 군병의 대규모 징발에 따른 行資의 마련 등 비상한 사태에 직면해서 막대한 재정 지출을 채우는 방도로서도 결포가 징수된 바 있었다.

양란 이후 상당 기간의 복구기간을 거치면서 17세기 중엽에 이르면 국가재정의 운영 또한 차츰 개선될 수 있었다. 전결이 크게 늘어나게 되었고 대

---

17) 《光海君日記》 권 7, 광해군 즉위년 8월 갑술.
《迎接都監軍色謄錄》, 무신 8월 20일.

동법의 실시 지역 또한 확산됨으로써 재정 형편은 17세기초의 그것에 비할 바가 아니었다. 부정기적인 임시세였던 결포를 일마다 징수할 필요성이 줄어들었고 그 같은 부세제 운영의 자의성 또한 배제될 필요가 있었다. 그것은 부정기적인 노동력 징발로부터 부정기적인 전결세의 징수, 나아가 정기적인 전결세의 징수로 바뀌어갔던 요역제 운영의 변동과정을 보여주는 것이라 하겠다.

국가적인 大役에서의 요역 징발을 대신하였던 결포는 임시적인 전결세에 속하였다. 지배층 관료들은 각종의 별역에서 전처럼 요역의 노동력을 징발하지 않고 결포를 거두게 되었던 동기를 "농번기의 역사에 외방 농민들을 징발해서 사역하면 폐농할 우려가 있다"는 것, "원거리로 부역 징발하지 않음으로써 농민들의 노력과 비용 부담을 덜어주어 民力을 펴게 한다"는 것 등으로 표현하곤 했다. 요역노동의 비효율성을 해결하면서 농민층의 영농 활동을 보장해 줄 필요가 절실했던 국가권력의 입장, 요역의 물납세화를 희망하는 농민층의 요구가 결합할 수 있었다.

17세기 초엽의 결포제는 이처럼 별역에서의 요역 징발을 물납세로 흡수해 버리고 해소시키는 역할을 맡게 된 것이다. 이 시기의 농민들은 국가권력의 자의적인 노동력 징발로부터 점차 자유로워지고 있었다. 농업생산력이 발전하는 가운데 전결에 부과되는 현물세는 늘어나게 되었지만 관부에의 인신적 예속과 일상적인 노동력 수탈의 굴레에서 벗어날 수 있었던 점에서 자립적인 농민 경영을 발전시킬 수 있는 조건이 마련된 것이다. 요역을 비롯한 부역노동의 물납세화가 가능했던 것은 물론 그 담당자인 농민층 일반의 담세능력이 신장된 결과, 곧 농민경제 성장의 다른 표현이기도 했다.

이처럼 국가적 大役인 산릉역과 조사역은 중앙 정부가 주관하는 부정기적인 대규모 역사로서 민호의 노동력을 수시로 징발할 수 있는 요역의 종목으로 잔존해 있었다. 그러나 17세기 중엽 이후 이 같은 대역에 있어서도 점차 상품화된 노동력을 구매하는 募立制의 노동력 수급체계가 적용되고 있었고 빠른 속도로 확산되고 있었다. 17세기 전반의 결포제 시행은 대동법 이후 한때 노동력 징발 방식으로 운영되도록 허용되었던 국가적 대역의 물납세화를 촉진하는 구실을 했다. 또 다른 형태의 역역으로 잔존하였던 지방 군현의 요역은 군현 단위의 잡역세를 통해서 물납세화될 수 있었다. 그러나 민호의 노동력을 수시로 징발해야만 하는 각종의 부정기적인 요역 종목이 전부 해소된 것은 아니었다. 요컨대 대동법・잡역세만으로는 민호의 역역 부담이 완전히 해소될 수 없었다.

대동법 이후 일부 역종에서는 종전의 노동력 징발 방식이 그대로 유지되어야 했다. 그러나 이 경우의 요역제 운영 방식은 종래의 그것과 달랐다. 지방 군현의 요역제 운영 방식에서 드러난 새로운 특징으로서 다음과 같은 것들을 지적할 수 있을 것이다. 첫째, 지방관의 요역 징발에 관해서 많은 제한이 가해지고 있었다는 점이다. 차역의 시기, 요역 일수 제한 등에 관한 제약뿐 아니라 감영・비변사 등 상급기관의 통제 체계를 강화함으로써 지방 守令의 자의적인 요역제 운영을 규제하고 있었다. 지방관이 "함부로 민정을 징발하는 일"은 중요한 처벌 대상이 되었다. 특히 흉년・기근시에 요역을 징발할 수 없었다. '凶歲役民'은 크게 민폐가 되기 때문이었다. 이러한 경우 조정에서는 흔히 "京外營繕을 비롯하여 무릇 擾民之事에 관계되는 것은 일체 정지한다"는 지시사항을 지방 각 관에 거듭 다짐하곤 하였다. 아울러 농번기에 차역할 수 없는 것도 물론이었다. 이 같은 점은 전 시기에도 흔히 강조되던 것이기는 하지만 특히 17세기 이후에는 모립제가 운용되고 있어서 연군에 대신할 수 있는 대체 노동력이 존재하였던 점에서 사정이 달랐다. 따라서 농민을 대상으로 한 무리한 차역이 감행될 필요성이 줄어들게 되었다. 단 품삯을 지불하기 위한 재정 지출은 지방 관부의 새로운 부담이 될 것이다.

양란을 겪은 17세기 초엽 이후 인구는 급격히 감소된 바 있었다. 그에 따라 농업 생산의 분야에서부터 노동력 절약의 문제가 크게 대두하였다. 이 같은 조건 아래 지배층 관료들은 부역노동에 있어서도 '省力' 곧 노동력 절약의 문제를 심각하게 고려하지 않을 수 없었다. 무리한 차역은 농민들을 다시 유리하게 만들고 농업생산력을 파괴시킬 수 있기 때문이었다. 부역노동을 물납세로 전환시킬 수 있는 한 계기가 조성된 것이다.

이 시기의 요역을 비롯한 부역노동이 물납세로 개편될 수 있었던 사정은 농업 생산력의 일정한 발전을 전제로 한 것이기도 했다. 토지 생산성 중심의 노동집약적인 영농방식이 보편적으로 발전하는 가운데 農時를 지켜야 할 필요성이 이전의 어느 때보다도 크게 제기되고 있었다. 이 시기의 농민들은 개별 농민경영의 자립성을 제고시키고 있었고 양반 지주층과의 개별적 · 인신적 주종관계에서 점차 벗어나고 있었다. 나아가 국가권력의 정기적이거나 혹은 부정기적인 노동력 수탈로부터 벗어나서 자율적인 영농을 보장받고자 했다. 지배층 관료들의 입장에서도 안정적인 수취의 기반을 유지하기 위해서 役制를 개편하지 않을 수 없게 된 것이다.

둘째, 요역을 징발할 경우라 해도 종래와 같은 완전한 무상의 강제노동일 수는 없었다는 점이다. 요역 농민에게 대동미 등의 세미를 덜어 주거나 役糧을 지급하는 일이 관행으로 자리잡게 되었던 것이다. 예컨대 지방 군현에서는 대동세의 저치미를 會減하여 농민들의 役米로 분급해 주는 일이 많았다. 이 무렵 각 관에서는 여러 역사를 진행하기 위해서 요역 징발하는 일이 있더라도 이 같은 역량을 마련하는 일이 전제가 되어야 했다. 이것이 관부의 큰 재정적 부담이 되고 있었다. 당시 중앙 및 지방 관부의 재정 수요가 급증하게 된 것은 이처럼 크고 작은 각종의 역사에서 지급되어야 할 요역의 役糧, 혹은 募立의 雇價가 점차 증대하였다는 데에도 그 원인을 찾아볼 수 있다. 役制가 붕괴되고 상품화폐경제가 발전하는 가운데 관부의 재정 지출은 큰 폭으로 증대된 것이다. 군현의 공해를 때맞춰 수선하는 일이나 관내의 성곽을 보수하는 일은 수령의 일상적인 업무 가운데 포함되어 있었다. 그러나 17세기 이후의 營建役 · 築城役에서의 요역 징발은 대체로 수일간의 단기간 노역이었고 무상의 강제노동이라는 부역노동 본래의 모습과는 달리 '償役'의 錢 · 米 등이 粮料 · 施賞 등의 명목으로 소요되었다. 그 때문에 지방관아 건물 따위를 한 차례 수리하려면 많은 物力이 확보된 뒤에야 비로소 가능한 일이 되었다.

셋째, 요역의 代納制가 점차 보편화되고 있었다는 점이다. 요역을 징발하는 대신 처음부터 현물이나 화폐를 대납토록 허용하는 방식이었다. 조선 후기의 지방관들은 역사가 있을 때마다 응역할 수 없는 민호에서 闕錢을 거두어 들이거나 혹은 처음부터 民錢을 징수하는 일이 많았다. 탐학한 수령들은 역사를 빙자하여 '逐戶收錢'하는 경우도 있었다. 수령들은 권전 혹은 防雇錢 · 戶錢 · 民錢 · 役價米 등의 이름으로 요역의 대가를 징수할 수 있었다. 중앙이나 지방 관부에 의한 연군 징발은 이미 상례적인 일은 아니었다. 그러한 가운데 민전을 대납하는 관행에서 볼 수 있듯이 요역은 점차 부정기적인 현물 수취 형태의 하나로 전화되고 있었다. 이 시기의 농민층은 국가권력의 가혹한 노동력 수탈 체계의 속박으로부터 자유로워진 반면 증대되는 잡역세 등의 물납세를 새로이 부담하게 되었다.

18・19세기의 사정을 보여주는 丁若鏞의 《牧民心書》에서는 당시의 '力役之征' 곧 요역의 종목 가운데 대표적인 것 12가지를 들고 있다. 그것은 둑쌓기(築堰), 도랑 파기(鑿渠), 저수지 준설(浚湖), 상여 메기(擔轝), 배 끌기(曳船), 목재운반(曳木), 공물 수송(輸貢), 말 몰이(驅馬), 얼음 저장(藏氷), 장사 돕기(助葬), 가마 메기(肩輿), 길짐(路任) 등이다. 이 같은 노역은 당시의 농민들에게 일상적으로 부과되던 것은 아니었다. 지방 군현의 지역적 특성과 관련하여 특정의 역사가 자주 되풀이되는 경우도 있으나 보편적인 일은 아니었다. 그러나 이 같은 요역이 거의 공통적으로 대납제의 방식으로 운영되고 있다는 데서 이 시기 요역제의 특징을 살펴 볼 수 있을 것이다. 위의 각 분야의 역역은 실제로는 防雇錢의 징수, 戶錢・民錢의 濫收, 氷價米의 수취 등을 중요한 내용으로 하고 있었다.[18] 농민의 입장에서 보면 부정기적인 잡역세의 수탈을 의미하는 것이다.

대동법이 성립된 이후 조선 후기의 농민들이 부담하던 烟戶雜役은 노동력 징발의 요역과 그것이 현물세화된 잡역세를 포괄하고 있었다. 노동력 직접 징발의 요역이 소멸되던 추세를 보였던 것에 비해 현물 징수의 잡역세는 다양한 종목에서 마련되고 증액되었다. 상품화폐경제가 발전하는 가운데 중앙 및 지방 관부의 재정 수요는 폭발적으로 증대하고 있었고 그만큼 현물세의 增徵이 요구되고 있었다. 지주제가 새롭게 발전하는 가운데 토지는 가장 확실한 稅役의 원천으로 파악되었다. 요역을 비롯한 부역노동의 물납세화 과정, 그것이 다시 토지로 집중되는 전결세화의 과정을 보여주는 것이다.

---

18) 丁若鏞, 《牧民心書》 戶典 六條, 平賦 下.
《英祖實錄》 권 2, 영조 즉위년 12월 병신 및 권 71, 영조 26년 6월 계사.

3) 잡역세의 수취

대동법 이후 각 군현에서는 관부의 운영에 필요한 제반 경비를 부분적으로는 대동미의 유치분에 의존했다. 점차 상납미의 비중이 늘어남에 따라 유치미 이외의 다른 재정 수입원을 더욱 절실히 필요로 하게 되었다. 환곡의 부세화, 관청 고리대의 모색, 屯田 경영의 확대 그리고 잡역세 수취의 강화에 의해서 지방재정의 원활한 운영을 도모하였다. 더욱이 종래 농민의 요역노동에 의해 수행되던 제반 역사는 부역노동이 쇠퇴하고 있던 시기에 다시 강행되기 어려웠다. 토목공사의 요역이나 支供의 요역에서 종전의 노동력 징발에 대신하여 현물의 잡역세 수취를 강화할 수밖에 없었다. 크게 '民戶收捧'하는 戶役과 '民結收捧'하는 結役으로 나뉘었다. 대동법 시행 초기에는 연호잡역이라 하듯이 호역의 비중이 컸지만 점차 결역의 비중이 늘어나는 추세를 보였다.

대동법을 먼저 시행했던 경기·강원·충청도에서는 17세기 후반 조정에서 잡역세의 과도한 부담이 거론될 만큼 사회적인 문제로 부각되고 있었다. 이 같은 과외 잡세가 먼저 호역에서 비롯되었던 원인은 대동세 12두의 과징으로 말미암아 민간의 결세 부담이 대폭 증대하게 되었고 또 대동법의 관련 규정에서 민호에 대한 잡세 부과를 금지한다고 표방하였기 때문이다.[19] 호역·결역의 형식으로 징수되는 군현의 잡역세는 첫째 官需의 각종 잡물을 조달하는 데 쓰였다. 대개 官에서 일상적으로 사용하는 이러한 물자들은 종래 민호에서 현물 그대로 징수하거나 혹은 민간의 요역 노동에 의해 조달될 수 있었다. 그러던 것이 이제는 價米·價錢의 형태로 戶·結에 부과되는 현물 조세가 된 것이다. 지역에 따라 차이가 있지만 대체로 雉·鷄·柴·草·氷丁 등의 관수 물자를 호렴 혹은 결렴하는 연호잡역으로 거두고 있었다.

잡역세의 두 번째 중요한 용도는 각종 역사에 필요한 노동력의 조달이었다. 중국을 왕래하는 사신·암행어사·관찰사 등의 관리들이 출현하면 이들을 접

19) 金玉根,《朝鮮王朝財政史研究》Ⅲ(一潮閣, 1988), 360~361쪽.

대하기 위해서 民錢을 거두어야 했고 禮葬의 일이 있을 때 필요한 擔持軍·雜色軍·造墓軍·莎草軍 등의 명목으로 해당 군현의 농민을 징발하는 대신 역시 민전을 거두어야 했다. 지역에 따라서 役價租·雇馬租·雇價米·息肩租·立馬錢·擔軍錢 등으로 불리는 세목을 정해 둔 경우도 있었다. 이 같은 정기·부정기의 노동력 징발에 대신하기 위한 잡역세인 것이다. 토목공사라든지 영접·지대의 요역을 대신할 수 있는 것은 특히 이 같은 종류의 잡역세였다.

그 같은 잡역세 가운데에는 특정한 역사가 있을 때 쓰이도록 지정된 것도 있다. 예컨대 18세기 말엽 경상도 安東이나 陜川에는 橋梁租·橋梁錢 등의 명색이 있었다. 그 수입으로 관내의 교량을 보수하는 재원으로 삼은 것이다. 開寧에서는 衙修理租란 잡역세가 마련되어 있었다. 이는 新迎時에만 民結에서 거두는 것인데 공해를 수리 단장하는 데 드는 자재 및 役軍 雇價의 재원으로 쓰일 수 있었다. 蔚山의 氷庫修理錢이나 咸安의 官衙修理錢 등은 모두 특정의 토목공사를 대비한 잡역세의 한가지였다.[20]

요컨대 대동세 유치미의 용도에 포함되지 않았던 지방 관부의 일상적 잡물 구매의 경비로서, 아울러 公衙의 수리·축성·築堤 등 각종 공역의 경비, 국왕이나 사신을 비롯한 중앙 및 지방 관리 등의 왕래에 따르는 각종 역사의 경비를 마련하는 데 이 같은 잡역세 수입이 쓰일 수 있었다. 조선 후기의 잡역세는 그 전시기에 지방적 특성을 가지면서 다양한 모습으로 운영되던 요역 종목의 대부분이 물납세화된 결과였다.

여러 가지 잡역세를 수시로 거두기보다는 한꺼번에 거두는 쪽이 지방 관부의 입장에서 편리할 뿐 아니라 농민층의 부담을 덜어 주는 것이기도 하였다. 그리하여 각 지방에서 잡역세 운영의 편의를 도모한 개별적 자율적 기구로서 民庫를 설치하였다. 민고에서는 종전의 현물과 노동력 조달 방식에 대신하여 미·포를 거두어 소요 물종을 貿用하거나 노동력을 雇立하였다. 민고의 재정 규모는 갈수록 커져서 고을마다 그 액수의 차이는 결가의 차이를 불러오는 가장 큰 요인으로 지적될 만 했다. 민고 운영의 폐단은 지난날 요역에서 그러했듯이 통일적 법제의 지배를 받지 못하는 가운데 자의적 수탈

20) 《賦役實摠》 6책·7책·8책.

의 가능성이 높았다는 데 있었다. 18세기 말엽부터 민고에 예산제도를 적용하는 방안과 民庫田을 설정해서 해결하려는 방안이 종합되는 가운데 민고 운영에도 개선책이 모색될 수 있었다.[21)]

17세기 이후 실시된 대동법과 잡역세의 제도는 요역이 물납세화되는 두 가지 방식이었다. 전자는 주로 공납·진상에 관련된 요역을 중심으로 하여 전국적으로 통일된 방식으로 대납제를 모색한 것이고 후자는 지방 관부의 잡물 조달과 관련된 요역 종목을 포함한 군현의 잡역을 지방별로 대납케 하는 방식이었다. 부역제도의 개편 방향이 농업생산력의 발전을 보장하고 국가적 수취기반을 안정적으로 유지해 줄 수 있는 것이라면 이 같은 변동은 지배층으로서도 바람직한 것이 될 수 있었다. 이렇게 해서 부역노동은 물납세로 전환되어 갔고 그만큼 농민층의 현물세 부담은 증대하여 갔다. 그러나 농민층으로서는 그들의 개별적인 농작업 과정을 방해받지 않고 국가권력의 인신적 속박으로부터 벗어나 자립적인 발전의 길을 모색할 수 있게 되었다. 피역은 이제 다른 형태로 전개되어 갔다. 상품화폐경제의 발전, 그에 따른 재정수요의 폭발적 증대로 현물세를 增徵하지 않을 수 없었던 지배기구에 대해서 저항하게 된 것이다. 이는 군역·요역제를 중심으로 한 부역제도의 붕괴과정이었다.

17세기 이후 대동세·결세·잡역세의 제도를 시행하였던 데서 볼 수 있듯이 요역은 전결세로 재편되는 추세를 보였다. 이는 부역노동의 신분제적 운영원리 자체를 부정하는 것이며 아울러 지주제가 발달하는 가운데 지주적 경제기반에 기생하고 있었던 양반층 일반의 이해관계를 거스르는 것이기도 했다. 대동법 성립 초기에 이 제도의 시행을 통해서 '均民役'을 구현할 수 있다고 파악한 것은 요역의 일부가 전국을 대상으로 한 획일적인 방식으로 전

---

21) 金容燮, 〈朝鮮後期의 民庫와 民庫田〉(《東方學志》 23·24, 延世大, 1980).
鄭昌烈, 〈조선후기 농민봉기의 정치의식〉(《韓國人의 生活意識과 民衆藝術》, 成均館大 大同文化硏究院, 1983).
張東杓, 〈朝鮮後期 民庫 운영의 성격과 運營權〉(碧史李佑成敎授停年退職紀念論叢《民族史의 展開와 그 文化》 上, 1990).
金德珍, 〈朝鮮後期 地方官廳의 民庫 設立과 運營〉(《歷史學報》 133, 1992).

결세화됨으로써 그만큼 군현에서의 신분제적 '差役不均'을 면하게 되었음을 지적한 것이다. 민역이 고르지 못하면 농민층의 저항이 폭발할 것 같은 형세가 조성되어 있었기 때문에 지배층 관료들은 일정하게 불균등의 폐단을 시정하지 않을 수 없었다. 영조대에 이르러서 균역법이 실시되고 結作의 세목이 신설된 것은 부역노동의 다른 형태였던 군역에 있어서도 제한된 범위에서나마 전결세로의 흡수가 진행되었음을 뜻하였다.

17세기 이래 부역노동의 재편성 과정은 군현제적 지배 질서를 강화하는 가운데 수령권을 중심으로 한 국가 권력의 규제력이 크게 신장되는 시기에 수행되었다. 향촌사회에서 士族의 독자적인 지배력 또한 현저하게 손상되었다. 더욱이 이즈음의 부세제는 전결세의 비중을 크게 늘이는 방향으로 개편되고 있었다. 향촌사회의 유력자이며 지주층에 속하는 재지사족의 권력기반은 이렇게 동요하고 있었다. 자립성을 제고시키면서 성장하는 이 시기의 농민들은 양반지주에 대한 개별적·인신적 예속관계에서 점차 벗어날 수 있게 되었다. 조선 후기 지주제의 변동, 특히 경제외적 강제를 가능하게 했던 신분제적 소유관계·생산관계가 동요하던 현실은 이것과 표리의 관계를 이루었다. 이 같은 사회변동이 요역의 물납세화·전결세화로 나아가는 배경을 이루었다.

4) 모립제의 성립

募立制는 官府에서 인부를 모집하여 각종 役事에 필요한 노동력을 고용하는 제도였다. 모립제는 요역에서의 雇立制였다. 17세기 초엽 이래 크고 작은 각종 역사에는 새로운 형태의 役夫인 募軍이 고용되기 시작하였고 점차 확산될 수 있었다.

모군은 토목공사 같은 데서 삯을 받고 품팔이하는 사람으로서 '募軍'과 같은 뜻으로 오늘날에도 쓰이고 있다. 건축공사에 있어서 '잡인부' 혹은 '막일꾼' 등의 호칭으로 불리고 있다는 것이다.[22] 이 같은 비숙련의 단순 작업에

---

22) 인력개발연구소편, 《한국직업사전》(1969), 655쪽.

종사하는 노동자를 모군이라 부르기 시작한 것은 17세기 초엽부터의 일이다. 처음에는 글자 그대로 '役軍을 모집한다'는 뜻으로 서술적인 용어로 쓰이다가[23] 점차 '모집한 역군' 혹은 '모집해서 고용하여 부리는 막일꾼'이란 듯의 일반명사로 정착하게 되었다. 모립제가 발전함에 따라 모군은 도시빈민층이나 빈농 등의 전업적·계절적 임노동의 한 전형이 될 수 있었다.

모립제의 성립은 17세기 초엽 이후 요역제의 붕괴과정에 따른 것이다. 이 시기에는 이미 요역제 운영에 따르는 많은 문제점이 드러나고 있었다. 임진왜란을 지내고 난 뒤에 전후 복구책을 모색하던 정세 속에서 많은 폐단을 안고 있던 요역제의 운영에 있어서도 개선책이 강구될 필요가 있었다. 특히 요역 부담자인 각 지방의 농민을 役所로 징발하기 어려웠던 전쟁 직후의 상황, 한편으로는 이제까지 토목공사에 많이 동원되었던 군인들도 군사적 필요성이 중대함에 따라 군무에 더 치중하지 않으면 안되었던 당시의 사정 등이 또한 새로운 여건을 조성하였다.

임진왜란을 겪은 17세기 초엽에는 인구가 급격히 감소한 상태에 있었다. 당시에는 전쟁의 피해가 극심한 데에다 전쟁 수행과 관련된 많은 요역 부담이 농민들에게 전가되었기 때문에 유리·도망자 또한 많았다. 이같이 인구가 격감한 조건 아래서는 종래와 같은 방식으로 役民하기 어려웠다. 17세기 초엽에는 지난날 100호가 있던 마을이 겨우 대여섯 개의 殘幕으로 남게된 경우도 있었다고 할만큼 촌락의 피해가 채 복구되지 못한 상태에 있었다. 이러한 상황에서는 부득이 지난날과 같은 요역 징발을 꾀하기 곤란하였다.

인구가 급격히 감소하던 시기에는 노동력을 절약하는 문제가 크게 대두하였다. 벼농사에 있어서 이앙법이 전국적으로 확산되는 계기도 여기에서 조성되고 있었다. 양란을 겪은 후에 인구가 크게 감소된 반면 각종 복구사업을 위한 작업량의 증대로 말미암아 노동력이 부족하게 됨으로써 中耕除草를 중심으로 한 노동력 문제의 해결을 위한 농지 경영방식의 개선이 필요했던 것이다.[24] 요역 징발이 거듭되는 곳에서는 농민들이 대거 유리하였기 때문에

23) 《宣祖實錄》 권 201, 선조 39년 7월 기사.

24) 金容燮, 〈《農家集成》의 編纂과 그 農業論〉(《朝鮮後期農業史硏究》, 一潮閣, 1988), 174~179쪽.

정책적인 차원에서도 노동력 절약의 문제는 심각하게 고려되어야 했다. 이처럼 인구의 급격한 감소는 요역과 같은 부역노동을 물납세로 전환시키는 중요한 계기를 조성하였다. 17세 초엽 요역에서 모립제가 성립할 수 있었던 것은 이처럼 民力을 직접 징발하기 어렵게 된 사정과 결부되어 있었다. 더욱이 農時를 고려해야 했다. 농번기에는 烟軍을 요역 징발하기 어렵다는 계절적인 제약성이 따랐고 농민들로부터의 과도한 요역 징발이 농업생산력을 파괴시킬 수 있다는 우려가 있기 때문이었다.

17세기 초엽의 요역제 운영에서는 역군의 분정과 차역 등 징발과정에서의 폐단과 부역노동의 苦重함, 사역의 비효율성 등 役事 운영상의 문제점들이 현저하게 드러나고 있었다. 원거리를 이동해서 부역노동에 응해야 하는 요역 농민의 부담이 지나치게 무겁고 비효율적이라는 것이 흔히 지적되곤 했다. 이렇게 강제 징발된 부역군의 작업 능률이 크게 떨어진다는 점도 문제점으로 지적될 수 있었다. 그 결과는 부역군의 피역·도망·代立 등의 형태로 이미 나타나고 있었다. 지배층 관료들의 입장에서도 구태여 저항과 비효율이 따르는 낡은 역역 체계에 의존할 필요성이 줄어들게 되었다. 더구나 유민으로 전락하여 도회지로 유입하는 몰락 농민들을 고용한다면 진휼에도 보탬이 되는 또 다른 이점이 있다고 보았기 때문에, 17세기 초엽의 토목공사에서 요역 징발을 대신하여 고용잡역부인 모군을 고용하는 새로운 노동력 수급체계를 점차 도입 정착시키게 되었다. 곧 모립제의 성립이었다.

17세기 초엽의 산릉역에서는 모군을 고용하게 됨에 따라 막대한 양의 雇價 곧 품삯을 지불하는 데 드는 대규모 재정 지출이 요구되었다. 각도의 烟軍을 징발하는 대신 烟軍 價布를 거두게 함으로써 모군을 雇立하는 재원으로 삼거나 '扶助'라는 명목 아래 각도의 監營·兵營·水營에 면포를 나누어 청구하기도 하고 혹은 司僕寺·常平廳·兵曹·工曹 등 중앙 각사에 비축되어 있는 면포를 호조로 이송하여 산릉역을 중심으로 한 국상의 모든 비용에 쓰게 하였다. 산릉역의 소요 경비 가운데 품삯 등 인건비 지출이 매우 컸기 때문에 공역을 주관하는 山陵都監에서는 전례를 뒤져 가면서 石物의 尺數를 줄이는 방안을 강구하기도 하고 산릉의 석물을 줄이거나 묘제를 간략하게 해서 역군을 아끼는 방안을 모색하였다. 경비를 아껴서 민폐를 더는 일에 유념하지 않을 수 없었기 때문이다.

17세기 초·중엽의 결포제는 모립제 성립의 전제가 되었다. 인부를 모집해서 고용하는 데 드는 막대한 재원을 조달하기 위한 조치였다. 대규모 역사를 위해 전국에서 결포를 거둔 사례는 선조 39년(1606) 종묘·궁궐 重建을 위한 경비 확보책에서 비롯되었다. 이후 17세기 중엽에 이르기까지 각종 궁궐의 영건역 뿐만 아니라 산릉역·조사역 등 국가적인 大役의 수행을 위해서 결포를 징수하는 일이 많았다.

모군은 17세기 초엽 이후 각종 토목공사의 役夫로서 고용되었다. 이들은 자신의 役糧을 싸들고 와서 부역하던 징발 역군과는 달리 토목공사에 응모하여 일정 액수의 품삯을 받는 이 시기의 '賃傭爲業之類'였다. 모군은 모든 분야에 걸쳐서 차츰 부역노동을 대신하게 되었다. 특히 旱災나 전염병의 피해를 입어서 연군을 징발하기 어려울 때나 농번기의 역사일 경우에는 더욱 모군을 고용할 필요성이 커졌다. 일단 모군이 고용되었던 분야에서는 그것이 중요한 선례를 이루었다. 산릉역과 조사지역에서만은 요역을 징발할 수 있다고 했던 《續大典》의 규정조차 '已行之例'로 자리잡게 된 새로운 관행에 의해 압도되고 있었다. 이러한 가운데 크고 작은 각종의 역사에서는 점차 모립제의 고용 노동이 적용되는 추세를 보이게 되었다.

대동법 시행 이후에도 민간의 요역 종목 가운데 하나로 규정된 바 있었던 산릉역의 경우 노동력 조달 체계는 몇 단계의 변화과정을 거쳐서 결국 모립제가 전면 도입되는 단계로 나아가게 되었다. 먼저 17세기 초엽에는 결포제가 시행되면서 연군의 직접 징발이 줄어드는 추세를 보이다가 결국 17세기 중엽부터 그나마 그치게 되었다. 이때부터 烟軍의 분정은 곧 價布의 수취를 위한 것이지 더 이상 노동력 징발을 위한 것이 아니게 되었다. 이 무렵 승군의 부역 징발은 지속적으로 늘어나서 요역 농민이 징발되지 않는 데서 초래된 노동력 부족 현상을 메우는 데 동원되었다. 그러나 17세기 말엽에는 군인의 산릉 부역이 종식되었는가 하면 18세기 중엽부터는 승군의 산릉역 징발조차도 사라지게 되었다. 각종 형태의 징발 부역군이 국가적 대역사에 참여하던 폭은 이처럼 단계적으로 축소되고 있었다. 결국 18세기 중엽부터는 고용일꾼인 모군이 산릉역을 전담하게 되었다. 부역노동의 쇠퇴, 모립제의 발전과정이었다.

이 같은 부역제도 쇠퇴의 추세는 다른 종류의 역사에서도 마찬가지였다. 조사지역이나 築城役·築堤役 등 각종의 역사에서 노동력 직접 징발의 부역노동이 적용되지 않는 대신에 고용노동을 적용하는 사례가 늘게 되었다. 도성 주변의 역사에서는 京募軍이 고용되었지만 지방 군현에서의 역사에서는 鄕募軍이 고용될 수 있었다.

당시의 토목공사에서 賃傭爲業하는 품팔이 및 飢民들을 모아서 雇價를 지불하고 모군으로서 사역하는 것이 점차 일반화되어 갔다. 특히 기근이 들었을 때 이들 기민을 모군으로 고용하는 문제는 대규모의 축성역에서 자주 거론되었다. 기민들 가운데서도 도성에 몰려든 각 지방의 유민들을 모립의 대상으로 삼기도 했다. 이들 중에서 壯丁者를 가려 뽑아 '給料督役'하면 기꺼이 응할 것이기 때문에 힘든 공사라도 무난히 마칠 수 있다는 주장이었다.[25)]

기민을 모집하여 '給料督役'하는 문제는 17세기 이후 실학자들에게도 많은 관심을 불러일으켰다. 유형원이 《磻溪隨錄》에서 기민을 모집하고 토목공사를 일으키는 것이 '기근을 구제하는 방도'라 하여 救荒 工事의 필요성을 지적하였던 것도 그 때문이었다. 그는 특히 구황 공사의 대표적인 것으로서 수리시설 축조의 공역을 제안하였다. 李瀷도 《星湖僿說》에서 "토목공사를 일으켜 품삯을 후히 줌으로써 진휼에 도움이 되게 할 수 있다"는 사실을 강조하였다. 이 같은 실학자들의 구황 공사에 대한 구상은 이 무렵 관부에서 주관하는 각종 역사에서 노동력을 조달하는 제도가 변화해 가는 과정과 밀접한 관련을 맺는다. 토목공사 등의 역사에 기민을 고용한다는 구상은 17세기 말엽 이후의 축성역을 비롯한 각종 토목공사에서 채택되고 있었다. 나아가 그 이후의 각종 역사에서 모립제를 확신시키는 계기를 조성하였다.

당시의 지배층 관료들이 토목공사에 모군을 고용하면서 진휼책을 표방하였던 것은 이 시기의 사회 변동과도 밀접한 관계를 맺는 것이다. 즉 17·18세기 이래 농촌사회의 변동에 따라 토지 소유를 둘러 싼 계층 분화가 진행되고 있었던 것이다. 일단의 부농층은 상업적 농업을 통해 부를 축적해 갈

---

25) 《承政院日記》 410책, 숙종 29년 3월 15일.

수 있었고 그에 따라 농민층 분화는 더욱 촉진되고 있었다. 상품화폐경제의 발전에 의해 화폐경제가 농촌에 침투하게 되었고 그것이 다시 농민의 토지로부터의 이탈을 가속화시켜 갔다. 이 시기의 농민층 분화는 신분제의 해체를 수반하면서 광범하게 전개됨으로써 많은 빈농층·무전농민층을 배출하고 있었다. 이들은 자신의 노동력을 상품화하지 않을 수 없는 처지에 놓여 있었다. 당시 도성 주변에서 혹은 농촌이나 광산촌 등에서 고용노동이 전개될 수 있는 한 여건이 이렇게 마련되었다.[26] 이들 가운데 일부는 농촌의 농업노동자로 전신하기도 했고 때로는 광산의 店軍으로 진출한다든지 또는 도시의 상공업 분야에 유입될 수도 있었다.

도성의 경우 임진·병자의 양란을 겪은 뒤 인구가 크게 감소되었지만 현종대에 들어서면 다시 크게 증대된 것으로 보인다.[27] 당시 서울 인구의 급격한 증가는 이농민의 대열이 급속히 증대된 것을 반영하였다. 이들은 서울의 도시 빈민층을 형성하면서 도성 변두리의 沿江 지역 예컨대 용산·서강·마포·뚝섬·왕십리 등지에서 빈민 집단 거주지를 이루고 있었다. 특히 18세기에 들어서는 이 같은 城外 지역 거주민이 크게 늘고 있었다. 농촌에서 들어온 유이민들이 서울의 성외 각지에 정착하게 된 결과였다. 이 같은 도시 하층민의 급속한 증가 추세는 많은 수의 '賃傭爲業之類'를 만들어 내고 있었다.[28] 모립제가 발전할 수 있는 중요한 여건을 이루었다.

이 시기의 농촌 유이민들은 정부의 각종 流民 還集政策에도 불구하고 농촌을 떠나서도 그 생계를 유지할 수 있는 방도를 발견하게 되었다. 그것은 바로 '賃傭爲業'하는 길이었다. 정부는 이들을 도시주변이나 광산촌의 '游手無賴之輩'로 간주하고 있었지만 그러면서도 각종 역사에 이들을 고용하지 않을

---

26) 金容燮, 《朝鮮後期農業史硏究》Ⅱ(一潮閣, 1971), 180~197쪽.

27) 《增補文獻備考》 권 161, 戶口考 1.
權泰煥·愼鏞廈, 〈朝鮮王朝時代 人口推定에 關한 一試論〉(《東亞文化》 12, 1977), 298~303쪽.

28) 조성윤, 《조선후기 서울 주민의 신분 구조와 그 변화》(延世大 博士學位論文, 1992), 31~55쪽.
高東煥, 《18·19세기 서울 京江地域의 商業發達》(서울大 博士學位論文, 1993), 9~59쪽.

수 없었던 것은 종전의 부역노동이 이 시점에 와서는 그 한계에 이르렀기 때문이었다. 한편으로 노동력을 상품화하고 있었던 이들 전업적인 임노동자층의 존재를 인정하지 않을 수 없었던 형편을 말해준다. 부역노동으로서의 요역제가 해체되고 고용노동의 모립제가 성립·발전하게 된 현실을 반영한 것이다.

〈尹用出〉

5. 진전의 개간과 양전사업

1) 개간사업

(1) 정부의 개간정책

중세 사회에서 토지는 자연적 상황이나 부세 문제 등으로 인해 평상시에도 陳田이 많이 발생하였다. 그러나 임진왜란 후 실태는 달라졌다. 임진왜란은 전국을 전장터로 만들었기 때문에 농토는 매우 황폐하게 되었으며 전답의 경계를 분간하기 어려운 곳도 많았다.

전쟁 전까지 150~170만 결에 이르던 전국의 경지 면적이 전쟁 직후의 조사에 따르면 30만여 결로 1/5수준으로 줄어들 정도였다.[1] 특히 곡창지대인 전라도는 평시 경작면적인 44만 결 가운데 6만 결만 경작되었으므로 국가재정에 타격은 매우 컸다.[2]

어느 정도 복구가 되었으리라 생각되는 광해군대에도 다음 사료를 보면 실상은 크게 나아지지 않았던 듯하다.

> 지금 전란으로 온통 망가진 나머지 백성들이 휴식을 취하지 못하고 전야가 개간되지 않아 교외에 나가보면 곳곳마다 끝없이 쑥대와 가시나무로 뒤덮여 있어 토지에서 생산되는 곡식과 麻絲가 평소에 비해 백분의 일도 안되니…(《光海君日記》 권 4, 광해군 즉위년 5월 정해).

---

1) 《宣祖實錄》 권 128, 선조 33년 8월 병신.
   《宣祖修正實錄》 권 140, 선조 34년 8월 병인.
2) 《宣祖實錄》 권 140, 선조 34년 8월 무인.

과장된 표현이기는 하지만 전쟁 때문에 전답 자체가 황폐해진 점과 농민들이 전쟁에 시달려 농사를 제대로 짓지 못하기 때문에 활용되는 농지가 지극히 낮았음을 알 수 있다.

광해군 3년(1611)의 전국적인 상황을 간략히 정리한 자료를 통해 살펴보면, 평시에 비해서 전라도는 44만여 결에서 11만여 결로, 경상도는 43만여 결에서 7만여 결로, 충청도는 26만여 결에서 11만여 결로, 황해도는 11만여 결에서 6만 1천여 결로, 강원도는 2만 8천여 결에서 1만 1천여 결로, 경기도는 15만여 결에서 3만 9천여 결로, 함경도는 12만여 결에서 4만 7천여 결로, 평안도는 17만여 결에서 9만 4천여 결로 줄어들었다고 한다.[3] 전국을 합하면 170만 8천여 결에서 54만 2천여 결로 줄어들어서 "8도를 모두 합한 것이 평상시 전라도의 토지 결수에 지나지 않는다"고 비유할 정도였다.

경지 면적이 줄어들자 농업 경제에 기반을 둔 조선 사회는 크게 동요하였다. 농민들은 생산을 못하게 되면서 삶의 위기에 처하였다. 진전에 대해서는 법제적으로 면세를 하게 되어 있어서 정부에서는 수세지가 줄어들게 되면서 국가 재정에 매우 큰 영향을 미쳤다. 더구나 농지가 황폐해지면서 농민들이 흩어져서 군역이나 부역 등에 있어서도 큰 타격을 받았다. 황폐된 농지를 다시 개간하는 것은 농민들의 삶 뿐만 아니라 정부의 재정운영에 시급한 일이었다.

본래 개간은 경작되지 않은 原野라든가 山林, 海澤地 등을 개척하여 경작지로 만들어 나갔다. 조선 초기에는 북부 지역을 중심으로 미간지가 많았으므로 개간의 대상이었으며, 15세기말 16세기에 들어서는 해택지에 대한 개간이 늘어났다.[4]

그러나 17세기에 들면 전쟁을 거치면서 본래 경작지가 많이 황폐되었으므로 이러한 陳田에 대한 개간이 더욱 중요하였다. 물론 당시 진전의 발생은

---

3) 《增補文獻備考》 中, 田賦考 8, 戶曹判書 黃愼의 上疏. 경상도 43만여 결은 33만 결의 착오라고 한다(吳仁澤, 《17·18세기 量田事業 硏究》, 釜山大 博士學位論文, 1996, 17쪽).

4) 李泰鎭, 〈16세기 沿海地域의 堰田開發〉(《金哲埈博士華甲紀念史學論叢》, 지식산업사, 1983).

전쟁 때문만은 아니었다. 당시 진전에 대한 정부의 정의를 보면 양전시 오랫동안 황폐되었던 토지, 전쟁 뒤 인민이 사망하여 자연히 황폐된 토지, 재해를 심하게 입어서 정부로부터 진전 명목을 받은 토지 등이다.[5] 당시 진전은 두 번째가 중심이겠으나 첫 번째, 세 번째 경우도 적지 않았고 여기에 대해서도 이 기회에 다시 개간할 필요가 있었다.

이와 같이 진전이 많았기 때문에 임란 백여 년이 지난 뒤 양전에서도 元摠이 임란 이전보다 늘어나지 않았을 정도였다.

이처럼 임란 후 진전의 문제가 심각했기 때문에 국가에서는 진전개간에 대하여 여러 가지 혜택을 내리면서 장려하였다. 먼저 이들에게 종자·농기구·농우 등을 대여 주었다. 농민이 죽거나 흩어졌고 더구나 경작에 필요한 최소한의 요건도 갖추지 못한 경우도 많았기 때문이었다. 이는 郡縣이나 富民들에게서 마련하였다. 가령 해당 군현에서 직접 마련하기 어려울 때는 정부에서 종자가 여유있는 가까운 군읍에서 그것을 분급하게 하고, 또한 부유한 자들에게 종자를 대출하게 하면서 그 대가로 포상을 하거나 관직을 수여하기도 하였다. 沿海 邑의 경우 소금을 재원으로 하여 종자와 바꾸기도 하였다.[6] 농우의 경우에도 지방관이 주재하여 소를 가진 자가 소가 없는 집의 농지를 갈아주도록 조치하거나 또는 관청의 소를 빌려주어서 해결하기도 하였다.[7] 이들에게 필요한 농기구를 마련하기 위해서 관청에서 솥이나 무기 등을 거두어 만들어주기도 하였다.[8]

이처럼 개간에 필요한 물자를 지방관이 책임을 맡아서 마련하였다. 그리고 개간지의 실적이 곧 당시 지방관의 치적을 평가하게 되었다. 선조 32년(1599)에는 時起田結數 외에 5분의 1 이상을 개간한 경우에는 陞職시키고 3분의 1 이상인 경우에는 별도로 重賞을 내렸으며 반대로 줄어들면 벌을 내리도록 하였다.[9]

다음으로는 면세의 조치를 마련하였다. 오랫동안 묵은 토지는 수확이 적

5) 《備邊司謄錄》 6책, 인조 19년 7월 4일.
6) 《宣祖實錄》 권 48, 선조 27년 3월 신사.
7) 《宣祖實錄》 권 93, 선조 30년 10월 신미.
8) 《度支志》 外篇 勸農.
9) 《宣祖實錄》 권 110, 선조 32년 3월 경인.

기 때문에 개간에 대한 의욕을 불러일으키기 위해서는 일정한 기간동안 면세가 필요하였다.

그런데 정부에서도 개간을 늘릴 목적으로 개간지에 대해서는 여러 가지 특전을 주었다. 世祖 연간에 평안·황해·강원·함경의 지역에 대한 개간에서는 삼남지방의 부민들을 강제 이주시켰기 때문이기도 하지만 그 조건은 復戶와 면세가 10년 이상일 정도로 혜택을 많이 부여하였다.[10] 앞으로 부세를 거둘 수 있는 땅으로 만들기 위해서였다. 그러나 진전에 대해서 정부에서는 부정적으로 보기 때문에 면세가 어려웠다. 그것은 기존의 수세지를 잃어버리기 때문이다. 따라서《經國大典》에는 災傷과 같이 자연 재해에 의한 경우에는 減稅가 되면서도 진전에 대해서는 상당히 엄격하였다. 탈이 나서 경작을 못하는 경우에도 친척이나 이웃이 경작하여 묵히지 못하게끔 하고 있다.[11] 물론 "모두 진황된 토지에 대해서는 면세한다"고 되어 있다.[12] 그러나 실제로는 전세 자체가 가볍다는 인식아래 貢法의 취지에 따라 묵은 땅이라도 수세하는 것이 일반적이었다. 그리고 힘이 닿지 않아 다 경작하지 못한 筆地에서 起耕處가 조금이라도 있으면 告하는 것을 허용하지 않았다.[13] 이처럼 진전을 막기 위해 국가에서는 통제를 심하게 하였다.

따라서 진황된 것에 대해서 혜택을 받을 수 있는 것은 속전이나 새로이 기경한 가경전에 한해서였다. 이런 토지는 隨起收稅하였다. 그러나 이런 토지도 다음 式年에 正田으로 등재되면 마찬가지로 규제가 가해지는 것이다. 이처럼 농민이 농업에 게으르지 않도록 경계한다는 구실로 면세가 허용되지 않아서 진전수세의 폐단이 심했다.[14]

진전을 규제하였으나 전쟁 이후 진전이 크게 늘어나자 이에 대한 대책이 필요하였다. 면세를 할 수 있는 형편이 아니었다.

---

10) 朴時亨,《朝鮮土地制度史》(과학원출판사, 1964 ; 1994년 재발간, 신서원), 111쪽.
11)《經國大典》 戶典 務農.
12)《經國大典》 戶典 收稅.
13)《역주 경국대전 주석편》(한국정신문화연구원, 1986), 249쪽.
14) 李載龔, 〈16세기의 量田과 陳田收稅〉(《孫寶基博士停年紀念韓國史學論叢》, 지식산업사, 1982).

전쟁이 일어난 선조대에는 토지가 황폐해졌기 때문에 어느 토지를 막론하고 기경에 따라 수세하는 수기수세의 방식이 행해졌다.[15] 토지가 황폐해지고 경작민이 유리 도산된 상황에서 正田, 續田을 가릴 처지가 아니었던 것이었다. 이는 토지로 돌아오거나 빈 토지를 차지하여 생활하려는 농민들과 이를 통해서라도 수세를 확보하려는 국가의 입장을 모두 담고 있다고 하겠다. 그러나 이것은 농민들을 위하는 정책이 되지 못하였다. 토호들은 토지를 제대로 등록하지 않았으므로 결국 농민들의 기경지에만 税를 부과되어 상호간에 불균형이 심해지기 쉬웠다.[16]

근본적으로는 많은 진전을 새로이 개간할 수 있는 여건이 필요하였다. 또한 正田과 續田의 구분은 사라지고 起耕田과 陳田의 구분이 더욱 중요하였다. 전쟁이 끝난 뒤 수십 년이 지난 뒤인 인조대의 양전에서도 총 농지면적 985,002결 가운데 진전은 443,139결로서 진전이 45%에 달하였다.[17] 이제 진전은 16세기까지 누진되었던 문제까지 포함하여 총체적으로 드러났고 나아가 진전에 대한 개간이 시급하게 제기되었다. 그리하여 이때 진전을 개간하기 위해 일정한 기간동안 면세하자는 논의가 일어났다.[18] 그 결과 1641년 진황지에 대해 해택지와 마찬가지로 3년 면세하기로 결정되었다.[19] 면세의 혜택이 상당히 늘어났다.

효종초인 1653년에는 진전의 면세조치가 폐지되고 진전은 속전으로 취급되어 곧 징세되었다.[20] 이처럼 국초의 隨起收稅의 방침과 限年免稅 사이에 정책이 계속 번복되었다. 가령 대표적인 예가 숙종초 2년 면세의 방침이 결정되었다가 곧 다시 그해 한 해에 개간한 진전만 2년간 면세하고 다시 수기수세로 바뀌었다. 그 이유는 농민들이 이러한 혜택을 틈타 기경전을 폐하고 진전을 2년 경작하다가 징세가 될 해에 이를 다시 폐하고 또 다른 진전을 개간한다는 것이다.[21]

15) 《宣祖實錄》 권 139, 선조 34년 7월 을축 및 권 140, 선조 34년 8월 무인.
16) 《宣祖實錄》 권 139, 선조 34년 7월 을축.
17) 《仁祖實錄》 권 31, 인조 13년 7월 임신.
18) 《仁祖實錄》 권 31, 인조 13년 4월 을해.
19) 李景植, 〈17世紀의 農地開墾과 地主制의 展開〉(《韓國史硏究》 9, 1973), 93쪽.
20) 《增補文獻備考》 中, 田賦考1, 632쪽.
21) 《備邊司謄錄》 35책, 숙종 5년 9월 14일.

이런 점에서 수기수세는 진전에 대한 대책이라기보다 부세를 확보하기 위한 방법으로서 정부가 시기결에 의존하는 양상을 보여주고 있다.

그러다가 18세기초인 영조대에는 《續大典》에 의하면 세를 반으로 줄이는 규정으로 법제화되었다.[22] 아무튼 17세기 중엽까지는 국가가 진전에 대해 상당한 조치를 취했음을 알 수 있다. 개간을 장려하려는 정부의 노력의 표현이라고 할 수 있다.

이러한 정책을 통해 유리했던 농민들이 다시 토지로 돌아오면서 17세기 중엽에는 전쟁 이전의 상태와 비슷할 정도의 농토가 확보되어 있었고,[23] 예전에 지어먹지 못하던 땅도 개간되지 않는 곳이 없다고 하는 상태였다.[24] 이처럼 17세기의 개간정책은 전쟁으로 황폐하게 된 토지를 경작지로 되돌려서 농촌 경제를 안정시키고 국가 재정을 충실히 하려는 과제였다.

그러나 閑廣地 등 신전개간도 함께 이루어졌고, 이렇게 개간된 토지는 陳起를 거듭하였으므로 그 뒤 진전은 여전히 농업상의 중요한 문제였다. 《大典通編》에 오면 3년간 면세하도록 한 것[25]도 그 때문인 듯하다. 그런데도 진전에 대한 구분이 명확하지 않으므로 부세상의 혼란이 있고 이 때문에 농민들이 기피하기도 하였다.

가령 정약용은 "진전이 많은데도 농민들은 부세가 두렵다고 하여 法典에 비록 자세히 되어 있어도 어리석은 백성들이 알지 못하고 있다"고 하고 있다.[26] 나아가서 그는 3년도 짧으며 5년 면세를 해주어야 한다고 주장하였다.

(2) 개간의 주체

이 시기 개간의 주체는 누구일까. 거듭된 전란이 끝나고 인구가 대량으로 줄어들고 流離하면서 또한 황무지가 많이 발생하는 것을 기화로 이 토지들을 점령하려는 권세가와 지방 토호들에 의해 큰 규모로 개간이 진행되었다. 따라서 일반 농민보다 관료나 토호 등 봉건지배층이나 부민들이 많은 토지

---

22) 《續大典》 戶典 收稅.
23) 《仁祖實錄》 권 47, 인조 24년 8월 기축.
24) 《孝宗實錄》 권 13, 효종 5년 11월 임인.
25) 《大典通編》 戶典 收稅.
26) 丁若鏞, 《牧民心書》 戶典 田政, 202쪽.

를 집중적으로 소유하면서 합법적인 대토지소유자로 등장하였다.

조선 초기 강제 이주 때에도 삼남의 부농층들을 중심으로 하였으며 대관료들에게도 많은 기대를 걸었다.[27] 그것은 개간사업에 주된 노력, 곧 노비와 농량·종자·농구의 축적을 가진 양반관료들의 능력을 계산했기 때문이다.

이 시기 양반관료들이 개간에 참여하는 것에 대하여 몇 가지 이유를 들 수 있다. 먼저 개간에 필요한 경제력 때문이었다. 개간에는 오랜 기간동안 노동력과 물력이 필요하였는데 이 점에서는 관료나 토호들이 일반 농민들보다 훨씬 유리한 입장에 놓여있었다. 더구나 당시 양반층이 노비 노동력의 확보에 관심을 가지고 있었던 것도 개간사업에 양반층이 적극적으로 참여할 수 있는 배경이 되었다고 한다.[28] 그리고 그 규모가 매우 컸다. 일반 農家가 개간하는 토지가 畓 2석락, 田 2일경 정도인데 비해 봉건지배층은 50~100석락 정도라고 할만큼 대규모였다.[29] 일반 농가에 비하면 수십 배에 달하였다.

다음은 당시 관료들은 職田制가 폐지되어 스스로가 자신들의 경제적 토대를 구축하지 않으면 안되었다. 이러한 경제적 처지에 따라 전쟁 후 많은 無主地를 대상으로 개간에 나섰다.

또한 관료층의 사회 의식의 변화에 따라 직접 생산 활동에 종사하는 일을 꺼리지 않았다. 전쟁 중이나 그 뒤에도 관료들은 생계 유지를 위하여 자신들이 직접 생산 활동에 종사하지 않으면 안되었다. 17세기 大農이었던 公州 李氏家에서는 소유하고 있는 농지의 대부분을 직접 경작하는 모습을 볼 수 있다.[30] 당시 사대부였던 吳希文 일가가 생계 해결을 위하여 屯畓을 얻어 경작하기도 하고, 다른 사람의 농지를 빌어서 경작하기도 하였는데, 진전에 대해서도 개간을 하였다.[31]

당시 사회경제적 사정 속에서 봉건지배층의 개간에 참여가 늘어났다.

그러나 한편 이 시기에는 일반 농민들의 개간도 적지 않았다. 당시 광범

27) 朴時亨, 앞의 책, 111~112쪽.

28) 김싱우, 〈사회경제사의 측면에서 본 조선중기〉(《大丘史學》 46, 1993).

29) 李景植, 앞의 글, 96쪽.

30) 金容燮, 〈朝鮮後期 兩班層의 農業生産〉(《增補版 朝鮮後期農業史硏究》 II, 一潮閣, 1989).

31) 李景植, 앞의 글, 97쪽.

하게 발생한 無土之民은 개간의 한 주체가 되었다. 진황지에 대해서는 기경을 원하는 자는 누구나 立案을 통해 개간할 수 있었으므로 일반 농민들도 상당수 참여하였을 것이다.[32)]

특히 山田의 개간에 있어서는 지역적인 여건으로 보아 대규모 개간이 어렵고 경제성도 낮았기 때문에 부유층이 거의 참여하지 않았고 무전농민, 빈농층이 중심이 되었다.[33)]

농민들은 해안의 간척지에도 참여하였다. 예를 들면 황해도 은율군의 洪大雲은 無土之民으로 살아나가기가 힘들어서 築垌하여 농사를 짓겠다고 입안을 내었고 洪重碩도 "본래 궁하여 처음부터 송곳 꽂을 만한 땅도 없었기 때문에 축동 작답하였다"고 한다. 이들의 축동 규모는 소규모여서 앞의 홍대운의 경우에는 답 1석락지(15부 정도), 田 1일경 정도였다. 장연군에서도 2~24부 사이의 작은 筒畓이 많이 보였는데 특히 10부 미만이 대부분이었다.[34)]

이러한 소규모 개간이 개간의 확대를 이끌기도 하였다. 강화부에도 국가에서 船頭浦堰을 쌓기 전에 농민들이 개별적으로 작은 언을 쌓아서 개간하였음을 알 수 있다.[35)] 한편 농민들의 개간은 단독이 아닌 촌락공동체가 단위가 되어 공동으로 물력을 모아서 개간하는 경우도 가능하였다.

이 시기는 이렇게 점차 경작 조건이 열악한 곳으로까지 개간이 확대되어 가는 양상을 살필 수 있다. 그런데 열악한 토지 조건, 나아가 축동 작답하는 경우까지 생각한다면 진전에 대한 개간은 농민들이 훨씬 쉽게 뛰어들었을 것이다. 이와 같은 소규모의 언답은 화전과 마찬가지로 국가 수취체제에서 벗어나서 다만 읍에서 사사로이 수세하는 은결이 되기 쉬웠다. 따라서 양안상 무주지이거나 등재되지 않은 채 농민사이에서 개간지가 世傳되었기 때문에 침탈 당하는 경우도 많았다.

32) 《新補修敎輯錄》 戶典 量田.

33) 吳仁澤, 〈朝鮮後期 新田開墾의 성격〉(《釜大史學》 18, 1994).

34) 송찬섭, 〈17·18세기 新田開墾의 확대와 經營形態〉(《韓國史論》 12, 서울大, 1985), 261~262쪽.

35) 《備邊司謄錄》 58책, 숙종 33년 11월 19일.

(3) 개간과 절수·입안제도

이 시기 개간에는 折受와 立案의 제도가 있었다. 절수는 정부가 주인이 없는 땅을 직접 조사하여 지급하는 것이 아니라 절수자가 스스로 조사하여 관에 신고하여 국가로부터 토지를 떼어 받아서 자기 소유로 하는 것이었다. 이처럼 스스로 관에 보고하는 것을 陳告라고 하였다. 조선 전기에 진전을 진고 한 자에게 토지를 절급하였다. 《經國大典》에도 "3년이 지난 진전은 누구든지 관에 告하고 경작하는 것을 허용한다"는 규정이 있다.[36]

따라서 토지를 절수한다는 것은 자기 소유로 한다는 것이므로 소유권자가 있는 토지는 대상이 될 수 없었다. 곧 주인이 없는 묵은 토지나 경작이 되지 않은 땅이 중심이었다. 그렇기 때문에 量案이나 收租案에 실려 국가에 세를 내는 토지가 아니었다. 이 점에서 수조권을 나눠주는 조선 전기 科田이나 職田의 折給制度와는 달랐다. 오히려 다음 자료에서 보듯이 절수는 황폐한 농지를 개간한다는 농업 정책의 일환이기도 하였다.

> 신이 大典(《경국대전》을 가리킴－필자)을 보니 절수 두 글자가 있었습니다. 당시에는 인구가 많지 않고 토지도 개간되지 않아 각처를 절수하여 논밭을 일구고 세를 거두어도 백성들에게 폐해가 되지 않았습니다(《英祖實錄》 권 28, 영조 6년 12월 무오).

이처럼 절수는 원칙적으로는 누구든지 법에 따른 절차를 이용할 수 있었다. 따라서 조선 전기에도 절수가 있었다. 그러나 실제에 있어서 이를 잘 활용하여 토지를 획득하고 집적하는 층들은 한정되어 있었다. 재력이 우세하고 권력이 있는 세력 가문이나 토호들이었다. 무주진황지는 절수한 다음 개간하여야 농지로 이용할 수 있다. 따라서 물력이나 노동력을 가지고 있고 동원하기에 쉬운 자들이 많이 참여하였다. 게다가 倭亂과 胡亂을 치른 뒤 개간을 할 수 있는 무주지가 많이 발생하였다. 절수는 면적에도 제한이 없었으므로[37] 대토지를 얻을 수 있는 기회가 제공되고, 개간하여 경작지로 만드는 작업이 필요하였으므로 이러한 방식이 임란을 거치고 개간이 필요한 시기에

---

36) 《經國大典》 戶典 田宅.
37) 《顯宗改修實錄》 권 2, 현종 원년 4월 정해.

많이 이용될 수밖에 없었다.

이러한 절수를 법적으로 보장하는 제도가 입안이었다. 본래 입안은 토지나 가사를 매매하고 난 뒤 관으로부터 이를 보장받는 제도였다. 《경국대전》에 의하면 매매한 뒤 1백일 내에 입안을 받도록 되어있다.38)

그런데 입안은 주로 새로운 토지를 개간했을 때 소유권을 보장받기 위해 하였다.

> 무릇 토지를 절수하는 무리들은 그 이웃 인민들에게 땅이 묵었고 주인이 없다는 다짐을 받은 뒤에 입안을 만들었다(《明宗實錄》 권 33, 명종 21년 7월 임오).

위와 같이 절수 대상이 되는 토지는 주인이 없는 땅이어야 하며 반드시 이웃의 인민들에게 그 땅이 주인이 없다는 것을 확인 받고 관청에 입안을 받아야 하였다. 일례를 들면 정조 14년(1790) 成左尹宅 奴 忠吉이 牙山郡 二西面에서 "해안이 넓고 본래 주인이 없어서 앞으로 축언할 수 있다"는 근거로 입안을 올렸고 여기에 대하여 관에서는 "경계의 멀고 가까움은 비록 알 수 없으나 소를 올려서 바란대로 입안을 내린다"고 허락하였다.39) 주인이 없는 땅인가 하는 점은 이웃이나 色掌에게 물은 다음 허락하였다. 따라서 입안은 주인이 없는 땅이라는 것을 확인하고 그것을 취득하는 공인된 증명 절차였다.

그러나 개간을 하지 않을 경우에는 원칙상 효력이 말소되었다. 곧 《受敎輯錄》에 따르면 해택·산야의 진황지에 입안을 내더라도 3년 내에 개간을 하지 않아서 3년이 지난 다음 다른 사람이 기경을 하면 입안자라고 하더라도 쟁송하지 못한다고 하였다.40) 따라서 숙종 8년(1682) 진주지역 堰畓에서 분쟁이 일어났을 때 호조에서는 법전에 '진황처는 기경자가 주인'이라는 규정은 있으나 '입안자가 모두 가진다'는 규정이 없다고 하여 입안한 자보다 축언한 궁방쪽에 권리를 인정하였다.41)

---

38) 《經國大典》 戶典 賣買限.

39) 《忠淸道庄土文績》 20책, 奎 19300.

40) 《受敎輯錄》 刑典 聽理.

41) 《承政院日記》 390책, 숙종 26년 3월 9일.

그래서 입안이 지속적인 효력을 갖도록 하려고 연속적으로 입안을 내기도 하였다. 安岳郡 安谷坊 立石에서 축동한 땅에 농민들이 70년간 몇 차례에 걸쳐 입안한 것이 그 사례이다.[42]

개간이 활발해짐에 따라 입안처를 구하기 힘들어졌고 이에 따라서 입안을 일종의 권리로서 매매하는 경우까지 나타났다. 《新補受敎輯錄》에는 입안한 곳에 대하여 사사로이 매매하는 것은 법으로 엄격하게 금지하였다.[43] 그런데도 차츰 민간의 관례가 되었다. 때로는 입안자에 대한 대가로 토지의 일부를 할애하기도 하였다.

입안을 통하여 토지에 대한 권리를 얻게 되면서 토지 겸병 못지 않게 입안지를 늘이려는 폐단도 나타났다. 곧 현종 2년(1661)의 기록에 의하면 무단배가 자기 전답이 많으면서도 주인이 없는 묵은 땅을 입안하여 차지하고서는 빈민이 기경하는 것을 허락하지 않았는데 입안지가 많은 경우 백여 석락이나 되었다고 하였다.[44]

이처럼 입안은 개간의 전제 조건이었지만 토지 점탈의 방법으로 이용하였다. 가령 권세가가 다른 사람의 개간지까지 입안 내에 포함시킨 다음 농민을 위협하여 토지를 빼앗거나 지대를 거두었다.[45]

(4) 개간지의 소유 문제

진전 개간이 정부의 개간 정책과 병행하여 활발히 전개되면서 많은 사회문제가 일어났다. 그 가운데서도 개간지에 대한 소유 문제가 그 핵심이었다.

먼저 有主陳田의 개간을 알아보자.

본래 《經國大典》에는 3년 이상 묵힌 토지에 대해서는 다른 사람이 경작할 수 있도록 하였다.[46] 그러나 이는 소유권은 아니었던 것 같다.[47] 이처럼 직

42) 《忠勳府謄錄》 권 4, 인조 23년 정월 22일.
43) 《新補受敎輯錄》 戶典 諸田.
44) 《承政院日記》 168책, 현종 2년 6월 5일.
45) 《承政院日記》 508책, 영조 원년 3월 12일.
46) 《經國大典》 戶典 田宅.
47) 이 항목 바로 뒤에 보면 주인 없는 전지는 다른 사람에게 옮겨준다고 하면서 그 내용으로 군역을 진 자가 사망하거나 이사하게 되면 바꾸어 입역하는 자에

접 진전에 대해서는 매우 애매하게 기술되어 있었으므로 그 뒤《受敎輯錄》에는 "3년이 지난 진전은 다른 사람이 고한 다음에 경작하도록 허락하지만 영구히 지급하는 것이 아니라 本主가 돌려 받을 때까지 耕食하는 것을 허락한다"[48]고 하였다. 경작의 권한만을 인정하는 것이다. 그러나《大典通編》에 따르면 진전개간은 관에 고하고 경작하는 것을 허락하는데 전주가 와서 쟁송하면 소출의 3분의 1로써 전주에게 주고 3분의 2는 개간자에게 지급하며 갈아먹은 지 10년이 지나면 균분하도록 하였다.[49] 이는 9년까지는 3분의 1 지대에서 10년이 되면 일반 토지와 마찬가지로 취급하여 반분한다는 것이다. 곧 유주진전에 대해서는 소유주와 개간자 사이에 소유권 분쟁은 원칙적으로는 있을 수 없었다.

그러나 주인이 없는 진전의 경우는 소유문제가 복잡하고 심각하였다. 주인이 없는 진전은 언젠가 한번은 경작되었으나 양안에 주인이 없는 것으로 기록되어 있는 진전이었다. 이러한 땅이 개간되어 가는 과정에서 소유권 분쟁이 일어났다. 그러나 단순한 법제적인 소유권 분쟁이 아니었다. 내면적으로는 좀 더 복잡한 사정이 얽혀 있었다. 형태상으로는 같은 개간지에 있어서 입안만을 가진 자와 실제 개간 경작자 사이의 쟁송이었지만, 여기에는 관료나 궁가, 그리고 관청 등 봉건지배층이 개재되어 있었고 이에 맞선 농민층의 항거가 맞물려 있었다.

앞에서 보았듯이 법적으로는 입안을 받았으면 그 소유권이 공식적으로 인정되었다. 그러나 전쟁을 거친 뒤 입안을 내고 개간하는 사람들은 드물었다. 농민들은 황폐한 땅을 개간하여 자기 소유지로서 생각하였으며, 이에 반해 입안을 지닌 봉건지배층은 입안을 근거로 하여 농민들이 자력으로 개간한 토지를 빼앗았다.

그러나 입안의 효력이 있다고 하여 이것을 지녔느냐는 것만 가지고 소유

게 주는데 5년 안에 이사한 자가 돌아오더라도 그 동안 경작하던 자가 본래 토지가 없다면 3분의 2만 돌려주고 나머지 3분의 1은 차지할 수 있다고 하였다. 이렇게 볼 때 5년 이상 묵은 경우에는 소유권까지 차지할 수 있다고 해석할 수 있다. 그러나 이는 役制와 결합되어 있으므로 일반 진전과는 차이가 있다.

48)《受敎輯錄》戶典 諸田.

49)《大典通編》戶典 收稅.

권 분쟁을 처리해 버릴 수는 없었다. 실제 경작자인 농민들이 완강히 항거하였다. 농민들은 입안을 가지고 있지는 않지만 자신들이 힘을 들여 개간한 땅을 쉽게 포기할 수 없었다. 또한 관에 세까지 납부할 경우에는 그들의 소유지를 인정받았다고 여겼기 때문이었다.

법률적인 소유권과 현실적인 소유권 사이에서 문제가 복잡하였는데 한창 개간이 활발하였던 인조대에는 개간자를 소유주로 인정하였다. 곧 갑술양전 때 《量田事目》으로서 "주인이 없는 진전은 기경자를 주인으로 한다"고 규정하였다.50) 이는 농민들의 개간 의욕을 자극하고 입안의 비현실적인 횡포를 방지할 수 있었다. 그러나 이러한 방침이 그대로 실행된 것은 아니었다. 인조대에 주인이 없는 진전을 농민들이 개간하고 세를 납부하여 왔는데 궁방에서 이를 침탈한 일이 있었다. 이때 왕은 주인이 없는 땅은 법대로 입안을 지녀야만 자기 소유지로 할 수 있고, 한때 경작하였다는 이유만으로는 그 소유권이 인정될 수 없다는 태도를 보였다.51) 지배층의 입장을 대변한 것이라고 하겠다.

농민들은 지배층의 이러한 행위에 대해 주인이 없는 땅은 개간자를 주인으로 한다는 당초의 방침을 근거로 하여 소송을 제기하기도 하였으나 법대로 처리되지 않았다. 그래서 때로는 마지막 수단으로서 집단으로 항거하는 방식까지도 사용하는 경우가 없지 않았지만 역시 피해는 농민층에게 돌아가는 형편이었다.

그러나 無主陳田에 대해서 경작자를 소유주로 한다는 규정은 원칙적으로는 강조되고 있었다. 곧 일반 소송에서도 한쪽은 이전에 받은 입안을 가지고 있고 한쪽은 스스로 개간하였으면 입안을 물리치고 개간한 자에게 주는 것이 법례라고 하였다.52) 이러한 것은 《신보수교집록》에 따르면 미리 입안을 내어서 다른 사람이 起墾한 뒤에 입안을 구실로 빼앗는 것을 금하는 것으로 보아53) 법적으로도 정착되었음을 알 수 있다.

나아가서 기경에 따른 법적 보장을 위해서는 《신보수교집록》에는 주인이

50) 《仁祖實錄》 권 46, 인조 23년 10월 정미.
51) 《仁祖實錄》 권 46, 인조 23년 10월 무신.
52) 《顯宗實錄》 권 11, 현종 7년 정월 정미.
53) 《新補受敎輯錄》 戶典 諸田.

없는 땅일 경우 경작하고자 하는 자가 입안을 받아서 자기 소유지로 만들도록 하였다.54)

이제 무주진전은 개간자가 입안을 받음으로써만 자기 소유지로 할 수 있게 되었다. 이 조치는 그간의 일반적인 법례를 부정하는 행위였고 다른 한편으로는 17세기 이래 입안 우선의 봉건적 지배층들의 이해관계가 긍정되는 처사였다. 이 규정은 18세기 영조대에 와서 《속대전》에 완전히 명문화되었다.55)

2) 양전사업

(1) 양전의 목적과 시행과정

토지는 중세 사회에서 국가가 재정에 필요한 부세를 거두는 가장 중심적인 대상이었으므로 이를 체계적으로 수취하기 위해 토지에 대해 적절한 파악 기준을 마련하였다. 그것이 量田制였다. 양전은 각 지방의 토지 결수를 조사하여 이를 통하여 농민에게 세를 배정하여 징수하는 것이었다. 따라서 전세에 대한 수취를 합리적으로 운영하려면 양전을 통해서 토지 결수를 정확하게 파악하는 것이 필요하였다. 여기서 각각의 토지에 대하여 위치, 종류와 陳起 여부, 면적, 소유주 등을 조사하였다.

조선 사회에서도 《경국대전》에 의하면 양전은 結負法으로 양전을 하며 전품을 6등으로 구분하고 20년마다 한번씩 改量을 하여 양안을 작성하여 이를 戶曹·本道·本邑에 보관하도록 하였다.56)

다만 자의 길이를 달리하여 1등전은 周尺에 준하여 4척 7촌 7푼 5리, 2등전은 5척 1촌 7푼 9리, 3등은 5척 7촌 3리, 4등은 6척 4촌 3푼 4리, 5등은 7척 5촌 5푼, 6등은 9척 5촌 5푼으로 하였다. 그 결과 1등전 1결은 38畝에 준하고, 2등전은 44무, 3등전은 54무, 4등전은 69무, 5등전은 95무, 6등전은 152무

54) 《新補受敎輯錄》 戶典 量田.

55) 《續大典》 戶典 量田.

56) 《經國大典》 戶典 量田. 조선초에는 양전이 30년 1회의 수준이었으나 《經國大典》의 편찬 시기에 20년 1회로 강화되었다고 한다(吳仁澤, 《17·18세기 量田事業硏究》, 釜山大 博士學位論文, 1996, 13쪽).

에 준하였다. 따라서 등급에 따라서 같은 결부 단위라도 서로 면적이 달랐다.

그리고 토지의 종류는 해마다 경작하는 正田과 혹 경작하기도 하고 혹 묵히기도 하는 續田으로 나누었다. 정전은 부분 진황, 전면 진황간에 일체의 진황이 인정되지 않고 매년 과세의 원칙이 적용되었으며, 속전은 토지를 받아 경작하고 있는 자의 신고에 따라 수령이 직접 심사하여 진황이 인정되면 면세받을 수 있었다.

토지의 면적은 개간이 되어 늘어나거나 陳田이 생겨 줄어드는 등 변화가 있기 마련이므로 계속 개량을 해야 한다. 특히 농민의 입장에서는 진전 수세의 폐단을 막고자 陳起를 다시 조사하기를 바라고, 정부에서는 加耕田 등 은루된 토지를 파악하고자 하였다. 그러나 특별한 사정이 없는 한 결수를 크게 변화시키지 않았다. 그것은 개량에 필요한 비용이 많이 들고 변화에 따른 혼란이 일어나기 쉽기 때문이다. 따라서 한번 정해진 토지 결수를 변동시키기는 어려웠다.

조선 전기 15세기 동안 양전이 대체로 30년에 1회 정도로 시행되었으나 16세기에 들면 양전이 시행되지 않았다. 그것은 국초에 개간이 급격히 진행되다가 16세기로 가면서 점차 가경지가 급격하게 감소되었기 때문이다.[57]

그러나 임란을 거친 뒤 전국적인 양전사업이 필요하였다. 전쟁으로 인하여 많은 땅이 황폐해져서 이전의 結數를 책정하기 어려웠고 한편으로는 계속 개간이 이루어졌기 때문에 변화가 심했기 때문이었다. 게다가 전쟁 중에 토지대장이 많이 상실되었던 점도 중요한 이유였다. 게다가 조선초 공법에서 만들어졌던 연분 9등의 제도는 임란 전부터 무너지고 마지막 등급인 下之下로 고정되었는데 토지까지 황폐화되면서 국가의 전세 수입은 매우 줄어들 수밖에 없었다.

임란이 끝난 뒤 양전사업은 다시 시작되었다. 그러나 국가재정 문제로 인하여 선조 33년(1600)에 계획된 양전 방식은 임시방편적인 성격을 띠었다. 곧 중앙에서 양전사가 파견되는 것이 아니라 매년 시기결과 진황지를 각 읍이 각기 타량하여 감사를 통하여 중앙에 보고하도록 하고 災傷敬差官이 호조에

57) 吳仁澤, 위의 책, 14쪽.

서 추첨한 각 도 1개 읍을 타량하는 방식이었다.

그러나 진황지 타량이 양전을 한 뒤에 경작이 되지 않더라도 白徵을 당할 우려 때문에 여기에 대해 저항이 일어나자 다시 시기결만을 타량하도록 하였다. 이에 따라 선조 34년부터 시행된 양전은 전국 각 읍의 수령이 시기결만을 파악하고 그 결과를 경차관이 1개 읍을 뽑아서 覆審하는 방식으로 시행되었다. 또한 여기서도 뽑힌 읍과 그렇지 않은 읍 사이의 불공평 때문에 양전을 마친 뒤 양전어사를 파견하여 복심하는 방식으로 바꾸었다. 그러나 양전은 지지부진했고 선조 36년에 다시 추진하여 다음해 봄에 끝마쳐 처음으로 전국적인 규모로 양전이 이루어졌다. 이를 癸卯量田이라고 하였다.

그 결과 전라도 198,672결, 경상도 173,902결, 충청도 240,744결, 경기도 141,959결, 강원도 33,884결, 황해도 106,832결, 함경도 54,377결 등을 얻었다.[58]

평안도는 알 수 없지만 삼남지방은 이전보다 큰 차이가 있고 그밖에 강원도·함경도·황해도는 거의 비슷하였다. 이는 왜란 후 토지가 척박한 탓도 있지만 전품 등급이 낮아진 것이 큰 이유로 보인다.[59] 이는 임란 직후 30만결을 칭하던 때와 비교하면 상당히 늘어났고 국가 재정의 측면에서도 큰 도움이 되었을 것이다.

그러나 임란 이전과 비교한다면 여전히 은루결이 많이 있었고 특히 이 시기 활발한 개간과 관련하여 가경전이 증가하였으므로 양전의 필요성은 늘어났다. 나아가 공납제 개혁에 있어서 주요 현안으로 등장한 대동법 실시를 위해서도 양전은 절실한 과제로 부각되고 있었다. 그리하여 계묘양전 이후 20년만인 인조 원년(1623)부터 양전논의가 나타나기 시작하였다.

그러나 아직도 개간이 진행되는 상황이었기 때문에 양전이 미루어지다가 인조 12년에 다시 삼남지방에 양전을 하였다. 이를 甲戌量田이라고 하였다. 본래는 삼남지방에 양전을 한 뒤 곧바로 강원도와 경기를 시행하고자 하였으나 실제로는 추가적으로 시행되지 못하였다.

58) 《磻溪隨錄》, 田制攷說 下. 계묘양전의 종료 7년 후인 광해군 3년의 삼남결총은 542,000여결이라고 한다(吳仁澤, 〈朝鮮後期 癸卯·甲戌量田의 推移와 性格〉, 《釜大史學》 19, 1995, 345쪽).

59) 吳仁澤, 위의 글, 343쪽.

이때의 목표는 토지를 철저하게 파악하여 임란 이전의 결총을 회복하는 것이었다. 量田事目에도 '滿平時結負'라고 명기할 정도였다.[60] 실제로 계묘양전에서 파악하지 못했던 진황지가 등록되고 전반적으로 전품도 상승되면서 결총도 획기적으로 늘어나서 거의 임란 이전의 결총 수준에 도달하였다.

갑술양전은 각도에 2명씩 파견된 6명의 양전사가 담당하였다. 여기서 수령보다 양전사 쪽을 선택한 것은 그쪽이 재지 지주층을 통제하는 데 있어서 더욱 효과적이기 때문이었다. 갑술양전은 광범위한 개간지, 곧 은루결의 파악에 목표가 있었고 은루결은 주로 지주층의 소유지에 편재하였던 것이다. 양전사가 주관한 갑술양전은 수령이 주관한 계묘양전에 비해 한층 강화된 양전이었다. 이때 결부법을 개정하여 국초 이래의 隨等異尺法을 폐지하고 전분 6등에 모두 같은 자를 통용하게 하였다. 양전 과정에서 異尺制보다 同尺制가 통제하기에 효과적이었기 때문이다. 동척제는 그 뒤 양전에서 계승되었다.

이러한 과정을 거치면서 국가의 부세 대부분을 담당하는 삼남지방에 대한 새로운 양전이 일단 마무리가 된 셈이었다. 이때 조사된 삼남지방의 총 농지면적은 895,489결인데 실제 경작지는 540,860결이고 나머지 354,629결은 진전이었다.

그 뒤 효종 4년(1653)에는 경기도가 근본의 땅인데도 전결의 절반이 줄어들었다고 하여 양전을 하였다. 이때도 새로운 結負法을 이용하면서 遵守冊을 만들었다. 현종조에서도 양전에 대한 관심이 높았다. 현종 4년(1663)에는 경기도에 양전사를 보내어 양전을 하였고 6년에는 함경도에 양전을 하였다. 현종 10년에는 충청도 公州·靑州·忠州·尼山·天安·洪州·溫陽·木川·提川·扶餘·保寧·林川·庇仁·靑陽·淸安·延豊·恩津·結城·全義·平澤·定山 등 21읍과, 황해도 黃州·海州·安岳·平山 등 4읍에 양전을 하였다. 충청도는 갑술양전의 지역인데도 다시 충청도의 절반 가까이 양전한 것이 주목된다. 이는 갑술양전에서 결수가 많이 늘었으나 충청도는 가장 적었기 때문에 다시 시작한 것으로 보인다.[61]

숙종대에 들어서서 대대적으로 양전이 일어났다. 숙종 10년(1684) 강원도에

60) 吳仁澤, 앞의 책, 57쪽.
61) 吳仁澤, 앞의 글, 354쪽.

양전을 하고자 하였으나 중간에 그치고 말았다. 그후 숙종 27년(1701)에는 황해도 康翎·瓮津·殷栗 등 3읍을 양전하였고, 35년에는 강원도 通川·襄陽·蔚珍·旌善·杆城·高城·寧越·平昌·歙谷·平海·江陵·三陟·原州·洪川·春川·橫城 등 16읍을 양전하였다. 처음에는 각 도별로 시작하여 점차 전국에 걸쳐 양전을 시행한다는 것이었는데 부분적인 양전으로 그쳤다가 숙종 45·46년에 다시 삼남의 모든 지역에 대하여 개량하였다. 이를 庚子量田이라고 하였다. 이때의 목적도 늘어나는 은루결을 파악하기 위한 것이었다. 숙종 말기 응세결수는 원장부의 절반 수준이었기 때문이었다. 따라서 양전 반대론에도 불구하고 양전을 강행할 수밖에 없었다.[62]

그 결과 8도의 전결은 모두 139만 5,333결이었다.[63] 각도별 액수는 다음과 같다.

도	전	답
경기도	전 61,862결	답 39,394결
충청도	전 16,528결	답 94,680결
전라도	전 194,167결	답 182,992결
경상도	전 19,354결	답 146,424결
황해도	전 102,475결	답 26,359결
평안도	전 71,958결	답 18,846결
함경도	전 56,212결	답 5,031결
강원도	전답 합 44,051결	

이 가운데 삼남지방만 계산한다면 97만 1천 결로서 갑술양전보다 7만 6천 결이 늘어났다. 그러나 田品이 올라가서 늘어난 결수가 포함되어 있으므로 새로운 토지에 대한 개간보다는 여전히 전후 복구사업 차원의 진전개간이 중심이었다고 할 수 있다.

숙종조까지의 양전은 현종조와 숙종조에 일부 지역을 단위로 행해진 경우

62) 당시 양전에 대한 다양한 논의가 있었고 황해도 3읍에서는 方田法이 시행되기도 하였다(崔潤晤, 〈肅宗代 方田法 施行의 歷史的 性格〉, 《國史館論叢》 38, 國史編纂委員會, 1992).

63) 《增補文獻備考》〈田賦考〉. 《經世遺表》에는 《國朝彙言》을 인용하여 1,391,733결이라고 하였다.

도 있었지만 대개 도 단위 이상에서 실시되고 있었다.

그러나 그 뒤 영조조 이후에는 양전의 양상이 달라졌다. 道別 양전에서 邑別 양전으로 바뀌었다. 이는 첫째 양전을 주관하는 단위를 도별에서 군현별로 축소하여 정부의 양전통제를 강화하고, 둘째는 부세제 운영의 모순이 심각한 군현부터 수개 군현씩 수령이 주관하여 매년 점진적으로 시행하고, 셋째 중앙정부가 일방적으로 양전을 주도하지 않고 각 군현의 희망에 따라 추진하고자 하였다.[64] 경자양전의 폐단과 각종 진황지의 백징과 같은 폐단을 해소하려는 의도에서였다. 이제 전정의 문란이 심한 곳에서만 수시로 미봉적인 양전이 실시되었을 뿐이다.

영·정조대에 들어서 전국을 대상으로 하여 지속적으로 읍별 양전을 시행하였다. 영조 3년(1727) 경상도 開寧을 개량하였으며, 5년에는 蔚山을, 12년에는 강원도 旌善을, 13년에는 황해도 鳳山·長淵과 경기도 楊根·朔寧·積城·漣川·麻田·砥平 등 8개 읍을 개량하였다. 21년에는 전라도 각종 진전을 조사하였다. 22년에는 황해도 信川에서 개량을, 24년에는 함경도 會寧·茂山을, 25년에는 황해도 金川을, 26년에는 경상도 慶州·延日·長鬐·興海 등 4읍을, 35년에는 충청도 永同·沃川과 황해도 松禾 등 세 읍을 37년에는 강원도 楊口를, 38년에는 경기도 振威·富平을, 43년에는 함경도 會寧을 개량하였다. 정조대에는 원년(1777)에 경상도 咸安을, 15년에 경상도 昌原과 충청도 結成·懷仁을, 17년에는 황해도 安岳을 개량하였다.

이 가운데 영조 연간은 경자양전의 폐단을 해소하기 위하여 다시 양전이 시행되었는데 주로 경상좌도에 해당하였다. 그리고 영조대 후반부터는 전정의 폐단이 늘어나게 되어 앞에서 거론하였듯이 읍별 양전이 실시되었다.

그러나 그 뒤 읍별 양전마저도 폐단이 심각한 소수의 군현에만 임시 미봉적으로 시행될 정도였다. 따라서 시기총수는 계속 줄어들어서 순조 3년(1803) 무렵에는 60만 결 가까이 줄어들었다. 여기에 대해 정약용은 '옛날 結摠과 비교하여 숨겨진 토지는 1負도 적발된 것이 없으니 한갓 백성만 시끄럽게 했을 뿐 국가에는 도움이 없었다'고 비판하였다.[65]

---

64) 吳仁澤, 앞의 책, 95쪽.

65) 丁若鏞, 《經世遺表》 6권, 地官修制 田制考 6.

이상 17·8세기에 걸쳐 시행된 양전은 다음과 같다.

연 도	지 역	비 고
선조 36·7(1603·4)	경기·황해·함경·강원·평안도	계묘양전
광해군 5(1613)	三南	
인 조 12(1634)	三南	갑술양전
현 종 4(1663)	경기도	
현 종 6(1665)	함경도	
현 종 10(1669)	충청도 公州 등 20읍, 황해도 黃州 등 4읍	
숙 종 10(1684)	강원도-중도폐기	
숙 종 27(1701)	황해도 康翎·甕津·殷栗 등 3읍	
숙 종 34(1708)	강원도	
숙 종 35(1709)	강원도 通川 등 16읍	
숙종 45·6(1719·20)	三南	기해·경자양전
영 조 3(1727)	경상도 開寧	
영 조 5(1729)	경상도 蔚山	
영 조 12(1736)	강원도 旌善	
영 조 13(1737)	경기도 楊根 등 6읍	
영 조 21(1745)	전라도 陳田	
영 조 22(1746)	황해도 信川	
영 조 24(1748)	함경도 會寧·茂山	
영 조 25(1749)	황해도 金川	
영 조 26(1750)	경상도 慶州 등 4읍	
영 조 32(1756)	황해도 黃州·載寧	
영 조 35(1759)	황해도 松禾, 경기도 水原·長湍, 충청도 永同·沃川	
영 조 37(1761)	강원도 楊口	
영 조 38(1762)	경기도 振威·富平	
영 조 43(1767)	함경도 會寧	
정 조 1(1777)	경상도 咸安	
정 조 15(1791)	경상도 昌原, 충청도 結城·懷仁	
정 조 17(1793)	황해도 安岳	

* 박준성, 〈17·8세기 궁방전의 확대와 所有形態의 변화〉(《韓國史論》 11, 서울大, 1984), 193~194쪽, 주 22) 참조.

그밖에 진전 명목의 은루결을 찾기 위해 여러 차례 査陳이 행해지기도 하였다. 이는 양전보다는 규모가 작은 것으로 진전만을 찾아내어 개량하는 것이었다. 가령 숙종 26년(1700) 庚辰査陳이 실시되었는데 그 결과 경상도에서는 1만여 결을 찾아내었다.[66] 그 뒤 경상도에서는 경자양전 실시까지 경진사진의 수세결수를 중심으로 수세하였다. 경자양전 이후에는 삼남에서 영조 5년(1729), 15년, 27년, 35년, 영조 52~정조 2년(1778), 정조 10년 등 5년에서 10년 단위로 査陳이 이루어졌다.

(2) 양전사업의 성과와 문제점

조선 후기 몇 차례 시행되었던 양전의 성과와 문제점을 살펴보자.

양전은 단순히 토지측량이 아니라 6等田品과 陳起 여부를 결정하여 등록하는 과정이었다. 6등전품에 따라서 부세액은 크게 차이가 있었고 특히 진전으로 파악되면 면세가 되었으므로 그 차이는 더욱 컸다. 이런 만큼 양전의 폐단이 커서 양전을 하지 않는 편이 시행하는 것보다 폐단이 적다는 주장도 많이 나왔다.

그러나 이런 인식의 기반에는 지주층의 반대도 적지 않았다. 토지를 둘러싼 폐단의 주체가 바로 지주층이었던 것이다. 곧 중앙에서는 은루결의 파악을 목적으로 양전이 거론되고 있었는데 은부결을 가진 층은 대체로 지주였기 때문이다. 지주는 경지의 규모에 비해 結負數가 적어 세가 가벼웠고 貧農은 경지에 비해 결부수가 많아서 세가 무겁기 마련이었다. 따라서 정확한 양전은 田政 釐正의 중요한 기초가 될 수 있었다.

따라서 양전은 정부와 지주층의 역관계에 의해 성격이 규정되었다. 임란 후 처음으로 시행된 癸卯量田은 지주층을 중심으로 한 지방사회의 반발과 군현 수령의 소극적 입장 속에서 시행되었다. 아직까지 중앙정부의 군현제적 지배질서가 취약한 가운데 임시변통적으로 시행되었기 때문에 그 결과 여러 가지 문제점을 안고 있었다.[67]

그로 인하여 계묘양전은 다음과 같은 특징을 지니고 있었다. 먼저 전품이 하락되었다. 임란 이전의 전품은 대체로 1~3 등급으로 등록되었던 것에 비해 계묘양전에서는 대부분 4~6등급으로 전품을 결정하는 경향이 강했다. 다음으로는 전반적으로 結負가 헐하였다. 계묘양전 이전 시기에는 田案이 없어

66) 《備邊司謄錄》 51책, 숙종 26년 정월 21일.
67) 吳仁澤, 앞의 글(1996), 51쪽.

서 斗落制를 통해 결부를 결정하였는데 그 결부는 상당히 헐한 것이었다. 전쟁 직후라는 상황 때문이라고 할 수 있다. 이때 수령은 척량을 통해 결부를 늘였지만 지방사회에서는 이를 수용하지 않고 再量田을 관철시켜 결부를 낮추었다.

그리고 이전의 續田이 유명무실하였다. 속전은《경국대전》규정에 따르면 수기수세의 대상으로서 별도의 續案을 통하여 관리되며, 진황될 경우 답험을 통하여 면세되는 불완전한 토지였다. 그러나 임란 이후부터 이 규정은 사실상 무의미하였다. 계묘양전은 기경지만 파악되었을 뿐 속전을 등록한 속안을 작성할 여유는 없었을 것이다. 속전제도는 유명무실해진 셈이었다. 이는 그 뒤 갑술양전에서도 확인된다.

그러나 무엇보다도 양전의 문제점은 불평등한 점에 있다. 전라우도 양전어사 趙存性에 따르면 田形과 等第가 대부분 실상과 같지 않으며, 결수의 다과가 불균하고 진전과 기경이 뒤섞여있다는 점을 들고 있다.68)

이는 전세부담의 불공평을 의미한다. 부호들이 대부분 좋은 토지를 가지면서 낮은 등급을 받게되기 쉬운 것이다. 게다가 이제 전세가 下下年으로 고정되어서 대신 흉년이 들어도 감세·면세되지 않는 경우가 많았기 때문에 평민들이 낮은 등급을 받더라도 혹심한 피해를 입어 납세능력이 없어서 고통을 받기 쉬웠다.

이처럼 계묘양전이 부실했기 때문에 그 뒤에도 전제의 문란은 심하였다. 전결의 은루현상은 심각하였고 대토지소유자와 小民간의 稅役부담의 불균형이 심화되었으며 국가의 세입은 크게 감축되고 있었다.69)

다음은 갑술양전에 대해 살펴보자.

인조대에 시행된 갑술양전은 이러한 토지제도의 문란을 정비하여 재정의 원천을 확보하고 농민의 부역을 균등히 하려는 목적에서 이루어졌다. 정부로서도 이번 양전만은 정확하고도 철저하게 하려고 노력하였다.

양전할 때 특히 주목되었던 地目은 司僕寺 목장 내의 개간지, 海曲堰田,

---

68)《宣祖實錄》권 171, 선조 37년 2월 신묘.

69) 朴鍾守, 〈16·17세기 田稅의 定額化 과정〉(《韓國史論》30, 서울大, 1993), 96~97쪽.

堤堰冒耕處, 宮房, 衙門의 면세결이었다.[70] 사복시 목장은 주로 해안과 섬에 설치되어 있었는데 목장과 해곡언전에 주목한 것은 당시 개간이 해안과 섬에까지 확대되었던 현실을 반영한 것이다. 제언에 대한 冒耕은 조선 전기부터 계속 금지하였지만 이 무렵 상당수가 개간되었기 때문에 포함시켰다. 諸宮家, 各 衙門의 면세결에 대한 조사는 이들 면세결이 임란 이후 급격히 늘어나면서 은루결이 늘어났기 때문에 그 대책으로 나왔다. 이들 地目은 갑술양전 이전에 잘 파악되지 않거나 불분명하게 취급되던 것이었다.

이상에서 언급한 바와 같이 갑술양전은 임란 이전의 결수를 회복하는 것을 목표로 하고 이를 위한 여러 가지 고려가 있었고, 그러한 가운데 전반적으로 전품이 상승되었다.

갑술양전의 특징을 살펴보면 먼저 속전이 유명무실하게 되었다. 갑술양전의 기본적인 지목은 기경전·진전·속전의 3종으로 구별되었다. 조선 전기의 정전과 속전에 대비할 때, 기결전·진전은 정전에 해당하고 속전은 그대로 사용하였다. 갑술양전에 있어서는 계묘양안을 기준하여 새로 파악된 경지는 속전으로 양안에 등록되기는 했지만 그 뒤 정전과 동일하게 취급되어 경작되지 않더라도 면세되는 일이 없었다. 이러한 변화는 임란을 전후하여 常耕하지 못하는 불완전한 화전이 상경전으로 발전하였기 때문이다.

다음으로는 진전이 양안에 등록되기 시작하였다. 조선 전기 양전에서 진전은 독자적 지목으로서 의미를 갖지 못하여 정전과 동일하게 등록되었다. 그러나 임란 이후 속전을 정전과 동일하게 파악하면서 기경전과 진전의 구별이 강화되고 양안에서도 구별되었다. 곧 山田·堰田·河岸 등의 다양한 개간지가 늘어나면서 수해·한해를 입기도 하고 토양의 한계라는 자연적 환경, 또는 부세가 늘어나거나 경작 인구가 부족하여 장기간 진황되는 경지가 늘어났다. 이들 진전이 갑술양전을 통하여 양안에서 구별되기 시작한 것이다. 양전할 때 구별된 진전, 소위 量附陳田은 舊陳이라고 하며, 조선 후기 흔히 언급되는 流來雜頉로서 면세되었다. 갑술양전 때에는 구진과 함께 특별히 今陳도 등록되어 면세되었다. 그 결과 막대한 진전 결수가 결총에 나타나는 결과를 낳게 되었다.

---

70) 吳仁澤, 앞의 글, 57쪽.

이와 같이 속전이 사실상 소멸되고 진전이 양안에서 구별되기 시작한 것은 농법의 발전과 개간의 확대라는 추세에 의한 것이다.

아무튼 갑술양전은 여러 측면에 걸쳐 엄밀한 양전을 위한 조처의 흔적을 남겼으며, 그 결과 파악된 원결은 895,489결로서 임란 이전 1,130,000결의 거의 80% 수준이었다. 이렇게 늘어난 것은 실제 가경지의 3/4에 달하던 은루결과 전체 加得結 543,414결의 65%인 354,629결에 달하는 막대한 진전이 사출된 결과였다.71)

그러나 양전의 폐단도 적지 않았다. 양안에 실적 산출의 근거인 변의 길이가 제대로 기재되어 있지 않거나 경상우도 모든 읍의 양안에는 실적 산출의 근거인 변의 길이가 전혀 기재되지 않았으며, 3 · 4 등의 執等이 解負될 때 1 · 2등으로 된 곳이 상당수 존재하였다. 경상좌도에서 각면 단위로 字號와 地番을 배정하지 않고 員을 단위로 삼았던 사례가 있다. 전라좌도의 부안의 변산 일대에서도 실제 경지가 없이 결부만 기록된 虛錄의 폐단도 있었으며 장광척수와 負束이 상호 부합하지 않는 解負의 착오가 있었다.72)

이러한 문제는 전반적으로 양전에 대한 운영이 미숙하였기 때문이었다. 양전 운영이 미숙하면서 지주층과 연관된 여러 가지 양전 부정이 자행될 수 있었으며 그만큼 소농층의 부역이나 부세 부담은 가중될 소지를 안고 있는 것이었다. 그만큼 양전에 따른 피해가 심하였고 민원도 상당하였다.

이렇게 하여 가장 토지가 많은 경기와 삼남의 경우에도 17세기 전반까지는 어느 정도 양전이 되었으나 그 뒤 숙종 말년까지 부분적인 시행 외에는 이루어지지 않았다.

이 같이 부분적으로 양전을 실시하였기 때문에 지방마다 양안이 달랐다. 가령 다음 자료를 보자.

> 여러 도에서는 갑술양안을 사용하기도 하고 혹은 癸卯 · 己酉 양안을 사용하기도 하는데, 가장 최근에 작성한 것이 49년이나 되었다. (이로 말미암아) 토지의 형태가 누차 변하고 여러 가지로 수세지에서 빠지는 수가 많아 보통 때 수

71) 吳仁澤, 앞의 글(1995), 355쪽.
72) 위와 같음.

> 세하는 결수를 원장부와 비교하면 거의 절반밖에 되지 않는다. 근래 20년에 한 번 양전을 시행하는 법이 준수되지 않아 원장부와 실결로 세를 내는 결수의 차이가 이와 같은 데 이르렀다(《備邊司謄錄》 70책, 숙종 43년 6월 3일).

곧 갑술양안은 인조 12년(1634) 삼남 개량을 거쳐 작성된 것이었으며, 계묘양안은 현종 4년(1663) 경기도 개량 뒤에, 그리고 기유양안은 현종 10년 충청도 20읍 개량한 뒤에 작성된 것이었다. 따라서 이들 양안은 실제적인 토지의 경작 상황을 반영할 수 없을 뿐 아니라, 양안상의 원장부에 의한 전세 수취도 어려웠다.

게다가 이렇게 서로 다른 시기에 작성된 양안은, 그 양안 작성이 시기마다 각기 다른 규칙과 목적에 따라 작성된 것이기 때문에 합리적인 선정 운영, 곧 공평한 부세수취가 더욱 어려웠다. 가령 효종 4년(1653)에 遵守尺이 만들어지면서 이전 척으로 양전한 지역과 그 뒤에 양전한 충청도 20읍 등 기유양안은 기준이 달랐던 것이다.

준수척은 1등척이었으므로 길이가 짧았기 때문에 자연히 결수가 많아져서 수세량이 증가하여 농민들이 반발할 수밖에 없었다. 다음 자료에서 살펴보자.

> 우의정이 말하기를 작년에 전라감사 洪錫輔가 舊尺은 짧고 新尺은 긴데, 민인배들은 국가가 短尺을 쓰려는 것은 結卜을 더 늘리려는 뜻이라고 말하는 데까지 이르러 장차 소요의 근심이 있을까 누차 글을 올려 논의했지만 끝내 그만두고 말았습니다. 대저 기유년에 양안을 만들 때 충청도에는 준수척을 사용하였는데 지금 양남에 유독 長尺을 쓰는 것은 진실로 공평하지 못합니다(《備邊司謄錄》 69책, 숙종 42년 2월 28일).

이처럼 충청도의 양전한 읍과 하지 않은 읍 사이의 불균, 그리고 충청도와 경상도, 전라도와의 불균 등이 있어서 문제가 되었다.

다음은 경자양전에 대해 살펴보자.

갑술양전 이후 대규모의 양전사업이 행해진 것은 숙종 말년이었다. 준수척이 반포되고 충청도 20읍에 적용되면서 이것을 다시 삼남에 적용하고자 하였다. 그러나 이는 반발이 심하였다. 짧은 척을 사용하여 결수가 늘어나고 이는 곧 부세의 부담이 늘어나기 때문이었다. 그러나 18세기 양안에 준한 전세수취는 수세의 기준이 되는 양안이 각도마다 다른 시기에 다른 원칙에 따라 이루어져서 수세의 근거로서 기능할 수 없었을 뿐 아니라, 재결과 면세전 때문에 출세실결수가 차츰 줄어들어서 부역불균의 현상이 심각하였다.[73]

그런데 조선 후기에 들면서 각종 부세가 토지에 부과되는 방향으로 나아갔다. 이러한 전세화의 방향은 양전이 실행되어 전결이 확보되지 않으면 백지징세와 같은 수탈적 수세정책으로 운영될 수밖에 없었다. 이처럼 출세실결이 줄어들고 부세가 고르지 않게 되는 것을 막기 위하여 다시 양전을 할 수밖에 없었다. 게다가 이제 많은 토지가 개간되고 양안상의 무주라도 실제로는 기경되는 토지가 많았으므로 이러한 토지를 조사하여 토지 소유권을 인정하면서 수세지를 확보할 필요가 있었다.[74]

경자양전은 量田廳을 두고 균전사를 파견하였으며 庫 단위에 따라 철저하게 量田을 원칙으로 하였다. 따라서 均田使－官長－庫監官－監任의 책임아래 철저한 양전을 시행하도록 하였다.[75] 그리고 갑술양전 때 토지면적을 잘못 잰 것이나 원전과 속전에 대하여 일제 타량하였다.

한편 이 시기 전결에 있어서 또 하나 중요한 문제는 면세결이 확대되는 것이었다. 조정에서는 면세결에 대하여 세를 내도록 시행하고자 하였으나 궁방전 등의 면세전은 계속 확대되어 갔다. 결국 여기에 대해 정부에서는 첫째 일제히 타량하여 그 결수를 확실하게 파악하고 면세를 허락받은 이외의 부분에 대한 출세조치를 실현시키는 방법과 둘째 이것이 불가능할 때는 기존의 출세지로 파악된 민전에 수세제의 변동을 통하여 전결의 감축분을 채우고자 하였다. 곧 면세전에 대하여 확실한 파악과 규제, 그리고 그 폐단을 극복하는 것이 양전의 한 목적이었다.

> 여러 궁가의 전답으로 급가매득하여 면세된 것과 주인이 없는 곳에 대해 사패로써 면세된 것, 민결을 절수 받아 면세된 것은 수조안에 기록된 수에 준하여 면세로 기록한다. 가출된 잉결은 해궁의 노비명으로 주인을 기록하고 면세 두 자를 제거해 응세하는 민전으로 한다(《量田謄錄》 경자 2월 25일).

---

73) 《備邊司謄錄》 69책, 숙종 42년 2월 28일.

74) 이경식, 앞의 글, 112쪽.

75) 《量田謄錄》 경자(숙종 46년).

이처럼 경자양전의 주요목적은 각 궁방전과 아문둔전, 그리고 馬位田 등 일체의 면세지를 타량하여 정해진 결수 외는 일일이 구별하여 민전의 예에 따라 조치한다는 것이었다.

그러나 양전에 대한 반대도 심하였다. 수령이나 감사·균전사가 양전을 지연하는가 하면 심지어 量田無用論까지 나왔다. 여기에는 양전할 때 富民豪族의 뇌물과 청탁을 막기 어렵다는 점과 또 하나는 이 시기의 부민호족의 태도가 이전과는 다르다는 점 때문이었다.[76] 이는 당시 국가의 부세수취가 토지로 집중되면서 토지의 부세 부담이 증가되었고 이에 지배층의 양전에 대해 적극성을 띨 수 없었다. 이러한 반대 의견에도 불구하고 국가재정상 양전은 불가피하였고 숙종은 양전을 지연하는 감사·균전사를 파직까지 하면서 삼남에 일시에 양전을 강행하였다.

경자양전의 성격은 다음과 같다. 먼저 구양안의 字號를 중심으로 양전하고 신양안에 이전 자호를 함께 기록하였다. 이는 은루결의 폐단을 방지하고 구양안을 기준으로 작성된 각종 토지문기에 혼란이 발생하는 것을 방지하려는 것이었다. 곧 토지소유권 분쟁이 증가하고 있었던 사회적 추세를 배려한 것이었다. 전품의 등제에도 구양안을 기준으로 하였다. 전품을 높일 경우 모면이 뒤따르고 낮출 경우 서로 낮추기 위해 소란을 피우는 폐단 때문이었다. 이리하여 전품의 昇降은 황무처가 대전으로 된 거나 거꾸로 대전이 황무처로 변한 곳, 수해로 모래가 덮인 경지, 척박한 답이 관개되어 비옥해진 답 등 극히 제한된 곳에 한정하여 허용되었고, 승강의 대상이 되는 필지에 첨지를 붙여 구별하고 별도의 성책을 작성한 다음 균전사의 적간을 거쳐 승강하도록 엄격한 통제를 가하였다. 이는 지주층의 농간을 대비하는 것이었다. 다음으로 개별 필지를 중심한 토지의 파악은 강화되었다. 분작과 합작, 화전과 진전, 가경전의 파악에서 잘 드러나듯이 은루결의 색출을 위한 것이었다.

경자양전은 대체로 좋은 평가를 받았다. 영조 6년의 자료를 보면 "경자양전이 종료된 결과 인민에게 피해를 주지 않고 국가재정이 몹시 나아졌으므

---

76) 吳仁澤, 〈肅宗代 量田의 推移와 庚子量案의 性格〉(《釜山史學》 23, 1992), 58쪽.

로 끝내 인민의 원망이 없었다"고 하였다.[77] 양전과정에서 소란이 일어난 경우도 있지만 그것은 오히려 인민보다는 양반토호가 조작하였다고 하였다. 이런 점에서 경자양전은 국가권력이 지주층의 반발을 억누르고 강력하게 시행한 양전이었다.

따라서 양전으로 인하여 재정 수입이 증가하고 진황지가 백징되는 문제가 해소되는 등 긍정적인 결과가 없지 않았다. 그러나 지주층의 반발은 심각한 수준이었고 폐단도 적지 않았다. 지주층을 지지 기반으로 삼았던 국가로서는 지주층의 강력한 반발을 무릅쓰고 양전을 시행하기 어려웠다.

따라서 다음 자료에서 보듯이 경자양전에 비판적인 입장도 없지 않았다.

> 전결의 元數는 이전보다 늘어나지 않았고 개량한 뒤 세입은 더한 것은 없고 줄어들어서 다만 민간만 요란스럽게 하고 이익이 되는 점은 없었다(《備邊司謄錄》 79책, 영조 2년 7월 7일).

그 원인은 다음과 같다. 첫째 당시 조선 정부의 전세수취방식에 따르면 전결의 총수가 줄어들면 안되었으므로 실제 토품에 따라 등수를 정하는 것이 아니라 舊案에 따라 1, 2등을 감해주는 선에서 결정되었다.[78] 또한 진전의 개간을 유도하고 묵은땅이 등수가 높은 것을 이정하려고 원속전을 한꺼번에 타량하기로 하여 척박한 땅으로 원전에 실린 것은 속전으로 기록하고, 진전은 사방 시기전의 전품에 따라 1, 2등을 줄여 준다는 원칙이 결정되었다.[79] 그러나 양전 과정에서 이 규정이 그대로 지켜지지 않았다. 없는 사람에게서 덜어서 있는 사람에게 더해주거나 진전이 기경되는 곳을 기록되었고 토품도 올라가는 것만 있고 내려지는 것이 없다는 호소가 잇따랐다.[80] 이것은 양전의 공정한 시행보다는 양전 후에도 총결수에 큰 감축이 없이 일정한 양을 수세해야 하는 조선 후기 전세제도의 구조적 모순 때문이었다.

더구나 경자양전으로 시기결이 늘어났지만 그 뒤 삼남의 시기결은 계속

77) 《備邊司謄錄》 88책, 영조 6년 11월 16일.
78) 《量田謄錄》 경자 8월 7일.
79) 《備邊司謄錄》 72책, 숙종 45년 9월 14일.
80) 《備邊司謄錄》 73책, 경종 즉위년 11월 21일.

줄어들었다. 1720년 경자양안의 삼남의 시기결에 비해 1744년 삼남의 시기결은 약 62,000여 결이 줄어들었다.[81)]

조선조 양전법의 기본적인 단위인 결부제는 토지의 등급을 어떻게 매기느냐에 따라 토지의 양이 달라지므로 매우 결함이 많았다. 또한 5결을 단위로 한 자호로써 표시하므로 등급이 달라지면 그 일대의 字號가 바뀌게 되는 것이다. 이처럼 양전제 자체의 결함이 크므로 정약용은 결부제하에서는 양전을 찬성하지 않았다. 오히려 진전과 은결을 조사하고 부득이하다면 마지못해 개량하되 아주 심한 것만 바로잡는 쪽을 택하였다.[82)]

〈宋讚燮〉

6. 영농기술의 발달과 농촌경제의 변화

1) 영농기술의 발달

16세기 이후의 영농기술 발달은 우선 水田農法에서 두드러지게 나타났다. 15세기의 수전농법은 水耕直播法을 중심으로 乾耕直播法·移秧法을 병행하는 단계에 있었다. 수경직파법은 논에 물을 채운 상태(무논)에서 起耕과 熟治를 하고 미리 浸種하여 발아시킨 종자를 파종하는 것이었다. 건경직파법은 糞種한 종자를 乾畓(마른논)에 파종하는 것으로 晩稻에 대해서만 적용할 수 있었고, 가뭄으로 말미암아 水耕이 불가능한 조건에서 시행하는 방법이었다.[1)] 그런데 건경법은 숙치와 제초에 많은 노동력이 요구되었기 때문에 농민들이 쉽사리 이용하기 힘들었다.

---

81) 오일주, 〈조선후기 국가재정과 환곡의 부세적 기능의 강화〉(延世大 碩士學位論文, 1984), 7쪽.
82) 丁若鏞, 《牧民心書》 戶典 田政.

1) 《農事直說》 種稻.
《世宗實錄》 권 104, 세종 26년 4월 갑진.

이앙법은 《農事直說》에 기술적인 체계가 정리되어 있었지만 이앙할 시기에 가뭄이 들면 농사를 전부 망칠 수 있다는 단서가 붙어 있었다. 당시의 관료들은 《經濟六典》에 실린 이앙법에 대한 禁令을 근거로 이앙법의 실행에 반대하는 입장이었다. 사실상 15세기 초반에 이앙법은 경상도와 강원도의 일부 지역에서만 실행에 옮겨지고 있었다. 15세기말 무렵에는 경상도와 강원도의 영동지역 등 일부 지역에서 이앙법을 채택하여 벼농사를 짓고 있었다.[2] 16세기 중반을 경과하면서 전라도와 충청도의 일부 선진적인 지역에서도 이앙법을 이용하게 되었다. 이앙법의 보급은 선진지역을 중심으로 진행되었고, 각각의 지역적인 농업 여건에 따라 보급시기를 달리하면서 이루어졌다. 16세기 중후반 전라도 玉果의 지역농법을 기록한 柳彭老의 〈農家說〉에는 水稻 재배의 방법으로 이앙법을 유일하게 기록하고 있었다. 그리고 임진왜란을 만나 충청도 林川에서 피난생활을 한 吳希文은 기본적으로 直播法을 채용하면서도 移植의 원리를 일부 원용하고 있었다. 지역적인 확산과정을 거치면서 이앙법은 17세기 중후반을 고비로 삼남지역 전역에 광범위하게 보급되었고, 이후 개성지역에서도 일부 채택하였다.[3]

이앙법이 보급된 원인으로 소규모 洑(川防) 시설의 증가와 같은 수리시설의 점진적인 호전, 이앙법이 지닌 이점에 대한 선호 등을 지적할 수 있다. 이앙을 할 경우 직파에서 4~5차례 필요한 제초 작업을 2~3차례로 그칠 수 있었다. 그리고 이앙법은 수확량이 증가하고, 稻麥二毛作을 수행할 수 있다는 이점을 가지고 있었다. 한편 17세기 전반 전란으로 인한 인구감소로 노동력 부족 현상이 나타났고, 따라서 이앙법이 제초 노동력을 절감시킨다는 이점이 보급의 구체적 계기였다는 주장도 제기되고 있다.[4]

이앙법 보급의 배경은 이앙법 자체의 기술적인 체계가 발달한 점에서 찾을 수 있다.[5] 우선 이앙법에서의 秧苗 관리와 秧基 施肥에 대한 새로운 기

2) 《成宗實錄》 권 6, 성종 원년 6월 임술.
3) 金容燮, 〈朝鮮後期의 水稻作技術－移秧法의 普及〉(《增補版朝鮮後期農業史硏究》(Ⅱ), 一潮閣, 1990).
4) 李榮薰, 〈조선사회의 경제〉(정창수 편, 《한국사회론》, 1995), 222쪽.
5) 廉定燮, 〈15~16세기 水田農法의 전개〉(《韓國史論》 31, 서울大, 1994).

술적 발전이 16세기 중후반 무렵에 등장하였다. 秧糞에 사용되는 재료가 《농사직설》의 柳枝 한 종류에서 《農家月令》·《農家集成》 등에서는 십여 가지로 늘어났다. 뿐만 아니라 이앙 시기를 놓친 앙묘를 회복시키는 방법인 蘇老秧法, 그리고 이앙의 원리를 이용하여 水田에서의 제초를 용이하게 할 수 있게 하는 還種秧法 등이 마련되었다. 이앙법의 세부적인 기술이 발달하면서 이앙법의 안정성을 더욱 높일 수 있었다.

乾秧法이라는 이앙법을 보조하는 기술이 마련되어 가뭄이 들었을 때에도 앙묘를 안정적으로 옮겨심을 수 있게 되었다. 《농가월령》에 보이는 건앙법은 앙기에 물이 없는 상황에서도 乾秧을 기를 수 있게 하는 방법이었다.[6] 건앙은 나중에 적당한 비를 만났을 때 이앙하게 되면 보통의 水秧(건앙에 대비한 명칭)과 마찬가지로 제대로 자랄 수 있었다. 건앙법은 《山林經濟》에 〈直說補〉에서 인용하는 형식으로 이앙법 증보기사로 수록되었다.

《농사직설》에 너무 일찍 설정되었던 注秧 시기가 《농가월령》에서는 한 절기(약 15일)내지 세 절기를 늦추어지면서 계절적인 강우에 맞추어 이앙을 할 수 있도록 조정하였다. 또한 水田의 위치, 土質 등에 따라 이앙법이 채택되기도 하였다. 《농사직설》에서 구분한 최하의 수전인 '高燥望天之地(天水畓)'에서는 봄에 물이 부족하여 수경직파를 할 수 없기 때문에 注秧(앙기에 파종하는 것)을 하였다가 큰비를 기다려 이앙할 수밖에 없었다. 또한 세종대에 鄭苕가 경상도 固城에서 이앙을 해야 되는 이유로 粘土質의 土性을 지적한 것처럼 토질에 따라서 이앙법을 시행할 수밖에 없는 경우도 있었다.[7] 17세기 중반 이후 이앙법이 수전농법에서 일반적인 경종법으로 자리매김되면서 苗板(秧基)과 本田 두 종류의 지력을 이용할 수 있게 되어 수전에서의 생산성이 향상되었고 나아가 稻麥二毛作도 가능하게 되었다.

旱田 농업의 기술적인 발달은 田畝制度·耕種法·旱田 作付體系·麥作技術 등의 측면에서 나타났다. 먼저 전무제도에서 조선 전기에는 한전을 이랑

6) 金容燮, 〈《農家月令》의 農業論〉(《朝鮮後期農學史硏究》, 一潮閣, 1988), 139쪽.
宮嶋博史, 〈李朝後期における朝鮮農法の發展〉(《朝鮮史硏究會論文集》 18, 1981).

7) 李泰鎭, 〈조선 초기의 수리정책과 수리시설〉(《李基白先生古稀紀念 韓國史學論叢》(下), 一潮閣, 1994), 1,066쪽.

과 고랑을 넓게 하는 廣畝로 구획하고 畎(고랑)과 壟(畝, 이랑)의 구분이 확연하지 않은 상태(대체적으로 低畝)에서 畝에 종자를 파종하였다. 이때의 畝(壟)는 파종처로 이용하기 위하여 기경·숙치하고 시비하는 곳인 반면에 畝間은 '息土而代墾'하면서 휴경시키고 시비처나 파종처로 이용하지 않는 공간이었다.[8] 한전에서의 田畝가 이렇게 작성되었기 때문에 중국과 달리 한전의 碎土用 농기구로 所訖羅(써레)를 이용하고 있었다. 조선 후기에 들어서면서 田地에 대한 전면 시비와 집약적인 경영의 필요성 등으로 전무제도가 변화하였다. 전무제도가 全面耕을 하고 小畝를 빽빽하게 작성하는 형태로 변화하면서 한전의 쇄토용 농기구로 써레의 사용이 사라지게 되었다. 高畝·深畝로 整地된 상황에서 써레를 이용하는 것은 애써 만들어 놓은 전무를 손상시키는 것이었다.[9]

한전 경종법의 측면에서 조선 전기의 경우 한전에서 재배하는 작물은 대부분 壟(畝)에 파종하는 壟種法이었다. 농종법 이외에 小豆를 點種하는 방식, 여러 작물을 시차를 두고 경작하는 間種法, 한 작물을 수확한 뒤에 다른 작물을 재배하는 根耕法 등의 방식이 통용되었다.[10] 그런데 조선 후기에 들어서면서 畎種法의 보급이 지역적인 편차를 보이면서 점차적으로 이루어지고 있었다.[11] 《閑情錄》·《농가월령》·《산림경제》 등의 농서에서 견종법의 채용을 주장하고 있었지만 17세기 중엽까지 粟의 경우 畎畝를 뚜렷하게 구분하지 않고 재배하는 단계에 있었다. 견종법은 간종법의 확대 보급에 따라 휴식공간으로 남겨져 있던 畝間을 효과적으로 이용하는 방식이었고, 제초의 용이함(노동력 절약), 소출의 증대(생산성 증대) 등에서 이점을 가지고 있었다.

한전에서의 작부체계는 17세기를 전후한 시기에 대략 1년 2작식의 체계를 갖추었다. 《농사직설》에 보이는 조선 전기 한전의 작부체계는 1년 1작식·1

8) 金容燮, 〈朝鮮後期의 麥作技術〉(앞의 책, 1990), 145~146쪽.
9) 金容燮, 〈朝鮮時期의 木斫과 所訖羅를 통해서 본 農法變動〉(앞의 책, 1990), 233~235쪽.
10) 閔成基, 〈東아시아 古農法上의 耬犁考〉(《朝鮮農業史硏究》, 一潮閣, 1988), 11~19쪽.
11) 金容燮, 〈朝鮮後期의 田作技術〉(앞의 책, 1990), 127쪽.

년 2작식 · 2년 3작식 등이 있었지만, 간종법에 의한 1년 2작과 더불어 根耕法에 의한 2년 3작이 전형적인 작부체계였다고 할 수 있다.[12] 조선 후기에 들어오면 근경법의 일반적인 채택, 간종법의 확대, 麥田에서의 조세법과 한전에 給災를 하지 않는 국가정책 등을 배경으로 1년 2작의 방식이 보편화하였다.[13] 한전 작부체계는 지역적인 특색을 보이면서 전개되었고, 이는 老農들이 오랜 경험의 축적으로 마련한 가장 적합한 체계였다고 할 수 있다.[14]

조선 후기의 麥作技術은 17세기 이후 수전에서의 이앙법의 보급이 본격화됨에 따라 秋麥이 널리 재배되었다. 보리가 조선 후기에 비로소 견종법으로 재배되었는지, 조선 전기부터 그러하였는지 여부는 아직 논란거리로 남아 있다. 하지만 보리는 根耕을 통해 다른 잡곡과 더불어 이모작의 한 구성원이었고, 그밖에 兩麥을 아직 수확하기 전에 같은 전토에서 콩이나 조를 경작하는 間種의 방식으로도 재배되고 있었다.[15] 그리고 17세기 이후 秋麥 재배의 한 방법으로 冬麰播種法이 개발되어 보리의 穀性과 재배 원리에 대한 이해를 넓혀 나갔다. 또한 이앙법의 보급에 따라 수전에서 稻作을 수행한 뒤에 種麥하는 稻麥二毛作이 본격적으로 채택되었다. 벼와 보리의 생육기간이 중첩되는 사정을 이앙법이 해소시켜주었기 때문이었다.

16세기 중반 이후 영농기술의 발달은 시비기술에서도 분명하였다. 조선 전기 《농사직설》 단계에서 이미 한전과 수전에 따라 시비되는 재료가 뚜렷이 구별되어 있었다. 특히 糞灰(熟糞과 尿灰를 합친 명칭)가 주요한 肥料였고, 그밖에 草木灰 · 生草 · 牛馬廏糞 등이 시비 재료로 이용되었다. 하지만 시비하는 시기는 起耕 시기로 한정되어 있었다. 16세기 중후반의 농법을 보여주는 《農家月令》에서는 肥料를 만들기 위한 造糞의 중요성을 지적하고 人糞(大小便)의 본격적인 사용을 강조하고 있었다. 《農家月令》과 《農家集成》 등을 통해서 시비법에서 인분을 糞灰를 만들 때뿐만 아니라 野草나 胡麻殼 등과 섞

12) 金泰永, 〈科田法체제에서의 土地生産力과 量田〉(《朝鮮前期土地制度史硏究》, 지식산업사, 1983), 210쪽.

13) 閔成基, 〈《農家月令》과 16世紀의 農法〉(앞의 책), 202~204쪽.

14) 閔成基, 〈朝鮮後期 旱田輪作農法의 展開〉(위의 책), 182~83쪽.

15) 金容燮, 〈朝鮮後期의 田作技術〉(앞의 책, 1990).

어서 비료를 만드는 방식 등이 사용되고 있었다. 이에 따라 인분을 많이 획득할 수 있는 도회지 주변 농지가 다른 지역에 비해 시비에 유리하다는 관념이 통용되고 있었다. 또한 麥作의 성행을 반영하여 보리밭에 시비하기 위한 造肥 방법이 상당수 개발되고 있었다. 수전에서는 이앙법의 확대 보급과 결부되어 《농사직설》에서 한전용 비료였던 糞灰를 秧基의 시비원으로 사용하는 방법이 사용하고 있었다.[16] 또한 전면적인 糞田法의 발달에 따라 기경할 때의 基肥 이외에 작물이 생장하고 있는 중간에 시비하는 追肥가 도입되었다.[17] 게다가 농가에서 자급할 수 없는 소금을 시비 재료로 이용하는 경우도 나타나고 있었다.

조선 전기의 품종은 《衿陽雜錄》에서 稻種 27종(山稻 포함), 豆類 20종, 麥類 6종, 보리 4종, 조 15종, 기장(稷) 5종 등을 살펴볼 수 있다. 姜希孟은 芒·耳 등의 품종별의 특색을 면밀한 見聞의 결과로 설명하였다.[18] 그 결과 경기 일부 지역에서도 한전 작물 각각에서 다양한 품종분화가 나타났고, 품종의 특성에 따른 適地가 면밀히 검토되었음을 알 수 있다.[19] 《농사직설》은 종자의 파종 시기를 기준으로 稻種의 경우 早稻·次早稻·晩稻 등으로 구분할 뿐이었다. 그런데 《농가월령》에서는 도종을 보다 세분화시켜 조도·차도·만도 이외에 早秧種·次秧種으로 분류하고 있었고, 乾付種할 수 있는 密達租·有毛倭租·紅稻라는 품종을 소개하고 있었다. 뒷 시기이기는 하지만 19세기에 《林園經濟志》에서 다수의 품종을 소개하고, 품종 개량의 문제를 제기하고 있는 것은 18세기에 들어서서 갑자기 나타난 변화가 아니라 이미 16세기 17세기를 거치면서 진행되고 있던 품종의 분화, 지역적인 품종의 특화가 반영된 것이라고 할 것이다.

조선 전기의 농기구 체계에서도 河緯地의 遺券·《農事直說》·《訓蒙字會》器皿·《訓民正音》用字例 등을 통해서 볼 때 起耕·碎土·覆種·鋤治·收穫·搗精用 농기구 등이 용도에 따라 분화되어 있었다.[20] 16세기 중반 이후 농기

---

16) 閔成基, 〈朝鮮時代의 施肥技術〉(앞의 책), 225~246쪽.
17) 金容燮, 〈朝鮮後期의 麥作技術〉(앞의 책, 1990), 190쪽.
18) 李鎬澈, 〈旱田作物과 그 品種〉(《朝鮮前期農業經濟史》, 한길사, 1986), 82~110쪽.
19) 金容燮, 〈《衿陽雜錄》과 《四時纂要抄》의 農業論〉(앞의 책, 1988), 86쪽.

구의 종류가 증가하는 동시에 세분화되었다. 건앙법과 결합된 농기구로 시럽번지·토막번지 등의 농기구가 등장하였고, 中耕 제초의 기본적인 도구인 호미도 지역적인 특성이 호미의 기능과 외형상의 형태에 분명하게 반영되었다. 조선 후기 수도작의 확대, 이앙법의 보급과 더불어 토양을 찍어 완전히 뒤집을 수 있는 볏(鐴)이 달린 호미가 북쪽으로 전파되었다.[21]

쟁기의 경우 조선 전기에는 볏이 달리지 않은 보쟁기 즉 無鐴犁를 이용하고 있었다. 조선 후기에 田畝 제도가 변화하여 高畝를 작성하게 되면서 쟁기의 구조가 변화하였다. 16세기 중반을 전후하여 初期犁인 無鐴犁에서 後期犁인 有鐴犁로 발전하였다.[22] 이후 쟁기의 구조와 형태가 각 지역적인 특성을 감안하여 분화·발전하면서 峽犁와 野犁의 구별, 兩牛犁와 單牛犁의 분화 등이 진전되었다. 이와 같은 쟁기의 형태 분화는 주로 한전에서 사용하는 旱田犁에서 나타난 것이었고 水田에서는 胡犁라는 單牛犁를 사용하고 있었다.

조선시기 대표적인 衣料 작물이었던 목면은 조선 전기에 아직 제한적인 보급 상태에 있었다. 《世宗實錄》 지리지에서 면작지역으로 확인되는 지역은 전국 335개 군현 가운데 42개 군현에 불과하였다.[23] 16세기 말경 삼남지역의 경우는 이미 널리 보급된 상황이었고,[24] 북방지역의 경우 국가의 면작 확대 정책과 맞물려 정착·확대되는 단계에 들어서 있었다.[25] 면작 재배의 확대는 기본적으로 일반 백성의 의료작물로서 정착되면서 수요가 확대됨에 따른 것이었다. 면포는 자급적인 농촌 수공업에 의한 자가 생산이 대부분이고, 면작 전업지대가 지역적으로 뚜렷하게 분포하였기 때문에 면포 유통망이 형성되었다.[26]

면작 재배의 확대에 따라 발달된 면작 기술이 16세기 후반부터 본격적으로 農書에 등재되었다. 15세기 중후반에 편찬된 것으로 추정되는 《四時纂要

---

20) 李鎬澈, 〈農具 및 水利施設〉(앞의 책), 355쪽.

21) 朱剛玄, 《두레연구》(慶熙大 博士學位論文, 1995), 106쪽.

22) 閔成基, 〈《農家月令》과 16世紀의 農法〉(앞의 책), 216쪽.

23) 李鎬澈, 〈作物栽培範圍〉(앞의 책), 537쪽.

24) 金容燮, 〈《農事直說》과 《四時纂要》의 木綿耕種法 增補〉(앞의 책, 1988), 110쪽.

25) 閔成基, 〈《四時纂要》 種木綿法과 朝鮮棉作法〉(앞의 책), 300~311쪽.

26) 李榮薰, 앞의 글, 225쪽.

抄》에 목화 재배에 관련된 기술이 기록되었고, 중종대로 추정되는 昌平縣開刊本《農事直說》에서 호남지방의 木綿耕種法으로 파악되는 '新增種綿' 조항이 증보되었다.[27] 그리고 1590년 慶尙左兵營에서 改刊한《四時纂要》에는 영남지방의 木綿耕種法을 정리한 '種木綿法'이 첨가되었고, 목면 재배법이 이후 편찬되는 농서에 수록되고 있었다.[28]

16세기 영농 기술의 발달과 관련된 농업 여건의 변화는 수리시설의 측면에서 찾을 수 있다. 수리시설의 축조·관리의 측면과 수리 도구의 보급이라는 측면에서 파악할 수 있다.[29] 먼저 수리시설의 경우 堤堰은 평지형의 제언(중국의 塘)보다는 山谷型의 제언(중국의 陂)이 대부분이었다. 조선 전기 정부의 집중적인 개발 노력에도 불구하고 15세기 중반 경상도 지역의 제언의 경우를 보면 제언 당 평균 관개 면적이 28.62결, 총 수전에 대한 관개율이 19.8%에 불과하였다. 이에 따라 아직 평야지대의 수전의 대부분이 천수답 상태에 놓여 있었다.[30] 이런 상황에서 하천수를 관개수로 이용하는 川防을 보급하려는 노력이 경주되었다. 천방 개발은 대체로 재지의 중소지주층과 사림세력, 그리고 지방관을 중심으로 수행되었다. 15세기 관찬 지리지에 제언만 기재되어 있는 반면에 17세기초에 편찬된 지방지에서는 천방이 기재되기 시작하였다.[31]

임진왜란으로 인하여 상당수의 수리시설이 관리 불능 상태에서 기능을 상실하였고 정부는 제언의 설치와 복구를 위하여 전담 관리기구로서 堤堰司를 복설하고 전담 관리를 임명하였다. 그리고 郎官·宣傳官·御史 등을 파견하여 제언에 대한 감시와 조사 작업을 철저하게 수행하려는 노력을 경주하였다. 또한 제언에 水桶이라는 수문을 설치하는 것이 상례화되면서 제언의 결궤가 줄어들게 되었다. 하지만 제언 안의 경지를 冒耕하는 것이 성행하면서 제언의 황폐화도 진행되었다. 제언 모경은 토지가 부족한 빈농보다도 지주층의 토지

27) 金容燮, 〈《農事直說》과《四時纂要》의 木綿耕種法 增補〉(앞의 책, 1988), 103～110쪽.

28) 閔成基, 앞의 책, 264～293쪽.

29) 李光麟,《李朝水利史硏究》(한국연구원, 1964).

30) 李泰鎭, 앞의 글(1994), 1,076쪽.

31) 李泰鎭, 〈16세기 川防(洑)灌漑의 발달 －士林勢力 대두의 經濟的 背景－〉(《韓國社會史硏究》, 지식산업사, 1986).

집적·확대의 수단으로 성행하였다. 또한 이 시기 궁방이나 아문의 토지 절수가 堤堰까지 미치고 있었다.

현종 3년(1664) 정월에 규정된 〈賑恤廳堤堰事目〉은 대부분의 條目들이 하천 관개에 관한 것이었고, 특히 大川 개발이 제언보다 유리하다는 점을 지적하고 있었다.[32] 이 사목은 17세기 중엽 이후 여러 개의 천방을 통해 大川을 관개수로 이용하던 상황을 반영한 것이었다. 이후 洑灌漑는 18세기에 괄목할 만한 성과를 거두었고, 특히 호남지역의 경우 하나의 大洑에 여러 개의 洑가 하나의 조합을 이루는 복합보라는 특색을 드러내기도 하였다.[33]

한편 하천수를 관개수로 이용하는 수리 도구인 水車는 조선 전기에 도입이 추진되다가 실패로 돌아갔다. 수차기 중국의 강남지역에서는 이앙법의 보급과 관련된 중요한 수리 도구였지만 조선의 토질에 적합하지 않아 도입이 무산된 것이었다.[34] 17세기 중반 조선에서 상세한 수리 지식을 축적하면서 水利學의 체계가 세워지고, 龍尾車·玉衡·恒升과 같은 서양식 수차를 보급하자는 논의가 제기되었다. 전통적인 중국식 龍骨車와 일본식 倭水車의 보급 논의와는 차원을 달리하는 것이었지만 결국 실제 농사에 채용되지 못하고 논의의 차원에 그치고 말았다.[35]

조선 시기 영농기술은 農書를 통해서 정리되었다. 기본적으로 농서의 편찬은 老農이라고 불리는 농사일에 능숙한 농민들이 제공한 당대의 농업 기술에 대한 경험과 지식을 수집·정리하는 작업이었다. 처음에는 중국 농서를 간행하거나 초록하는 형태로 농서 편찬이 이루어졌다. 15세기 전반 태종대에 元代의 농서인 《農桑輯要》를 抄錄하고 吏讀로 번역하여 《農書輯要》를 편찬하였다.[36] 《농서집요》는 이후 중종 12년 경상감사 金安國이 《農書》, 《蠶書》 등

32) 《備邊司謄錄》 22책, 현종 3년 1월 26일, 賑恤廳堤堰事目(영인본 2권 729~731쪽).
33) 崔元奎, 〈朝鮮後期 수리기구와 경영문제〉(《國史館論叢》 39, 國史編纂委員會, 1992), 223~239쪽.
34) 李泰鎭, 〈조선시대 水牛·水車 보급 시도의 농업사적 의의〉(앞의 책, 1986), 340쪽.
35) 문중양, 《조선후기의 수리학》(서울大 博士學位論文, 1995).
36) 吏讀의 用例로 볼 때 태종대로 비정된다(李承宰, 〈《農書輯要》의 吏讀〉, 《震檀學報》 74, 1992), 194쪽).

을 諺解작업할 때 安東府使 李堣에 의해 新刊되기도 하였다. 이 책은 《농상집요》를 발췌하면서도 조선의 고유한 農法에 따라 명칭 · 기술내용 등을 의역하여 이두로 표기하고 있었다. 하지만 우리의 풍토에 적합한 고유의 농서가 절실하게 요구되었고 그 결과 세종 11년(1429)에 《農事直說》이 편찬되었다.

15세기 후반 姜希孟이 편찬한 《衿陽雜錄》은 衿陽(과천) 지역의 특색있는 농법을 보여주는 농서로 私撰 농서인 동시에 지역성을 담고 있는 지방 농서의 선구적인 업적이었다. 강희맹은 또한 여러 농서에서 우리의 풍토와 실정에 맞는 것을 가려 엮은 독창적인 농서로 《四時纂要抄》를 지었다. 중국 唐代의 韓鄂이 편찬한 월령식 농서인 《四時纂要》를 초록한 정도에 그치지 않고 조선의 현실적인 농법을 수록한 것이었다.[37]

15세기에 《農事直說》의 편찬으로 일단 정리되었던 조선 농법이 16세기 중후반부터 특히 수전 농법을 중심으로 한 단계 도약하면서 17세기를 전후하여 다시 한번 농서로 정리되고 있었다. 16세기의 농법을 정리한 柳彭老의 《農家說》, 高尙顔의 《農家月令》, 尙州지역의 《渭濱明農記》 등은 지방적인 특색을 보여주는 지방 농서였다. 《농가설》은 전라도 玉果 지역의 농법을, 《농가월령》과 《위빈명농기》는 경상도 尙州 지역의 농법을 반영하는 농서였고, 모두 현실적인 농법의 지역성을 보여주는 것이었다.

16세기 이후 나타난 영농 기술의 발달을 농서로 정리하는 작업은 효종 6년(1655) 공주목사 申洬이 《農家集成》을 편찬하면서 일단락이 지어졌다.[38] 《농사직설》을 지역별로 改刊하면서 조금씩 증보 · 첨보하던 것과 같은 맥락에서 이때에도 《농사직설》에 대한 증보가 이루어졌는데, 秧基 관리등 移秧法에 대한 증보가 대부분을 차지하였다.[39] 조선 전기 이후의 농서는 당대의 가장 선진적인 농법을 정리한 것이었고, 점차 지역적인 농법의 특색을 적극적으로

---

37) 閔成基, 앞의 책, 286~87쪽.
金榮鎭, 〈'四時纂要抄'와 '四時纂要'의 比較硏究〉(《農村經濟》 8권 1호, 1985), 89~96쪽.

38) 《農事直說》, 《衿陽雜錄》, 《四時纂要抄》, 朱子의 〈勸農文〉 및 世宗의 〈勸農敎書〉을 합간한 것이었다.

39) 金容燮, 〈《農家集成》의 編纂과 그 農業論〉(앞의 책, 1988), 166~67쪽.

반영하는 성격을 띠게 되었다.

2) 농촌경제의 변화

16세기 중반을 고비로 영농기술이 한 단계 발달하면서 농촌경제는 여러 가지 측면에서 변화를 맞이하게 되었다. 우선 토지소유관계의 측면에서 변화가 발생하였다. 16세기 말 職田法이 폐기되면서 수조권이 소멸되고 소유권에 입각한 토지소유관계로 일원화되었다.40) 앞서 과전법에서 官人이 보유하였던 收租權은 사적 소유권을 일정하게 제약하는 현실적인 권한이었다. 직전법마저 폐지되면서 토지소유관계는 사적 토지소유에 입각하여 전개되었다. 사적 토지소유는 국가 법제에 의하여 보장되고 있었다. 토지의 취득(매매·개간), 경영, 처분(贈與·分與·典當), 상속 등이 사적으로 자유롭게 이루어질 수 있었다. 결국 토지의 실질적인 지배권을 다른 사람에게 배타적이고 독점적으로 관철시킬 수 있는 성격의 것이었다. 다만 사적 토지소유자가 경작과 이용이라는 전제조건을 충족시켜야 자신의 권리를 주상할 수 있었다. 15세기말 경 질대적·배타적 지배가 허용되고 자유로운 처분이 가능했던 動産 등에 한정하여 사용하던 소유 개념인 '己物'이라는 용어가 토지에까지 확대되어 적용되었다.41)

이제 사적 토지소유권을 제약하는 가장 현실적인 요인으로 신분관계가 남게 되었다.42) 현실적인 신분 관계속에서 관료들이 직권을 남용하여 토지를 집적하였고, 신분적 차이에 따라 경영 규모의 격차와 農形의 차이를 노정하고 있었다. 양반층은 등급이 좋은 논밭을 우세하게 소유하고 있었고, 특히 논밭이 각각 희소한 지역에서 희소한 논밭을 소유하고 있는 비율이 높았다.43) 한편 토지 소유면적의 측면에서도 양반층이 소유하고 있는 농지가 평민층이나 천민층이 소유하고 있는 농지보다 평균적으로 우세하게 나타났다.

---

40) 李景植, 〈職田制의 施行과 그 推移〉(《朝鮮前期土地制度硏究》, 一潮閣, 1986), 265~279쪽.

41) 朴秉濠, 《韓國法制史考》(法文社, 1983).

42) 李景植, 〈朝鮮前期 土地의 私的 所有問題〉(《東方學志》 85, 延世大, 1994).

43) 金容燮, 〈量案의 硏究〉(《朝鮮後期農業史硏究》(Ⅰ), 一潮閣, 1970), 123~134쪽.

토지소유관계가 사적 토지소유로서 정립되면서 농업경영의 형태도 변화하였다. 조선 전기의 경우 대체적으로 농장제 농업경영이 우세한 상황에서도 자영농민의 농업경영이 활성화되어 있었다. 과전법이 존속하기 위한 바탕이 바로 自營農이었다.[44] 당시 조선 정부는 자영농을 보편적인 국역대상자로 확보하기 위하여 이미 전개되고 있던 竝作制를 제한하고 있었다. 하지만 소농민경영의 내부에서 토지를 상실하고 병작 전호농으로 전락하거나 생산수단의 확보를 통한 중농·부농으로 상승하는 계층 분화가 진행되고 있었다. 16세기 이후 소농민경영의 분화는 더욱 촉진되면서, 대토지소유의 확대와 지주경영의 전개가 본격화하였다. 관인층을 전형으로 하는 勢家가 점차 토지를 축적하게 되자 자영농은 그에 예속되는 佃戶로 전락하였고, 신분상으로도 노비로 떨어지는 것이 하나의 대세를 이루게 되었다. 지주들의 농업경영은 16세기까지 노비 노동을 이용하는 직영지 경영, 흔히 농장제라고 일컬어지는 방식을 취하고 있었다.

16세기 후반 지주들은 대토지 농업경영을 농장적인 요소를 띤 노비제적인 경영에서 병작제로 전환하게 되었다.[45] 이때 양반지주는 自作地에서는 노비의 사역을 통해 구현하는 자작제 경영 형태를 주로 채택하면서도, 일정한 토지를 '作介'라 하여 노비의 책임 경작지로 할당하고 노비의 생계를 위해 별도의 '私耕'을 지급하는 作介私耕 경영 형태를 채용하였다. 作介制는 양반지주의 직영지 경영이 自作制에서 竝作制로 이행하는 도중의 과도적인 성격의 것으로 파악되고 있다.[46] 한편 16세기 지주층의 토지 집중은 유통기구의 성장·발달과 밀접하게 관련된 것이었고, 방납 구조나 사행무역 등에 참여하고 국가의 조세 수취과정에 편승하면서 토지를 집적하였다.

17세기로 들어서면 지주의 직영지 경작의 규모는 대폭 축소되고 병작제를 중심으로 지주제가 전개되었다. 병작제의 확대는 소농민의 토지 상실의 진전 속에서 진행된 것이었다. 더욱이 상품화폐경제 발달에 따라 사회적 재부의

---

44) 金泰永, 앞의 책.

45) 李景植, 〈16세기 地主層의 動向〉(《歷史敎育》 19, 1976), 139~183쪽.

46) 金建泰, 《16~18世紀 兩班地主層의 農業經營과 農民層의 動向》(成均館大 博士學位論文, 1997).

재분배 과정에서 신분제의 변동과 함께 농업경영·토지소유 등의 측면에서 광범위한 농촌사회의 분화·분해가 나타났다. 농민층 분해의 진전으로 임노동적인 기반 아래 시장성을 고려한 상업적 농업을 영위하는 농민들이 등장하였고,[47] 신분제의 변동의 영향으로 일반 양인, 노비층 가운데 부농, 지주가 성장하는 경우도 나타났다.

전반적으로 토호층의 토지집적과 그에 따르는 無勢 농민의 영세화, 부세의 가중으로 인한 소농층의 궁핍화, 농민층의 分戶別産의 전개 등에서 기인한 농지소유의 영세화 추세가 뚜렷하게 나타나고 있었다. 광범위하게 존재하는 영세농민은 전호로서 병작하거나, 雇工 등 임노동을 통해 생계를 유지하거나, 상업이나 수공업에 종사하였고 조선시기 말기에 이를수록 더욱 증가하였다.

조선 후기 농촌사회의 분해과정에서 광범위한 농업 임노동층이 형성되었다. 無田無佃의 농민층은 임노동으로 생계를 의존할 수밖에 없었고, 반면에 경영확대를 이룩한 廣農層은 부족한 노동력을 임노동층에서 충당하게 되었다. 17세기 중반 충청도 公州의 李惟泰 가문은 노비 노동에 기본적으로 의존하면서도 '품앗이', 고용노동에 대한 의존도가 높게 나타나고 있었다.[48] 양반층의 농업생산은 18세기 이후 본격적으로 단기 雇工 등을 고용하여 농업경영을 수행하는 단계로 나아가고 있었다. 특히 미리 일정한 작업량(대개의 경우 移秧과 除草)을 예약하는 방식으로 노동력의 구매와 판매가 이루어지는 雇只勞動이 등장하였다. 이러한 여러 가지 형태의 고용노동력 동원은 지주층이나 부농층의 농업경영에서 이앙·제초·수확 등에 집중적인 노동력 투하가 요청되었기 때문이었다. 한편 常民들은 17세기 이앙법의 전면적인 보급에 따라 모내기와 김매기에 필요한 노동력을 두레라는 공동 노동조직의 결성으로 해결하였다.[49] 두레의 확산과 더불어 많은 노동력이 필요한 水稻 乾播재배 지역인 西北지역 일대에서 香徒 조직이 풍물 등을 갖추고 강력한 조직체로 성장하였다.[50]

---

47) 金容燮, 〈朝鮮後期의 經營型富農과 商業的農業〉(앞의 책, 1990), 267쪽.

48) 金容燮, 〈朝鮮後期 兩班層의 農業生産〉(위의 책), 247~255쪽.

49) 李泰鎭, 〈17·8세기 香徒組織의 分化와 두레발생〉(《震檀學報》 67, 1988).

50) 朱剛玄, 앞의 책, 28~100쪽.

16세기 이후 농촌경제의 가장 커다란 변화는 상품 유통경제의 진전이었다. 15세기 말 전라도 지역에서 나타나기 시작한 場市는 농민 · 수공업자를 중심으로 상품을 교역하는 시장의 기능을 수행하였다.[51] 농민들이 잉여생산물을 확보할 수 있게 됨으로써 상품 화폐를 교역하는 매개체로서 장시가 개설된 것이었다.[52] 매월 몇 차례 모여서 교역하는 장시는 16세기 초반에 이르면 모든 道에 개설될 정도로 빠르게 확산되었다. 그리하여 16세기 중반 무렵 농촌사회에서 장시를 통하여 활발한 교역이 이루어지면서 私商層들이 성장하기도 하였다.[53]

장시는 임진왜란을 경과하면서 市廛을 중심으로 물화 유통의 수행되었던 京城 인근의 경기 지방에서도 빈번히 개설되었고, 17세기 이후 邑治의 범위를 벗어나 山谷間까지 확대되었다. 장시의 확산은 기본적으로 상품화폐경제의 발달에 기인한 것이었지만, 농촌의 경제활동이 활성화되면서 촉발된 것이었다. 한편 인접한 장시들은 상호간에 흡수 · 통합 · 이설 등의 변화를 겪으면서 장시의 연계망이 형성될 기반이 마련되었다.[54] 장시를 배경으로 糊口延命하는 자들이 증가하여, 술을 판매하거나 炭幕을 개설하거나 행상으로 전업하여 생업의 변화를 모색하는 민인들이 증가하고 있었다. 한편 船商을 중심으로 하는 貿穀商人들은 곡창지대 주변에 발생한 장시에 모여들어 곡물을 매집하거나, 농가를 직접 편력하면서 不緊之物을 가지고 농민들을 유혹하여 농민이 식량까지도 매집하였다.[55]

한편 상품화폐 유통관계에서 일반적 등가물로서 물품화폐의 기능을 담당한 것은 米와 綿布였다. 특히 면포는 사용 가치와 교환 가치가 일치하는 물품화폐로서 농민층의 유통경제 참여를 가속화시켰다. 면포는 상품유통을 매

---

51) 李景植, 〈16世紀 場市의 成立과 그 基盤〉(《韓國史硏究》 57, 1987).

52) 李泰鎭, 〈16세기 東아시아의 歷史的 狀況과 文化〉(《韓國社會史硏究》, 지식산업사, 1986), 305~311쪽.

53) 白承哲, 《朝鮮後期 商業論과 商業政策》(延世大 博士學位論文, 1996).

54) 韓相權, 〈18세기말~19세기초의 場市發達에 대한 基礎硏究〉(《韓國史論》 7, 서울大, 1981), 183~186쪽.

55) 崔完基, 〈朝鮮中期의 貿穀船商－穀物의 買集活動을 중심으로〉(《韓國學報》 30, 一志社, 1983), 134~141쪽.

개하는 수단뿐만 아니라 실질적인 가치 척도의 기준이라는 기능도 수행하였다. 특히 거칠고 성기게 짜여진 麤布는 옷감의 용도보다는 소액 화폐의 기능을 수행하는 등가물로 제작된 것이었다.[56] 면포는 전답 매매에서 토지의 가격을 매기는 단위로 사용되었고, 17세기 후반에 들어서야 비로소 錢文으로 토지의 가격이 매겨졌다.[57] 아울러 미곡도 물품화폐로 이용되고 있었다. 미곡은 곡물의 상품화가 상품화폐경제의 발달로 촉진되면서 화폐의 기능을 수행하였다.[58] 물품화폐는 그 자체의 가치가 계절과 풍흉에 따라 유동적이었기 때문에 보다 안정적인 가치 표방을 할 수 있는 금속화폐가 요구되었다. 인조대 鑄錢論이 제기되고 결국 숙종 4년(1678)에 銅錢으로 常平通寶가 주조되어 유통되면서 금속화폐의 유통이 본격화되었다.[59]

장시에서의 유통이나 곡물 상인과의 교역을 통한 미곡의 상품화가 진전되면서 농업경영의 목표를 시장 생산에 설정하는 경우가 나타났다. 사회적 분업이 진전되면서 상품화폐경제의 발달을 가져오고 곡물을 비롯한 농산물의 상품화가 초래된 것이었다.[60] 소농층이나 빈농층이라고 하더라도 국가에 내야 할 조세 등을 자가생산하지 못할 경우 농촌시장에서의 농산물 교역에 참여하지 않을 수 없었다. 이 시기의 농산물의 상품화를 본질적으로 특징짓는 것은 바로 시장 유통을 목표로 하는 상업적 농업경영이었다.

상업적 농업은 주로 穀類·織類·蔬菜·藥材·南草 등을 대상으로 영위되었다. 특히 미곡이 주된 상품생산의 대상이었다. 이는 당시 '飯稻之風'이 성행하면서 다른 잡곡에 비해 高價로 거래될 수 있었던 미곡에 대한 수요가 급증하고 있었기 때문이었다. 지역적·계절적인 가격차이를 감안하여 보다 나은 시세를 따라 다른 面邑의 장시로 진출하여 팔기도 하고, 서울 근교에서

56) 宋在璇, 〈16세기 綿布의 貨幣機能〉(《邊太燮博士華甲紀念史學論叢》, 1985).
宋贊植, 《李朝의 貨幣》(韓國日報社, 1975).

57) 李在洙, 〈16세기 田畓買賣의 실태〉(《歷史敎育論集》 9, 1986), 90~93쪽.

58) 高錫珪, 〈16·17세기 貢納制 改革의 방향〉(《韓國史論》 12, 서울大, 1985), 204~207쪽.

59) 宋贊植, 앞의 책, 16~65쪽.

60) 李世永, 〈18·9세기 穀物市場의 형성과 流通構造의 변동〉(《韓國史論》 9, 서울大, 1985), 187쪽.

는 서울까지 올라와서 매매하기도 하였다. 한편 면포가 의생활의 중심적인 위치를 차지하게 되면서 상품유통체계에 편입되어 상품화되었고, 시장 생산하는 상품 작물로 면화를 재배하는 전업적인 綿農이 등장하고 있었다. 면포 이외에 絹織物 · 痲布 · 苧布 등도 농가의 부업이나 전업적인 직물 생산업자에 의해 생산되어 장시에서 유통되었다. 직물이 상품화되어 농촌시장에서 유통되면서 농촌경제의 전반적인 유통 구조가 크게 발달하였다. 이밖에 채소 재배나 약재 생산과 같은 상업적 농업이 수행되었다. 특히 채소는 도시 인근 지역에서 상품 작물로 재배되었고, 18세기 이후에는 서울 교외에서 상업적 농업으로 크게 번성하였다. 약재로서는 地黃 · 紅花 등이 교역 과정에서 커다란 이득을 주자 상품작물로 재배되었다. 특히 인삼은 천연 산삼의 채취에 그치던 것이 18세기 초반에 家蔘 재배가 보급되면서 이에 따른 상품작물로서의 비중도 크게 증대되었다. 인삼은 對中國 무역에서 주요한 결제수단이었기 때문에 당시 공무역과 사무역에서의 수요가 격증하였고,[61] 이에 대한 반응으로 재배 기술도 발달하고 경작 면적도 증대하였다. 한편 南草도 기호식품으로서 농민들에게 광범한 이득을 준 상품작물로 자리를 잡아 나갔다. 임진왜란 무렵 조선에 전래된 남초는 곧바로 널리 기호품으로 애용되었고,[62] 《農家月令》에서도 남초를 재배하는 기술을 설명하고 있었다.

농촌경제의 활성화는 사회적 분업의 진전에 따른 수공업 생산의 측면에서도 볼 수 있다. 조선 전기의 관영수공업 체제가 16세기 이래 민간수공업 중심으로 변화하였다. 匠人들은 공물을 생산하여 납부하면서 민을 대상으로 하는 상품생산의 성격을 부여하였다. 게다가 국가에서 필요한 물품을 시장 유통을 통해 조달하는 방식이 등장하면서 수공업 장인들은 일정한 納貢을 완료하면 자신의 생산 활동의 결과물을 유통 기구를 통해 상품화할 수 있었다. 한편 이러한 민간수공업의 활성화와 함께 농민들의 가내수공업도 발전하였다. 농민들은 가내수공업을 통해 마포 · 면포 · 모시 · 명주 등을 직조하거나, 종이를 제조하거나, 돗자리 · 방석 등을 제작하였다. 농촌을 중심으로 하는

61) 李泰鎭, 〈16세기 東아시아 경제변동과 정치 · 사회적 동향〉(《朝鮮儒敎社會史論》, 지식산업사, 1989), 96~103쪽.

62) 李永鶴, 〈18세기 煙草의 生産과 流通〉(《韓國史論》 13, 서울大, 1985), 186~191쪽.

수공업은 상업과 교통이 발달함에 따라 지역적인 분업관계를 형성하였다. 점차 농민들이 수공업의 특정한 부문에 종사하게 되었다.

17세기 이후 대동법의 실시는 유통경제의 발달에 대응하는 부세제도의 재편성이었다는 점에서 농촌경제의 변화를 반영한 것이었다. 防納人과 마찬가지로 貢人들은 농촌 시장인 장시에서 상품 유통을 촉진하는 역할을 수행하였다. 공인들은 중앙정부에 상납하기 위한 공물을 京市와 지방 장시를 통해 조달하고 있었다.[63] 또한 徭役이 無償의 강제 노동이라는 성격에서 17세기 이후 物納稅로 전면 개편되면서 정부는 노동력을 확보하기 위한 방식으로 募立制를 채용하였다. 모립제는 관청에서 각종 역사에 필요한 노동력을 雇立하는 방식이었고, 민의 입장에서는 부역 노동이 아니라 고용 노동의 성격을 가진 것이었다. 요역제의 변동과 모립제의 성립·발전은 이러한 募軍에 응모할 수 있는 일용노동자층이 존재하고 있다는 것을 말해 주는 것이었다. 17세기 초엽 이래 모군의 雇價는 米布의 현물로 지급하는 것이 일반적이었다.[64]

〈廉定燮〉

7. 지주제의 발달과 궁방전·둔전의 확대

1) 지주제의 새로운 전개

조선 사회는 16세기에 들면서 과전법 체계가 무너지고 收租權 分給制가 소멸된 뒤 직접 토지를 확보하여 경제 기반을 보장받으려는 추세와 더불어 地主地가 늘어났다.[1] 이와 더불어 지주제는 새로운 양상을 띠고 전개되었다.

---

63) 金大吉, 〈朝鮮後期 場市의 社會的 機能〉(《國史館論叢》 32, 國史編纂委員會, 1992), 181~200쪽.

64) 尹用出, 《17·18세기 요역제의 변동과 고립제》(서울大 博士學位論文, 1991), 249~250쪽.

1) 李景植, 〈16世紀 地主層의 動向〉(《歷史教育》 19, 1976).

조선 후기 지주제의 변화에는 먼저 사적 토지소유구조가 변화하였다. 양반 관료와 토호를 중심으로 한 대부분의 지주들은 토지 買得과 新田 개발을 통해 토지를 넓혀 나갔다.

매득은 토지의 매매, 저당 등 경제적 행위가 늘어나면서 활발하게 진행되었다. 조세를 부담하는 농민층은 그 부담을 이기지 못하게 될 때 마지막으로 토지를 저당하거나 매매를 하는 현상이 늘어났다. 반면 이러한 토지는 私債를 대여하거나 재산을 가진 지주층이 확보하였다. 더구나 당시 지주층은 유통경제에 참여하여 지대를 시장에 투하하여 회전시킴으로써 부를 재생산하였는데 이것이 다시 토지에 투자되기도 하였던 것이다. 이로써 지주제가 한층 촉진되었다. 지방 양반이나 토호층 등 토착세력은 일반 농민의 토지를 고리대라든가 지대를 매개로 하여 착실히 사들였다. 이러한 현상은 유통경제가 서서히 발전함에 따라 두드러졌다.

특히 토지를 둘러싸고 경제적 관계가 형성되면서 토지의 상품화가 활발하였다. 토지의 상품화란 토지가 화폐를 교환수단으로 하여 상품처럼 매매될 수 있게 된 것을 말하는 것으로 토지가 상품처럼 자유롭게 매매되려면 토지가 사유였던 점을 넘어서서 매매쌍방이 상품을 팔고 사듯이 서로 평등한 위치에 놓여야 한다.[2)]

조선 후기 양반과 토호들은 토지소유를 경제적 기반으로 삼게 되고 또한 농업생산력의 발달에 따라 토지이윤이 늘어나자 그것을 확보하려고 토지소유에 힘을 기울이게 되었다. 게다가 상품화폐경제의 발달로 부를 확보한 상인과 부농층인 평민도 그 부를 토지에 투자하였다.

상품화폐경제를 이용하면서 토지 매득을 통해 토지를 겸병해가고 있었다. 또한 대동법·균역법 등의 부세제도의 변화 및 상공업의 발달에 따른 상품화폐경제의 발달은 토지 수확물의 매매를 통해 이윤을 확대시킬 수 있는 가능성을 넓혀주었기 때문에 지주들은 토지소유를 통해 이윤을 확대시키는 데 관심을 가지게 되었다. 반면 상품화폐경제가 농촌으로 침투하면서 농민층의 분화를 불러일으키고 많은 농민들은 몰락하여 그들의 토지를 팔지 않을 수

2) 허종호, 《조선토지제도발달사》 2 (과학백과사전종합출판사, 1992), 131쪽.

없게 되었다.

朴趾源이 쓴 〈限民名田議〉에서 보듯이 부호들이 가난한 농민들의 논밭을 강제로 사들이는 것이 아니라 앉아 있기만 해도 땅을 팔려는 사람들이 스스로 토지문서를 들고 찾아온다는 현상이 넓게 일어났던 것이다.[3]

이처럼 토지가 강제적이 아니라 자유매매가 기본형태로 되었을 뿐 아니라 토지를 구매하는 목적이 이전에는 농민 또는 노비의 인신적 투탁에 의한 노동력의 획득이었다면 이제 토지 그 자체가 치부의 기본수단이 되었으므로 토지가 상품으로 거래되게 되었다.

토지의 상품화는 가장 큰 희생자는 빈농민이었다. 이들은 급히 돈을 쓸 일이 생기거나 빚을 갚기 위하여 토지를 팔았다. 토지가 치부수단으로 된 조선에서 부유한 자들은 가난한 사람들을 희생으로 하여 부를 축적해갔다.

그러나 한편으로 토지 상품화가 되면서 관료지주가 줄어들고 서민지주가 성장하였다. 16세기에 직전제가 해체되어 토지 분급제가 소멸되면서 양반층 내에서도 몰락한 경우에는 토지소유에서 배제되었다. 반대로 서민층으로서도 지주층으로 상승하기도 하였다. 따라서 조선 후기에는 부농층의 대부분이 양반, 토호들이었으나 평민, 천민층 중에서도 양반농가를 능가하는 부농이 있었다.[4] 그 결과 조선시기 기본적인 토지소유구조인 양반지주와 평민 작인의 관계가 무너져 갔다. 심지어 평민이나 노비의 땅을 경작하는 양반도 나타났다.

다음으로는 개간이 늘어났다. 당시 개간은 공유지인 山林, 川澤이라든가 海澤地를 대상으로 하여 신전을 개간하기도 하였다.[5] 산림 천택은 본래 '與民共之'라 하여 민간에서 공동으로 이용하였으므로 법적으로 특정한 개인이 사사로이 점거하는 행위가 금지되었다.[6] 그러나 차츰 이를 왕실이나 세가양반들의 새로운 재정기반으로 이용하였다. 그리고 해택지나 山麓 등이 새로운 개간지로 이용되었다. 신전을 개발하는 데는 상당한 돈과 노동력이 필요하였

---

3) 朴趾源, 《課農少抄》 限民名田議.

4) 金容燮, 〈量案의 硏究－朝鮮後期의 農家經濟－〉(《史學硏究》 7·8, 1960, 증보판 《朝鮮後期農業史硏究(1)》에 재수록).

5) 宋讚燮, 〈17, 8세기 新田 開墾의 擴大와 經營形態〉(《韓國史論》 12, 서울大, 1985).

6) 《經國大典》 刑典 禁制.

으므로 지주층이 중심이 될 수밖에 없었다.

이러한 추세에 따라 토지를 둘러싼 소유와 경영형태에서도 변화가 일어났다. 16세기에는 이른바 農莊이라고 불리는 지주지는 여러 가지 형태로 경영되었다.[7] 먼저 지주 자신 또는 그 대리인이 노비 등 예속인을 동원하여 농장을 직영하는 형태가 있었다. 이는 지주에게 편리하게 주로 지주가 근처를 경영하였으므로 家作經營이라고 하였다. 또한 노비에게 일정한 토지를 분급하고 책임을 지워 경작시키는 방법도 있었다. 이렇게 분급된 토지를 作介地라고 하는데 이는 노비의 身貢의 일환이었다. 따라서 여기서 거둬들인 수확량의 거의 전부가 지주에게 수취되었다. 그러나 노비의 家戶勞動力을 이용한 소경영의 형태라는 점에서 직영과는 차이가 있다.

이들 노비는 노동력을 제공하거나 경영을 맡은 대가로 주인으로부터 私耕地를 대여받기도 하였다. 여기서 거둬들인 수확물은 노비들의 몫이었다. 특히 사경지는 작개지와 짝이 되어 이 시기 농장을 경영하는 중요한 방법이 되었다.

한편 지주와 경작인 사이에 한 토지의 수확물을 반분하는 竝作制도 시행되었다. 병작제는 지주와 작인 사이에 신분적 예속관계가 설정되어 있지 않을 때 시행되었다. 병작은 15세기에는 노비와 같은 예속노동력이 부족하거나 지주가 경작할 능력이 없을 때 시행되었으므로 비중이 크지 않았다. 그러나 작개제에서는 노비가 갖는 몫은 주인보다 훨씬 불리하였으므로 16세기에 들어 작개경작에 동원되던 노비들이 작개경작에 대해 저항하기 시작하였다. 작개제 내부의 이런 요인들과 함께 한편으로는 양인농민들이 몰락하면서 병작제가 확대되는 추세였다.

특히 앞에서 보았듯이 사적 소유가 발전하면서 경제외적 강제의 도움 없이도 지대는 원활히 수취될 수 있었으므로 병작제가 활발하였다. 매득지와 같이 소유권이 명확한 곳에서는 거의 병작제를 적용하였다. 이것이 17세기를 거치면서 급속히 진행되었다.

---

7) 金建泰,《16~18세기 兩班地主層의 農業經營과 農民層의 動向》(成均館大 博士學位論文, 1997).

병작제는 지주와 작인 사이에 맺어진 계약에 따라 운영되었다. 따라서 경작에 대한 거부의 의사도 지주의 허락을 받아 농장의 작개제와 달리 작인이 결정할 수 있었다. 현실적으로는 병작지를 둘러싸고 경쟁이 벌어지는 상황이었으므로 작인이 병작을 포기하는 경우가 적더라도 의사에 따라 경작을 그만 둘 수 있다는 것은 상당한 변화였다.

병작제가 시행되면서 영농관행도 상당히 변화하였다. 17세기 후반에서 18세기 후반에 이르는 동안 사례를 통해보면 작인의 선정, 교체를 둘러싼 관행은 이전 시기에 비해 그다지 바뀌지 않았으나 종자와 관련된 관행은 크게 변하였다. 17세기 후반까지도 적지 않은 밭의 작인들은 그 종자를 부담하는 대신 수확물의 대부분을 차지했으나 그러한 밭에도 병작이 도입됨으로써 지주가 종자를 부담하는 것이 관행으로 되어갔다.

논에서는 시간이 흐름에 따라 種子를 부담하는 주체가 지주에서 작인으로 바뀌었다. 이는 지주가 종자를 부담하는 초기단계를 지나 작인이 종자를 부담하는 단계에까지 이르렀음을 뜻한다. 종자부담에서 논밭의 차이가 있으나 모두 병작제가 발전하는 양상을 보여준다.

한편 18세기 후반에는 병작 전답의 작인들은 종자와 더불어 수확량의 1할 정도에 해당하는 결세도 부담했다. 시간이 흐름에 따라 지주제가 더욱 강화되고 있음을 알 수 있다. 한편 논의 작인들은 종자와 결세를 부담하는 대신 볏짚의 전량을 가졌다.

병작제가 확산되면서 새로운 농업경영형태인 賭地制가 나타났다.[8] 도지제는 병작제와 마찬가지로 지주와 작인 사이에 계약을 통하여 이루어졌다. 그러나 병작이 定率地代인 반면 도지제는 定額地代로 수취된다는 점에서 차이가 있다. 도지제는 여러 가지 장점이 있어서 이 시기에 활용되었다. 특히 관리가 어려운 먼 곳의 전답에 도지를 적용하면 더 효율적으로 관리할 수 있었다. 그러나 이 시기 도지제의 성격을 살펴보면 대체로 畓의 도지액은 병작반수액 수준이며, 田의 도지액은 병작반수액보다 훨씬 낮은 수준이며, 수취율은 매우 저조하였다.

---

8) 허종호, 《조선봉건말기의 소작제연구》(사회과학원출판사, 1965).

도지제하에서 작인들은 도지액과 함께 전세를 부담하는 관행이 일찍 형성되었으며, 나아가 대부분의 작인들은 종자를 부담하였다. 이러한 관행에 맞서 작인들은 抗租鬪爭을 하기도 하였다.

이처럼 병작제, 도지제가 전개됨에 따라 토지를 둘러싼 경제외적 관계가 해체되어 나갔다. 조선 전기 농장의 處干이나 竝作 佃戶는 인신적 지배하에서 地代라는 경제적 부담 이외에 인신적 부담 및 노역을 부분적으로 담당하거나 병작반수 이상의 부담을 져야 했다. 그러나 조선 후기에는 신분제가 허물어지면서 인신적 지배를 강요할 수 없었다. 실제로 병작제와 도지제 하에서는 신분구성이 노비, 상민뿐 아니라 양반까지 포함될 정도로 다양하였다.

병작제와 도지제의 시행은 이 같은 신분제의 변동과도 결합하면서 조선 후기 지주제의 발전을 끌어나갔다.

2) 내수사전과 궁방전의 확대

(1) 형성과정

17세기를 기점으로 하여 內需司田과 宮房田이 매우 늘어났다. 내수사는 궁중에서 쓰는 쌀, 베, 잡물과 노비 등에 관한 사무를 맡아보는 관청이며 내수사전은 그러한 궁중 수요를 충당하는 데 쓰는 토지였다. 궁방전은 왕실의 일부인 궁실과 왕실에서 분가 독립한 궁가에 지급하던 토지를 말한다.

본래 조선에서는 왕실에 대하여 科田 또는 職田을 분급하여 경비를 확보하도록 하였다. 세종대의 소위 王子科田法에서 王子·大君은 250결, 일반 君은 200결, 尙公主駙馬는 220결, 나머지 여러 君은 과전에 준하여 토지가 지급되었고[9] 세종말 職田制에서도 대군 225결, 군 120결씩 직전이 지급되었다.[10] 양반관료들과 마찬가지로 收租地를 切給받았다. 그러나 직전제와 田租의 官收官給이 시행된 다음 본인에 한하여 보장하는 선에 그쳤고, 성종초부터 분급이 거의 끊어지면서 차츰 어려워졌다. 종실의 수는 늘어나고 직전 전

---

9) 《世宗實錄》 권 91, 세종 22년 10월 갑신.

10) 《經國大典》 戶典 諸田 職田.

조를 지속적으로 분급하거나 새로이 절급하는 것은 갈수록 힘들어졌다. 따라서 정부는 軍資米의 일부를 떼어 절급하는 미봉책으로 넘겼다.[11)]

이처럼 제도상의 보장이 사라져가는 사이 왕실에서는 소유지를 만들고 늘여나가는 방법이 이용되었다. 그것은 국가에서 황무지를 절수해주고 궁방에서는 이를 이용하여 경제적 토대를 마련하였다. 16세기 내수사와 궁방에서 섬과 牧馬場을 절수하거나 바닷가 해택지를 개발하는 것은 그러한 양상이었다.[12)]

그런데 궁방전은 17세기부터 급속도로 늘어났다. 곧 임진왜란을 거치면서 농민들이 흩어지고 토지가 일시적으로 경작되지 않게 되자 이 기회를 통하여 토지를 늘여 나가고자 하였다. 한편 국가에서는 황폐한 농지의 개간을 장려하기 위하여 정해진 기간동안 면세 혜택을 주고 소유권을 인정하였는데 이에 궁방에서는 황무지를 대대적으로 절수받아 개간하였다.

궁방에서 토지를 모으는 방법에는 구입하는 형태와 營·衙門屯田을 이속하거나 沒入屬公地의 賜與 折受, 民田 절수, 민전 投託, 양안상 無主陳荒地, 양안외 가경지의 사여 절수 등이 있었다. 그런데 17세기에는 양안상 주인이 없는 진황지 또는 양안상의 가경지에 대한 사여와 절수가 주된 방법이었다.

절수제가 시작된 것은 대체로 임란을 지난 다음 궁방의 경비 부족을 충당하기 위하여 시작되었다. 물론 이전에도 궁방의 절수가 없었던 것은 아니었으나 이 시기부터 시작으로 잡는 것은 이 당시 궁방에서 재정을 확보하는 가장 중요한 수단이었음을 말한다.

토지 절수는 주인이 없는 땅이나 빈땅으로서 양안이나 수조안에 등재되어 국가에 세를 내는 토지가 아닌 곳을 대상으로 삼는 것이 원칙이었다. 따라서 陳田·蘆田·海澤地·泥生地·山林·廢堤堰 들이 대상이 되었다.

이러한 토지에 대하여 궁방이 절수하는 방법은 두 가지였다. 하나는 궁방에서 無主地를 조사하여 토지가 있는 지방의 관으로부터 立案을 발급받는 방법이었다. 또 하나는 궁방에서 절수 대상지를 內需司에 신고하여 이조·호조를 통하여 折給받는 방법이었다. 앞의 방법은 일반 민인이 무주지를 신고

11) 李景植, 〈職田制의 施行과 그 推移〉(《朝鮮前期土地制度史硏究》, 일조각, 1986).
12) 李泰鎭, 〈16세기 沿海地域의 堰田 開發〉(《金哲埈博士華甲紀念史學論叢》, 지식산업사, 1983).

하여 입안받는 경우와 같다면 후자는 중앙 정부 차원에서 절수가 이루어지는 것으로서 이것이 일반적인 형태였다. 숙종 연간의 기록을 보자.

> 여러 궁가가 절수한 곳은 군읍에서 입안한 것과는 구분이 되니 거론해서는 안된다. 그리고 만일 본관에 서류를 올려서 입안을 받는 것은 일반 민인과 같이 시행하라(《備邊司謄錄》 권 49, 숙종 21년 정월 23일).

이처럼 궁방의 절수는 특별히 취급하였던 것이다. 17세기 중엽을 넘어서면서 양안상 무주지 명목으로 개간지를 절수하는 양상은 더욱 빈번해지고 또 구체적으로 거론되고 있다. 한때 절수 혁파의 논의가 있기도 하였으나 궁방에서 전토가 없으면 모양을 갖출 수가 없다는 이유로 받아들여지지 않았다.

한편 절수는 대부분 면세의 혜택을 받고 있다. 절수는 본래 주인이 없는 토지를 자기 소유지로 획득함을 뜻할 뿐이므로 그 자체가 면세를 포함하는 것은 아니었다.[13] 그런데도 궁방의 절수지는 으레 면세되었다.

궁방에서 토지를 늘이는 또 하나의 방법은 국왕의 賜牌文書에 따른 賜與가 있는데 그 대상이 되는 토지라든가 이를 손에 넣는 방법이 절수와 다르지 않으므로 넓은 의미의 절수에 포함된다.

그런데 절수는 무주지만이 아니었다. 민간에서 起耕한 토지까지도 포함하는 경우가 많았다. 이는 민전에 대한 침탈이나 민전의 투탁을 통해서였다. 당시 궁방전에는 면세, 면역의 특권이 있었다. 궁방전에서 모집한 사람들이나 둔민들에게는 호에 배당되는 갖가지 잡역이나 군역까지도 불법적으로 면제되었다.

현종 13년(1672)에는 앞으로 舊宮에 대해 절수를 금지한다는 조치가 내려지기도 하였으나 계속되는 궁방의 신설과 수요확대에 따라 절수는 계속되었다. 여기에는 궁방전을 중심으로 하는 경제적 기반을 통하여 왕실의 유지와 권위를 확대하려는 국왕의 지원이 크게 작용하고 있었기 때문이었다.[14]

또한 궁방에서는 이러한 혜택을 끈으로 하여 민전을 끌어들였으며 민인들

---

13) 李景植, 〈17세기 土地折收制와 職田復舊論〉(《東方學誌》 54~56합집, 1987), 457쪽.

14) 朴準成, 〈17, 18세기 宮房田의 擴大와 所有形態의 變化〉(《韓國史論》 11, 서울大, 1984), 198쪽.

도 이러한 특권을 이용하려고 자기의 땅을 궁방에 투탁하였다. 그러나 무주지의 명목으로 민전에 대한 침탈도 적지 않았다. 곧 민인들의 개간지까지도 무주지라는 명목으로 빼앗았는데 이에 대하여 왕실에서는 궁방의 이익을 우선하려고 하였다. 이처럼 궁방에서 민전을 끌어들이는 것이 중요한 사회 폐단이 되었다.

특히 내수사 노비에게 각종 요역을 면제(復戶)한 것이 궁방전을 늘여나가는 데 중요한 계기가 되었다.[15] 본래 복호에 대해서는 내수사 奴子의 경우 동거 장정이 5명 이하거나 또는 토지를 5결 이하 가졌을 때 進上輸納을 포함한 17개의 戶役을 제외한 나머지 일체 잡역을 면제한다는 것이었다. 이 규정은 내수사 노자에게 일종의 특전을 제공한 것이었다. 그런데 실제는 이 특전을 초과하여 남용하였다. 내수사 노자들은 이른바 17개의 호역에 대해서 비법적으로 면제받을 뿐 아니라 또 자기가 경작하는 전결에 대하여 면세를 하고 있었으며 자기의 전결이 5결에 차지 못할 경우에는 다른 사람의 토지까지 합쳐서 5결에 해당한 면세의 특전을 누리는 것이 임란 이후 일반적인 형태로 되어 있었다. 이 현상은 내수사 노자들과 일반 평민들 간의 국가 부담의 차이를 현격하게 하며 결국 일반 평민들이 내수사 노자로 투탁하게끔 자극하였다.

궁방들은 평지에서만 庄土를 확장한 것이 아니라 산림을 대량으로 절수하여 火田을 경작하였다. 1662년 암행어사로 파견되었던 李敏迪은 본래 법으로 엄격하게 금했던 화전이 지금은 궁가들의 축재의 자본으로 되었으며, 이들은 국가 요역을 도피한 유민들을 끌어 모아 화전을 경영한다고 지적하였다.[16] 이 때문에 산림을 파괴하고 한발과 홍수의 피해를 늘이는 결과를 빚기도 하였다.

이처럼 궁방전이 늘어나는 것은 곧 면세지가 늘어나고 국가수세지가 줄어들었다. 그에 따라 면세결에 대한 대책이 여러 가지 방식으로 제기되었다. 첫째 궁방전에 대한 세를 매기는 방안, 둘째 면세를 금지하고 재정 지원을

15) 박시형, 《조선토지제도사》 중 (사회과학원출판사, 1964 ; 1994년 재발간, 신서원), 250쪽.

16) 《顯宗實錄》 권 5, 현종 3년 11월 갑진.

하는 방안, 셋째 면세결을 제한하는 방안 등이었다.

첫째 방안은 법전에 궁방전에 대한 면세 규정이 없으므로 궁방전에서도 稅를 받아들여야 한다는 주장이었다. 그러나 국왕은 유래가 오래되었다거나, 선왕의 일이라고 하면서 면세에 대한 혁파를 반대하였다. 이러한 논란 속에서 宮屯에 대한 면세는 기정사실로 되어갔다.[17]

둘째의 방안은 면세를 폐지하고 대신 직전을 절급하자는 주장으로 나타났다. 현종초에 제기된 직전 복구안에 따르면 궁가의 경비를 직전 범위 안에서 확보하고 절수는 폐지하고 현재 있는 궁둔은 민전으로 한다는 것이었다.[18] 그러나 이는 왕실로 봐서는 대단히 손해를 보게 된다. 궁둔이 민전이 될 뿐 아니라 직전은 지급결수가 한정이 있고 수취액수도 겨우 결당 4두에 지나지 않기 때문이다. 한편으로는 토지 분급제가 조선 전기에 이미 소멸되었기 때문에 현실적으로 직전을 복구하기도 어려웠다. 결국 국왕이 반대하여 관철되지 못하였다.

셋째의 방안은 직전제에서의 직전결수를 근거로 궁방전 면세결을 제한하자는 주장이었다. 법전에 따라 토지를 절급하고 나머지는 수세하자는 내용이었다. 현종 3년(1662)에 일단 궁방전 면세결을 600결로 제한하자는 안을 제시하였으나 大典定例로 시행하자는 강한 반대에 부딪혀 대군·공주는 500결, 왕자·옹주는 350결로 조정을 보았다가 다음해 다시 대군·공주 400결, 왕자·옹주 250결로 조정되었다.[19]

절수와 면세제는 직전제에 따른 것이었다. 그러나 직전제는 現職者만으로 축소되고 조세를 관에서 거두어서 이들에게 지급하여 수조지의 세습과 직접적인 田租 수취를 박탈한다는 데 초점이 있는데 비하여 절수, 면세제는 법적 소유권은 궁방에 있다는 것에 차이가 있다. 곧 절수-면세제는 수조권이 폐기되고 소유권에 따른 지주전호제로 바뀌면서 최고권력을 매개로 하여 소유를 실현하고자 하는 왕실·궁방에 과도기적 토지지배의 한 형태였다.[20]

17) 李景植, 앞의 글(1987), 457~462쪽.
18) 李景植, 위의 글, 496~500쪽.
19) 《顯宗實錄》 권 6, 현종 3년 9월 을해 및 현종 4년 4월 경술.
20) 朴準成, 앞의 글, 207쪽.

그러나 그 뒤 다시 절수를 혁파하자는 주장이 나타났다. 그 대안으로 給價買得制와 民結免稅制가 실시되었다. 급가 매득제는 숙종 14년에 시행 규정이 나타났다. 대군·공주에게는 은 5천 냥, 왕자·옹주에게는 은 4천 냥을 지급하여 토지를 사도록 하였다.[21] 그리고 그 뒤 숙종 21년(1695)에 다시 급가 매득 규정이 확인되었다. 그 내용은 다음과 같다.[22]

1. 숙종 12년 淑儀房에 전답 200결을 획급하였고, 숙종 20년 崔貴人房과 金貴人房에 역시 각각 200결을 획급하였으나, 지금 여러 궁가의 절수 결수는 明禮·於義·壽進·龍洞 4궁은 논외로 하여도 여러 궁의 절수가 혹은 7천여 결, 혹은 5천여 결에 달하여 정식을 넘는 것이 많으므로 200결 정한 액수 밖에는 모두 혁파하되 200결은 실결로 좋은 곳에서 스스로 택하도록 한다.
2. 新宮에서 200결을 택할 때 잔읍으로서 땅이 좁고 민이 적은 곳은 절수가 합당한 곳이라고 획급하지 말고 큰 읍에서 스스로 택하도록 한다.
3. 於義宮은 1688년 이전의 절수처가 매우 적으므로 戊辰(1688년) 이후에 절수한 4천 결 가운데 1천 결을 획급하고 나머지는 혁파한다. 이 1천 결에는 1688년 이전에 절수한 400결은 포함되지 않는다.
4. 수진·명례·어의·용동 4궁과 明善·明惠 두 房은 戊辰년 이전의 절수처는 그대로 두고 이후 절수는 모두 혁파한다.
5. 賜與는 절수에 포함되지 않는다.
6. 新生王子宮과 禧嬪房·崔貴人房·김귀인방에 銀 4천냥을 지급하고 庄土를 갖출 때까지 5년 동안 매년 선혜청에서 미 200석, 軍資監에서 콩 100석을 수송하도록 한다.

이를 '乙亥定式'이라고 불렀다. 그런데 여기서 급가매득제 못지 않게 중요한 것은 民結免稅制였다. 곧 위에서 절수 200결을 한정하고 있는데, 이는 호조에 세를 바치고 있던 토지로서 그것이 궁방에 절수되어 세를 궁방에 납부하게 되었던 것이다.

을해정식이 실시된 것은 큰 의의를 가진다. 먼저 급가매득제는 궁방이 비록 호조로부터 매득가를 지급 받아 토지를 확보한다는 점에서 국가로부터 도움을 받고 있지만 토지를 획득하는 과정이 절수와 같은 경제외적 방법에

21) 《備邊司謄錄》 42책, 숙종 14년 12월 5일.
22) 朴準成, 앞의 글, 211쪽.

서 경제적 방법으로 전환하였다. 이로써 궁방이 매득에 의해 토지를 확보하는 경향이 늘어났고, 한편으로 토지 상품화를 자극하는 요인이 되었다. 다음으로 궁방전 내에서 소유권을 확실히 구분할 수 있었다. 매득한 토지는 완전히 궁방의 소유가 되었고 민결면세지는 민전의 소유권을 인정할 수밖에 없었다.[23)]

이처럼 급가매득제와 민결면세제가 실시된 것은 농민들이 사적 소유권을 성장시켜 나가면서 저항한 결과라고 보인다. 곧 급가매득제는 경제외적으로 토지를 획득하는 방법에서 경제적인 방법으로 옮아간 것이며 민결면세제는 소유권이 농민에게 있는 민전에서 국가 수세분을 궁방이 대신 수취하도록 한 것이다. 이로써 궁방전은 매득지, 절수지, 민결면세지로 구성되었다.

그러나 을해정식이 제대로 시행된 것 같지는 않았다. 급가매득제와 민결면세제가 실시되었다고 하여 절수의 폐단이 해결되었다고 볼 수는 없다. 가령 "사여는 절수에 포함되지 않는다"고 하자 궁방들은 다투어서 절수를 사여로 고치는 방법으로써 종래의 토지를 그냥 확보하였다. 뿐만 아니라 절수가 폐지된 대신에 代受라는 명목으로써 다른 토지를 바꾸어주기도 하였다.[24)] 그러나 무엇보다도 그 뒤로도 절수가 여전히 계속되었다. 숙종 26년(1700)에 따르면 "을해년 이후로도 절수는 그전과 같고 궁가에서 점유하는 전토는 점점 불어나고 있다"고 하였다.[25)] 이러한 절수지는 여전히 대부분 면세되었던 것으로 보인다.

영조 연간에 들어서 다시 면세전의 결수를 정했는데, 수진궁·어의궁·창의궁 등은 1천 결, 명례궁·용동궁 1,500결, 그 밖의 궁방은 800결 등으로 을해정식보다는 훨씬 많았다. 정해진 액수 외에 전토는 모두 전세를 내어 경비에 보충하게 하였다. 또한 각 궁방으로 하여금 두 개의 文簿를 작성하여 하나는 내수사에 보내고 하나는 호조에 보내어 몰래 증가시키는 폐단을 방지하게 하였다.[26)]

---

23) 朴準成, 위의 글, 219쪽.
24) 박시형, 앞의 책, 254~255쪽.
25) 《肅宗實錄》 권 34, 숙종 26년 12월 신미.
26) 《英祖實錄》 권 21, 영조 5년 정월 갑진.

(2) 궁방전의 실태

그러면 궁방전의 면적을 알아보자. 17세기초인 인조초만 하더라도 궁방의 면세결은 모두 수백 결 정도였다고 한다.[27] 그 뒤 차츰 늘어나서 불과 20년 정도 뒤인 효종초에는 한 궁가에 200~500결 정도까지 늘어났다.[28] 그러다가 현종초에 이르면 한 궁가의 면세결만 하더라도 1,400결을 넘어서고 있었다.[29]

궁방은 지역적으로도 전국 각지에 걸쳐 있었는데 그 가운데서도 경기·황해도가 많았다. 특히 황해도는 교통과 운반이 편리하고 토지가 비옥한데다가 蘆田·海澤地가 많아서 일찍부터 궁방에서 장토를 설치하여 궁방전이 집중되어 있었다. 17세기 중엽 황해도 平山 陰村房에서 내수사는 70리에 달하는 토지를 절수하였다.[30] 또한 이 당시 황해도에 각 궁방과 아문의 둔전 수가 130개라고 하고 장토를 설치한 곳이 92곳이나 된다고 하였으며, 특히 信川과 같이 작은 읍에도 궁방의 둔이 12곳이나 되었다고 한다.[31]

또한 궁방전은 거대한 영역을 차지하고 있는 경우가 많았다. 강원도 淮陽에 설치된 金貴人房의 둔전은 길이와 너비가 40리라고 하였다.[32] 일개 궁방으로서 그 규모가 매우 클뿐더러 이러한 궁방전의 형태로 인하여 근처의 민전이 침탈당하기 쉬웠다.

궁방전의 전체 규모를 18세기 기록을 통하여 정리하면 다음과 같다.[33]

먼저 정조 즉위년(1776)부터 19세기초까지 호조에 파악된 궁방전 면세결수는 약 33,444결에서 37,500결에 이르고 있었다. 이것은 당시 전국 총 토지면적의 약 2.5%정도였으며, 국가에서 세를 받아들이는 토지에 비해서는 약 4~5%에 이르렀다.

---

27) 《仁祖實錄》 권 3, 인조 원년 11월 정묘.
28) 《承政院日記》 109책, 효종 즉위년 11월 26일.
29) 《顯宗實錄》 권 5, 현종 3년 7월 갑신.
30) 《顯宗實錄》 권 5, 현종 3년 12월 병오.
31) 《顯宗實錄》 권 5, 현종 3년 8월 갑진.
32) 《肅宗實錄》 권 30, 숙종 22년 10월 경자.
33) 朴準成, 앞의 글, 261~268쪽.

그러나 이것은 면세결수였으며 출세결수까지 포함한 자료는 정조 11년(1787)에 작성된 《內需司及各宮房田畓摠結與奴婢摠口都案》을 통하여 어느 정도 짐작할 수 있다. 여기에 따르면 無土免稅 21,603결 56부 9속, 有土免稅 8,249결 98부 4속, 그리고 出稅田畓 6,352결 83부 8속 등 모두 36,206결 39부 1속이었다. 그런데 이 자료에는 빠진 궁방이 있어서 이를 비슷한 시기에 만들어진 《度支志》를 통하여 살펴보면 약 3,963결 정도였으므로 이를 합하면 모두 40,735결 정도였다.

이 가운데 용동궁 · 어의궁 · 명례궁 · 수진궁 등 4궁과 私親宮의 합이 22,515결로 절반이 넘었다. 그런데 《속대전》에 의하면 大王私親宮 500결(재위기간은 1천 결), 4궁은 각 1천 결로 나와있는데(〈호전〉 제전조) 실제로는 이보다 훨씬 많았던 것이다. 이는 《속대전》에 구궁 · 신궁을 물론하고 王牌가 있어서 특별히 사여하는 것은 정액에 관계없다는 조목을 적용한 것이다.

여기서 궁방 가운데 無土의 비중이 큰 것을 알 수 있다. 그런데 무토에도 절수지에서 전화한 민결면세지와 실결을 민결면세지로 획급한 것 등 두 가지 형태가 있었다. 전자는 무주지라는 명목으로 절수하였으나 민전임을 인정하여 민결면세지로 바뀐 형태였다. 가령 앞의 자료에서 和寧翁主房이 가진 전남 順天의 무토면세는 모두 71결 79부 9속인데, 이는 다른 자료를 보면 절수한 땅임을 알 수 있다.[34] 따라서 무토 가운데 상당수가 처음에는 절수를 한 토지였다.

또한 유토는 대체로 매득지와 절수지로 이루어졌다. 각각 차지하는 비율을 알아보자. 《內需司及各宮房田畓摠結與奴婢摠口都案》에 의하면 용동궁의 경우 이러한 구분이 잘 되어 있는데, 유토 가운데 매득한 땅이 30결 76부 4속이고, 사여와 절수는 1,230결 34부 2속으로서 매득한 땅보다 사여와 절수가 훨씬 많은 것을 알 수 있다. 용동궁은 왕비의 內帑을 관할하는 궁으로 권력이 강한 궁이었으므로 이러한 토지에서는 절수가 궁방전을 늘이는 중요한 방법이었음을 알 수 있다.

이상 유토, 무토의 구분만으로 확실한 토지의 내역을 알기 어렵다. 그러나 이로써 본다면 임란이 지난 뒤 절수를 통하여 궁방전이 매우 늘어났으며 이

---

34) 《內需司庄土文績》 11책(奎 19307).

시기 특징적인 토지제도였다고 할 수 있다.

(3) 궁방전의 소유구조와 경영형태

이처럼 17세기말 궁방전의 급가매득제와 민결면세제를 실시한 뒤 궁방전은 크게 折受地, 買得地, 民結免稅地의 세 유형으로 구분되고 있다. 절수지와 매득지는 함께 永作宮屯으로 불리기도 하였다. 절수지는 혁파되지 않는 한 궁둔이며 궁방의 소유지임은 사실이지만 그 소유구조나 궁방전의 성립 방법에서 매득지와 차이가 있었다. 따라서 절수와 매득지는 달리 구분하였다. 그리고 절수지와 민결면세지도 역시 다르게 파악하였다. 절수지 가운데서도 혁파되면 민간에게 돌아갈 것이 있어 일부 절수지와 민결면세지는 혼동될 소지가 있으면서도 구분하였다. 이와 같이 궁방전의 절수지 · 매득지 · 민결면세지는 각각 다르게 파악되고 있었는데 이는 궁방전의 성립방법, 소유권의 귀속 여부, 소유구조 등이 서로 달랐기 때문이었다.

궁방에서 시가로 구입한 매득지는 궁방소유지로서 궁방(지주)－직접경작자(전호)라는 구조로 이루어지고 있었다. 따라서 그곳에서 거두어들이는 지대도 일반 민전과 별로 다를 바가 없었다. 다만 언답과 같이 개간지의 경우 농민들을 정착시키려고 종자를 지급하는 등 조건을 부여하였다. 가령 황해도 安岳 安谷坊에 있는 龍洞宮 언답에 대하여 "이 궁의 언답은 본래 作畓하여 수세한 곳이 아니므로 종자를 지급하여 타작하는 곳이다"고 하였다.[35] 아무튼 궁방전 가운데 소유권의 귀속이 분명한 곳은 타작제나 도조제로 운영되었던 장토였다.

다음으로 절수지의 경우는 소유구조와 지대량, 지대형태가 달랐다. 절수지가 매득지와 함께 영작궁둔으로도 파악되고는 있었지만 지대와 내부구조에서 차이가 나타난다. 곧 권력을 매개로 한 궁방의 명목적 소유권과 개간자의 사실상 소유권이 겹쳐 있었다. 이러한 토지에서는 궁방은 끊임없이 사적소유지로 만들려고 하였고, 개간농민들은 민전으로 만들어 나가려고 궁방에 저항하였다. 따라서 궁방에서는 일반 민전과 같은 수준의 지대를 관철시킬 수 없

35) 《承政院日記》 545책, 경종 2년 9월 10일.

었으며 전면적인 소유권을 확보할 수 없었다. 상호간에 타협하는 선에서 궁방의 수취액이 결정되었다. 그 대표적인 유형이 1결당 租 200두와 100두를 수취하는 것이었다. 가령 창원에 있는 용동궁둔의 예에 따라 만들어진 永作宮屯에 대한 법적 수취 규정인 결당 조 200두를 부과하는 것은 절수지를 대상으로 삼은 궁방과 개간 농민 사이의 타협액이었다.[36]

조 200두 가운데 100두는 지대이고 100두는 면세분에 해당되었다. 면세분 조 100두는 조선 후기에 1결당 국가에서 받아들이는 정규세와 정규부가세, 규정 밖의 부가세를 모두 포함한 액수였다. 그렇기 때문에 1결당 조 100두를 수취하는 절수지는 궁방전이기는 하지만 토지에 부과되는 모든 세를 수취할 수 있는 권리를 국가로부터 위임받은 수세지라고 볼 수 있으며 민결 면세지와 다를 바 없었다. 결당 조 100~200두를 거두는 궁방전에서 궁방은 권력의 매개 없이는 토지 지배를 할 수 없거나 결당 조 100두 정도밖에 토지 소유를 실현하지 못하였다.

조 200두는 생산량의 약 1/2~1/3 정도 수준이라고 보인다. 그러나 농민들은 자기들이 개간한 땅에 대하여 이러한 수준의 지대를 쉽게 인정하지 않았다. 따라서 이 정도의 지대도 받아들이지 못하는 경우가 적지 않았다.

본래 주인이 없는 빈 땅에 대한 개간은 여러 가지 방법으로 이루어졌는데 이 경우 절수받은 궁방과 개간자 사이에는 투자한 물력과 노동력에 따라 권리가 나누어졌다. 곧 "結은 宮結이지만 땅은 농민의 사적인 토지이다"[37]와 같이 세금을 받는 결의 주인과 토지에 대한 주인이 다르다는 인식이었다. 따라서 절수에 따라 조 200두를 거두는 궁방전에서는 궁방이 지닌 권리와 농민들이 지닌 권리가 중첩적으로 되어있는 소유구조가 이루어져 나가게 되었던 것이다. 경우에 따라서는 토지를 분할하거나 導掌權을 주거나 免稅, 免役의 특권과 함께 경작권을 주기도 하였다. 물론 경작권을 바탕으로 개간자들은 궁방전 내에서 어느 정도 소유권을 성장시켜 中畓主가 되기도 하였으나 경작자가 바로 중답주가 된 것은 아니었다.

36) 《續大典》 戶典 諸田.

37) 《前整理所指令諸案》 慶尙道 昌原郡 居民 訴狀(奎 21937).

이처럼 궁방전 절수지에서 궁방에서 수취하는 지대량이 결당 조 100~200두 정도밖에 이르지 못하였던 원인은 궁방이 지닌 명목적 소유권과 농민들의 실질적 소유권이 함께 포함되어 있는 중층적 구조에서 비롯되었다. 그러한 구조는 주로 이미 개간하여 "起耕한 자가 주인이 된다"는 조항에 근거하여 사실상의 소유주가 있던 땅을 무주지라는 명목으로 절수하였거나, 절수한 무주지를 농민들의 비용과 노동력을 투입하여 주도적으로 개간한 궁방전에서 발생하고 있었다. 그리고 그러한 권리를 바탕으로 궁방전 내에서 소유권을 성장시켜 나가고 있던 민인들의 끊임없는 싸움의 결과를 반영하고 있다. 이러한 궁방전은 宮房(地主)－직접 경작자(起主·作人), 또는 궁방(지주)－기주(지주)－직접경작자(작인)라는 구조를 이루고 있었다. 그렇기 때문에 결당 조 100두 또는 200두라는 궁방전 지대는 직접 생산자의 잉여생산물의 일부였으며, 그 가운데는 국가에 대한 면세조 조 100두가 포함되어 있었기 때문에 권력의 매개 없이는 이러한 궁방전에서 궁방은 토지 소유를 전혀 실현시킬 수 없거나 조 100두 정도밖에 실현하지 못하게 되었다. 그러나 절수지의 토지 소유구조나 궁방 수취액이 한결같지는 않았으며 사례에 따라 차이가 있었다.

다음은 민결면세지에 대하여 살펴보자. 민결면세지는 소유권은 농민에게 있으면서 그들이 국가에 납부할 세액을 대신 궁방에 바치는 토지였다. 궁방의 수취액은 국가로부터 양도받은 면세분이었다. 그렇기 때문에 민결면세지는 궁방(수조자)－민전(지주~전호)관계로 이루어지고 있었다. 그리고 세액은 호조에서 정해진 액수를 거두는 것이 원칙이었다. 그러나 궁방에 속하는 사정에 따라서 수취액수가 달랐다.

가령 숙종 20년(1694) 어의궁에서 전라도 茂長·靈光·長城 등 여러 고을에서 인조대 甲戌量田 때 주인이 없는 것으로 등록된 토지를 절수하였다.[38] 그러나 이 토지는 절수 당시 이미 민인들이 개간, 경작하여 소유주가 있었다. 그 가운데는 자손에게 상속하거나 다른 사람에게 매매한 토지가 있었다. 이는 관에 납세하고 있던 완전한 민전이었다. 따라서 어의궁에서는 호조에서

---

38) 《肅宗實錄》 권 27, 숙종 20년 7월 갑신.

수세하던 액수인 20두의 배에 해당되는 40두를 거두었다. 민전이었으나 궁방에서 침탈하는 형태였기 때문에 액수가 높았던 것이다. 반면 궁방에 투탁하는 경우에는 비교적 세액이 낮았던 것으로 보인다.

3) 둔전의 확대

(1) 둔전의 형성과정

임란 이후 屯田制에 중요한 양상이 나타났다. 營·衙門屯田이 발생한 것이다. 본래 둔전의 설치 목적은 크게 두 가지로 나뉘어진다. 軍資에 충당하여 쓰려는 것과 지방관아의 경비에 쓰려는 것이다. 조선 초기에는 고려말기 둔전 문제를 해결하려고 일단 전국 둔토를 폐지하였다. 과전법에서는 소위 公廨田이라는 명목으로 중앙의 각 관청들이 각자의 수세지를 가지기로 되어 있었으나 세종 27년(1445) 田稅를 개정하면서 모두 國用田으로 통일되었다.

그러나 단종 이후 둔토의 필요성이 다시 일어나면서 마침내 그 부활을 보게 되었다.《경국대전》에 의하면 관둔전은 自耕無稅의 토지이며, 국둔전은 소재지 고을의 鎭戍軍으로 하여금 이를 경작하여 그 수확을 軍資에 채워 쓰도록 한다고 하였다.[39]

그 뒤 둔전의 경작을 군졸과 노비만이 아니라 민간의 노동력을 이용하였으며 심지어 둔전을 경작하기 위하여 민간에서 소를 끌어 활용하였다. 그러나 그 경우 민간에게도 일정한 수확을 분배하였다. 이를테면 논의 경우는 전부 군량으로 쓰고 밭의 경우는 分半하는 방식이었다.

선조대에 들면 북쪽 변방의 수비 때문에 평안도, 함경도 등지에 둔전을 설치하였다. 그러나 둔전이 크게 문제가 된 것은 임진왜란 뒤의 일이었다. 전국의 토지가 황폐하게 되고 유망민이 늘게 되자 정부에서는 황무지를 개간하고 농민을 安集시켜 농업생산을 늘일 수 있는 방책을 구상하였는데 대체로 둔전을 설치하는 것을 해결책이라고 생각하였다. 특히 둔전은 당시 전시상황에서 다양한 의미를 지니고 있었다. 당시 비변사의 계에 따르면 둔전

39)《經國大典》戶典 諸田.

의 이익을 첫째 인민을 단합시키고, 둘째 험지에 웅거해 要害地를 지키고, 셋째 농사를 권장해 곡식을 비축하고, 넷째 농사일의 여가에 將帥를 정해 조련하면 精兵을 만들 수 있다고 하였다.[40]

이에 비어있는 牧場·섬·堤堰 등의 토지에 둔전을 두기로 하였다. 특히 훈련도감이 설치되면서 군량을 위하여 둔전을 활용하였다. 훈련도감은 임란이 진행되던 선조 26년(1593) 새로운 군대 편제법과 훈련법을 도입하면서 군대를 강화하려고 설치된 군영이었다. 특히 훈련도감은 처음에는 국가 경비에 책정되어 있지 않기 때문에 둔전을 개설할 수밖에 없었다. 따라서 조정에서는 훈련도감에 전국의 진황지 등을 부속시키고 流民을 모집하여 둔민으로 하고 그들에게는 烟戶雜役을 면제하는 한편 農牛와 農粮을 분급하여 이를 개간, 경작하게 하고 그 수익으로써 군자를 충당하게 하였다.

그러나 초기에는 군사, 농량뿐 아니라 적절한 지역을 찾기 힘들어서 둔전이 많이 설치되지는 못하였다. 선조 31년 경상도는 水田 400여 석, 旱田 231日耕, 충청도는 水田 300여 석, 旱田 219日耕 정도였다.[41] 이것으로 전국적인 상황은 알 수 없지만 아직까지는 상당히 적은 규모였던 것으로 보인다.

그 뒤 훈련도감뿐 아니라 다른 군문들이 계속 늘어나고 이들이 모두 둔전을 가지게 되었다. 이러한 둔전을 營門屯田이라고 하였다. 이 같은 영문둔전은 그 뒤로도 계속 설치되었고 이어서 이 영문둔전을 본딴 각종 아문에서도 둔전이 설치되기에 이르렀다. 이를 아문둔전이라고 하였다. 또 그 뒤에는 군량과는 전혀 관계없이 순전히 일반 행정적 성질을 띤 관청들도 둔전을 가지고 늘여나갔다. 이들도 둔전을 가지는 구실은 역시 임란 뒤에 국고 수입이 줄어들어서 관청 재정을 조달하기 곤란하다는 데에 있었다.

이로써 군영과 중앙 관청들이 국고의 통일적인 수세 체계로부터 독립한 자신의 수세지와 또 직접 점유지를 가지기 시작하였다. 또한 각도 감영, 병영, 수영에서도 차츰 자의적으로 둔전을 가지기에 급급하였다.

한편 평안도지역은 중국과 관련하여 둔전이 있었다. 병자호란 전에 淸의

40) 《宣祖實錄》 권 64, 선조 28년 6월 을묘.
41) 《宣祖實錄》 권 97, 선조 31년 2월 신유.

審陽이나 명의 장수 毛文龍이 주둔하였던 椵島로 군량을 운송하는 것이 매우 많아서 둔전을 설치하였던 것이다.42)

둔전을 형성하는 방법을 알아보자. 처음에는 훈련도감에서 보듯이 황무지를 얻어서 개간하는 것으로부터 시작하였다. 그런데 직접 개간을 하는 것이 아니라 단순히 절수의 방법으로 둔전을 만드는 경우도 많았다. 본래 절수는 양안에 등재되어 있지 않는 토지에만 시행되어야 한다. 그러나 당시 양안에 등록되지 않은 민전이나 개간한 땅이면서 立案 절차를 밟지 않은 민전이 많았는데 이를 절수하는 경우가 많았다.

곧 조선 중기 이후 閑曠地의 개간은 정부가 아닌 농민들에 의해 주도되고 있었는데, 농민들은 그 개간에 드는 비용과 노동력을 모두 부담하여 실질적으로 그 토지의 주인이 되고 있었던 것이다. 이때 각 영문이나 아문에서는 이 토지를 주인 없는 陳田이라는 명목으로 자기 관하에 부속시키고 둔전이라는 이름으로 屯稅를 거두기도 하였다. 그러나 이때의 둔세는 다른 토지와 비교하여 대체로 헐한 편이었으므로 농민들은 둔세를 납부하고 대신에 屯民으로서 다른 잡역 등으로부터 벗어나는 길을 택하였다.

이를테면 선조 33년(1600) 獻納 崔相重에 의하면 당시 훈련도감에 속한 둔전 가운데 둔전의 본래 규정에 따라 유리한 농민들을 황무지에 모집하여 농량, 종자, 농구 등을 대여하여 방조하는 방식으로서 경작된 것이 아닌 경우가 많다고 하였다. 곧 상당수의 둔전은 감독관인 監官들이 가을에 들로 나가서 곡식이 잘된 일반 농민들의 토지를 자의로 둔전이라고 지정한다는 것이다.43) 이 경우 둔전에 소속되면 전세와 부역을 면제받기 때문에 田主도 쉽게 응하였다.

둔전 경영은 원래 전쟁으로 발생한 이재민들을 모집하여 국가가 농량, 농구를 대여하고 국가토지인 황무지 둔전을 극히 곤란한 조건 아래서 경작시키는 것이기 때문에 그 경작자들에 대해서는 수확의 반을 국가에 납부시키는 것 이외에는 일체 조세와 徭役들을 면제하기로 되어 있었다. 이러한 규정이 있기 때문에 일부 부유한 농민들은 자기 경작지를 둔전에 편입시킴으로써

42) 《備邊司謄錄》 104책, 영조 14년 9월 20일.

43) 《宣祖實錄》 권 127, 선조 33년 7월 병인.

자기의 국가적 부담을 가볍게 할 수 있었으며 관청이나 아문에서는 그 소출을 사사로이 이용할 수 있었다.

이는 토지를 절수하는 것이 아니라 다만 민결의 징세권만을 지급하는 경우였다. 이는 흔히 '無土屯田'이라고 불리는 것으로 '有土屯田'과는 구분되는 것이었다. 그러나 토지의 배타적인 소유권이 아직 확립되어 있지 못했던 당시 상황에서 이 유토, 무토의 구분은 애매한 채로 당시 농민이 부담하는 명목은 모두 屯稅라고 일컬어졌고, 따라서 이 무토는 가끔 유토로 오인되기도 하였다.

이와 같이 일반 민전을 둔전이라고 지정하고 조세와 요역을 감면받고 둔전에 편입하는 경우를 虛僞屯田이라고 하였다. 이러한 허위둔전은 일시적으로 자기 부담이 줄어들게 되지만 그 토지가 둔전토지로서 탈취되는 위험성도 있었다.

또 이 같은 자진 편입 외에도 처음부터 관청에서 황무지를 개간하는 것이 아니라 일반 농민들의 기경지를 강제로 둔전이라는 명목으로 강탈하는 경우도 있었다. 가령 한 지역에 둔전이 어느 정도 형성되자 그 수변의 민전을 잠식해 들어가는 방식을 쓰기도 하였다.[44]

이렇게 둔전이 늘어나자 둔전의 운영을 통제하려는 주장이 많이 제기되었다. 그것은 첫째 둔전이 늘어나면서 결수가 축소되어 세금이 줄어들기 때문이다. 나아가 아문에서 거둬들이는 수취액이 제대로 쓰이지 않는 경우도 많았다. 대부분 급료 등으로 활용되고 실제로 관청 수입은 매우 적었다. 둘째 둔전의 설치를 구실로 사적으로 백성들의 토지에 대한 약탈이 일어나는 일이 빈번하였다. 대체적인 둔전의 규모로 본다면 이러한 약탈이 마을단위로 일어나기 때문에 이에 따라 마을단위로 소요가 일어나는 원인이 되었다.

인조대에 여러 차례 대신들이 둔전 혁파 등 개혁을 요구하였으나 받아들여지지 않다가 인조 23년에 들어서 인조 15년(1637)을 기점으로 잡아서 그 뒤 신설한 것에 대해서는 혁파하라는 명을 하였다.[45] 그러나 그 뒤로도 대부

44) 《孝宗實錄》 권 12, 효종 4년 6월 계유.

45) 《仁祖實錄》 권 46, 인조 23년 10월 무신.

분의 둔전은 혁파되지 않았던 것으로 보인다.

현종 11년(1670)에도 대신들이 訓鍊都監·守禦廳·摠戎廳 등 둔전 몇 곳을 혁파하여 본읍에 소속시키기를 청하였으나 혁파한 곳은 몇 곳에 불과하여 형식만 갖추는 정도였다고 한다.46) 왕의 입장으로서는 형식적으로는 찬성하면서도 실제로 적극적으로 시행하지는 않았던 것이다.

숙종대에도 둔전에 대한 혁파 논의가 계속 일어났다. 그 결과 임자년(1672) 이후에 설치한 것은 혁파하도록 하였다.47) 그러나 실제로 모든 둔전은 그 이전에 설치되었기 때문에 실효는 거의 없었다. 오히려 둔전을 혁파하면 이것을 궁방에서 절수하여 혁파한 의미가 없게 되는 일도 일어났으며 한편으로는 둔전을 폐지하면 민이 흩어질지 모른다는 주장도 나왔다.

또 하나의 대책으로는 이처럼 실제로 혁파하기 어렵기 때문에 수세의 책임을 호조로 돌리는 방안이 나왔다. 곧 호조에서 직접 세를 거두어 들여서 정해진 액수를 아문에 옮겨주자는 것이다. 이럴 경우 둔전의 導掌을 혁파하여 모두 수령에게 맡기자는 주장도 자연스럽게 나올 수 있다. 나아가 진휼정책과 맞물려 읍에서 賑恤廳에 위임하여 주관하게 하고 여기서 본 아문의 경비를 대고 나머지는 진휼에 쓰도록 하자는 주장도 나왔다.

영조 5년(1729)에는 새로운 대책으로서 아문둔전으로서 전세를 면제받은 경우는 모두 전세를 내게 하였다. 그리고 그 해에 다시 아문전답의 면세토지를 정하였는데, 成均館·宗親府·忠勳府·司僕寺·司圃署·掌苑署栗園·內農圃·繕工監·尙衣院·內醫院·惠民院·司饔院·司畜署·耆老所·各陵位田·敦寧府·訓練都監 등 22,600결 정도에 대해서는 면세를 하고, 이를 넘어가는 액수와 다른 아문의 토지에 대해서는 세를 내도록 하였다. 다만 황해도의 管餉屯·禁衛營·御營廳·守禦廳·摠戎廳·經理廳 등에 대해서는 稅米만을 받도록 하였다.48)

둔전의 또 다른 폐단으로서 부역을 피하는 수단이 된 점에 대한 비판도 많이 제기되었다. 둔전으로 군역을 피하는 현상이 늘어나면서 良丁이 줄어들

---

46) 《顯宗改修實錄》 권 22, 현종 11년 7월 임오.

47) 《肅宗實錄》 권 6, 숙종 3년 5월 계묘.

48) 《備邊司謄錄》 86책, 영조 5년 12월 13일.

었기 때문이었다. 영조 즉위년 正言 金浩는 둔전에서 牙兵·屯軍 등을 모아서 투속하는 일이 늘어났기 때문에 각 읍에서 군정을 뽑기 어렵고, 백골징포와 같은 현상이 일어날 정도였다고 하면서 이를 금지시키도록 하였다.[49]

또 한편 임란 뒤 지방에서는 군량 조달의 목적과는 달리 해당 관리들이 사적인 수탈을 하고자 설치하는 경우도 많았다. 선조 34년(1601) 사간원에서 올린 장계를 보면 각도 관찰사들의 사설 둔전의 수입이 모두 군관들의 횡령으로 들어가 관의 수입은 없고 또 여기에 부세나 역을 어기고 도망한 자들이 모여들어서 폐단이 컸음을 알 수 있다.[50]

그러나 한편 토지에 관해서는 아문도 궁방에 비해서는 상대적으로 열세였다. 아문의 둔전이 궁방으로 절수되는 경우도 자주 보인다. 특히 숙종 37년(1711)에 의하면 군문의 둔전에서 궁가로 넘어간 것이 절반이나 되었다고 하는 것으로 보아[51] 상당히 심각함을 짐작할 수 있다. 이 시기는 궁방전에 대한 절수 혁파의 내용을 담고있는 乙亥定式이 시행된 지 고작 몇 년이 지나지 않는 상황인데도 국왕이 이러한 실태를 오히려 두둔하였다. 영조대에는 평안도 永柔의 德池筒, 金海의 大山屯, 康津의 古今島, 靑山島 등 4대 둔전으로 불리었던 토지도 궁가에 빼앗겼다.[52] 이러한 현상이 자주 드러나는 것은 국왕은 아문보다 왕실에 대한 사적인 우위를 두었기 때문으로 파악된다.

(2) 둔전의 실태

다음은 둔전의 종류와 면적에 대해 살펴보자. 아문둔전은 임란 뒤에도 청국의 침략에 대비하여 수어청·어영청·총융청 등 새 군문들이 계속 창설되면서 둔전이 늘어났다. 정묘호란 직전인 인조 4년(1626)의 경우 각 아문의 면세전을 조사하니 2,090여 결이었다고 한다.[53] 그 뒤 실제로 정묘·병자호란을 겪으면서 군량을 축적할 필요성이 더욱 강조되어 둔전은 더욱 늘어났다.

---

49) 《備邊司謄錄》 76책, 영조 즉위년 10월 21일.
50) 《宣祖實錄》 권 138, 선조 34년 6월 기묘.
51) 《肅宗實錄》 권 50, 숙종 37년 7월 을묘.
52) 《備邊司謄錄》 75책, 경종 4년 6월 24일.
53) 《仁祖實錄》 권 12, 인조 4년 3월 기미.

그 가운데서도 훈련도감의 둔전이 가장 많았다고 한다.

그 뒤 효종대에는 이른바 북벌계획의 구실로서 둔전이 확대되었다. 이로써 조선 전기《經國大典》에 규정된 各 鎭, 各 府, 各 郡의 둔전의 수치는 그 의미를 잃어버리게 되었다.

각 군문과 아문들에 의해 둔전을 비롯한 漁場·鹽盆·漁箭 등의 독점이 계속 늘어나자 농민들의 반대투쟁을 일으켰을 뿐 아니라 봉건정부 자체의 중앙 집권적 통치와 재정운영에 막대한 지장을 주어서 일부 관료들도 둔전에 대해 반대하였다. 따라서 일시 둔전을 폐지하라는 명령이 내리기도 하였다.

그러나 둔전의 팽창은 계속되었다. 효종이 죽은 뒤 북벌계획이 폐지되고 숙종초에는 군문의 군대 수를 상당히 축소하였으나 둔전은 별로 줄어들지 않았다. 숙종초에 산간의 둔전 몇 개가 혁파되었을 뿐 그 뒤에도 계속 팽창되었다.[54]

둔전은 '산과 들을 둘러쌀 정도'라고 비유하여 여말선초 농장에 비견될 정도로 넓은 지역을 확보하였다. 가령 17세기 중반에 경기도 陽智縣의 4개 면 가운데 2개 면이 모두 각 아문의 둔전이 되었다고 한다. 여기서는 단순히 토지만을 소유하고 있는 것이 아니라 군역을 피해 도망 온 자들을 끌어 모아 지배하고 있었다.[55]

이처럼 군문의 둔전은 나라 안의 비옥한 토지를 상당수 차지하였고, 특히 조선 후기 많이 나타나는 해변의 개간지를 많이 차지하였다. 또한 한 營門이나 아문은 주로 여러 지역에 둔전을 지니고 있었다. 수어청의 경우 廣州를 비롯하여 전국에 걸쳐 29개의 둔전이 있었다.

18세기에서 19세기초의 기록을 통하여 둔전이 설치된 아문을 조사하면 다음과 같다.[56] 곧 議政府·宗親府·敦寧府·忠勳府·耆老所·均役廳·訓練都監·禁衛營·御營廳·摠戎廳·守禦廳·成均館·四學·司僕寺·奉常寺·司饔

54)《肅宗實錄》권 6, 숙종 3년 6월 정사.

55)《顯宗實錄》권 9, 현종 5년 11월 경인.

56)《備邊司謄錄》86책, 영조 5년 12월 13일.
《度支志》外篇 권 5, 版籍司 田制部 屯田.
《萬機要覽》財用編 2.

院·司圃署·內醫院·尙衣院·內贍寺·繕工監·氷庫·掌苑署·典牲署·司畜署·惠民院·內農圃·官餉屯·經理廳·糧餉廳·奎章閣·義禁府屯·戶曹屯·賑恤廳屯·常平廳屯·儀賓府屯·活人署屯·承政院屯·龍虎營屯·管理營屯·總理營屯·鎭撫營屯·統制使營屯·各 監營屯·各 兵營屯·各 水營屯·防禦營屯 등이 있다. 이를 모두 합친다면 아문둔전은 5만 결을 조금 넘은 수준으로서 전국 농지의 약 4% 정도라고 보인다.[57]

이러한 자료를 통해 대체적인 둔전의 규모를 살펴보면 균역청 23,000결, 사복시 11,687결, 양향청 6,736결, 훈련도감 3,330결의 순으로 많았다.

균역청은 균역법의 실시에 따라 전국적으로 찾아낸 은여결이 많았다. 사복시는 여기서는 왕실의 마필과 목장 등을 관할하는 기관으로서 면세지를 통해 유지 확장을 위한 비용에 충당되었다. 사복시의 목장과 둔전은 없는 곳이 없다고 할 정도로 전국에 걸쳐 설치되었다. 훈련도감은 본래 아문둔전이 훈련도감 둔전으로부터 시작되었기 때문에 여전히 많은 양을 차지하고 있었다.

(3) 둔전의 경영형태

둔전은 본래 무상으로 동원되는 부역노동으로 직접 경영하였다. 그러나 17·18세기 아문둔전이 급격히 팽창하면서 소유구조나 경영형태도 변하였다. 따라서 여러 가지 형태로 운영되었다. 곧 竝作半收·賭租·民結收稅 등이 대표적이었다. 가령 충훈부 둔전의 경우를 보면 분반타작하는 곳, 作人의 원에 따라 賭租로도 永定되어 있는 곳, 그리고 實負에 따라 수세하는 곳 등으로 구성되어 있었다.[58]

직접 병졸들을 동원하여 황무지를 경작하는 방법은 임진왜란 진행과정에서 일부 시행되었다. 선조 27년(1594) 서울 부근의 살곶이·鄭金院坪 등 주인없는 빈 땅을 훈련도감 각 부대에 배정하고 농우와 농기구들을 분급하여 둔전을 경영하라고 명령하였다.[59] 훈련도감군 2천 명 가운데 대부분이 둔전경영으로

57) 鄭昌烈, 〈李朝後期의 屯田에 대하여〉(《李海南博士華甲紀念史學論叢》, 一潮閣, 1970).
58) 《忠勳府謄錄》 영조 27년 8월, 均役廳郎廳了(奎 15048의 1).
59) 《宣祖實錄》 권 55, 선조 27년 9월 정유.

나갔기 때문에 서울에 남아 있는 숫자가 얼마 되지 않을 정도였다. 그러나 이런 형태의 둔전은 많지 않았다고 보인다. 더구나 둔전군을 부리기 위해서는 먼저 농량이 상당히 필요하였으므로 이 때문에 둔전이 성공하기 어려웠다.

앞에서 보았듯이 둔전은 임란 후 민간의 못쓰게 된 경지들을 국가가 점령하고 유민들을 모아 국가의 농량과 농기구를 대여하여 경작시킨 것으로부터 시작하였다. 이 경우는 매득한 경우와 함께 아문이 하나의 사적지주와 마찬가지로 병작반수를 하는 형태였다.

먼저 유리한 농민들을 모아서 경작하는 둔전은 임란 때부터 전국 각지에 상당히 많이 운영되었다. 기록에 의하면 충청도 40여 사찰의 위전을 훈련도감에 속하게 하고 유민들을 모집하여 경작하게 하였고, 그 밖에 水原 禿城 근방, 高陽에서 延安에 이르는 길, 황해도 蘆田지대, 江華 목장, 尙州, 金海, 鳥嶺 일대 등 큰 면적의 황무지 등 여러 지역에 두었다. 이러한 종류의 둔전에서는 경작하는 농민들에 대하여 정부로부터 일정한 농량 · 종자 · 농기구 · 농우 등을 대여받았다. 정부에서는 이러한 것을 마련하기 위하여 空名告身을 팔기도 하였다. 가령 선조 32년(1599) 자료에 의하면 이러한 방법을 통하여 경기와 지방의 각종 둔전에 농우 700~800마리를 나누어주었다고 한다.[60]

이처럼 군사를 활용하거나 유민 경작을 하게 되면 농량 · 종자 · 耕牛가 필요하므로, 이것이 원활하지 않을 때는 농민들에게 병작을 시켰다. 병작의 경우에도 대체로 종자는 지급하였다. 곧 관아에 비축되어 있는 곡식을 모집한 농민들에게 지급하여 무주지를 개간하여 그 수확을 관과 농민이 반분하는 것이었다.

그러나 개간지일 경우 병작이라고 하더라도 생산력이나 민인의 처지에 비해 부담이 심하였다. 따라서 선조대 載寧 · 鳳山의 둔전의 경우를 보면 주변의 백성들에게 강제로 병작하게 하였으며, 종자를 충분히 지급하지 않아서 제방에 가까이 사는 백성은 흩어지고 그 피해가 멀리 있는 마을까지 강제로 병작하게 하였다고 한다.[61]

---

60) 《宣祖實錄》 권 117, 선조 32년 9월 무신.
61) 《宣祖修正實錄》 권 24, 선조 23년 4월 임신.

따라서 병작이라도 일반 지주지와 달리 반분보다 낮을 수 있었다. 가령 정조대 황해도 봉산에 있는 장용영 둔답에서는 지대가 1/3 수준이었다고 한다.62) 그러나 개간지라는 토지 성격과 그밖에 水稅와 種子는 작인으로 하여금 부담하도록 하였기 때문에 전체 부담은 적지 않았다.

그러나 개간지 가운데서도 민인들이 물력을 들여 기간한 곳은 병작제와 부담을 달리하기도 하였다. 숙종 33년(1707) 江華 船頭浦屯田의 경우 이 지역 농민들에게 토지를 나누어주었는데 大戶에게는 2석락지, 中·小戶에게는 1석락지, 殘戶에게는 10두락지씩 지급하기로 하였다. 개간지인 만큼 3년간 수세하지 않고, 기경을 하게 되면 종자를 주어 병작제를 실시하기로 되었다. 그런데 관에서 종자를 지급하면 병작례로 반분하고 민인들이 스스로 개간한 곳은 3년이 지난 뒤 土品을 살펴서 매두락당 세액을 정하였는데, 그 액수는 1斗落당 상답은 4두, 중답은 3두, 하답은 2두씩이었다.63) 결당 액수를 정확히 환산하기는 어려우나 200두의 수준을 넘어가지는 않는다고 보인다. 몇몇 군문둔전의 사례를 찾아보면 수어청둔이 결당 穀 200두, 총융청둔이 150두, 훈국둔이 70두로 운영되었다고 한다.64) 이 또한 결당 200두를 밑돈다.

200두의 의미는 궁방에서도 보이듯이 일반 민전의 세액이 1결당 100두 정도였으므로 절반은 아문에서 미리 개간권을 가지고 있었기 때문에 이에 따른 세액이라고 볼 수 있다.

그러나 이러한 토지는 민간의 개간에 따른 권리도 어느 정도 인정되었고, 이러한 권리가 매매까지 가능하였다. 그러나 농민이 이 토지에 대하여 완전히 소유하는 것은 아니었다. 가령 숙종 때 江華의 吉祥面을 비롯한 3개면의 목장을 혁파하고 이를 농민에게 개간하여 토지를 만들었다. 그러나 계속 경작되지 않고 진황이 되자 조정에서는 이 토지를 10부당 목 2필을 받고 농민에게 매매하여 완전히 私田으로 만들자는 논의가 있었다.65) 곧 관청과 농민 사이에 이 토지를 둘러싼 권리가 나누어져 있기 때문에 어느 한 쪽에서 이

---

62) 《正宗實錄》 권 48, 정조 22년 3월 임오.
63) 李景植, 앞의 글(1987), 471쪽.
64) 《備邊司謄錄》 69책, 숙종 42년 12월 28일.
65) 《備邊司謄錄》 64책, 숙종 38년 6월 4일.

를 완전히 가지려면 매득해야 하였던 것이다. 그러나 이 경우에도 아문에서는 주인처럼 행사하는 경우가 많았다.

이와 같이 自耕의 원칙으로 경영되던 국가 공전으로서의 관둔은 借耕에 의해 경영되는 지주지로 변화되고 있었다. 특히 매득한 경우는 아문이 명실상부한 지주였으므로 당연히 지주제로 운영하였다. 그러나 수취액수나 도지, 병작의 규례는 당연히 각 읍마다 달랐다.

한편 민전으로서 투탁하거나 침탈된 토지도 적지 않았다. 인조대 훈련도감의 둔전 가운데서도 靈光·德山·龍仁·陰竹 등지는 민전으로 세를 거두고 있다고 한다.[66] 각 군문의 둔전은 모두 민전에서 수세하는 것이라고 할 정도로 둔전 가운데 이러한 형태가 보편화되었다.

이러한 토지는 부담이 훨씬 낮을 수밖에 없었다. 가령 경종대에 의하면 훈련도감의 募入民田의 경우 부담이 1부에 皮穀 6~7승에 지나지 않았고 다른 부세는 면제되었다고 한다.[67] 따라서 전체 부담은 일반 토지보다 훨씬 낮았고 농민들은 이를 기꺼이 따랐다고 한다.

그러나 대체로 민전을 둔전으로 만든 경우 이런 토지는 호조의 수세와 같은 양을 징수하는 것이 원칙이었다. 인조 조에 아문둔전에 끼여 들어갔던 민전의 소유자들이 이 토지를 다시 호조에 귀속시켜 줄 것을 요구하였다. 이때 왕의 답변이 "아문에 세를 내거나 관가에 세를 내거나 마찬가지다"고 거부하였다.[68]

그러나 민전이라도 일단 둔전에 투속되면 비록 민결의 예에 따라 수세된다고 하더라도 일반 사유지와 처지가 같지는 않았다. 둔전이라는 딱지를 떼기 어려웠다. 효종초 司僕寺에 속하던 강화목장을 혁파하고 민간으로 하여금 개간하도록 하였을 때 이곳의 수세를 사복시와 호조 어디에서 구관하게 할 것인지를 논란한 적이 있었다. 처음에는 호조에서 수세하였다가 2년 뒤 다시 사복시로 속하게 하였는데, 이때 이유가 호조에서 수세하면 사전이 되어버린다는 것이다.[69] 본래 목장토였던 만큼 수세액에 관계없이 호조에 속하면 사

66) 《顯宗實錄》 권 9, 현종 5년 11월 경술.
67) 《備邊司謄錄》 74책, 경종 3년 11월 20일.
68) 《仁祖實錄》 권 46, 인조 23년 10월 무신.
69) 《備邊司謄錄》 권 15, 효종 3년 3월 10일.

전이 되고 사복시에 속하면 사복시 둔전이 된다는 것이다. 따라서 둔전은 수세의 양과 관계없이 둔전으로서 범위를 벗어나기 어려웠다.

둔전이 이런 성격을 지녔기 때문에 아문에서는 이를 이용하여 자의적으로 세를 올리기가 쉬웠다. 심지어 募入된 민전까지 매득한 민전과 같을 정도로 올려서 농민들이 경작을 꺼려 토지가 진폐되기도 하였다. 이는 민전의 본래 소유권을 인정하지 않음을 의미한다.

이처럼 둔전은 궁방전과 함께 조선 후기 토지제도에서 중요한 역할을 하였다. 특히 국가의 통제에서 벗어남으로 인하여 土質과 結卜 등의 파악이 제대로 되지 않고 마구 면세되어 토지제도의 문란을 일으켰다. 또한 원칙적으로 둔전은 형성되는 과정의 차이에 따라 여러 가지 형태로 운영되었다. 그리고 그 차이에 따라 부담의 양이 달랐는데, 이를 둘러싸고 아문과 농민 사이에 갈등이 생기기도 하였다. 상호간의 힘에 따라 과정의 차이와 달리 부담이 매겨지기도 하였다. 또한 그 양상은 단순히 수취분쟁에서 나아가 소유권분쟁으로 전개되었다.70)

〈宋讃燮〉

70) 李景植, 앞의 글(1987), 487쪽.

V. 대동법의 시행과 상공업의 변화

1. 대동법의 시행
2. 상업·수공업·광업의 변모
3. 군수공업의 성장과 군수광업의 발전
4. 금속화폐제도의 시행
5. 중개무역의 성행

V. 대동법의 시행과 상공업의 변화

1. 대동법의 시행[1)]

1) 공납제의 변통과 대동법의 실시

(1) 사대동의 발생

15세기 중엽에 확립된 조선왕조의 貢納制(농민이 戶役으로 부담했던 공물·진상 등의 現物課收制度)는 그 부과와 징수의 온갖 폐해로 인하여 이미 16세기초에 허다한 물의를 빚고 있었다. 그러나 이 제도는 그것이 국가 재정에서 차지하는 비중이 너무나 컸을 뿐 아니라, 부분적으로는 국왕에 대한 禮獻이라는 막중한 의미를 지녔기 때문에 좀처럼 개혁되지 못하였고, 또 防納·豪右輩의 이권이 개재되고 있어 쉽사리 개선되지도 못하였다. 趙光祖를 비롯한

---

1) 이 글은 大同法에 관한 아래 論稿들을 바탕으로하여 대동법의 실시 경위와 그 내용 및 의의를 필자 나름대로 정리·서술한 것이어서 특별한 경우가 아니고는 그 의거한 바를 일일이 註記하지 않는다.

鄭亨愚, 〈大同法에 대한 一硏究〉(《史學硏究》 2, 1958).

韓榮國, 〈湖西에 실시된 大同法〉(上·下)(《歷史學報》 13·14, 1960·1961).

———, 〈湖南에 실시된 大同法〉(1~4)(《歷史學報》 15·20·21·24, 1961~64).

Ching-young Choe, Kim Yuk and the Taedongbop Reform, *The Journal of Asian Studies* Vol.XXIII No.1, 1963.

劉元東, 〈李朝貢人資本의 硏究〉(《亞細亞硏究》 7-4, 1964).

韓沽劤, 〈李朝後期 貢人의 身分〉(《學術院論文集(人文社會科學)》 5, 1965).

金潤坤, 〈大同法의 施行을 둘러싼 贊反兩論과 그 背景〉(《大東文化硏究》 8, 1971).

黃夏鉉, 〈壬辰倭亂以後의 大同 및 均役의 財政史的 硏究〉(漢陽大 經濟學博士學位論文, 1973).

宋贊植, 〈三南方物紙貢考〉(《震檀學報》 37·38, 1974).

혁신적인 사림세력에 의하여 한 때 그 개혁의 기운이 돋우어지기는 했지만, 실현 단계에까지는 이르지 못하고 말았다.

그리하여 공납제의 폐해는 그 개선의 논의만이 거듭되는 가운데 농민의 流亡·離散을 날로 증가시켜 갔고, 이에서 파생된 이른바 隣徵·族徵의 관행은 양반세가들의 토지 겸병의 증대, 放軍收布와 같은 군역의 문란 등과 함께 농민의 몰락·逃散을 더욱 촉진시켜 갔다. 16세기 중엽에 이미 수백 명의 유망민을 내고 있는 군현들이 즐비할 정도였고, 또 불과 40여 호의 貢役戶로써 지탱되는 군현이 나타나는 상태였다. 잡초만이 우거진 田野에 貢賦가 부과되고 있는 농촌의 모습, 群盜로 화한 유민들로 인하여 州郡의 行旅가 끊기고 있는 실정, 作人으로 糊口하는 客戶(유민)들로 향리가 가득한 상황들이 줄지어 보고되고 있었던 것이다.2)

時務에 보다 적극적이었던 일부 관료와 재향 사족들은 이러한 실정의 개선을 위하여 국지적으로나마 나름대로 匡救策을 마련하고 시행하여 갔다. 大

安達義博, 〈18·19世紀前半の大同米·布·錢の徵收と國家財政〉(《朝鮮史硏究會論文集》 13, 1976).

金玉根, 《朝鮮後期經濟史硏究》(瑞文堂, 1977)

——, 《朝鮮王朝財政史硏究 Ⅲ》(一潮閣, 1988).

柳承宙, 〈朝鮮後期 貢人에 관한 硏究〉(《歷史學報》 71·78·79, 1976~78).

방기중, 〈17·18세기 전반 金納租稅의 성립과 전개〉(《東方學志》 45, 1984).

高錫珪, 〈16·17세기 貢納制 改革의 方向〉(《韓國史論》 12, 서울大, 1985).

吳美一, 〈18·19세기 貢物政策의 변화와 貢人層의 변동〉(《韓國史論》 14, 서울大, 1986).

德成外志子, 〈朝鮮後期의 貢物貿納制〉(《歷史學報》 113, 1987).

六反田豊, 〈「嶺南大同事目」と慶尙道大同法〉(《朝鮮學報》 131, 1989).

——, 〈大同法における'留置米'·'餘米'·'儲置米'概念の檢討〉(《東洋史硏究》 50-3, 1991).

崔完基, 〈大同法 實施의 影響〉(《國史館論叢》 12, 國史編纂委員會, 1990).

池斗煥, 〈宣祖·光海君代 大同法 論議〉(《韓國學論叢》 19, 1997).

——, 〈仁祖代의 大同法 論議〉(《歷史學報》 155, 1997).

박현순, 〈16~17세기 貢納制 운영의 변화〉(《韓國史論》 38, 서울大, 1997).

2) 공납제의 폐해와 개혁론에 대해서는 《한국사》 28(국사편찬위원회, 1996)을 참고하기 바람.

同除役으로도 일컬어졌던 이른바 私大同은 그 중 대표적인 것이었다. 명종말기에 처음 시행되기 시작한 것으로 알려져 있는 이 사대동은 몇몇 군현에 국한되기는 했지만, 그 군현에 부과된 모든 京納物(중앙정부와 왕실에 바치는 공물과 진상물들)을 군현 내의 모든 田土에서 균등하게 징수한 쌀을 가지고 시장에서 구입하여 납부했던 데서 대동법의 선구를 이루는 관행이었다. 황해도 海州의 경우, 牧使의 책임하에 1結에 쌀 1말[斗]씩을 징수하여 소정의 경납물을 구입·상납하고 있었던 것이다.[3)]

이 같은 사대동은 확실히 당시 공납제의 폐해 가운데 가장 혹심하였던 刁蹬(간교한 방법으로 공납물의 市價=代納價를 마구 올리는 것)의 폐해를 제거하는 데 효과적이었다. 그리하여 李珥는 선조 2년(1569) 9월에 이 사대동의 법제화와 아울러 이의 전국적인 시행을 건의하였다. 하지만 그의 건의는 실현되지 못하였다. 수년 뒤에 황해감사로 부임한 이이가 도내 각 군현에 사대동을 시행하려고 온갖 노력을 기울였는데도 이미 시행되고 있었던 해주와 松禾 이외에는 끝내 실시하지 못하였을 정도로 반대세력들의 저지가 강하였던 것이다.[4)] 그리하여 공납제의 폐해와 이의 匡救策과 개혁론은 임진왜란을 맞기까지 계속되어 갔다.[5)]

---

3) 金誠一,《鶴峰全集》續集 卷 2, 黃海道巡撫時疏.
李 珥,《栗谷全書》卷 15, 東湖問答.

4) 李 珥,《栗谷全書》卷 11, 答成浩原書(丙子).
이지원의 〈16·17세기 前半 貢物防納의 構造와 流通經濟的 性格〉(《李載龒博士還曆紀念韓國史學論叢》, 한울, 1990)에 따르면, 15세기말 이래로 이미 향촌사회에서는 賦役制的인 원칙에 의하여 운영되던 공납제가 米·布에 의한 代納으로 전환되고 있었다고 한다. 그런데도 중앙정부에서는 本色貢物로의 수납을 유지하고 있었기 때문에, 이들간의 모순을 보완하기 위하여 지방 군현들에서는 공물을 구매하여 상납하지 않을 수 없었고, 이에서 공물의 상품화와 공물 貿納기구로서 '防納'이 구조적으로 정착되어 갔다고 보고 있다. 그러나 대동법 실시 이전인 16세기 향촌사회에서 地方事例 형태로 私大同·大同除役이 널리 정착되어 있었다는 자료는 제시되고 있지 못하다(특히 趙復陽은 대동법 실시 후인 효종·현종 때 활동한 인물이다). 16세기의 사대동의 실태나 代貢收米法의 실패로 볼 때, 농민 스스로에 의한 공물의 미·포로의 대납화가 실제로 어느 정도 전개되고 있었는지는 의문시된다고 보겠다.

5) 선조 14년(1581)에 연산군 8년(1502)이래의 貢案을 개정한 바 있으나 그 내용은 알려져 있지 않다.

(2) 대공수미법의 시행

임진왜란을 당하자 정부는 극심한 군량난에 봉착하였다. 이에 정부는 임기응급책으로 納粟의 관례를 채택·시행하는 한편, 공납물 대신에 그에 상당하는 미곡을 납부하도록 적극 장려하였다. 壬辰年條 공납물부터 兵禍의 상황에 따라 적당히 감소하여 주면서 이들을 미곡으로 바꾸어내도록 하였던 것이다. 그러나 이러한 조치는 전쟁의 피해가 급속도로 확산된 데서 소기의 목적을 거둘 수 없었을 뿐 아니라, 군현에 따라 그 기준이 고르지 못하여 백성들의 원망을 사기도 하였다.

그리하여 정부는 군량의 확보와 민심의 안정을 아우를 수 있는 새로운 방안을 모색하게 되었고, 그것은 선조 27년 정월에 일어난 宋儒眞의 모반사건[6]으로 인하여 매우 신속하게 추진되었다. 이른바 代貢收米法이 제안되어 시행된 것이다.

전란이 소강상태로 접어들던 선조 27년 4월에 영의정 柳成龍은 국왕에게 시무책을 올리면서 재정의 충실, 곧 군량의 확보와[7] 민생의 안정을 위한 공납제의 개혁안을 다음과 같은 요지로 건의하였다.[8]

○ 공물·진상제도를 폐지하고, 도별로 공납물에 상당하는 미곡을 계산하여 이를 도내의 모든 田土에 균등하게 배분·징수한다.

○ 전라·충청·경상·강원·황해도에서는 징수한 미곡을 京倉에 납부하고, 함경·평안도에서는 그 도에 留置하여 國用에 사용한다. 단, 경상도의 경우는 경상도가 戰禍에서 소생할 때까지 유치하여 군량으로 사용한다.

○ 경창에 납부된 미곡은 각 중앙 관서의 소요 物種(종래의 공물·진상물)을 구입하는 경비로 지급하고, 나머지는 군량으로 한다.

---

6) 선조 27년(1594) 정월에 자칭 의병대장 宋儒眞과 여러 群盜들이 牙山·平澤의 兵器를 탈취하여 京城을 침공하다가 실패로 끝난 사건이다. 宋儒眞은 경성 庶族이고, 群盜는 대부분이 유민이었던 것으로 알려지고 있다(金潤坤, 앞의 글, 154~155쪽 참조).

7) 柳成龍은 이 글에서 모든 京役, 즉 上番軍役과 各司 노비·諸員·皀隷·樂工의 立役 등을 폐지하고, 그 대신에 이들 입역자와 그 保人에게서 1인당 쌀 1석씩을 징수하여 군량으로 삼을 것을 제안하고 있다(《西厓文集》 卷 5, 陳時務箚).

8) 柳成龍, 《西厓文集》 卷 5, 貢物作米議.

유성룡이 건의한 이 같은 대공수미법은 곧장 課收量의 상정(1결에 쌀 2말씩)을 거쳐 그 해 가을부터 전국에 시행되었다. 貢案의 개정(貢納制의 지속)을 주장하는 일부 관료들의 반대가 없지는 않았지만, 시급한 군량의 조달 방안이 달리 없었고, 또 민심의 慰撫가 다급하였기 때문이다. 宋儒眞 일당이 토벌되었음에도 불구하고, 아직도 "약탈과 살생을 자행하는 群盜가 성행하여 수령이 邑治를 버리고 산골짜기에 들어앉아 官務를 제대로 살피지 못하는"9) 형편이 지속되고 있었던 것이다.

그러나 이 대공수미법은 시행된 지 1년도 못되어 폐지되고 말았다. 징수한 쌀의 수량이 예정과는 달리 매우 적어서 군량 조달에 차질이 생겼을 뿐 아니라, 정부의 소요 물품을 구입하는 일도 여의치 못하여 수시로 원래의 현물로 징수하는 경우가 잦았기 때문이다. 그런데 당시가 아직도 전란 중이었다는 사실을 감안하면, 그 주요 원인은 당시의 사회경제적 기반의 취약성이나 제도상의 결함에 있었다기 보다는 유성룡의 말대로 방납·호우배의 이권회복 운동에 있지 않았나 생각되고 있다.

이리하여 임진왜란의 종식과 더불어 공납제의 폐해는 다시 일어났다. 阿多介(虎皮방석) 1坐의 代價가 무명 200필(백미 70여 석)로 치솟는 가운데 농민은 날로 유망하여 갔고, "가난한 농민은 처자를 먹이지도 못하는 형편인데 부자들 중에는 1년의 쓰임새가 쌀 수천 석에 이르는 사람이 있다"는10) 극심한 빈부의 차이를 형성하여 갔다. 농민의 대대적인 항거가 일어나지 않을 수 없는 위태로운 사태가 빚어지고 있었던 것이다.

(3) 대동법의 제정·시행

광해군은 이러한 상황 속에서 즉위하였다. 新政의 기운이 민심의 慰悅에 맞추어지는 가운데 호조참의 韓百謙은 대공수미법의 修補 시행안을 건의하였다. 그리고 이어서 영의정 李元翼이 이를 재청하고 나섰다. 광해군은 즉각 이를 받아 들였다. 그러나 이의 시행을 반대하는 일부 원로대신과 방납·호

9) 《宣祖實錄》 권 49, 선조 27년 3월 신사.
10) 趙 翼, 《浦渚集》 卷 2, 因求言論時事疏.

우배의 반격도 만만치 않았다. 그들은 祖宗之法의 준행을 강조하면서 대공수미법이 지녔던 지난날의 난점들을 들어 그것이 '不可久行의 것'임을 역설하였다. 그리고 아울러 그 대안으로 양전의 시행, 호패법의 강화, 貢案의 개정 등 고식적인 미봉책을 계속 제시하였다.

찬·반의 논란 속에 어려운 결단을 내리지 않을 수 없게 된 광해군은 즉위년(1608) 5월에 그 타협책으로 우선 경기도에 한하여 대공수미법의 修補案을 시험적으로 시행할 것을 명하였다. 그리고 그 事目을 이원익으로 하여금 마련하도록 하였다. 이리하여 宣惠法으로 명명된 경기도의 새로운 대공수미법, 즉 大同法이 제정·시행되었으니 그 내용은 대체로 다음과 같았다.[11]

○ 담당 관서로 선혜청을 설치하고, 都提調 1員(영의정 例兼), 副提調 1員(호조판서 例兼), 郎廳 2員을 둔다.
○ 도내의 모든 전토에서 1결당 쌀 16말씩을 부과·징수하되 봄·가을로 나누어 8말씩 징수한다.
○ 봄·가을로 7말씩은 선혜청에서 수납하여 경기도에서 상납하던 모든 경납물의 구매에 사용하고, 봄·가을로 1말씩은 각 군현에 유치하여 수령의 公·私供費로 사용하게 한다.
○ 선혜청은 현재의 물가를 참작하여 정해진 공인(종래의 방납인)에게 여유있게 물품가를 지급하고, 공인은 지정된 물품을 해당 관청에 때맞추어 납부한다.
○ 收米(16말) 이외에는 일체의 加徵을 허락하지 않는다. 단 山陵·詔使의 役은 예외로 한다.

경기의 대동법은 광해군 즉위년 9월부터 시행되었다. 방납배의 반발을 예방하기 위하여 이들로 하여금 受價·備納하게 하기는 했지만, 이들과 巨室豪家의 저항은 계속되기만 하였다. 방납배들은 거의가 공인으로 지정되어 합법적인 어용상인이 되기는 했어도 종래의 '十倍之利'을 얻지 못하게 되었고, 거실호가들은 그들이 소유하고 있는 막대한 전토에서 새로이 대동세를 납부해

11) 《光海君日記》 권 4, 광해군 즉위년 5월 임진.
경기도의 경우 大同事目이나 大同廳 事例가 전하는 것이 없어 그 구체적인 내용은 아직 알지 못한다.

야 하였기 때문이다. 그리하여 광해군은 여러 차례 폐지하려고도 하였으나, 그때마다 경기도 농민들의 강력한 반대로[12] 좌절되었을 뿐 아니라, 이러한 경기도 농민들의 기운이 주변의 도민을 자극하여 대동법의 확장론을 유발하였다. 하지만 대동법의 확대 시행은 좀처럼 이루어지지 못하였다. 다만 광해군 말엽에 충청·전라도 연해의 군현들에 대하여 공물을 무명이나 베로 바꾸어 납부하게 하는 임시적인 조치가 취하여졌을 뿐이다.

1623년 反正을 통하여 인조가 즉위하자, 新政의 기운은 다시 대동법의 확대 실시를 논의하게 하였다.[13] 호조(판서 李曙)가 民心慰悅策의 한가지로 경기도에서 효험을 보고 있는 대동법을 2~3개 도에 확대 시행할 것을 건의하고, 이어서 이조정랑 趙翼이 장문의 「論宣惠廳疏」를 올려 대동법의 전국적인 시행을 역설한 것이 그 단초였다. 조익의 상소를 받은 인조는 곧 중신회의를 소집하여 그 가부를 논의하였고, 그 결과 확대 시행으로 의견이 모아졌다. 외방에서만 횡행하던 도적들의 무리가, 그것도 정식 전투복을 입고 각종 무기로 무장한 무리가 바로 도성 밖에까지 출몰하게[14] 되었던 당시의 상황이 대동법 반대론자들을 적지아니 압박하였던 것이다. 이리하여 인조 원년(1623) 9월에 강원·충청·전라의 3도 大同廳이 설치되고 그 사목이 제정·시행되었다. 그리고 이어서 3도에는 그 시행의 便否를 살피는 암행어사가 파견되었다.

그러나 3도에 실시된 대동법은 실시되던 해와 그 이듬해에 걸쳤던 흉작으로 인하여, 또 각 지역의 특성을 감안하지 못한 시행 세칙들로 인하여 이른바 半大同의 원성을 샀다. 전라도의 경우, 진상물을 종전대로 현물로 납부하게 한 경우가 많아서 운송과 點退(중앙관서에서 진상·공물을 수납할 때 적합하

12) 安鼎福은 그의 《列朝通紀》에서 경기대동법에 대하여 다음과 같이 기술하고 있다. 「光海命先試之畿內 巨室豪族與主人等 皆失防納大利 百塗沮擾 光海屢欲罷之 以畿民爭言其便 故行之」.

13) 池斗煥은 앞의 글(b)에서 三代의 理想社會, 즉 大同社會를 지향했던 純正성리학자들이 인조반정을 통해 집권했기 때문에 광해군 때 非純正성리학자들인 北人들에 의해 지연되던 대동법이 가장 시급한 개혁정책으로 추진되었다고 주장하고 있다. 그는 이를 위해 대동법이 곧 井田制와 상통하는 것임을 논증하고도 있다. 그러나 이러한 이해에는 보다 구체적이고도 종합적인 고찰이 따라야 할 것으로 보인다.

14) 《承政院日記》 3책, 인조 원년 윤10월 3일.

지 않다고 '退'字를 써서 물리치는 것)의 폐해가 계속 존재하였고, 輸運船馬價와 人情·作紙價가 규정되어 있지 않아서 이의 징수가 전보다 더 하였으며, 刷馬價 또한 대동세에 포함되지 아니하여 남징하는 경우가 많았던 것이다. 그리고 부호들은 1결에 12말씩의 쌀을 일시에 납부해야 하는 곤란을 겪고 있었으며, 정부에서도 이 쌀의 대부분을 경창으로 조운하는 데 따르는 어려움을 겪고 있었던 것이다. 그리하여 대동법에 대한 비판론은 다시금 거세게 일어났고, 그 기세는 대동법의 확대를 주도하였던 이원익마저 3도의 대동법을 잠시 停罷할 것을 제안하게 하였다. 이에 3도 대동청은 인조 2년 12월에 혁파되고 말았다. 하지만 강원도의 대동법은 강원도 유생들의 청원에 따라서 계속 시행되었다. 호조에 그 업무를 이관하면서 대동미를 봄과 가을에 8말씩 나누어 징수하게 하고 쇄마가를 책정하게 하는 등 약간의 규정을 변경시켰을 뿐이다.

충청·전라도의 대동법이 폐지된 이후, 대동법의 확대 실시론은 병자호란을 전후로 하여 간간이 제기되었다. 그러나 李植·權盼·金堉 등에 의하여 제기된 이 논의는 崔鳴吉·金尙憲 등 원로대신에 의하여 번번이 억제되고 말았다. 국법을 자주 바꾸느니 보다는 공안을 개정하고 호패법을 강화·시행하는 것이 상책이라는 이유에서였지만, 공안의 개정은 실제로 진전되지 않았다. 따라서 지주들의 이익과 방납배의 이권만이 계속 옹호되고 추구되어 간 셈이다. 농민의 유망과 저항이 심화되지 않을 수 없었으니, 이 무렵의 이른바 南方土賊이란 바로 이들 유망농민이었던 것이다. 이들은 "이제 만약 그 일당을 모두 제거하고자 한다면, 남아날 백성이 없을 것"이라고 보고될[15] 정도로 그 수가 많아지고 있었다.

악화 일로에 있던 농민의 생활고는 효종의 즉위를 계기로 대동법의 확대 시행론을 다시금 제안하게 하였다. '王者之政 莫先於安民'이 새삼 강조되는 가운데 延川君 李景嚴을 비롯하여 김육·조익 등이 삼남에 대동법을 다시 시행하자고 강경히 주장하고 나섰고, 李景奭·鄭太和·許積 등이 이에 찬동하고 나선 것이다. 김상헌을 비롯한 金集·宋時烈·宋浚吉·元斗杓 등의 반

15) 《孝宗實錄》 권 7, 효종 2년 7월 기해.

대론이 격심하기는 하였지만,[16] 新政의 기운은 실시론으로 기울어 갔다. 효종 자신이 明의 멸망을 연상할 정도로 남방토적에 대하여 두려움을 지니고 있었고, 또 김육·조익·李時白 등 실시주창자들이 議政의 자리에 올라 있었기 때문이기도 했다. 그리하여 효종 2년(1651) 8월에 우선 충청도에만 다시 시행하도록 결정되었다. 삼남의 특수성을 고려하여 그 중 농민의 부담이 가장 무거웠던 충청도에만 시험적으로 시행하여 보자는 타협안이 채택된 것이다. 영의정 김육은 몸소 湖西大同事를 주관하면서 그 사목을 마련하였다.

충청도에 시행된 대동법은 간간이 '宮市之弊' '作木之弊' 등을 논의하게 하기는 했지만, 경기·강원의 대동법과 같이 양호한 성과를 거두어 갔다. 반대론에 앞장섰던 송시열마저 호서지방을 여행하고 돌아와서는 대동법의 효험을 시인할 정도였다.

그러나 효종 5년에 〈湖西大同事目〉의 반포를 계기로 하여 장령 沈摠이 전라·경상도에도 대동법을 실시할 것을 건의하자 대동법 확대 실시론은 다시 한번 시련에 부닥치게 되었다. 그것은 이 두 도가 전국 實結數(收稅田結數)의 과반을 차지하고 있어서 대동미의 조운에 새로운 대책이 없이는 그 시행이 불가능하다는 이유의 반대 논의가 있었고, 또 남쪽 지방의 생산물을 서울에서 구입하기가 용이하지 않다는 우려의 논의가 있었기 때문이다. 하지만 이러한 논의에 대한 김육의 대책과 설득은 끝내 전라도 53官의 수령에게 대동법 시행에 대한 찬부를 묻게 하였고, 그 결과 효종 9년 6월에 연해지역 27개 군현에만 9월부터 시행할 것을 결정하게 되었다. 연해지역에서는 모두 찬성하고 山郡 가운데 반수가 반대한 이유는 아직 밝혀져 있지 않지만, 대개 다음과 같은 상황에서 말미암지 않았나 생각되고 있다. 즉 선조 36년(1603)의 양전 때 海邑이 兵禍를 입었다는 이유로 부담이 적게끔 작성된 양안이 당시까지도 그대로 사용되고 있었다는 점과, 해읍이 田稅는 가벼웠지만 貢役이 과중했다는 점이 되겠다.

이리하여 경기·강원·충청의 3도에 이어 전라도 해읍에까지 대동법이 실

16) 李建昌은 《黨議通略》에서 山黨(金集 등)과 漢黨(金堉 등)의 分爭이 대동법의 찬반에서 비롯되었다고 기술하고 있다.

시되고, 또 그 결과가 양호하게 나타나자, 대동법의 확대 실시는 순조롭게 이루어져 갔다. 반세기에 걸쳐 찬반의 논의가 거듭되는 가운데 조익·김육 등에 의하여 대동법이 제도적으로 적절하게 정비된 까닭이기도 하였지만, 대동법의 운영을 원활하게 진전시켜 줄 수 있게끔 사회경제적 여건이 성숙되기 시작한 까닭이기도 하였다. 상업의 발달, 수공업의 성장, 도시의 발흥, 화폐의 유통, 車輪의 통행, 서민의 사회경제적 향상 등이 대동법의 시행과 인과관계를 맺으면서 이루어져 왔던 것이다. 김육의 旅店설치론, 화폐주조론, 水車·거륜 보급론 등도 그 실제는 모두 대동법의 시행과 긴밀한 관계를 지니고 전개된 것이라고 보겠다. 그런데, 이러한 원인들과 함께 간과해서 아니될 사실은 대동법의 점차적인 확대 시행에 따라서 都下의 양반 권세가들이 공물 물종을 매점 매석하고, 또 공인의 이권을 점유하는 사례가 왕왕 일고 있었다는 점이다. 이제는 그들도 대동법의 시행에 적응하여 새로운 수익의 추구를 전개하기 시작한 것이었다.

전라도 山郡의 대동법은 이 같은 일련의 변화가 전개되는 속에서 실시되었다. 앞서의 경우와는 달리 좌참찬 송시열이 현종 즉위초에 제안하여 그 이듬해 6월에 作木(쌀을 무명으로 바꾸어 수납하는 것) 사항만을 논의 결정(1결당 무명 2필, 쌀 6말 5되=무명 1필)함으로써 별다른 논란을 겪지 않고 그 실시가 이루어진 것이다. 하지만 흉년을 당하여 즉시 시행되지 못하다가 현종 3년(1662) 7월에 예조판서 金佐明의 건의에 따라 그해 가을부터 시행하게 되었다. 그리고 그 事目(全羅道大同事目)은 김육의 유언에 따라 김좌명과 전라감사 徐必遠이 마련하여 그 이듬해에 반포되었다. 그러나 이 전라도 山郡의 대동법은 그곳 유생들의 항변으로 말미암아 현종 6년 12월에 잠시 停罷되었다가 현종 8년 봄에 다시 시행되는 곡절을 겪었다. 대동법의 실시에 앞서 마땅히 수행했어야 할 양전을 행하지 못한 까닭이었으니, 이때 1결당 부과액이 쌀 12말로 감하되면서 作木換價도 8말 당 1필로 개정되었다.

(4) 상정법의 병행

전라도에 뒤이어 대동법의 시행이 논의된 곳은 함경도였다. 대동법이 시행되지 않고 있었던 4개 도 가운데, 평안도에는 이미 인조 24년(1646)에 西糧

(毛糧)의 폐지와 동시에 제정된 이른바 收米法이 民庫의 설치·운영과 함께 시행되고 있었고,[17] 황해도에는 공물의 수미상납제와 進上의 私大同이 역시 인조 24년(1646) 이래로 널리 유행되고 있어서[18] 대동법의 시행이 절박하게 요망되지 않았지만, 함경·경상의 양도에는 이 동안에도 아무런 광구책이 마련되지 못하여 민원이 드높아 있었기 때문이다. 그러나 경상도의 경우는 대동법의 시행에 앞서 수행해야 했던 양전의 곤란으로 인하여 그 실시 논의가 뒷날로 미루어지지 않을 수 없었다.

이리하여 함경도에는 그 도의 양전이 끝난 현종 7년(1666)에 감사 閔鼎重의 건의에 따라 대동법이 시행되었다. 하지만 변방인데다가 전토가 척박하여 군현들간에 사정이 매우 달랐으므로 이미 행한 대동법과는 달리 규현과 田種에 따라 그 수세량과 물종을 각기 다르게 정하는 이른바 詳定法으로 나타나게 되었다. 대동법이 목적하는 바를 구현하기 위하여 가능한 한 각 지방의 실정에 알맞도록 그 규정을 제정하고자 한 것이었으니, 그 내용을 간추리면 다음과 같았다.[19]

○ 正田과 續田에서 각 군현의 공납물가에 알맞게 베(麻布), 또는 쌀로 균등하게 부과·징수(베는 1~2필, 쌀은 2~3말)하여 이를 수령이 서울의 해당 관서에 직접 납부한다. 輸納에 소요되는 쇄마가와 공용 잡비도 이에 포함시킨다.

---

17) 金玉根은 평안도의 수미법을 대동법 및 상정법과 동일 범주에 속하는 것이라고 하면서 평안도에도 대동법이 실시된 것으로 이해하고 있다(金玉根, 앞의 책, 1988, 23~24쪽). 그러나 이에는 보다 구체적인 연구가 있어야 할 것으로 본다.

18) 황해·평안도의 공물은 광해군 3년에 毛糧(鐵山 椵島에 駐屯한 明將 毛文龍軍의 兵糧, 일명 西糧·唐糧) 공급을 위한 조치로 충청·전라도에 이전되고, 그 대신 황해·평안도에서는 모든 전토에서 1결당 쌀 7말씩(모량 元額 1말 5되+兩湖毛糧條)을 課收하여 모량으로 하였는데, 인조 24년에 毛營이 철폐되면서 모량도 폐지되어 兩湖에 이전되었던 공물이 다시 兩西에 부과되게 되었다. 이때 양서의 공물수납을 收米상납제로 하면서 황해도에서는 결당 5말씩을, 평안도에서는 直路 13邑은 결당 5말씩, 기타 29邑은 6말씩을 각각 부과하여 황해도는 그 모두를, 평안도는 그 중 3말씩을 貢物價條로 호조에 직접 납부하도록 하였다. 그런데 평안도의 貢物價米는 숙종 34년에 황해도가 평안도에 이송하고 있었던 管餉穀(關西軍糧)으로 대치되어 황해도가 대신 호조에 납부하게 되었는데, 이를 別收米(결당 3말)라 하였다.

19) 함경도의 경우 상정사목이나 사례가 전하는 것이 없어 《續大典》·《度支志》·《增補文獻備考》 등의 기록에 의거한다.

○ 각 營·官需는 그 소요량을 정전에서 균등하게 징수하여 사용한다.

함경도의 상정법은 상정세의 부과·징수와 이의 지출에 대한 상세한 규정이 제정되지 않았던 데서 뒷날 속전의 증가와 징수량의 과다 및 불균과 같은 폐해를 유발시킬 소지를 지니고는 있었지만, 각 군현의 실정을 최대로 적응시킬 수 있는 장점이 있었기 때문에 이 체제는 함경도와 상황이 비슷했던 강원도·황해도에도 확대되어 갔다.

대동법이 이미 실시되고 있었던 강원도의 경우는 숙종 36년(1710)에 양전을 행함에 따라 26개 군현을 셋으로 구분하여 그 부과·징수를 상세히 정하게 되었고, 뒤이어 영조 30년(1754)에 영의정 金在魯의 건의에 따라 완전히 상정법으로 개편되었다. 그리고 공물의 수미상납제와 사대동이 겸하여 행해지고 있었던 황해도의 경우는 숙종 20년에 우의정 朴世采의 건의로 대동법의 시행이 논의되기 시작한 이래, 상정과 대동의 체제를 놓고 논란을 벌리다가 숙종 34년 가을에 상정법으로 낙착·시행되었다. 실시 직후부터 군현에 따른 징수량의 심한 차이(1결당 최고 50말에서 최하 15말)로 인하여 다시금 논란이 일어나 끝내 영조 23년에 1결당 쌀 15말(別收米 3말 포함)로 동일하게 부과하는 대동의 체제로 바뀌기는 하였지만, 약간의 상정세를 별도로 부과함으로써 상정법을 병행시켜 갔고, 또 그 징수와 지출에 있어서도 상정의 체제를 그대로 지속시켜 갔던 것이다.

한편 경상도에는 양전을 행하지 못하였음에도 불구하고 함경도에 뒤이어 숙종 3년 가을에 도승지 李元禎의 건의에 따라 그 이듬해부터 대동법을 시행하게 되었다. 兩湖에 대동법이 실시된 이후, 가장 役이 가벼웠던 영남의 民役이 다른 도에 비하여 배나 무겁게 되어 도민의 원성이 드높고 있었기 때문이다. 그러나 양전을 수행하지 못한 점을 감안하여 경상도의 부과량은 1결당 쌀 13말(以米7斗 作木1疋)로 책정되었다.

이리하여 광해군 즉위년(1608)에 경기도에 실시된 대동법은 꼭 1세기 동안에 걸쳐 전국에 확대 시행되었다. 제주도는 藩屬視되었기 때문에 제외되어 이곳 외의 전 지역에서 공납제가 폐지되고 그것이 전세의 일종으로 대치된 것이다. 그리고 이 뿐만 아니라, 각종의 徭役을 비롯한 廩俸, 主人役價 등이 민호의 부담에서 떠나 대동세에 수용되었다. 김육이 논의한 대로 전세 이외—실제로는 지방에 따라 三手米가 또한 있었다—에는 모든 公課가 이에 포함되어서 한번 대동세를 납부하고 나면 終年토록 편안히 지낼 수 있고, 또 농사에만 오로지 할 수 있는 제도적인 조치가 제정·시행된 것이다.[20] 그리고 이 제도는 고종 31년(1894)의 갑오경장에서 地稅로 통합되기까지 200여 년 동안 조선왕조 재정의 基幹으로 존속하여 갔다.

2) 대동법의 내용

(1) 대동세의 부과·징수

대동·상정법은 앞서 기술한 바 있듯이 일차적으로 공납의 전결세화를 기한 제도였기 때문에 그 부과는 자연히 전·답을 대상으로 하게 되었고, 또 그 세액과 징수 및 납부 수단도 전답에서 생산되는 것으로서 당시 교환의 척도이자 수단의 하나였던 쌀(백미)을 기준으로 하게 되었다. 이제 그 구체적인 내용을 살펴보면 다음과 같다.

가. 부과대상전결

대동세는 매년 8월에 작성되는 收租案(田稅課收臺帳)의 전결 가운데서 각종의 給復田(免賦出稅田)을 제외한 모든 전·답에 부과하되 秋捧分은 舊結에, 春捧

---

20) 대동법의 제정·실시를 "궁극적으로 봉건정부가 재정적 위기를 타개하려고 추진한 것이었기에 민생안정과는 거리가 먼 조치였다"(《한국사 9》, 한길사, 1994, 144~145쪽)고 이해하거나, "당시 사회의 구조적 모순을 은폐한 미봉적 조치였다. 어찌보면 토지관계에서 비롯되는 봉건체제의 기본적 모순을 은폐하고자 한 편법의 하나였다"(같은 책, 118쪽)고 평가하는 학자들도 있다. 그리고 崔完基는 앞의 글에서 과세기준이 민호에서 전결로 바뀐 것도 궁극적으로는 토지에 기초하는 봉건사회의 특질을 보다 공고히 한 조처라고 하면서 대동법을 "봉건적 특성이 보다 강요된 수취제도"라고 규정하고 있다. 대동법의 실시가 뒷날 정치의 실종으로 인하여 농민의 부담을 가중시키는 결과를 가져오기는 했지만, 제정 당시 토지소유가 거의 양반층에 집중되어 있었던 사실을 고려하면, 현실적으로 전호(농민)의 부담을 지주(양반)의 부담으로 이전시킨 조처, 즉 실질적으로는 조선사회의 특권지배층인 양반에게 貢·役의 대부분을 이전(부담)시킨 조처라는 점에서 재고할 여지가 있는 이해·기술들이 아닌가 생각된다.

分은 新結에 각각 의거하는 것을 원칙으로 하였다. 따라서 각종의 免賦田(免賦出稅田과 免賦免稅田), 예를 들면 宮房田, 營·衙門屯田, 官屯田, 學田, 陵·園·墓位田 등에서는 대동세가 면제되었으니, 이는 대동법이 종전의 貢賦에 대신한 데서 말미암은 것으로 이해된다. 하지만 이들 면부전에서의 면제는 규정된 결수에만 한하였고, 또 면부출세(各自收稅)였던 衙祿·公須田에서는 지방관아의 官需가 대동미 중에서 획정·지급됨에 따라 대동세를 부과하였다.

그런데 이 원칙, 즉 '元帳付－[(免賦免稅田＋流來陳田＋給災田)＋衙祿·公須田을 제외한 免賦出稅田]＝實結'의 공식에는 각 지방의 실정에 따르는 예외의 규정이 부수되어 있었고, 또 실정의 변화에 따라 변경되어 가기도 하였다. 예외의 규정들은 대체로 종전의 공납제에서의 부담관계가 고려된 데서 마련된 것들인데 이들의 실례를 들어보면 다음과 같다.

○ 경기도에서는 草價(生·穀草의 상납)條로 給復田에서도 1결당 쌀 2말 9되씩을 부과·징수한다. 단 陵軍·驛子·漁夫給復田과 楊州·陽智의 人吏給復田에서는 그 役이 무겁기 때문에 이를 면제한다.

○ 경상도에서는 驛吏·驛卒에 대한 給復이 과다하기 때문에 그 전답에서도 1결당 쌀 2말씩을 과수한다. 그러나 이 규정은 숙종 5년(1679)에 이조판서 李元禎의 건의에 따라 폐지되어 다른 급복전에서와 같이 대동세의 부과가 면제되었다.

○ 황해도에서는 人吏, 烽軍, 醫生, 津夫, 募入京砲, 山直, 忠·孝·節義 등의 급복전에 대해서는 別收米 3말을 부과·징수한다. 그리고 아록·공수전에서는 각 군현의 경비 부족을 보충하기 위하여 대동·별수미를 모두 면제한다.

○ 경기도를 제외하고는 모두 新結에다 춘·추 兩等의 收米를 부과하여 合捧한다. 이 改規는 현종 7년(1666)에 전라도에서 비롯된 것으로 보이는데, 다른 도에서의 개정 시기는 아직 알 수 없다. 대체로 숙종 말엽에 이르는 사이에 개정되어 《續大典》에 수록된 것으로 생각된다.

대동세의 부과 대상 전결수는 이같이 결정되었기 때문에 경우에 따라서는 그 증·감이 격심하기도 하였지만, 대체로 65만 결 정도를 이루었던 것으로 보인다. 영조 45년(1769)도의 경우, 〈표 1〉에서 보듯이 함경도를 제외하고도 61만여 결을 이루고 있었던 것이다.

〈표 1〉 영조 45년도 각도 대동세 부과결수 (실결수)

도 명	실결수	참 고		
		각도 대동사목	각청 사례	기 타
경 기	43,646			
강 원	14,673			
충 청	117,979	124,746(효종 3)		
전 라	187,252	169,770(현종 3)		228,800(영조 11)
경 상	189,372	156,906(숙종 3)	170,657(철종 8)	192,700(영조 39)
황 해	58,280			149,300(정조 16)
계	611,202결			

나. 부과액

대동세의 결당 부과량은 함경·평안도를 제외하고는 대체로 쌀(白米：可食米=大同米) 12말 정도를 이루었으나, 실시 지역과 시기에 따라 각기 달리 되기도 하였다. 이것은 대동법이 1세기에 걸쳐 각 도별로 시행된 까닭이기도 하였지만, 이보다는 주로 각 도가 종전에 부담했던 각종 공납물량의 차이와 각 도의 경제 사정에 따른 營·官需의 차이, 그리고 양전을 균일하게 수행하지 못한 데 따른 군현 간의 전등과 전결수의 不齊 등에서 연유되고 빚어졌던 것으로 보인다. 이제 그 변동의 양태를 각 도별로 살펴보면 다음과 같다. 단, 給災에 따랐던 부과량의 변동은 일일이 살필 수 없으므로 생략한다.

경기도：실시 당초에는 1결당 쌀 16말이었으나, 현종 3년의 양전에서 약 3만 결의 전답이 증가되어 그 이듬해부터 12말을 부과하게 되었다. 그리고 당초에는 모두 쌀로 부과·징수하였으나, 山郡民의 편의를 위하여 점차 잡곡(小米·大豆·小豆)으로도 대납하게 함으로써 산군 9읍에는 실제로 잡곡 12말이 부과되는 실상을 이루었다.

강원도：실시 당초에는 경기도의 경우와 같이 쌀 16말을 춘·추로 분등 부과하였으나, 숙종 36년(1710)에 일부 군현에 양전을 시행하고서는 〈표 2〉와 같이 개정하였다. 그 뒤 영조 30년(1754)에 상정법으로 개편되고, 이어 영조 34년에 이를 개정하면서 12말로 균일하게 하는(大米와 田米의 차이는 있었다) 한편, 상정세를 추가 부과하고 각종 田稅類를 군현별로 상정하여 부과·징수하게 하였다. 그 한 예로 嶺西已量 7읍의 경우를 보면 〈표 3〉과 같았다.

〈표 2〉 강원도의 군현별 대동세 부과 양태(숙종 36년)

군현의 구분	1결당 부과량	비 고
嶺東 9邑 : 平海, 蔚珍, 三陟, 江陵, 歙谷, 襄陽, 杆城, 高城, 通川	14斗	三陟만은 小米로, 기타 邑은 大米로 수납함
嶺西已量 8邑 : 原州, 寧越, 平昌, 旌善, 春川, 洪川, 橫城, 楊口	12斗	邑規에 따라 大·小米 로 섞어서 수납함
嶺西未量 9邑 : 麟蹄, 狼川, 金化, 金城, 鐵原, 安峽, 平康, 伊川, 淮陽	16斗	〃

〈표 3〉 강원도 嶺西已量 7읍의 상정 내용(영조 34년)

邑名	稅種	田種別 結當 詳定額							
		元田畓	續田	勸耕續田	衙祿·公須田	衙祿·公須畓	均廳免稅田畓	尺火田	罷免位田畓
原州	大同稅 詳定稅 田稅및雜費 三手米및雜費	12斗 5斗	12斗 2斗6升2合 5斗3升8合	12斗 2斗6升2合	大米 12斗 〃 5斗 〃 5斗3升8合 〃 2斗6升2合		① 12斗 ① 5斗 ① 5斗3升8合 ① 2斗6升2合		12斗 5斗3升8合
寧越	大同稅 詳定稅 田稅 三手米	① 12斗 大米 4斗 錢 3兩5錢	田米 12斗 同左 田米 4斗	① 12斗 同左	① 12斗 同左 ① 4斗 ① 2斗2升		同左	田米30斗	
平昌	大同稅 詳定稅 田稅 三手米	田米 12斗 錢 5兩9錢3分	同左 同左	同左 同左	25斗(大·小米 叅半) 錢 3兩				
旌善	大同稅 詳定稅 田稅 三手米	田米 12斗 田米1斗9升4合 錢 5兩6錢6分	同左 同左	同左 同左	同上		田米1斗9升4合 錢 5兩6錢6分		
春川	大同稅 詳定稅 田稅및雜費 三手米	② 12斗 錢 2兩3錢4分	③ 12斗 同左 田米 4斗8升		③ 12斗 同左 田米4斗8升 田米2斗2升	大米 12斗 同左 大米 9斗	同左		
洪川	大同稅 詳定稅 田稅 三手米및雜費	① 12斗 大米4斗8升4合 錢 3兩	田米 12斗 田米 4斗8升4合 錢 3兩 田米 4斗	田米 12斗 同左	大米 12斗 大米 3斗 田米 1斗8升4合 田米 7斗1升6合	大米 12斗 錢 3兩 大米 4斗8升4合 大米 7斗1升6合		田米24斗	

邑名	稅種	田種別 結當 詳定額							
		元田畓	續田	勸耕續田	衙祿·公須田	衙祿·公須畓	均廳免稅田畓	尺火田	罷免位田畓
橫城	大同稅	② 12斗	田米 12斗	同左	大米 12斗			田米 12斗	同左
	詳定稅	大米1斗9升8合 錢 3兩	田米 1斗9升 8合 錢 3兩	同左	大米 1斗9升8合 錢 3兩			田米1斗9升8合 錢 3兩	同左
	田稅및雜費 三手米및雜費		田米9斗2合		大米 9斗2合			田米9斗2合	同左

*1) 原州의 元田畓, 續田, 罷免位田畓에서의 收米와 峽地는 田米로, 野地는 大米로 함.
2) ① : 田은 田米, 畓은 大米로 收納하는 것. ② : 田은 田米·大米 叅半, 畓은 大米로 收納하는 것. ③ : 田米·大米 叅半 收納하는 것.
3) 旌善에서는 火田蔘價錢 1,059兩을 별도로 課收함.
4) 楊口는 숙종 때 已量邑으로 되어 있었으나, 영조 30년의 개정 때 未量邑의 例에 따르게 되었음(〈표 2〉 참조).

충청도 : 효종 2년(1651) 재시행 때는 쌀 10말을 부과하였으나, 현종 15년(1674)에 경비의 증가로 인해 12말로 개정하였다. 그리고 山郡의 作木換價도 당초의 쌀 5말 당 무명(綿布, 5升 35尺爲1疋－大同木) 1필에서 6말 당 1필로 개정함으로써, 산군 14읍에는 실제로 무명 2필이, 半沿半山 6읍에는 쌀 6말과 무명 1필이 부과되는 양상을 이루게 되었고, 이어 숙종말～영조 초엽으로부터는 錢貨의 유통에 따라 무명과 전을 반씩 섞게 함으로써 산군 14읍에는 무명 1필과 전 2냥이 부과되는 실상을 이루었다.

전라도 : 효종 9년 재시행 때는 쌀 13말을 부과하였으나, 현종 7년에 경비가 남게 되자 경기도의 예에 따라 12말로 개정하여 이듬해부터 실시하였다. 그리고 작목환가도 산군민의 불평으로 인하여 당초의 쌀 6말 5되 당 무명 1필에서 8말 당 1필로 개정함으로써 산군 23읍에는 무명 1필 18척－雲峰·長水는 베(麻布, 5升35尺 爲1疋＝大同布) 1필 18척－이 부과되는 실상을 이루었다. 이어 이들 산군은 충청도의 경우와 같이 뒷날에 무명과 전을 반씩 섞어내게 되었고, 운봉·장수 2읍은 전으로만 납부하게 되었다.

경상도 : 실시 당초에는 경비의 부족을 염려하여 쌀 13말을 부과하였으나, 뒷날 그 餘米가 4～5만 석에 이르러서 숙종 39년(1713)에 12말로 개정되었다. 하지만 산군에서의 작목·작포환가는 당초대로 쌀 7말 당 무명(또는 베) 1필

로 지속케 하여, 산군 49읍에는 무명 1필 25척—居昌·安義·山淸·咸陽은 베 1필 25척—이 계속 부과되는 실정을 이루었다. 그러나 충청·전라도의 경우와 같이 이들 산군은 무명과 전을 반씩 섞게 되고, 또 위의 4읍은 전으로만 납부하게 되었다.

황해도 : 실시 당초에는 전결수가 적은 데다가 勅需 및 使行의 夫·刷馬와 같은 비상 支用이 군현에 따라 달랐던 데서 대·중·소읍으로 3분하여 1결당 쌀 15~20말을 부과하였던 것으로 추측되고 있다.[21] 그러나 곧 부과량의 불균과 과다로 말미암아 감소 조정론이 일어나 실시 2년만인 숙종 36년에 17말(별수미 3말 포함)로 일단 균일화시켰다가, 뒤이어 海州 등 11읍이 15말로 감하됨에 따라 다시 영조 23년(1747)에는 모두 15말(별수미 포함)로 균일하게 하였다. 하지만, 이들의 징수 및 京納에 있어서는 각 군현의 실정에 따라 각각 다르게 상정하는 상정법 체제를 지속하였으므로, 실제로는 납세물종에 따라 그 부과량이 달리되고 있었다.

함경도 : 앞서 기술하였듯이 각 군현별로 本郡의 진상·공물가에 상당하는 田米·麻布를 군내의 收稅實結에서 균등하게 부과·징수하여 감영을 거쳐 서울의 해당 관서에 직접 납부하도록 하고, 또 正田에 한해서 미·두·잡물 등을 적절히 부과·징수하여 營·官需에 쓰도록 상정하였기 때문에, 실시 당초부터 군현과 田種에 따라 그 부과량이 각각 달랐다. 함경도의 특수한 사정에서 마련된 제도였으나, 그 사목이나 사례가 전하고 있지 않아서 구체적인 내용은 아직 알 수 없다. 그리고 이 제도는 그 부과·징수가 각 수령에게 일임되어 있었기 때문에 점차 부과량의 2~3배가 징수되는 실상을 빚어내어 영조 39년에 크게 개정되었는데, 그 개정된 내용 역시 살필 수 있는 문헌이 전하고 있지 않다. 다만 元貢의 일부를 減除하고, 부과·징수와 支用을 규제하며, 서울의 여러 관서에 직접 상납하던 진상·공물가를 상평청에다 모두 납부하도록 하고, 安邊府에 한해서는 정전과 속전을 막론하고 상정세를 균등히 부과·징수하도록 한 것을 알 수 있을 뿐이다.

---

21) 《備邊司謄錄》 60책, 숙종 36년 8월 29일. 이 기록에 따르면 兎山이 20말, 鳳山 등 11개 읍이 19말, 기타 11개 읍이 15말이었던 것으로 추측된다.

대동세는 그 부과액이 전세에 비하여 매우 많았던 데다가 田稅收租實結과 그 결수가 비등하였기 때문에 재정 수입에서 차지하는 비중이 가장 컸다. 農形의 풍·흉에 따라 그 부과량의 차가 심하기도 하였으나, 대체로 백미로 53만 석 정도가 부과되었던 것으로 보이니(〈표 1〉 및 〈표 6〉 참조), 이에서도 공납제 시절에 농민이 부담했던 각종 공납·요역의 정도를 대강 미루어 볼 수 있겠다.

다. 징 수

대동세는 그 부과가 전·답을 대상으로 하여 쌀로 이루어졌고, 또 당시 교환수단의 하나가 쌀이었던 까닭에, 그 징수도 자연 本色=백미를 수단으로 하게 되었다. 그리하여 처음으로 대동법이 실시된 경기도에서는 물론, 뒤이어 실시된 강원도에서도 논보다는 밭이, 정전보다는 속전이 많았음에도 불구하고, 논·밭을 막론하고 소정의 부과량을 백미로만 징수하였던 것이다.

그러나 효종 3년(1652)에 충청도에 대동법이 다시 시행되면서 이 원칙은 파기되기 시작하였다. 인조 원년(1623)에 처음 시행하였을 때의 산군민의 불평, 즉 연해읍에 비하여 쌀값이 비쌀 뿐만 아니라, 漕倉까지의 운반비도 많아서 실제로는 산군민의 부담이 더하다는 불평을 대동미의 漕運難과 함께 고려한 김육이 〈忠淸道大同事目〉을 마련할 때 산군을 따로 정하여 이 곳에서는 소정의 무명(대동목)으로 환납하도록 규정지어 놓은 것이었다. 이른바 換捧의 제도가 강제 규정으로서 나타나게 된 것이다.

충청도 대동법에서 비롯된 이 환봉의 제도는 대동법의 시행 지역이 확대됨에 따라, 조운의 편익에다가 보관·지용의 편익을 더하여 가면서, 또 산군과 특수 지역 납세자의 편의를 도모하여 가면서 더욱 확장되어 갔다. 전라도 산군에 대동법을 시행할 때는 무명과 함께 베도 환봉의 물종으로 하게 되었고, 숙종 말엽으로부터는 常平通寶의 유통을 위하여 錢을 또한 환봉의 물종으로 적용하여 갔던 것이다. 그리고 이와 아울러 납세자의 요망에 따라 代捧의 제도를 실시하기도 하였다.

대봉의 제도는 그 시작된 시기가 아직 분명치 않지만, 쌀로만 징수되던 강원도의 대동법이 위에 제시한 〈표 2〉의 내용으로 숙종 36년(1710) 개정되기에 앞서, 이미 경기도에 산군이 설정되면서 그곳에서는 잡곡(小米·大豆·小

豆 등)으로도 대납할 수 있도록 개정(〈표 4〉 참조)되었던 것으로 보면, 현종·숙종 연간에 경기도에서부터 비롯되지 않았나 생각된다. 이 대봉의 제도는 강제 규정으로서의 환봉의 제도와는 달리 전적으로 납세자의 의사에 따르는 임의 규정으로, 지정된 군현에 한해서는 부과량과 같은 양의 잡곡으로도 대신 납부할 수 있도록 한 것이었다. 그러나 납세자가 대납에서 오는 이익을 계속 취하여 갔던 데서 그 물종과 수량이 거의 고정화되어 강원·황해도에 적용될 때는 지방에 따라 물량을 상정하기에 이르렀다.

이리하여 환봉 및 대봉의 제정·확장은 그 물량이 곧 부과물량으로 고정되는 실상을 이루어갔다. 그러나 이 같은 환봉·대봉의 확장에도 불구하고 대동세 징수의 주종은 쌀이었던 것으로 나타난다. 뒤에 소개하는 〈표 8〉에 보이는 바와 같이, 쌀이 宣惠廳 수입액(京納分)의 50~60%를 차지하고 있었으며, 그 다음으로 錢이 20~25%를, 무명이나 베가 15~20%를 차지하고 있었던 것이다.

〈표 4〉 각 도별 부과·징수 양태(순조 9년도)

부과		도명	징수		
1결당부과량	구 분		구 분	물 종	환 작 가
米12斗		경기	沿邑23邑	大米	
			山郡：朔寧 漣川 楊根 積城 麻田 加平 抱川 砥平 永平	¾ 小米, ¼ 大·小豆 ⅔ 〃, ⅓ 〃 ⅔ 〃, ⅓ 大豆 〃 〃 小米 〃 ⅔ 大米, ⅓ 大豆 (田結甚少, 不爲上納)	
米 14斗 詳定米 各異	嶺東9邑	강원	嶺東9邑	布	大(小)米 5斗＝1疋
米 12斗 詳定米 各異	嶺西已量 7邑		嶺西已量 7邑	布	〃
			山郡 14邑	大·小米	
米 16斗 詳定米 各異	嶺西未量 10邑		嶺西未量 4邑	錢	小米 1石＝6兩

부 과		도명	징 수		
1결당부과량	구 분		구 분	물 종	환 작 가
米 12斗		충청	沿邑 34邑	大米	
			山郡 14邑	木 · 錢 叅半	大米 6斗＝1疋＝2兩
			半山半沿 6邑	米 · 木 添半	大米 6斗＝1疋
米 12斗		전라	沿邑 30邑	大米	
			山郡 21邑	木 · 錢 叅半	大米 8斗＝1疋＝2兩
			〃 4邑	布(代錢)	〃
米 12斗		경상	沿邑 12邑	大米	
			山郡 45邑	木 · 錢 叅半	大米 7斗＝1疋＝2兩
			〃 4邑	布(代錢)	〃
米 12斗 別收米 3升		황해	山郡 4邑 長山以北 11邑	錢	大米 1石＝4兩 5錢 小米 1石＝3兩 5錢
			長山以南 8邑	大米 · 錢	小米 1石＝3兩 5錢

*강원 : 嶺東 9邑 : 江陵, 三陟, 平海, 杆城, 高城, 通川, 蔚珍, 襄陽, 歙谷.
嶺西已量 7邑 : 旌善, 平昌, 淮陽, 金城, 金化, 麟蹄, 平康.
〃 未量 4邑 : 伊川, 安峽, 楊口, 寧越.

충청 : 山郡 14邑 : 靑山, 鎭岑, 永春, 文義, 沃川, 槐山, 懷德, 丹陽, 延豊, 黃澗, 永同, 淸風, 懷仁, 報恩.
半山半沿 6邑 : 鎭川, 燕岐, 木川, 淸州, 全義, 淸安.

전라 : 山郡 21邑 : 南原, 光州, 泰仁, 潭陽, 淳昌, 金溝, 任實, 南平, 綾州, 鎭安, 昌平, 谷城, 錦山, 同福, 茂朱, 高山, 求禮, 玉果, 和順, 龍潭, 珍山.
〃 2邑 : 雲峰, 長水.

경상 : 山郡 45邑 : 豊基, 醴泉, 興海, 永川, 淸道, 慶山, 義城, 盈德, 龍宮, 奉化, 眞寶, 延日, 禮安, 軍威, 義興, 新寧, 河陽, 慈仁, 淸河, 彦陽, 尙州, 陜川, 金山, 聞慶, 咸昌, 開寧, 知禮, 三嘉, 順興, 英陽, 安東, 靑松, 寧海, 長鬐, 慶州, 榮川, 大邱, 星州, 漆谷, 仁同, 比安, 善山, 草溪, 高靈, 東萊.
〃 4邑 : 居昌, 安義, 山淸, 咸陽.

황해 : 山郡 4邑 : 新溪, 谷山, 遂安, 瑞興.
長山以北 11邑 : 黃州, 安岳, 信川, 載寧, 長淵, 殷栗, 長連, 文化, 豊川, 松禾, 鳳山.
〃 以南 8邑 : 海州, 延安, 白川, 平山, 金川, 甕津, 康翎, 兎山.

환봉에 따랐던 換作價에 관해서는 앞서 부과량의 기술에서 그 대강을 언급하였으므로 생략하고, 각 도별 징수(代捧 · 換捧과 本色收捧) 양태를 앞서 기술한 부과 양태와 함께《萬機要覽》에 의거하여 살펴보면 〈표 4〉와 같았다. 그리고 징수량의 실상은 뒤에 소개하는 〈표 6〉으로 대신한다.

(2) 대동세의 지용

가. 세출예산의 편성

대동법은 종래의 공물·진상물과 농민의 제반 요역을 전결세화한 것이기 때문에 그 收米의 용도 역시 이들을 대상으로 하게 되어, 공물·진상물의 마련을 위한 京納分(상납미)과 각 군현의 官需 및 잡역의 충당을 위한 留置分(유치미)으로 크게 나뉘어 支用되었다. 그리고 이들의 분량은 당초의 각 도별 부과량이 그러하였듯이, 종래의 부담 물종과 그 수량에 따라 환산·편성되었다. 그리하여 경기대동법에서는 1결당 16말 중 14말을 경납하고 2말을 유치하게 하였고, 강원대동법에서는 10말을 경납하고 6말을 유치하게 하였다.

그러나 이 같은 상납·유치의 편성은 전결수가 적은 군현의 경비 부족을 초래하여 일부 군현에서는 과외 징수를 불가피하게 하였다. 그리하여 충청도에 대동법이 다시 시행될 때(효종 3년, 1652)는 대동미 중 春捧 5말을 상납하고 秋捧 5말을 유치하게 하되, 상납미로서 지용이 부족할 경우에는 전결수가 많은 군현, 즉 유치량이 소요 경비를 초과하는 이른바 有裕官의 餘米에서 수납 충용토록 하는 새로운 편성 방법이 마련되었다. 그리고 이 방법은 뒤이어 시행된 전라·경상도의 대동법에도 그대로 적용되어 갔다. 이른바 收租頒降의 예산 편성 방법, 즉 매년 각도 대동청에서 필요한 상납 수량을 결정한 다음에 營·邑의 관수와 유치량을 조정 배분하여 이를 감영에 통보하여 시행케 하는 대동세 지용방법이 수립되어 간 것이다. 이제 그 수량의 일단을 大同事目에 보이는 바로 예시하면 〈표 5〉와 같았다.

〈표 5〉 대동세의 상납미 및 유치미

道名(년도)	課收量	上納米		留置米	
		量	%	量	%
충청(효종 3)	83,164석	48,280석	58.1	34,884석	41.9
전라(현종 3)	147,134석	61,218석	41.6	85,916석	58.4
경상(숙종 4)	137,452석 14두	53,507석 13두	38.9	83,945석 1두	61.1

이리하여 대동세의 지용을 위한 예산의 편성제도는 한 동안 두 가지 형태로 도에 따라 달리되는 양상을 이루었었다. 그러다가 대동법의 시행이 전국에 미치게 되고, 또 그 부과량이 1결당 12말로 거의 균일하게 되자, 대동법은 그 운영의 차원을 도 단위로부터 전국적인 단계로 높이면서 예산의 편성제도도 收租頒降의 방법을 기초로 하여 통일·정비되어 갔다. 磨准收租와 式例劃給의 방법이 더하여지고, 依例會減과 隨時會減의 구별이 마련되어 가면서 선혜청이 그 지용을 전국적 차원에서 조절·시달하게 된 것이다. 이제 그 내용을 《萬機要覽》과 각 도 大同廳事例에서 간추려 보면 다음과 같다.

○ 각 도의 式例에 따라 소정의 부과량을 징수한 뒤에 선혜청은 각 도 營·邑의 官需와 경납 및 유치량을 적절히 산정하여 이를 각 도에 통보한다. 단 이 산정에 있어서는 가능한 한 「春捧＋有裕官餘米＝上納米」, 「秋捧＝留置米」의 원칙에 입각하도록 한다[收租頒降].

○ 각 도는 이 收租頒降의 實數에 따라 영·읍의 소요 예산을 작성하고, 그 명세를 선혜청에 보고한다. 예산의 작성은 경기·충청·전라·경상도에서는 대동사목에, 강원·황해도에서는 상정사목에 각각 의거하되 仍定進上物은 《貢膳定例》에 의거하도록 한다[磨准收租].

○ 각 영·읍의 官需나 使客支供價와 같은 恒定된 항목의 경비는 式例에 따라 선혜청에서 劃給한다[式例劃給].

○ 경납과 획급을 제외한 나머지를 각 군현의 유치미로 하고, 이를 매년 고정적으로 지출하는 항목과 수시로 지출하는 항목으로 나누어 그 예산을 편성한다. 전자를 의례회감으로, 후자를 수시회감으로 구분 편성하되, 대동·상정사목과 《貢膳定例》에 의거하여 준행하도록 한다.

○ 磨准收租 때 전년 儲置分의 잔여가 있으면 이를 添錄하고, 加下(초과지출)가 있으면 이를 除減하도록 한다. 그리고 경납분에는 田貢條인 位米·太(강원·충청·전라·경상도에 한함)와 京作貢으로 전환된 皮物價, 牛黃價, 雉羽·正筋價(이상 충청·전라·경상도에 한함), 獵肉價(강원·함경도에 한함), 貢蔘價(강원도에 한함) 등을 각기 添錄하도록 한다. 단 황해도의 별수미는 호조에 直納한다.

○ 磨准收租에 등재되지 아니한 항목의 지출은 선혜청의 허가를 얻은 뒤에 집행한다.

이러한 세출예산 편성제도에는 상납미를 증대시키려는 의도가 개재되었던 것으로도 생각되고 있다. 그것은 이러한 제도가 마련된 것으로 추측되는 숙종 말엽부터 대동세의 상납 수량이 점점 증대되어 갔을 뿐 아니라, 징수량의 거의가 상납되는 경우까지도 나타나고 있기 때문이다. 이제 그러했던 가운데서도 가장 균형을 이루었던 것으로, 《增補文獻備考》에 수록된 것으로 추측되는 영조 45년(1769)도의 편성·지출 양상을 예로 들어보면 〈표 6〉과 같다.

대동법의 실시에는 경납분(상납미)의 원활한 지출·집행을 위하여 상납 기한 및 운수 방법의 규정도 마련되어 있었다. 상납물종과 道程을 참작하여 마련된 이 규정은 시기에 따라 약간 변경되기도 하였으나, 〈표 7〉에서와 같이 대체로 이듬해 3~5월을 그 기한으로 하고 있었다. 따라서 선혜청에서의 신년도 세출의 집행도 대동법이 전국적으로 시행된 이후로는 대체로 3월로부터 시작되지 않았나 추정된다.

〈표 6〉 대동세의 수세량과 지용액수(영조 45년도)

道名	收稅 總量	上納額數	貢價用下額	各樣用下額	本官所用	儲置米數	儲置用下額	備 考
경기	米 35,894	22,482	18,116 木 13,484 錢 27,690	2,602 16 310	7,532	5,235	6,970	○復戶收米 978石 포함 ○慶州軍餉 645石 劃給
강원	米·雜穀 19,346 錢 76,054	米 1,120 布 7,400 錢 16,000 位太 205	4,971 3,289 34,254 布 3,261	962 519 2,550	米·雜穀 7,716 7,697	3,978 52,557	3,978 63,343	
충청	米 94,383.3	47,851 木 17,700 錢 35,200 位太 4,651 位米 792 位木 1,318	36,814 19,529 40,031	3,331 4,080 5,602	18,630	20,205	11,431	
전라	米 149,800	69,300 木 38,500 錢 77,000 位太 5,700 位米 548 位木 102	36,543 30,285 62,879	5,430 12,665 12,977	20,018	32,064	13,414	

道名	收稅 總量	上納額數	貢價用下額	各樣用下額	本官所用	儲置米數	儲置用下額	備 考
경상	米 151,498	33,724 木 67,400 錢 134,800 位太 1,277 位米 25 位木 3,101	33,705 37,712 82,399	2,566 51,069 10,339	29,115	23,044	32,728	○公作米 5,332石 劃給
황해	米 58,858	4,459 錢 12,250	507 2,427 木 263		20,731	15,129	17,739	○別收米 12,234石 포함 ○劃給*
함경		錢 969 5升布2,170 4刀布3,144 續布 1,507	629 1,854 3,662 1,198		(或以民結 或以取殖收捧 故只以京貢價 叅量上納 餘數留置 各邑用下)			

* 單位 : 米・太＝石, 木・布＝疋, 錢＝兩.
** 황해도 劃給 : 監營藥材價米 400석, 戶曹貢物價米 11,898석, 常平廳皮物價米 159석, 訓鍊都監兼料不足代米 1,000석, 賑恤廳銃藥丸價米 898석, 摠戎廳添餉條米 1,000석.

〈표 7〉 대동세의 상납기한

道名	物 種	納 期			運 輸(萬機要覽)
		大同事目	《萬機要覽》	大 同 廳 事 例	
경기	米 雜 穀	? ?	翌年 3月 10日 內 〃	? ?	水站站紅 駄馬
강원	米 穀 布 錢	? ?	翌年 4月 內 〃 〃	翌年 4月 內 〃 5月 內 〃 2月 內	水站站紅, 駄馬 駄馬 〃
충청	米 木 錢	翌年 4月 內 〃 1月 內	翌年 3月 10日 內 〃 3月內 〃	? ? ?	漕倉漕紅・水站站紅・舟橋紅 駄馬 〃
전라	米 木・布 錢	翌年 4月 內 〃 1月 內	翌年 4月 10日 內 〃 3月內 〃	翌年 4月 內(初運)・6月 內(再運) 〃 3月內 〃	漕倉漕紅 → 舟橋紅 駄馬 〃
경상	米 木・布 錢	翌年 4月 內 〃 1月 內	翌年 5月 15日 內 〃 4月內 〃	翌年 5月 15日 內 ? ?	漕倉漕紅 駄馬 〃
황해	米 穀 錢	?	翌年 3月 10日 內 〃 3月內	翌年 3月 內 〃	賃紅 駄馬
함경	田米・布	?	?	?	駄馬

* 경기의 廣州・江華・水源府와 永平縣은 留儲本官함.

나. 상납미의 용도

京納된 상납미는 종래 각 도가 현물로 각 관서와 궁방에 직납하던 각종의 공물(元貢・別貢・田貢) 및 세폐・방물과 일부 제향・진상물의 구입비로 각 司・宮과 공인에게 그 대부분이 지급되고, 각종 수수료와 역가에 그 나머지의 일부가 지출되었다. 각 도의 공납 부담이 각기 달랐고, 또 이에서 그 예산의 편성이 달리 되었기 때문에 각 도별 상납미의 用目은 약간씩 상이하였지만, 종래의 경납 물・역의 거의 대부분을 그 용목으로 하였던 점에서는 동일하였다. 이제 그 한 예로 《全羅道大同事目》에 규정된 전라도 상납미의 용목을 정리하여 보면 아래와 같다([ ] 안은 필자 註記임).

① 歲幣 大・小好紙價
② 歲幣 上・次木價
③ 方物 白綿紙價
④ 宗廟薦新 蕨菜・天鵝價
⑤ 三名日進上 甲冑・馬・馬裝價
⑥ 仁壽宮進排 物膳價
⑦ 內醫院 藥材(牛黃・熊膽・麝香)價 [이상 進獻・進上物種價]
⑧ 二十八司 元貢物價 [元貢物種價]
⑨ 田稅條貢物價 [田貢物種價]
⑩ 訓鍊都監 眞絲・魚膠價
⑪ 內弓房 魚膠・正筋價
⑫ 勑使留館時 所用 鷄・猪價 [이상 別貢物種價]
⑬ 備邊司 襦・紙衣價
⑭ 禮曹 各樣紙地價
⑮ 觀象監 各樣紙地價
⑯ 濟用監 正布價
⑰ 軍器寺 錚鼓價 [이상 加定 元貢物種價]
⑱ 工曹 漆田 全漆價
⑲ 造紙署 楮田所出物價
⑳ 掌園署 果園 結實價 [이상 官田所出物種價]

㉑ 戶曹 作紙價
㉒ 工曹 其人作紙價
㉓ 司僕寺 分養馬 馬裝・作紙價
㉔ 江華所納 其人布價
㉕ 戶曹 貢主人役價
㉖ 各官 京主人・房子役價
㉗ 迎接都監 京婢・房子役價
㉘ 禮葬造墓軍役價 [이상 雜稅條 物種・役價]

그러면 이러한 용목으로 이루어진 각 도의 상납미는 선혜청에 의하여 어떠한 관서와 공인들에게 얼마나 지급되었고, 이들 액수에 대한 각 도 대동청의 부담액은 얼마나 되었는가. 《萬機要覽》(財用篇 各貢條)에 나타나는 바를 요약 정리하여 보면 대개 아래와 같았다.

○ 상납미는 매년 58개 처에 고정된 액수가 지급되고, 大殿(朔膳物種價)를 비롯한 10여 개 처에도 수시로 소요의 액수가 지급되었다. 그러나 후자의 액수는 전자의 액수에 10%도 되지 않는 소액(약 米 14,500석)이었다. 따라서 상납미 용목의 주종은 어디까지나 전자에 있었다고 보겠다.
○ 매년 고정액이 지급되는 58개 처의 지급 대상 중에서 38개 처가 정부관서였고, 나머지 20개 처는 契・廛・其人・主人類였다. 정부관서 중에는 비변사・호조・예조・공조・京營 등도 있었으나, 奉常寺를 비롯한 왕실 支用과 進獻・賜與 관계 관서가 절대 다수를 이루고 있었다. 그리고 그 지급액수에 있어서도 濟用監(쌀 17,395석)・奉常寺(쌀 11,522석)・司饔寺(쌀 11,316석) 등을 비롯하여 司僕寺・長興庫・司宰監 등에 가장 많아서 대다수의 상납미가 이들 관서의 소요 물종에 지용되고 있었음을 볼 수 있다.
○ 각종 계・전・주인과 기인에게 직접 공물・역가가 지급되기도 하였으나, 기인(쌀 38,721석)을 제외하고는 각 전(上歲幣 : 쌀 6,000석) 및 修理契(쌀 5,000석)와 京主人・房子役價(쌀 5,373석)만이 비교적 다액을 이루고 있었을 뿐, 대체로는 소액이 지급되고 있었다. 이것은 대동법이 특별한 경우를 제외하고는 각 정부관서를 통하여 그 소속 공인들로 하여금 소요 물품을 조달하게 하는 것을 원칙으로 하였기 때문이라 보겠다.
○ 상납미에 포함되어 있는 각 도의 田稅條貢物價는 位米・位太로 구분지어

선혜청에서 수납하는 즉시 호조로 이송함으로써 실질적으로는 상납미의 용도에서 벗어나고 있었다.

○ 평안·함경도를 제외한 6도 대동청이 상납미로서 부담했던 공·역가는 년간 쌀 約 244,000석 정도로, 진휼·상평·균역청과 함께 부담하는 선혜청 전체 공역가(쌀 약 252,000석)의 97%에 해당하였다. 그리고 이의 대부분인 약 81%가 전라·경상·충청의 순으로 삼남 대동청에 의하여 부담되고 있었다. 단, 해서청의 別收米(호조에 직송), 경기청의 逐供上, 경상청의 公作米(東萊府에 직송) 등 별도의 부담은 계산하지 않았다.

○ 경기청은 京營·司僕寺·內農圃·刷馬契·漁夫契 등의 공역가를 홀로 부담하고 있었고, 강원청은 關東 蔘契와 關東 方物契를, 호서청은 長寧殿과 養賢庫를, 해서청은 水鐵契와 新穀契를 각각 홀로 담당하며 그 공·역가를 지급하고 있었다. 이 이유는 강원청의 경우를 제외하고는 아직 알 수 없다.

〈표 8〉 선혜청 수입·지출표

물 종	단위	영조 35년도(1759)		순조 7년도(1807)	
		수 입	지 출	수 입	지 출
米	石	195,163	180,905	146,167	132,910
田米	石	4,433	2,568	1,988	2,142
太	石	10,035	11,053	11,291	11,763
小豆	石			195	195
木	疋	123,656	118,612	117,775	109,855
布	疋	15,646	11,204	8,306	6,158
錢	兩	288,433	324,287	340,463	377,613
以錢換作		1,590,689兩	1,531,875兩	1,375,870兩	1,318,631兩
以米換作		318,158石	306,375石	275,174石	263,726石
收 支 差		잔액 58,814兩(11,783石)		잔액 57,239兩(11,448石)	

*換作價 : 米 1石=錢 5兩, 田米 1石=錢 4兩, 太·小豆 1石=錢 3兩, 木·布 1疋=錢 2兩.

**收入은 上納米와 기타 收入의 합계임.

선혜청에서 수납한 상납미의 收支상황은 《만기요람》(財用篇 宣惠廳 원년 經用)에 기록된 바에 따르면 〈표 8〉에 보이는 바와 같이 대체로 흑자를 이루었다. 收租頒降의 제도를 시행하여 상납미가 유치미를 적지아니 침식한 데서 이루어진 결과로도 보이지만, 그러나 이러한 속에서도 일부 진상물과 役들이 享上之儀를 존속시킨다는 명목아래 유치미로서 備納하게도 하고, 또 難得·

難備之物이 아니라는 명목아래 民戶나 특정인에게 종전대로 비납하게도 하였기 때문이다. 예를 들면 전라도의 경우, 宗廟薦新物膳(蕨菜·天鵝를 제외한 물품)을 비롯한 6개 처의 경납물이 전자에 속하고 있었고, 進上虎皮·豹皮價, 迎接都監 樂工奉足役價, 上納牛·馬牽軍役, 禮葬·公幹護送擔軍役 등이 후자에 속하고 있었던 것이다.

다. 유치미의 용도

상납미의 용도가 이러했던 데 반하여 유치미는 주로 지방의 경비와 상납물종의 수송비로 지용되었다. 즉 종전에 각 도 및 군현에서 俸廩·徭役·雜稅條로 민호와 전결에서 적당히 징수하여 사용하던 모든 경비와, 앞서 기술한 仍定進上物의 구입비, 그리고 상납미를 비롯한 제반 경납물의 수송비(船馬價)로 지용하도록 되어 있었던 것이다. 이들 역시 각 지방의 사정에 따라 약간 다른 바가 있기는 하지만, 그 대체는 거의 동일하였으니, 이제 그 한 예로 〈全羅道大同事目〉에 규정된 바를 정리하여 보면 다음과 같았다([ ] 안은 필자 註記임).

① 宗廟薦新物膳價 [蕨菜·天鵝 제외]
② 朔膳 및 進上方物價 [物種 未詳]
③ 內醫院 藥材 [植物性 藥材]·靑大竹價
④ 工曹進上 扇子價
⑤ 內弓房 油物價 [이상 仍定進上物價]
⑥ 監司到界進上物 및 端午 扇子價[이상 依例會減]
⑦ 각 營·官需 [五營將·軍官料米와 各官 油淸·紙地·使客支供米를 포함], [式例劃給], [이상 俸廩條收納物價]
⑧ 釋奠祭 幣帛·牛脯價
⑨ 社稷 및 賜額書院 幣帛價
⑩ 慶基殿 祭物 및 參奉粮饌價
⑪ 水·陸軍習操時 稿饋價
⑫ 月課軍粮·軍器價
⑬ 海運判官 紙地價
⑭ 戰·兵·哨亇舡 新造 및 改槊價 [이상 依例會減]
⑮ 刷馬價

⑯ 文・武試所入 雜物價

⑰ 分養牛・馬上納時 牽軍役價

⑱ 上納文案封裹柳笥・草席・條所價

⑲ 城隍・厲祭 祭需價

⑳ 諸島 搜討 및 箭竹刈取時 軍粮

㉑ 分養馬故失價

㉒ 船馬價 [이상 隨時會減], [이상 徭役・雜稅條收納物價]

이러한 유치미의 용목 중에서 가장 많은 양을 차지했던 것은 營・官需(20~25%)였다. 상납미의 책정과 함께 式例에 따라 획급되었던 이 영・관수는 營需와 官需로 구분・지용되었는데, 이 중에 관수는 도별로 군・현의 크기, 즉 보유전결수의 다소에 따라 大・中・小・殘邑으로 4분하고, 거기에다 교통의 빈번 여하를 참작하여 그 급여액이 차등 책정되었다. 전라도의 경우는 보유전결 6,000결 이상을 대읍으로, 이 이하 4,000결 이상을 중읍으로, 이 이하 3,000결 이상을 소읍으로, 僅過 1,000결을 잔읍으로 각각 구분하여[22] 관수를 획급하였으니, 그 구체적인 양태는 〈표 9〉와 같았다.

영・관수를 획급하고 난 나머지 유치미는 각 군・현에 儲置되어 依例會減과 隨時會減으로 구분・지용되었다. 의례회감하는 것은 대체로 仍定進上物이나 각종 船紅의 新造・改槊과 같이 지용 시기 및 그 액수가 거의 恒定된 용목들이었고, 수시회감하는 것은 대체로 그러하지 못한 용목이나 사소한 용목들로서 지용에 앞서, 또는 지용한 뒤에 본청의 승인을 받도록 되어 있는 것이었다. 앞서 例擧한 전라도의 경우로 보면, 의례회감의 용목은 ①~⑥과 ⑧~⑭였고, 수시회감의 용목은 ⑮~㉒였다. 이들 용목 중 지출액이 많았던 몇 가지를 간단히 살펴보면 아래와 같다.

---

22) 경기・강원・황해도의 경우에는 구분 기준이 보이지 않아 아직 알 수 없으나, 충청・경상도의 경우는 다음과 같았다(該道 大同事目에 의거함).

	忠 清 道	慶 尙 道
大 邑	5,000結 이상	6,000結 이상
中 邑	3,000~5,000結	4,000~6,000結
小 邑	1,000~3,000結	2,000~4,000結
殘 邑	1,000結 이하	僅過 1,000結

〈표9〉 전라도 營需·官需米 배정표

구분		營·邑名1		《全羅道大同事目》			《湖南廳事例》			
		邑名	所在營	官需※	營需	참고	官需	營需	使客支供	참고
大邑	海邑	全州	監營 中營將	2,750.石	84.石	官需는 監營·判府尹·判官 需米 포함, 營需는 中營將分	500.石	1,484.石	175.石	營需中 中營將 需米 84石과 兼府尹·都事 需米가 포함됨
		羅州	右營將	624.10.斗	84.		420.	84.	30.	
		順天	左水營 前營將	560.	334	營需中 前營將 需米 84石 포함	390.	484.	25.	營需中 前營將 需米 84石 포함
		靈光		490.			340.		15.	
		靈巖		550.			390.		20.	
	山郡	光州		574.10.			〃		30.	
		南原		554.10.			〃		〃	
中邑	海邑	咸平		401.10.			300.		10.	
		長興		〃			〃		〃	
		臨陂		〃			〃		〃	
		金堤		〃			〃		〃	
		寶城		〃			〃		〃	
		古阜		〃			〃		〃	
		茂長		〃			〃		〃	
		興陽		〃			〃		〃	
		康津	兵營	411.10.	400.	路邊邑 故加給	〃	500.	15.	
		海南	右水營	406.10.	250.	〃	〃	400.	12. 7.斗 5.升	
		長城		441.10.		〃	〃		27. 7. 5.	
	山郡	潭陽		401.10.			320.		10.	
		淳昌		〃			300.		〃	
		泰仁		508. 5.		路邊邑 故加給	350.		35.	
小邑	海邑	務安		371.10.			280.		10.	
		扶安		〃			〃		〃	
		益山		〃			〃		20. 7. 5.	
		咸悅		〃			〃		10.	
		興德		〃			〃		〃	
		樂安		〃			〃		〃	
		礪山	右兼營將	568. 5.	84.	路邊邑 故加給	403. 5.斗	30. 1.斗 3.升	60.	路邊邑 故加給
		沃溝		278.		之次小邑 故減給	228.		10.	之次小邑 故減給
		光陽		〃		〃	〃		〃	〃
		珍島		〃		〃	〃		〃	〃
		萬頃		〃		〃	〃		〃	〃
		高敞		〃		〃	〃		〃	〃
		龍安		〃		〃	〃		〃	〃
		井邑		426.10.		之次路邊小邑 故加給	300.		27. 7. 5.	
	山郡	南平		271.10.			280.		10.	
		錦山		〃			〃		〃	
		綾州		〃			〃		〃	
		任實		〃			〃		〃	
		昌平		〃			〃		〃	
		金溝		508. 5.		路邊小邑 故加給	373. 5.		35.	路邊邑 故加給
		高山		278.		之次小邑 故減給	228.		10.	之次小邑 故減給
		谷城		〃		〃	〃		〃	
		玉果		〃		〃	〃		〃	
		求禮		〃		〃	〃		〃	
		長水		〃		〃	〃		〃	
		雲峰	左兼營將	〃	84.	〃	〃	30. 1. 3.	〃	
殘邑	山郡	鎭安		257.			217.		〃	
		和順		〃			〃		〃	
		同福		〃			〃		〃	
		茂朱		221.10.		之次殘邑 故減給	〃		〃	
		龍潭		181.10.		〃	151. 7.		5.	之次殘邑 故減給
		珍山		171. 5.		〃	146. 5.		10.	〃
計				22,162. 5.	1,320.		15,148. 7.	3,012. 2. 6.	942.	

*大同事目의 官需는 官需·油淸·紙地·雜物·使客支供 등을 모두 포함한 것임.

○ 仍定進上物價 : 각 도에 따라 그 물종과 수량이 달랐기 때문에 그 액수는 크게 달랐으나, 그 備納 방법은 동일하였다. 즉 도내 군현 중에서 해당 물종이 생산되는 군현들에 수량과 단가를 恒定하여 당해 수령의 책임 아래 감영의 검사를 거쳐 상납하게 하였던 것이다. 예하면 공조에 상납하는 진상용 貼扇의 片竹·注紙의 경우(工曹進上扇子), 전라도에서는 竹扇의 명산지인 나주·순천·광주·담양·순창·능주·창평·화순 등 8개 군현에 총 317片半의 片竹과 15卷 7張半의 注紙를 적당히 분정(12片~80片半)하고, 片竹은 편당 쌀 4말로, 注紙는 권당 쌀 7말 9되 2홉으로 각각 책정하여, 유치미 중에서 이를 구입·상납하게 한 것이다.

○ 刷馬價 : 이미 많은 민폐를 빚고 있었고, 또 수령의 남용이 예상되는 용목이었기 때문에 그 지용 규정이 매우 세밀하였다. 전라도의 경우, 刷馬는 수령이 公務로 상경할 때와 私務로 출입할 때 및 수령이 遞易될 때로 한정하고, 이 세 경우의 기본 駄數를 정하여 1駄에 1息程(3息程=1日程)당 흉년에는 쌀 2말씩을, 중년에는 2말 5되씩을, 풍년에는 3말씩을 지용하도록 하였던 것이다. 단, 공무 때에는 일정에 따라 1~2駄를 더 주고, 체역으로 인한 迎送 때에는 途程에 따라 도내의 모든 군현을 상·중·하도로 나누어 3~7駄를 더 주도록 규정하였다.

○ 船馬價 : 大同上納米·木·錢의 원할한 수납을 위하여 대체로 넉넉하게 책정·지급되었다. 상납 道程의 원근에 따라, 또 상납 물종에 따라 그 지급액이 달리 규정되었으니, 전라도의 경우를 보면 〈표 10〉과 같았다. 그러나 진상물의 輸運費에 대해서는 규정이 보이지 않는다.

유치미는 이와 같이 지방 각 관아의 모든 경비와 경납에 소요되는 제반 경비를 거의 포용하고 있었다. 그러나 경납 공·역의 몇 가지가 民擔으로 계속 존속되었듯이, 유치미로 마땅히 지용되어야 할 지방 경비의 일부도 官廚의 「凉薄之患」을 면하게 한다는 명목으로, 또는 「不時之費」라는 명목으로 계속 民戶에 부담시키고 있었다. 전라도의 경우, 각 관아에서 쓰이는 꿩·닭·땔감·얼음 등이 전자의 명목으로 계속 현물 징수되었고, 式年戶籍·年分案所用 紙地와 守令不時遞易時 迎送刷馬價, 文·武試場屋假家排設之役, 焰焇煮取之役 등이 후자의 이름으로 때마다 징수되고 있었던 것이다.

이 같은 규정은 그것이 비록 사소한 것이기는 하였지만, 한번 납부하고 나면 終年토록 安臥할 수 있도록 일체의 과외 징수를 금지하고자 한 대동법의 근본 정신과는 상치되는 것이었다. 특히 수령의 만기 교체가 거의 없었던 당시의 실정에서 不時遞易時의 영송쇄마가를 民擔으로 존속시킨 것이 그러하였고, 또 官紀가 적지아니 문란하여 官需의 月分 사용방법까지 규제하였던 당시의 상황에서 각 관아 소용의 닭·꿩·땔감·얼음 등 물종을 필요에 따라 적당히 수취하도록 한 것이 그러하였다. 18세기 중엽 이후부터 상납미의 증액으로 인하여 유치미의 부족이 날로 심화됨에 따라, 유치미로서 지용되던 대부분의 경비가 농민의 부담으로 다시 옮겨지게 된 것도 이 같은 民擔의 관례를 바탕으로 하였다고 보겠다.

〈표 10-A〉 연읍 대동미 상납 선가

區　分	邑　名	10石當 價米
上　道	礪山, 益山, 全州, 龍安, 咸悅, 臨陂	1石 8斗
之次上道	沃溝, 萬頃, 金堤, 扶安, 古阜, 興德, 高敞, 井邑, 長城	1石 10斗
中　道	茂長, 靈光, 咸平, 務安, 羅州, 靈巖	2石
下　道	海南, 珍島, 康津, 長興, 寶城, 興陽, 樂安, 順天, 光陽	2石 5斗

*全州 江都納米 每石船價 2斗 1升 5合.
凡上納船價 江都納外 10斗以下 則不爲計給.

〈표 10-B〉 산군 대동목·전 상납 태가

區分	邑　名	1駄當 價米	區分	邑　名	1駄當 價米
14站	高山	2石 5斗	21站	南原	3石 7斗 5升
15〃	珍山	2石 7斗 5升	22〃	潭陽, 淳昌, 谷城, 長水, 雲峰	3石 10斗
16〃	錦山, 茂朱	2石 10斗			
17〃	金溝	2石 12斗 5升	23〃	昌平, 求禮, 玉果	3石 12斗 5升
18〃	泰仁, 龍潭	3石	24〃	光州, 南平	4石
19〃	任實, 鎭安	3石 2斗 5升	25〃	綾州, 同福, 和順	4石 2斗 5升

*무명은 2同 20疋을 1駄로, 錢은 200兩을 1駄로 함. 每駄每站價는 米 2斗 5升씩임.

〈표 10-C〉 연읍 육로 태가

區分	邑 名	1駄當 價米	區分	邑 名	1駄當 價米
14站	礪山, 龍安	2石 5斗	22站	靈光	3石10斗
15〃	益山, 咸悅	2石 7斗5升	24〃	咸平, 羅州, 順天, 光陽	4石
16〃	全州, 臨陂	2石10斗			
7〃	沃溝, 萬頃, 金堤	2石12斗5升	26〃	靈巖, 樂安	4石 5斗
18〃	扶安, 古阜, 井邑	3石	27〃	寶城	4石 7斗5升
19〃	興德	3石 2斗5升	28〃	康津, 長興	4石10斗
20〃	高敞, 長城, 務安, 茂長	3石 5斗	29〃	海南, 興陽	4石12斗5升
			32〃	珍島	5石 5斗

(3) 선혜청의 조직과 구성

대동법은 그 시행과 동시에 새로 설치된 선혜청에 의하여 관리·운영되었다. 처음 대동법이 경기도에 시험적으로 실시될 때(光海君 즉위년, 1608) 이 제도를 宣惠之法이라 이름한 데서 그 관장기구를 宣惠廳이라 명명하고, 여기에 이미 설치했던 常平廳을 합속시켰던 것이다.

그러나 인조 2년(1624) 강원·충청·전라도에도 경기의 宣惠之法이 확대 시행되자, 이 제도의 관장기구로 또 하나의 기관이 설치되었다. 선혜지법을 大同法이라고 명명한 데서 나타난 三道大同廳이 바로 그것이다. 하지만 이 기관은 이듬해에 충청·전라도의 대동법이 혁파됨과 동시에 폐지되고, 그 대신 호조 산하에 大同廳이 설치되어 江原道大同法을 담당하게 되었다. 이리하여 仁祖 때에는 常平事와 京畿大同事를 관장하는 宣惠廳과 江原大同事를 관장하는 호조 산하의 大同廳이 병립하여 두 도의 대동법을 각기 관장하는 실상을 이루었다.

그러다가 효종 3년(1652)에 이르러 충청도에 다시 대동법이 실시되면서 선혜청 산하에 새로이 湖西大同廳이 설치되자 이를 계기로 호조의 대동청도 선혜청으로 이속되어, 3도의 대동법이 모두 선혜청에 의하여 관장되게 되었다. 선혜청은 이에서 경기·강원·충청의 三道大同事와 常平事를 함께 관장하는 하나의 새로운 재정기관으로 그 위치가 확립되었을 뿐 아니라, 뒤이어 전라·경상·황해도에도 대동법이 실시됨에 따라 그 위상이 더욱 강화되었다. 호남·영남·해서의 대동청을 더 거느리게 되었을 뿐 아니라, 肅宗과 英祖 때에는 賑恤廳과 均役廳을 각각 아우르게 되어, 호조를 능가하는 조선왕조 최대의 재정기관으로 그 위상을 성장시켜 갔던 것이다. 이제 그 경위를 표로 일람하면 〈표 11〉과 같았다.

1894년 갑오경장으로 혁파되기까지 조선 후기의 최대의 재정기구로 자리하게 된 선혜청은 그 설치 당초부터 막중한 재정업무를 담당하는 기관이었던 데서 영·좌·우의정 3명이 都提調를 겸하고 호조판서를 비롯한 종 2품 이상의 관원 3명이 提調를 겸하였다. 그리고 專任 提調 1명(선혜청 堂上)과 산하 각 廳의 郎廳[23]들에 의하여 그 업무가 수행되었으며, 각 郎廳 산하에는

計士(算員) 1명과 書吏·庫直·使令·軍士 등이 수명씩 배치되어 업무를 보좌하였다. 단, 각 대동청의 剩餘를 모아서 선혜청의 役員 朔料와 경비보조 업무를 맡았던 公剩色에는 전임 郎廳이나 計士를 두지 않고, 각 청의 역원들로 하여금 돌아가며 집무하게 하였다.

〈표 11〉 선혜청의 성장과정

기 관 명	창설년대	창설 초기의 형태	선혜청에 병합된 연대
常平廳	國初	獨立機關	선조 41년
京畿大同廳	선조 41년	與常平廳 合爲宣惠廳	〃 41년
江原大同廳	인조 2년	戶曹 管理	효종 3년
湖西大同廳	효종 3년	屬於宣惠廳	〃 3년
湖南大同廳	〃 8년	〃	〃 8년
賑恤廳	현종 2년	備邊司管理	숙종 12년
嶺南大同廳	숙종 3년	屬於宣惠廳	〃 3년
海西大同廳	〃 34년	〃	〃 34년
均役廳	영조 25년	獨立機關	영조 29년
公剩色	〃 35년	屬於宣惠廳	〃 35년

이와 같이 구성·조직된 선혜청에는 산하의 각 청마다 독자적으로 內庫와 江倉을 비롯한 수개의 창고를 보유하고 있었다. 그것은 각 청이 선혜청에 다 같이 예속되어 있기는 했지만, 상호간의 사무에 뒤섞임이 생기지 않도록 각 청의 사무를 독립적으로 수행하게 하였기 때문이다.

3) 대동법의 실시 결과와 의의

대동법은 앞서 기술한 바와 같이 공납제의 모순과 폐해를 없애고, 농민의 안정을 도모하면서 免稅田의 증대로 인한 歲收의 감축과 영세소작농의 증가

23) 郎廳은 僉正이나 郡守를 지낸 바 있는 관원에서 선발하여 각 大同廳과 常平·賑恤·均役廳에 각기 1명씩 배치되는 것이 원칙이었으나, 시기에 따라 그 置廢와 兼務가 변화 무상하였다. 그리고 海西廳의 경우에는 당초부터 湖西廳 郎廳이 겸무하였고, 英祖 34년부터는 江原廳 郎廳이 겸무하였다.

로 인한 戶役의 위축을 극복하고자 제정·시행된 재정제도였다. 그러면 그 실시 결과는 어떠했던가?

대동법이 전국적으로 확대·시행되던 18세기 초엽까지만 하더라도 그 실시 결과는 극히 성공적이었다. 分捧·作木의 문제를 비롯한 漕運의 곤란, 조달물품의 불량, 각 관청간의 爭利 등의 문제가 적지아니 논란을 벌려 가기는 했지만, 농민이 힘써 대동법의 시행을 청원하고, 또 대동법의 실시를 반대하던 관료들마저 그 편익을 주장하고 나서는 실상을 이루고 있었던 것이다.

그러나 18세기 중엽으로 접어들면서 날로 격화된 당쟁과 이에 뒤이어 전개된 老論 일파의 閥閱·勢道政治는 정치기강의 문란과 함께 극심한 재정난을 초래하여 대동법의 정상적 운영을 저해하여 갔다. 중앙 재정의 충족을 위하여 대동미의 상납규식이 收租頒降制로 변개되고, 이에 따라 留置米로 지용되던 각종 용목들이 다시 戶役으로 전가되어 갔던 것이다. 전라도의 경우, 이미 18세기 말엽에 대동미 징수량(약 米 147,000石)의 대부분이 상납미로 책정되어(米 144,000여 石) 서울로 수송되는 실태를 이루어, 이에 따른 지방 재정의 파탄과 이를 빙자한 지방 관원의 탐학은 대동법 실시 이전의 양상을 무색하게 할 정도였다.

따라서 대동법의 실시 결과는, 그것이 비록 정치적 상황·추세에서 말미암은 것이었다고 하더라도, 부정적으로 평가될 수밖에 없겠다. 하지만 이의 실시가 조선 후기의 사회·경제에 미친 영향은 매우 긍정적으로 평가되고 있다. 재정면에서는 결과적으로 봉건적 지배체제를 지속 강화시키는 역할을 수행하였다고 보겠지만, 사회·경제면에서는 이와 반대로 봉건적 질서와 체제의 이완·해체를 촉진시킨 하나의 계기를 마련하여 주었던 것으로 이해되고 있는 것이다.[24] 대동법이 貢人과 市廛을 매개로 하여 왕실과 정부의 소요 물

---

24) 崔完基는 앞의 논문의 결론에서 "대동법의 본질은 지금까지 살펴 본 바와 같이 근대적이라기보다는 봉건적 특성이 보다 강요된 수취 체제라 하겠다. 봉건 국가가 동요하는 자체의 질서를 바로잡아 지속적으로 지배 구조를 유지하고자 하는 데서 大同法과 같은 미봉책이 제시되었던 것이라 함이 보다 실상에 가까운 이해라고 보고 싶다. 어찌보면 봉건 체제의 모순을 은폐하고자 한 편법의 하나가 대동법이었다고 하겠다. 그것은 그 이후 봉건 국가의 농민 지배 양태, 지배체제 유지의 방향에서 여실히 드러나고 있다. 종래의 연구에서 적극적으로 평

자를 조달케 함으로써 16세기 중엽부터 성장하여 오던 상업과 수공업의 활동을 크게 촉진시키는 한편, 화폐의 유통, 雇傭체계의 진전, 운송활동의 증대 등을 유발하여 교환경제체제로의 전환을 가져오게 하고, 나아가 전국적인 市場圈의 형성과 도시의 발달을 이룩하게 한 것으로 이해되고 있기 때문이다. 그리고 이러한 경제상의 변화와 함께 상·공인층의 사회적 성장과 농촌사회의 분화를 촉진시켜 종래의 신분질서와 사회체제가 이완되고 해체되는 데도 일정한 역할을 기한 것으로 이해되고 있기 때문이다.

대동법의 제정·시행이 지니는 역사적 의의는 그 무엇보다도 이에 두어지고 있지만, 財政史 자체에 있어서도 다음과 같은 4가지 점에서 긍정적인 의의가 주어지고 있다.

첫째는, 稅源을 富의 원천인 토지에서의 收益에 집중·단일화시켰다는 점이다. 당시 조선사회에서는 토지가 주된 생산수단이었고, 또 부의 기본형태였음에도 불구하고, 공납제에서는 사실상 民戶에 기준하여 貢·役을 부과함으로써 수익과 세납의 직접적인 연계가 맺어지지 못하고 있었고, 또 이에서 그 폐해의 일단이 조성되고 있었던 것이다. 대동법은 이러했던 貢·役을 田結稅化함으로써 稅納의 단일화와 아울러 수익과 세납을 직결시키는 課稅上의 진보를 이룩한 제도로 평가되고 있다.

둘째는, 課稅의 '공평의 원칙'에 합당한 보편적 과세와 함께 定率稅主義를 마련하고 채택하였다는 점이다. 공납제에서는 貢·役의 부과 원칙이 군현의 殘盛, 즉 전결과 민호의 多寡에 따르는 것으로 되어 있어 농민 각자의 수입과는 그 부과가 무관하고 있었다. 그리고 실제로는 土地多占者인 양반에게는 양반의 면역 특권을 들어 부과하지 않고, 과중한 地代를 부담하고 있는 無田

가한 수취 체제의 변화, 사회 경제적 영향은 파생적인 것으로서, 대동법 이전에 이미 그러한 조건은 마련되고 있었으며, 대동법으로 인하여 다소 증폭되었던 것이기 때문"(246쪽)이라고 하면서 대동법의 내용에만 초점을 맞춘, 또 그것이 사회·경제에 미친 영향에만 치중한 지금까지의 이해·평가에 이의를 제기하고 있다. 참고해야 할 견해이기는 하지만, 대동법 실시 이전, 즉 16세기 중·말엽의 사회·경제적 실상과 추세에 대한 보다 명확한 연구와 이해를 기다려야 할 것으로 생각된다. 또 革命이 아닌 限, 당시의 체제·질서를 완전히 벗어나는 제도·조처가 마련되고 시행되기는 어려우리라는 점도 고려되어야 할 것으로 생각된다.

小作農이나 영세자작농에게 그 모두가 부과되고 있었다. 대동법은 이 같은 공·역의 부과 방법을 폐기하고 토지소유량에 비례하여 定率 과세함으로써 수입의 다과에 따르는 공평한 조세체계를 이룩하는 데 기여하였을 뿐 아니라, 恣意性이 짙은 配賦稅主義를 탈피하고 세율을 미리 결정하여 적용하는 정율세주의의 채택이라는 세제상의 진보를 이룩한 제도로 이해되고 있다.

셋째는, 예산제도의 기틀을 마련하여 종래의 자의적이고도 가렴적인 재정 운영에 일정한 수취 질서를 부여하였다는 점이다. 공납제에서도 貢案(歲入豫定案)과 横看(歲出豫定案)이 있어 예산제도의 명목은 갖추어져 있었으나, 이 案들은 매년 편성되는 것이 아니었을 뿐 아니라, 量入制出의 원칙에 입각하여 실질적인 구속력을 지니는 것이 아니었다. 따라서 정부의 필요에 따라 수시로 加徵되기도 하고 蠲減되기도 하여 국가적인 수취 질서를 지니지 못하여 왔었다. 그리고 지방 재정의 경우는 일정한 예산도 없이 수령의 자의적인 경리에 맡겨져 있었다. 대동법은 이러한 중앙 및 지방 재정의 운영 방법이 결과적으로 빚어내고 있었던 加斂主義的 수취 질서를 파기하고, 量出定入의 원칙에 입각하는 예산제도와 그 운영 방법을 중앙 및 지방에 각각 마련함으로써, 조선왕조의 재정 질서를 근대적 질서에로 한 차원 발전시키는 데 기여하였다고 평가되고 있다.

넷째는, 당시의 일반적 교환 수단이었던 쌀과 베[布]·무명[木] 등으로의 징수납에서 점차 錢으로 換捧 또는 代捧하게 함으로써 租稅 金納化의 기초를 마련하였다는 점이다. 비록 환봉·대봉이라는 것이 주로 輸運·保管·支出의 편익을 목적한 데서 마련된 것이고, 또 大同米·木·布를 화폐가치로 환산한 금납화여서 조세의 근대화를 뜻하는 것이 되지 못하지만, 대동법의 시행이 화폐 유통의 전제가 되는 상품 생산과 교환경제의 발달을 촉진시켰던 점과 아울러 보면, 대동미의 錢으로의 환봉·대봉은 근대적 조세체계로의 전환을 뜻하는 것이라고 보아도 좋은 것으로 이해되고 있다.

〈韓榮國〉

2. 상업 · 수공업 · 광업의 변모

17세기 이후 조선의 상공업이 그 이전 시기와는 비교하기 어려우리 만큼 많은 발전을 보인 것은 이미 널리 알려진 사실이다. 또한 이러한 발전과 변화의 양상은 조선 사회의 전개 과정을 내재적 발전론에 입각하여 이해하게 하는 주요한 근거로 작용하여 왔다.[1] 따라서 이 시기 상공업의 변화상에 대한 파악은 상공업 자체에 대한 이해뿐만 아니라 조선 사회의 흐름을 어떻게 인식하는가 하는 점과 결부되어 대단히 중요한 문제라 할 것이다.

1) 상공업 발달의 사회경제적 배경

임진왜란과 병자호란이 가져다 준 충격과 그에 비롯된 조선 사회 내부의 반성이 이 시기 상공업 발달의 중요한 배경을 이루었던 것으로 이해하는 것이 종래의 일반적인 경향이었다. 그렇지만 이러한 이해는 양란 이전의 조선 사회에서 이미 생성되고 있던 새로운 사회경제적 움직임에 주의하지 않은 결과였던 것으로 보아진다. 근래에 들어 조선 사회 내부에서 움직이고 있던 여러 새로운 경제적 기운과 사회적 분위기에 주목한 성과들이 매우 설득력 있게 나타나고 있는 것은 이와 같은 새로운 이해의 한 일면을 보여주는 것이라 하겠다.

양란 이전의 새로운 사회경제적 현상으로서 먼저 언급할만한 것은 15세기 말~16세기초부터 시장유통경제가 이미 발달하고 있었다는 점이다.[2] 즉 17세기 이후 전개되는 사회경제적 변화와 발달의 요인이 이미 16세기에 마련되어 있던 것이다. 16세기 중엽이래 광범하게 행하여졌던 공납제 시기의 공물 방납도 17세기 이후의 대동법 성립을 가능케 한 유통경제적 기반의 중요

---

1) 吳 星, 〈資本主義 萌芽論의 硏究史的 檢討〉(《韓國史市民講座》 9, 一潮閣, 1991), 90쪽.
2) 李泰鎭, 〈16세기 韓國史의 理解 방향〉(《韓國社會史硏究—農業技術발달과 社會變動》, 지식산업사, 1986), 292~298쪽.

한 요소로 파악할 수 있게 하는 또 다른 일면을 지니고 있는 것이었다. 바꾸어 말해 공물방납은 일과성의 투기 행위가 아니라 이 시기 유통경제의 현실적인 변화에 조응하여 사회 내면에 정착, 지속되고 있던 부세운영의 진전된 형태로 이해될 수 있는 것이다.[3)]

좀더 구체적으로 살펴보면, 조선 전기 이래의 공납은 그 형태상 방납에 의한 운영이 지배적이었던 바, 경시를 중심으로 공물의 구매 상납이 지속되면서 이를 전업적으로 담당하는 '防納私主人'이라 불리던 새로운 상인층이 형성되고 있었다. 또한 방납가가 미·포에 의한 화폐적 지불 형태를 강화시켜 가면서 그 이윤이 극대화되었고, 이러한 과정에서 공물의 방납권도 정착되어 갔다. 그 결과 부세 운영적 측면과는 별도로 유통경제를 통한 상업구조가 형성되게 되었던 것이다. 공물방납체계의 성격에 대한 새로운 각도에서의 파악을 토대로 대동법 실시 이전과 이후의 제반 경제변화를 유기적으로 연결지어 이해해 보려는 시도로 보여진다.

다음으로는 여말선초의 시기에 있었던 농업기술의 발달과 생산력의 증대가 상공업 발달을 촉진시켰다는 점이다.[4)] 連作常耕의 집약농업기술에 의해 休閑農業의 한계가 극복되면서 소농민들도 시장에 내다 팔 수 있는 잉여생산물을 가질 수 있게 됨으로써 상공업에 새로운 발전이 있게 되었다. 경작면적도 14세기말 100만 결이었던 것이 15세기 중엽에 가서는 150만 결로 확대되었다. 15세기말~16세기 중엽에는 간척지의 개간과 川防의 개발 및 보급이 활발하게 전개되면서 농업생산력이 더욱 증대되었다. 조세로 거두어 서울에 보관하는 정부 비축곡이 건국초에는 30만 석에 불과하였으나, 15세기를 거치면서 농업생산력이 크게 향상됨에 따라 16세기 중반에는 200만 석에 달하게 되었다.

이러한 곡물생산의 대폭적인 증가는 자연히 국내의 곡물시장을 발달시키게 되었다. 또한 15세기 중반 이후 면화재배가 확대됨에 따라 면포 역시 교환의 척도로 화폐 기능을 다하면서 상업의 발달을 더욱 촉진시키는 역할을

3) 이지원, 〈16·17세기 前半 貢物防納의 構造와 流通經濟的 性格〉(《李載龒博士還曆紀念韓國史學論叢》, 한울, 1990).

4) 이에 대해서는 李泰鎭, 앞의 책 참조.

해나갔다.[5]

세번째로는 대외무역의 성행을 들 수 있다.[6] 16세기에 들어 동아시아 3국은 모두 경제력이 신장되어 가고 있었다. 이에 따라 국제간 교역이 전례 없는 활기를 띠어가고 있었다. 중국의 비단·면포·도자기, 조선의 곡물·면포·은, 일본의 구리·은 등이 주요 상품을 이루면서 상호 교역체제를 형성하고 있었다. 중국과의 무역을 보면 開市貿易, 즉 공인된 정규교역이 양국간의 새로운 무역체계의 출발점을 이루었다. 中江開市를 시발로 會寧·慶源 지역에 개시가 열려 농기구와 소금·해산물·면포·지물류 등이 거래되었다. 하지만 교역량의 증대가 요청되면서 17세기 중반 이후에는 사상들이 활동하는 柵門後市와 같은 후시가 나타나 크게 번창하게 되었다.

일본과의 경우를 보면, 광해군 원년(1609) 국교가 재개됨에 따라 왜관에서의 교역도 재개되었다. 왜관에서의 官貿易은 매월 6회로 한정되어 있었고 교역량도 제한되어 있었으나, 私貿易과 密貿易이 성행하고 있었다. 특히 조선 상인들은 중국과 일본을 연결하는 仲介貿易으로 상당한 상업적 이윤을 누릴 수 있었다. 즉 중국에서 수입한 비단과 원사 및 조선산 인삼을 일본의 결제수단인 은과 구리, 특히 은과 교역하여 막대한 상업적 이윤을 획득하였다.[7] 이와 같은 과정을 통하여 축적된 상업자본은 17세기 후반의 국내 경제의 활성화에 크게 기여하였다.

이밖에도 17세기 중엽에 이미 실현되고 있던 工匠의 자유로운 생산활동에의 참여와 그에 따른 상품의 생산과 공급, 임노동층의 증가, 地代의 금납화 등이 이 시기 상공업 발달의 배경으로 언급될 수 있을 것이다. 아울러 명확하게 검증된 단계라고는 보기 어렵지만, 16세기 이후의 급격한 인구증가 현상 또한 상공업의 발달을 촉발시킨 한 요인으로 지적될 수 있을 것이다.[8]

---

5) 宋在璇, 〈16世紀 綿布의 貨幣機能〉(《邊太燮博士華甲紀念史學論叢》, 三英社, 1985).

6) 이 시기의 대외무역에 대해서는 李泰鎭, 〈國際貿易의 성행〉(《韓國史市民講座》 9, 一潮閣, 1991)이 참조된다.

7) 金鍾圓, 〈朝鮮後期 對淸貿易에 대한 一考察 一灣商의 貿易活動을 中心으로 〉(《震檀學報》 43, 1977).
吳 星, 《朝鮮後期 商人硏究》(一潮閣, 1989), 32~49쪽.
———, 〈朝鮮後期 人蔘貿易의 展開와 蔘商의 活動〉(《世宗史學》 1, 1992).

8) 韓榮國, 〈商工業 발달의 시대적 배경〉(《韓國史市民講座》 9, 一潮閣, 1991), 7~12쪽.

2) 시전의 변화

(1) 시전의 분화와 분쟁

서울을 비롯한 지방의 몇몇 대도시 지역에 존재하고 있던 市廛은 조선왕조 건국과 함께 창설된 이후 눈에 띌 만한 큰 변화는 보이지 않았다. 시전은 일정한 商稅를 납부하면서 官需品의 조달과 도시민의 생필품 공급 등의 기능을 수행해 오고 있었다. 정부로부터의 일정한 특혜를 받으면서, 또한 특별한 도전 세력이 없는 상태에서 고식적인 상행위를 하고 있었다. 이러한 현상은 17세기 이전까지는 별다른 변화가 없었다. 17세기 이전까지의 상업계는 시전상인들이 그 주류를 이루고 있었던 것이다.

특히 서울의 시전은 雲從街[9] 즉 鍾樓 양쪽의 長廊에 위치하면서[10] 상업의 중심적 역할을 수행하고 있었다. 대표적인 시전상인이라 할 수 있는 六矣廛 역시 이곳에 있었다. 그러나 이러한 상황은 17세기 이후 변화하기 시작하였다. 양란 이후 농촌을 떠나 도시지역, 특히 서울로 모여드는 사람들이 늘어나게 되었다. 이들은 도시의 임노동자가 되기도 하였으며 생계유지를 위해 상업에 종사하기도 하였다. 서울의 인구 증가는 상품의 소비와 수요를 크게 촉진시키게 되었고, 아울러 상업과 수공업의 발달을 자극하였다. '生民之業 京師以錢 八道以穀'[11]이라는 말이 있을 만큼 서울의 상품화폐의 유통은 이전과는 전혀 다른 양상을 보이게 되었다.

이러한 사정은 기존의 시전상업계에도 영향을 미치게 되었다. 서울의 지역적 공간이 확대되고 상품유통량이 증가하면서 하나의 시전으로 서울 시민의 수요를 충족시키지 못할 때에는 동일한 상품을 취급하는 새로운 시전이 창설되게 되었던 것이다.[12] 米廛이 上米廛·下米廛·門外米廛·麻浦米廛·西

9) 운종가는 오랫동안 生鮮廛으로 불리어오다가 18세기 중엽에 이르러 조선초의 옛 이름으로 불리어지게 되었다(《東國輿志備考》 권 2, 市街).

10) 樹軒居士, 《漢京識略》 2, 市廛.

11) 南公轍, 《金陵集》 권 10, 擬上宰相書.

12) 高東煥, 〈18세기 서울에서의 魚物流通構造〉(《韓國史論》 28, 서울大, 1992), 155쪽.

江米廛 등으로 구성되게 되었으며, 염전의 경우도 京鹽廛 · 마포염전 · 용산염전의 3개 廛으로 이루어지게 되었다. 어물전도 外魚物廛이 새로 창설되어 內魚物廛과 함께 둘로 분화되었다. 床廛은 서울 내에 12곳이 있을 정도였다. 기존의 시전 체계의 근간을 이루어왔던 '一物一市'의 원칙은 이미 지켜지기 힘든 상황이 되었다. 이처럼 하나의 물종을 취급하는 시전이 여러 곳에 신설되어 나뉘어지게 되는 것은 대체로 17세기 후반으로 보여진다.13)

동일 물종을 취급하는 시전이 여러 곳에 신설되자 유통지배권을 둘러 싼 시전간의 분쟁이 발생하였다. 물론 '一物兩市'라 하여도 대부분 각각의 시전이 독자적으로 운영된 것이 아니라 신설된 시전이 기존의 시전에 종속되는 것이 일반적이었다. 기존 시전의 주도하에 운영되면서 중앙 都會에서 이익을 배분하는 것이 보통이었던 것이다.14)

하지만 그렇지 않은 경우도 있었다. 현종 12년(1671) 새로이 창설된 외어물전이 세력가의 후원을 배경으로 유통지배권을 확대해 나가자 내어물전이 이를 견제하기 위해 외어물전의 적법성을 문제삼으면서 공격하였고, 외어물전은 이를 방어하는 형태로 분쟁을 벌이게 되었다. 내 · 외어물전간의 분쟁은 이후에도 魚物進排의 권리 등을 둘러싸고 수십 년간 지속되었다. 이 과정에서 정치세력의 후원을 업고 七牌 · 梨峴의 中都兒들과 결탁하면서 내어물전의 유통주도권에 도전한 외어물전은 순조 원년(1801) 육의전에 편입될 만큼 괄목할 만한 상업적 성장을 이루었다.15)

그러나 내 · 외어물전 모두 새로운 상인세력으로 떠오른 私商都賈와 치열한 경쟁을 벌여야만 하였다. 결국 이들은 육의전으로서 금난전권을 지니고 있었음에도 사상도고에 의해 성립된 유통체계를 수용하지 않을 수 없는 형편이 되었다.16) 이러한 현상을 낳게 된 요인으로는 상품으로써의 어물의 특성과 이에 따른 중도아와의 부득이한 결탁과 같은 판매상의 제약, 사상도고의 성장과 이들에 의한 유통과정에서의 시전상인 배제 등이 우선적으로 지

---

13) 高東煥, 위의 글, 155~156쪽.
14) 高東煥, 위의 글, 161쪽.
15) 高東煥, 위의 글, 161~184쪽.
16) 高東煥, 위의 글, 208쪽.

적될 수 있을 것이다. 그러나 또 다른 한편으로는 시전간의 장기간에 걸친 분쟁으로 말미암아 궁극적으로는 시전상인이 상호간의 상업적 능력과 힘을 한 곳으로 결집시키지 못한 채, 새롭게 편성되고 있던 유통체계와 질서에 효과적으로 대응하지 못하였던 것이 원인 가운데 하나가 아니었나 여겨진다.

시전인의 상호 분쟁은 미곡전의 경우에서도 나타났다. 17세기 후반 서강미전과 마포미전·문외미전 등이 신설되면서 상미전을 비롯한 미곡전 간의 분쟁은 장기간에 걸쳐 지리하게 계속되었다. 분쟁의 원인은 廛基와 字內收稅, 판매 품목 문제 등이었다. 이들의 분쟁은 결국 미곡시전의 상업적 세력의 약화를 초래하게 되었고, 미곡전인들은 시전간의 연합이나 상업적 연계의 모습을 보이지 못한 채 미곡유통의 주도권을 미곡사상에게 넘겨주게 되었다.[17]

(2) 난전의 대두와 금난전권의 성립

서울을 대표로 하는 도시 지역에서의 상공업 발달은 기존의 시전상인이나 공인과 같은 특권상인 이외의 새로운 상인층의 대두로 이어졌다. 이른바 亂廛을 벌이고 있던 상인들이 바로 그들이다.

이들은 몇 가지 유형으로 나누어 살펴진다.[18] 먼저 서울과 서울 근교에 있던 독립 자영수공업자와 상업적 농업에 종사하고 있던 농민들을 들 수 있다. 경공장과 외공장의 폐지와 工匠成籍制가 붕괴되면서 서울 안팎에는 상당수의 독립 자영수공업자가 존재하고 있었다. 이들은 관청이나 권문세가의 삯일보다는 상품생산자로 나서는 경우가 많았으며, 자신의 상품 제조장을 갖고 은밀하게 영업에 종사하고 있었다.

17세기 후기이래 서울을 비롯한 도시 근교지역에서는 소채류를 비롯한 상업적 작물을 경작하여 이를 시장에 내다 파는 사람들이 증가하고 있었다. 또한 서울 근교의 농민들은 미곡을 상품화하거나, 땔감을 팔아 살아가던 사람들이 많았다. 독립 수공업자나 상업적 농업에 종사하던 농민들 모두 자급자족을 위해서 보다는 시장에서의 판매를 통한 이익의 추구가 목적이었음은

17) 이에 대해서는 吳 星, 앞의 책, 110~132쪽 참조.
18) 이하 난전의 유형에 대해서는 金泳鎬, <朝鮮後期에 있어서의 都市商業의 새로운 展開>(《韓國史硏究》 2, 1968), 32~40쪽 참조.

말할 것도 없다. 이들은 비록 영세한 상인들이었지만, 도시 상업계의 저변을 형성하면서 소비자층과 밀착, 시전상인의 전매특권을 잠식해 들어갔다.[19]

난전 가운데에는 사상도고에 의한 난전이 가장 지배적이었다. 이들이 언제부터 대두하기 시작하였는지는 분명하지 않지만, 17세기 전반기에 이르면 이들의 세력은 이미 시전 상업계를 위협할 정도가 아니었나 짐작된다. 인조 17년(1639) 綿紬廛과 난전의 대립이 있었으나 난전의 저항이 거세어 시전인이나 관청에서도 어찌할 수 없었던 일도 있을 정도였다.[20]

사상도고는 비교적 큰 규모의 자본을 가지고 매점적인 상업 활동을 벌임으로써 시전상인에 대항해 나갔다. 이들은 서울로 들어오는 상품을 도집한다든가, 지방의 상품 생산지나 장시에 직접 나가서 물품을 선대제적으로 독점하는 방식 등에 의해 상품유통의 주도권을 장악해 나갔다. 생산지와 소비지를 연결하는 광범한 매점망을 구축한 사상인들의 도고 행위는 결국 시전상인의 특권적 상업 행위에 막대한 타격을 주게 되었다.

서울 시내에 들어오는 상품을 매점, 판매하고 있던 시전상인들로서는 물품 조달의 새로운 돌파구를 열지 않을 수 없었다. 그 결과는 금난전권의 성립으로 나타났다. 금난전권은 시전상인들이 가졌던 일종의 전매특권으로서, 평시서와 한성부에 廛案物種으로 등록하여 일반 상인이나 다른 시전상인들이 그들이 판매하는 물품을 팔 경우 이를 난전으로 규정, 상행위를 규제할 수 있는 권리였다. 금난전권이 성립되게 된 배경에는 정부측의 형편도 작용하였다. 양란 이후의 재정적 어려움을 타개하는 방책의 하나로 상공업 분야에서의 세원을 구하려는 움직임이 나타나게 되었고, 그 결과 비교적 규모가 큰 시전에 금난전권을 인정하고 대신 국역이라는 명목으로 종래의 시전세보다 높은 부담을 지우게 되었던 것이다.

금난전권이 언제부터 어떠한 시전상인에게 주어졌는지는 확실하지 않다. 다만 초기에는 시전 가운데에서도 국역의 부담이 큰 시전, 다시 말해 육의전에게만 금난전권이 주어졌다가 그 범위가 점차 확대되어 가지 않았나 짐작된다. 상업이 발달하면서 다른 시전들도 상업적 이익을 남길 수 있는 권한을

19) 姜萬吉, 〈商品經濟의 發達〉(《한국사》 13, 국사편찬위원회, 1976), 341쪽.

20) 《承政院日記》 70책, 인조 17년 8월 23일.

가지기를 원했고, 정부도 금난전권을 가진 시전이 많아질수록 국역의 수입이 증가하므로 이를 계속 허가해 주고 있었다.[21] 금난전권을 가진 시전이 점차 증가하게 된 것은 자연스러운 결과였다. 18세기 후반 서울의 경우 시민들의 생활용품이 모두 금난전권의 대상이 될 정도였다.[22]

한편 난전은 반드시 비시전상인들만이 아니었다. 시전상인 내에서도 다른 시전의 물품을 판매할 경우는 난전으로 취급되었다. 床廛과 帽子廛간의 난전 분쟁이나 立廛과 綿紬廛간의 난전, 앞서 언급한 바의 여러 미곡전이나 내·외어물전간의 상업적 분쟁과 갈등 등이 그 좋은 예이다. 조선의 상업계는 난전의 광범한 등장과 이에 맞선 시전상인의 금난전권의 행사로 새로운 국면을 맞게 되었던 것이다.

(3) 금난전권의 강화와 상권경쟁

정부와 시전상인간의 상호 이해에 따라 성립된 금난전권은 점차 강화·확대되어 가는 추세에 놓이게 되었다. 시전상인들이 그들의 상권을 유지·강화하기 위한 목적에서 그리 되었음은 말할 나위도 없다. 또한 17세기 이후 수공업의 기술이 발달하면서 새로운 물품이 상품화되거나, 혹은 기존의 상품이 새롭게 가공되어 신상품으로 등장하는 현상이 발생하였다. 이러한 현상은 곧 상품의 다양화로 이어졌으며, 이러한 물품들을 취급하는 새로이 허가 받은 시전도 증가하게 되었다. 자연 금난전권을 가진 시전이 늘어나게 되었음은 물론이다.

시전의 금난전권이 확대·강화됨에 따라 시전상인들은 물품의 독점적인 판매에만 만족하지 않았다. 시전상인들은 수공업자의 가공상품의 원료를 독점하여 수공업자를 자신들에게 예속시키려 하였다. 수공업 원료에 따라서는 본래부터 시전상인의 물종으로 市案에 등록되어 있었던 것도 많았다. 따라서 이러한 물종은 반드시 시전에서 구입해야만 했으며 그렇지 않을 경우에는 난전으로 취급되었다.[23]

뿐만 아니라 시전상인들은 수공업자의 생산품에 대한 전매권을 확보함으

---

21) 崔完基, 《조선시대 서울의 경제생활》(서울市立大 서울학연구소, 1994), 53~54쪽.
22) 崔完基, 위의 책, 54쪽.
23) 宋贊植, 《李朝後期 手工業에 관한 硏究》(서울大 韓國文化硏究所, 1973), 22쪽.

로써 생산자와 소비자를 격리, 이윤을 극대화하려 하였다. 시전상인들은 수공업자들이 제품을 소비자나 다른 상인에게 공급하지 못하도록 통제하고 있었다. 즉 제품을 本廛에게만 판매하도록 강요하였던 것이다. 시전상인의 물종으로 시안에 등록되어 있던 물품에 대해서는 생산자들이 자유스럽게 판매할 수가 없었고 본전상인의 통제를 받도록 되어 있었다.[24] 요컨대 시전상인들은 원료와 제품에 대한 규제를 가함으로써 수공업자에 대한 철저한 상업적 통제를 꾀하였던 것이다.

이 같은 시전상인들의 움직임에 대하여 가장 민감한 대응을 한 사람들은 도시, 특히 서울의 수공업자들이었다. 이들은 본래 工曹·司饔院·造紙署·繕工監·尙衣院 등 관청 소속의 장인이거나 혹은 군인들이었다. 또한 이들은 생산에 필요한 도구를 가지고 있는 소상품 생산자들이었으나, 시장의 확대와 사회적 분업의 촉진에 따른 새로운 상품 수요의 증대로 말미암아 상품 생산에 진력하려는 움직임을 보이고 있었다.[25] 이들은 주변 여건의 성숙에 따라 자유로운 판매를 위한 목적으로 도성 내외에서 각종의 상품 생산에 힘쓰게 되었다.

하지만 이들의 움직임은 곧 시전상인들로부터 제약을 받게 되었다. 상인들은 시장통제를 통하여 이들의 활동을 억누르려 하였다. 시전상인들은 수공업자로 하여금 그들의 제품 원료를 시전에서만 구입하도록 강요하였다. 수공업자가 시전에서 구입하는 상품은 최고 가격을 지불해야 했고, 시전에 판매하는 상품은 최저 가격을 받아야 했다.[26] 금난전권이 이들의 상업적 횡포의 근거였음은 물론이다.

금난전권을 가진 시전이 증가하면서, 수공업자의 원료와 제품이 市案에 등록되는 예가 늘어나게 되었다. 이는 곧 시전상인에게는 독점적으로 취급하는 물종이 증가하는 것인 만큼 유리한 것이었지만, 수공업자에게는 그 반대였다. 예를 들면, 17세기 후반 凉臺의 제조와 판매는 성외의 의탁할 곳이 없던 寡女와 砲手妻가 담당하고 있었다. 하지만 이들은 시안에 등록하여 市役에

24) 宋贊植, 위의 책, 29쪽.
25) 宋贊植, 위의 책.
26) 宋贊植, 위의 책, 11쪽.

웅하기는 어려운 처지에 있었다. 결국 이들의 양대 제조·판매는 원료의 독점권을 가진 凉臺廛 市民에 의해 적발되었고 이어 난전으로 고발되기에 이르렀다.[27] 이러한 현상이 계속되자 수공업자들은 시전상인들의 움직임에 맞서 독자적으로 시전을 개설하려 하였고, 이러한 상황 속에서 양자간의 상권 경쟁은 치열하게 전개되었다.

한편 시전상인의 금난전권에 의한 독점적 물품 매매는 물가의 상승을 초래하였고, 이에 따라 도시민의 생계에 큰 타격을 주게 되었다. 즉 금난전권의 확대와 강화에 따라 도시민의 생활물품의 대부분이 시전의 전매품이 되었으며, 그 결과 물가가 앙등하여 도시민의 생활에 큰 위협을 초래하게 되었던 것이다.[28] 또한 자본력이 미약한 도시의 영세상인이라든가 근교 농촌지역의 소생산자나 소농민의 자유로운 생산과 판매에도 지장을 가져오게 되었다. 결국 금난전권이라는 특권은 시전상인들의 상업적 성장에는 도움이 되었지만, 도시민 특히 빈민층과 주변의 농촌민들에게는 그들의 생활에 적지 않은 영향을 끼치게 되었다. 금난전권의 발동에 대한 이들의 반발과 저항이 예상되는 상황이었다.

3) 공인과 공계

(1) 공납제의 개혁과 공인의 등장

조선 초기에 정비된 貢納制는 '任土作貢'의 원칙에 따라 각 지방의 토산물을 현물 그대로 중앙에 직납하는 것으로서 현물재정체계의 근간을 이루는 것이었다. 그러나 공납제는 제도와 운영 면에서 많은 문제점을 안고 있었다.[29] 면

27) 《承政院日記》 304책, 숙종 10년 6월 23일.
28) 姜萬吉, 앞의 글, 327쪽.
29) 공납제의 문제점에 대해서는
田川孝三, 《李朝貢納制の硏究》(東洋文庫, 1964).
宋正炫, 〈李朝의 貢物防納制〉(《歷史學硏究》 1, 1962).
金玉根, 《朝鮮後期經濟史硏究》(瑞文堂, 1977).
金鎭鳳, 〈朝鮮初期의 貢物代納制〉(《史學硏究》 22, 1973).
———, 〈朝鮮前期의 貢物防納에 대하여〉(《史學硏究》 26, 1975).
高錫珪, 〈16·17세기 貢納制 개혁의 방향〉(《韓國史論》 12, 서울大, 1985) 참조.

저 제도적인 면에서의 문제점을 보면, 貢額이 한번 정해지면 장기적으로 고정되어 있어 引納이나 別用 등 별도의 收支 마련책이 강구될 수밖에 없었다. 특히 연산군 시대를 거치면서 可定 · 引納 · 別例 · 市貿 등이 경비 조달책의 주류를 이루게 되었고, 橫看 이외에 別用 · 雜用이 상시적 행위가 되어버려 기존의 공안 · 횡간에 의한 예산제는 사실상 그 의미를 상실하고 말았다.[30)]

더욱이 不產貢物의 分定, 즉 해당 지방에서 산출되지 않는 물품이라 하더라도 공물로 정해진 후에는 民戶가 공물 납부를 피할 수가 없었다. 이는 공물 분정의 원칙인 '임토작공'의 정신에 어긋날 뿐만 아니라, 防納의 길을 열어 주게 되는 근원적 요인으로 작용하고 있었다. 백성들의 피해가 대단하였음은 물론이다. 따라서 공안의 개정을 통한 不產貢物의 조정은 항시 공납제 개혁의 최대의 현안으로 대두되고 있었다. 또한 공물 분정에 있어서 최종적인 부담자인 민호에 대한 부과규정이 명백하게 정해져 있지 않았던 까닭에 수령이나 향리의 임의에 맡겨지는 경향이 많았다.

공납제의 실제적 운영 면에서도 많은 문제점이 드러나고 있었다. 공물 상납과정에서 點退와 방납으로 표현되는 비리행위가 광범하게 행해지고 있었다. 상납물자에 대한 看品 과정에서 점퇴라는 수단을 통하여 비리행위가 벌어지고 있었고,[31)] 당대의 권력자들도 공물 수취체계를 모리의 수단으로 이용하면서 지방 수령들에게 방납을 강요하고 있었다.[32)] 방납업자들 또한 各司와 결탁하여 불법적인 방납 행위를 행하고 있었다. 방납이 성행하면서 이에 관계되는 계층과 대상 공물이 확대되어 감에 따라 사대부는 물론 왕실이 관여하는 현상까지도 벌어졌다.[33)] 조선초의 공납제가 안고 있던 모순과 폐단이 심화되면서 공납제는 권력자와 상인 · 양반지주층이 결탁하여 代納에서 형성되는 이득을 독점 · 분배하게 되는 수단으로 변질되었으며,[34)] 방납의 폐단으로 빚어지는 막대한 防納價의 부담은 모두 궁극적 공물납부자인 민호의 몫이었다.

---

30) 高錫珪, 위의 글, 180쪽.
31) 高錫珪, 위의 글, 177~178쪽.
32) 《明宗實錄》 권 13, 명종 7년 10월 갑진.
33) 《宣祖實錄》 권 171, 선조 37년 2월 정유.
34) 李景植, 〈16세기 地主層의 動向〉(《歷史敎育》 19, 1976), 153~162쪽.
高錫珪, 앞의 글, 182~183쪽 참조.

이와 같이 공액의 고정화와 可定, 不産공물의 분정과 방납의 폐해 등으로 부각된 공납제의 모순과 폐단에 대한 개혁 작업은 16세기이래 시대적 과제로 대두하게 되었다. 공안의 개정과 방납의 근절이라는 방향에서 추구되어 온 공납제 개혁론은 17세기 중엽에 이르기까지 토지소유구조의 개편, 상품화폐경제와 수공업의 발달 등 사회경제적 변동을 흡수하면서 지속적으로 제기되어 왔다. 대동법의 시행은 바로 이와 같은 오랜 기간에 걸친 공납제 개혁의 제도적 구현이었다.[35]

한편 조선 초기에 성립된 공납제는 앞에서 살펴 본 바와 같은 많은 문제를 야기시켰지만, 京市와 지방 장시를 중심으로 한 공물의 구매 상납이 지속되면서 이를 전업적으로 담당하는 새로운 상인층의 형성을 낳았다. 防納私主人으로 불리는 이들은 방납권을 지니고 유통망과의 접촉, 유통사정의 인지 및 일정한 자본의 축적을 통해 代納請負商人으로 성장하였다. 공물의 매매는 공납제의 실현이라는 부세운영적 측면과는 별도로 유통경제를 통한 상업구조를 형성시켰던 것이다.[36] 이는 곧 16세기를 거치면서 활발하게 전개되었던 공물 방납이 이 시기의 사회경제적 변동과 부세 운영간의 연계적인 구조하에 형성된 산물임을 뜻하는 동시에 상업·유통경제의 발전과정을 말해주는 것이기도 하다.[37]

그렇기는 하지만, 방납은 任土作貢의 원칙에 위배되는 불법행위였으며, 방납권 역시 합법화된 권리는 아니었다. 방납이 성행할수록 방납을 둘러싼 분쟁은 빈번해졌고, 高價의 방납가 지불은 민호의 곤궁함을 더욱 가중시키게 되었다. 미·포의 화폐적 富도 정부의 통제에서 벗어나는 결과를 가져오게 되었다.[38] 결국 조선 정부는 대동법이라는 새로운 부세제도의 시행을 통하여 16·17세기에 전개되었던 공물 방납체계의 모순과 한계를 극복하려 하였고, 이 과정에서 정부의 통제하에 놓여지는 공물 청부업자, 즉 貢人이라는 상인층이 등장하게 되었다. 大同法 실시의 주요 원인이 공납제의 폐단을 막음으

35) 劉元東, 《韓國近代經濟史硏究》(一志社, 1977), 67~75쪽.
高錫珪, 위의 글, 228~229쪽.
36) 이지원, 앞의 글, 513쪽.
37) 이지원, 위의 글, 472~473쪽.
38) 이지원, 위의 글, 513쪽.

로써 농민의 부담을 줄이고 정부의 稅收를 증대시키려는 데에 있던 만큼, 대동법의 시행과 함께 기왕의 공물 상납형태의 주류를 이루고 있던 방납은 새로운 공물 청부제로 대체되어야만 하였다. 祭享·御貢 및 제반 經用의 조달은 京貢主人에게 給價하여, 공인으로 하여금 물품을 구매·조달케 하는 방식으로 변환되었다.[39] 자연히 官府의 수요품 조달은 공납제 시기의 방납 대신 공인의 공물 구매활동에 의해 이루어지게 되었다.

공인은 관으로부터 정식의 허가를 받고, 정부가 공물로 받은 대동미와 대동포·전 등을 지급 받아 관부의 수요품을 구입·조달하는 특권상인이었다. 따라서 공물 납부자인 농민과 수취자인 관부의 중간에서 특정 지역의 공물을 구입, 납부한 후 해당 지역민으로부터 높은 대가를 징수하는 불법적인 이득을 취하고 있던 공납제 시기의 방납인과는 법적인 면에서나 상인의 성격 면에서 동질적인 존재가 아니었다.

(2) 공계의 구성과 조직

공인은 대동법 시행에 따라 새롭게 등장한 상인이었지만, 시전상인과 함께 이 시기 도시 상인, 특히 서울 상인의 주축을 이룰 정도로 빠른 상업적 성장을 이루어 나갔다. 여기에는 공인에 의한 공물 청부제를 실시하면서 정부가 市價보다 훨씬 후한 貢價를 책정, 先給하는 등 공인에 대한 경제적 지원책을 펴나갔던 데에 큰 원인이 있었다. 따라서 공인이 된다는 것은 상당한 상업적 이윤을 보장받는 것으로 인식되었고, 자연히 공인이 되려는 사람들도 여러 계층에서 나오게 되었다.

하지만 공인의 구체적인 인적 구성에 대해서는 상세하게 밝혀져 있지 못하다. 기록에 따르면, "…坊民을 택하여 주인으로 정하고 (貢)價를 優定하여…"[40]라 되어 있으나 이때의 방민이 구체적으로 어떠한 사람들이었는지는 분명하지가 않다. 다만 이후 공인의 역할을 수행하던 사람들을 살펴보면, 공인 가운데에는 위의 '방민' 이외에도 시전상인이나 匠人·其人·京主人·營主人 등이 공인으로서 공물 청부에 나서고 있었으며, 기왕의 방납인 중에도 공인

39) 《萬機要覽》 財用篇 大同作貢.

40) 《續大典》 戶典 稅貢.

으로 전환되어 간 사람들도 다수 있었을 것으로 짐작된다. 공물을 납부할 수 있는 권리인 공인권이 점차 특권화되면서 고가로 매매되기에 이르면 私商이나 양반 사대부들도 공인권을 매입하여 공물 청부업에 직·간접으로 관여하는 현상도 벌어지게 되었다.[41]

공인은 貢價라 불리는 공물 구매가를 지급 받았는데, 공가는 대동미 혹은 대동미를 作錢한 화폐로 지급되었다. 공가는 공인의 조직인 貢契에 주어졌다. 공계의 종류는 시대에 따라 존폐를 거듭한 까닭에 일정한 수가 유지되지는 않았다. 또한 이들이 공물청부업에서 차지했던 비중도 분명하게 말하기는 어렵다. 다만 정조 2년(1778) 各廛과 各契에 지급된 別貿공가의 액수를 보면, 공인이 조달한 액수가 70%를 상회하고 있는 것으로 미루어 공물납부에서 공계가 차지하고 있던 비중의 일단을 짐작해 볼 수가 있다.

공인들로 이루어지는 공계가 어떠한 형태와 조직, 규모로 구성되었는지도 확언하기는 어렵다. 대체로 적게는 수명으로부터 많게는 수십 명, 혹은 그 이상의 공인들로 구성되었던 것으로 여겨지지만, 상인조합을 결성하고 있던 시전상인의 예라든가 목재 조달 공인이었던 外都庫貢契의 경우를 통하여 공계의 내부적 구성의 일단을 살펴볼 수 있지 않을까 한다.

일반적으로 상인들의 조합조직인 '都中'을 구성하는 제일 요소는 조합원인 都員의 가입 자격이었다.[42] 시전의 경우 각전마다 연고가 가장 밀접한 자를 우선 가입시켰으며, 전혀 연고가 없는 사람에 대해서는 도원의 총회에 회부하여 엄격한 전형을 거쳐 가입 여부를 결정하였다.[43] 육의전의 하나인 立廛이 혈연을 중심으로 한 강한 단결력을 가지고 있었던 것으로 알려지고 있다.[44] 하지만 시전 중에서도 성립 당시의 사정이나 구조적 특질에 의해 반드시 비혈연자의 가

41) 이러한 현상에 대해서는
吳美一, 〈18·19세기 貢物政策의 변화와 貢人層의 변동〉(《韓國史論》 14, 서울大, 1986).
——, 〈18·19세기 새로운 貢人權·廛契 창설운동과 亂廛活動〉(《奎章閣》 10, 1987).
金東哲, 《朝鮮後期 貢人硏究》(韓國硏究院, 1993) 참조.

42) 劉元東, 앞의 책, 153쪽.

43) 위와 같음.

44) 劉元東, 위의 책, 155쪽.

입을 배제하지는 않았던 경우가 있듯이,[45] 禮錢으로 불리는 신입 도원의 입회금에 등급을 설정하면서 비혈연자의 가입을 당연시하는 시전도 있었다.[46]

공인 조직인 貢契도 각 계의 특성에 따라 각기 다른 모습을 띠고 있던 것으로 보인다. 공인조합은 입전 시민과 같은 혈연적 유대도 없고, 단결도 시전 정도로 강하지 않았다는 견해[47]처럼 시전보다는 혈연적 유대관계나 조직의 공고함 면에서 미약했던 공계도 존재하였을 것이다. 貢人權의 매매가 광범하게 이루어지게 되는 시점에 즈음해서는 더욱 그러하지 않았을까 짐작된다. 그렇지만 외도고공계의 경우를 보면, 신입 계원의 선정 기준은 혈연적인 관계가 우선적으로 중시되었다. 이러한 기본 정신은 연고자와 무연고 신규자간의 가입 자격에 여러 순위를 규정하는 동시에, 가입금에 대해서도 상당한 차이를 둠으로써 구체화되었다.[48] 요컨대 공계의 경우도 시전의 경우처럼 공계 성립 당시의 사정이나 해당 공계의 변천 과정에 따라 일률적이라기 보다는 보다 다양한 형태의 모습으로 존재하고 있지 않았나 여겨진다.[49]

공계의 조직은 이원적인 체계로 이루어져 있던 것으로 짐작된다. 외도고의 경우 원로층인 首席·任席·領位와 실무층인 大房所任·別任·房使喚·京庫次知·江次知·助哀次知·文書次知·戶曹次知 등으로 구성되어 있었다.[50] 각 次知들은 각기 공계의 업무를 상호 분담하면서 또한 견제하고 있었다.[51]

공계를 유지하는 조합원의 자본금 출자는 불균등 출자의 형태를 띠는 것이 일반적이었던 것으로 여겨진다. 그렇지만 공계에 따라서는 불균등 출자의

---

45) 吉田光男, 〈李朝後期ソウルの米商人組合「米廛」について－1791年の辛亥通共前後を中心に－〉(《史潮》 新 17號, 1985), 177쪽.

46) 金東哲, 앞의 책, 89쪽.

47) 田川孝三, 〈貢人關係文書について〉(《夏博士還曆記念東洋史論叢》, 山川出版社, 1975), 278~279쪽.

48) 金東哲, 앞의 책, 87~88쪽.

49) 초기에 혈연적인 유대관계가 강했던 외도고의 경우에도 공계의 자금부족에서 오는 현실적 문제를 타개하기 위하여 연고가 없는 신규가입자의 가입금을 점차 하향 조정한 사실도 공계의 인적 구성상의 성격이 항상 일정하지는 않았음을 보여주는 좋은 예일 것이나(金東哲, 위의 책, 86~89쪽).

50) 金東哲, 위의 책, 90쪽.

51) 육의전 중 하나였던 입전의 경우를 보면, 上公員에 大行首·都領位·首領位·副領位·次知領位·別任領位가 있었으며, 下公員으로 實任·矣任·書記·書寫 등이 있었다. 이들의 직임과 기능에 대해서는 劉元東, 앞의 책, 157~159쪽 참조.

초기 형태를 유지하던 경우도 있었겠지만, 불균등 출자로부터 균등 출자로 전환되는 현상을 보이기도 하였다. 외도고의 경우가 그러하였다. 불균등 출자로부터 균등 출자로의 전환은 초기의 출자 형태가 어떠하였든, 점차 불균등 출자로 발전해 나가는 상인 조직의 일반적 출자 형태의 추세에 역행하는 것일 뿐만 아니라 그만큼 당해 공계의 商勢가 위축, 쇠퇴해가고 있었음을 말해주는 것이라 하겠다.[52]

(3) 공인의 공물상납

대동법이 실시됨에 따라 현물로 징수되던 공물은 대동미·포·전으로 바뀌어져 납부되었다. 공인은 정부로부터 이들 대동미·포·전을 공가로 지급받아 관부의 수요품을 구입, 상납하였다. 공인의 공물 상납에는 정기적으로 조달하는 元貢과, 원공만으로 부족한 경우 혹은 공안에 들어있지 않은 새로운 물품을 조달하는 別貿의 두 가지 형태의 방법이 있었다.[53] 元貢價는 원칙적으로 선혜청에서, 別貿價는 호조에서 각각 지급하도록 되어 있었다.

各貢이라 칭해졌던 원공은 선혜청과 지방 6도에 57공이 있었으며, 진휼·상평·균역 3청에 17공이 있었다. 이 가운데 貢契人이 담당하고 있던 공납은 선혜청과 지방 6도의 57공 중 16공, 3청의 17공 중 7공 등 모두 23공이었다.[54] 공계인이 상납하던 총액은 3청 소관의 공인계의 경우 米 2,741石 2斗 6合, 木 14同 32疋, 布 2同 48疋 17尺 5寸, 錢 332兩 2錢으로서, 이는 3청 각공의 총액 가운데 米 85%, 木 100%, 布 2%, 錢 100%에 해당되는 대단한 액수였다.

별무는 원공에 없는 물품을 조달키 위한 無元貢別貿와 원공만으로 부족할 때에 부족량을 보충하는 有元貢別貿의 두 가지 형태가 있었다. 별무는 본래 관부의 필요에 따라 부정기적으로 공물을 조달하는 것이었으나, 각공계의 별무에 따라 1년에 1회 내지 4회에 걸쳐 납품의 기한과 물품의 종류, 수량 등

---

52) 金東哲, 앞의 책, 103쪽.

53) 후대에 가면 공가의 지출을 줄이려는 정부의 의도에 따라 공물정책은 원공에서 별무로, 별무에서 私貿의 방향으로 전환되어 갔다. 이에 대해서는 吳美一, 앞의 글(1986), 121~131쪽 참조.

54) 《萬機要覽》 財用篇 各貢 및 賑恤·常平·均役 3廳.

을 고정하기도 하였다.[55] 일반적으로는 수시로 貿入하는 경우가 대부분이었다.[56] 아울러 별무는 '遺在'와 '加用'에 따라 운영되도록 되어 있던 것으로 보인다. 즉 상납 물품이 적음에도 불구하고 여유분이 남아 있을 때에는 그 遺在分에 따라 구입량을 감소시키거나, 상납 물품이 많음에도 물품량이 부족할 때에는 加用을 통하여 부족분을 마련하는 방식으로 운영하는 것이다. 그렇지만 유재와 가용의 기본 원칙이 실제적인 공물 상납 과정에서 얼마만큼 적용되고 반영되었는지는 의문이다.

또한 별무는 당해 년도의 사정에 따라 상 · 중 · 하의 등급에 의해 조달되었다. 예를 들면 정조 2년(1778)의 경우에는 상등 최다년분의 별무를 조달하였고, 정조 9년에는 중년의 별무를 조달하였으며, 정조 22년에는 하등 최수년의 별무를 조달하였다.[57] 이 가운데 공계인이 납부한 액수는 해당 년도의 各廛 各契의 별무 총액 중 대략 78~87% 정도를 차지하는 높은 비율을 보이고 있다.[58] 공물 상납에서 공인이 점하고 있던 경제적 비중이 어느 정도였는가를 잘 말해주는 예가 아닐까 한다. 이외에도 공인들은 중국에 보내는 歲幣와 方物 가운데 지물류와 피물류 · 白紬 · 紅紬 · 綠紬 등 紬布類와 화문석 등의 일부를 조달하기도 하였다.

이상에서 살펴 본 바와 같이 공인들은 원공과 별무를 중심으로 공물 상납량의 대부분을 차지할 만큼 활발한 공납 청부 활동을 벌이고 있었다. 이들에게는 상품을 매입 · 확보하는 과정에서도 특권이 주어지고 있었고, 독점적인 官需品 조달권도 보호받고 있었다.[59] 또한 정부가 지급하는 공가도 대동미 · 포 · 전이 여유있게 확보되어 있어서 시가보다 후한 가격으로 책정되었다. 따라서 이들은 자본을 축적할 수 있는 유리한 조건들을 갖추고 있는 셈이었다. 실제로 공인들은 특권적인 공물 조달과 독점적 상품 매집을 통하여 상업자본을 축적해 나갔다. 수공업 제품을 조달하는 과정에서 匠人을 고용하여 제조한다거나, 공물의 독점적 조달권을 배경으로 시중의 상품을 매점하는 都賈

---

55) 《萬機要覽》 財用篇 各廛.
56) 《萬機要覽》 財用篇 戶曹貢物.
57) 위와 같음.
58) 劉元東, 앞의 책, 97~100쪽.
59) 姜萬吉, 앞의 글, 336쪽.

의 형태로 상업적 이윤을 취해 나갔다.

그러나 이들이 지속적인 상업적 성장을 이루기에는 장애 요인도 적지 않았다. 이들은 기본적으로 대동법이라는 정부의 공납제 개혁책에 따라 형성된 상인들이었다. 다시 말해 공인은 정부의 공물 정책의 변화에 따라 그들의 경제적 처지와 형편이 좌우될 수 있는 소지를 당초부터 안고 있던 사람들이었다. 따라서 그들에게 주어졌던 특권과 정부의 보호·지원이 지속적으로 보장되지 않는다면 공인의 활동은 위축될 수밖에 없는 것이었다. 공인은 초기에는 공인자본을 형성하면서 상인으로서의 경제적 성장을 이루어 나갔다. 하지만 후대로 갈수록 공가는 시가보다 싼 가격으로 책정되게 되었고, 無價上納 등과 같은 각종의 貢弊가 빈번하게 발생하였다.

또한 공인은 과거시험의 비용을 충당하는 應辦을 비롯한 국역의 부담도 지고 있었다. 별무공인의 경우에는 '先進排 後受價'라 하여 먼저 공물을 납부한 후 공가를 지급받도록 되어 있었다. 원공공인 또한 먼저 공가를 지급받는 것이 상례였으나, 그렇지 않은 경우도 있었다.[60] 이러한 사정 속에서 공인이 형성 초기와 같이 지속적인 이윤을 획득하리라는 것은 기대하기 어려운 일이었다.[61] 결국 공인 가운데에는 공계를 떠나는 사람들이 나타나게 되었고, 심지어는 공계 자체를 해체하는 일까지도 생겨나게 되었다. 이러한 현상은 다름 아닌 정부의 공물정책의 변화를 극복하기 어려웠던 공인의 태생적 한계에 의한 것이었다.[62]

공인의 경제적 위축과 쇠퇴는 광범하게 성장하고 있던 사상들의 활동에 기인된 바가 컸다. 사상들은 생산지에 나아가 대금을 선불하고 상품을 매점

60) 關東蔘契貢人의 예가 그러하였다(《備邊司謄錄》 권 160, 정조 3년 3월 9일).

61) 韓㳓劤, 〈李朝後期 貢人의 身分 －大同法 實施以後 貢納請負業者의 基本 性格－〉(《學術院論文集》, 인문사회과학편 5집, 1965).
———, 〈李朝後期의 其人 －柴炭貢物主人의 實態－〉(《亞細亞學報》 1, 高麗大, 1965) 참조.

62) 그럼에도 대다수의 공계는 계속해서 존속되었다. 이는 공가에만 의존하던 공인들은 18세기 이후 도태되어 갔으나, 상품 유통 과정에 적극 개입하면서 공가 자체보다 공인권이 보장해주는 특권을 상업 활동에 활용해 보려는 사람들이 등장하게 된 때문이었던 것으로 이해된다(吳美一, 앞의 글(1986·87) 및 鄭亨芝, 〈朝鮮後期의 貢人權〉, 《梨大史苑》 20, 1983, 참조).

하는 방식 등을 통하여 공인의 공물 청부 활동에 심대한 타격을 주면서 경제적 우위를 점하여 나갔다. 원공→별무→사무의 방향으로 전환된 정부의 공물정책 역시 실질적으로는 사상층에 의해 주도된 상품유통경제의 발달이라는 사회경제적 조건의 변화와 성숙에 뒷받침된 것이었다.[63]

4) 장시의 발달

(1) 장시의 형성과 확산

場市는 상인과 각 지방의 농민·수공업자 등 생산자층에 의한 상품생산과 이들 상호간의 직접적 교역이 이루어지던 농촌의 정기시장이다.[64] 조선 시대의 장시는 15세기 후반 전라도 지방에서 성립된 후 상업에 대한 억제책과 시전 상인의 보호 차원에서 억압되었으나, 16세기에 들어서는 각도와 읍으로 확산되어 전국적으로 개설되기에 이르렀다. 중종 13년(1518) 무렵에는 방방곡곡에 장이 서지 않는 곳이 없다 할 정도였다.[65] 장시는 양란을 거친 17세기 중엽 이후 수적으로 크게 증가하여 교통의 요지나 물화의 집산지 이외에 외진 산간에까지 확산되고 있었다.

이와 같은 장시 개설의 확산에는 16세기에 마련되고 있던 사회경제적 발달의 여러 요인들에 힘입은 바가 컸다. 이 시기의 조선 사회는 連作常耕 등 새로운 농법 개발에 따른 생산력의 증대와 지주들에 의한 광범한 토지 집중이 이루어지고 있었으며, 면포의 생산 증가, 공물 방납의 성행 등 유통경제가 본격적인 발달의 지평을 열고 있었다.[66]

---

63) 姜萬吉, 《朝鮮後期 商業資本의 發達》(高麗大 出版部, 1973).
吳美一, 앞의 글(1986·87) 및 吳 星, 앞의 책 참조.

64) 金大吉, 《朝鮮後期 場市硏究》(國學資料院, 1997), 21쪽. 이하 장시에 관한 서술은 金大吉, 위의 책에 주로 의거하였다. 한편 정기시장의 개념에 대해서는 이재하·홍순완, 《한국의 場市》(民音社, 1992), 21~24쪽이 참고된다.

65) 《中宗實錄》 권 31, 중종 13년 정월 임사.

66) 이와 같은 16세기의 사회경제적 변화에 대해서는 姜萬吉, 〈조선왕조사에 있어서 16세기의 변화〉(《한국사》 12, 국사편찬위원회, 1977); 李泰鎭, 앞의 책; 李景植, 앞의 글; 이지원, 앞의 글; 李景植, 〈16世紀 場市의 成立과 그 基盤〉(《韓國史硏究》 57, 1987); 朴平植, 〈朝鮮前期의 行商과 地方交易〉(《東方學志》 77·

또한 대외무역이 확대되면서 사무역이 발달하게 되었고,[67] 사치품을 비롯한 다양한 상품들이 유통망에 편입되게 되었다. 지주제의 확대에 따라 농촌에서 이탈된 농민들 가운데 다수가 상공업 인구로 전화되었고, 15세기에 강화되었던 관영수공업체제 역시 장인들의 부역 동원 기피와 이탈 등에 의해 점차 민영수공업체제로 전환되어 갔다. 이러한 사회경제적 변화의 여러 요소들은 결국 유통경제 활성화의 촉진제가 되었고, 장시의 형성과 확산에 중요한 경제적 기반으로 작용하게 되었다.

장시가 발달하면서 이곳에서 거래되는 물품들도 다양해져갔다. 가장 일반적인 물품은 米·中米·租·太豆 등의 곡물류로서 鐵·淸蜜과 같은 생산물과 교환, 거래되었다. 또한 木·正木·苧布·木花·紬·布衫 등의 각종 직물류가 매매되었다. 아울러 牛肉·生鷄·餠·酒·乾柿 등 농가에서 부업으로 생산한 물품도 등장하게 되었다. 지역에 따라서는 해산물도 거래되었다. 이밖에도 笠·沙器·炭 등의 일용품과 鐵片·鼎·牛馬·斫刀 등 농업 생산에 필요한 물자들이 교역되고 있었다.

한편 장시 개설이 확산되면서 장시를 생활의 근거지로 삼는 사람들이 증가하게 되었다. 이들은 주로 농민층 분해에 따라 몰락한 농민들로서 과중한 부세와 수령의 수탈을 이기지 못해 피역하였거나 이농한 유망민들이었다. 장시는 이들에게 새로운 삶의 터전이었다. 도산한 농민들이 私家의 노비나 전호가 되는 것을 피하면서 생계를 유지할 수 있었던 곳 가운데 하나가 장시였다. 흉황시 민인들이 장시로 몰려드는 현상이 빈번하게 일어났던 것도 우연한 일은 아니었다.

(2) 장시에서의 상품유통의 확대

17세기에 들어와 장시는 더욱 발달해 갔다. 대동법의 실시는 생산 체제의 전환과 시장 구조의 형성을 촉진시켰다. 조세의 금납화가 보편화되면서 화폐

78·79 합집, 延世大, 1993) ; 백승철, 〈16세기 富商大賈의 성장과 상업활동〉(《역사와 현실》 13, 1994)의 글들이 참고된다.

67) 韓相權, 〈16세기 對中國 私貿易의 展開〉(《金哲埈博士華甲紀念史學論叢》, 지식산업사, 1983).

의 유통이 크게 확대되자 화폐 구득을 위한 상업 활동이 장시를 매개로 더욱 활발하여졌다. 이미 농촌 경제는 유통 시장인 장시와 연결되어 있었으며 상업적 농업이 발달함에 따라 농산물의 상품화가 진전되었다. 상품화폐경제에 참여하는 계층도 다양해져 대토지소유자나 부농층뿐만 아니라 소농층과 빈농층까지 시장 경제에 편입되고 있었다. 鍮器·磁器·紙·鐵製 농기구 등 수공업 분야의 생산도 크게 증가하였다. 상품의 생산과 유통의 증대는 이 시기 각 지방에 개설되고 있던 장시의 발전을 더욱 촉진시켰다.

장시가 전국적으로 개설되면서 장시에서 거래되는 상품도 더욱 다양해졌고, 유통도 확대되어 갔다. 특히 도시에서의 상공업 인구의 증가는 주곡인 미곡을 비롯한 곡물의 상품화에 결정적인 요인이 되었다.[68] 농민들은 장시를 매개로 곡물의 잉여생산물을 상품화하였으며, 近畿지방의 농민들은 早稻를 재배하여 상품화함으로써 많은 소득을 올리고 있었다.[69] 또한 연초나 생강, 苧 등과 같은 특수 농작물과 소채류도 주요 상품으로 등장하였다. 연초의 소비가 일반화되면서 연초 생산으로 부를 축적하는 이들까지 나올 정도였다.[70] 생강의 대표적 생산지였던 全州 지방에서는 생강이 부유한 자들의 이윤 독점의 바탕이 되기도 하였고,[71] 생강 상인이 平壤과 義州까지 왕래하면서 판매하기도 하였다.[72] 소채류 또한 17세기 중엽 이후에 가서는 도시 부근 지역에서 상품 작물로서 재배하는 경향이 두드러졌다.

민간수공업 분야에서도 장시의 발달에 힘입어 제품의 상품화가 더욱 촉진되었다. 특히 유기의 경우 종래에는 서울·開城·전주 등 몇 곳에 지나지 않았으나, 상품으로서의 유통이 발달되어 가자 安城·求禮·定州 등지로 생산지가 확대되면서 專業的 수공업체제를 갖추고 주문생산까지도 가능하게 되었다. 이와 같은 곡물류나 특수 농작물, 수공업제품의 상품화 진전은 각지에

---

68) 李世永, 〈18, 9세기 穀物市場의 형성과 流通構造의 변동〉(《韓國史論》 9, 서울大, 1983), 205쪽.

69) 李　瀷, 《星湖僿說》 권 3, 人事門 生財.

70) 《承政院日記》 446책, 숙종 35년 1월 15일.

71) 李重煥, 《擇里志》 卜居總論 生利.

72) 柳壽垣, 《迂書》 권 8, 論商販事里額稅規制.
朴齊家, 《北學議》 內編 車.

분포되어 있던 장시를 거점으로 한 근·원거리 상품 유통의 확대에 크게 기여하게 되었다.

(3) 장시의 시장권 형성과 상설시장화

장시가 전국적으로 개설되고 장시를 거점으로 한 상품 유통이 활발해지면서 장시의 시장권 형성의 현상이 나타나기 시작하였다. 시장권의 형성이란 일정한 범위 내에서 4~5개의 장시가 設場日을 달리하며 개시함으로써 해당 지역 내에서의 상품 거래가 항상 이루어지게 되는 것을 말한다.[73] 이러한 모습은 16세기말부터 미약하게나마 보이고 있었다. 대체로 4~5개의 장시들이 시장권을 형성하면서 근거리 지역뿐만 아니라 원격지에서 생산되는 물자도 유통·집하하고 있었다. 제주에서 생산된 미역이 전라도 지방에서 거래되기도 하는 등 각 지방에서 생산된 물품이 해당 지역뿐만 아니라 먼 거리에까지 운반되어 상품으로 유통되고 있었던 것이다.

장시의 시장권 형성은 장시의 신설이나 이설, 폐지, 設場日 변경 등 장시 내부의 질적인 변화와 상인들의 商圈 확대 등에 의해 더욱 확산되어 지역마다의 시장권이 이루어지게 되었다. 대부분의 장시는 5일장으로 통일되어 가게 되었고, 소규모 장시에 대한 대장시의 흡수 양상도 나타나게 되었다. 아울러 장시의 시장권 형성과 지역간 연계 관계가 긴밀해지면서 중·소읍에서의 장시 신설이 증가하였다. 즉 대읍에서는 소규모 장시의 흡수에 따라 장시의 수가 감소하게 되었지만, 중·소읍에서는 장시가 늘어나게 되었던 것이다.[74]

장시의 지역적 시장권의 형성은 점차 전국적인 양상으로 변모되어 갔다. 이에 따라 物貨 유통이 활발한 교통의 요충지나 포구에는 대장시가 형성되거나, 상설 시장화하는 곳이 증가하게 되었다. 아울러 대도시 주변의 경제적

73) 韓相權, 〈18世紀末 -19世紀初의 場市發達에 대한 基礎硏究〉(《韓國史論》 7, 서울大, 1981), 225쪽.
李憲昶, 〈舊韓末 忠淸北道의 市場構造〉(《近代朝鮮의 經濟構造》, 比峰出版社, 1989), 181쪽.
——, 《開港期 市場構造와 그 變化에 관한 硏究》(서울大 博士學位論文, 1990), I·III장.
——, 〈朝鮮後期 忠淸道地方의 場市網과 그 變動〉(《經濟史學》 18, 1994) 참조.

74) 韓相權, 위의 글.

요지와 지방의 행정 및 상업 중심지에서는 장시들이 차츰 상설 시장화하고 있었다.

이처럼 장시가 상설 시장화된 데에는 각지의 물화 집산지에 상설 점포인 鋪子가 집중적으로 설치되었던 점이 간과되어서는 안될 것 같다. 포자는 관영과 민영의 두 가지가 있었던 바, 관영포자는 물화 유통뿐만 아니라 殖利활동을 통해 지방 재정의 일부를 보충하기 위해 설치되었던 것으로 여겨진다.[75] 민간인이 개인적으로 설치한 민영포자는 말할 것도 없이 상리를 취하여 부를 축적하기 위한 것이었다. 상업의 중심지에 광범하게 설치되었던 포자는 각 지방의 장시와 긴밀하게 연결되어 있었고, 나아가 장시의 상설화를 촉진시키는 계기로 작용하였다.

장시가 상설 시장화되면서 경제적 중심지에도 적지 않은 변화가 나타나게 되었다. 종래의 정치 · 행정적인 기능과 성격을 지닌 전통적인 도시들과는 별개로 상업과 수공업 중심지의 도시들이 성장한 것이다. 이전에는 도시적 성격을 지니지 않았던 지역들이 장시의 발달과 상품 유통의 확대로 말미암아 상업의 중심지로 변모되어 간 것이다. 경기도 廣州의 沙坪場 · 松坡場, 安城의 邑內場, 交河의 恭陵場, 稷山의 德坪場, 南原의 邑內場, 平昌의 大化場, 黃州의 邑內場, 鳳山의 銀波場, 昌原의 馬山浦場, 博川의 津頭場, 德源의 元山場 등 전국의 15대 장시로 유명했던 지역이 그러하였다. 광주의 송파장 같은 곳은 명목상 5일장이었지만 매일 개설되어 서울 시전인의 상권을 능가할 정도로 성장하고 있었다.

장시의 상설 시장화는 4~5개의 장시가 지역적으로, 나아가서는 전국적으로 긴밀하게 연결되는 시장권의 형성을 더욱 촉진시키게 되었다. 결국 개개의 장시가 매일 개시하지 않는다 하더라도 지역민의 입장에서는 장시가 상설되어 있는 것과 마찬가지의 양상이었던 것이다.

〈吳 星〉

---

75) 관영포자는 정책적 목적에서 설치된 때문이었는지 모르나 운영과정에서 많은 폐단을 남긴 채 결국은 폐지되었다.

3. 군수공업의 성장과 군수광업의 발전

1) 군문·영문에 의한 군수공업의 성장

(1) 임란 중 도감제와 도회제하의 군수광공업 실태

17세기에 軍需産業이 성장하게 된 계기는 임진왜란부터 鳥銃을 휴대용의 小火器로 사용하게 되고 중앙과 지방의 군제에 조총병을 근간으로 한 束伍三手制를 적용한 데 있었다.

임진왜란 중에 明의 南方兵과 왜병들이 휴대한 조총은 곧 서양의 火繩銃이었다. 16세기초 서양에서 개인 휴대용 소총으로 사용되던 화승총이 동양 삼국에 전래된 것은 중종 38년(1543)으로 일본 種子島에 표류했던 포르투갈 상인에 의해서였다. 중국에서는 浙江省에 침입한 왜구를 통해 명종 18년(1563)부터 조총을 사용하게 되었고, 조선에는 선조 22년(1589)에 對馬島主 宗義智(소오 요시토시)가 선물로 바쳤으나 이를 중시하지 않고 軍器寺의 창고에 死藏한 채 왜란을 맞고 말았다.[1]

당시 조총은 三連發이 가능하고 치사율뿐만 아니라[2] 명중률에 있어서도 우리 군사의 상용 무기였던 弓矢에 비해 5배였고 快鎗에 비해서는 10배나 되었다고 한다.[3] 이처럼 높은 명중률 때문에 "나는 새도 능히 맞힐 수 있다"[4]는 뜻에서 조총이란 이름이 붙여졌으며 선조는 이를 '천하의 神器'[5]라고 경탄하였다. 조선 정부가 조총의 제조 및 사용법을 전습한 것은 왜란 이듬해인 선조 26년 2월이었다.[6] 선조는 중앙과 지방의 군사들로 하여금 조

1) 坪井九馬三, 〈鐵砲傳來考〉(《史學雜誌》 29, 1895) 및 柳成龍, 《懲毖錄》 1 참조.
2) 《宣祖實錄》 권 34, 선조 26년 정월 무술.
3) 韓孝純, 《神器秘訣》 全, 선조 36년조.
4) 《宣祖實錄》 권 71, 선조 29년 정월 정유.
5) 《宣祖實錄》 권 44, 선조 26년 11월 임술.
6) 《宣祖實錄》 권 35, 선조 26년 2월 을미 및 권 36, 선조 26년 3월 병인.

총을 학습토록 명령하였고 조총의 사격술을 과거의 試取科目에 넣도록 지시하였다.[7]

조총을 주무기로 사용하게 되면서 그것에 적합한 군사의 편제와 전법이 채택되었다. 정부는 명나라 군사중 조총병을 주축으로 한 南方兵의 편제와 전술의 교과서였던 《紀效新書》를 새로운 군사 편제와 전법의 지침서로 채택한 것이다. 《기효신서》는 명말의 이름난 장수였던 戚繼光이 남방의 왜구를 소탕하는 과정에서 창안한 禦倭의 要法으로서[8] 그 요지는 束伍分軍法과 三手技法이었다.[9]

속오분군법에서는 營將 통솔하의 營을 分軍 편제상 최상의 단위 부대로 삼았고, 영에는 5개 司를 두고, 1사에는 5개 哨, 1초는 3旗, 1기는 3隊, 1대는 火兵 1명과 합쳐 11명의 병사로 조직되어 있으며, 사에는 把摠, 초에는 哨官, 기에는 旗摠, 대에는 隊摠을 각각 지휘관으로 두었다.[10] 따라서 한 개의 영에는 영장 1명과 파총 5명, 초관 25명, 기총 75명, 대총 225명 및 2,475명의 병사로 편성된 셈이다.

삼수기법에는 조총병인 砲手와 弓兵인 射手 및 槍劍兵인 殺手의 기예를 수록하고 있다. 이처럼 속오분군법에 의해 편성되고 삼수기법으로 훈련된 군사제도를 필자는 편의상 '束伍三手制[11]라고 하였다. 정부는 선조 26년(1593) 4월에 왜병이 서울에서 철수하자 동년 10월에 환도하는 즉시 중앙군과 지방군을 속오삼수제로 편성 훈련키 위해 우선 訓鍊都監을 설치하였고 동시에 이들 군사에게 무기와 군량도 조달할 수 있게끔 조직하였다. 당시 훈련도감의 조직 편제는 都提調의 총관하에 훈련대장 1명, 中軍 1명, 千摠 1명, 파총 2명, 초관 6명 및 射手인 馬兵 2哨, 砲·殺手인 步軍 25哨로 구성된 訓鍊部署[12]와 有司堂上 1명, 都廳 1명, 郎廳 5명으로 구성된 軍需部署로

7) 《宣祖修正實錄》 권 27, 선조 26년 2월 병술.
8) 《宣祖修正實錄》 권 28, 선조 27년 2월 경술.
9) 戚繼光, 《紀效新書》.
10) 柳成龍, 《懲毖錄》 15, 軍門謄錄, 선조 28년 12월 18일.
11) 《仁祖實錄》 권 19, 인조 6년 12월 신묘.
12) 《萬機要覽》 軍政篇 2, 訓鍊都監 軍摠.

나누어져 있었다.[13]

훈련부서의 주관하에 속오삼수제에 의한 군사의 편성과 훈련이 실시되었고 훈련된 병사들을 기반으로 이듬해에는 지방에도 속오삼수군 곧「束伍軍」을 양성하기 시작하였다. 정부는 15세 이상 50세 이하의 남자로 良·賤의 구별없이 병약자가 아니면 모두 뽑았고, 50세 이상이라도 건장한 남자면 징발하여 속오군 조직을 확대해 갔으며,[14] 선조 28년(1600)에는 각 道의 대소에 따라 營 단위의 속오군 편성도 착수하였다. 영이 처음 설치된 지역은 서울과 경기도였다. 서울의 훈련도감을 中營으로 하고 경기도를 左·右·前·後營으로 분할하였으며, 江華·喬桐의 속오군은 水營에 편속시켰다.[15] 각 도 속오군의 영 단위 편성이 완료된 시기는 정확히 알 수 없다. 그러나 당시 속오군 편성을 주관했던 柳成龍의《平安道鎭管官兵編伍冊》중 남아있는 2책만 보더라도 선조 29년 4월 현재 永柔·肅川·安州·寧邊·熙川·博川·泰川·雲山·龜城·宣川·龍川·彌串·鐵山·義州·麟山·乾川·水口·玉江·方山·淸城·靑水 등지의 편성이 완료되고 있어[16] 늦어도 선조 30년대에는 완료되었을 것으로 여겨진다.

한편 훈련도감의 軍需部署에 관해서는 직제나 기능이 정확하게 밝혀진 기록을 찾을 수 없지만 선조 27년 4월에 정부가 훈련도감 설치 이후 공이 있는 자들에게 포상한 기록을 통해서 대체적인 윤곽을 살펴볼 수 있다. 군수부서의 책임자인 유사당상은 현직 병조판서였던 李德馨이 겸하였고 都廳 辛慶晉이 각 낭청들을 통솔하였다. 낭청 韓嶠는《기효신서》의 해독을 담당했고 낭청 申晛은 殺手軍色을 맡았으며, 낭청 崔德峋은 槍刀의 제조작업을, 낭청 李

13)《宣祖修正實錄》권 28, 선조 27년 2월 경술.
《宣祖實錄》권 50, 선조 27년 4월 계해.
《增補文獻備考》226책, 職官考 13, 訓鍊都監.
《萬機要覽》軍政篇 2, 訓鍊都監.

14)《宣祖修正實錄》권 28, 선조 27년 12월 갑신.
柳成龍,《懲毖錄》15, 軍門謄錄.

15) 柳成龍,《懲毖錄》15, 軍門謄錄 編伍事目.

16)《朝鮮史料叢刊》第 10, 鎭管軍兵編伍冊 殘卷 1·2.

自海는 砲手軍色으로 조총의 제조작업을, 낭청 鄭士榮은 화약의 제조작업을 각각 담당했다.[17] 곧 훈련도감 설치초의 제반 업무가 《기효신서》를 지침으로 삼고 있었기 때문에 별도로 《기효신서》의 해독을 전담한 낭청을 두었고 그밖에 施賞者 명단에는 오르지 못했지만 殺手色과 弓矢의 제조작업을 담당한 낭청들도 있었을 것이다. 따라서 당시 훈련도감의 군수 부서에서는 각 낭청들이 각기 담당한 병종의 군사들에 대한 식량과 의복 및 무기 제조비를 조달하였으며, 또 조총과 화약, 창검과 궁시 등의 제조작업을 전담하거나 겸관하였다.

정부는 이들 각 낭청들이 군수품을 조달할 수 있도록 여러 가지 재원도 마련하였다.[18] 선조 26년(1593) 12월에 서울 근교의 황무지를 屯田으로 折給하고 훈련도감 소속 농민군으로 하여금 경작케 하였으며[19] 이듬해 3월에는 충청도에 있는 40여 개소의 寺社位田도 둔전에 귀속시켜 해당 낭청이 수세토록 하였다.[20] 그리고 선조 28년 12월에는 황해도의 甕津·충청도의 泰安·전라도의 茂長에 있는 염전들을 절급하고 그곳의 수령들로 하여금 米·布와 교환 상납토록 하였으며,[21] 선조 35년에는 충청·전라·강원·황해·경기 등 5도의 水旱田에 한해 1결당 大小米 1두씩의 三手米를 수취토록 하였던 것이다.[22]

한편 조총·화약·창검·궁시 등의 제조작업을 담당한 낭청들은 각각 제조장을 훈련도감 내에 설치하고 각종 工匠들을 모집하여 제조작업을 독려하였다. 훈련도감의 공장들 중에는 조총이나 화약의 제조법에 익숙한 왜병 포로도 많았다. 왜란초에 선조는 왜병 포로를 조총·화약 제조장에 투입할 필요성을 절감하고,[23] 선조 27년 2월에는 "왜인 포로들 중 흉폭하고 교활하여

---

17) 주 13) 참조.

18) 車文燮, 《朝鮮時代軍制研究》(檀國大 出版部, 1973), 171~178쪽.

19) 《宣祖實錄》 권 40, 선조 26년 12월 임자.

20) 《宣祖實錄》 권 49, 선조 27년 3월 기묘.

21) 《宣祖實錄》 권 70, 선조 28년 12월 병진.

22) 《宣祖實錄》 권 203, 선조 39년 9월 무자.

23) 《宣祖實錄》 권 40, 선조 26년 7월 신유.
宣祖는 포로가 된 왜인들을 鳥銃 製造와 焰硝 生産에 사역할 목적으로 비변사에서 調于汝文 등의 왜인 포로를 明의 經略에게 알려야 한다고 주장했을 때, 만약 알리면 이들 두 왜인을 잡아가 버릴 것이니 머물게 하여 鳥銃과 焰硝의 제조법을 전습케해야 한다면서 중국측에 보고하는 것을 반대하였다.

다스리기 어려운 자를 제외하고는 모두 조총·焰硝 제조장에 투입하라"[24]고 지시함으로써 상당수의 왜병 포로가 투입되었다. 이들에게도 조선의 工匠들과 같이 매월 料米를 지급하였고 때때로 靑鹽布 등을 옷감으로 주거나 司猛 등의 告身을 제수하기도 하여 작업을 독려하였다.[25]

이처럼 훈련도감의 각 무기 제조장은 운영비를 염출할 각종 재원을 확보하고 낭청들의 감독하에 각종의 공장들과 왜병 포로들에 의한 작업이 진행되었지만 무기제조에 필요한 원료를 조달하는 문제가 용이치 않았다. 무기 제조에 필요한 원료 중 가장 필수적인 것은 역시 鐵이었다. 조총과 창검 및 箭鏃 등 철제품의 원료인 철을 공급하기 위하여 정부는 선조 27년(1594)에 황해도 載寧의 産鐵地에 鐵峴屯을 설치하고 매년 11,705근을 수취토록 하였다.[26]

그러나 무기 생산의 원료 조달에 가장 곤란을 겪었던 것은 화약의 원료였다. 당시 화약은 焰硝와 柳灰 및 硫黃을 배합하여 제조하였는데 배합 비율은 염초 16兩, 유회 3량, 유황 1량 4錢重이었다.[27] 이 중 유황은 국내에 유황광산이 개발되지 않았기 때문에 명나라에서 수입하였고, 유회는 국내의 어디에서나 손쉽게 제조할 수 있었다. 결국 화약 제조에 가장 많은 양을 필요로 하고 또 고도의 제조 기술을 요했던 염초를 자체 생산하는 일이 가장 큰 문제였던 것이다.

임진왜란 중에 정부는 명나라와 일본의 염초 제조술을 전습하려고 노력하였다.[28] 따라서 선조 26년 3월에는 譯官 表憲이 명나라의 염초 제조법을 입수하였고,[29] 같은 달에는 염초의 제조 기술을 지닌 왜병 포로를 찾아 6월부터는 일본식의 제조법을 실험하였다.[30] 이에 선조는 평안·황해·충청·전라

24) 《宣祖實錄》 권 48, 선조 27년 2월 병인.
25) 《宣祖實錄》 권 49, 선조 27년 2월 무인·3월 기해 및 권 53, 선조 27년 7월 기축.
26) 《萬機要覽》 軍政篇 2, 財用.
《訓局謄錄》, 戊戌 11월 22일.
27) 《新傳煮硝方》, 得硝法始末.
28) 《宣祖實錄》 권 34, 선조 26년 정월 계미.
29) 《宣祖實錄》 권 36, 선조 26년 3월 임오.
30) 《宣祖實錄》 권 36, 선조 26년 3월 병인·권 39, 선조 26년 6월 기해 및 권 48, 선조 27년 2월 병인.

도 등 收復地의 각 도에 '都會'를 설치하고 염초를 대량 생산토록 지시하였고,[31] 염초 생산과 더불어 궁시 제조도 도회제하에 추진할 목적으로 다음과 같은 방안을 제시하고 있다. 곧 각 도의 감사와 병사 및 水使의 책임하에 우선 감영·병영·수영에 도회를 설치토록 하고 또 道內의 大邑 중에서 감사가 선정하여 '都護'를 설치하되 반드시 武將이 수령으로 있는 읍을 택한다는 것이다. 그런데 정부는 이때 도호를 설치할 만한 읍으로서 평안도의 義州·成川·江界·龜城, 함경도의 吉州·端川·永興·會寧, 황해도의 海州·安岳, 강원도의 江陵·春川·原州·三陟, 충청도의 洪州·公州·林川·舒川, 경상도의 慶州·安東·晋州 등지를 예시하였다.[32] 이리하여 각 도의 감·병·수영에는 도회가, 대읍에는 도호가 설치되어 훈련도감의 무기 제조장을 방불케 하는 염초 제조장과 궁시 제조장들이 개설되었다.[33] 그리고 선조 26년 10월에는 柳成龍이 江華의 監牧官으로 하여금 牧子들을 사역하여 염초를 생산토록 건의하였고, 完城君 李憲國은 서울의 民戶로 하여금 집집마다 염초를 제조토록 할 것을 주장하였다.[34] 이처럼 선조 26년 6월부터 각 도에 도회와 도호를 개설하거나, 강화 목자와 서울의 민호까지 염초 생산에 투입함으로써 훈련도감의 화약 제조 원료를 공급할 수 있었다.

그리고 선조 26년 8월에는 정부가 端川銀鑛을 개발함에 따라 조총의 탄환인 鉛丸의 제조 원료인 鉛鐵도 충분히 공급되고 있었다.[35] 이어 선조 27년 5월에는 鉛·銀産地인 단천은광에도 일종의 도회제를 적용하여 단천민과 吉州民의 공물을 일부 견감한 대신 양 읍민을 鑛役에 동원하기 시작하였고,[36] 이듬해에는 훈련도감에서 직접 소속 인원을 파견하여 靑山·報恩 지방의 鉛鑛을 개발하기도 하였다.[37] 연광 개발이 진척되자 이듬해인 선조 29년에 鉛

31) 《宣祖實錄》 권 39, 선조 26년 6월 임자.
32) 《宣祖實錄》 권 39, 선조 26년 6월 임자.
33) 《宣祖實錄》 권 46, 선조 26년 12월 신해.
34) 《宣祖實錄》 권 43, 선조 26년 10월 임인.
35) 《宣祖實錄》 권 51, 선조 27년 5월 임인.
36) 《宣祖實錄》 권 59, 선조 28년 정월 을미.
37) 《宣祖實錄》 권 71, 선조 29년 정월 기미.

丸을 조달하기 위해 함경·충청감사에게 咸興·安邊·端川 및 忠州의 연철을 다수 채납토록 지시하였다.[38]

결국 임란 중 훈련도감의 조총·화약·창검·궁시 제조장 등은 정부에서 절급한 둔전·염전을 재원으로 하여 운영될 수 있었고 역시 정부에서 절급한 産鐵地에서 철을 수취하였으며, 중앙과 각 읍에서 도회제하에 생산된 염초를 수용하고 단천은광 등지에서 연철을 수렴함으로써 도감제하의 각종 무기생산이 가능하였다. 따라서 선조 26년(1593) 10월에 훈련도감이 설치되고 都監制下의 무기 제조작업이 실시된 지 불과 6개월만인 이듬해 4월에는 이미 각 제조장의 운영을 맡아왔던 낭청들을 포상할 만큼 생산체제가 정비되었던 것이다.

이처럼 훈련도감의 무기 생산체제가 정비됨에 따라 지방의 무기 제조작업을 추진할 수 있게 되었으며, 이는 동시에 지방군의 束伍三手制 적용을 가능케 하였다. 훈련도감의 각종 工匠들은 그 동안 숙련된 무기제조 기술자로 성장하였고 정부는 이들의 지식과 기술을 지방으로 확산시켜 갔다.

영의정 유성룡의 건의[39]로 선조 27년 3월에 정부가 砲手를 양성하기 위해 제정한 「訓鍊事目」을 각 도의 감·병·수영 및 각 읍에 반포하였다. 정부는 지방에도 포수를 양성하여 속오군을 편성할 계획이었고 포수를 양성하기 위해서는 지방에서도 조총을 생산하여 자체 조달토록 훈련사목에 명시하였다.

훈련사목의 내용은, 첫째 훈련도감은 서울에 거주하는 숙련된 鐵匠 중 5~6명을 뽑아 조총의 제조기술을 연마시킨 뒤에 황해도와 충청도의 연해 각 읍 중 鐵과 炭이 풍부한 곳으로 파견하고 그 읍을 都會로 지정하여 조총을 정교하게 제조토록 하며, 둘째 도회의 수령은 근면 성실하고 조총에 대한 지식과 기술을 갖춘 자를 임명하여 조총의 제조작업을 관장케 하되 실적을 쌓도록 책무를 지운다는 것이다.[40] 앞서 선조 26년 6월에 정부가 각 도의 감·병·수영 및 대읍들에 도회 또는 도호를 개설하여 연초와 궁시 생산을 강요한 데 이어 지금은 황해도와 충청도의 철과 탄이 풍부한 읍에 도회를 설치

38) 《宣祖實錄》 권 56, 선조 27년 10월 갑인.

39) 《宣祖實錄》 권 48, 선조 27년 2월 신유.

40) 《宣祖實錄》 권 49, 선조 27년 3월 기묘.

하고 조총 생산에 착수토록 지시한 것이다.

이처럼 임란 중에 중앙에서는 훈련도감의 도감제하에 조총과 화약 및 연환 등이 주로 생산되었고 각 도의 감·병·수영과 산철지의 각 읍에는 도회제하의 조총·염초·궁시·연철 등이 생산되고 있었던 것이다.

(2) 각읍월과총약환법의 제정

왜란이 종식된 이후 무기 생산체제에도 많은 변화가 있었다. 비록 왜란이 끝나긴 하였지만 재침할 위험을 불식할 수 없었고 만주에서 흥기한 여진족의 세력도 우려되었기 때문이다. 이에 정부는 잠시도 방어태세를 소홀히 할 수 없었고 군비 증강에 진력하지 않을 수 없었다. 그러나 전쟁이 끝남에 따라 흩어졌던 농민들이 생업을 되찾게 되면서 종래의 도감제나 도회제하에 실시되던 무기 제조와 광산 채굴도 점차 새로운 체제를 모색할 수 있는 여지를 갖게 되었다.

왜란 중에는 훈련도감이 자체적으로 군사를 조련하고 무기를 공급하는 일뿐 아니라 지방의 속오군 양성을 주관하였고 동시에 각 처의 무기 제조와 광산 개발도 주도해 왔던 셈이다. 그러나 왜란 중에 權設衙門으로 설치된 훈련도감이 왜란 후에는 본래의 都監的 성격에서 벗어나 중앙의 유일한 상설군문으로 자리를 굳혀 무기 제조나 광산 개발도 오직 자체 내의 수용을 위해서 추진하게 되었다. 따라서 왜란 중에는 유명무실했던 軍器寺가 본래의 업무를 되찾게 되었고 동시에 속오군의 무기 조달도 관장하게 되었다.

군기시는 조선 초기부터 무기제조 업무를 담당한 관서여서 무기제조에 필요한 각종 원료를 공납 형태로 수취하였으며, 이 무렵 貢鐵만도 10,000여 근을 징수하고 있었다.[41] 이처럼 군기시는 각 읍으로부터 공물로서 수취한 생산 원료로 각종의 무기를 제조하였고 이를 각 읍으로 분송하였다. 그러나 화약의 원료인 염초의 생산은 당시 군기시 뿐만 아니라 전반적으로 생산이 부족했기 때문에 정부는 納硝免役法[42]을 반포하는 한편, 명나라의 염초를 수입

41) 《火器都監儀軌》, 광해군 7년 7월 26일.

42) 《宣祖實錄》 권 134, 선조 34년 2월 정축.

하였다.[43] 이 때문에 선조 36년(1603) 3월에는 군기시의 副正 李止孝가 각 읍이 사용할 염초는 자체 생산토록 하는 이른바 「各邑月課煮硝法」을 건의하였던 것이다.[44] 이 각읍월과자초법에 규정한 각 읍의 月定 생산액은 대읍 40근, 중읍 30근, 소읍 15근이었다.[45] 이때의 月課法은 각 鎭의 弓箭 생산에도 적용되어 「各鎭月課弓箭法」이 적용되었다.[46]

이처럼 선조 36년에 각읍월과자초법과 각진월과궁전법 등이 실시되면서 종래 왜란 중에 실시되었던 도회제하의 생산 형태는 무너져 갔다. 정부가 처음에 각읍월과자초법을 택한 이유는 군기시의 무기 생산 부담을 줄일 수 있는 방안, 곧 정부의 재정적 부담을 덜 수 있는 대안을 찾는 데 있었다. 결국 각읍월과자초법의 실시를 통해서 정부는 중앙의 재정적인 부담을 각 읍으로 전가하였으며 동시에 각 도의 감·병·수영도 도회제를 통한 자체부담을 각 읍으로 전가할 수 있었다.

정부가 각 읍으로 하여금 염초를 자체 생산토록 한 것은 亂後 5~6년이 경과하여 농민들이 비로소 옛 터전을 되찾았기 때문이기도 하지만 한편 각 읍이 염초를 자체 생산하지 않더라도 명의 요동에서 저렴한 가격으로 얼마든지 수입할 수 있었던 사정을 고려한 조처였다고 할 수 있겠다. 그것은 각읍월과자초법이 실시되기 전인 선조 34년에 이미 함경도가 염초 생산 실적이 부진하다는 이유로 명나라의 염초를 은으로 구입할 정도였고[47] 평안도에서는 納硝免役制에 편승하여 은 1냥 당 염초 20근씩의 싼값으로 요동에서 수입해 왔었다는 사실에서도 확인할 수 있다.[48]

이처럼 요동의 염초를 수입하는 행위는 각읍월과자초법이 실시된 뒤에도 여전하였고 특히 평안·황해도 등 요동과의 거래가 용이한 지역의 각 읍에서는 연초의 자체 생산을 중지하고 수입품에 의존하였기 때문에 염초 1근

---

43) 《宣祖實錄》 권 134, 선조 34년 2월 계사 및 권 135, 선조 34년 3월 병진.
44) 《宣祖實錄》 권 160, 선조 36년 3월 정묘.
45) 《宣祖實錄》 권 164, 선조 36년 7월 정축.
46) 위와 같음.
47) 《宣祖實錄》 권 135, 선조 34년 3월 병진.
48) 《宣祖實錄》 권 134, 선조 34년 2월 정축.

價가 면포 2필에 달했었다.[49] 결국 각읍월과자초법은 각 읍에서 자체 생산토록 규정하였지만 정부로서는 그것을 각 읍에서 자체 생산하든 외부에서 구입하든 정부가 재정적 부담을 지는 것이 아니었기 때문에 제재를 가할 필요가 없었다. 이처럼 각읍월과제는 정부의 재정적 부담을 각 읍에 전가한 조처에 불과한 것이어서 전술한 바와 같이 동년에는 弓箭도 각 鎭으로 하여금 월과제하에서 생산토록 강요한 것이다.

각읍월과자초법과 각진월과궁전법이 실시된 뒤 광해군대에는[50] 조총과 화약 및 연환마저 각 읍에서 자체 조달토록 하기 위한 各邑月課軍器法이 제정되었다. 월과군기의 각 읍 배정은 기준을 읍의 대소에 두지 않고 大府·都護府·府·郡·縣 등 관위의 차등에 두고 있었다.[51]

〈표 1〉 각 읍의 연간 총약환 배정 정액표

邑等＼種別	鳥銃(柄)	火藥(斤)	鉛丸(箇)	年總價米(石)
大府·都護府	24	96	4,800	160
府	18	72	3,600	120
郡	12	48	2,400	80
縣	6	24	1,200	40

정부는 각 읍에 총약환의 월별 생산정액을 배정하는 동시에 총약환의 법정가도 일일이 규정하였다. 조총은 1柄에 米 5斛(1斛＝10斗), 화약은 1斤에 미 1곡, 연환은 100箇에 미 5두였다. 이러한 총약환의 法定價는 당시 국내의 시가를 기준으로 한 듯하다. 그것은 각 읍에서 총약환을 생산할 수 있는 조건이 갖추어져 있지 않다는 점에서도 확인된다. 조총의 경우 중앙의 훈련도감과 군기시, 그리고 왜란 중 도회제하의 조총 생산이 실시된 황해·충청도의 炭鐵産地를 제외한다면 당시로서는 고도의 기술을 요했던 조총을 각 읍에서 자체 생산할 수 없었으며, 화약의 경우 염초는 생산이 가능하지만 유황은 구

49) 《宣祖實錄》 권 164, 선조 36년 7월 정축.

50) 柳承宙, 〈朝鮮後期「都監」制下의 官營手工業에 관한 一硏究〉(《震檀學報》 69, 1990), 71쪽.

51) 柳馨遠, 《磻溪隨錄》 권 21, 兵制.

입할 수밖에 없었고, 연환도 연광이 관내에 없는 한 구입 제작할 수밖에 없는 제품들이었다. 결국 총약환의 법정가는 정부가 당시의 시가를 기준으로 책정한 것이었다.

이때 정부가 각 읍을 位差에 따라 차등 배정한 총약환수나 法定價米의 년간 총액이 얼마나 되었던 지는 알 수 없다. 다만 참고로 중종 25년(1530)에 증보한《東國輿地勝覽》중의 각 읍을 기준으로 환산해 보면 조총이 3,510병에 법정가미는 11,700석이며, 화약은 14,040근에 9,360석, 연환은 70,200개에 2,340석으로 年總月課米는 23,400석에 달하였다.[52] 각읍월과군기법상의 총약환 법정가가 전국적으로 년간 23,400석에 달하지만 읍별로는 大府·도호부가 160석, 부가 120석, 군이 80석, 현이 40석이었다. 이 법정가는 총약환을 구입할 때 소요되는 법정가액일 뿐이며 자체 생산시에 소요되는 자금 액수는 아니었다. 만약 각 읍에서 총약환을 자체 생산한다면 工匠의 급료나 원료 구입비로서의 자금은 필요하지만 그 밖의 연료 조달이나 원료의 운반 및 제조과정의 잡역은 농민들의 부역노동에 의존함으로써 법정가액의 일부만이 소요되기 때문이다. 거기에다 각 읍의 총약환 구입비이거나 제조비이거나 그것에 필요한 자금 부담을 정부가 농민에게 지우지 않고 각 읍의 수령으로 하여금 자체 경비에서 마련토록 한 것[53]은 총약환을 구입하면 수령의 부담이 클 것이므로 자연히 자체 생산을 도모할 것이기 때문이다. 곧 각읍월과군기법의 일차적인 목적은 각 읍의 자체 생산을 의무화하려는 데 있었다. 그러나 염초외에는 유황이나 연철 또는 지역에 따라서는 조총까지도 구입하여 충당할 수밖에 없었다. 하지만 이때 각읍월과군기법의 시행은 鐵鑛·硫黃鑛·鉛鑛 개발을 촉진하였고 銃·藥·丸의 상품화를 불가피하게 하였으므로 조선 후기 광공업 발전사상 중대한 의미를 지녔다고 하겠다.

그런데 각읍월과군기법이 실시된 광해군 말년에는 이미 각 읍의 수령들이 총약환에 필요한 비용을 관내의 농민들에게 전가하고 있었다. 수령들은 농민

---

52) 柳馨遠,《磻溪隨錄》에서는 大府·都護府는 大府·大都護府로 파악하였고, 牧의 경우는 大都護府使와 牧使가 다 같이 正三品이기 때문에 大府·都護府의 기준치로 환산하였다.

53)《承政院日記》1책, 인조 원년 4월 13일.

들의 전결수에 따라 일정량을 징수하여 그것에 충당한 것이다.[54] 이에 각 읍의 농민들은 염초 등의 製造役 뿐 아니라 제조비 또는 구입비까지도 부담해야 하는 이중적인 세역을 지게 된 셈이었다. 따라서 부역농민들의 세역을 거부하는 피역 저항이 심화되었고 정부로서도 이를 강행할 경우 민심을 수습하기가 어려울 지경이 되었다. 이 때문에 인조가 즉위한 뒤에 정부는 각 읍의 月課軍器役을 4년간 중지키로 하였고, 또 인조 4년(1626)에 재개하려 하였으나 사헌부에서 民力이 회복되지 않았다는 이유로 5년간 더 정지토록 요청함에 따라 다시 3년간을 정지시키지 않을 수 없었다.[55] 곧 인조초의 7년 동안은 각 읍의 월과군기법을 실시하지 못한 것이다. 그리고 인조 5년의 정묘호란과 14년의 병자호란 등 전란의 와중에서는 더욱 월과군기법을 시행하기가 어려웠으며 병자호란 이후에 이르러서야 겨우 재개할 수 있었다.[56]

어떻든 전술한 바와 같이 광해군대에 각읍월과군기법이 제정되면서 각 읍에서는 월과군기가를 수령이 자체 경비로 마련하거나 농민들로부터 布를 징수하여 月定量의 軍器를 충당하여 왔다. 각읍월과군기법의 총약환 법정가가 당시의 시가를 기준으로 하여 책정되었지만, 실제의 생산가에 비하여 얼마나 높게 책정된 것인지는 확인할 수 없다. 그러나 17세기 중엽의 경우 대략 생산가의 2, 3배에 달했던 것으로 보아 17세기초의 책정시에도 2배 가까이 되었을 것이라 여겨진다. 결국 당시의 月課 鳥銃이나 화약 및 연환가는 상당한 이윤이 보장되는 상품이었고 전국 각 읍을 상대로 하는 넓은 판로를 갖는 物種이었다. 이 때문에 각읍월과군기법이 제정 실시된 후 서울의 富民들은 점차 총약환의 무기 제조장을 개설 운영하게 되었다. 이처럼 서울에서 부민들에 의한 무기 제조업이 성장함에 따라 지방에도 무기 제조에 필요한 원료를 생산 판매하는 수공업이 발달하였고 동시에 서울과 지방으로 왕래하면서 제품이나 원료를 매매하는 상인들도 있었다.[57] 곧 각 읍의

54) 《備邊司謄錄》 13책, 인조 27년 3월 20일.
55) 《仁祖實錄》 권 14, 인조 4년 11월 갑오.
56) 《備邊司謄錄》 31책, 숙종 원년 11월 19일 및 40책, 숙종 14년 4월 4일.
57) 《承政院日記》 302책, 숙종 10년 2월 13일.
《備邊司謄錄》 38책, 숙종 10년 2월 14일.

수령들은 서울의 부민들이 생산한 총약환을 구입하여 월과군기에 충당하고 있었던 것이다.[58]

결국 각읍월과군기법은 시행되는 즉시 守令 부담·자체 생산이란 본래의 입법 취지에서 벗어나기 시작하였다. 특히 병자호란 이후에는 각 읍 수령들이 월과군기가를 전적으로 농민에게 부과하였으며 자체 생산을 기피하고 서울의 민간 제조업자들로부터 구입 충당하는 실정이었다.[59] 이처럼 각읍월과군기법은 비록 월과군기가가 대동미에 포함되지 않았다 하더라도 수령들이 민결에서 염출하였고 민간 제조업자들이 월과군기가를 받고 정기적으로 총약환을 제조 납품하는 등 사실상 공물의 방납 형태를 취하고 있었다.

이러한 객관적인 조건하에서 정부는 효종 3년(1652)에 이르러 충청도에 대동법을 적용하면서부터 관내 각 읍의 월과군기가를 대동미에 산입하는 이른바 各邑月課銃藥丸法을 제정 실시하였다. 정부가 이때 각읍월과총약환법을 제정한 이유는 밝혀져 있지 않지만 다음과 같은 두 가지 사실을 상정할 수 있다. 첫째는 종래의 각읍월과군기법이 각 읍의 수령으로 하여금 월과군기가를 부담토록 규정하였지만 점차 民結에 부과함으로써 농민들로부터 강한 저항을 받아 왔기 때문에[60] 정부는 수령들이 비합법적으로 월과군기가를 민결에 부과했던 행위를 합법화시킬 명분을 마련하기 위한 한 조처로서 취해졌으리라 여겨진다. 둘째 각읍월과군기법은 각 읍의 월과군기수를 官位의 차등에 기준하여 일률적으로 배정했기 때문에 민호와 전결이 부족한 읍의 농민 부담은 상대적으로 가중되었을 것이다. 또 수령이 월과가를 전결에 부과했다고 하지만 당시 수령으로서는 양반이나 토호의 전결에 균등히 부과했을리가 없을 것이므로 그에 따라 빚어졌을 농민들의 불만도 함께 해소하는 방안으로 모색되었을 가능성이 컸던 것이다.

17세기 중엽인 효종·현종·숙종초에 걸쳐 대동법이 실시된 도는 충청도와 전라도 및 경상도 등이었다. 효종 3년 충청도에, 8년에 전라도의 沿海邑에,

---

58) 《備邊司謄錄》 13책, 인조 27년 3월 20일.
59) 주 57) 참조.
60) 《備邊司謄錄》 13책, 인조 27년 3월 20일.

그리고 현종 3년(1622)에는 전라도의 山郡에, 숙종 3년(1677)에는 경상도에 각각 대동법이 적용되었다.[61] 그러나 대동법이 적용된 시기와 각읍월과총약환가가 대동미에 計上된 시기는 일치하지 않았다. 그것은 각읍월과총약환가를 대동미에 포함시켰어도 그것을 지출하는 데 필요한 시행세칙인 「事目」이 완성되기까지 시일이 걸렸기 때문이다. 따라서 효종 3년(1652)에 대동법이 적용된 충청도의 사목은 동왕 5년 3월에 재가되었고,[62] 효종 8년 연해 읍과 현종 3년 산군에 대동법이 적용된 전라도의 사목은 현종 4년에 재가되었으며,[63] 숙종 3년에 대동법이 적용된 경상도의 사목은 동왕 7년에 재가를 받았다.[64]

이때 각 읍의 월과총약환가를 대동미에 포함시킨 三南이 경우 각읍월과총약환법은 종래의 각읍월과군기법과는 각 읍의 分等 기준부터 확연히 달랐다. 각읍월과군기법에서는 분등 기준을 大府·都護府·府·郡·縣 등 관위의 차등에 두고 있었지만 삼남의 각읍월과총약환법에서는 전결수를 기준으로 大·中·小·殘邑 또는 대·중·중소·소·잔읍 등으로 나누어 충청·전라도는 대·중·소·잔읍으로 분등하였고, 경상도는 대·중·중소·소·잔읍으로 분등하였다.[65] 이처럼 전결수를 기준으로 월과총약환을 배정함으로써 각읍월과군기법에서의 불합리한 배정 비율을 크게 개선하였다. 그리고 다음 〈표 2〉에 나타난 충청·전라도의 각 읍에 배정된 年總 월과총약환수를 〈표 1〉의 각읍월과군기수에 비교해 보아도 이미 어느 정도 실정에 맞도록 감액 책정되어 있음을 볼 수 있다. 그것은 일일이 예시하지 않더라도 〈표 1〉에 최소 읍인 현에 배정한 월과군기수가 〈표 2〉에서는 소읍의 그것과 일치하고 〈표 2〉에는 다시 잔읍을 설정하여 극소량을 부과하고 있다는 점이다.

곧 縣 중에서도 민호나 민결이 적은 현은 잔읍으로 분등하고 월과총약환수를 보다 적게 배정한 것이니 종래 현이면 일률적으로 월과군기수를 배정한 데 비해 훨씬 합리적인 것이다.

---

61) 《新補受敎輯錄》, 吏典 京官職 宣惠廳.

62) 《湖西大同事目》, 順治 11년 3월(효종 5년 갑오).

63) 《全南道大同事目》 康熙 2년 3월(현종 4년 계묘 계하).

64) 《嶺南廳事例目錄》 外官會減, 各邑月課外邑措置 今廢.

65) 주 62)·63)·64) 참조.

〈표 2〉 충청·전라도의 연총월과총약환수

	鳥銃(柄)	火藥(斤)	鉛丸(箇)
大　邑	24	96	4,800
中　邑	12	48	2,400
小　邑	6	24	1,200
殘　邑	2	8	400

충청·전라도보다 늦게 대동법이 적용된 경상도의 경우는 각 읍의 대소 분등과 월과액의 차등 배정이 더욱 세분화되고 있었다. 각 읍을 대·중·중소·소·잔읍으로 분등하여 대읍은 매월 조총 2柄·화약 8斤·연환 400箇를, 또 매 3朔마다 조총 4병·화약 15근·연환 750개를 각각 마련토록 배정하였으며, 중읍은 조총 1병·화약 4근·연환 200개를, 중소읍은 매 3삭에 조총 3병·화약 2근·연환 450개를, 소읍은 매 2삭에, 잔읍은 매 4삭마다 각각 조총 2병·화약 4근·연환 200개를 마련토록 규정하였다.[66]

이처럼 삼남의 각읍월과총약환법이 제정되어 전결수에 기준한 월과액이 책정됨으로써 비로소 각 읍의 읍세에 준하는 세역 부과가 이루어졌고 또 종래의 각읍월과군기법에 비하면 배정액도 전반적으로 차감 책정되었다.[67] 그러나 총약환의 법정가는 종래와 다름없이 조총은 1병에 米 3석 5두였고, 화약은 1근에 미 10두, 연환은 100개에 미 5두였다. 이중 연환가는 숙종 7년에 충청병사의 건의로 100개에 5두를 4두로 인하하고 1두를 감한 대신 연환의 배정량을 늘렸다.[68] 따라서 각 읍은 연환의 경우 매년 대읍은 1,344개, 중읍은 672개, 소읍은 332개, 잔읍은 112개가 각각 증가 배정된 셈이다.[69] 숙종 7년 당시의 三南月課銃藥丸 배정액과 그것의 價米數는 다음 〈표 3〉과 같다.[70]

66) 주 64) 참조.

67) 일례로 忠淸道의 月課鳥銃量만 비교해 보아도 종전에는 年間 468柄(米 1,560石)이 할당된 데 비하여 대동법 실시 이후에는 불과 398柄(米 1,326石 10斗)에 지나지 않았다.

68) 《嶺南廳事例目錄》.

69) 《湖南廳事例》, 月課銃藥丸.

70) 주 62)·63)·64) 참조.

〈표 3〉 삼남월과총약환수 및 가미량

		忠淸道	全羅道	慶尙道	計
鳥銃	鳥銃數	389柄	504柄	623柄	1,525柄
	月課米	1,326石 10斗	1,680石	2,076石 10斗	5,083石 5斗
火藥	火藥量	1,592斤	2,016斤	2,436斤	6,044斤
	月課米	1,061石 5斗	1,344石	1,624石	4,029石 5斗
鉛丸	鉛丸數	99,500箇	126,000箇	231,750箇	457,250箇
	月課米	265石 5斗	366石	618石	1,219石 5斗
道別月課米		2,653石 5斗	3,360石	4,318石 10斗	10,332石

삼남의 각 읍에 매년 배정한 월과조총은 1,525병에 월과미가 5,083석 5두였고, 화약은 6,044근에 4,029석 5두며, 연환은 457,250개에 1,219석 5두로써 총월과미는 10,332석에 달하였다. 이처럼 삼남 각 읍의 월과미를 효종 5년(1654)에는 충청도, 현종 4년(1663)에는 전라도, 숙종 7년(1681)에는 경상도의 대동미에 각각 포함시킴으로써 조총·화약·연환이 새로운 물종의 공물로 확정되었다.

충청·전라·경상도를 제외한 다른 도의 경우, 경기도는 일찍이 정부가 인조 2년(1624)에 摠戎廳을, 4년에 守禦廳을 설치하면서 관내 각 읍의 속오군을 양청에 분속시킴에 따라 자연히 각읍월과군기법은 혁파되고 소속 군문에서 제조 분급케 되었으며,[71] 그 밖의 황해·강원·평안·함경도 등은 확인할 수

필자가 작성한 표의 통계는 전적으로 各大同事目에 의거한 것이나 湖西와 湖南의 약환가가 일부의 다른 기록과 약간의 차이가 있어 부언해 두려 한다. 湖西銃藥丸價는 忠淸道大同事目의 기록과 《備邊司謄錄》 18책, 효종 7년 4월 13일조의 기록이 일치한다. 그런데도 火藥과 鉛丸의 합계가 《萬機要覽》 賑恤廳事例에는 1,346석 9두 8승이라 기록되어있고, 《六曹條例》 戶典 宣惠廳條에 또한 1,346석으로 기재되어 있어 〈표 3〉의 1,326석 10두와는 약 20석의 차이가 있다. 그리고 湖南藥丸價도 《備邊司謄錄》 28책, 현종 10년 정월 3일조에 1,680석이라 기록되어 全南道事目과 일치되지만 《賑恤廳事例》나 《六典條例》 戶典 宣惠廳條에는 1,688석으로 기재되어 있어 8석의 차이가 난다. 《賑恤廳事例》나 《六典條例》는 훨씬 뒤에 쓰여진 기록이고 그간에 月課表의 변동이 있었는지, 아니면 기록상의 차이가 발생한 것인지는 알 길이 없다. 그러나 필자가 集計하는 과정에서 느낀 바인데 우연인지는 혹 모르겠으나 湖南과 湖西의 경우 조총가가 반드시 약환가의 합계와 일치되고 있었다. 이것은 당초 月課價를 책정할 때 계산상의 편의를 얻기 위한 조치가 아니었나 싶다. 이것이 사실이라면 〈표 3〉은 정확한 것이다.

71) 《備邊司謄錄》 31책, 숙종 원년 정월 19일·40책, 숙종 12년 9월 20일 및 42책, 숙종 14년 4월 4일.

없으나 종래의 각읍월과군기법이 준용되었던 것 같다. 그러나 종래의 각읍월과군기법에서는 월과가의 부담이 수령에게 지워져 있었고 농민들의 전결에 기초한 收布 행위를 불법으로 간주하였지만, 삼남의 각읍월과총약환법이 제정 실시된 뒤부터는 그것이 정당화되었을 것이다. 그것은 삼남의 각읍월과총약환법과는 월과가의 수취형태가 달랐지만 일종의 공물로서의 성격을 띤 것이기 때문에[72] 정부는 숙종 34년에 황해도·강원도의 월과가도 詳定價에 포함시켰다.[73] 황해도의 각읍월과총약환가는 大小米 각 420석 13두 9승 8합 2작이었고[74] 강원도의 각읍월과총약환가는 大米 24석, 田米 8석, 錢 982량 9전 6분이었다.[75]

(3) 군문·영문의 무기제조와 월과총약환의 방납

광해군대에 각읍월과군기법이 시행된 뒤 각 읍이 자체적으로 무기를 비축하고 관내 속오군의 총약환을 조달함으로써 각 도의 감·병·수영에서는 도회제하의 생산체제에서 벗어나 영내의 비축 무기와 군사의 상용 무기만을 자체 조달하는 소규모의 제조장을 운영하게 되었고[76] 또 지방군의 무기조달에 상당한 부담을 지고 있던 軍器寺에서도 대량 생산이 요구되지 않았다.[77] 군기시의 무기제조 기능은 왜란중 훈련도감의 도감제 생산체제에 흡수되었었고 광해군 연간에는 다시 서울에 개설되었던 각종 도감의 종속적 기능을 수행할 따름이었다. 이 당시에 정부는 황폐된 도성을 복구하기 위하여 宗廟宮闕營造都監·書籍校印都監·繕修都監·欽敬閣建設都監·祭樂器製造都監 등을 개설하는 한편 무기를 대량 생산하기 위해 火器都監·軍器都監 등도 개설

72) 《備邊司謄錄》 45책, 숙종 17년 12월 19일.
73) 《備邊司謄錄》 18책, 효종 7년 4월 15일 및 45책, 숙종 17년 12월 19일.
《六典條例》 兵典 軍器寺.
74) 《江原廳事例》, 附海西公剩.
《海西廳事例目錄》, '肅宗三十四年戊子創設 初付於湖西廳矣 英廟三十四年戊寅 移屬江原廳'.
75) 《江原廳事例》, 詳定恒式會減, '有逐年會減者 有間年上下者'.
76) 주 72) 참조.
77) 주 44) 참조.

운영하였다. 곧 군기시의 무기제조는 각 읍으로부터 공물로 수취하던 철물에 의존해 왔었는데 화기도감 등이 개설되면서부터 그것이 모두 도감으로 흡수되었고,[78] 이어 경기·경상·평안·함경도로부터 수취하던 공물가 마저 모두 삭감되었으므로[79] 이후 군기시의 기능은 유사시에 대비할 비축 무기를 보관하는 업무와 매년 정기적으로 왕실과 청나라에 封進하는 무기 등 극소수의 정교한 제품을 생산하는 한산한 기관으로 전락하였다.[80]

한편, 인조가 즉위한 뒤에는 내란의 공포와 외침의 위협이 증가하여 정부는 훈련도감에만 의존할 수 없었으므로 서울의 외각 수비를 강화할 목적으로 인조 2년(1624)에는 摠戎廳을, 4년에는 守禦廳을 설치하였다. 총융청은 水原·南陽·通津·坡州·長湍 등 5개 營의 속오군을, 수어청은 廣州·楊州·竹山·原州 등 4개 영의 속오군을 각각 통할토록 하였다.[81] 그러나 인조 14년에 일어난 병자호란은 임란 중에 편성된 속오군 체제가 지닌 전략·전술상의 한계를 드러내고 말았다. 왜란은 장기적인 전면전이었으나 병자호란은 불과 10여일 만에 서울이 함락된 단기적인 국지전이었다. 전면전에 대비하여 편성한 속오군의 동원 체제가 단기간에 서울을 급습했던 국지전에는 별반 효과가 없었던 것이다.

결국 정부는 서울의 수비를 강화시켜야만 하였고 동시에 북벌정책을 추진하기 위해서도 정예 부대를 서울에 배치시켜야만 하였다. 효종 3년(1652)에는 어영청의 正軍을, 현종 12년(1671)에는 訓鍊別隊를, 숙종 8년에는 禁衛營의 정군을 각각 편성하였다. 이들 정군은 모두 각 읍의 속오군 중에서 富實하고 강건한 자들을 차출한 것이며 番次에 따라 교대로 서울에 올라와 근무하던 番上 정군들이었다. 훈련도감의 군사들에 이어 이들 정군에게도 資裝과 糧餉을 조달키 위해 給保法이 실시되었다.[82] 따라서 군문의 戶·保

---

78) 《火器都監儀軌》, 광해군 7년 7월 26일.
79) 《承政院日記》 414책, 숙종 22년 10월 15일.
80) 《承政院日記》 564책, 경종 4년 정월 21일.
81) 《顯宗改修實錄》 권 10, 현종 4년 11월 무인.
82) 《顯宗改修實錄》 권 10, 현종 4년 11월 무인.
《萬機要覽》 軍政篇 3, 御衛營.

數인 정군과 保人數는 엄청나게 불어났다. 곧 훈련도감은 馬·步兵 5,200여 명에 馬兵 714명이었고 평안·함경도를 제외한 6도의 砲保·餉保가 44,000여 명이었으며, 어영청은 標下軍·別破陣이 1,800여명에 鄕正軍이 16,700여 명이었고, 6도의 米布保人數는 50,000여 명이었다.[83] 금위영도 標下馬兵 726명에 향정군이 16,300여 명이었고, 향정군의 보인이 49,000여 명[84]이었는데, 이들 삼군문의 총 정군은 40,726명이며, 보인은 143,000여 명이었던 셈이다. 그 중 어영청과 금위영의 정군수는 훈련도감의 정군수에 비하면 거의 3배에 달하였다.

어떻든 훈련도감을 위시하여 17세기 초·중엽에 설치된 이들 총융청이나 수어청·어영청·금위영 등도 정부 예산상의 재정적 기반을 갖추지 못한 채 정군과 보인만을 확보하였으므로 각 군문에서는 이들에게 지급할 각종 무기를 자체 생산할 수밖에 없었다. 이러한 처지는 각 도의 감영·병영·수영도 마찬가지였지만 이들 각 영은 나름대로 관내에 수탈 대상으로서의 농민과 토지를 파악하고 있었다는 사실에서 서울의 각 군문과는 사정이 달랐다. 그런데 서울의 5군문 중에서도 총융청과 수어청은 경기도내 각 읍의 속오군을 장악함으로써 감영·병영·수영과 유사한 기반을 확보하고 있었다.[85] 따라서 영내 군사의 무기 조달에 급급했던 군문은 역시 훈련도감과 어영청 및 금위영 등이었다.

효종·숙종 연간에 훈련도감의 군사수보다 각기 3배씩에 달하는 어영청과 금위영을 설치하면서도 정부가 무기 제조비를 별도로 책정하지 않았던 것은 삼남의 각읍월과총약환가를 대동미에 포함시킨 사실과 전연 무관하지는 않았던 것 같다. 그것은 효종 3년에 어영청의 설립과 동시에 충청도에 대동법이 실시되었고, 5년에 충청도의 각읍월과총약환가가 대동미에 산입되는 즉시 어영청은 훈련도감과 더불어 충청도의 각읍월과총약환을 방납하기 시작했다는 사실에서도 알 수 있다. 이 당시 각읍월과총약환의 貢價는 생산비에 비해

83) 李 瀷,《星湖僿說》上, 軍兵保.
《增補文獻備考》121책, 兵考 13, 總論軍制.

84)《續大典》兵曹 番上.

85)《增補文獻備考》121책, 兵考 13, 總論軍制.

2배 이상에 달하는 액수였으므로[86] 효종 5년(1654)에 훈련도감·어영청 양국이 충청도의 각읍월과총약환가 2,653석 5두를 선혜청으로부터 반분해 가지더라도 최소한 각기 700여 석 이상의 餘分米를 갖게된 셈이었고 이 여분미로써 자체내의 필요한 무기 생산비로 충당할 수 있었을 것이기 때문이다. 그리고 훈련도감과 어영청은 다시 현종 7년(1666)에 전라도의 월과총약환까지 방납하게 되었다.[87] 이처럼 훈련도감과 어영청이 충청·전라도의 각읍월과총약환의 방납을 통하여 엄청난 소득을 얻게 되자 다른 군아문에서도 욕심내게 되었다. 현종 11년에 정부는 충청·전라의 각읍월과조총가를 군기시와 수어청에도 일부를 분배하고 있었다. 양도의 월과조총 908柄(價米 3,026석) 중에서 훈련도감에 300병(1,000석), 군기시에 200병(666석 10두), 수어청에 108병(360석)을 각각 분급한 것이다.[88]

한편, 숙종 7년(1681)에는 경상도의 각읍월과총약환가가 대동미에 포함되었고[89] 8년에는 禁衛營이 설치되었다. 금위영이 설치되면서 삼남의 각읍월과총약환은 훈련도감·어영청·금위영의 삼군문에서 방납하게 되었다.[90] 그러나 숙종 10년에는 삼남의 각읍월과총약환을 江華府가 관내 4,000명 군사의 무기를 마련할 목적으로 전액 방납하게 되었고, 이듬해에는 금위영도 강화부 예에 따라 삼남의 각읍월과총약환을 수년간 독점 방납토록 요청하여 논란을 거듭한 끝에 숙종 12년부터 삼군문이 균분 방납토록 결정되었다.[91]

이처럼 삼군문은 종래 각읍월과군기법하에서 서울의 富民들이 방납해 왔던 전국 각 읍의 월과군기 중 삼남의 각읍월과총약환 방납권을 모두 빼앗은 셈이었다. 그런데 이 무렵에는 대동법이 적용되지 않았던 다른 도에서도 월

86) 《承政院日記》 309책, 숙종 11년 6월 3일·497책, 숙종 42년 8월 2일 및 552책, 경종 3년 3월 6일.
《備邊司謄錄》 39책, 숙종 11년 6월 4일·45책, 숙종 17년 12월 19일·69책, 숙종 42년 8월 3일·83책, 영조 4년 2월 9일 및 127책, 영조 30년 12월 10일.

87) 《湖南廳事例》.

88) 《備邊司謄錄》 29책, 현종 11년 4월 17일.

89) 《嶺南廳事例》.

90) 《備邊司謄錄》 39책, 숙종 11년 3월 22일.

91) 《備邊司謄錄》 39책, 숙종 11년 3월 28일.

과군기가와 생산가간의 엄청난 차액을 수취할 목적으로 당해 도의 감영에서 관내 각 읍의 월과군기를 방납하기 시작하였다. 일례로 황해도와 평안도의 경우만 하더라도 각 읍의 년간 月課價가 매우 높이 책정되어 있어 1년분의 월과가로도 2년분의 월과군기를 충분히 마련할 수 있었다. 이 때문에 감영에서는 값이 후한 것을 탐내어 각 읍의 월과군기를 모두 영문에서 방납하였다.[92] 이처럼 서울의 삼군문과 각 도의 감영들은 종래 민간 제조업자들이 장악했던 각읍월과군기나 각읍월과총약환의 방납권을 탈취함으로써 영내 군사들의 무기를 자체 조달할 수 있는 충분한 여건을 마련한 셈이지만 한편으로는 각 읍의 월과군기를 생산할 수 있을 만큼 工匠이나 시설 및 원료나 연료 등을 구비해야 하는 부담도 컸다. 우선 당시 서울의 삼군문에서 균분 방납한 삼남의 각읍월과총약환 중 각 군문에 할당된 양만해도 상당량에 달하기 때문이다. 〈표 3〉에서 볼 수 있듯이 조총이 1,525병(5,083석 5두), 화약이 6,044근(4,029석 5두), 연환이 457,250개(1,219석 5두)였다. 그러나 이 중 연환은 숙종 12년부터 常平廳에 이관되었으므로 조총과 화약만으로 보면 각 군문은 대략 조총 508병(1,675석)·화약 2,015근(1,343석)을 매년 생산해야 하는 셈이었고 거기에다 군문소속 군사의 조총·화약·연환도 제조해야 하였다.

삼군문 중 가장 정군의 수가 적었던 훈련도감의 경우만 하여도 조총과 環刀를 매년 각각 300병씩 제조 또는 개조하여 군사들에게 지급토록 되어 있었다.[93] 화약과 연환수는 기록되지 않았으나 〈표 1〉의 조총·화약·연환 비율이 1병 : 4근 : 200개란 사실을 고려할 때 매년 조총 300병을 新造한다면 화약 1,200근과 연환 60,000개를 제조해야 하였다. 따라서 삼남의 各邑月課銃藥과 합치면 년간 조총 808병과 화약 3,215근을 제조하고 그 밖에 자체 조달을 위한 연환 60,000개와 환도 300병을 생산해야 하는 셈이었다.

이상과 같이 17세기의 각 軍·營門에서는 자체 내의 수용 무기뿐 아니라 각 읍의 월과총약환까지 방납함으로써 매년 상당량의 무기를 정기적으로 제조하게 되었다. 따라서 영내에는 대규모의 제조장을 설치하였고 수백명의 工

92) 《備邊司謄錄》 45책, 숙종 17년 12월 19일.

93) 《萬機要覽》 軍政篇 2, 訓鍊都監 財用 鳥銃色.

匠과 助役軍을 모취하였으며 단기간에 우수한 제품을 대량 생산하기 위하여 공정을 세분화한 분업적 협업형태의 생산체제를 갖추고 있었다. 군문·영문의 무기생산 규모가 커짐에 따라 그것에 소요되는 제조원료였던 鐵·硫黃·鉛 등의 광물 수요가 급증하게 되었으며 이 때문에 각 군문·영문에서는 자체 소유의 광산을 확보하기 위해 노력하게 되었다.

2) 군수광업의 발전과 광산의 경영형태

(1) 군수광산의 개발

17세기에 軍需鑛業이 활기를 띠기 시작한 것은 효종대를 전후한 시기였다. 인조 14년(1636)에 병자호란을 겪은 뒤 위정자들은 새삼 각읍월과군기법을 실시하였는데 각 읍은 자기 읍에 부과된 월과군기수를 충당하기 위하여 군기를 자체 생산하거나 아니면 구입해야 하였다. 총약환의 제조 원료인 철·유황·연철이 각 읍마다 생산될 리 없고 또 제조 기술이 미숙한 각 읍의 공장들이 모두 조총을 자체 생산할 능력이 없었기 때문이었다. 따라서 총약환의 제품 또는 제조원료를 생산하여 각 읍에 판매하려는 수공업자나 상인들이 출현하기 마련이고 전술한 바 서울의 부민들이 무기제조장을 개설하게된 것도 이 때문이었다.

이에 효종이 북벌정책을 표방하고 군비증강에 진력하자 서울의 각 군문과 지방의 감영·병영·수영에서도 군사훈련과 무기생산에 박차를 가하지 않을 수 없었다. 조총과 화약·연환의 수요는 증가되고 그것의 생산이 활발해지면서 제조원료인 철·유황·연철의 수요도 급증하였다. 자연히 군수 광물의 가격은 등귀하고 또 고가로도 구입하기가 용이하지 않게 되었다.

이에 따라 군문·영문에서는 褒賞을 미끼로 給價買入하거나 광산개발을 서두르지 않을 수 없었다. 상을 받는 규정은 신분과 공적에 따라 일정치 않았다. 관인들은 陞敍·加資하고[94] 양민들에게는 給帖하며[95] 천인은 면천하였다.[96]

---

94) 《光海君日記》 권 143, 광해군 11년 8월 무진.
《顯宗改修實錄》 권 10, 현종 5년 3월 을축.

그러고 광산을 개발한 자는 반드시 監官에 임명하였고[97] 광산의 경영 성과에 따라 堂上·嘉善帖文을 주고 있었다.[98] 군문·영문의 급가매입의 형태는 두 가지가 있었다. 하나는 군문·영문이 직접 상인에게 급가매입하는 경우이며 다른 하나는 군문·영문이 특정인에게 급가하면 특정인은 그 자금으로 생산자들로부터 구입하여 군문·영문에 바쳤다. 전자의 경우 상인들은 주로 서울의 富商이었고 후자의 경우 특정인들은 서울의 상인들이 아닌「出身」등 군문·영문과 유관한 자들이었다. 전자는 주로 값비싼 일본의 유황을 수입 판매하였고 후자는 국내산의 광물을 구입 납품하였다.

서울의 상인들은 효종말~현종초에 걸친 10여 년간에 정부의 지원을 받으면서 일본의 유황을 수입 판매하고 있었다. 이 시기에 국내 생산이 없던 유황의 수입 판매는 포상과 많은 이익을 도모할 수 있는 최선의 길이었다. 정부나 군문의 책임자가 使行중의 倭語 譯官을 통해서 對馬島主 또는 倭商과 유황수입을 약정토록 하고 서울의 부상들로 하여금 부산에 내려가 수매 반입하는 형태로 무역이 추진되었다. 유황 무역에 참여한 서울의 상인들로서는 서울의 부상 李應祥을 위시하여 林茂盛·方以恭·金德生·任之竹·皮起門 등이 유명하였다. 이들은 군문의 관계 대신에게 요청하여 堂上·嘉善帖文 등을 받기도 하였고, 유황의 국내 판매를 통해서 많은 이익을 취할 수가 있었다.[99]

한편 군문·영문이 특정인에게 급가매입하는 형태는 당시의 군문·영문이 철물을 조달하는 방법으로 널리 이용되었다. 그런데 급가매입이라고 하지만 사실상 군문·영문은 철물을 무상 수취하고 있었다. 그것은 특정인들 자체가 당상·가선첩문 등의 賞典을 바라거나 관권에 의부하여 관직에 진출하고자 한 자들이기 때문이었다. 따라서 이들은 군문·영문에서 지급한 자금의 한도

---

95) 《顯宗實錄》 권 8, 현종 5년 윤6월 계유.
《備邊司謄錄》 40책, 숙종 12년 9월 8일.
《承政院日記》 320책, 숙종 13년 3월 25일 및 329책, 숙종 14년 6월 13일.
96) 《顯宗實錄》 권 10, 현종 6년 7월 계축.
97) 《備邊司謄錄》 36책, 숙종 8년 7월 4일 및 41책, 숙종 13년 4월 23일.
98) 《備邊司謄錄》 20책, 현종 원년 8월 24일.
99) 姜萬吉,《朝鮮後期 商業資本의 發達》(高麗大 出版部, 1973), 121~122쪽.

내에서 철물을 사서 바치는 데 그치지 않고 자신의 사재를 충당하거나 또는 官務를 빙자, 생산자를 협박하여 싼값으로 구입하는 등 갖가지 방법을 동원한 끝에 군문·영문에서 받았던 원금을 환납할 뿐 아니라 給價한 자금 몫의 철물 및 과외의 철물도 마련해 바쳤던 것이다.[100] 이를테면 숙종 13년(1687)에 李旭은 강화도의 해묵은 쌀 3,000석으로 만 1년만에 본래 받았던 쌀 3,000석을 돌려 바치고도 그 利息 米로 薪鐵 40,000근과 炭 6,000석을 사서 바쳤는데 동시에 강화도에다 倉基 640餘 間을 구입하여 직접 廳舍·庫舍 합 35간을 감독 조성하였다. 李忠伯은 금위영의 은자 5,000냥으로 만 1년만에 本銀을 환납했을 뿐 아니라 그 利息 銀으로 熟銅爐口 1,000坐를 만들어 바쳤다.[101] 그리고 出身 金南潤도 역시 금위영에서 受價한 뒤 本色을 환납하고도 철 10,000근을 납부하였다. 이처럼 군문·영문의 급가매입제에 편승하여 포상을 노렸던 자들은 이 시기에 헤아릴 수 없이 많아서 정부는 이들에게 일일이 논상할 겨를이 없을 정도였다. 결국 특정인들이 급가매입을 자원한 의도가 포상만을 노린 데서 나왔고 또한 생산자를 수탈하여 민원의 대상이 되었기 때문에 더 이상 포상을 미끼로 한 급가매입제를 지속할 명분이 없어지게 되었다. 이에 정부는 숙종 14년 6월에 급가매입한 자에 대한 정부의 논상제도를 폐지하고 당해 군문으로 하여금 자체적으로 논상케하는 이른바 軍門論賞制로 격하시켰던 것이다.[102]

한편 군문·영문의 포상을 미끼로 한 광산 개발정책도 나름대로의 성과를 거두고 있었다. 포상 규정은 광산을 발견 보고한 자를 監官에 임명하고 또 성과에 따라 給帖한다는 것이었다. 이러한 포상 규정은 일반인의 상을 타려는 마음을 자극하기에 충분했던 것 같다. 새로운 광산지가 개발되면 군문·영문은 주변의 민호로부터 인부들을 모취하였다. 그러나 서울의 군문에 의한 광산개발과 인력동원에는 당해 지방 수령들의 반발이 컸다. 광산지의 수령들은 후술하겠지만 屯稅·店稅·匠稅 및 軍役 烟戶雜役·還上 등 각종의 수취대상

100) 《備邊司謄錄》 40책, 숙종 12년 9월 8일.
101) 《承政院日記》 320책, 숙종 13년 3월 25일.
102) 《承政院日記》 329책, 숙종 14년 6월 13일.

을 대부분 상실하였으므로 군문의 광산개발을 좋아하지 않았기 때문이다.

이 때문에 군문의 대신들은 감사·병사와 수령들이 광산개발을 방해하거나 또는 기존 광산을 침해하는 것을 엄징토록 요구하였다. 현종 4년(1663) 6월에는 硫黃鑛의 개발을 방해한 수령을,[103] 숙종 원년 정월에는 鉛鑛의 개발을 방해하는 감사·병사를,[104] 또 동년 5월에는 기존 철광을 침해하는 감사를 엄징하는 규정을 하달하였다.[105] 이처럼 위에서는 포상으로 유혹하고 아래서는 영·읍 감사나 수령들의 방해가 심화된 풍토에서 광산개발은 계속 추진되었다. 이 당시의 광산개발은 주로 각 지방의 의욕적인 자들에 의해서 이루어지고 있었다. 이들은 지방에 거주하기 때문에 주민들로부터 광산지에 대한 정보를 얻기 쉬웠고, 또 주변의 광산을 현지 답사하여 식견을 넓힐 기회를 가졌기 때문이다. 17세기 중엽에 개발된 광산의 대개가 현지의 거주자들에 의해 발견 보고된 것인데, 이를 일일이 확인할 수 없지만 광산을 개발한 자들의 이름이 기록으로 밝혀진 것은 다음 〈표 4〉와 같다.

〈표 4〉 지방민에 의한 광산개발 내역

開鑛者名	店　名	所管軍營門	典　據
李義立	蔚山 達川 鐵店	訓鍊都監	《求忠堂先生文集》(효종 8년 개발)
李源(前司評)	坡州 銀店	戶曹	《孝宗實錄》 권 7, 2년 7월 을유
李巘(出身)	江界(閭延·茂昌) 鉛鐵店	訓鍊都監	《孝宗實錄》 권 7, 2년 7월 을사
辛景輝	昌原 黃店	備邊司	《備邊司謄錄》 36책, 숙종 8년 7월 4일 (현종 15년 개발)
宋汝信	昌原 黃店	備邊司	《備邊司謄錄》 33책, 숙종 3년 11월 14일
張信立	晉州 黃店	守禦廳	宋挺濂, 《存養齋集》 上, 辭獻納兼言事疏 (숙종 3년)
張秋立	三嘉 鉛店	守禦廳	上　同
金南澄	長淵 鐵店	禁衛營	《承政院日記》, 숙종 31년 9월 13일 (숙종 19년 개발)
李克敬	原州 銅店	禁衛營	《承政院日記》 470책, 숙종 38년 8월 3일

그러나 당시의 광산개발이 반드시 현지의 거주자들에 의해서 이루어졌던

103) 《備邊司謄錄》 23책, 현종 4년 6월 17일.

104) 《備邊司謄錄》 31책, 숙종 원년 정월 20일.

105) 《備邊司謄錄》 31책, 숙종 원년 5월 27일.

것은 아니다. 蔚山人 李義立의 경우 23세의 약관으로 광산에 대한 보잘 것 없는 지식을 갖고 광맥을 탐사하기 위하여 伽倻山·金剛山·三角山·妙香山·九月山·白頭山·俗離山·太白山 등 전국의 이름난 산을 편력하기 16년간, 효종 8년(1657)에 蔚山의 達川 철광을 발견하고 또 동년에는 慶州 盤石谷에서 砒霜脈을 찾았으며 현종 10년(1669)에는 月城郡의 環湖峰硫黃脈을 발견하였다.[106] 그리고 그의 아들 李克敬도 李義立의 硫黃 燔造法을 전수하고 수차에 걸쳐 각 군문의 硫黃監官으로 있었는데, 숙종 38년(1712)에는 금위영의 유황감관으로서 原州·提川의 접경지에서 유황을 채굴하던 중 동광맥을 발견하기도 하였다.[107]

이처럼 지방민들에 의하여 17세기에는 많은 軍需 광산들이 발견되었다. 이들이 개발하여 군문·영문의 소관 광산으로 등록된 철·유황·鉛店을 일일이 확인할 수는 없으나 수집된 자료에 의하면 대략 다음과 같다.

철점의 경우 훈련도감은 선조 27년(1594)에 이미 황해도 재령의 산철지에 鐵峴屯을 折受한 바 있지만,[108] 효종 8년에는 울산에 달천철점을 설치하였고,[109] 숙종 연간에는 충청도의 남포에도 철점을 설치하였다.[110] 어영청은 현종 즉위년에 황해도 장연의 산철지에 汪濟屯을 설치하였으며,[111] 14년에는 총융청도 역시 장연에 吹鐵牙兵을 두어 身鐵을 수취하였다.[112] 수어청은 숙종 29년에 영월철광을 개발하였고[113] 42년에는 砥平屯에 철점을 설치하였다.[114] 금위영도 숙종 19년에 장연에 철점을 설치한 바 있고[115] 41년에는

106) 李義立, 《求忠堂先生文集》, 三寶創得日記.
107) 《承政院日記》 470책, 숙종 38년 8월 3일.
108) 《備邊司謄錄》 31책, 숙종 9년 5월 27일.
109) 《備邊司謄錄》 30책, 현종 원년 8월 24일.
《肅宗實錄》 권 10, 숙종 6년 12월 갑인.
110) 《各營釐整廳謄錄》, 甲申 숙종 30년.
111) 《萬機要覽》 軍政篇 3, 御營廳 諸屯.
112) 《萬機要覽》 軍政篇 3, 摠戎廳 募民養兵.
113) 《承政院日記》 409책, 숙종 29년 정월 10일.
114) 《承政院日記》 426책, 숙종 31년 9월 13일.
115) 《承政院日記》 488책, 숙종 41년 3월 3일.

재령의 산철지에 葛山屯을 절수하였다.[116] 곧 서울의 군문들은 당시 산철지로 유명했던 황해도의 재령·장연 등지의 철광을 주로 흡수했던 것이다. 그리고 각 도의 감영·병영·수영에서는 관내에 철점 장인들을 장인으로서 또는 吹鐵牙兵으로 편입하여 현물 또는 價布를 수취 충당하였으므로 별도의 철점을 설치 운영할 필요가 없었다.[117]

硫黃店의 경우 현종 2년에 수어청이 처음으로 珍山 硫黃店을 개설함과 동시에 정부가 유황산지의 보고자에 대한 重賞法을 하달하였고,[118] 이어 4년에는 광산개발을 방해하는 수령에게 제재를 가하여 광산개발을 촉진하였다.[119] 곧 현종·숙종 연간에는 무려 23개 처가 개발되었는데 다음 〈표 5〉와 같다.[120]

〈표 5〉 군영문소관 유황 산지 및 개발 연대

設店 衙門	硫黃 産地 및 開發 年代
訓 鍊 都 監	求禮(顯宗代), 慶州(肅宗代), 忠原 寶連山(肅宗 26年), 安陰(肅宗代)
摠 戎 廳	三陟(肅宗 8年)
守 禦 廳	珍山(顯宗 2年), 晉州智異山(顯宗 11年), 慶州·淸道 接境地(肅宗 8年)
御 營 廳	咸昌(顯宗4年), 尙州(肅宗 4年)
禁 衛 營	江界(肅宗 13年), 原州·堤川 接境地(肅宗 38年)
忠 淸 監 營	沃川(顯宗 4年), 西原(顯宗4年)·地名 未詳 3處(顯宗 4年)
慶尙左兵營	密陽(顯宗 9年),
備 邊 司	昌原(肅宗 8年) 瑗湖峯下卷耳(現 慶北月城郡甘浦面權伊里)
顯宗 年間에 알려진 곳으로 채굴 여부 미상	京中昭格署洞(現 三淸洞) 端川·淸州

116) 《備邊司謄錄》 71책, 숙종 44년 10월 6일.

117) 《承政院日記》 499책, 숙종 42년 12월 1일.

118) 《顯宗改修實錄》 권 5, 현종 2년 6월 경인.

119) 주 103) 참조.

120) 《顯宗改修實錄》 권 5, 현종 2년 6월 경인 및 권 9, 현종 4년 8월 계묘.
《備邊司謄錄》 23책, 현종 4년 6월 17일 ; 27책, 현종 9년 4월 19일 ; 36책, 숙종 8년 5월 3일·7월 4일 ; 41책, 숙종 13년 4월 23일 ; 90책, 영조 7년 12월 10일.
《顯宗實錄》 권 8, 현종 5년 2월 임술 및 권 18, 현종 11년 정월 신묘.
《守禦廳謄錄》, 숙종 14년 10월 4일 狀啓.
《承政院日記》 470책, 숙종 38년 8월 3일.
《英祖實錄》 권 43, 영조 13년 2월 임신.

鉛店의 경우 鉛鑛은 곧 銀鑛으로서 연·은은 동일한 광석에서 생산되었다. 조선 시대 연광 중 은의 함유량이 가장 많았던 곳은 端川銀鑛이었지만 이곳의 연·은 비율도 약 80:1에 불과할 만큼 전국 연광의 은 함유량은 보잘것이 없었다.[121] 하지만 임란 이후 은이 국내외의 공·사거래에 일종의 화폐로서 통용되었고 또 鉛鐵이 조총의 鉛丸에 이용됨으로써 호조와 군문·영문은 경쟁적으로 연·은광산 개발을 서둘렀다.

그런데 임란 이후 효종대에 이르기까지의 60여 년간에 걸쳐 3~40여 곳의 광산이 개발되었지만 호조의 端川貢銀店을 제외하면 장기간 채굴된 곳도 생산량이 풍부한 곳도 없었다. 그것은 광산 자체의 탓만도 아니었다. 우선 官採일 경우 농민들의 부역노동에 의존하였고, 民採인 경우 부세가 과중하기도 하였지만 그 보다는 어느 경우이든 광산 개발자의 욕구를 충족할 만한 褒賞規定이 없었고 또 지방의 수령이 이를 저지하였기 때문이다. 이에 효종 2년(1651)에는 設店收稅法을 발동하여 富商大賈를 유치하려 하였지만 실패하였다. 광산개발은 오히려 군문에서 監官制를 적용하고 監司·兵使들의 방해를 제재함으로써 촉진되었다.[122]

여기에서 17세기에 걸쳐 군문·영문에 의해 개발된 연광의 수나 각 연점이 설치된 년도와 읍들을 일일이 상고할 수는 없다. 하지만 《萬機要覽》에 의하면 숙종 13년(1687)에 호조가 은점을 專管 收稅하게된 뒤부터 은점이 전국에 확대 설치되어 그 수가 68개 읍에 달했다고 한다.[123] 이렇게 숙종 13년에 호조가 군문·영문 연점의 전관 수세권을 요구하고 정부가 이를 받아들였지만 군문·영문에서도 연철을 수취하기 위하여 호조에 빼앗겼던 연점의 일부를 되찾거나 新店을 개설하였다. 이 때문에 숙종 13년 이후에는 호조와 군문·영문이 설점수세권을 둘러싼 분쟁이 거듭되면서 연·은 광산이 개발되고 있었다. 그런데 숙종 26년에 호조판서였던 金構가 "각 도의 60~70개소에 달한 銀店 중에서 成川·盈德銀店 등 광맥이 풍부한 곳 약간만을 남기고 모두 혁

---

121) 《燕山君日記》 권 51, 연산군 9년 11월 정축.

122) 柳承宙, 〈朝鮮後期 鑛業의 經營形態에 관한 一硏究-17·8世紀 別將制下의 銀店을 中心으로-〉(《歷史敎育》 28, 1980), 82~85쪽.

123) 《萬機要覽》 財用篇 4, 金銀銅鉛.

파하였다"[124]고 한 것을 미루어 볼 때《만기요람》의 68개 읍은 곧 이때의 호조 소관 은점이었다고 여겨진다. 그리고 이들 은점은 대개가 군문·영문에서 개발한 鉛店들임에 틀림없으므로 17세기에 걸쳐 군문·영문에서 개발한 연점의 수도 60여 개소에 달했던 것이라 여겨진다.[125]

(2) 점소의 운영재원

店所의 운영비는 군문·영문이 절수한 각종의 재원에서 염출되었다. 당시 군문·영문에서 절수했던 재원의 형태와 규모는 점소의 입지적 조건이나 店勢에 따라 상이하였다. 그러나 대개 군문·영문에서는 토지를 절수하는 것이 통례였고 그 밖에도 각종 재원들을 절수하고 있었다. 점소의 운영비를 충당하기 위하여 토지를 절수한 최초의 사례는 훈련도감 소속 鐵峴屯의 경우를 들 수 있다.[126] 왜란 중 정부는 훈련도감의 경비를 마련키 위해 선조 26년(1593)에 서울 근교의 閑荒地와 충청도내 40여 곳의 寺社位田을 모두 屯田으로 절급하고,[127] 이듬해에는 훈련도감의 경비는 물론 특히 무기제조에 필요한 철을 생산하도록 하기 위하여 황해도 재령의 산철지인 鐵峴에도 둔전을 절급한 것이다.[128] 이 때 훈련도감의 각 둔전들은 낭청이 직접 관장토록 하였지만 각 처의 수많은 둔전들을 낭청이 모두 관장할 수 없었기 때문에 결국 곳곳마다 감관들을 임명 파견하고 있었다.[129]

철현둔은 둔민을 단속하여 長壽山城을 수비해야 하는 군사적 임무도 맡고 있었기 때문에 감관을 別將, 둔민 중의 丁男을 鎭軍으로 불렀고 따라서 철현둔도 흔히 鐵峴鎭이라 불렀다. 철현진은 재령군에 속했지만 그 경계는 海州·平

---

124)《備邊司謄錄》52책, 숙종 28년 2월 13일.

125) 주 121) 및 柳承宙, 앞의 글(1980), 82~85쪽.

126)《鐵峴鎭事例》訓鍊都監編, 순조 8년.

127) 車文燮, 앞의 책, 171~178쪽.

128)《鐵峴鎭事例》訓鍊都監編, 순조 8년.
《萬機要覽》軍政篇 2, 訓鍊都監 諸鎭.
《承政院日記》1,152책, 영조 34년 정월 13일.

129)《宣祖實錄》권 127, 선조 33년 7월 병인.

山과 연접하였고, 鎭의 定界는 門岩 彌勒山 大水磨嶺 白樂山을 잇는 둘레의 길이가 120리에 달하였다.[130] 처음 절수한 둔전은 21결 37부 7속에 불과하였으나 점차로 개간지가 불어나 영조 33년(1757) 기록에는 총 52결 38부 13속에 달하였다.[131] 그리고 鎭內에는 本鎭과 冠岩·孤山·白樂·水磨·旱粟·沙器·鷲峰·獅峴·靑羅·內蒜山·外蒜山·鹽水·南石 등 14개 마을이 들어 있었다.[132] 곧 이들 둔민들로부터 수취하는 地稅가 점소의 운영비에 충당된 것이다.

鐵峴屯 例는 이후 각 철점에도 적용되었다. 숙종 19년(1693)에 금위영이 설치한 황해도 장연의 佛陀山 철점에도 정부가 점소의 둘레 30리 이내의 산야를 절급하고 있었다.[133] 또한 금위영에서는 숙종 41년에도 황해도 재령에 철점을 개설한 뒤 43년에 은자 1,000냥으로 明善公主房의 면세 전답 60결을 매입하여 葛山屯을 설치하고 그곳의 屯稅穀으로 吹鐵 및 貿鐵費에 충당하였다.[134]

이러한 철점의 예와 같이 점소의 운영비를 염출토록 하기 위한 토지의 절수형태는 유황점에도 일부 적용되고 있었다. 예를 들면 현종 11년(1670)에 수어청에서 설치한 진주 지리산 硫黃店의 경우 점소로부터 50리 이내에 위치한 三壯·矢川·雲谷·加西 등 4개 면에 걸친 화전을 절수하였고[135] 동해안에 정박하는 선박의 稅를 경상감영에서 받아 정기적으로 이곳의 硫黃監官에게 이송하였으며, 또 지리산 유황점의 유황감관은 당시 영남의 중요한 수운로였던 낙동강에 貰船을 운행하여 운영비를 보충할 수 있었다.[136] 그리고 훈련도감의 忠原縣 寶連山 硫黃店도 화전을 절수하여 운영비를 염출하였고[137] 비변사 소관 창원 유황점은 인근의 臨海淵 捉漁所에서 漁稅를 징수하고 있었다.[138]

---

130) 《鐵峴鎭事例》 訓鍊都監編, 순조 8년.
131) 《承政院日記》 1,151책, 영조 33년 12월 17일.
132) 《鐵峴鎭事例》 訓鍊都監編, 순조 8년.
133) 《承政院日記》 426책, 숙종 31년 9월 13일.
134) 《備邊司謄錄》 71책, 숙종 44년 10월 6일.
135) 《守禦廳謄錄》, 己巳 4월 12일.
136) 《承政院日記》 323책, 숙종 13년 8월 17일.
137) 《備邊司謄錄》 90책, 영조 7년 12월 10일.
138) 《備邊司謄錄》 33책, 숙종 3년 11월 14일.

이 밖에도 군문·영문에서는 광산의 인부를 필요 이상으로 모집 등록하고 身役의 대가로 稅木이나[139] 保米[140] 등을 수취 충당하였다. 특히 각 도의 감영·병영·수영에서는 관내의 大同米·大同木이나[141] 강제로 수괄등록 시킨 工匠奉足들로부터 布를 징수하여 이에 충당하였다.[142] 심지어는 赴番軍을 吹鐵役에 투입하였다.[143]

그런데 연점의 경우는 별도였다. 이 경우 실시되지는 못했지만 효종 2년(1651)에 훈련도감이 出身 李義의 요청을 받고 閭延·茂昌 등에 둔전을 설치하고 그곳의 연·철광산을 채굴하려 한 것도 역시 운영비의 염출을 위한 토지 절수의 한 형태라고 할 수 있다.[144] 그러나 일반적으로 연점에 대해서는 정부가 별도의 재원을 절급한 기사는 발견되지 않지만 주로 保人收布制에 의존한 것으로 보인다. 그것은 이미 군문·영문의 연점들이 호조에 흡수된 후인 숙종 39년의 「良役査定別單」을 살펴보면 훈련도감에는 願留軍·龍津鎭軍·採鉛軍·卜馬軍·武藝別監 등의 保人이 3,433명이나 남아 있던 것에서 알 수 있다.[145] 이 중 採鉛軍의 보인수가 얼마인지는 알 수 없으나 군문의 鉛軍에게는 군역대신 物役을 지는 보인제가 적용되었던 것임을 짐작케 한다.

요컨대 군문·영문 監官制下의 모든 광산은 정부가 운영비를 별도로 마련해 주지 않았다 하더라도 실은 광산의 소재지를 절급한 셈이었고, 나아가 店所 주변의 임야를 획급한 셈이었다. 군문·영문에서는 광산의 소재지를 매입한 적이 없이 점소 주변의 임야를 임의로 사용하고 있었다. 각 점의 감관들은 그곳에서 점소의 시설이나 갱내의 동발 및 수없이 소모되는 연료용 목재들을 무상으로 採伐해 쓸 수가 있었다.[146] 그리고 冶爐(용광로)와 風箱(풀무)

---

139) 《備邊司謄錄》 20책, 현종 원년 8월 24일·63책, 숙종 37년 12월 26일 및 90책, 영조 7년 12월 10일.
140) 《承政院日記》 426책, 숙종 31년 9월 13일.
141) 《備邊司謄錄》 32책, 숙종 2년 2월 3일.
142) 《備邊司謄錄》 36책, 숙종 8년 9월 25일.
143) 《備邊司謄錄》 85책, 영조 5년 6월 22일.
144) 《孝宗實錄》 권 7, 효종 2년 7월 을사.
145) 《備邊司謄錄》 66책, 숙종 39년 7월 8일.
146) 《備邊司謄錄》 41책, 숙종 13년 8월 13일.

및 각종의 채굴 제련용의 도구들을 마련함에 있어서도 철점인 경우는 자체 생산이 가능하였고 또 대부분의 점소에서는 운영비로 제작 구입했을 것이지만 유황점의 경우에는 점소 관내의 철물점이나 瓶缸店에서 현물 수세하여 사용토록 조처하고 있었다.147) 결국 어떠한 형태로든 군문·영문의 鑛山은 정부가 각종 재원을 절급함으로써 자체 운영이 가능하였다.

(3) 감관·공장·모군의 성격

왜란 중 훈련도감의 둔전에 감관제가 처음으로 적용된 뒤 모든 군문·영문의 산업부문에 확대되었다. 鐵峴屯의 감관도 처음에는 둔전의 관리책임자로서 임명된 것이었고 당시로서는 鐵店을 위한 감관은 아니었다. 광산만을 관장토록 감관이 임명된 예는 기록상 광해군 9년(1617)에 호조에서 出身 李瀛을 淸風銀店에 파견한 것이 최초였다.148) 청풍은점에 감관제를 적용한 뒤 호조에서는 端川銀店에도 종래의 採銀官制를 폐지하고 감관제를 적용하였다.149)

17세기 군문·영문 소관 광산의 감관들은 전술한 바와 같이 대개가 광산에 대한 식견을 갖춘 의욕적인 지방민들로서 광맥을 찾은 보상으로 감관에 임명되었다. 그들의 임무는 직명 그대로 店役을 감독하는 곧 광산을 운영하는 일이었으며 따라서 점소에 상주하고 있었다.150) 그러나 감관은 왕명을 받은 정식 관원이 아니었고 각 군문·영문에서 파견한 임시직의 관원들이었다.151)

감관들의 사회적 지위는 밝혀진 바 없으나 出身152)이나 品官153)들이 간혹 있을 뿐 모두가 일반 양민들이었다. 따라서 당시의 감관들은 모두 정부의 重賞 규정을 통해 자신들의 사회적 지위를 높이려고 노력하고 있었다. 물론 그 중에는 自號를 「求忠堂」이라고 한 李義立과 같은 사람도 있었다. 그는 胡亂期를

---

147) 《承政院日記》 323책, 숙종 13년 8월 17일.
148) 《光海君日記》 권 111, 광해군 9년 정월 무인.
149) 《增補文獻備考》 160책, 財用考 7, 附金銀銅.
150) 《守禦廳謄錄》 무진 10월 13일.
151) 南九萬, 《藥泉集》 4, 疏箚 五十度呈辭後乞免兼論採銀事箚.
152) 주 148) 참조.
153) 주 149) 참조.

살면서 민족과 국가에 대한 애착과 구국의 일념으로 효종의 북벌정책에 호응하여 軍需 광산의 개발에 헌신적으로 참여한 자였다. 그는 울산의 達川鐵鑛과 慶州의 砒霜鑛 및 璣湖峰硫黃鑛 등을 개발했을 뿐만 아니라 많은 수의 군수물품을 헌납하여 堂上帖 등 影職도 받았고,[154] 현종 14년(1673)에는 肅川府使에 제수하였으나 이를 고사하고 대신 達川鐵鑛을 하사받은 인물이었다.[155]

정부의 重賞令은 李義立과 같은 경우로 볼 때 당시의 많은 사람들로 하여금 광산개발에 투신케 하였을 것이고 동시에 감관들에게는 신분 상승욕을 자극하는 큰 계기도 되었을 것이다. 그래서인지 사료상에도 당시의 감관들에 대해서는 財利에 대한 탐학행위보다는 신분 상승을 위한 비행을 지탄하는 일이 많았다.[156] 그것은 지리산 유황점만 하더라도 감관들이 課 외의 증산을 꾀하기 위하여 정원 외의 장인이나 硫黃軍을 증모한다든지 운영비를 차용하고 인근 주민들의 蜂桶까지 수세하여 많은 別備品을 상납함으로써 그 곳의 감관으로 있었던 자들이 모두 堂上帖이나 嘉善帖 등을 취득했다는 것이다.[157] 결국 당시의 감관들은 수공업자 출신은 아니지만 광산에 대한 지식과 경험을 갖춘 자들로서 점소에 상주하여 광산의 채굴·제련 작업을 감독했던 일종의 기술직 임시관원이었으며[158] 또한 영리에 대한 관심보다는 사회적 지위를 높이는 데 더 큰 관심을 가졌던 사람들이었다.

각종 광산의 채굴·제련과정에서 기술부분을 담당했던 장인은 鑛種에 따라 철점은 冶匠, 鉛·銀店은 鉛·銀匠, 硫黃店은 黃匠으로 통칭되었지만 그 밖에도 각 점소에는 광맥을 굴착하는 석공이나 동발 등을 제작하는 목수 등 여러 장인들이 참여하였다. 그런데 철점과 같이 숙련공을 손쉽게 구할 수 있었던 경우는 다르지만 연·은점이나 유황점 등 채굴·제련기술이 생소했던 광산들은 전문적인 인력을 구하기가 쉽지 않았다. 17세기 전반기의 연·은광

154) 주 98) 참조.
155) 李義立, 《求忠堂先生文集》, 三寶創得日記.
156) 南九萬, 《藥泉集》 4, 疏箚 五十度呈辭後乞免兼論採銀事箚.
157) 《備邊司謄錄》 41책, 숙종 13년 8월 13일.
158) 李義立, 《求忠堂先生文集》, 三寶創得日記.
《承政院日記》 470책, 숙종 38년 8월 3일.

산 개발시에는 반드시 端川銀鑛의 은장들을 초치하여 시굴하였는데[159] 17세기 중엽에 개발되기 시작한 유황점에서는 우선 점소 주변의 紙匠이나 각종 店의 장인들을 징발하였고,[160] 煮黃法에 익숙한 감관들로부터 기술이 전습되어 갔다.[161] 각 점소에 소속된 장인의 수는 광산의 종류나 그 규모에 따라 다르게 마련이지만 대체로 10여 명 내지 20~30명에 달했던 것 같다. 그것은 연점에 관한 기록에 "감관들은 20~30명을 거느리거나 혹은 10여 명을 거느리고 있다"하였고,[162] 유황점인 경우도 監官 李克敬은 10여 명을 대동하고 있었다.[163] 그리고 각 점소의 장인수는 모군수의 약 1/10정도였던 것 같다. 그것은 지리산 유황점의 모군수를 정부가 100명으로 줄이려 했을 때 수어청이 黃匠을 10명 정원으로 할 것을 요구한 사실로서도 짐작된다.[164]

각 店의 장인들에게는 반드시 糧料와 役價가 지불되었다. 철점의 경우도 둔전의 地稅가 吹鐵費에 충당되었고,[165] 유황점의 경우도 전술한 각종의 재원에서 황장의 양료와 역가를 염출하였으며[166] 부역하지 못한 모군의 身布를 징수하여 황장에게 지급키도 하였다.[167] 그리고 연·은점에서도 생산물 중에서 일정량을 급료로 지급하고 있었다.[168] 그런데 양료와 역가 중 양료는 주로 쌀로 지급되어 料米로 불려져 왔고 역가도 지불하는 물종에 따라 價布 또는 工錢 등으로 불려졌다. 그러나 각 점소의 장인들에 대한 양료와 역가의 지급액이 밝혀진 자료는 없다. 다만 인조 19년(1641) 현재 훈련도감의 조총·궁전·염초장인이 모두 합쳐 140여 명인데 매월 112석의 요미를 지급하고

---

159) 《光海君日記》 권 111, 광해군 9년 정월 무인.
160) 宋挺濂, 《存養齋集》(上) 〈辭獻納兼言事疏〉(丁巳).
161) 《顯宗實錄》 권 18, 현종 11년 정월 신묘.
162) 《承政院日記》 324책, 숙종 13년 9월 13일.
《備邊司謄錄》 41책, 숙종 13년 9월 13일.
163) 《承政院日記》 470책, 숙종 38년 8월 3일.
164) 《守禦廳謄錄》 무진 10월 4일·13일.
165) 《備邊司謄錄》 70책, 숙종 44년 10월 6일.
166) 《守禦廳謄錄》 무진 10월 4일.
167) 《備邊司謄錄》 90책, 영조 7년 12월 10일.
168) 《增補文獻備考》 160책, 財用考 7, 附金銀銅.

있어[169] 평균 한 사람에게 매월 12斗를 지급한 셈이다. 그러나 현종 10년(1669)에 泰安의 安民倉 新設工事에 참여한 장인들, 곧 목수·석수·冶匠들에게는 균등하게 매월 1인당 요미 9두와 가포 2필이 지급되었는데[170] 이 때의 요미 9두는 숙종 10년(1684)에 강화도·南漢山城의 弓匠·冶匠·木手에게 지급한 요미액과 비교해 차이가 없다.[171] 따라서 동시대 각 점소의 장인들에게도 매월 요미 9두와 가포 2필 정도가 지급되었을 것으로 여겨진다.

각 점소의 광산 노동자에 대한 호칭은 광산의 종별에 따라 달랐을 뿐 아니라 동일한 광산의 노동자들에게도 갖가지 별칭들이 붙여지고 있었다. 이를테면 철점인 경우에는 吹鍊軍·吹鐵軍·吹鐵屯軍·吹鐵募軍·採鐵募軍 또는 納鐵軍으로 불리었고 다만 鐵峴鎭은 진군으로 불려졌다. 유황점은 유황군이지만 연점도 採鉛軍·鉛鐵軍·鉛軍 등으로 불려지고 있었다. 그러나 대체로 철·유황·은점의 광산 노동자를 통칭하여 募軍이라고 하였다.

모군의 모집 절차는 감관들에 의해서 수행되었고 거의 강제성을 띤 채 진행되었다. 鐵峴屯鐵店의 모군은 왜란 중에 둔전을 耕食하도록 모취한 流離民들이 대부분이었지만 17세기초 중엽 이후의 모군들은 대개가 점소 주변에 정착해 있던 농민들이었다. 광산 소재지의 읍민만을 징발키도 하지만[172] 광산이 郡界에 위치했을 때는 양 읍민을 동원하였다.[173] 광산의 입지적 여건에 관계된 것이긴 하지만 될 수 있는 한 인근의 장인들 곧 山店民들을 모취하려 하였고 일반 농민들 중에서도 터전이 잡히고 건장한 사람들을 징발하고 있었다.[174]

군문·영문 소관 점소의 모군에게는 각종의 세역 부담이 면제되고 있었다. 모군들의 세역문제에 관한 조치로서 선례가 된 鐵峴鎭鐵店의 모군 곧 鎭軍들의 경우 유사시 長壽山城의 수비 임무를 띤 군병으로서 군문의 철점에서 신역을 지고 있다는 이유로 소속 읍의 각종 稅役이 면제되었다. 곧 鎭軍의

169) 《備邊司謄錄》 6책, 인조 19년 5월 2일.
170) 《備邊司謄錄》 28책, 현종 10년 2월 10일.
171) 《備邊司謄錄》 38책, 숙종 10년 3월 14일·17일.
172) 주 148) 참조.
173) 주 161) 참조.
174) 《承政院日記》 465책, 숙종 38년 정월 3일.

호적은 그가 입적한 읍에서 관장하였지만 그 외 진군에 대한 還上이나 烟戶雜役 등은 부과하지 못하도록 하였으며 만약 이를 어길 경우 심하면 수령을 논죄하고 가벼우면 色吏 및 面任輩를 훈련도감으로 불러들여 엄벌에 처한다고 규정하고 있었다.[175]

철현진 철점의 진군에 대한 각종의 면역 조처들은 이후 각 군문·영문 소관 점소의 모군들에게도 적용되었다. 철현진 철점의 모군이 훈련도감의 군병으로 등록된 것과 마찬가지로 각 군문·영문 소관 점소의 모군들도 모두 소속 군문·영문의 군병으로 등록되어 있었다. 양자는 모두 군역대신 점소에서 신역을 지고 있었으며 서로 다른 점은 다만 유사시의 군사적 임무가 부여되어 있는가 없는가의 형식상의 문제였을 뿐이다. 따라서 연점의 연군들에게는 군역과 연호잡역이 면제되었으며[176] 유황군에게도 군역과 戶役이 면제되고 있었다.[177] 그리고 이들 모군은 군역 대신 신역으로서의 店役을 지고 있었지만 또한 동시에 身役價도 규정되어 있었다. 신역의 법정가는 일정하지 않았지만 숙종 30년(1704) 釐整廳에서 재조정하였다.[178] 이에 의하면 철점 모군의 연간 신역철은 50근이었고[179] 유황점 모군의 신역 유황은 5근이었다.[180] 鉛店 모군의 身役鉛額은 밝혀져 있지 않으나 銀店軍의 身役銀이 5전이었던[181] 사실과 더불어 당시의 철·유황·은·연의 시세를 비교할 때 鉛 5斤 정도였을 것으로 추정된다.[182] 이러한 신역가의 규정은 두 가지 목적을 지니고 있었다. 하나는 군문·영문이 소관 점소에서 수취할 광물량을 산정하는 기준을

175) 《鐵峴鎭事例》 訓鍊都監編, 순조 8년.
《備邊司謄錄》 31책, 숙종 원년 5월 27일.
《承政院日記》 703책, 영조 6년 3월 3일.
176) 《備邊司謄錄》 52책, 숙종 28년 2월 13일 및 141책, 영조 38년 3월 17일.
《承政院日記》 529책, 경종 원년 2월 5일.
177) 주 107) 참조.
178) 《各營釐整廳謄錄》 甲申, 숙종 30년.
179) 《承政院日記》 671책, 영조 4년 9월 28일.
180) 《備邊司謄錄》 85책, 영조 5년 3월 18일.
181) 《備邊司謄錄》 52책, 숙종 28년 2월 18일·6월 26일 및 141책, 영조 38년 3월 17일.
李恭遇, 《換几翁漫錄》 10, 暗行御史書啓.
182) 鐵·硫黃·銀의 斤 단위와 米價를 비교하여 年 5斤이었을 것으로 추산하였다.

마련한 것이며 다른 하나는 모군이 부역할 수 없을 경우 납부토록 할 할당액을 미리 정한 것이었다. 따라서 군문·영문이 매년 점소에서 수취하는 광물량은 점소의 모군수에 따라 결정되었으며 또 모군들 중 부역하지 못한 사람이나 광맥이 단절되어 폐광된 점소의 모군들은 반드시 신역가로 부과된 광물을 구입해 납부토록 하였다.

17세기 군문·영문의 각 점소에 종사하던 모군의 수를 일일이 확인할 수는 없다. 다만 숙종 30년 釐整廳에서 작성한 《各營釐整廳謄錄》을 근거로 그 전후의 사정을 추정할 수 있을 뿐이다. 鐵店의 경우 우선 五軍門의 모군에 대한 숙종 30년의 釐整定額을 간추려 보면 다음 〈표 6〉과 같다.183)

〈표 6〉 숙종 30년의 각 군문 취철군 釐整定額

軍門別	吹鐵軍所屬處	從前吹鐵軍數	肅宗30년 釐整時의 增減數	釐整定數
訓鍊都監	載寧吹鐵店募軍	350명 兒弱 66명	100명, 兒弱 66명 減	250명 載寧 216명 平山 37명
	藍浦吹鐵店募軍	84명 兒弱 40명	34명, 兒弱 40명 減	50명 藍浦 45명 鴻山 3명 定山 2명
御營廳	長淵吹鐵募軍	50명	正軍官保의 餘軍 250명을 充數	300명
禁衛營	載寧葛山屯吹鐵募軍	250명	50명 增	300명
摠戎廳	黃海道吹鐵牙兵	83명	3명 減	80명
守禦廳	水鐵牙兵	225명	25명 減	200명
	水原禿城山城吹鐵牙兵	83명	3명 減	80명

숙종 30년 이정청의 설치는 정부가 양역 인구를 늘리기 위한 정책의 일환으로 취해졌고 특히 각 군문·영문의 비정규 군병 중 과다한 인원을 삭감하려는 데 그 목적이 있었다. 그러나 군문의 철점은 군문 자체내의 수용 무기 및 三南月課鳥銃 등의 무기류 생산과 아울러 釜鼎이나 器皿類를 자체 조달

183) 《各營釐整廳謄錄》 甲申, 숙종 30년.
《備邊司謄錄》 85책, 영조 5년 4월 20일.

하는 데 절실하였으므로 모군을 삭감시키기 어려웠다. 따라서 훈련도감과 총융청·수어청의 취철군을 약간 명씩 줄여 당해 읍의 수령에게 넘겼으나 어영청과 금위영은 오히려 상당수를 증원하여 삼군문은 모두 300명을 정원으로 하였고, 수어청은 200명, 총융청은 80명을 정원으로 책정하였다. 결국 이때의 5군문 소속 취철군의 釐整定額은 1,260명으로 종래의 취철군 1,125명과 兒弱 106명보다 29명이 불어난 것이다. 그런데 이 시기에는 민간의 야철 수공업이 성장하여 〈표 7〉의 수어청의 水鐵牙兵과 같이 이미 감관제하의 모군이 아닌 민영 철점의 水鐵匠들로부터 현물 또는 匠布를 수취하는 추세가 일반화되고 있었다. 따라서 각 도의 營門에서 자체 경영하는 철점을 찾아볼 수 없게 되었고 철물 장인들로부터 현물 또는 米·布를 수취하였던 것이다.184)

〈표 7〉 숙종 30년·39년 각 군문·영문 유황군

	顯宗2年～肅宗30年	肅宗 30年 釐整定額	肅宗 39年 査正定額	設 店 地
訓鍊都監	慶州 265명 求禮 164명 忠州 97명	慶州 150명 求禮 91명 忠州 50명	300명	慶州 求禮 忠州
摠 戎 廳	389명	300명	300명	慶尙道
御 營 廳	172명(京畿柳灰軍 20명 포함)	300명	300명	慶尙道
禁 衛 營	710명	300명	300명	?
守 禦 廳	431명	300명	300명	晉州 智異山
慶尙監營·統營·左右兵營	?	?	각 300명	慶尙道
慶尙左水營·金井·鳥嶺山城	?	?	각 200명	慶尙道
慶尙左水營虞候所屬 硫黃軍	?	?	革罷	慶尙道

硫黃店의 모군은 三南月課火藥價가 공인에게 이속된 시기였던 숙종 30년

184) 《備邊司謄錄》 66책, 숙종 39년 7월 18일 및 67책 숙종 40년 2월 7일.

과 39년(1713) 등 두번에 걸쳐 良役 査定이 이루어졌으므로 다음 〈표 7〉에서 볼 수 있듯이 많은 인원수가 삭감되었다.[185]

5군문의 경우만 하여도 숙종 30년 이전의 硫黃軍數가 총 2,228명인데 釐整定額은 1,500명으로 무려 728명이 삭감되었다. 따라서 숙종 39년의 京外 군문·영문의 사정정액인 3,300명도 역시 비슷한 비율로 삭감됐을 것을 감안하면 숙종 30년 이전에는 慶尙左水營虞候 所屬 유황군을 합쳐 군문·영문의 유황군수가 5,000명을 훨씬 넘었을 것으로 여겨진다.

그러나 鉛店의 모군은 숙종 30년의 이정대상으로 되어 있지 않아 인원수를 파악키가 어렵다. 이정대상에서 제외된 이유는 밝혀져 있지 않지만 앞서 숙종 28년에 鉛銀店에 대한 호조의 專管收稅權이 확립되고 군문·영문의 모든 연점과 모군들이 호조에 이속된 것이 계기가 된 듯 하다. 그것은 정부의 이정 목적이 군문·영문의 인원을 삭감하는 데 있었던 것이므로 호조의 연군이 그 대상이 될 수가 없었기 때문이다.[186] 그런데 호조의 전관수세 이후 각 군문·영문에서 鉛丸을 조달할 목적으로 신설한 몇몇 개소의 연점은 숙종 39년의 사정대상이 되었다. 곧 금위영 소속 4개 연점의 연군을 400명으로 한정하고 나머지 62명을 삭감하였으며 慶尙左水營虞候 소속 연군을 모두 혁파한 것이다.[187] 여기에서 금위영 4개 연점의 연군을 400명으로 한정한 것은 각 점에 100명씩을 정원으로 한 조치였다. 물론 이 인원수는 숙종 30년 이전 각 연점의 평균 모군수에 못 미칠 것이 당연하나 우선 이를 기준으로 숙종 26년의 전국 연점 68개소에 합산해 보더라도 당시의 모군수가 6,800여 명에 달하고 있다. 따라서 숙종 30년경의 모군수는 5군문 소관 철점의 취철군 1,125명과 兒弱 106명, 유황점의 유황군 5,000여 명 그리고 연점의 연군 6,800여 명 등 약 13,000여 명에 달하고 있었다.

---

185) 《各營釐整廳謄錄》 甲申, 숙종 30년.
《備邊司謄錄》 66책, 숙종 39년 7월 18일.

186) 《備邊司謄錄》 52책, 숙종 28년 6월 26일.

187) 《備邊司謄錄》 66책 숙종 39년 7월 18일.

(4) 점소의 작업실태

17세기 군문·영문의 모든 광산은 군문·영문이 각 점소에 사사로이 파견한 監官들에 의해 운영되었다. 감관들은 점소의 운영비를 관장하고 점역을 감독하며 할당된 생산량을 수납하는 업무를 담당하고 있었다. 그리고 이들 감관의 업무수행을 보조토록 하기 위하여 각 군문·영문에서는 書吏·使令·庫直 등을 각각 1명씩 배정하였다. 서리는 물품의 출납과 장인·모군 등에 관한 사무를 처리하고 문서화하는 일을, 사령은 감관의 지시 사항이나 문서를 전달하는 일을, 고직은 각종 물품의 보관 업무를 담당케 한 것으로 보인다.[188]

감관의 주관하에 실시된 점역은 대개 채광·제련·埋炭작업 등으로 구분되는데 장인들이 각 부문의 작업 현장에서 모군들을 거느리고 이를 실시하였다. 광석의 굴착·운반 배수작업으로 이루어졌던 채광작업은 광맥을 식별할 수 있는 장인과 갱도를 굴착하는 석공들이 주관하였다.[189] 그런데 17세기 초에는 이미 석공들에 의하여 폭약을 사용한 암석의 발파 기술이 이용되고 있었다.[190] 이른바 鑛砲라고 불리었던 이 발파 도구가 언제 어느 광산에서 처음으로 이용되었던 지는 알 수 없지만 아마도 왜란 중 화약무기가 널리 사용되면서 연구되고 당시의 가장 큰 석광이던 端川銀鑛에서 이용된 것으로 여겨진다.[191] 어떻든 광포의 이용은 조선 후기 채광기술상 획기적인 발전을 가져온 것임에 틀림없다.

광석의 제련작업은 가장 기술을 요하는 부문이었고 흔히 冶匠·黃匠·鉛匠(銀匠)으로 불리던 장인들에 의하여 이루어졌다. 광석의 제련기술은 철·은 등의 금속 광물과 유황 등의 비금속 광물이 서로 달랐다. 철·연 등 금속 광물을 처음 제련하는 과정에서는 모두 冶爐와 風箱을 이용하고 있었다. 연은 연광석을 제련함으로써 생산되었지만,[192] 철은 生鐵과 熟鐵의 생산과정에 약

188) 柳承宙, 〈朝鮮後期 軍需鑛工業의 發展〉(《史學志》 3, 1969), 21쪽.

189) 《端川邑誌》 山川.

《備邊司謄錄》 52책, 숙종 28년 6월 26일.

190) 《宣祖實錄》 권 203, 선조 39년 9월 무자.

191) 李羲準, 《溪西野談》.

192) 《端川邑誌》 山川.

간의 차이가 있었다. 생철은 水鐵 또는 무쇠라 불리었고, 숙철은 시우쇠 또는 正鐵이라고도 하였다. 생철이나 숙철을 제련하는 도구는 다 같은 야로와 풍상이었지만 야로와 풍상간에 연결된 風穴數에 차이가 있었다. 곧 생철 제련용의 풍혈은 1개인데 비하여 숙철용은 9개였다. 이러한 구조상의 차이는 제조 과정에 있어서도 생철 제련이 숙철 제련보다 수배의 노력을 요하게 하였다. 생철·숙철을 같은 용적의 야로로 제련할 때 생산되는 양을 비교해 보면 "생철이 100근 생산된다면 숙철은 그 보다 다소 적었다"고 하고 "숙철 初出品을 薪鐵로 하여 1근을 打鍊하면 정철의 劣品 4냥이 생산된다"고 하였다.[193] 생철은 주로 釜鼎이나 농기구를 제작하는 데 쓰여졌고 숙철(正鐵)은 槍劍 등 무기나 낫·칼 등을 제조하는 데 이용되었다.

한편 비금속 광물인 유황은 야로가 아닌 陶器에 넣어 제련하였고, 一周期만에 取出하였다.[194] 煮黃法에는 이밖에도 渣滓를 제거하는 去滓法과 악취를 제거하는 無臭法 등 일련의 기술적인 방법이 적용되고 있었다.[195] 埋炭作業은 벌목 운반작업과 더불어 많은 인력을 필요로 하였다. 각 작업장과 막사 등의 건축 공사나 갱내의 동발 설비에도 목재가 필요하였지만 특히 제련시의 연료용의 목탄을 굽는 데는 엄청난 양이 소요되었기 때문에 점소를 설치할 때는 광맥이 풍부한 곳도 중요했지만 점소 주변에 풍부한 산림이 있는가도 크게 고려되었다.[196]

이상과 같은 점소의 제반 작업과정에서 기술을 요하는 부문은 장인들이 담당하였고 기술을 요하지 않는 부분은 모군들이 담당하게 마련이었다. 일정하지는 않지만 대개 장인과 모군의 비율은 1:10인 것으로 추정되었는데 당시 각 점소의 모군수는 점의 규모에 따라 엄청난 차이를 보이고 있었다. 철점의 모군은 〈표 6〉에서와 같이 적은 곳은 50명에서 많은 곳은 300여 명이었고, 유황점도 〈표 7〉에서와 같이 적은 곳은 150여 명에서 많은 곳은 400여 명이었으며, 연점의 모군수는 자세히 알 수 없지만 평균 100명에 달하고 있

193) 李圭景,《五洲衍文長箋散稿》권 60, 鉛鐵辨證說.

194) 李圭景,《五洲衍文長箋散稿》附錄, 五洲書種博物考辨, 石硫黃類.

195) 南九萬,《藥泉集》권 29, 嶺南雜錄.

196) 蔡濟恭,《樊岩集》, 論扶安蝟島銀鑛設店便否啓.

다. 각 점소의 이들 모군은 장인들과 더불어 당연히 채굴·제련·매탄 작업장에 분속되고 분업에 기초한 협업형태로 店役을 지고 있었다.

〈柳承宙〉

4. 금속화폐제도의 시행

1) 금속화폐 시행론

15세기 후반에 유동수단으로서 널리 상용된 것은 布貨였다. 포화의 소재는 처음에 베가 중심을 이루었으나 15세기 후반 이후로는 목화 재배의 보급과 면포의 상품성이 중시됨에 따라 면포가 베보다 더 널리 사용되게 되었다.

포화는 五升布가 기준 포로 바로 正 1승은 80올이므로 5승포란 곧 400올로 짠 1필의 면포를 가리킨다. 이 시기에는 3승포·4승포 등이 常布란 이름으로 널리 쓰이기도 하였다. 이것들은 5승포보다 훨씬 조악하게 짰으며, 추포 또는 악포라고 불리던 2승포는 옷감으로 전혀 사용될 수 없을 정도로 매우 성글게 짰다. 올 수가 성글었을 뿐만 아니라 길이도 30척 이하로 35척(1필)의 기준을 채우지 못하는 短布가 상포에는 많았다. 이렇게 기준에 미달하는 것이 만들어 진 것은 전적으로 화폐로서의 용도 때문이었다. 5승포보다는 훨씬 작은 소액 규모의 거래에 쓰기 위해 그러한 단포·추포가 출현한 것이다.[1] 그러므로 소액 거래에 알맞는 추포, 그 위의 상포, 고액 거래에 상응한 정포·은 등이 나름대로의 화폐체계를 갖추었던 것이다. 16세기의 우리 나라 화폐경제는 이와 같이 동전의 주조만 결여되었을 뿐 기본적인 조건에서는 금속화폐가 유통될 수 있는 화폐의 체계가 마련되어 있었던 것이다.

중종 10년(1515) 6월에 동전 주조 문제가 두 차례에 강력하게 대두되었다.

---

1) 宋在璇, 〈16世紀 綿布의 貨幣機能〉(《邊太燮博士華甲紀念史學論叢》, 1985), 389~430쪽.

권인혁, 〈15세기 후반· 저화제의 동요와 포화유통〉(《朴永錫敎授華甲紀念韓國史學論叢》 상, 1992), 802~803쪽.

정포와 더불어 法貨로 채택된 楮貨를 다시 통용시키면서 동전을 주조하여 함께 유통하자는 주장이었다. 이 주장은 경제적인 미숙 때문이 아니라 관료사회의 문제 때문에 실현을 보지 못하였다. 이 시기의 정치에서 정치의 실천을 장악한 것은 戚臣들과 이에 결탁한 부류로서 이들은 군역과 공물·조세 등의 부과·징수에서 부정한 방법으로 화폐나 마찬가지인 면포를 과도하게 거두어 축재하는 것이 하나의 풍조를 이루었다. 이러한 비리는 새로운 정치세력의 비판 대상이 되었지만 인조 연간에 이르러서야 비로소 동전 주조가 결정되어 근본적인 개선이 이루어질 수 있게 되었다.

16세기의 우리 나라 경제는 농업 기술이 발달함에 따라 소농민도 시장에 팔 잉여물을 가질 정도로 농업 생산력이 전반적으로 향상되었고 농촌 사회를 배경으로 한 장시[2]가 더욱 발달하여서 새로운 국면을 맞이하게 되었다. 그것은 원거리 교역의 비중이 크던 종래의 유통체계와는 근본적으로 다른 것으로 화폐제도의 변화에도 큰 영향을 끼쳤다.[3]

16세기말에 발생된 임진왜란은 조선왕조의 화폐경제를 발달시킨 하나의 계기가 되었다. 조선왕조 전기에 있어서 동전의 주조 문제를 둘러싸고 여러 차례 논의가 전개되었고 또 때로는 동전 통용을 시도해 보기도 했으나 결국 성공하지는 못했다. 그러나 조선왕조 중기에 와서는 임진왜란을 계기로 동전 주조론이 더욱 빈번하게 대두되었고, 숙종때부터는 동전의 주조, 유통이 조선왕조 후기에 이르기까지 비교적 일관성 있게 지속되었다.

조선 왕조 중기에 본격적으로 동전 주조 문제가 거론된 것은 임진왜란 때부터이다. 임진왜란 중에 제기된 동전 주조 문제는 구원군으로 우리 나라에 참전한 명나라의 楊鎬가 선조 31년(1598) 4월에 이르러 조선 왕조 조정에 대해 萬曆通寶의 주조 통용을 제의함으로써 비롯되었다.[4] 임진왜란 중에 명나라 經理인 양호가 만력통보의 주조 통용을 제의하게 된 것은 두 가지 목적에서였다. 그 하나는 임진왜란의 발발과 더불어 국가 재정이 극도로 궁핍해짐을

2) 李景植, 〈16世紀 場市의 成立과 그 基盤〉(《韓國史硏究》 57, 1987), 87~91쪽.
3) 李泰鎭, 〈16세기 東아시아 경제변동과 정치·사회적 동향〉(《朝鮮儒敎社會史論》, 지식산업사, 1989), 102~104쪽.
4) 《宣祖實錄》 권 98, 선조 31년 4월 병진·임술.

보고 적자 재정을 보완하도록 하려는데 있었다. 다시 말하면 전쟁비용 부담으로 인한 국가의 재정 궁핍을 동전의 발행으로 해결하려는 데 있었다. 그리고 다른 하나는 명나라 군사의 군수품 조달을 용이하게 하려는 데 있었다. 다시 중국은 화폐경제가 상당히 발달하였으므로 화폐경제에 익숙한 그가 전쟁을 치르는 과정에서 군수품 조달 등에 많은 불편과 애로를 느꼈으리라 추측된다.

양호에 의하면 동전 주조 문제가 제기되자 조정에서는 찬반론이 전개되었다. 그러나 국왕부터가 우리 나라의 토산과 풍속이 중국과 다르고 특히 주전 원료인 銅鐵이 부족하다고 하여 양호의 제의를 반대하였다.[5]

그러던 중 선조 31년(1598) 6월 양호가 萬世德과 교체되어 귀국함으로써[6] 동전 수조에 대한 논의는 사연 중단되었다. 이와 같이 임진왜란 중 명나라 양호에 의해 제의되었던 동전 주조 문제는 전란으로 말미암아 사회 경제가 혼란 상태에 있었고 실제로 주전 원료인 동철 공급의 곤란 등으로 실현을 보지 못하고 말았다. 그러나 전란 중에 논의되었던 동전 주조론은 임진왜란 후 생산력이 복구 발전되고 교환이 활발해짐에 따라 다시 대두되게 되었다.

임진왜란 중에 비록 부분적이기는 했으나 은이 금속화폐로서 유통 보급되었다. 구원군으로 파견된 명군이 제반 군사비에 충당하기 위해 은을 반입하여 사용함으로써 널리 보급되었다. 명나라에서는 은의 유통이 활발하였는데 은은 명나라 이전인 金·宋·元 시기에도 화폐로 사용된 바 있었다. 그러나 당시에는 규모가 큰 거래에만 사용되었고 明에 이르러서야 소액 거래에도 사용되는 등 화폐로서의 독보적 지위를 차지하고 있었다.[7] 이처럼 명나라에서 널리 유통되고 있는 은이 명군에 의해 국내에 반입·유통된 것이다.[8]

그러나 당시 은은 그 양이 제한되어 있을 뿐만 아니라 축재 수단으로 退藏됨으로써 유통수단으로서의 기능을 다하지 못하였다. 따라서 사회적으로 인정되는 널리 유통될 수 있는 동전 주조가 절실히 요구되었다.

---

5) 《宣祖實錄》 권 98, 선조 31년 4월 병진·신유·임술·계해.
6) 《宣祖修正實錄》 권 32, 선조 21년 7월 갑신.
7) 崔虎鎭, 《韓國貨幣小史》(瑞文堂, 1974), 84쪽.
8) 《宣祖實錄》 권 98. 선조 31년 4월 무인·임진.

17세기에 들어와 동전을 유통시키는 것은 국가의 궁핍한 재정을 보충하기 위해서도 절실한 문제로 제기되었다. 선조 36년(1603) 5월에 特進官 成泳은 전란으로 궁핍해진 국가 재정을 보충하기 위하여 동전의 주조 문제를 거론하였다. 이를 계기로 같은 달에 호조와 고위 관료들이 서로 앞다투어 동전 주조에 대한 각자의 의견을 피력하였고,[9] 동년 6월에도 2품 이상 고위 관료들이 대궐에 모여 동전 주조 문제를 협의하였다. 이 자리에서 영의정 李德馨은 미곡과 포화 등 현물 화폐만을 통용하고 동전을 통용하지 않는 관계로 농업이 쇠퇴하여 국가 경제가 궁색해졌다는 이유를 들고 시급한 경비 지출과 뜻하지 않은 수요에 대비하기 위하여 동전을 주조하자고 주장하였다. 그러나 좌의정 尹承勳과 우의정 柳永慶 등은 주전 원료인 동철이 부족하고 화폐에 대한 백성들의 인식도 부족하여 오히려 동전 유통이 여러 폐단만을 초래할 것이라는 이유로 동전 주조를 반대하였으며 국왕도 이를 반대하여[10] 결국 실현되지 못하였다. 이리하여 선조 연간에는 동전 주조 문제가 세 차례에 걸쳐 크게 논의되었으나 실천에는 옮겨지지 못하였다.

2) 금속화폐의 논의와 주조

(1) 인조대의 주전론과 동전 주조

선조대에 실현을 보지 못한 주전 논의는 인조대에 이르러 다시 대두되었다. 선조대의 주전 논의가 명군 楊鎬에 의해 비로소 제기되었듯이 인조대의 주전 논의는 당시 椵島에 주둔하고 있던 명나라 장수 毛文龍에 의하여 직접·간접적인 영향을 받고 있었다. 즉 인조 원년(1623) 5월에 호조판서 李曙는 국왕에게 중국 화폐인 大明通寶를 수입함과 동시에 私鑄錢을 장려해 화폐를 널리 통용시키자고 건의한 바 있는데[11] 이는 당시의 명장 모문룡이 조정에

9) 《宣祖實錄》 권 162, 선조 36년 5월 기사·무인.
10) 《宣祖實錄》 권 162, 선조 36년 6월 기유.
《宣祖修正實錄》 권 37, 선조 36년 6월 병술.
11) 《仁祖實錄》 권 2, 인조 원년 5월 병신.

대해 은 3만냥을 내어놓고 양곡과 교역할 것을 독촉한 데 기인한 것이었다. 그리고 당시의 기록에 의하면 모문룡이 직접적으로도 조정에 대하여 동전의 주조 통용을 요청하였음을 알 수 있다.[12]

이렇게 인조대의 동전 주조 통용 문제가 외부에 의하여 제기되기는 했으나 실제로는 궁핍한 국가 재정의 타개가 주요 이유였다. 즉, 인조 3년(1625) 10월에 호조판서 金藎國은 궁핍한 국가 재정을 보완하고 민생을 돕기 위해 동전 유통이 절실히 요청된다고 건의하였다.[13] 호조에서도 동년 11월에 仁慶宮에 鑄錢廳을 설치할 것을 요청하여 마침내 주전사업을 착수하기에 이르렀다.[14] 그러나 당시에는 匠人의 수가 적고 기술이 미숙한데다가 주전 원료인 놋이 부족한 형편이었으므로 인조 4년 6월에 이르기까지 겨우 600관의 동전을 주조하는 데 불과하였다.[15]

한편, 주조된 동전의 통용을 장려하기 위하여 조정은 인조 4년 8월에 형조와 한성부·사헌부 등의 徵贖을 동전으로 수납할 것을 결정하였다.[16] 그러나 그것이 미처 실현되기 전에 인조 5년 정월에 정묘호란이 일어나 중단되고 말았다.

이리하여 1620년대에는 소량이나마 모처럼 동전을 주조하고 그 보급 방법까지 구체적으로 강구했으나 실제로는 그 유통은 보지 못하였다. 그 후 인조 6년 7월에 南以恭이 동전 통용을 건의했으나[17] 국가 보유의 동전 수량이 적고 더 주조한다 해도 국가 재정이 어려운 시기이기 때문에 결국 실현되지 못하고 말았다.

정묘호란으로 중단되었던 인조대의 주전사업은 인조 11년 10월에 호조의 제의로 다시 재개되었다. 국민 생활과 국가 재정을 풍족하게 한다는 건의

---

12) 《仁祖實錄》 권 7, 인조 2년 11월 신미.
《仁祖實錄》 권 8, 인조 3년 3월 기유.
13) 《仁祖實錄》 권 10, 인조 3년 10월 임인.
14) 元裕漢, 〈官僚學者 金藎國의 貨幣經濟論〉(《車文燮敎授華甲紀念論叢 朝鮮時代史硏究》, 1992), 238~242쪽.
15) 《仁祖實錄》 권 13, 인조 4년 윤6월 무오.
16) 《仁祖實錄》 권 14, 인조 4년 8월 신축.
17) 《仁祖實錄》 권 19, 인조 6년 7월 계유.

가[18] 국왕의 허락을 받게 되자 인조 11년(1633) 11월에 상평청에서 관장하던 주전사업을 호조가 주관하고 중국 화폐인 만력통보의 모양을 본따 朝鮮通寶를 주조하였다. 이 때에 주조된 조선통보는 八分體의 글자로 바뀐 것으로 조선 왕조 전기의 그것과 구별되는 것이었다. 그리고 당시의 기록에 의하면 미곡과 동전의 교환 비율은 동전 1문으로써 미곡 반되와 교환하도록 규정하는 한편, 중국 화폐의 유통을 금지시켰다.[19]

한편 조정에서는 화폐 보급책의 일환으로 조선통보를 중앙에서 뿐만 아니라 각 지방에서도 주조하도록 조치하였다. 특히 교통과 상업이 발달하고 주전 원료의 공급이 유리한 지방을 선정하여 鑄錢所를 분설, 동전을 주조하도록 하였는데 그 결과로서 처음에는 안동·개성·대구 등지에 주전소가 분설되었고, 후에는 해주·수원 등지에도 주전소가 설치되어 동전을 주조하기에 이르렀다.[20] 이 때 주목되는 점은 수원의 동전 주조가 국가의 물력으로 시행되는 것이 아니라 사주전 즉 민간 물력에 의해 주조되었다는 점이다. 일찍이 민간에 의한 사주조가 건의되기는 했으나 그것이 실제로 시행된 것은 수원의 경우가 처음인 것이다.

또한 조정에서는 각종 賦稅에 대해 동전 수납을 실시함으로써 민간의 화폐 유통을 촉진하였다. 즉 국가가 수납하는 미·포 중에 1/3~1/4을 동전으로 받아들이도록 하였으며 아울러 삼사에서 죄인에게 거두는 贖錢과 각사의 수수료도 동전으로 수납토록 하였다. 그러나 전세나 三手糧 경우에는 먼 지방에 사는 사람으로서는 동전을 갑자기 마련하여 바치는 것이 어렵기 때문에 이의 실시를 보류하였다.[21] 인조 12년 2월에는 선혜청에서 봄·가을 두 차례에 걸쳐 8말씩 거두어들이는 곡식에 대해서 1/10에 해당하는 8되를 동전으로 수납하기도 하였다.[22] 그러나 아직도 화폐에 대한 신뢰가 부족한 백성들은 동전 사용에 소극적이었고 여전히 미곡 및 포화 등 현물 화폐만을

18) 《仁祖實錄》 권 28, 인조 11년 10월 갑술.
19) 《仁祖實錄》 권 28, 인조 11년 11월 임진.
20) 元裕漢, 〈李朝 肅宗時代의 鑄錢에 대하여〉(《史學硏究》 18, 1964), 633~634쪽.
21) 《仁祖實錄》 권 28, 인조 11년 11월 임진.
22) 《仁祖實錄》 권 29, 인조 12년 2월 경진.

교환 수단으로 사용하였기 때문에 새로 주조된 조선통보 통용은 명목만 있을 뿐 실제로는 유통이 부진하였다. 따라서 인조 13년 7월에 상평청에서는 보다 구체적이고 포괄적인 동전 유통 방안을 건의하여 국왕의 허락을 받았다. 그 내용은 모두 6개항으로 첫째, 市井人 중 원하는 자는 錢市의 설치를 들어준다. 둘째, 각사·각아문의 징속과 수수료의 동전 수납을 이제부터 다시 착실하게 거행한다. 셋째, 동전 통용은 저자의 자잘한 물건으로부터 시작해야 하므로 땔감·야채 등의 물건은 반드시 동전으로 매매하도록 5부와 평시서에 착실히 분부한다. 넷째, 京中과 지방에서 점포를 내려는 자는 그 소원을 들어준다. 다섯째, 경중에서 소를 매매할 때 오직 동전만을 사용하고 만약 어겼을 때는 동전으로 징속한다. 여섯째, 경성에서 8도에 이르는 길 주변의 각 관아에서는 반드시 점포를 설치하여 동전을 유통하게 하며 수령은 이를 착실하게 거행하도록 한다[23]라고 되어 있다.

이상에서 본 바와 같이 동전 유통에 대한 국가의 노력은 인조 14년 12월에 일어난 병자호란으로 말미암아 중단되고 말았다. 그 후 인조 22년 9월과 25년 12월에 金堉이 황해·평안도에 동전 유통을 건의했으나 국왕의 소극적인 태도로 말미암아 뜻을 이루지 못하였다.[24]

(2) 효종대의 화폐 논의와 동전 주조

효종 연간에는 淸錢의 수입 및 사주전의 허용 등 매우 이례적이며 과감한 동전 유통책이 전개되었다. 그것은 화폐정책을 주관하고 있었던 김육의 적극적인 노력의 결과로서 우리 나라 화폐경제 발전에 특기할 만한 일이었다. 김육의 화폐 유통책은 우선 청전의 수입으로부터 시작되었다. 효종 원년(1650) 6월에 김육은 청나라에 陳慰使로 다녀오면서 자신의 노자로 청전 15만 문을 수입하여 평양과 안주에 이를 유통시킬 것을 건의하여 허락을 받았다.[25] 이를 계기로 효종 2년 3월에 비변사의 요청으로 의주·안주·평양 등지에서

---

23) 《仁祖實錄》 권 31, 인조 13년 7월 임술.

24) 元裕漢, 〈朝鮮後期의 金屬貨幣 流通政策〉(《東方學志》 13, 延世大, 1972), 104쪽.

25) 元裕漢, 〈潛谷 金堉의 貨幣經濟思想〉(《弘大論叢》 11, 弘益大, 1979), 211쪽.

각각 1천여 석의 管餉穀을 내어 청전을 수입하기로 결정하였으며 이를 점차 통용해 보아 시행할 만하면 더 많이 사오기로 국왕의 내락을 받았다.[26]

이와 같이 김육을 비롯한 고위 관료들이 청전을 수입하여 국내에 유통시키려고 한 것은 두 가지 이유에서였다. 그 하나는 청전을 수입하여 시험해 본 후 동전 통용의 가능성이 있으면 국내에서 동전을 주조하여 통용하려는 것이고, 다른 하나는 국내에서 동전을 주조하는 것 보다 소요 경비가 절감될 수 있다는 예상 때문이었다. 당시의 청전 수입 가격은 그 명목 가치와는 관계없이 重量으로 사들일 수 있었다. 따라서 조정에서는 청전을 중량 단위로 수입해 그것을 명목 가치대로 통용시키면 동전 주조에 소요되는 경비를 절약할 수가 있었다.[27]

효종 원년에 김육이 수입한 청전 15만 문은 이를 은 값으로 환산한다면[28] 대략 185냥에 불과한 소액이었으나 이것이 조선 왕조 중기의 최초의 청전 수입이었으며 또 이를 계기로 하여 부분적이나마 일부 지역의 화폐 통용이 상당한 성과를 거둘 수 있게 되었다. 효종 2년(1651) 5월에 이르러 국왕이 먼저 황해도·평안도의 동전 통용 문제를 거론할 때 영의정 김육은 赴燕使行을 통한 청전 수입으로는 수요를 감당하기 어려운 것이라는 의견을 제시하자 국왕은 바로 국내에서의 주전을 제기하였다. 이러한 국왕의 태도는 곧 훈련도감의 동전 주조로 나타났고[29] 아울러 인조대에 일시 논의된 바 있던 민간의 私錢을 허용하여 두 지역의 동전 유통을 원활하게 하려고 하였다. 특히 사주전 문제는 동년 7월에 우의정 韓興一이 건의한 것으로서 좌의정 李時白의 지지로 국왕의 허락을 받게 된 것이다.[30] 이 문제는 인조대에도 논란이 있었지만 그 폐단을 염려하여 이를 허락하지 않았던 것이다.

이상에서 본 바와 같이 효종 연간에는 김육을 비롯한 여러 신료들의 노력

26) 《孝宗實錄》 권 6, 효종 2년 3월 정해·경인.
27) 元裕漢, 《朝鮮後期 貨幣史硏究》(韓國硏究院, 1975), 87~88쪽.
28) 《孝宗實錄》 권 6, 효종 2년 3월 경인.
29) 《孝宗實錄》 권 6, 효종 2년 5월 기축.
《增補文獻備考》 권 159, 財用考 6, 錢貨 효종 2년.
30) 《孝宗實錄》 권 7, 효종 2년 7월 갑신.

으로 청전의 수입 통용과 사주전의 허용 등 여러 가지 시책이 강구되었으나 관청과 민간의 주전사업은 부진을 면하지 못하고 민간에서의 동전 유통도 활발하지 못하여 효종 7년 9월에 동전 유통책이 중단되고 말았다.[31] 그 이유는 동전 유통에 적극적이었던 김육이 노쇠로 인하여 정치 일선에서 물러났고 효종도 동전 유통에 대하여 회의적 태도를 갖게 되었기 때문이다.[32]

효종대 동전 유통책은 상평청이 효종 2년 10월에 마련한 동전 유통 방안에 잘 나타나 있다. 그 내용은 대체로 세 가지로서 첫째, 쌀 1되의 값을 동전 3문으로 한다. 둘째, 각사의 收贖許通免賤·老職·空名帖의 동전 수납을 허용한다. 셋째, 시장의 모든 물건을 모두 동전으로 매매하도록 하되 동전이 필요한 자는 본청에다 쌀을 바치고, 쌀이 필요한 자는 쌀을 바치도록 한다.

이와 같이 상평청의 동전 유통책[33]은 비교적 철저한 내용을 가진 것이었으나 당시의 사회 경제 상황을 감안한다면 현실과 동떨어진 매우 급진적인 것이었다. 따라서 상평청의 동전 유통책은 화폐를 유통 보급함에 있어서 별로 성과를 거두지 못하고 오히려 여러 가지 부작용만을 일으켰다.[34]

또한 상평청은 화폐 유통을 장려하는 수단의 하나로 각 읍의 백성들로 하여금 동전 50문씩을 몸에 지니고 다니도록 강제하는 한편, 이를 독려하기 위하여 行錢別將을 각 지방에 파견하였다. 그러나 당시의 행전별장은 동전 통용을 강제하는 과정에서 많은 폐단을 일으키게 됨에 따라 효종 5년 4월에 행전별장을 폐지하고 都事로 하여금 대신 주관하도록 하였다. 그러나 실제로 행전별장이 폐지된 것은 아니었다. 효종 7년에도 경기도에서는 행전별장이 폐단을 일으키고 있었기 때문이다.[35]

효종 6년 12월에는 앞서의 동전 유통책을 고쳐 현실에 맞도록 하였다. 김육이 작성한 이 更定科條[36]는 "첫째, 경기도 대동미 8말 중 1.2말을 동전으

31) 宋贊植, 《李朝의 貨幣》(한국일보사, 1975), 41~42쪽.

32) 元裕漢, 앞의 글(1972), 122쪽.

33) 《孝宗實錄》 권 7, 효종 2년 10월 계유.

34) 崔虎鎭, 앞의 책, 91쪽.

35) 宋贊植, 앞의 책, 37~38쪽.

36) 《孝宗實錄》 권 15, 효종 6년 12월 계해.

로 수납한다. 둘째 경기·황해·평안도에 점포를 설치하여 경중과 지방의 동전 유통을 장려한다. 셋째, 호조·병조·한성부·장예원의 贖布는 절반을 동전으로 수납한다. 넷째, 각사의 공물 값 중 1/5, 각사의 雇役, 호조·병조에서 지급하는 料布의 1/3을 동전으로 지출한다. 다섯째, 은을 동전 가치의 기준으로 삼아 은 1냥을 동전 600문으로 하고 쌀 1되는 동전 4문으로 하되 은 값에 따라 조정할 수 있도록 한다"로 되어 있다. 그러나 이러한 동전 유통책은 즉시 그 효과가 나타나지 않고 후일을 기다려야 했다.

3) 화폐정책의 난맥과 폐단

(1) 숙종대의 동전 유통과 폐단

효종 7년(1656)에 동전 유통책이 중단된 지 22년만인 숙종 4년(1678)에 영의정 許積의 제의[37]로 常平通寶가 주조되기 시작하였다. 이 때 조정에서는 호조·상평청·진휼청·정초청·어영청·사복시·훈련도감 등 중앙 7개 기관을 비롯하여 지방 관청에서도 동전을 주조하여 유통할 수 있도록 허용하였다. 그러나 각 지방에서 주조된 동전이 현지에서 수용·유통되지 못하고 중앙으로 대거 몰리게 됨에 따라 동전의 명목 가치가 절반 값으로 하락하였다.

이에 대하여 조정에서는 어영청이 보유하고 있던 면포 수백 동을 방출하여 동전의 명목 가치를 회복·유지하게 하는 한편, 지방에서의 동전 주조는 일체 못하게 하였다.[38] 그러나 시급한 재정 수요와 군사비 충당이 거론됨에 따라 다시금 중앙 및 지방 관청에 주전을 허용하게 되었고 다만 주전 기간을 설정하여 동전 주조량을 제한하고자 하였다. 그렇지만 주전을 담당한 관청들이 제한량을 초과하여 주전하게 됨에 따라 동전 가치가 떨어져 물가가 폭등하게 되었다. 이리하여 숙종 15년에 이르러 주전을 중단하고 말았다.[39]

그러나 중앙과 지방을 물론하고 전면적으로 중단하였던 주전사업은 숙종

---

37) 《備邊司謄錄》 34책, 숙종 4년 정월 4일.

38) 《肅宗實錄》 권 9, 숙종 6년 2월 계해.

39) 《肅宗實錄》 권 20, 숙종 15년 3월 경오.

17년 10월에 勅需와 군사비 조달을 목적으로 개성부의 동전 주조를 허락하게 되었다.[40] 국가가 일단 중단시킨 주전사업을 재개하도록 허용하기는 했으나 동전의 惡鑄·濫鑄를 막기 위한 대책을 수립하고 있었다. 즉 鑄錢爐 數와 주전 기간을 제한하고 동전의 품질을 검사하는 등 엄격한 통제를 가함으로써 악주와 濫鑄의 폐단을 막으려고 했던 것이다.

더욱이 숙종 19년 7월에는 국가의 동전 주조사업을 호조와 상평청에서 專管할 것을 결정하였다.[41] 중앙과 지방 여러 곳에서 주전함에 따라 나타나는 각종 폐단을 방지하고 貨權在上의 명분에 따라 화폐의 주조 권한을 중앙에서 독점하기 위함이었다. 그러나 이러한 조치는 숙종 20년 9월에 어영청에 동전 주조를 허용함으로써 동요되기 시작하였고 숙종 21년, 전국에 걸친 엄청난 흉황으로 말미암아 지방 관청에까지 주전을 허락함으로써 국가에서 의도한 주전사업의 전관 방침은 좌절되기에 이르렀다.[42]

이 시기에 허용된 주전은 숙종 23년경에 모두 끝나는데 이 후 20년간은 동전 주조가 없었던 것으로 보인다. 이처럼 주전사업이 중단되자 숙종 말년에 이르러서는 동전 유통량이 줄어들어 동전의 명목 가치가 오르게 되었고 그 결과 숙종 40년대에 들어와서는 주전론이 다시 대두되기 시작하였다. 숙종 43년에 평안도에서, 동 45년에는 제주도에서 각기 구휼을 위한 주전을 요청하였지만 주전사업에 들어가는 경비가 과다하고 奸弊가 예상된다는 이유 때문에 실행에 옮기지 못하였다.[43]

(2) 주전 원료의 부족과 사주전

주전 원료인 銅의 공급 부족은 조선 중기의 화폐경제 발전을 저해한 주된 요인의 하나였다. 따라서 당시의 화폐정책 담당자들은 동의 공급 문제가 가장 큰 문제였으며 골칫거리가 되고 있었다. 동전 통용을 시도하던 인조·효

40) 《肅宗實錄》 권 23, 숙종 17년 10월 갑오.
41) 《備邊司謄錄》 47책, 숙종 19년 7월 4일.
42) 元裕漢, 앞의 책, 95~96쪽.
43) 元裕漢, 앞의 글(1964), 663~666쪽.

종 연간은 물론 동전 유통이 비교적 원활하게 전개되던 영·정조 이후에 있어서도 정부의 가장 큰 고심은 주전 원료난의 해결이었고 상평통보를 주조하기 시작한 숙종 연간에 있어서도 예외는 아니었다.

숙종대에 주전사업을 개시한 지 1년만인 숙종 5년(1679) 1월에 이미 동의 부족으로 말미암아 주전사업은 중단 위기에 놓이게 되었다. 그리하여 좌참찬 吳挺緯는 국왕에게 궁중에 저장된 동을 주전청에 보내자고 하였으며 국왕도 이를 받아들여 동 100근을 진휼청에 내려 보냈다.[44]

그리고 동년 2월에는 비변사에서 「鍮器禁斷事目」을 제정하기에[45] 이르렀는데 이는 두 가지의 목적에서 마련된 것이었다. 그 하나는 시급한 주전 원료의 공급에 있었고 다른 하나는 동전 가치가 하락할 경우 동전을 녹여서 유기를 제조하는 폐단을 방지하는 데 있었다. 유기금단사목의 주된 내용을 보면 일상 생활에 필요한 식기·수저·촛대 등 15개 품목을 제외하고는 일체의 유기 사용을 금지한다는 것이었다.

그러나 이러한 궁중의 동 하사나 유기 사용의 제한 등으로 만성적인 주전 원료의 공급 부족 현상이 근본적으로 해결될 수는 없었다. 즉, 이웃 나라로부터 동을 수입하지 않으면 안되었다.

특히 당시에는 일본 동이 주전 원료의 상당한 비중을 차지하고 있었다. 당시의 기록에 의하면 일본 동의 수입량은 연간 3천여 칭(稱)에 달하고[46] 있었으며 倭館에서의 동철 100근은 은 10냥이고 서울에서는 운반비 명목으로 은 2냥이 더 붙었다.[47] 또한 부연 사행을 통하여 중국의 동도 수입하였는데 그 수입은 간헐적이었으며 수입량도 대단치 않았다. 이에 대하여 일본 동의 수입은 꾸준했을 뿐만 아니라 그 수입량도 상당히 많았으므로 주전 원료의 주된 공급원은 일본이었다.

한편, 국가에서는 국내 동광을 채굴하여 부족한 주전 원료를 보충하고자

44) 《肅宗實錄》 권 8, 숙종 5년 정월 임자.
45) 《備邊司謄錄》 35책, 숙종 5년 2월 4일.
46) 《備邊司謄錄》 47책, 숙종 19년 7월 4일.
47) 《備邊司謄錄》 57책, 숙종 32년 4월 29일.

하였다. 그러나 채광과 제련 기술의 부족, 채산성의 결여, 민폐 발생 등의 이유로 결국 실현되지 못하였다.[48]

국가의 주전사업이 본격화됨에 따라 모리를 꾀하는 私鑄行爲가 문제점으로 제기되었다. 동전의 사주는 官鑄에 대비되는 개념으로 관주가 합법적인 동전 주조인데 반하여 사주는 예외가 있기는 하지만 일반적으로는 국법에 저촉되는 커다란 범법행위로서 무거운 처벌을 받는 것이 통례였다. 조정에서는 화폐정책을 추진하는 과정에서 사주가 끼치는 폐단을 방지하기 위하여 동전 사주를 엄금하였다. 인조 11년(1633) 11월에 호조에서 제정한 동전 유통 방안을 보면 동전 사주자는 大明律에 따라 주전 기술자와 함께 교수형에 처한다는 내용을 담고 있다.[49]

그러나 동전 유통에 급급했던 17세기 전반기에 있어서는 동전 사주가 별로 일어나지 않았고 또한 그것을 규정대로 엄격히 처벌할 필요도 없었다. 사실상 이 시기에는 동전 유통에 대한 국가의 의욕이 강렬하여 동전 유통책 수행에 필요한 동전을 얻기 위해 임시 방편으로 민간인에게 동전 사주를 허용하고 있는 실정이었다. 일반적으로 동전을 사주하는 목적은 모리에 있고 그 모리욕은 동전의 명목 가치가 소재 가치 이상으로 통용될 때 나타날 수 있는 것이었다.[50]

그러나 17세기 전반기의 동전 유통책은 주전 원료의 부족과 정책 운용의 불합리성 등으로 말미암아 동전 유통이 제대로 이루어지지 않았고 그렇기 때문에 동전의 명목 가치의 보장이 이행되지 못하였다. 이러한 상황에서 현종 13년(1672) 12월에 동전 사주자를 엄하게 다스린다는 종래의 처벌 규정이 폐기되기에 이르렀다.

17세기 후반기에 접어들어서는 동전이 법화로서 그 유통 영역을 점차 확대해 나가자 숙종 7년 3월에 전주 판관 沈揖이 동전 수천 관을 사주하여 모리하는 행위가 나타났고 관찰사가 진휼을 빌미로 하여 부당하게 동전을 주

48) 元裕漢, 앞의 글(1964), 652~654쪽.
49) 《仁祖實錄》 권 28, 인조 11년 11월 임진.
50) 宋贊植, 앞의 책, 156~173쪽.

조하거나 심지어는 前職 判書의 曾孫婦인 士族女가 사주 행위를 저지르는 일까지 벌어졌다. 이처럼 숙종대에는 사회적 신분의 고하를 막론하고 사주 행위를 자행하는 자가 많았고 그 장소도 깊은 산골이나 섬, 해상의 배가 이용되어 저질러졌다.[51]

그리하여 숙종 21년(1695)을 전후로 하여 사주자에 대한 처벌 문제가 심각하게 논의되었다. 그 이전에도 사주자에 대한 처벌 규정이 마련되어 있기는 했으나 주전사업이 본격적으로 진행됨에 따라 이의 보완이 절실하게 필요하였던 것이다. 그래서 종래에는 사주한 匠人은 사형, 그를 보조한 奉足은 정배로 다스리던 것을 이 때에 와서는 모두 사형에 처하였다. 숙종 22년에는 接主人도 사형에 처하고, 사주를 하려다 미수에 그친 자도 사형 아래의 벌을 적용하였다.[52]

〈權仁赫〉

5. 중개무역의 성행

1) 임진왜란의 발발과 조명무역

'冊封－朝貢體制'라는 틀에서나마 비교적 활발하게 유지되어 왔던 조선·중국·일본 사이의 무역은 16세기 초·중반 일본이 일으킨 '寧波의 亂'(1523)과 '乙卯倭變'(1544) 등을 계기로 심각한 위기를 맞게 되었다. 양자는 모두 중국·조선과의 무역 확대를 추구하던 일본의 의도가 제대로 관철되지 않았던 상황에서 일본이 무력을 동원하여 과거의 倭寇와 같은 방식으로 보복하려던 와중에서 일어난 사건이었다. 그러나 을묘왜변 이후 조선 정부는 備邊司를 설치하는 등 일본에 대한 경계를 강화하고 무역에서도 엄격한 통제 조처를 취함으로써 朝日貿易은 쇠퇴 일로를 걷게 되었다. 明 역시 영파의 난을 계기

51) 元裕漢, 앞의 책, 133～134쪽.

52) 《備邊司謄錄》 49책, 숙종 21년 10월 25일.
《肅宗實錄》 권 30, 숙종 22년 3월 병인.

로 일본과의 勘合貿易을 폐지하는 바람에 군사력을 이용하여 무역 확대를 도모했던 일본의 시도는 결국 좌절되고 말았다.[1] 임진왜란 역시 이 같은 상황에서 발생하였다. 중국·조선과 무역활동을 도모하는 과정에서 일본이 지녔던 열세와 불리를 군사력을 이용하여 일거에 만회해 보려던 시도가 바로 조선 침략, 나아가 중국 침략의 도모라는 굴절된 형태로 표출되었던 것이다. 豊臣秀吉(토요토미 히데요시)은 중단된 감합무역을 군사적 도발을 통해 부활시키고자 했던 것이다.[2]

임진왜란이 일어나자 조선과 일본 사이의 공무역은 물론 조선을 매개로 중국과 일본을 연결하면서 이루어졌던 중개무역은 일단 중단되었다. 적대적인 군사활동이 지속되는 와중에 정상적인 무역활동을 기대하기는 어려운 것이었다. 하지만 임진왜란 시기 조선과 중국 사이에는 亂 이전에는 쉽게 생각할 수 없었던 새로운 무역 구조가 생겨났다. 전란을 맞아 군량미와 군수 물자의 조달이 다급해졌던 조선의 요청을 明이 받아들임으로써 中江開市라는 공식적인 교역의 장이 열리게 되었다. 또 명의 원군이 대규모로 조선에 참전하게 되면서 명의 상인들도 조선 각지로 진출하여 여러 가지 교역활동을 벌이게 되었던 것이다.

(1) 중강개시를 통한 조명무역

中江開市는 임진왜란 발발 직후 부족한 양곡을 조달하려고 柳成龍의 발의로 조선이 明의 遼東都司에 요청하여 처음 시작되었다.[3] 왜란 이전인 16세기 전반에도 평안도 지역의 상인들 뿐 아니라 서울 상인들이 人蔘·銀·鍮器 등을 갖고 요동의 상인들과 활발한 교역을 벌였었는데,[4] 중강개시는 전쟁이라

---

1) 임진왜란 이전까지 중국·조선·일본 사이의 무역의 추이에 대해서는 河宇鳳, 〈일본과의 관계〉(《한국사》 22, 국사편찬위원회, 1995) 및 金東哲, 〈국제교역의 발달과 마찰〉(《한국사》 28, 국사편찬위원회, 1996)에 잘 정리되어 있다.

2) 무역의 불리함을 타개하기 위해 일본이 임진왜란을 도발한 것에 대해서는 李泰鎭, 〈16세기 東아시아의 歷史的 狀況과 文化〉(《韓國社會史硏究》, 지식산업사, 1986), 315쪽 및 金東哲, 위의 글, 135~136쪽에 정리되어 있다.

3) 柳成龍, 《西厓先生文集》 권 16, 雜著 〈中江開市〉.

4) 《中宗實錄》 권 45, 중종 17년 8월 계묘.

는 특수한 상황을 맞아 왜란 전의 교역행위가 정부에 의해 공식적으로 승인된 것을 의미하는 것이었다. 왜란 발발 직후 遼左 지방에는 미곡이 풍부하여 조선의 면포 1필로써 미곡 20斗 이상을 살 수 있었다. 면포 1필로 겨우 皮穀 1斗 밖에는 살 수 없을 만큼 곡가가 앙등했던 당시 조선의 형편에서 중강개시를 통한 양곡 조달은 경제적으로 상당한 도움이 되었다. 이 때문에 전쟁 기간 중에 평안도민 뿐 아니라 서울 사람들까지 중강에 뱃길로 왕래할 정도로 활기를 띠었다.[5] 이 같은 추세는 상당 기간 지속되어 1600년 무렵까지도 義州 일대의 평안도 사람들은 중국인들과의 거래를 통해 생계를 유지한다고 할 정도가 되었다.[6]

임진왜란이 끝날 무렵 조선 조정은 "潛商들의 作弊를 없앤다"는 명분을 내세워 명에 대해 중강개시를 폐지하자고 요청했다.[7] 하지만 명은 조선의 혁파 요구에 반발하여 개시를 계속하자고 移咨해 왔다. 명의 입장에서는 개시를 통해 상인들에게서 거두는 商稅의 이익이 적지 않았기 때문이었다. 선조 34년(1601) 조선이 개시를 혁파하자고 요청하면서 상인들을 출입하지 못하게 하자, 명의 遼東都司는 사람을 보내 조선의 금지 때문에 상인들에게서 거두지 못한 세금을 대신 義州府가 배상해 줄 것을 요구하고 나섰다.[8]

명의 입장에서 중강개시는 조선에 원병을 파견하면서부터 극도로 피폐해진 遼東民들의 경제적 상태를 다시 호전시키는 중요한 수입원이었다. 왜란 시기 명군이 조선으로 나아가는 길목이었던 요동의 지역민들이 떠안았던 경제적 부담은 몹시 무거워 그들 가운데는 심지어 "자식을 팔아서 생계를 도모하는 자가 있다"고 할 정도였다.[9] 그러나 중강개시를 통해 조선 상인들과 거래하면서 요동민들의 빈궁했던 衣食 상태는 점차 개선되어 갔다. 더욱이 요동도사는 중강에서 商稅를 징수해서 해마다 약 2만 냥 이상의 銀 수입을 올리고 있었기 때문에 개시를 없애려는 조선의 요청에 쉽게 응하지 않았다.

5) 柳成龍, 《西厓先生文集》 권 16, 雜著 〈中江開市〉.
6) 《宣祖實錄》 권 130, 선조 33년 10월 무자.
7) 《宣祖實錄》 권 125, 선조 33년 5월 정미.
8) 《宣祖實錄》 권 142, 선조 34년 10월 계미.
9) 《宣祖實錄》 권 109, 선조 32년 2월 계유.

조선도 市場을 명과 半分하여 의주부를 통해 상세를 거두고 있었지만 收稅 체계의 미비와 관리들의 부정 때문에 '한 움큼 정도의 銀'밖에는 얻을 수 없는 실정이었다. 조선은 개시를 통해 얻는 세입이 미미한 상태에서 오히려 奸細輩들을 통해 국가 기밀이 유출되는 것을 우려하여 시장을 폐지하려고 했던 것이다.[10] 급기야 중강개시의 치폐 여부를 둘러싼 논의는 朝明 양국 사이의 외교적 갈등으로 비화되어 광해군대까지 계속되었다.

(2) 임진왜란 시기 중국 상인들의 조선 진출

임진왜란 시기 조선과 중국 사이의 무역활동에서 특기할만한 것은 明 상인들의 활발한 조선 진출과 매매 활동이었다 명에서는 당시 변방의 군대 주둔지에서 필요한 미곡·면포·소금·농기구 등의 일용품이나 화약원료인 硫黃 등을 전적으로 상인들을 통해 조달했는데 山西商人 등은 그 과정에서 물화를 운반·납품하고 막대한 이익을 챙길 수 있었다.[11] 따라서 수많은 명군이 주둔하고 있는 지역은 명 상인들이 눈독을 들이는 대규모의 '소비시장'으로 각광을 받았고 왜란 당시 조선도 예외는 아니었다.

임진왜란 당시 명 상인들은 명 내지에서 군량을 조달하거나 조선으로 운반하는 과정에 개입하여 많은 이익을 얻을 수 있었다. 그들은 본토에서 수집한 곡물을 높은 가격으로 명군 진영에 납품하거나, 조선으로 군량을 운반할 때 곡가의 지역적 차이를 이용하여 많은 이익을 챙겼다. 일례로 명군 지휘부가 양곡을 현물로 조선으로 운반하라고 지시했음에도 상인들은 折價(銀)만을 들고 와서 조선에서 미곡을 구입하여 납입하는 방식을 통해 이익을 챙겼던 것이다.[12]

명 상인들은 또한 조선까지 직접 왕래하면서 명군과 조선인들을 상대로 상업활동을 벌였다. 매월 일정한 급여를 銀으로 받아 구매력을 갖춘 수만의 明軍이 주둔해 있던 조선은 그들에게 매력적인 市場이었거니와 명군 지휘부 역시 그들을 적극적으로 조선으로 유치하려고 시도하였다. 당시 은화가 제대

10) 中江開市에서의 收稅 문제와 그 置廢 논의에 대해서는 韓明基, 〈17세기초 銀의 유통과 그 영향〉(《奎章閣》 15, 서울大, 1992), 15~16쪽 참조.

11) 寺田隆信, 《山西商人の硏究》(京都大 東洋史硏究會, 1972), 123~124쪽 참조.

12) 《宣祖實錄》 권 96, 선조 31년 정월 갑진.

로 유통되지 않고, 酒肉 등을 구매할 수 있는 점포가 갖추어지지 않았던 조선의 상황 때문에 애로를 느끼고 있던 명군 지휘부가 필요한 물자를 조달하려고 遼東商人 등을 적극적으로 불러들였던 것이다.13) 이 같은 배경에서 조선에 들어온 명 상인들의 수는 점점 증가하여 선조 33년(1600) 무렵까지도 그들이 서울과 지방에 퍼져 있었다고 할 정도였다.14) 명 상인들이 의주부터 부산까지 조선 팔도를 돌아다니면서 온갖 물건들을 모두 판매하기 때문에 명군이 들여온 은의 대부분이 다시 명 상인들의 차지가 되어 조선에서 유출된다고 지적될 정도였다.15)

명 상인들이 무엇보다 관심을 가졌던 것은 조선인들에게 직접 중국산 물화를 판매하는 것이었다. 명 상인들은 조선인들을 상대로 곡물 등 생필품 뿐 아니라 명주와 같은 사치품을 판매하였다. 특히 당시 조선 사람들이 靑藍布나 絹織物 등을 선호하는 것을 알고 이들 품목을 대량으로 반입하여 서울의 鍾路 등지에 점포를 열고 판매하였다. 이렇게 명 상인들을 통해 견직물을 비롯한 각종 唐物이 유입되면서 "조금이라도 容儀를 꾸미는 자들은 전부 비단과 羊裘를 착용한다"고 지적될 정도로 전란 중 조선에서는 사치 풍조가 사회문제가 되기에 이르렀다.16)

명 상인들은 이 밖에도 조선에서 새로운 利源이 될만한 것을 찾는 데 골몰하였다. 그들은 명군과 함께 조선 각 지역을 돌아다니면서 은광을 찾아 개발을 시도하였고, 명으로 가져가면 이익이 될만한 물자를 수집하여 명으로 반출하는 경우도 있었다. 특히 상인들 가운데는 조선 각지에서 막대한 양의 무쇠(水鐵)를 수집하여 중국으로 실어 가는 사람들도 있었다. 명으로 가져가 江南 등지의 농기구 제작소에 판매하려는 목적이었다.17) 요컨대 왜란은 요동 상인을 비롯한 중국 상인들에게 커다란 경제적 기회였다.

---

13) 왜란 시기 명 상인들의 활발한 진출과 상업 활동에 대해서는 韓明基, 〈明의 派兵과 경제적 영향〉(《宣祖代 후반~仁祖代 초반 對明關係 연구》, 서울大 博士學位論文, 1997), 50~54쪽 참조.
14) 《宣祖實錄》 권 124, 선조 33년 4월 병신.
15) 《宣祖實錄》 권 134, 선조 34년 2월 병자.
16) 尹國馨, 《大東野乘》 권 55, 甲辰漫錄.
17) 韓明基, 앞의 책, 52~53쪽 참조.

임진왜란은 또한 명의 은화가 조선에 대량으로 유입되는 계기가 되었다. 당시 은본위의 경제구조를 지녔던 명은 원정군에게 소요되는 군량과 군수물자를 은을 풀어 조달하였고, 장병들의 급여 역시 은으로 지급했기 때문이었다. 명이 왜란 시기 지출한 은의 총액은 약 900만 냥 정도로 추산되는데 그 가운데 대부분은 본토에서 지출되었지만 조선으로 유입된 양도 적지 않았다. 은의 유입은 조선 사회에 여러 가지 영향을 끼쳤다. 조선 사람들은 명군이나 명 상인들과의 잦은 거래를 통해 은의 화폐로서의 기능에 주목하게 되었고, 조선 각지에서 은을 찾으려는 열풍이 불기도 하였다. 실제 임진왜란 말기인 선조 31년경에는 酒肉·두부·땔감 등의 물자를 거래할 때 은을 사용하는 것이 습속으로 굳어졌다는 지적이 나타나고 있었다.[18] 이처럼 왜란 시기 명나라 은의 유입과 은을 이용한 거래의 활성화를 통해 조선은 명의 銀經濟圈으로 편입되었다고도 할 수 있을 정도가 되었다.

2) 임진왜란의 종식과 중개무역의 재개

(1) 기유약조의 체결과 조일교역의 재개

임진왜란이 계속되는 중에도 일본의 무역에 대한 욕구는 그치지 않았다. 그것은 선조 26년 정월 평양전투 이후 명과 일본 사이에 강화 협상이 진행되면서 일본측이 제시한 요구 조건에도 명확히 나타난다. 선조 27년 6월, 풍신수길은 7개조의 강화 조건을 발표했는데 그 가운데 두번째의 것이 "폐지된 勘合貿易을 복구하고 官船과 商船을 왕래시키자"는 것이었다. 특히 명에 대해 풍신수길을 국왕으로 책봉해 달라고 요청한 것은 바로 감합무역을 실현시키기 위한 수단이었다.[19] 그러나 명측은 '寧波의 亂' 등을 통해 막심한 피해를 입었던 경험 때문에 쉽사리 그것을 수용할 수 없었다. 풍신수길을 일본 국왕으로 책봉하겠다고 공언하면서도 책봉한 번국에게 허용하는 것이 상

18) 《宣祖實錄》 권 99, 선조 31년 4월 임술.

19) 佐島顯子, 〈壬辰倭亂講和の破綻をめぐって〉(《年譜 朝鮮學》, 九州大 朝鮮學硏究會, 1994), 26쪽.

례인 貢市만큼은 완강히 거부하려 하였다.[20]

실제 전쟁이 진행중인 가운데도 무역에 대한 열망이 얼마나 컸었는지는 일본군이 장기간 주둔해 있던 경상우도의 해안 지역을 중심으로 조선 사람들과 일본 상인들 사이에 잠상무역이 끊이지 않고 계속되고 있다는 보고에서도 확인할 수 있다. 선조 29년(1596) 8월, 都體察使 李元翼은 "조선 사람들이 교역을 위해 倭營을 자유로이 드나들고, 倭商들 역시 끊이지 않고 왕래한다"고 그 실상을 전한 바 있었다.[21]

전쟁 중임에도 잠상 교역 등의 형태로 명맥이 이어졌던 조선과 일본 사이의 교역은 왜란이 끝나자 새로운 국면을 맞게 된다. 일본은 德川幕府가 들어서면서부터 조선과의 국교를 재개하기 위한 노력을 다각도로 경주하였다. 그 배후에는 조선과의 무역이 경제적 생명선이나 마찬가지였던 對馬島의 필사적인 중개가 있었다. 그들은 조선과의 국교를 재개하려는 의도에서 幕府將軍이 조선에 보내는 國書까지 위조하는 등 모든 수단을 동원하였다. 조선 역시 '萬世不共의 怨讐'인 일본 본국과 국교를 재개하는 것에는 미온적이었지만 대마도에 대해서는 무역의 재개를 허락하면서 그들을 이른바 羈縻體制 속으로 편입하려고 시도하였다.[22] 조선은 일본에 대해 幕府將軍 명의의 국서를 보낼 것과 왜란 당시 宣陵과 靖陵을 파헤쳤던 범인을 묶어 보낼 것을 요구했는데 대마도의 술수를 통해 그 조건이 충족되자 선조 40년 덕천막부에 '回答兼刷還使'라는 명칭의 사절을 보냄으로써 양국 사이에는 국교가 재개되었다. 이어 광해군 원년(1609) 이른바 己酉約條가 체결됨으로써 공식적인 교역도 재개되었다. 이 시기 조선이 내키지 않는 것이었음에도 일본과의 국교와 교역을 재개한 것은 서북방에서 점증하고 있었던 後金의 위협에 대처하기 위해 대마도를 羈縻圈으로 다시 끌어들이고, 일본과의 관계를 정상화시켜 남쪽으로부터의 위협을 차단해야 할 필요성을 느끼고 있었기 때문이었다.[23]

---

20) 岡野昌子, 〈秀吉の朝鮮侵略と中國〉(《中山八郞教授頌壽記念明淸史論叢》, 東京 : 燎原書店, 1977), 148~154쪽 참조.

21) 《宣祖實錄》 권 78, 선조 29년 8월 계해.

22) 孫承喆, 〈국교회복과 교린체제의 부활〉(《朝鮮時代 韓日關係史硏究》, 지성의 샘, 1994), 119~145쪽.

23) 孫承喆, 위의 책, 145~150쪽.

기유약조는 1609년 조선의 李志完과 對馬島主 宗義智(소오 요시토시)가 체결한 통교 무역상의 제규정을 말하는 것으로 조선 후기 양국 사이의 통교관계의 기본이 되었던 조약이었다. 모두 12개조로 구성된 규약은 대마도로부터 조선에 도항하는 선박의 종류·隻數·渡航者·渡航證·접대기준 등을 규정하는 것이었는데 그 가운데 임진왜란 이전의 양국관계와 비교하여 근본적으로 달라진 것은 무역선의 숫자였다. 기유약조 당시 무역선의 수는 20척으로 제한되었는데 이것은 癸亥約條(1443) 당시의 50척, 壬申約條(1512) 당시의 25척, 丁巳約條(1557) 당시의 30척에 비해 현저히 줄어든 것이었다. 또 왜선이 조선에 도항할 때 대마도주가 발행한 文引을 지참토록 규정하였다. 이러한 상황에서 실세토는 광해군 3년 대마도로부터 기유약조 체결 이후 첫 歲遣船이 파견되는데 대마도는 이제 조일무역, 나아가 전반적인 양국관계의 창구 역할을 담당하게 되었다.[24]

(2) 기유약조에 따른 조일무역의 내용[25]

기유약조 이후 재개된 조일무역의 내용은 임진왜란 이전과 마찬가지로 크게 세부분으로 구성되었다. 즉 대마도주의 進上과 조선측의 回賜, 公貿易, 私貿易 등이 그것이었다.

기유약조에서 규정된 진상 품목으로는 胡椒·明礬·丹木 등 동남아시아산 물화와 일본산 공예품이 대종을 이루었다. 이에 대한 조선의 회사품으로는 인삼·虎皮·명주·白苧布·백목면·약재 등 12종에 달하였다. 이같이 회사물품을 주는 것 이외에도 조선은 일본인들이 倭館에 머무를 때 각종 명목으로 연회를 베풀어주고, 식량을 지급하였는데 전체적인 대차관계를 따져보면 조선측이 일방적으로 적자를 보고 있었다.

閔德基, 〈朝鮮後期 朝·日講和와 朝·明關係〉(《國史館論叢》 12, 國史編纂委員會, 1990) 참조.

24) 田代和生, 〈日朝關係の再開と對馬〉(《近世日朝通交貿易史の硏究》, 東京 : 創文社, 1981), 44~51쪽.

孫承喆, 위의 책, 145~151쪽.

25) 본 절은 주로 田代和生, 위의 책의 내용을 참고하여 정리·기술하였다.

공무역이란 조선 정부가 목면을 풀어 일본 상인들로부터 구리와 주석·丹木 등을 구입하는 형태로 이루어졌다. 이미 광해군 즉위년 조선은 대마도와의 약정을 통해 공무역을 재개하기로 결정했거니와 광해군 원년(1609) 규정된 바에 따르면 조선은 구리 100근을 목면 60필, 후추 1근을 목면 1필, 단목 3근을 목면 1필로써 구입하고 있었다. 광해군 5년 조선은 일본의 特送船 1척당 목면 151同의 교역을 허락하였다. 공무역을 통해 일본으로 유입된 목면의 양은 점증하여 인조 18년(1640)에는 1,000同까지 이르렀고 일본에서는 조선 목면이 피복 원료로써 주로 사용되었다. 한편 조선 정부는 목면을 주고 구입한 구리·단목·후추 등의 물자를 星州에 있는 倭物庫와 花園倉 등에 보관했다가 민간의 상인들에게 판매하기도 했는데, 이 가운데 구리와 주석 등은 銅錢의 원료나 銃筒과 火藥의 주조용으로 주로 사용되었다.

사무역은 15세기이래 시작된 것으로 왜관에서 조선 상인과 대마도인 사이에 이루어진 사적 거래를 지칭하는 것으로 품목과 수량의 규제를 받지 않고 오로지 이윤 추구만을 위해 행해진 교역이었다. 이것은 일본측에 의해 '開市'로 지칭되기도 했는데 사무역을 영위하는 과정에서 잠상의 횡행과 국가 기밀의 누설 등이 문제가 되어 논란이 되다가 조선이 최종적으로 이를 허락한 것은 광해군 2년 3월이었다. 李德馨은 사무역을 금지하면 오히려 잠상을 증가시킨다고 지적하고, 일본 상인들의 上京을 허락하지 않는 대신 사무역을 허용할 것을 주장하였고 이어 東萊府使 趙存性의 건의에 의해 월 6회 개시하는 것으로 규정되었다.

3) 17세기 중·후반 중개무역의 성행과 그 영향

기유약조를 통해 대마도를 매개로 조선이 일본과 무역을 재개하면서 양국 사이의 무역은 임진왜란 이전의 상황과는 전혀 다른 방향으로 활성화되었다. 무엇보다도 양국 사이의 무역을 이제 사무역이 주도하게 되었고 그 과정에서 조선 상인들은 중국산 물자를 일본 상인들에게 전매하여 막대한 이익을 취할 수 있었다. 또 조선 상인들이 일본 상인들에게 판매하는 土産品이 임진왜란 이전에는 주로 면포였던 것과는 달리 이제 人蔘이 중요한 물화로서 취급되었다.

조선 상인들은 북경에서 사온 비단·생사 그리고 조선산 인삼 등을 일본의 銀이나 鐵을 받고 매매하였다. 명에서 판매를 금하고 있던 蟒龍緞을 제외한 여타 직물의 거래는 제한이 없어서 상인들은 紅黃色·紬布 등 각종 직물들을 전매하였다. 특히 광해군 4년의 기록에 따르면 의주나 동래를 거점으로 활약하던 잠상들이 중국의 주단 등을 왜인에게 중개하여 막대한 이득을 얻고 있었다. 왜란 이후에도 일본인들이 중국 시장에 직접 뛰어들어 중국산 물화를 구매하는 것이 불가능했던 상황에서 조선 상인들이 전매를 통해 거두어들이는 이익은 클 수밖에 없었다. 일본 상인들은 이러한 조건에서 조선의 육로를 통해 직접 요동이나 북경 등지의 開市處로 진출하는 것을 열망했으나 그것은 조선에 의해 거부되었다.[26] 어쨌든 왜상들은 조선 상인들에게서 넘겨받은 물화만 일본에 가져가도 많은 이윤이 남았으므로 日本銀을 갖고 중국에 들어간 조선 상인들이 중국 물화를 사서 돌아올 때까지 참을성있게 기다렸다. 이러한 배경에서 광해군 10년경 왜관에 머무는 일본인들이 1,000명에 이르렀고, 인조 2년에는 2,000명으로 증가하였다.

17세기초 가시화되었던 明淸交替의 흐름에도 불구하고 중개무역의 중심지로서 조선의 위치는 변하지 않았다. 조선은 일찍부터 여진족에 곡물·면포·소금·농기구·耕牛 등을 공급해 왔거니와 명과의 전쟁 때문에 對中貿易이 중단되어 생필품을 비롯한 각종 물화를 조달하는 데 애로를 겪었던 後金은 물화의 공급자로서 조선을 더욱 주목하게 되었다. 더욱이 확대된 영토를 기반으로 유목집단에서 농경국가로 전환을 도모하던 시점에서 17세기 小氷期의 도래를 맞아 잦은 자연 재해와 그에 따른 기근과 농산물의 부족에 시달리던 후금은 남하정책을 추진하게 되었다.[27]

인조 5년의 정묘호란은 바로 이러한 후금의 필요성에서 기인한 전쟁이었다. 조선에서 歲幣 명목으로 곡물과 면포 등을 공급받는 조건으로 후금의 침략군이 철수했거니와 정묘호란이 종식된 직후인 인조 6년 조선인 포로의 쇄

26) 《光海君日記》 권 53, 광해군 4년 5월 신유.

27) 李泰鎭, 〈前近代 韓·中 交易史의 虛와 實〉(《震檀學報》 78, 1994), 179쪽.

환을 위해 열린 開市에서 후금 측은 조선에게 중국산 견직물과 면포 등을 공급하라고 요구한 바 있었다.[28] 인조 11년(1633)경에 이르면 조선은 椵島를 매개로 명에 대해서 뿐 아니라, 남으로는 일본, 북으로는 후금에 대해서도 물화를 공급하므로 힘이 부친다는 지적이 나오고 있는데,[29] 이것은 이제 조선이 동북아 3국 사이에서 물화 교역의 매개 역할을 하게 되었음을 의미하는 것이었다.

淸이 중원을 장악하여 점차 안정기에 접어들던 17세기 후반부터 중국과 일본을 연결하는 중개무역의 거점으로서 조선의 위치는 더욱 확고해졌다. 그 분기점은 현종 9년(1668)이었다. 본래 「寧波의 亂」을 계기로 중국과 일본 사이의 직접적인 무역은 정지되었지만 이후에도 제3국 상인을 매개로 간접 무역은 지속되었다. 선조 25년(1592)부터는 이른바 朱印船이라 불리는 선박들이 일본에서 출항하여 인조 13년까지 모두 356척이 마닐라·臺灣·캄보디아·샴 등지의 항구에서 중국 선박들과 무역을 벌였다. 당시 무역 허가증인 朱印狀을 얻은 상인들은 일본 상인과 중국 상인 이외에도 영국 상인에 이르기까지 다양하였다. 또 포르투갈 상인과 화란 상인들 역시 각각 마카오와 대만을 근거지로 하여 17세기 초반 일본의 長崎(나가사키)를 왕래하면서 무역에 종사하였다.[30] 이들 상인들을 통해 중국산 견직물과 生絲·도자기 등이 일본에 반입되었고 일본은 그 결제대금으로서 은을 지급하였다. 비록 16세기 후반부터 은 생산량이 폭증했던 일본이었지만 이 같은 중국산 물화들을 수입하면서 너무 많은 은이 유출되자 덕천막부는 현종 9년부터 장기로부터의 은 수출을 금지했던 것이다.

장기를 통한 日本銀의 수출이 중단된 이후 조선의 왜관은 중개무역의 중심지로 더욱 각광을 받게되었다. 이제 대마도와 조선을 통한 무역로는 일본이 중국산 물화를 수입하는 거의 유일한 통로가 되었다. 중국산 비단과 원사, 그리고 조선의 인삼을 수입하면서 일본은 은을 수출하였는데 그 양은 숙

---

28) 金鍾圓, 〈정묘호란〉(《한국사》 29, 국사편찬위원회, 1995), 253쪽.
29) 《仁祖實錄》 권 28, 인조 11년 12월 갑술.
30) 永積洋子, 〈17世紀の東アジア貿易〉(浜下武志·川勝平太 編, 《アジア交易圈と日本工業化 1500-1900》, リブロポート, 東京, 1991), 105~114쪽 참조.

종 12년(1686)의 10여 톤을 정점으로 숙종 10년부터 36년까지 총 188톤, 연평균 약 7톤에 이르렀다. 숙종 12년 중국 상선들이 장기로부터 겨우 2톤 정도의 은을 실어갔던 것을 고려하면[31] 中日貿易의 중개 거점으로서 조선이 차지하는 위치는 절대적인 것이라고 할 수 있었다.

중개무역을 통한 일본은의 유입은 조선에 여러 가지 영향을 미쳤다. 우선 중개무역을 통한 이득이 높아지자 17세기초 이래 잠상배들이 이를 노리고 대거 東萊 등지로 몰려들었다. 동래의 왜관은 일본은의 집결지이자 조선이나 중국으로 유통되는 출발점이 되었기 때문이었다. 국가 기밀의 유출을 우려한 조정은 누차 잠상을 단속하라는 禁令을 내렸지만 별다른 효과가 없었다. 오히려 단속의 책임을 맡은 동래부사가 잠상들과 연결되어 그들을 옹호하는 형편이었다. 다음으로 은의 집합처로서 왜관의 존재는 조선 조정에 경제적으로 많은 도움이 되었다. 17세기 초반 왜관과의 교역과 收稅를 통해 획득한 은은 조선이 明使를 접대하고, 궁궐을 영건하는 데 소요되는 비용으로 충당되었던 것이다. 특히 명사들의 과도한 은 요구 때문에 전전긍긍할 무렵에는 왜관에서 그것을 대여받거나, 광해군 10년(1619) 명의 요청으로 후금을 치는 원병을 요동으로 보낼 때에는 군량의 운송 부담을 줄이기 위해 미곡을 왜관에 보내 은으로 바꾼 다음 그것을 요동에서 다시 곡물로 바꾸는 방식을 강구하기도 하였다. 인조대에는 조선 상인 가운데 왜관과의 잠상무역을 통해 7만냥의 은자를 축적하는 사람이 나타날 정도였다.[32] 이 같은 상황을 염두에 둘 때 조선이 중국과 일본 사이에서 중개무역을 거의 독점하게 된 현종 9년 이후로는 그 경제적 이득이 더욱 컸을 것임은 명약관화한 것이다. 17세기 후반 이른바 八包制가 실시되면서 조선의 譯官과 富商大賈들은 일본산 은을 갖고 연경에 가서 白絲와 紬緞 등을 수입하고, 그것들을 다시 왜관에 수출하였다. 현종 11년의 경우, 조선 상인들은 白絲 100근을 은 60냥에 수입하여

31) Kazui Tashiro, Exports of Japan's Silver to China via Korea and Changes in the Tokugawa Monetary System During the 17th and 18th Centuries, *Precious Metals, Coinage and the Changes of Monetary Structures in Latin-America, Europe and Asia,* Leuven University Press, 1989, 100~102쪽 참조.

32) 韓明基, 앞의 글, 33~34쪽.

왜관에 전매할 때에는 160냥을 받고 있었는데 이를 보면 조선 상인들은 중개무역을 통해 약 2.7배의 이익을 취하고 있었다.[33] 또 이들 譯商輩들에게 편승하여 재부를 축적해 갔던 중외의 관청들은 역상배들에게 公用銀을 대여하여 利殖을 도모하기도 하였다.[34] 이 같은 추세에서 중개무역은 상업자본의 축적을 촉진하였고, 17세기초 실시된 大同法이 끼친 긍정적인 영향과 맞물려 임진왜란과 병자호란으로 피폐해진 조선 경제가 회복되는 데 중요한 영향을 미쳤다.[35]

17세기 중반 이후 본 궤도에 오른 중개무역을 통해 조선이 이익을 보았던 추세는 18세기 중반까지 이어졌다. 그러나 일본 국내에서 점차 은의 대량 유출에 대한 우려가 나타나고, 은화의 순도를 낮춘 惡貨를 주조하는 등 통제정책을 취하면서 사정은 달라졌다. 더욱이 1730년대 덕천막부가 장기로부터 중국의 남경에 이르는 직접 무역로를 개설하면서부터 대마도와 동래를 연결하는 중개무역은 결정적인 쇠퇴의 길로 들어섰다.[36] 자연히 일본산 은화의 유입은 현저히 줄어들었으며 동래에서 거래하는 물화는 미곡을 비롯한 소소한 생필품 몇 가지로 위축되었다. 요컨대 왜란 이후 100여 년 동안 조선에 막대한 이익을 가져다주었던 중개무역은 쇠퇴의 길로 들어서게 되었던 것이다.

〈韓明基〉

---

33) 柳承宙, 〈朝鮮後期 朝·淸 貿易小考〉(《國史館論叢》 30, 國史編纂委員會, 1991), 229쪽.

34) 柳承宙, 위의 글, 226쪽.

35) 李泰鎭, 〈國際貿易의 성행〉(《韓國史市民講座》 9, 一潮閣, 1991), 79~80쪽.

36) Kazui Tashiro, 앞의 글, 108~109쪽.

집 필 자

개 요 ………………………………………………………… 이태진

I. 사림의 득세와 붕당의 출현

1. 사림의 득세 ………………………………………… 이수건
2. 붕당의 출현 ………………………………………… 정만조
3. 붕당의 성격 ………………………………………… 정만조

II. 붕당정치의 전개와 운영구조

1. 붕당정치의 성립 …………………………………… 오수창
2. 붕당정치의 전개 …………………………………… 이영춘
3. 붕당정치의 운영형태 ……………………………… 구덕회
4. 붕당정치의 동요와 환국의 빈발 ………………… 홍순민

III. 붕당정치하의 정치구조의 변동

1. 비변사의 강화 ……………………………………… 반윤홍
2. 언관권·낭관권의 형성과 권력구조의 변화 ……… 최이돈
3. 천거제의 시행과 관료 충원방식의 변화 ………… 최이돈
4. 공론정치의 형성과 정치 참여층의 확대 ………… 최이돈

Ⅳ. 자연재해·전란의 피해와 농업의 복구

Ⅴ. 대동법의 시행과 상공업의 변화

한국사 30

조선중기의 정치와 경제

편찬간행 **국사편찬위원회**

초판1쇄 2003년 11월 30일
2쇄 2013년 6월 4일

번각발행 **탐구당**

등록일 1950년 11월 1일
등록번호 서울 제 03-00993 호

주소 서울특별시 용산구 한강대로 62 나길 6
전화 (02) 3785-2211(대표)
팩스 (02) 3785-2272
홈페이지 www.tamgudang.co.kr
전자우편 tamgudang@paran.com

ISBN 978-89-8236-596-6
978-89-8236-566-9(세트)

값 24,500 원

* 파본이나 잘못된 책이 있으면 교환해 드립니다.